Hans Coenen

FLORA UND VEGETATION DER HEIDEGEWÄSSER UND – MOORE AUF DEN MAASTERRASSEN IM DEUTSCH-NIEDERLÄNDISCHEN GRENZGEBIET

FLORA UND VEGETATION DER HEIDEGEWÄSSER
UND – MOORE AUF DEN MAASTERRASSEN
IM DEUTSCH-NIEDERLÄNDISCHEN GRENZGEBIET

ARBEITEN ZUR RHEINISCHEN LANDESKUNDE

ISSN 0373—7187

Herausgegeben von
H. Hahn W. Kuls W. Lauer P. W. Höllermann und W. Matzat

Schriftleitung: H.—J. Ruckert

Heft 48

Hans Coenen

Flora und Vegetation der Heidegewässer und —moore auf den Maasterrassen im deutsch-niederländischen Grenzgebiet

1981

In Kommission bei
FERD. DÜMMLERS VERLAG · BONN
— Dümmlerbuch 7148 —

E-132
Deu-A-IX-3
Eu-B-VI
OA
VB

Flora und Vegetation der Heidegewässer
und – moore auf den Maasterrassen
im deutsch - niederländischen Grenzgebiet

von

Hans Coenen

mit 39 Abbildungen und 37 Tabellen,
z. T. auf Beilagen

In Kommission bei

FERD. DÜMMLERS VERLAG · BONN

1981

Dümmlerbuch 7148

Gedruckt mit Unterstützung des Landschaftsverbandes Rheinland

ISBN 3-427-71481-0

© 1981 Ferd. Dümmlers Verlag, 5300 Bonn 1
Herstellung: Richard Schwarzbold, Witterschlick b. Bonn

VORWORT

Ausgangspunkt für diese Arbeit waren floristisch-phytocoenologische und ökologische Untersuchungen und Kartierungen, die ich im Auftrag der ehemaligen Forschungsstelle der Landesstelle für Naturschutz und Landschaftspflege in NRW (Leiter: Professor M. Schwickerath, Aachen) durchführte. Durch die Erlaubnis der zuständigen niederländischen Stellen konnte der Untersuchungsbereich später auf die angrenzenden niederländischen Gebiete ausgedehnt werden.

Damit war die Voraussetzung gegeben, die für unseren Raum bedeutsamsten noch relativ naturnahen "Feuchtbiotope" ("Heidegewässer und Heidemoore") des gesamten naturräumlich zusammengehörigen Bereichs der Flugsandgebiete auf den Maasterrassen im deutsch-niederländischen Grenzgebiet hinsichtlich ihrer Flora, ihrer Vegetation und deren Ökologie eingehend zu untersuchen. Ein Teil dieser Untersuchungen bildet meine Dissertation, die zunächst eine Dokumentation dieser zunehmend gefährdeten "Feuchtbiotope" darstellt. Darüber hinaus war es durch die relative Größe des Untersuchungsgebietes (ca. 100 km N-S-Erstreckung) und die Vielzahl der Untersuchungsobjekte (ca. 100) möglich, zu exemplarischen, allgemeingültigen Aussagen insbesondere über die Dynamik solcher Vegetationskomplexe zu kommen.

Die hier vorliegende Arbeit ist in manchen Teilen identisch mit der Dissertation, in anderen mehr oder weniger tiefgreifend verändert und um einige wesentliche Aspekte und Erkenntnisse erweitert; so wurde zum Beispiel die seit der Erstellung der Dissertation erschienene Literatur so weit wie nötig im Text verarbeitet, zum anderen fließen die seither in den Untersuchungsobjekten gemachten Beobachtungen in diese überarbeitete Fassung mit ein. Durch den somit gegebenen sehr langen Beobachtungszeitraum erhalten vor allem die Aussagen zur Dynamik der Vegetation ein besonderes Gewicht, da sich Entwicklungstendenzen der Vegetation um so besser erfassen lassen, je länger der Beobachtungszeitraum ist.

Auf eingehende Darstellung und Diskussion meiner umfangreichen ökologischen Untersuchungsergebnisse wurde zugunsten einer gründlichen Auseinandersetzung mit der Flora und Vegetation verzichtet, da diese als vordringlich erachtet und auch in der hier vorgelegten Ausführlichkeit für notwendig befunden wurde. Erst auf dieser Grundlage und in einer entsprechend differenzierten und kritischen Weise wäre eine stärkere Einbeziehung der ökologischen Untersuchungsergebnisse sinnvoll und fruchtbar gewesen, hätte jedoch den Rahmen dieser Arbeit bei weitem gesprengt. Selbstverständlich fließen bei der Abhandlung der einzelnen Vegetationseinheiten die gewonnenen ökologischen Erkenntnisse mit ein (s. auch Abb. 20 - 37), müssen allerdings ohne tiefergehende Erläuterungen bleiben.

An dieser Stelle möchte ich noch einmal Herrn Professor Maximilian Steiner, Bonn, für die Bemühungen bei der Betreuung der Dissertation herzlich danken, ebenso den Herren Professoren V. Westhoff (Nimwegen) und H. Fischer (Bonn), denen die Dissertation ebenfalls zur Begutachtung vorlag.

Zu großem Dank bin ich den Herausgebern dieser Schriftenreihe verpflichtet, besonders Herrn Professor W. Lauer, dessen Angebot, die Arbeit hier zu veröffentlichen, ich dankbar angenommen habe.

Zu danken habe ich auch den vielen Behörden und Einzelpersonen (Naturschutzstellen und -beauftragte, Forst-, Gemeinde- und Zollverwaltungen, Waldbesitzer, Jagdpächter u.a.), die mir die Durchführung der Untersuchungen ermöglichten oder erleichterten.

Für wissenschaftliche Unterstützung in Rat und Tat sei folgenden Personen hier nochmals mein Dank ausgesprochen: den Herren H. Breuer (Rheinbach), Prof. Dr. Butterfaß (Heidelberg), Dr. E. Förster (Kleve), Dr. J. Frahm (früher Duisburg), Dr. F. Koppe (Bielefeld) für die Revision kritischer Herbarbelege;

Herrn Ing. chem. K. Rehnelt (Düsseldorf) für die Beratung in hydrochemischen Fragen und die Übernahme einiger Wasseranalysen;

dem Leiter des Wasserwerkes der Stadt Mönchengladbach für die Benutzung des Labors.

Dem Land Nordrhein-Westfalen und dem Landschaftsverband Rheinland danke ich für die Bereitstellung finanzieller Mittel.

Rheinbach, im November 1981   Hans Coenen

INHALTSVERZEICHNIS

VERZEICHNIS DER ABBILDUNGEN

VERZEICHNIS DER TABELLEN

1. E I N L E I T U N G

1.1. WISSENSCHAFTLICHE BEDEUTUNG VON HEIDEGEWÄSSERN UND HEIDEMOOREN

Heidegewässer und daraus hervorgegangene Heidemoore sowie vergleichbare Gebilde (Moorseen, "oligotrophe Verlandungsmoore" u.ä., s.u.) gehören zu den ganz wenigen, flächenmäßig nur noch sehr begrenzten Biotopen bzw. Vegetationskomplexen Mitteleuropas, die zu einem mehr oder weniger großen Teil noch nicht nennenswert anthropogen verändert sind; innerhalb des mitteleuropäischen Tieflandes dürften sie die verbreitetsten und häufigsten derartigen Biotope sein.[1]

> "Unberührt" im strengen Sinne ELLENBERGs (1963) (= "ahemerob" p.p.: SUKOPP, 1969) ist aber wohl keines der Heidegewässer und -moore mehr. Die Frage der Existenz bzw. Häufigkeit der nach ELLENBERG noch als "natürlich" einzustufenden Flächen läßt sich bezüglich der Heidegewässer und -moore wohl ebensowenig eindeutig beantworten wie etwa bezüglich der Hochmoore (s. GROSSE-BRAUCKMANN, 1967). Aber immerhin ist der zahlen- und flächenmäßige Anteil von Heidegewässern und -mooren, die man nach dem Verständnis ELLENBERGs mit "naturnah" (= "oligohemerob" p.p.: SUKOPP) charakterisieren kann, relativ hoch.

Dementsprechend sind sie für die geobotanisch-ökologische Forschung von außerordentlicher allgemeiner Bedeutung. Letztlich tut sich hier ja eine der letzten Möglichkeiten auf, an ihnen Struktur und Dynamik weitgehend ungestörter Vegetation bzw. Vegetationskomplexe exemplarisch zu analysieren und zu demonstrieren und sie als Modellflächen für die Ökosystemforschung heranzuziehen. Aber allein schon die Tatsache, daß sie die einzigen oder nahezu einzigen natürlichen Standorte für eine Reihe oligotraphenter, relativ stenöker und damit fast ausnahmslos seltener Arten und der von ihnen konstituierten Pflanzengesellschaften (s. besonders die Littorelletea) sind, begründet den besonderen Wert von Heidegewässern und -mooren. Darüber hinaus gehören sie zu den letzten Refugien vieler ebenfalls mehr oder weniger oligotraphenter Arten und Vegetationseinheiten (s. z.B. manche Scheuchzerio-Caricetea-Gesellschaften sowie die Sphagneten), die z.T. hier nicht den eigentlichen Schwerpunkt ihres Vorkommens haben.

> Gemäß ihrer Seltenheit ist ein großer Teil dieser Arten und damit auch der Vegetationseinheiten in ihrem Bestand mehr oder weniger stark gefährdet. Nach SUKOPP et al. (1978) hat die Pflanzenformation der "oligotrophen Moore, Moorwälder und Gewässer" (Anm. des Verf.: besser: "Formationsgruppe"), von der die Heidegewässer und -moore nur einen Teil ausmachen, unter allen Formationen des Bundesgebietes den höchsten Anteil an gefährdeten bzw. bereits verschollenen Arten (nahezu 60 %), also Arten, die in die "Rote Liste" (KORNECK et al., 1977) aufgenommen wurden. Besonders gefährdet ist dabei die Klasse der Littorelletea, denn fast alle Arten mit Schwerpunkt in dieser Klasse erscheinen in der "Roten Liste".

Der außerordentliche Wert von Heidegewässern und -mooren dokumentiert sich schließlich darin, daß sie den größten Anteil an den Naturschutzgebieten des nw-mitteleuropäischen Tieflandes stellen (s. ANT u. ENGELKE, 1970; Die NSG der DDR, 1964; Handboek van natuurreservaaten, 1971; NOIRFALISE et al., 1970).

> Die meisten von ihnen sind jedoch ungeschützt, und auch für die geschützten ist die Erhaltung ihres gegenwärtigen Zustandes nicht grundsätzlich gesichert (s.u.). Auf verschiedene der Ursachen der Gefährdung der nordwestdeutschen Heidegewässer macht DIERSSEN (1972) aufmerksam, wie ja überhaupt eine Abnahme oligotropher "Feuchtgebiete" ganz allgemein zu verzeichnen ist (s. WESTHOFF, 1962; s. auch die "Feuchtgebietskampagne" 1976 des Europarates).

Von besonderem Interesse sind Heidegewässer und -moore darüber hinaus noch insofern, als sich hier alle Stufen der Verlandung vom offenen Wasser bis zum vollständig geschlossenen Moor in Form verschiedenster Verlandungsarten auf kleinem Raum studieren lassen; die Hauptrolle spielt dabei eine besonders interessante Form von Schwingrasen.

---

[1] So zeigt z.B. noch mehr als die Hälfte der ca. 900 "Venne" (= Heidegewässer und -moore im Sinne dieser Arbeit), die VAN DER VOO (1962 a) in den Niederlanden ermittelt hat, noch den "heilen Aspekt" "echter", meist ziemlich oligotropher Venne.

Aus der aufgezeigten Bedeutung von Heidegewässern und -mooren, ihrer Gefährdung und dem relativ geringen Kenntnisstand über sie (s. Kap. Forschungsstand) entspringt die Notwendigkeit, sich neben ihrer Erhaltung verstärkt ihrer wissenschaftlichen Bearbeitung zuzuwenden.

Der erfolgversprechendste Weg zu dieser Erweiterung und Vertiefung der Kenntnisse liegt meiner Meinung nach in exemplarischen monographischen Bearbeitungen der Heidegewässer und -moore größerer Gebiete, die aufgrund der Vielzahl und Vielfältigkeit an Heidegewässern bzw. Heidemooren ein in etwa repräsentatives Bild dieser Vegetationskomplexe vermitteln können. Dies geschieht in dieser Arbeit für das Gebiet der Maasterrassen im deutsch-niederländischen Grenzbereich.

Außer dieser allgemeinen Bedeutung kommt den hier vorgestellten Heidegewässern und -mooren nun auch eine spezielle Bedeutung im Rahmen der niederrheinischen und auch der gesamten rheinischen und limburgischen Flora und Vegetation zu, die vor allem ihrem Charakter als natürlichste Vegetationskomplexe dieses Raumes entspringt. Sie beherbergen eine Reihe von Arten und Pflanzengesellschaften, die zu den bemerkenswertesten und "wertvollsten" Elementen der niederrheinischen und limburgischen Flora und Vegetation überhaupt gehören, aber auch zu den gefährdetsten (s. Kap.3.2.1.).

Gemäß ihrer Bedeutung steht in diesem Gebiet sogar etwa die Hälfte der ungefähr 100 einzelnen Heidegewässer bzw. -moore (s. Abb.1) unter Naturschutz;[1] für weitere Objekte bzw. Gebiete wird der Schutz gefordert (s. CLEEF, KERS u. SMIDT, 1970; TRAUTMANN, 1973; VERWIEL, 1972).

> Dennoch ist die oben betonte Gefährdung von Heidegewässern und -mooren auch hier gegeben, indem die "natuurreservaate" auf niederländischer Seite - entgegen den eigentlichen Naturschutzzielen - als Erholungsgebiete genutzt werden oder inmitten von Erholungsgebieten liegen. Zudem befindet sich ein großer Teil des Gesamtgebietes im Naturpark Schwalm-Nette bzw. im 1976 gegründeten deutsch-niederländischen "Naturpark Maas-Schwalm-Nette" (s. DAHMEN, 1973; VERWIEL, 1972; Mitteil. Landesanst. Ökol. Landsch.entw. Forstpl. NRW III,6, 1976).

1.2. ZIELSETZUNGEN DIESER ARBEIT

Entsprechend dem bisher Dargelegten sind die Zielsetzungen dieser Arbeit von zweierlei Art: Es sind zum einen solche, die vorwiegend unter regionalen, zum anderen solche, die vorwiegend unter überregionalen oder allgemeinen Aspekten zu sehen sind.

Unter dem regionalen Aspekt ergeben sich als vordringliche Aufgaben: a) die Erfassung und Analyse der ehemaligen und heutigen Flora und b) die Erfassung, Einordnung, Gliederung und Darstellung der Vegetationseinheiten.[2]

Es soll damit eine wesentliche Lücke in der Erforschung der niederrheinischen und limburgischen Flora und Vegetation geschlossen werden.

> Diese Kenntnis-"Lücke" wird um so stärker empfunden, seitdem die mehr oder weniger eutrophen Gewässer und Moore des Niederrheins - sozusagen als ihr topographischer und trophischer "Gegenpol" - Gegenstand intensiver pflanzensoziologischer und ökologischer Erforschung durch HILD (seit 1956) bzw. HILD u. REHNELT (seit 1965) sind.

Soweit sie die unter Naturschutz stehenden Untersuchungsobjekte betrifft (s.o.), will diese Arbeit einen Beitrag zu der für alle Naturschutzgebiete geforderten Inventarisierung und intensiven Bearbeitung sein (s. z.B. SUKOPP, BÖCKER u. KÖSTER, 1974).[3] Angesichts der fortschreitenden Zerstörung der Landschaft soll damit aber auch ein wichtiges Dokument für die

---

1) Außer dem Naturschutzgebiet Elmpter Bruch sind sie in Form flächenhafter Naturdenkmale geschützt oder bilden zu mehreren Bestandteile niederländischer "natuurreservaate".

2) Als Grundlage zur Erarbeitung dieser Themen wird u.a. eine eingehende Analyse des Klimas vorgenommen.

3) Einzeldarstellungen dieser Heidegewässer oder -moore würden jedoch den Rahmen dieser Arbeit sprengen, sie müssen späteren Veröffentlichungen vorbehalten bleiben.

Zukunft geschaffen werden, das überdies - im Zusammenhang mit der Anlage von Dauerbeobachtungsflächen bzw. -profilen (s. Kap.4.1.1.1.) - als Grundlage für spätere Forschungsvorhaben hinsichtlich der Vegetationsdynamik und der Ökologie unentbehrlich ist.

Über diese Zielsetzungen von regionaler Bedeutung hinaus verfolgt diese Arbeit folgende Ziele von allgemeinem überregionalem Interesse:

a) Erweiterung und Vertiefung der Kenntnis einer Reihe seltener, erst wenig beschriebener Pflanzengesellschaften.

b) Erweiterung und Vertiefung der Kenntnis der Vegetationseinheiten von Heidegewässern und -mooren ganz allgemein.

c) Erfassung und Darstellung des räumlichen Gefüges und der Dynamik der verschiedenen in Heidegewässern und -mooren verwirklichten Vegetationskomplexe und hier insbesondere derjenigen, in denen Schwingrasen eine Rolle spielen, bzw. die durch Schwingrasen verlandet sind. Dabei sollen erste Aussagen zu dieser Schwingrasenbildung gemacht werden, die - obwohl in Heidegewässern und -mooren weit verbreitet - noch weitgehend unbekannt ist.

Im Dienste dieser Ziele stehen: die Ausdehnung der Untersuchungen auf einen relativ großen Landschaftsraum, die große Zahl der Aufnahmen, die Art der Auswahl der Aufnahmen (s. Kap.4.1.1.1.), die umfangreichen Literatur- und Tabellenvergleiche und eine große Zahl an Torfbohrungen.

1.3. FORSCHUNGSSTAND

Bei Berücksichtigung des gesamten mitteleuropäischen Tieflandes findet sich insgesamt eine relativ große Zahl von Heidegewässern und -mooren, die in der Literatur erwähnt oder kurz beschrieben sind (s. Abb.2). Zum ganz überwiegenden Teil handelt es sich dabei um Hinweise zur Flora, seltener zur Vegetation, die meist nur von regionalem Interesse sind.

Eingehendere pflanzensoziologische Bearbeitungen jeweils eines Heidegewässers und/oder -moores wurden innerhalb des obengenannten Großraumes von folgenden Autoren vorgenommen: ALTEHAGE (1957, 1960, 1965), BURCKHARDT u. BURGSDORF (1962), BURRICHTER (1969 a), HUECK (1929), JACOBS (1958), JESCHKE (1961), JONAS (1932 b), JÖNS (1934), LÖTSCHERT (1964 a), MÜLLER-STOLL u. GRUHL (1959), PASSARGE (1955) und TÜXEN (1958 a,b, 1962).
Daneben gibt es zusammenfassende Darstellungen über mehrere Heidegewässer und -moore, die aber z.T. nur im Rahmen von Gebietsmonographien oder umfassenderen Abhandlungen über Gewässer und Moore ganz allgemein erscheinen (ALTEHAGE, 1955; DIERSCHKE, 1969, DIERSSEN, 1972; DUVIGNEAUD u. VANDEN BERGHEN, 1945; FISCHER, 1960, GROSSER, 1955 u. 1966; HUECK, 1925 u. 1931; JESCHKE, 1959; KRAUSCH, 1964 u. 1968; LIBBERT, 1933; MÜLLER-STOLL u. NEUBAUER, 1965; PASSARGE, 1964 b; SCHUMACHER, 1932; STAMER, 1967; SUKOPP, 1959).

Erstaunlicherweise gibt es gerade aus den Niederlanden, wo wohl der Schwerpunkt von Heidegewässern und Heidemooren liegt, außer der Arbeit von STRIJBOSCH (1976) keine eingehende Bearbeitung oder gar Monographie von Heidegewässern und -mooren.
Der Hauptanteil der oben genannten Arbeiten bezieht sich auf die mehr oder weniger oligotrophen Gewässer und "oligotrophen Verlandungsmoore" (s.u.) des subkontinentalen Bereichs des mitteleuropäischen Tieflandes, die nicht als Heidegewässer und Heidemoore im eigentlichen Sinne zu bezeichnen sind. Dennoch sollten sie als vergleichbare Objekte bei der Behandlung von Heidegewässern und -mooren mitherangezogen werden.

Die genannten Arbeiten weisen nur z.T. die Ausführlichkeit und Abgeschlossenheit einer Monographie auf; zumindest enthalten sie nicht in allen Fällen ausführliche und hinlänglich differenzierte, heutigen Maßstäben gerecht werdende Vegetationstabellen und -karten oder sonstige Vegetationsdarstellungen, durch die es erst möglich ist, das Gefüge des ganzen Vegetationskomplexes voll zu erfassen und dann - im Vergleich mit anderen - sowohl die allgemeinen als auch die speziellen Züge zu erkennen.

Ansätze zu einer Typisierung - und dann auch meist nur in einem lokalen oder regionalen Rahmen, also mit relativ kleinräumiger Gültigkeit - finden sich lediglich in wenigen der angegebenen Arbeiten.

Mehr oder weniger stark generalisierende, vorwiegend nur kurze Übersichten über die Vegetation von Heidegewässern und/oder -mooren ganz allgemein oder die eines größeren Gebietes stammen von BARKMAN u. WESTHOFF (1969), BEIJERINK (1936), BÜKER (1940), JONAS (1932 a), MARGADANT (1942), SLOFF (1928) und VAN DER VOO (1962 a u. 1964 a).

Unter den niederrheinischen Heidegewässern und -mooren haben seit der Mitte des vorigen Jahrhunderts (Verzeichnis ..., 1837, 1839; OLIGSCHLÄGER, 1839; WIRTGEN, 1857) vorwiegend jene der rechtsrheinischen Sandterrassen die Aufmerksamkeit der Floristen und später auch der Pflanzensoziologen auf sich gezogen: Von den wenigen, in diesem Bereich auch heute noch vorhandenen Heidegewässern und -mooren liegen vegetationskundliche Untersuchungen vor (SCHUMACHER, 1932: Wahner Heide; HENNES, 1934: Deutener Moor; SAUER, 1952: Scheuerteich; WOIKE, 1958: Hildener Heide; BURCKHARDT u. BURGSDORF, 1962: Schwarzes Wasser; RUNGE, 1966 a: Kirchhellener Heide). Dabei kann jedoch nicht von einer repräsentativen und exemplarischen Bearbeitung oder gar der Erlangung eines auch nur halbwegs geschlossenen Bildes der Vielfalt niederrheinischer Heidegewässer und -moore gesprochen werden.

> Zum einen nämlich stellen die untersuchten Gewässer bzw. Moore jeweils nur einen bestimmten, relativ wenig differenzierten Typ dar, zum anderen liegen die Untersuchungen vorwiegend schon lange zurück, und schließlich sind diesen größtenteils keine, ungenügende oder nur schwer vergleichbare Vegetationstabellen beigegeben.

Die Untersuchungsobjekte dieser Arbeit, die heute viel zahlreicheren, vielfältigeren und "wertvolleren" Heidegewässer und -moore im Gebiet des linken Niederrheins werden dagegen nur z.T. überhaupt jemals in der Literatur erwähnt, geschweige denn eingehender beschrieben.[1]

Die kurzen floristischen Hinweise, die sich seit HERRENKOHL (1871) vorwiegend in der niederländischen Literatur finden (s. S.25), aber auch die etwas ausführlicheren Beschreibungen (BECKER, 1874: Gangelter Bruch; HÖPPNER, 1911: Koningsveen; SCHWICKERATH, 1930: Gangelter Bruch) beziehen sich überwiegend auf inzwischen trockengelegte Gebiete, die zudem meist nicht zu den typischen Heidegewässern oder -mooren[2] zu rechnen sind.

> Nach der von LAUTERBORN (1918) aufgestellten und im Prinzip auch von STEEGER (1925 a u. 1940), HÖPPNER (1926 b u. 1940) und SCHWICKERATH (1961 b) übernommenen Einteilung der rheinischen Gewässer und Moore nehmen diese nämlich - ähnlich wie etwa heute noch das Elmpter Bruch - eine Zwischenstellung zwischen den "Mooren der alten Stromrinnen" und den eigentlichen Heidegewässern und -mooren ein.

Einige jüngere Arbeiten beinhalten kurze "Skizzen" einzelner Heidegewässer oder -moore (HILD, 1959 c; 1961 a,b; HUBATSCH, 1966;[3] KNORR u. SCHWICKERATH, 1959; MÖRZER BRUIJNS, 1952; VOO, 1963 b), einzelner Pflanzengesellschaften (HILD, 1959 a,b u. 1960; SCHWICKERATH, 1951) oder lediglich Einzelaufnahmen bestimmter Gesellschaften in Arbeiten anderen Zusammenhangs (DONSELAAR, 1961; SAUER, 1952). Ausführlichere pflanzensoziologische Untersuchungen sind nicht veröffentlicht.

Eine kurze, vom Verfasser erarbeitete und anläßlich einer Exkursion vervielfältigte Darstellung (einschließlich zweier Vegetationsprofile) der Vegetation des NSG Elmpter Schwalmbruch veröffentlichte HUBATSCH (1976).

Einen ersten groben Überblick über einige charakteristische Assoziationen der niederrheinischen Heidemoore und -gewässer (einschließlich einiger limburgischer auf der rechten Maasseite) gibt SCHWICKERATH (1961 b).

---

1) Der Grund liegt wohl z.T. in ihrer Abgeschiedenheit in den Grenzwaldungen, z.T. aber wohl auch in ihrem früher zahlen- und flächenmäßigen starken Zurücktreten gegenüber den mehr oder weniger eutrophen "Mooren der alten Stromrinnen" (LAUTERBORN, 1918) in diesem Gebiet.

2) Diese werden selbst in der grundlegenden Darstellung der niederrheinischen Gewässervegetation durch HÖPPNER (1962 b u. 1940) nur am Rande erwähnt.

3) HUBATSCH u. REHNELT, 1980

Über einige der Heidegebiete gibt es dagegen ausführliche pflanzensoziologische Darstellungen bzw. detaillierte Vegetationskarten (BOERSMA, 1963, CLEEF u. KERS, 1968, und TIDEMAN, 1955), in die die Heidegewässer und -moore aber nur wenig differenziert einbezogen sind.

Die bodenkundliche Bearbeitung des Meinweg-Gebietes (BANNINK, 1968), die ökologischen Angaben bei CLEFF u. KERS (1968) sowie die geologischen bzw. bodenkundlichen Arbeiten von SCHELLING (1952) und RIDDER u.a. (1967) bieten wertvolle ökologische Hinweise.

2. DAS UNTERSUCHUNGSGEBIET UND DIE UNTERSUCHUNGSOBJEKTE

2.1. DAS UNTERSUCHUNGSGEBIET

2.1.1. Überblick über Landschaft und Vegetation

Die hier zur Diskussion stehenden Heidegewässer und -moore liegen in den Sandgebieten (s. Abb.1), die sich entweder als kleinere isolierte Inseln oder als ausgedehnte, meist ziemlich schmale Landschaftsstreifen beiderseits der deutsch-niederländischen Grenze zwischen Heerlen (nw von Aachen) und Kleve in nord-südlicher Richtung erstrecken. Die N-S-Ausdehnung dieses Bereiches beträgt ca. 100 km, die Breite von W nach E nur ca. 1 bis 15 km.

> Obwohl die Sandflächen nicht geschlossen sind, sondern sich in mehrere Teilgebiete gliedern, kann man sie in ihrer Gesamtheit als eine Einheit betrachten, die von den nächstgelegenen Sandgebieten (belgische Campine, linke Maasterrassen, rechtsrheinische Sandterrassen zwischen Siegburg und Wesel, Sandgebiete des Westmünsterlandes) deutlich isoliert ist. KEILHACK (1917) stellt sie in die Reihe der großen Flußdünenlandschaften Mitteleuropas.

Die einzelnen Teilgebiete liegen z.T. auf unterschiedlichem Höhenniveau, und zwar zwischen 150 m (Brunssumer Heide im Süden) und 15 m ü. NN (Genneper Heide im Norden). Von West nach Ost steigt das Gelände in der Regel in 1 oder 2, selten auch 3 Geländestufen von einem Gebiet zum benachbarten, parallel verlaufenden oder sogar innerhalb ein und desselben Gebietes um 20 bis 60 m an.

Für die meisten Teilgebiete ist vielfach ein für das Tiefland recht markantes Relief typisch; es wird entweder durch Dünen, die eine Höhe von 15 m erreichen können, durch Terrassensprünge mit einer Höhendifferenz bis zu 20 m oder durch z.T. 30 bis 40 m tief eingeschnittene Erosionstäler hervorgerufen.

Ihre auffallendste Prägung erfahren die Sandgebiete aber durch die ausgedehnte Bedeckung mit Kiefernforsten oder die besonders auf holländischer Seite viele Hektar großen trockenen Heiden, die für die potentielle natürliche Vegetation, die Eichenbirkenwälder (TRAUTMANN, 1973), nur wenig Raum lassen. Eingestreut in diese großflächigen Formationen der Kiefernforste und trockenen Heiden liegen eine Reihe anderer Vegetationseinheiten:

> Die bemerkenswerteste ist wohl die Wachholderheide im Elmpter Bruch. Gebietsweise werden größere Flächen von der "feuchten Heide" und von Sarothamus-Beständen eingenommen, bzw. in feuchten Senken von der nassen oder "anmoorigen Heide". Offene Sandflächen, die z.T. noch in Bewegung sind, also vor allem die Dünen, sind meist von einem Mosaik aus lockeren Polytrichum piliferum-Beständen, aus Silbergrasfluren (Corynephoretea), Sandtrockenrasen und Nardo-Callunetea-Gesellschaften überzogen. Hinzu kommen gelegentlich Gagelgebüsche, manchmal auch kleinere Erlen- und Weidenbrücher sowie andere ziemlich eutrophe Gesellschaften, wie Sumpfgesellschaften und feuchtes Grünland. In einigen Gebieten finden sich sandige Äcker, Wiesen und Weiden, die z.T. heute aufgelassen sind und allmählich verheiden.

Eingebettet in diesen Landschafts- und Vegetationskomplex liegen nun als wesentlicher Bestandteil die Heidegewässer und -moore. Zu mehreren beieinanderliegend, bilden sie mit den verschiedenen, oben genannten Biotopen ein charakteristisches Mosaik.

2.1.2. Geologie

Im Rahmen dieser Arbeit sind geologisch in erster Linie die Oberflächensande von Interesse. Ist deren Mächtigkeit aber geringer als etwa 2 m, so muß auch das Liegende dieser Schicht einbezogen werden, da die Heidegewässer und -moore bis über 2 m tief sein können.

Die Darstellung des Gebietes in Abbildung 1 berücksichtigt die oberste Sandschicht.[1] Je

---

1) Der Karte liegen folgende Quellen zugrunde: MÜCKENHAUSEN (1952), MÜCKENHAUSEN u. WORTMANN (1953), HEIDE (1971), QUITZOW u. ZONNEVELD (1956), EDELMANN u. MAARLEVELD (1958), Bodemkaart van Nederland 1 : 200 000, Bl.9 (1960).

nach der Herkunft der Sande lassen sich Deck- und Dünensande, Sande der Stauchmoränen und Sander sowie tertiäre Sande unterscheiden.

Die Decksande wurden in der Würmeiszeit aus den trockenliegenden Schotterfluren des verwilderten Maastales ausgeblasen und bis auf die Haupt- und Mittelterrassen aufgeweht (BRAUN u. QUITZOW, 1961 u.a.). Im Extremfall erreichen die Decksande eine Mächtigkeit von 4 - 5 m (PANNEKOEK, 1956; RIDDER, 1967), oft jedoch sind sie weniger als 2 m mächtig. Der Untergrund ist in diesem Fall laut Literaturangaben, bestätigt durch eigene Bohrungen, verschieden ausgebildet: Das Terrassenmaterial besteht meistens aus Grobsanden bis kiesigen Sanden, in die teilweise schmale Tegelentonschichten eingelagert sind. Im allgemeinen erreicht das Terrassenmaterial eine große Mächtigkeit, in einigen Fällen stellte ich aber eine Dicke von weniger als 1 m fest. Es liegt dann seinerseits oligozänem glauconitischem sandigem Ton auf.

Die im Vergleich zu den Decksanden im ganzen noch nährstoffärmeren Dünensande (MÜCKENHAUSEN u. WORTMANN, 1953) treten einerseits inmitten der Decksandgebiete der Hauptterrassen als kleinere oder größere Dünengruppen von einer Höhe bis zu 15 m auf. Zum anderen sind sie zu schmalen bis 35 km langgestreckten flußparallelen Dünenketten auf den westlichen Teilen der Niederterrasse aufgereiht. Diese Dünenketten wurden von der spätglazialen Zeit an in Schüben aus dem Flußsand des Maas-Tals angeweht; die Dünen der Hauptterrasse stammen dagegen aus den Decksanden ihrer unmittelbaren Umgebung.

Die tertiären Sande, die großflächig und mächtig im äußersten Süden auftreten, sind entweder miozänen Ursprungs (Brunssumer Heide) oder sie stellen nach v. BAREN (1920) außerordentlich nährstoffarme pliozäne Sande dar (Teverner Heide).

Neben diesen stark dominierenden Dünen- und Decksandgebieten treten im Norden die Sander- und Stauchmoränensande auf, in denen aber keine Heidegewässer und -moore vorkommen.

2.1.3. Klima

Zwei Gründe legen es nahe, das Klima über das übliche Maß hinaus zu behandeln:

1. wie SCHWICKERATH (1936 b, 1961 b) gezeigt hat, haben viele der für das Gebiet typischen Pflanzen und in noch ausgeprägterem Maße die durch sie gekennzeichneten Pflanzengesellschaften ein atlantisches Areal und befinden sich hier im südöstlichen Grenzbereich ihrer geschlossenen Verbreitung (s. Kap. Flora). Die Vorkommen einzelner Gesellschaften markieren sogar einen Abschnitt ihrer südöstlichen Arealgrenzen. Viele andere typische Arten bzw. Gesellschaften haben einen borealen Verbreitungsschwerpunkt.

2. Die Heidemoore zeigen eine hochmoorähnliche Vegetation, die z.T. aus den typischen Hochmoorgesellschaften besteht, ohne daß es zu einer echten Hochmoorbildung kommt. Manche Heidemoore erinnern in ihrem Charakter sehr stark an Moorbildungen, wie sie für kontinentalere Gebiete, besonders für die Mark Brandenburg als "Waldhochmoore", "oligotrophe Verlandungsmoore" (MÜLLER-STOLL u. GRUHL, 1959; SUKOPP, 1959) oder besser "Pseudohochmoore" (Steffen, 1931) beschrieben worden sind.

Die Klimabetrachtung versucht dementsprechend vor allem, der Ozeanität nachzugehen und klimatische Unterschiede, die sich im Vergleich mit hochmoorreichen Gebieten ergeben, in den Vordergrund zu rücken. Beides ist aber nur möglich, wenn an Stelle der isolierten Betrachtung des Gebietes eine Betrachtung vor dem klimatischen Hintergrund des gesamten nordwestmitteleuropäischen Tieflandes erfolgt.

Die Auswertung der Klimadaten und Karten aus diesem Großraum wurde vor allem dadurch erschwert, daß für die Niederlande und Deutschland teilweise unterschiedliche Meßzeiträume und Bezugsgrößen vorliegen. Dadurch wurde gelegentlich eine getrennte Behandlung des deutschen und niederländischen Teils des Untersuchungsgebietes nötig.
Die vorhandenen Literaturangaben und Karten, die größtenteils aus dem Zeitraum 1891-1930 stammen, konnten durch zahlreiche unveröffentlichte Daten aus jüngerer Zeit (1931-1960 und 1961-1970) ergänzt werden, die mir freundlicherweise folgende Institute zur Verfügung stellten: das Wetteramt Essen, das Koninklijke Nederlands Meteorologisch Instituut de Bilt und die Meteorological Offices der mitten im Untersuchungsgebiet liegenden Militärflugplätze Teveren und Elmpt (s. Abb.1).

2.1.3.1. Niederschlag

Hinsichtlich der mittleren jährlichen Niederschlagssumme (s. Abb.3) reicht der mittlere Teil
des Untersuchungsgebietes in das mittellimburgische Trockengebiet, das einen für die gesamten Niederlande und Belgien einmalig niedrigen Wert von < 600 m aufweist. Nur im Pariser
Becken, im Raum Zülpich-Euskirchen ("Erfttrockenmulde") und dann erst wieder von den östlichen Bereichen der Lüneburger Heide ab nach Osten sind die Niederschläge derart gering bzw.
noch geringer. Von diesem mittellimburgischen Trockengebiet aus steigen die Niederschläge
innerhalb kurzer Entfernung, und somit auch innerhalb des Untersuchungsgebietes, in nördli-
cher, südlicher und östlicher Richtung bis auf 700 bis 750 mm an. In Anbetracht des schmalen Untersuchungsgebietes ist dabei vor allem die recht erhebliche Niederschlagszunahme in
W-E-Richtung bemerkenswert.

> Sie beruht wohl auf einem für Flachlandverhältnisse relativ starken Höhenanstieg in glei-
> cher Richtung und auf dem damit verbundenen recht unvermittelten Übergang in eine hydro-
> logisch und vegetationsmäßig andersartige Landschaft: die offene Maasniederung und Nie-
> derterrasse einerseits und die ziemlich geschlossen bewaldete Hauptterrasse andererseits.

Die meisten Einzeluntersuchungsgebiete liegen demnach in einem Gebiet, das mit 650 - 700 mm
innerhalb des nordwest-mitteleuropäischen Flachlands als relativ niederschlagsarm bezeichnet
werden muß. Nur ein Teil der Gebiete im Bereich der Hauptterrasse auf deutscher Seite erhält
Niederschläge von 700 - 750 mm, wie sie für den größten Bereich des belgischen, niederländischen und nordwestdeutschen Tieflandes charakteristisch sind.

> Dort erreichen größere Gebiete, so z.B. auch die dem Untersuchungsgebiet nächstgelegenen
> Sandgebiete auf den rechtsrheinischen Terrassen und im anschließenden westlichen Münster-
> land, Werte bis 800 mm oder sogar 850 mm. Besonders Gebiete mit Hochmooren erreichen oder
> übertreffen meist 750 mm Niederschlag, die nach TROLL u. GAMS (1931) eine Voraussetzung
> für das Vorkommen von Hochmooren sind.

Die Jahressumme der Niederschläge allein sagt über Ozeanität und Kontinentalität erst wenig
aus. Von den verschiedenen Möglichkeiten, die RINGLEB (1948 u. 1950) zur Erfassung "kontinentaler und maritimer Komponenten" in den N-Verhältnissen NW-Deutschlands anführt, sei zwei-
en hier nachgegangen:

1) Ein für die nordwestdeutschen Verhältnisse besonders aussagekräftiges Verfahren sieht
RINGLEB (1948) in der Ermittlung der Niederschlagsdifferenz zwischen den beiden Zeiträumen
August - Oktober einerseits und Mai - Juli andererseits (Methode nach HENZE). Zeigt diese
Differenz positive Werte, nennt RINGLEB das Klima ozeanisch, umgekehrt gibt die Höhe des ne-
gativen Wertes den Grad der "hygrischen Kontinentalität" an.

> Die entsprechenden Zahlenangaben aus dem Untersuchungsgebiet liegen für die deutsche Sei-
> te von RINGLEB (1948) und für die niederländische Seite von SISSINGH (1949) vor. Die Un-
> einheitlichkeit und entsprechend erschwerte Vergleichbarkeit der Zahlen (Angabe der Nie-
> derschlagsdifferenz in % bei RINGLEB, absolute Werte der beiden Perioden bei SISSINGH)
> bedingen die zunächst getrennte Betrachtung der deutschen und niederländischen Seite des
> Untersuchungsgebietes:

Der größte Teil der deutschen Seite zeigt eine Niederschlagsdifferenz zwischen 0 und + 2 %
(RINGLEB, 1948), was auf eine relativ schwache "hygrische Ozeanität" hinweist. Noch schwächer ist die Ozeanität im äußersten Süden des Untersuchungsgebietes (0 bis - 2 %).

Innerhalb der Werteskala für Nordwestdeutschland, die von + 8 % an der Küste bis < - 4 % in
der Erfttrockenmulde und im äußersten SE des niedersächsischen Tieflandes reicht, nimmt demnach die deutsche Seite des Untersuchungsgebietes eine mittlere Stellung ein.

> Im Bereich desselben Ozeanitätsgrades wie das Untersuchungsgebiet liegen das westliche
> und südliche Münsterland, das Emsland und das mittlere Oldenburg. Während die nördlich
> hieran anschließenden Gebiete einen größeren Ozeanitätsgrad zeigen, weisen die südlich
> und östlich davon gelegenen Gebiete mit Werten bis < - 4 % eine kontinentale Komponente
> auf.

Im größten Teil des niederländischen Untersuchungsgebietes führt die Niederschlagsdifferenz
zwischen "atlantischer Regenperiode" und "atlantischer Trockenperiode" (SISSINGH, 1949),
die den Zeiträumen bei RINGLEB (s.o.) entsprechen, zu negativen Werten:

Eine auf den Jahresniederschlag bezogene Angabe des Differenzwertes in % (entsprechend den Werten von RINGLEB für die deutsche Seite) ist in Anbetracht der Spanne bei den SISSINGHschen Werten ebenfalls nur innerhalb einer weiten Spanne möglich: Danach muß der Wert für den größten Teil des Untersuchungsgebietes zwischen 0 und - 6 % liegen; nur im äußersten Norden und im Süden entsprechen die prozentualen Daten (zwischen + 3 % und - 3 %) denen der deutschen Seite.

Im Vergleich zum größten Teil der Niederlande einerseits und zur deutschen Seite andererseits liegt der Differenzwert im niederländischen Teil des Untersuchungsgebietes also durchweg niedriger. Der niederländische Teil erweist sich dadurch als noch weniger ozeanisch.

Das liegt wohl daran, daß sich die "atlantische Regenperiode" im gesamten niederländischen Untersuchungsgebiet als gar nicht regnerisch erweist. Die größten Teile Nord- und Mittellimburgs sind in dieser Jahreszeit die trockensten, also relativ kontinentalsten Regionen der Niederlande, wohingegen die Regenmenge während der "atlantischen Trockenperiode" nicht hinter dem Niederschlagswert großer Teile des Landes zurücksteht. Das "Defizit" der atlantischen Regenperiode auf niederländischer Seite verhindert also nicht nur positive Differenzwerte, es macht sich außerdem in der Gesamtniederschlagsmenge bemerkbar, die auf der niederländischen Seite des Untersuchungsgebietes ja merklich niedriger liegt als auf der deutschen Seite (s.o.).

2) Ein weiteres wichtiges Kriterium zur Bestimmung des Ozeanitätsgrades ist "der Jahresgang der Niederschläge nach Monaten" (RINGLEB, 1950). Besonders große Bedeutung kommt dabei dem Monat des Niederschlag-Maximums zu, wobei RINGLEB zwischen August-Maximum und Juli-Maximum die Grenze zwischen euatlantischen und subatlantischen Provinzen zieht.[1]
Die Karten für Belgien und die Niederlande (VAN EVERDINGEN, 1949) sowie für Nordwestdeutschland (RINGLEB, 1950) und der Klimaatlas von Nordrhein-Westfalen (1960) zeigen, daß das gesamte Untersuchungsgebiet bis auf seinen nördlichsten Teil der Zone mit Juli-Maximum, d.h. der subatlantischen Zone angehört.

Aufgrund der "Neben-Maxima" (RINGLEB) erweist sich wieder der mittlere Teil, also vor allem das Meinweg-Gebiet, als noch weniger atlantisch als das übrige Gebiet (Jod = Juli, Oktober, Dezember gegenüber Jdo = Juli, Dezember, Oktober).

Der äußerste Norden des Gebietes gehört bereits zu der euatlantischen Zone mit August-Maximum, die sich westlich der Linie "unterer Niederrhein - Bremen - nördliche Lüneburger Heide" an die Gebiete mit Juli-Maximum anschließt (HOFFMEISTER u. SCHNELLE, 1945, und RINGLEB, 1950).

Die bisherigen Aussagen über die Niederschlagsverhältnisse stützen sich im wesentlichen auf Durchschnittswerte aus dem Zeitraum 1891-1930. Die Auswertung von Werten aus jüngerer Zeit (1931-1960 bzw. 1951-1960 u. 1961-1969), die mir die oben genannten Institute zur Verfügung stellten, ergab folgende Abweichungen:
1) 5 - 15 % höhere mittlere Jahressummen der Niederschläge in den letzten beiden Jahrzehnten, verbunden mit einer Abschwächung der räumlichen Niederschlagsdifferenzierung zwischen den mittleren Bereichen und den Nord- und Süd-Teilen einerseits und zwischen West und Ost andererseits.[2]
2) Überall positive Werte der Niederschlagsdifferenz zwischen den beiden oben genannten Jahresabschnitten (s. RINGLEB); Anstieg z.T. bis auf 4 %.
3) Teilweise Verschiebung des Niederschlagsmaximums von Juli auf August.

Die vollständig vorliegenden Daten aus jüngerer Zeit erlauben es, Angaben zum Schwankungsquotienten (maximaler : minimaler Jahresniederschlag) zu machen, der "für das Verständnis mancher Vegetationstypen, vor allem die Moore, unentbehrlich ist" (LEICK, 1930). RABBOW (1925) behauptet außerdem: "Ein hoher Schwankungsquotient bedingt oft trotz günstiger Wasserbilanz keine Hochmoore."
Wie bei RABBOW sind meine Werte ebenfalls für einen 10jährigen Zeitraum errechnet (1960-1969). Der Schwankungsquotient beträgt für Kleve 1,9, für Walbeck und Heinsberg (s. Abb.1) 1,7 und für Aachen 1,6.

RABBOWs Werte (1904-1913), die wegen des großen zeitlichen Abstandes nur eine Orientierungshilfe sein können, liegen für die beiden hochmoornahen Stationen Memel (1,22) und Königsberg (1,5) niedriger. Für Stettin beträgt der Wert wie im Untersuchungsgebiet 1,7.

---

1) TROLL u. PAFFEN (1964) fassen den euatlantischen Begriff noch etwas enger, indem sie auch die Zonen mit August-Maximum noch zum subatlantischen Bereich stellen und nur die Gebiete mit Herbst- und Winterniederschlagsmaximum dem euatlantischen Gebiet zuordnen.

2) Eine Niederschlagszunahme zwischen 1931 und 1960 im ganzen Land belegt die neueste Niederschlagskarte der Niederlande (Atlas v. Nederland, 1970).

2.1.3.2. Temperatur

Die Angaben über die Temperaturverhältnisse für den Zeitraum 1891-1930 sind folgenden Karten bzw. Atlanten entnommen: KNOCH u. REICHEL (1937), Atlas de Belgique (ab 1957), Atlas van Nederland (ab 1963), Klimaatlanten von NRW (1960) und Niedersachsen (1964).

Die durchschnittliche Jahresmitteltemperatur liegt im Untersuchungsgebiet bei 9,5 bis 10°. Dieselben Werte finden sich innerhalb des nordwest-mitteleuropäischen Tieflands nur im übrigen Limburg, im westlichen holländischen Küstengebiet und in der niederrheinischen und westfälischen Bucht.

Während der Wert von 10° C erst im nordwestlichen belgischen Tiefland und in großen Teilen N-Frankreichs übertroffen wird, liegen die Durchschnittswerte in allen übrigen Teilen des Großraums tiefer, so auch in den Hochmoorgebieten in Drenthe und Overijssel, die mit 8,5 - 9° die kälteste Region der Niederlande darstellen.

Das Untersuchungsgebiet und die meisten übrigen Gebiete mit demselben Jahresmittel von 9,5 - 10° (Niederrhein, Limburg, westfälische Bucht) stimmen auch im Temperaturmittel ihres kältesten und wärmsten Monats überein (Januarmittel 1 - 2°, Julimittel 17 - 18°): Das Januarmittel, das schon in den Bereich der für die subatlantische Zone typischen Werte (+2 bis -3°) fällt (TROLL u. PAFFEN, 1964), wird innerhalb NW-Mitteleuropas lediglich vom westlichen Küstengebiet Hollands und dem größten Teil des belgischen Tieflands übertroffen. Das Julimittel tritt dagegen außer in den oben genannten Gebieten nur noch in den kontinentaleren Bereichen des östlichen und südöstlichen Niedersachsens auf; der weitaus größte Teil NW-Mitteleuropas liegt dagegen zwischen 16 - 17°.

Die für die thermische Kennzeichnung maritimer bzw. kontinentaler Züge (= thermische Ozeanität) bedeutsame mittlere Jahresamplitude liegt im Untersuchungsgebiet zwischen 15,5 und 16°. Es nimmt damit wie auch die westfälische Bucht und das westliche niedersächsische Tiefland eine Mittelstellung im Rahmen der von Westen nach Osten abnehmenden Ozeanität ein (Helder, westlich der Zuidersee: 14°; östliche Lüneburger Heide: 17°).
Temperaturangaben aus jüngerer Zeit (1931-1960) zeigen eine von Ost nach West abnehmende ozeanische Tendenz innerhalb des Untersuchungsgebiets: Besonders die mittlere Jahresamplitude und das Julimittel liegen bei allen niederländischen Stationen (s. Tab.1: Gruppe 1) über denen der entsprechenden deutschen Stationen (Gruppe 2).

Die übrigen 9 Methoden, die bei der Ermittlung der thermischen Ozeanität Anwendung finden (s. RINGLEB, 1947), ergeben für das Untersuchungsgebiet einen geringeren Ozeanitätsgrad, als es zunächst aufgrund der Jahresamplitude der Fall war.

Nach den von RINGLEB angewandten Kontinentalitätsformeln von ZENKER und GORCZYNSKI gehört das Gebiet mit 17 - 18 % Kontinentalität und entsprechend 82 - 83 % Ozeanität im ganzen gerade noch zum ozeanischen Klimagebiet, dessen Grenze zum mitteleuropäischen Klima bei ca. 20 % gezogen wird. Nach der Methode der Phasenverschiebung der jährlichen Extremtemperaturen und aufgrund der anderen Methoden von RINGLEB erweist sich das Untersuchungsgebiet als noch schwächer ozeanisch.

Das Untersuchungsgebiet gehört mit 60 - 80 Frosttagen in einen Bereich, der neben Limburg und dem Niederrhein mehr oder weniger große Teile der östlichen und südlichen Niederlande, das westliche und nördliche Münsterland und das südliche Emsland umfaßt.

Von den belgischen und holländischen Küstengebieten mit < 40 - 50 Tagen steigt die Zahl bis auf mehr als 80 Tage in den hochmoorreichen Gebieten der östlichen Niederlande.

In der Dauer der frostfreien Zeit (190 - 200 Tage) übertrifft das Untersuchungsgebiet den größten Teil des nordwestdeutschen Tieflandes (150 - 170 Tage).

Die Extreme liegen in den Niederlanden zwischen mehr als 225 Tagen in den Küstenprovinzen und 150 - 170 Tagen in den hochmoorreichen Ostniederlanden. In Deutschland betragen die entsprechenden Werte 210 - 220 Tage (Küstengebiete) und < 140 Tage (östliche Lüneburger Heide).

2.1.3.3. Weitere Faktoren

Im folgenden werden vor allem solche Faktoren bzw. Darstellungen herangezogen, die Niederschlag und Temperatur in Beziehung zueinander setzen und besonders geeignet sind, den Wasserhaushalt zu charakterisieren, der wiederum für die Vegetation und die Landschaft der Heidegewässer und -moore von entscheidender Bedeutung ist.

1) Intensität, Dauer und Jahresgang der "Humidität" lassen sich aus den nach WALTER u. LIEHT
(1960-1967) erstellten Klimadiagrammen zweier Stationen (Heinsberg und Walbeck, s. Abb.4) innerhalb des Untersuchungsgebietes ablesen. Ein Vergleich mit anderen Diagrammen aus dem nw-
mitteleuropäischen Großraum zeigt sowohl hinsichtlich des Grades der Humidität (schraffierte
Fläche zwischen Niederschlags- und Temperaturkurve) als auch hinsichtlich der Lage der humi-
desten Phasen (Spätherbst und Winter sowie August) und der am wenigsten humiden Phase (Mai
und Juni) eine große Ähnlichkeit zwischen denen des Untersuchungsgebietes und denen eines
großen Teils des nw-mitteleuropäischen Großraumes (östliches Belgien, östliche Niederlande,
Westfalen und südniedersächsisches Tiefland).
Innerhalb dieses großen Bereichs mit sehr ähnlichen Diagrammen (WALTER u. LIETH: Klimatyp
VI 2; Beispiel: Celle, s. Abb.5) nimmt das Untersuchungsgebiet also eine westliche Randlage
ein. Gebiete mit deutlich geringerer Humidität (Typ VI 7; Beispiel: Berlin, s. Abb.5) finden
sich erst ostwärts der Lüneburger Heide, während Gebiete mit größerer Humidität (Typ VI (V);
Beispiel: Lille, s. Abb.5) sich stellenweise sogar unmittelbar nach Westen an das Untersuchungsgebiet anschließen (s. Sittard, Abb.5).

> Die Abgrenzung der genannten Gebiete durch WALTER und LIETH geschieht außer durch die Hu-
> midität durch andere Faktoren, wie z.B. durch die Anzahl der Monate mit mittlerem tägli-
> chen Temperaturminimum unter 0° C (s. Diagramm: schwarzer Balken unter der Nullinie). In
> dem im Westen an das Untersuchungsgebiet anschließenden Gebiet des Klimatyps VI (V) hat
> kein Monat ein mittleres tägliches Minimum von unter 0°, was den relativ hohen Grad der
> Ozeanität dieses Gebietes besonders gut kennzeichnet. Es setzt sich damit deutlich vom
> Untersuchungsgebiet (2 Monate mit mittlerem täglichen Minimum unter 0° C) und den weiter
> östlich gelegenen Gebieten (Berlin: 4 Monate) ab.

Aufgrund der Klimadiagramme erweist sich das Gebiet als weniger stark atlantisch, als es seine relativ westliche Lage zunächst erwarten läßt. Nach TROLL u. PAFFEN (1964) liegt es im Bereich des subatlantischen Klimagebietes, wobei allerdings die Grenze zum euatlantischen Klimagebiet nur wenig westlich des Untersuchungsgebietes verläuft.

2) Nach dem "Trockenheitsindex" von MARTONNE, der in der erweiterten Formel von REICHEL
(1929) neben der Temperatur und dem Niederschlag auch das ökologisch wichtige Moment der Anzahl der Regentage (N > 1 mm) erfaßt, liegen die Werte des deutschen Teils des Untersuchungsgebietes für die Vegetationsperiode bei 30 - 35 und für das Jahresmittel bei 40 - 45.

> Diese Werte gelten ebenfalls für die in Niederschlag und Temperatur ähnlichen Landschaf-
> ten: Niederrheinisches Tiefland, westliches und nördliches Westfalen und SW-Niedersachsen.
> Niedrigere Werte haben die niederrheinische Bucht und das südöstliche Münsterland, höhere
> dagegen das westliche Münsterland.

3) Das Jahresmittel des Sättigungsdefizits, das "besser als die Feuchte als Maß der Verdun-
stung zu nehmen ist" (RABBOW, 1925), wurde für die beiden Stationen Walbeck und Venlo[1] aus
den Monatsmittelwerten von Luftfeuchtigkeit und Temperatur (1951-1960) errechnet: Gemessen an
den Werten RABBOWs aus dem Zeitraum 1904-1913, die mangels anderer Daten hier herangezogen
werden müssen, liegen die Werte im Untersuchungsgebiet mit 2 (Walbeck) bzw. 2,5 (Venlo) relativ hoch (Stettin 1,9), beonsers niedrig dagegen in hochmoornahen Stationen (Memel 1,5; Königsberg 1,6).

Noch entscheidender für die Humidität, und nach RABBOW von Einfluß auf die Hochmoorbildung,
ist der Kurvenverlauf von Sättigungsdefizit und Niederschlag pro Monatstag: "Je weniger sich

---

1) Für Heinsberg liegen leider keine Angaben zur Luftfeuchtigkeit vor.

die Kurve des Sättigungsdefizits über die des Niederschlags pro Monatstag erhebt ..., desto
günstiger ist das Klima einer Hochmoorbildung." An beiden Stationen im Untersuchungsgebiet
verläuft die Kurve des Sättigungsdefizits 2 - 3 Monate länger über der Niederschlagskurve
als RABBOW für Stationen in Hochmoornähe angibt (s. Memel: Mai - August).

Auch hinsichtlich des Wasserbilanzquotienten (Quotient aus Niederschlag und Sättigungsdefizit) erweist sich das Untersuchungsgebiet im Verhältnis zu seiner westlichen Lage als relativ wenig humid:
Nach der Karte von MEYER (1926; s. auch in WALTER, 1960) liegt das Untersuchungsgebiet ebenso wie große Teile der Niederlande im Bereich zwischen 400 - 500. Für Walbeck und Venlo lassen
sich aus den Daten für Niederschlag und Sättigungsdefizit die Werte 485 und 493 ermitteln:

Monate	I	II	III	IV	V	VI	VII	VIII	IX	X	XI	XII	
Venlo:	86	51	28	12	13	13	18	27	26	30	55	134	493
Walbeck:	88	52	28	23	16	15	21	26	27	38	66	85	485

Die östlichen Niederlande, ganz N-Deutschland und somit auch die Gebiete mit Hochmoor-
vorkommen erweisen sich demgegenüber mit Werten zwischen 500 - 600 als durchweg humider.
Auch RABBOWs und MEYERs Angaben zu einzelnen Stationen zeigen im allgemeinen höhere Werte
in hochmoorreichen Gebieten.

Außer der Jahressumme ist der Minimumwert und vor allem die Dauer der niedrigen Werte (d.h.
< 30) von Bedeutung, denn "je höher die Werte im Sommer, je weniger lang ihr Tiefstand ...
um so günstiger ist die Wasserbilanz für die Moore" (LEICK, 1930): Der Minimumwert beträgt
für Walbeck 15, für Venlo 12. Die Dauer der Werte von < 30 (s. Tab.) erweist sich für Venlo
und Walbeck mit 7 Monaten als relativ lang; die Stationen in den hochmoorreichen Gebieten
(Memel, Königsberg, Bremen) haben dagegen nur 3 - 4 Monate lang derart niedrige Werte.

Gerade umgekehrt liegen die Verhältnisse, wenn man die Dauer der Werte über 60 betrachtet,
die nach RABBOW und MEYER für die Humus- bzw. Torfbildung und somit auch für die Hochmoorbildung unentbehrlich sind: Für Walbeck und Venlo ergeben sich nur 2 bzw. 3 Monate, für Gebiete
in Hochmoornähe 6 Monate (Königsberg) bzw. 7 Monate (Memel).

2.1.3.4. Zusammenfassende Klimacharakterisierung

Im Verhältnis zu seiner westlichen Lage erweist sich das Untersuchungsgebiet als im ganzen
nur relativ schwach atlantisch. Dafür sprechen: das Julimaximum der Niederschläge, die relativ geringe Jahressumme der Niederschläge (überwiegend 650 - 700 mm), die schwach positiven
bis negativen Werte der Niederschlagsdifferenz zwischen der "atlantischen Regenperiode"
(August bis Oktober) und der "atlantischen Trockenperiode" (Mai bis Juli) sowie die mit Hilfe
verschiedener Kontinentalitätsformeln errechneten Werte und schließlich die Klimadiagramme
nach WALTER. Nach der neuesten großräumigen Klimaklassifikation von TROLL und PAFFEN liegt
das Untersuchungsgebiet im westlichen Randbereich der subozeanischen Klimazone.

Ungünstige Voraussetzungen für eine Hochmoorbildung sind: die relativ geringen Niederschläge,
ihr relativ hoher Schwankungsquotient und der niedrige Jahreswert des Wasserbilanzquotienten.
Außerdem verläuft die Jahreskurve des Sättigungsdefizits hier 2 - 3 Monate länger über der
Niederschlagskurve als in hochmoorreichen Gebieten.

2.2. DIE UNTERSUCHUNGSOBJEKTE

2.2.1. Inhaltsbestimmung der Begriffe Heidegewässer und Heidemoor

In GRAEBNERs grundlegender Monographie über die Heiden Norddeutschlands (1901) werden sowohl Heidemoore als auch Heidegewässer ganz allgemein als "integrierende Bestandteile der echten Heiden" betrachtet und als zwei gleichwertige Formationen neben Formationen wie die "Calluna-Heide" oder die "Erica-Heide" gestellt.

Heidegewässer und -moore können nicht losgelöst voneinander betrachtet werden, weil die Elemente beider Formationen hier aufs engste räumlich miteinander verknüpft sind, indem sie gemeinsam in Form von Vegetationskomplexen die nassesten (tiefsten) Geländesenken einnehmen.

Diese enge räumliche Verzahnung ist aber nur Ausdruck einer engen vegetationsdynamischen Verknüpfung: Viele Heidegewässer entwickeln sich nämlich zu Heidemooren und zeigen ± große Partien mit Heidemoorvegetation. Andererseits handelt es sich bei den Heidemooren fast ausschließlich um solche, die aus Heidegewässern hervorgegangen sind. Heidegewässer und -moore sind also sozusagen nur die beiden Pole einer Entwicklungsreihe mit vielfältigen Übergangsbildungen, die z.T. mit dem Begriff "Sumpf" oder "Sumpfmoor" umschrieben werden können.

In den Niederlanden ist es in den letzten Jahrzehnten üblich geworden, sämtliche moorigen oder überschwemmten Senken in Heidegebieten einschließlich der darin entstandenen Moore zu einer begrifflichen Einheit zusammenzufassen und als "Venne" (Singular: "Ven") zu bezeichnen (im Gegensatz zu "Venen" - Singular: "Veen" = Moor oder auch Torf). Es läge also nahe, statt "Heidegewässer und -moore" den einfacheren Begriff "Venne" zu verwenden.
Auch am Niederrhein und im Münsterland (s. z.B. auch HENNES, 1934) wird vielerorts der Begriff "Venn" in diesem Sinne gebraucht. STEEGER (1925 a) und HILD (1966) meinen aber, darunter seien ehemalige Torfkuhlen zu verstehen. Ansonsten werden im Deutschen die Begriffe "Ven", "Veen", "Venn" (s. z.B. "Hohes Venn"), "Fen", "Fenn", "Fehn" nicht klar voneinander geschieden.
Wegen der offensichtlichen Unklarheiten über den Inhalt des Begriffs "Ven" bzw. "Venne" und seiner fehlenden Abgrenzung zu ähnlichen Begriffen möchte ich ihn hier nicht gebrauchen.

Auch wenn bei der Behandlung von Flora und Vegetation im Hauptteil der Arbeit keine strenge Trennung in die beiden Formationen Heidegewässer und -moore vorgenommen wird,[1] so ist dennoch eine getrennte Klärung der beiden Begriffe "Heidegewässer" und "Heidemoore" nötig, vor allem in Hinblick auf ihre Abgrenzung gegenüber den umgebenden Biotopen bzw. Formationen.

Heidegewässer: Der Begriff "Heidegewässer" soll hier in mehrfacher Hinsicht nicht im wörtlichen Sinne verstanden werden. Einerseits bleiben eigentliche Fließgewässer sowie Gewässer in Ton- und Sandgruben, die besonders in den Heidegebieten des Untersuchungsgebietes häufig sind, ausgeschlossen. Andererseits liegen viele Heidegewässer heute nicht unmittelbar in Heide eingebettet, sondern - eventuell nur von schmalen Heidestreifen umgeben - in Kiefernforsten, die inzwischen die Stelle der Heiden einnehmen und auch noch heute vielfach den Namen "- Heide" tragen. Es werden überdies einige Gewässer dazugezählt, die von sandigen Wiesen oder Äckern innerhalb größerer Heide- oder Kiefernforstgebiete umgeben sind.
Das Gemeinsame aller Heidegewässer ist zunächst nur, daß sie alle in arme Sande eingesenkt oder zumindest zum größten Teil von solchen umgeben sind und deshalb als relativ nährstoffarm gelten müssen.

In diesem Sinne sind auch die meisten der in der Literatur zu findenden Begriffe wie "Heideseen" (GRAEBNER, 1901; STEFFEN, 1931; LUNDBECK, 1954), "Heide- und Dünenseen" (STEEGER, 1925, 1940, für einen Teil der Gewässer des Untersuchungsgebietes), "Heideweiher" (BÜKER, 1940; RUNGE, 1961, 1974), "Heidetümpel" (TÜXEN, 1958 a; GRAEBNER, 1901), "Heideteiche" (WEIMANN, 1942), "Heidekölke" (JONAS, 1932) zu verstehen.

Ich habe den allgemeinen Begriff "Heidegewässer" (s. auch GRAEBNER, 1901) diesen differenzierteren Begriffen vorgezogen. Die aufgezählten Begriffe sollten nicht, wie es bei den genannten Autoren durchweg geschieht, pauschal für alle stehenden Heidegewässer angewandt wer-

---

1) Es wird jedoch eine Reihe von Vegetationskomplextypen dargestellt (in Form von Vegetationsprofilen), die zugleich jeweils bestimmte Glieder in der Entwicklungsreihe vom Gewässer zum Moor darstellen, ohne daß sie meist eindeutig und ausschließlich der einen oder der anderen Formation zugeordnet werden können.

den, sondern im Interesse einer klaren limnologischen und hydrologischen Begriffsbildung und des Verständnisses der soziologischen und ökologischen Verhältnisse nur jeweils für solche Gewässer, die tatsächlich als Weiher, Tümpel usw. im Sinne FORELs (1901) und THIENEMANNs (1925, 1940) angesehen werden dürfen:[1]

Im Untersuchungsgebiet handelt es sich meist um <u>Weiher</u>, oft um <u>Tümpel</u> und selten um "flache <u>Heideseen</u>" (LUNDBECK, 1954).

> Von den Weihern und flachen Heideseen gibt es fließende Übergänge über solche Gewässer, die nur in trockeneren Sommern trockenfallen, und solchen, die jedes Jahr kurzzeitig, oft aber mehrmals austrocknen bis zu den echten Tümpeln; es sind dies Geländemulden, die nur periodisch, allerdings regelmäßig im Winter, Frühjahr und nach Regenzeiten - insgesamt ca. 6 Monate lang - Wasser führen. Nur sporadisch wassergefüllte Senken werden nicht miteinbezogen.
> Viele dieser Gewässer gehören wohl zur Kategorie der "Kleingewässer" (KREUZER, 1940), zu denen er u.a. neben Torfstichen, Schlenken und stagnierenden Gräben, wie sie auch im Untersuchungsgebiet vorkommen, vor allem auch Kleinteiche[2] (ausdauernd) und Tümpel[2] (periodisch) in Sand- und Heidegebieten rechnet.
> Nur einige Gewässer des Untersuchungsgebietes könnte man im limnologischen Sinne mit gewissen Einschränkungen als <u>Seen</u> bezeichnen: Die zentralen Teile zeigen keinerlei höhere Vegetation, entweder weil das Wasser oder der Schlamm zu nährstoffarm oder die Lichtverhältnisse infolge des Humusgehaltes des Wassers selbst schon bei der Tiefe von nur wenig über 2,5 m zu ungünstig sind. Die für Seen charakteristische Schichtung fehlt aber sicher, und auch ihre geringe Tiefe und Größe erfordern eine Einstufung in eine besondere Kategorie von "Seen". LUNDBECK (1954) ordnet derartige Gewässer, die zwischen 0,6 und 6 ha groß und 0,2 - 1,5 m tief sind, in seine Kategorie "Flache Heideseen" ein.
> Daneben kommen vereinzelt, so in der Brunssumer Heide (s. Abb.1, Gebiet Nr.20) und im Meinweg-Gebiet (Gebiet Nr.15 u. 16) Gewässer vor, die üblicherweise nicht mit der Terminologie für die stehenden Gewässer erfaßt werden, weil sie von kleinen ephemeren, nur schwach fließenden Bächen oder künstlichen Gräben be- bzw. entwässert werden. Nach KÜHLMANN (1960) kann man sie als "Grabenweiher" bezeichnen.

Im Rahmen der undifferenzierten Bezeichnung als "Heidegewässer" wurde auch auf eine pauschale Einstufung in die Trophiestufen (Charakterisierung des Trophiegrades) verzichtet, wie sie z.B. TÜXEN (1958 a) in seiner Arbeit über die "oligotrophen Heidetümpel NW-Deutschlands" vornimmt.

Die Heidegewässer im umfassenden Sinn sind durchaus nicht einheitlich: Sie sind nur zum Teil oligotroph, ein nicht geringer Teil ist als mesotroph, ein anderer als dystroph zu bezeichnen, insbesondere, wenn die Verlandung durch Sphagnen (meist Schwingrasen) schon weit fortgeschritten ist.

> Bei der Anwendung dieser Begriffe des Seetypensystems auf Kleingewässer ist jedoch zu berücksichtigen, daß sie hier nicht die diesen Begriffen innewohnenden produktionsbiologischen Aspekte beinhalten, sondern nur den Nährstoff- (insbesondere Phosphat- und Nitrat-) Standard betreffen.

Unter Heidegewässern werden also meist relativ kleinflächige und untiefe, stehende bis schwach fließende Gewässer in Heide- bzw. Sandgebieten verstanden, die meso-, oligo- oder dystroph sind und in der Hauptsache durch Sphagnen verlanden.

Die Abgrenzung und die Bestimmung dessen, was schon bzw. noch als Heidegewässer bezeichnet werden kann, läßt sich hydrologisch oder pflanzensoziologisch vornehmen. Beide Gesichtspunkte hängen miteinander zusammen und ergänzen sich gegenseitig:
Als äußere Grenze der Gewässer betrachte ich die Linie des mittleren Hochwasserstandes, also die Grenze des Litorals zum Supralitoral. Diese Linie manifestiert sich nach meinen Geländeerfahrungen und den Wasserstandsmessungen - bestätigt durch die seit fast 20 Jahren im holländischen Meinweg durchgeführten Wasserstandsmessungen - meist eindeutig in der Vegetation:
In den meisten Fällen ist die Begrenzung durch den klar erkennbaren Übergang von Helophyten - oder gar Hydrophyten-Vegetation in rein terrestrische Vegetation deutlich gegeben.

---

1) Auch ELLENBERG (1973) betont die Notwendigkeit einer klaren begrifflichen Abgrenzung von Kleingewässertypen gegeneinander.

2) KÜHLMANN (1960) hat dafür die Begriffe "Kleinweiher" (s. auch ROLL, 1940), und "periodische Kleingewässer" gebraucht, PICHLER (1945) entsprechend die Begriffe "perennierende Tümpel" (s. auch PESTA, 1936 u. 1942-45) und "periodische Tümpel".

In den wenigen Fällen aber, in denen die Vegetation der Gewässer allmählich in die der Umgebung übergeht (z.B. M o l i n i a - Bestände, Rhynchosporetum oder Oxycocco-Sphagnetea), ist die Grenze des Gewässers nicht von vornherein durch die Vegetation eindeutig festzulegen.

Sie kann dann allerdings meist durch einen Vergleich mit anderen Gewässern ermittelt werden, bei denen der mittlere Hochwasserstand durch die Messungen (s.o.) oder direkt durch die Vegetation ersichtlich ist.
Die Sphagnum-Bulte oder -Teppiche oder die dichten Molinia-Bestände u.a., die manche Gewässer umgeben, müssen dann mit zum Gewässer gerechnet werden, sofern sie sich als eindeutige Verlandungserscheinungen herausstellen; das ist besonders in den Fällen gegeben, wo die Torfbildung 30 cm Mächtigkeit erreicht, so daß sie dann als "Heidemoorstandorte" (innerhalb der Heidegewässer) ohnehin in die Betrachtung des Komplexes Heidegewässer und Heidemoor miteinbezogen werden müssen (s.u.).

Für die Entscheidung, inwieweit kleine seichte Senken zu den Gewässern zu rechnen sind, gelten folgende Kriterien:

1. Sie müssen eine Vegetation beherbergen, wie sie in ähnlicher Zusammensetzung das Eulitoral mancher größerer Gewässer zeigt.

2. Sie müssen längere Zeit im Jahr und nicht nur sporadisch (z.B. nach Regenfällen) Wasser führen, und zwar während solcher Zeiten, in denen die größeren Gewässer eine Wasserführung nicht oberhalb des mittleren Hochwasserstandes aufweisen.

Heidemoore: Für die vielen Moore des Untersuchungsgebietes mußte nach einem zusammenfassenden einfachen Begriff gesucht werden, der von der jeweils besonderen Ausbildungsform der einzelnen Moore nur so weit abstrahiert, daß die spezifischen Züge, die diese Moore insgesamt von anderen Moortypen unterscheiden, nicht verwischt werden. Am geeignetsten hierfür schien mir der Begriff "Heidemoor", so wie ihn PREUSS (1911/12) versteht, und wie ihn CHRISTIANSEN in neuerer Zeit (1955) für die schleswig-holsteinischen und damit auch für die nordwestdeutschen Verhältnisse präzisiert hat. Heidemoore sind demnach:
Nährstoffarme Moore mit hochmoorartiger oder -ähnlicher Vegetation, aber ohne Aufwölbung, die ohne vorausgegangenes nährstoffreiches Moorstadium entweder durch direkte Verlandung nährstoffarmer Gewässer (PREUSS: Fazies 1) oder durch Versumpfung von Sandboden (PREUSS: Fazies 2) entstanden sind.
Der Begriff "Heidemoor" wird in der Literatur teilweise in ganz anderer, meist weiter gefaßter Bedeutung gebraucht:

Während GRAEBNER (1901) und später auch GAMS und RUOFF (1929) die nw-deutschen Hochmoore schlechthin als "Heidemoore" bezeichnen, differenzieren WEBER (1897), WANGERIN (1926), JONAS (1932, 1933, 1935) und OVERBECK (1939, 1950) stärker: Sie trennen bestimmte Moorkomplexe, hauptsächlich aufgrund ihrer Morphologie, als "Heidemoore" von den echten Hochmooren ab. Nach OVERBECK (1950) sind es regionale Sonderformen der Hochmoore im Emsland. Dieser Heidemoorbegriff entspricht wohl dem Begriff "Flachhochmoor" ("flat bog"), den OSVALD (1925) neben dem "terrainbedeckenden Moor" und dem "Waldhochmoor" als dritten Typ dem "eigentlichen Hochmoor" gegenüberstellt. POTONIÉ (1912) dagegen versteht unter "Heidemooren" nur besondere Typen seiner Landklimahochmoore und der Zwischenmoore, die durch Ericaceen-Vegetation ausgezeichnet sind.

In neuerer Zeit erhält der Begriff einen einseitigen, rein pflanzensoziologischen Inhalt, indem alle Hochmoorbultgesellschaften des nordwestlichen Mitteleuropa zusammen mit den anmoorigen Heiden. d.h. die Ordnung der Erico-Sphagnetalia, als "Heidemoore" bezeichnet werden (OBERDORFER u. Mitarb., 1967; RUNGE, 1969 a). Bei ELLENBERG (1963) kommt neben diesem pflanzensoziologisch definierten Heidemoorbegriff dieser Begriff in einer anderen vorwiegend physiognomischen Bedeutung vor, indem er Heidemoore den Moosmooren, Grasmooren und Bruchwäldern gegenüberstellt.

Zum Versuch, die Heidemoore mit bestimmten Moortypen der einzelnen nach unterschiedlichen Gesichtspunkten aufgestellten Moortypologien zu identifizieren und statt "Heidemoor" eine dieser Bezeichnungen zu wählen, ist folgendes anzumerken:
Sie stellen eine besondere Form der Zwischenmoore dar; nach ALETSEE (1967) müssen sie zu den "Regenwassermoor-Grenzbiotopen" gerechnet werden (s. auch Kap.4.4.1.4.). Diese Begriffe und einige andere, wie z.B. "oligotrophe Moore" (z.B. KOPPE, 1926; SUKOPP, 1959), "infraaquatische Moore" (LESQUEREUX, 1847), sind aber zu allgemein, um die spezifischen Züge der Moore zum Ausdruck zu bringen.[1]

---

[1] Das gleiche gilt für die wenig aussagenden Begriffe "Klein-" oder "Kleinstmoore" (PFAFFENBERG, 1952; TÜXEN, 1962).

Auch der Gebrauch der Bezeichnung "Hochmoore" für Moore, die nach der oben gegebenen Definition als Heidemoore einzustufen sind, ist abzulehnen, da dabei nur einseitig von den allgemeinen Vegetationsverhältnissen ausgegangen wird (siehe z.B. HILD, 1959 c, 1961 a hinsichtlich einiger Heidemoore des Untersuchungsgebietes).

Eine differenziertere Einordnung der meisten Heidemoore in die verschiedenen Systeme und eine entsprechende Benennung ist nur durch Aufstellung von Unter-, Sonder- oder Übergangstypen und Schaffung entsprechender zusammengesetzter Begriffe möglich, wie z.B. "Pseudohochmoore" (DU RIETZ, 1954; STEFFEN, 1931), "Pseudoflachmoore" (ALETSEE, 1967), "Verlandungshochmoore" (MÜLLER-STOLL u. GRUHL, 1959).

Diese und ähnliche differenzierende Bezeichnungen sind in ihrem Geltungsbereich wiederum zu speziell, um auf die Gesamtheit der Moore des Untersuchungsgebietes zuzutreffen. Zudem beruhen sie meistens nur auf einem oder wenigen bestimmten Kriterien (Hydrologie, Trophie, Vegetation usw.). Die Begriffe sind also überwiegend einseitig "disziplinbezogen" (ALETSEE, 1967) und erfassen nur jeweils einen Teil der Moore oder einzelne Moorteile.

Demgegenüber wird "Heidemoor" in zweifacher Hinsicht als integrierender ganzheitlicher Begriff verstanden:

1) Er ist ebensowenig ausschließlich geologisch-bodenkundlich wie botanisch oder gar pflanzensoziologisch aufgefaßt. Vielmehr integriert er diese Aspekte sowie einige andere (Entstehung, Hydrologie, Trophie) in einem Begriff, wenn auch nicht in einem so engen, klar abgrenzbaren Rahmen, wie er etwa dem Hochmoorbegriff im Verständnis mancher Autoren (ALETSEE, 1967; DU RIETZ, 1954; ELLENBERG, 1963; WANGERIN, 1926, u.a.) eigen ist. So werden darunter sowohl Moorstandorte mit einer mindestens 30 cm mächtigen Torfschicht (= "Heidemoor-Standort") als auch bestimmte Pflanzenbestände (= "Heidemoorvegetation" bzw. "-bestand") verstanden.

2) Der Heidemoorbegriff ist hier aber vor allem auch - analog dem Hochmoor - im Sinne eines Landschaftselements gebraucht, in dem mehrere Heidemoorbestände bzw. -standorte (s.o.) über andersartige Bestände bzw. Standorte, wie freie Wasserflächen, Flachmoor- oder eventuell auch einzelne Hochmoorpartien[1] dominieren und ein räumlich komplexes System darstellen (= "Heidemoorkomplex").

Bei den Heidemooren des Untersuchungsgebietes handelt es sich fast ausschließlich um diese Heidemoorkomplexe, wobei die "fremden Bestandteile" meist in Form nasser Randzonen von den Heidegewässern zeugen, aus denen die Heidemoore meist durch Schwingrasenverlandung hervorgegangen sind.

2.2.2. Entstehung und Hydrologie

Wenn man die Lage der Heidegewässer und -moore im Untersuchungsgebiet betrachtet (s. Abb.1), so fällt zweierlei auf:

1) Sie treten überwiegend schwarmartig oder doch zumindest gruppenweise auf. Große Bereiche des Untersuchungsgebietes bleiben frei von Heidegewässern und -mooren.

2) Diese Gruppen konzentrieren sich vor allem auf den Dünensanden der Niederterrasse. Wo sie im Bereich der Decksande der Hauptterrasse oder in den tertiären Sandgebieten auftreten, sind sie zum großen Teil ebenfalls an die dort allerdings nur lokal ausgebildeten Dünengruppen angelehnt.

Die meisten Heidegewässer und -moore dieser Dünenrandlage haben ihren Ursprung wohl in sogenannten Deflationswannen oder "Schlatts", d.h. äolisch entstandenen Mulden, wie sie u.a. DEWERS (1941) aus den norddeutschen Sandgebieten beschrieben hat.

In einigen Fällen handelt es sich offensichtlich um Relikte ehemaliger Maasarme (VOO, 1961) und periglazialer Erosionstäler, die äolisch mehr oder weniger stark überformt wurden.

---

1) Mehr oder weniger große Teile mancher Heidemoore besitzen Hochmoorvegetation (s. die ombrotraphente Subassoziation der Sphagneten), ohne daß sich damit aber immer auch schon eine eindeutige Aussage über die Qualität des Standortes als Hochmoorstandort verbinden läßt.

Literaturstudien sowie eigene Beobachtungen, Untersuchungen und Bohrungen ergaben, daß Herkunft und Art des Wassers in den Schlatts durchaus nicht einheitlich sind:

Man muß davon ausgehen, daß die Auswehungen ihre Grenze entweder am Kapillarsaum des Grundwassers (DEWERS, 1941) oder am Übergang zu gröberem oder festerem Material hatten. Im ersteren Fall ist die Entstehung eines Gewässers bereits mit einem Grundwasseranstieg gegeben.

Bei diesem "Grundwasser" handelt es sich überwiegend um geringmächtige Wasserhorizonte, die nur lokal bzw. inselartig im diluvialen Terrassenmaterial oder im darunterliegenden Tertiär zwischengeschaltet sind und über linsenartig eingelagerten Brauneisenstein-, Ton- oder ton- bzw. eisenreichen Feinsandschichten gestaut werden.

Im Gegensatz dazu führen manche Teilgebiete des Gesamtuntersuchungsgebietes (z.B. das Elmpter Bruch, Abb.1, Nr.12 oder An den Kombergen, Nr.15) offenbar großflächig oberflächennahe Grundwasserschichten, in die dann die Untersuchungsobjekte verschiedenen Ursprungs (meist keine Schlatts) eingesenkt sind.

Gleichgültig, ob nun der "Grundwassersaum" oder eine härtere, mehr oder weniger undurchlässige Schicht die untere Begrenzung der Auswehung einer Schlattmulde bilden, in beiden Fällen erhalten sie die Funktion eines undurchlässigen Sammelbeckens für das Niederschlagswasser, und zwar nicht nur für die unmittelbar auf das Gewässer auftreffenden Niederschläge, sondern auch das ihm zusätzlich aus seiner Umgebung zukommende Regenwasser, das einerseits oberflächlich über die Uferhänge rinnt und andererseits unterirdisch in den Uferbereich einsickert.

Das Wasser eines solchen Gewässers tritt aber auch umgekehrt in die Schichten, in die es eingebettet ist, über, zumindest nach den Seiten, oft aber auch nach unten. Dieses wechselseitige Geben und Nehmen zwischen Gewässer und randlicher Umgebung, z.T. aber auch dem Untergrund, steht jedoch kaum im Gleichgewicht; vielmehr ist das Gleichgewicht je nach Gewässer und hier wiederum je nach Jahreszeit in eine Richtung mehr oder weniger stark verschoben. In jedem Fall aber besteht ein Kontakt zwischen Gewässer und Bodenwasser und letztlich daraus bildenden Wasserhorizont (= "Grundwasser"), und sei dieser horizontal oder vertikal auch noch so begrenzt.

Allerdings muß eingeräumt werden, daß die gesamte Mulde, die ein Gewässer ausfüllt, durch eingeschwemmtes, also allochthones Ton- und Humusmaterial sowie durch autochthon entstehende Schlamm- und Torfschichten mehr oder weniger gut abgedichtet und dadurch entsprechend stark isoliert sein kann.

Dennoch ist es meiner Meinung nach problematisch, eine Differenzierung einerseits in solche Gewässer vorzunehmen, die "im Grundwasserniveau" liegen bzw. "von Grundwasser gespeist" werden oder zumindest "unter Grundwassereinfluß" stehen, und andererseits in solche, die "bloße Niederschlagsansammlungen" sein sollen, wie es vielfach für oligotrophe Heidegewässer behauptet wird.

Meine Untersuchungen, auf die ich im Rahmen dieser Arbeit nicht näher eingehen kann, lassen sich hier vorläufig summarisch dahingehend deuten, daß sowohl die Wasserführung als auch der Chemismus des Wassers abhängig sind von dem Anteil des Wassers, der oberflächlich über den Uferhang hinzurieselt und unterirdisch hineinsickert, d.h. u.a. also von der Größe, der Morphologie und der Geologie des Einzugsbereiches des Gewässers sowie von der Art und der Mächtigkeit der organischen Sedimente.

2.2.3. Verbreitung

In den 20 verschiedenen Einzelgebieten des Untersuchungsgebietes (s. Abb.1) kommen etwa 100 solcher Untersuchungsobjekte (Heidegewässer und -moore) vor, deren Größen zwischen einigen Ar und ca. 20 Hektar liegen; meist bewegt sich diese Größenordnung allerdings zwischen 0,1 und 1 ha.

Abbildung 1 zeigt alle diese Heidegewässer und -moore etwa in ihrem Größenverhältnis zueinander, allerdings in vergrößertem Maßstab.

Daneben gibt es zahlreiche vegetationsmäßig kaum gegliederte, z.T. nur wenige Quadratmeter große Dellen oder Gruben (z.B. ehemalige Flachsgruben, Granattrichter und andere künstliche Wasserlöcher), die wenigstens periodisch Wasser führen oder Heidemoorvegetation zeigen und in die Betrachtung miteinbezogen werden.

Vom NSG Elmpter Bruch wird lediglich das in einer großen flachen Mulde in der Niederterrasse gelegene Moor in die Untersuchung einbezogen,[1] obwohl es aus mehr oder weniger

---

1) Selbstverständlich sind - abgesehen von einigen Sphagnetumbultkomplexen in den anmoorigen

stark verlandeten Röhrichten hervorgegangen ist und insofern über den Rahmen dessen hinausgeht, was hier laut Definition (s.o.) als Heidemoor im strengen Sinne zu fassen ist. Sein Charakter als besondere Zwischenmoorausbildung, d.h. insbesondere das Erscheinen hochmoorartiger Vegetation bereits auf einer frühen Verlandungsstufe bzw. vor Erreichen der vollständigen Verlandung, zeigt seine größere Beziehung zu den Heidemooren als zu den eigentlichen eutrophen "Mooren der alten Stromrinnen" (LAUTERBORN, 1918; SCHWICKERATH, 1961 b); diese entwickeln sich in der Regel, wie ja auch in der ebenfalls zum Elmpter Bruch gehörigen Schwalmaue, ohne zwischengeschaltete hochmoorartige Vegetation zu Bruchwäldern (meist Alneten).

Der größere Rahmen, in dem die Heidegewässer und -moore des Untersuchungsgebietes hier gesehen werden, sind die Heidegewässer und Heidemoore sowie die damit vergleichbaren Vegetationskomplexe des nw-mitteleuropäischen Tieflandes. In Abbildung 2 sind diese - soweit sie in der Literatur erwähnt sind - in ihrer Verbreitung dargestellt.

Die Karte wurde anhand folgender Literatur zusammengestellt: ANT u. ENGELKE (1970), ALLORGE (1922), ALTEHAGE (1950, 1955, 1957, 1960, 1965), BEIJK (1969), BURCKHARDT u. BURGSDORF (1962), BURGHARDT u. JÄGER (1968), BURRICHTER (1969 a), CORDES (1969), DIERSCHKE (1969), DIERSSEN (1972), DIJK (1960), DONSELAAR (1958), DUVIGNEAUD u. VANDEN BERGHEN (1945), FISCHER (1960), GROSSER (1955), Handboek van natuurreservaaten (1971), HARTMANN (1951), HAYEN (1969), JACOBS (1958), JANSEN (1945), JESCHKE (1961), KAJA (1951), KLEUVER u. VOO (1962), KLINGER (1970), KOCH (1941), KOPPE (1953, 1960, 1967, 1968), KRAUSCH (1964, 1968), KUIPER (1958), LEIJS (1962), LIBBERT (1939), LÖTSCHERT (1964 a, b), LUNDBECK (1954), MEIJER (1958), MENKE (1955, 1964), MÖLLER (1961), MÖRZER-BRUIJNS u. VOO (1962), MÜLLER-STOLL u. GRUHL (1959), MÜLLER-STOLL u. NEUBAUER (1965), NOIRFALISE u.a. (1970), Die NSG der DDR (1964), PASSARGE (1955), REIJNDERS (1960), RUNGE (1961, 1969), SAUER (1952), SCHWICKERATH (1963), SCHUMACHER (1966), SMIDT (1962), STAMER (1967), SUKOPP (1959), TÜXEN (1958 a, b, 1962), VANDEN BERGHEN (1947), VOO (1956, 1962 a u. b, 1964, 1966), VOO u. LEENTVAAR (1959), VOORWIJK u. HARDJOPRAKOSO (1945). Angaben aus WIEGLEB (1976) konnten nicht mehr berücksichtigt werden.

Aufgrund der Entstehungsweise und entsprechend dem Grad der Verlandung erfolgte eine grobe Untergliederung: Neben Schlatts, Torfstichen[1] und Moorseen, die relativ häufig und stets gut nachweisbar sind, gibt es eine Reihe anderer Typen (alte Flußarme, Sölle, Pingos, Erdfallseen, Gletscherstrudelkölke, Eisfallseen u.a.). Diese werden, da sie einerseits nicht so häufig und andererseits nicht immer eindeutig als solche zu erkennen sind, unter "andere vergleichbare Gewässer verschiedenen Ursprungs mit ähnlicher Vegetation" eingereiht. In der Karte nicht berücksichtigt sind diejenigen Heidemoore, die nicht in Gewässern entstanden sind; sie spielen im Untersuchungsgebiet ja nur eine ganz untergeordnete Rolle. Liegen in einem Gebiet mehrere gleichartige Typen dicht beieinander, so sind sie in der Karte insgesamt nur durch ein Symbol vertreten.

Es zeigt sich nicht nur, daß die Heidegewässer und -moore des Untersuchungsgebietes überwiegend in Schlatts entstanden sind, sondern daß diese insgesamt in NW-Mitteleuropa vorherrschen. Im mittleren Niedersachsen treten allerdings Moorseen stärker in den Vordergrund, während es im ostdeutschen Tiefland (Mecklenburg, Brandenburg) vor allem Gewässer und Moore diluvialen Ursprungs (s.o.) sind. Hier ist auch der Anteil an stärker bis ganz verlandeten Gewässern am größten.

Heiden - die übrigen Teile des Elmpter Bruchs, wie die trockenen bis nassen anmoorigen Heiden und die Bruchwälter der Schwalmaue, von der Betrachtung ausgenommen.

1) Verständlicherweise ist gerade aus der Fülle der tatsächlich vorhandenen Torfstiche nur ein geringer Anteil - gemäß ihrer nur relativ sporadischen floristisch-soziologischen Bearbeitung - in dieser Übersicht berücksichtigt.

3. A N A L Y S E   D E R   F L O R A

3.1. ARTENBESTAND

3.1.1. Methodische Vorbemerkungen

Entsprechend der Bedeutung der Moose für die zu untersuchende Vegetation sollten diese möglichst vollständig und zuverlässig erfaßt werden. Dies schien mir um so notwendiger, als vom Niederrhein und aus Limburg nur sehr fragmentarische bryologische Angaben vorliegen und andererseits die Moose in floristischen und pflanzensoziologischen Arbeiten ganz allgemein sehr vernachlässigt werden.

> Dementsprechend ging der eigentlichen pflanzensoziologischen Geländearbeit eine intensive bryofloristische Erforschung der Untersuchungsobjekte voraus, die dann bei der soziologischen Aufnahme der ca. 750 ausgewählten Bestände noch ergänzt und vertieft werden konnte. Alle gefundenen Arten sind in einem mehr als 600 Exsikkate umfassenden Herbar belegt, problematischere Sippen sogar aus jedem Vegetationsprofil[1] mindestens einmal. In vielen Fällen wurde es für eine zuverlässige Bestimmung als ausreichend erachtet, die makroskopische Identität mit solchen Sippen festzustellen, die bereits in anderen Aufnahmen desselben Vegetationsprofils exakt mikroskopisch bestimmt worden waren. Nur von den kleinen, "kritischen" Lebermoosen (C e p h a l o z i e l l a ,   C e p h a l o z i a ,   G y m n o c o - l e a ,   C l a d o p o d i e l l a ,   C a l y p o g e i a u.a.) und von den Sphagnen der   S u b s e c u n d u m - Gruppe wurden aus jeder einzelnen Probe die meisten, manchmal sogar alle Einzelexemplare mikroskopisch untersucht. Nur so war es möglich, alle Bestimmungsmerkmale und dadurch eine eventuelle Inhomogenität der Proben festzustellen.

Die Bestimmung der Moose erfolgte zunächst nach BERTSCH (1966) und GAMS (1957). Zu genaueren Diagnosen schwieriger Arten und ihrer Untereinheiten dienten MÜLLER (1951-1958) für die Lebermoose, PAUL (1931) und WARNSTORF (1903, 1911) für die Sphagnen und MÖNKEMEYER (1927, 1931) für die übrigen Laubmoose.

> Eine gute Hilfe bei der Bestimmung der Sphagnen waren auch CÖSTERs und PANKOWs Mikrophotographien (1968) sowie Zeichnungen von BEIJERINCK (1934). Die makroskopische Ansprache der Sphagnen wurde durch einen Schlüssel von TUOMIKOSKI (1941) und die Fotos von BEIJERINCK (1934) erleichtert.

Als Vergleichsmaterial bei der Bestimmung dienten mir Herbarien von LAVEN (Botanisches Institut, Bonn) und SCHUMACHER (Herbar des Naturhistorischen Vereins der Rheinlande und Westfalens) sowie eigene, von KOPPE oder SCHUMACHER bestimmte Proben aus verschiedenen anderen Gebieten.

Die Revision einiger kritischer Exemplare meiner Sammlung übernahmen freundlicherweise BREUER, BUTTERFASS, FRAHM, KOPPE und SCHUMACHER.
Nomenklatur und Systematik der Laub- und Tofmoose richten sich nach KOPPE (1964), die der Lebermoose nach DÜLL, FRAHM u. GROLLE (1973).
Bei den Gefäßpflanzen erfolgte die Bestimmung der Arten bzw. Aggregate in erster Linie nach ROTHMALER (1967), die der Kleinarten und Subspezies nach ROTHMALERs kritischem Ergänzungsband (1963). Die Diagnose mancher Arten und Kleinarten stützt sich auf ASCHERSON u. GRAEBNER (1896-1917), HEGI (1906ff.) und GLÜCK (1936), sowie FÖRSTER (1967, 1971, 1973), GRAEBNER (1908), LUTHER (1939) u.a.

> Bei einigen für die Gesellschaft besonders wichtigen Pflanzen versuche ich darüber hinaus eine Zuordnung der Pflanze zu den Subspezies, Varietäten oder Formen, wie sie von den genannten und anderen Autoren vorgenommen werden. Auf eine unterschiedliche Bewertung solcher Sippen wird dann im Einzelfall hingewiesen.

Als Vergleichsmaterial diente mir das Herbar WIRTGEN des Naturhistorischen Vereins der Rheinlande und Westfalens, insbesondere die von HÖPPNER überprüften Exemplare vom Niederrhein.

Einige kritische Fälle wurden freundlicherweise von FÖRSTER, PATZKE und SCHWICKERATH begutachtet.
Die Nomenklatur und damit die systematische Bewertung der Sippen richtet sich nach EHRENDORFER (1973). Bei gleichlautenden Namen für Aggregat und Kleinart ist in der Arbeit grundsätz-

---

1) Die pflanzensoziologischen Aufnahmen erfolgten im allgemeinen entlang von ausgewählten Vegetationsprofilen (s. S.49).

lich die Kleinart gemeint.[1] Die Varietäten und Formen werden nach HEGI (ab 1906) benannt, oder - sofern sie dort nicht angeführt sind - nach dem jeweiligen Autor.

3.1.2. <u>Bemerkungen zur Diagnose und Taxonomie einiger kritischer Sippen</u>

Die Problematik bei der Bestimmung und systematischen Bewertung einiger Sippen, die entweder häufiger auftreten oder von größerer Bedeutung für die Vegetation der Untersuchungsobjekte sind, macht es unerläßlich, vorweg Erläuterungen zur Diagnose und Abgrenzung dieser Sippen zu geben.[2]

Nur so lassen sich Zweifel an der Zuverlässigkeit der Bestimmung ausräumen oder in anderen Fällen eine Vortäuschung eindeutiger Trennungsmöglichkeiten vermeiden. Gleichzeitig soll damit auf "kritische Stellen" bei der Auswertung floristischer und pflanzensoziologischer Literatur, die Angaben über diese Arten beinhaltet, sowie auf einige Probleme der Systematik, die in Heidegewässern und -mooren noch zu klären sind, aufmerksam gemacht werden.

1) C a l y p o g e i a - Funde von feuchten Standorten bereiten große Schwierigkeiten bei der Bestimmung.

So gibt es im Untersuchungsgebiet eine große Zahl strittiger Formen, die einerseits mehr oder weniger deutlich den Habitus und andere Merkmale von C . s p h a g n i c o l a zeigen, andererseits aber in bestimmten Merkmalen (besonders der Form der Unterblätter, der Blattzellgröße u.a.) in Richtung auf C . m u e l l e r i a n a oder C . f i s s a variieren. MÜLLER (1951-58) bestätigt die große Variabilität der C a l y p o g e i a - Arten, die er zu den problematischsten Arten unter den Lebermoosen zählt. FRAHM hat darüber hinaus aufgrund intensiver Studien festgestellt, daß "alle C a l y p o g e i e n (außer C a l y p o g e i a a r g u t a) zwischen Sphagnen vorkommen, wobei der Habitus 'sphagnicol' wird. Maßgeblich sind dabei dann nur die Unterblätter" (schriftl. Mitteilung).

Nach FRAHM müssen fast alle s p h a g n i c o l a - artigen Proben in meinem Gebiet zu C . m u e l l e r i a n a gestellt werden. Nur bei wenigen Funden handelt es sich tatsächlich um C a l y p o g e i a s p h a g n i c o l a , bei einem um C a l y p o g e i a f i s s a (teste: KOPPE).

Die Tatsache, daß in den meisten Mooslisten aus Mooren nur die seltene C . s p h a g n i c o l a angegeben wird, deutet darauf hin, daß dort die Wasserformen von C . m u e l l e r i a n a und f i s s a in der Angabe " C . s p h a g n i c o l a " mitenthalten sind.

2) Bei sterilen C e p h a l o z i a - Formen mit einem Größenbereich der Blattzellen (25 - 50 µ), der weitgehend in den von C . m e d i a hineinreicht, besteht zunächst die Neigung, sie als C e p h a l o z i a m e d i a anzugeben. Bei der Bezeichnung " C . m e d i a " ist allerdings Vorsicht geboten, da nach KOPPE die früheren Angaben von m e d i a aus NW-Deutschland fast ausnahmslos auf Verwechslungen mit m a c r o s t a c h y a beruhen. Nach Vergleich mit entsprechenden Proben sowie mit solchen, die KOPPE mir als m a c r o s t a c h y a bestimmte, müssen alle m e d i a - ähnlichen Proben meines Gebietes C . <u>m a c r o s t a c h y a</u> zugeordnet werden.

Es handelt sich hierbei wohl um die f. a q u a t i c a (Loeske u. Hintze) Schiffn., die ursprünglich auch tatsächlich zu m e d i a gezogen wurde und bei MÜLLER (1951-58) auch noch dort aufgeführt ist. Allerdings schreibt MÜLLER bei der Besprechung von C . m a c r o s t a c h y a : " C . m e d i a fo. a q u a t i c a Hintze u. Lske. reiht sich ebenfalls in den Formenkreis von m a c r o s t a c h y a ein."

Da in den meisten Beständen, in denen sich derartige Formen finden, auch eindeutige Exemplare von C . m a c r o s t a c h y a (bzw. die Normalform) vorkommen, wird in den pflanzensoziologischen Tabellen keine Differenzierung vorgenommen. Die Angabe von C . m a c r o -

---

1) Die besonders problematischen und für die untersuchten Gesellschaften unbedeutenden Aggregate C a l l i t r i c h e p a l u s t r i s , R u b u s f r u t i c o s u s , P o l y g o n u m a v i c u l a r e wurden nicht bis zur Kleinart aufgeschlüsselt.

2) Auf die wenigen problematischen Sippen, die jeweils nur für eine ganz bestimmte Vegetationseinheit von Bedeutung sind, wird jeweils erst in Zusammenhang mit dieser Vegetationseinheit eingegangen.

s t a c h y a ist hier in dem Sinne zu verstehen wie in der Arten-Liste angegeben, nämlich
als: "C. m a c r o s t a c h y a (incl. C . " m e d i a " fo. a q u a t i c a Hintze
u. Lske.)".

3) Meine Beobachtungen an über 50 Proben aus der S p h a g n u m   s u b s e c u n d u m -
Gruppe (= " S u b s e c u n d a ") , der schwierigsten S p h a g n u m - Gruppe, bestätigen die Meinung KOPPEs (1964), daß die Arten mit einschichtiger Rinde häufig durch Übergänge
miteinander verbunden sind.

> Dementsprechend wertet KOPPE (1964) im Gegensatz zu WARNSTORF (1903, 1911) und PAUL (1931),
> deren Auffassungen sich in der Literatur noch weitgehend widerspiegeln (z.B. FELD, 1958,
> und z.T. auch GAMS, 1957), nur noch s u b s e c u n d u m und a u r i c u l a t u m
> als eigene Arten. Alle anderen stellt er als Varietäten oder Formen zu s u b s e c u n -
> d u m . Ihre Bestimmung bereitet oft größte Schwierigkeiten: PAUL berichtet, daß selbst
> bekannte Sphagnologen bei der Einordnung ein und derselben Pflanze zu unterschiedlichen
> Ergebnissen kamen. SCHUMACHER teilte mir schriftlich mit: "Von der s u b s e c u n d u m -
> Gruppe werden die Ansichten wohl nie unter einen Hut zu bringen sein."

Aufgrund der mikroskopischen Untersuchung jeder einzelnen Pflanze vieler meiner S u b s e -
c u n d a - Proben kann ich feststellen, daß die Einzelpflanzen oft nur als Glieder mehr oder
weniger kontinuierlicher Formenreihen oder mehrdimensionaler Formenkomplexe mit korrespondie-
renden Formen bzw. Varietäten verstanden werden können. Der Übergang von Land- zu Wasserformen vollzieht sich aber nicht nur von Einzelpflanze zu Einzelpflanze, sondern auch innerhalb
ein und derselben Pflanze.

> Bei etlichen Proben scheinen in verschiedenen Bereichen einer Pflanze bis zu 3 verschie-
> dene Formen, Varietäten oder gar "Arten" verwirklicht zu sein, z.B. unten c r a s s i -
> c l a d u m , in der Mitte i n u n d a t u m und oben o b e s u m . Auch WARNSTORF
> und PAUL weisen auf dieses Phänomen hin. In einigen Fällen konnten auch derartige Über-
> gänge zwischen s u b s e c u n d u m - Varietäten (meist i n u n d a t u m oder c r a s -
> s i c l a d u m) und S p h a g n u m   a u r i c u l a t u m beobachtet werden.

Dem Gesamtcharakter einer solchen Pflanze wird man kaum mit einem bestimmten Namen gerecht,
sondern nur durch eingehende Beschreibung der ganzen Pflanze. Da dies im Rahmen der Arbeit
unmöglich ist, folge ich WARNSTORFs Vorschlag und benenne alle Exemplare der S p h a g n u m
s u b s e c u n d u m - Gruppe grundsätzlich entsprechend der Ausgestaltung der obersten Äst-
chen, die ja den Aspekt der Pflanze am meisten prägen.[1]

> Dabei zeigt es sich, daß in den Untersuchungsobjekten S p h a g n u m   s u b s e c u n -
> d u m var. i n u n d a t u m überwiegt, gefolgt von c r a s s i c l a d u m , wogegen
> var. s u b s e c u n d u m selten ist. S p h a g n u m   a u r i c u l a t u m , das
> nach KOPPE "in moorigen Heiden und am Rande der Heidekolke" vorkommt, ist auch in den Hei-
> degewässern und Heidemooren auf die trockensten Ränder beschränkt.

S p h a g n u m   a u r i c u l a t u m tritt dementsprechend nur im Eleocharitetum multicaulis häufiger und verstärkt auf. Es wird auch deshalb nur in der Tabelle dieser Assoziation
(bzw. der Littorelletea) aufgeführt. Bei den übrigen Pflanzengesellschaften ist es nicht immer möglich, das hier meist nur sporadische Auftreten von S p h a g n u m   a u r i c u l a -
t u m [2] zu erfassen, geschweige denn in seiner Artmächtigkeit anzugeben; das gleiche gilt
für die Varietäten von S p h a g n u m   s u b s e c u n d u m : Da sich nämlich manche Probe - entgegen dem makroskopischen Befund - als Mischprobe aus S p h a g n u m   s u b s e -
c u n d u m und S p h a g n u m   a u r i c u l a t u m oder aus verschiedenen S p h a -
g n u m   s u b s e c u n d u m - Varietäten erweist, läßt es sich umgekehrt nicht ausschließen, daß eine Aufnahmefläche außer den in der Probe erfaßten auch noch andere S u b s e -
c u n d a - Sippen enthält.

Deshalb werden sie in den pflanzensoziologischen Tabellen auch nur unter dem Begriff
" S p h a g n u m   s u b s e c u n d u m s.l." aufgeführt, der also auch S p h a g n u m

---

1) In den genannten Fällen nicht einheitlich ausgebildeter Exemplare beinhaltet eine derartige Benennung, die ja nicht den Gesamtcharakter der Pflanze erfaßt, nur bedingt eine Aussage über die definitive Einordnung der Pflanze in die jeweilige Sippe.

2) Hinsichtlich der Ähnlichkeit von S p h a g n u m   a u r i c u l a t u m mit bestimmten
s u b s e c u n d u m - Sippen s. z.B. KOPPE: " S p h a g n u m   a u r i c u l a t u m
kommt an sehr nassen Stellen der var. i n u n d a t u m nahe."

a u r i c u l a t u m einschließen kann. (In der Florenliste dagegen werden S p h a g n u m
a u r i c u l a t u m und die eindeutig nachgewiesenen Varietäten von S p h a g n u m
s u b s e c u n d u m im einzelnen aufgeführt.)
Dagegen ist die habituell und vom Standort her meist relativ gut zu identifizierende fo.
o b e s u m immer unterschieden.

> Es sollen damit sowohl der strukturelle Charakter der Vegetation, für den diese Form (bzw.
> Formen, s.u.) entscheidend mitverantwortlich ist (s. besonders Sphagnetum cuspidato-obesi
> und Scheuchzerio-Caricetea), als auch der wichtigste ökologische Faktor, die Wasser-
> standsverhältnisse, zum Ausdruck kommen.
> Es muß allerdings eingeräumt werden, daß es bei festsitzenden Formen (im Gegensatz zu
> pleustophytischen, s. S.64) in manchen Fällen einer Ermessensfrage nahekommt, ob man be-
> reits von fo. o b e s u m sprechen darf.
> Der Einfachheit halber verwende ich im Text im Gegensatz zu den Tabellen und der Arten-
> liste den Namen " S p h a g n u m   o b e s u m " , der bei vielen Autoren (z.B. TÜXEN,
> 1958 a; FELD, 1958 u. a) immer noch gebräuchlich ist, obwohl bereits PAUL (1931) erkann-
> te, daß es sich hier um die Wasserformen verschiedener S u b s e c u n d a - Sippen han-
> delt. Im Untersuchungsgebiet ist es offensichtlich hauptsächlich S p h a g n u m   s u b -
> s e c u n d u m var. c r a s s i c l a d u m , häufig auch var. i n u n d a t u m ;
> daneben scheint aber auch in einigen Fällen S p h a g n u m   a u r i c u l a t u m als
> " o b e s u m " ausgebildet zu sein.

4) Übergänge zwischen den Arten und damit Unklarheiten in der Artabgrenzung werden in der Literatur auch bei den A c u t i f o l i a und C u s p i d a t a diskutiert. Die A c u -
t i f o l i a sind in meinem Untersuchungsgebiet im großen und ganzen wenig problematisch.
Bei den C u s p i d a t a stellen die Abgrenzung von S p h a g n u m   f a l l a x gegenüber r e c u r v u m und c u s p i d a t u m sowie seine systematische Bewertung nach wie
vor ein Problem dar.

> WARNSTORF (1903, 1911) stellt S p h a g n u m   f a l l a x als eigene Art zwischen S .
> r e c u r v u m und S . c u s p i d a t u m , sowohl im Hinblick auf den Habitus und
> die Morphologie als auch auf den Standort. Die Auffassung von S p h a g n u m   f a l -
> l a x als eigener Art übernehmen in jüngerer Zeit auch FELD (1958) und DE ZUTTERE (1966).
> BARKMAN (1967) bezeichnet S p h a g n u m   f a l l a x ausdrücklich als eine "gute
> Art".
> Dagegen wertet PAUL (1931, 1931/32) sie aufgrund seiner Kulturversuche als den "Komplex
> der Wasserform von S p h a g n u m   r e c u r v u m " . Diese Meinung findet bis heute
> viele Anhänger, z.B. auch KOPPE (1964).

Dieser Bewertung PAULs und KOPPEs zufolge ist f a l l a x überall dort zu erwarten, wo
r e c u r v u m in sehr nasse Standorte eindringt. Im ganzen Untersuchungsgebiet wird
f a l l a x aber nur an wenigen Stellen angetroffen (Bestätigung durch KOPPE). Demgegenüber
steht die große Zahl von Fällen, in denen bei S . r e c u r v u m keine Ausbildung von
f a l l a x - Merkmalen zu erkennen ist, obwohl r e c u r v u m stellenweise nasser steht
als manche Formen von c u s p i d a t u m . Der Wasserstand in diesen nassesten r e c u r -
v u m - Beständen bleibt nicht hinter dem der beiden f a l l a x - Bestände zurück.

> Eine Bestätigung finden meine Beobachtungen durch unveröffentlichte Reihenuntersuchungen
> von SCHUMACHER in der Wahner Heide, bei denen er "bei gleicher Wasserhöhe S p h a g n u m
> r e c u r v u m var. m u c r o n a t u m und S p h a g n u m   f a l l a x nebenein-
> ander" fand (schriftliche Mitteilung). Letztere deutet er als "offenbar erblich bedingte
> Zwischenformen" zwischen r e c u r v u m und c u s p i d a t u m .

Ungeachtet der zuvor angeführten Hinweise auf eine eventuelle selbständige Stellung von
f a l l a x , möchte ich im Interesse der Einheitlichkeit auch hier KOPPEs Nomenklatur folgen und die Bezeichnung S p h a g n u m   r e c u r v u m fo. f a l l a x übernehmen.

5) Einige meiner Aufsammlungen von C y m b i f o l i a - Arten, die im allgemeinen als gut
charakterisiert und abgegrenzt gelten, lassen den Verdacht aufkommen, daß es auch hier Übergänge (oder Bastarde?) gibt. Vier p a l u s t r e - ähnliche Proben lassen sich anhand der
Diagnosen bei WARNSTORF (1903, 1911) und PAUL (1931) sowie durch Vergleich mit p a l u -
s t r e - und s u b b i c o l o r - Proben von SCHUMACHER, LAVEN und MUHLE (teste: KOPPE)
zu einer Reihe mit steigender Merkmalsausprägung von S p h a g n u m   s u b b i c o l o r
anordnen. Das letzte Glied dieser Reihe muß meiner Meinung nach eindeutig S p h a g n u m
s u b b i c o l o r sein.

Sowohl KOPPE wie BUTTERFASS konnten meine Bestimmung bestätigen. Bei den 3 anderen Proben war ihre Meinung geteilt zwischen p a l u s t r e und s u b b i c o l o r , wobei sie die intermediäre Stellung der Merkmale und die große Schwierigkeit bei der Bestimmung betonten.

Nur den Bestand, über den Einigkeit besteht, gebe ich als S p h a g n u m s u b b i c o - l o r an; die drei anderen Formen stelle ich zur verbreiteten Art S p h a g n u m p a - l u s t r e .

6) Einige sterile Formen von P o t a m o g e t o n n a t a n s bzw. p o l y g o n i f o - l i u s konnten erst anhand von Angaben bei GRAEBNER (1908) (Zahl und Anordnung der Gefäße im Zentralzylinder) eindeutig voneinander unterschieden werden.

Kritische Formen von P o t a m o g e t o n p o l y g o n i f o l i u s , die mit P . n a t a n s verwechselt werden könnten, nennt z.B. auch SCHUMACHER (1932) aus der Wahner Heide.

7) Eine D a c t y l o r h i z a - Population im Elmpter Bruch bildet neben einem Standort in der Wahner Heide und einigen wenigen Vorkommen in NW-Deutschland den letzten Rest jener Populationen aus dem Formenkreis um D a c t y l o r h i z a t r a u n s t e i n e r i , die früher vor allem in den niederrheinischen Sümpfen und Mooren ziemlich verbreitet waren.

Sie wurden zunächst fast ausnahmslos als O r c h i s t r a u n s t e i n e r i bezeichnet (WIRTGEN, 1895, 1912; HÖPPNER, 1911/12, 1913 a u. b, 1916 a, 1920; DE WEVER, 1913 u. Herbarbelege verschiedener Sammler). Seit aber FUCHS (1919) und FUCHS u. ZIEGENSPECK (1924) unter den als O r c h i s t r a u n s t e i n e r i bezeichneten Populationen innerhalb NW-Deutschlands lediglich eine Zusammenfassung verschiedenster Hybridpopulationen verstanden, wurden auch die meisten niederrheinischen Populationen als Bastarde oder als hybridogene Arten mit binären Namen aufgefaßt (O r c h i s p s e u d o - t r a u n - s t e i n e r i A. Fuchs, O r c h i s h ö p p n e r i A. Fuchs, O r c h i s s p h a - g n i c o l a Höppner, O r c h i s w i r t g e n i i Höppner, O r c h i s d e w e - v e r i Verm. u.a.). SOÓ (1968, wie auch schon in KELLER, SCHLECHTER und SOÓ, 1928-40)[1] hat die meisten dieser "Formenschwärme" als konstant gewordene hybridogene Arten anerkannt. Dagegen will VERMEULEN (1958), dessen Auffassung heute weitgehend maßgebend ist, nur manche dieser Formen als Kleinarten gelten lassen.
Die Diskussion über den Gesamtkomplex D a c t y l o r h i z a t r a u n s t e i n e r i , "der am meisten kritischen Art aller Orchideen Europas" (SOÓ), hält an, so daß SUNDERMANN noch 1968 bekennen mußte: "Auch die Behandlung jenes Übergangsfeldes, das unter dem Art-Namen D . t r a u n s t e i n e r i rangiert, bleibt nach wie vor besonders problematisch".[2] Der Grund liegt zunächst in dem verschiedenen hybridogenen Ursprung fast jeder Population (nach SOÓ aus 2 - 4 Arten oder selbst aus Hybriden), wobei nach Ansicht von SOÓ Introgression eine große Rolle spielt. Der zweite Grund besteht in der Schwierigkeit festzustellen, ob bzw. wann eine solche hybridogene Population als konstant und somit als eigene Kleinart angesehen werden kann.

SOÓ und VERMEULEN weisen darauf hin, daß ein einzelnes Moor seine eigene Kleinart bzw. seinen eigenen Formenschwarm besitzen kann. Offensichtlich ist das auch bei der Population im Elmpter Bruch der Fall. HÖPPNER nennt zwar einmal (in HÖPPNER und PREUSS, 1926) für das untere Schwalmtal O r c h i s T r a u n s t e i n e r i und ein anderes Mal (1926 a) " O r - c h i s P s e u d o - T r a u n s t e i n e r i - H ö p p n e r i A. Fuchs." Die Population des Elmpter Bruchs läßt sich jedoch keiner dieser Sippen, aber auch keiner anderen bisher beschriebenen eindeutig zuordnen, weder anhand der Artdiagnosen (DE WEVER, 1913; HÖPPNER, 1916 b, 1928 b; HÖPPNER und PREUSS, 1926; FUCHS, 1919; FUCHS und ZIEGENSPECK, 1924; GRÉGOIRE, JANSEN und PRICK, 1952; VERMEULEN, 1958; WIEFELSPÜTZ, 1968) noch durch Vergleich mit dem Herbarmaterial HÖPPNERs bzw. mit den lebenden Exemplaren von D a c t y l o r h i z a s p h a g - n i c o l a in der Wahner Heide.
Obwohl nach FUCHS und ZIEGENSPECK die "schrankenlose Möglichkeit der Aufstellung neuer 'Arten', 'Artchen' und Namen" gegeben ist, habe ich von dieser Möglichkeit keinen Gebrauch gemacht. Denn nach SENGHAS (1968) ist es zur Beurteilung von D a c t y l o r h i z a t r a u n s t e i n e r i - Populationen "sensu latissimo" nötig, "daß alle heute noch reichhaltigen T r a u n s t e i n e r i - Populationen erst - oder nochmals bearbeitet werden

---

1) Hierauf stützt sich auch SÜSSENGUTH (1939) in der 2. Auflage von HEGI.

2) Es ist fraglich, inwieweit EHRENDORFERs (1973) kommentarlose Bewertung sowohl von t r a u n s t e i n e r i als auch von s p h a g n i c o l a als Kleinarten von D. ma- jalis agg. begründet ist.

müßten".

Deshalb habe ich sie nur als "D a c t y l o r h i z a   t r a u n s t e i n e r i   sensu latissimo" SENGHAS (1968) bezeichnet.

8) Auch bei der Benennung der B e t u l a - und S a l i x - Arten muß auf eine eindeutige Artangabe verzichtet werden.

> Nach NATHO (1959 u. 1964) und EHRENDORFER (1973) sind die B e t u l a - Arten aufgrund introgressiver Hybridisation durch Hybridschwärme mehr oder weniger kontinuierlich miteinander verbunden.
> LEMKE (1960) deutet die verwirrende Formenmannigfaltigkeit der Weiden sinngemäß auf gleiche Weise. Er betont, daß es nur durch "eingehende Kenntnis der Arten und der Variationsbreite ihrer spezifischen Merkmale" möglich sei, "die Hybriden als solche zu erkennen und ihre Herkunft zu deuten bzw. überhaupt Arten und Hybriden auseinanderzuhalten".

Ich habe alle Bestände, in denen B e t u l a - und S a l i x - Sippen höhere Deckungsgrade erreichten, zu verschiedenen Jahreszeiten aufgesucht, um möglichst viele Merkmale eines jeden Individuums zu erfassen. Dennoch läßt sich lediglich die Lage einer Pflanze im Gesamtspektrum aus reinen Arten und Bastardschwärmen erkennen. Da nach LEMKE und auch nach NATHO echte intermediäre Formen selten sind, die Bastarde also fast immer einer Art mehr oder weniger näherstehen, sehe ich mich berechtigt, jede Pflanze unter eine der vier folgenden Bezeichnungen einzuordnen (je nach der Art, der sie offenbar am stärksten zuneigen):

1. S a l i x   ad   a u r i t a   vergens
2. S a l i x   ad   c i n e r e a   vergens
3. B e t u l a   ad   p u b e s c e n s   vergens (einschließlich B e t u l a   c a r p a t i c a   W. u. K)[1]
4. B e t u l a   ad   p e n d u l a   vergens.

9) Auch die E p i l o b i u m - Vorkommen in meinem Gebiet zeigen überwiegend Bastardcharakter. Sie neigen aber fast alle entweder zu p a l u s t r e oder o b s c u r u m und werden dementsprechend mit "Epilobium ad p a l u s t r e vergens" oder "E p i l o b i u m ad o b s c u r u m vergens" bezeichnet, worunter dann auch Vorkommen der beiden reinen Arten zusammengefaßt sind.

10) Bei zwei Vorkommen steriler U t r i c u l a r i a - Formen läßt sich selbst mit Hilfe der ausführlichen Standardwerke (HEGI, ASCHERSON-GRAEBNER und GLÜCK) die Zugehörigkeit zu v u l g a r i s oder a u s t r a l i s (= n e g l e c t a) nicht eindeutig klären. In einer finnischen Arbeit (LUTHER, 1939) fand ich schließlich brauchbare Kriterien für die mikroskopische Bestimmung nach vegetativen Merkmalen (Größe der Papillen auf den Blattzipfeln, Zahl und Länge der Stacheln auf den Papillen, Endodermisausbildung). Sie führen zur eindeutigen Bestimmung von U t r i c u l a r i a   a u s t r a l i s   (= n e g l e c t a) .

> HÖPPNER (1913 b) weist darauf hin, daß es sich bei dem von manchen Autoren für das Untersuchungsgebiet angegebenen U t r i c u l a r i a   v u l g a r i s in Wirklichkeit um n e g l e c t a handelt.

---

[1] Nach EHRENDORFER (1973) "ist die taxonomische Fassung von B e t u l a   c a r p a t i c a   W. u. K ... (u.a.) noch weitgehend ungeklärt".

3.1.3. Die Artenliste

Erläuterungen und Legende:

Außer den von mir nachgewiesenen Arten der Heidegewässer und -moore (Arten ohne Klammer) beinhaltet die Artenliste folgende Gruppen weiterer, durch unterschiedliche Klammerung gekenn-
zeichneter Arten:

( ) : Verschollene Arten, d.h. Arten, die in der Literatur aus Gewässern und Mooren im
        Bereich der Sandgebiete des Untersuchungsgebietes erwähnt sind, von mir aber weder
        in den Heidegewässern und -mooren noch in den übrigen Biotopen des Untersuchungs-
        gebietes nachgewiesen werden konnten.

        Über die ehemalige Moosflora finden sich nur wenige Angaben: GARJEANNE, 1911,
        1927, 1928; BARKMAN, 1948; MEIJER, 1949 a u. b; SCHWICKERATH, 1961 b; AGSTERIBBE
        und GROENHUIJZEN, 1961. Die Angaben zu den Gefäßpflanzen lieferten die regionalen
        Floren, angefangen von FÖRSTER (1878) bis zu HÖPPNER und PREUSS (1926) sowie alle
        mir bekannt gewordenen lokalen Florenlisten bzw. floristischen Anmerkungen aus
        Limburg und dem Niederrhein-Gebiet (BECKER, 1874; CREMERS, 1913; GEURTS, 1940;
        HEIMANS, 1918; HERRENKOHL, 1871; HÖPPNER, H., 1907, 1911/12, 1913 b, 1916 a,
        1926 a; JANSEN, 1929; KNORR und SCHWICKERATH, 1959; LAUTERBORN, 1918; t'Natuur-
        historisch Genootschap ..., 1917; Phanerogamae et Cryptogamae ..., 1887, 1895;
        SCHWICKERATH, 1961 b, 1930, 1936 b; SLOFF, 1941 u. 1951; SOEST, 1926; VUYCK,
        1922; DE WEVER, 1911-1923, 1932; WILLEMSE, 1918 u. 1919).
        Wie schon bei SCHWICKERATH (1961 b) sollen die verschollenen Arten zur Charakte-
        risierung der Heidegewässer und -moore mit herangezogen werden, auch wenn die An-
        gaben sich wohl zum größeren Teil auf die heute verschwundenen großflächigeren
        Moore beziehen, an die das Elmpter Bruch heute noch als einziges erinnert (s.
        Kap.1.3.), und die sich räumlich wie begrifflich zum Teil nicht eindeutig von
        den mehr meso- bis eutrophen "Mooren der alten Stromrinnen" (LAUTERBORN, 1918)
        abgrenzen lassen.

╪ ╪ : Arten, die nur für die Heidegewässer und -moore als verschollen gelten müssen,
        aber noch in anderen Feuchtbiotopen im Bereich der Sandgebiete des Untersuchungs-
        gebietes vereinzelt vorkommen.

[ ] : Bemerkenswertere Arten aus den übrigen Feuchtbiotopen (anmoorige Heiden und
        eutrophe Gewässer und - Moore) der Sandgebiete.

        Sie dienen einer genaueren Abgrenzung. Es ist allerdings nicht auszuschließen,
        daß einige von ihnen früher in den heute nicht mehr vorhandenen Heidegewässern
        und -mooren vorkamen.

Weiterhin bedeuten:

   ! : Wiederentdeckte Arten, die als verschollen galten.

  !! : Arten, die für das Gebiet zum erstenmal nachgewiesen wurden und damit z.T. für
         den Niederrhein.

 !!! : Arten, die zum erstenmal für ganz Westdeutschland oder für das Rheinland nachge-
         wiesen werden konnten.

Spalte 1: Durchschnittliche Häufigkeit in NW-Mitteleuropa (s. Kap. Häufigkeitselemente)[1]

Spalte 2: Häufigkeit in den Heidegewässern und Heidemooren des Untersuchungsgebietes
           (s. Kap. Häufigkeitselemente)

Spalte 3: Jeweils letzte Erwähnung der verschollenen Arten (Jahreszahl und Autor):

B.	: BECKER	M.	: MEIJER
BA.	: BARKMAN	P.C.:	Phanerog. et Cryptog. ...
F.	: FOERSTER	S.	: SCHWICKERATH
G.	: GARJEANNE	SL.	: SLOFF
H.	: HÖPPNER	SO.	: SOEST
H.-P.:	HÖPPNER u. PREUSS	WI.	: WILLEMSE
J.	: JANSEN	WE.	: DE WEVER

---

1) Die sehr seltenen (ss) und seltenen (s) Arten sind in ihrer Verbreitung im Untersuchungsgebiet dargestellt (s. Abb.7 bis Abb.11).

B r y o p h y t a

H e p a t i c a e

	1	2	3
Marchantia polymorpha L.	h	ss	
Riccia fluitans L. emend. K. MÜLL.	z	s	
(Riccardia palmata (HEDW.) CARRUTH = R. pinguis (L.) S.F. GRAY)			M., 49b
(Riccardia multifida (L.) S.F. GRAY)			M., 49b
[Riccardia chamaedryfolia (WITH.) GROLLE = R. sinuata (DICKS.) TREV.]			
[Pellia epiphylla (L.) CORDA]			
[Pallavicinia lyellii (HOOK.) CARRUTH.]			
(Fossombronia wondraczekii (CORDA) DUM.)			S., 61b
(Fossombronia foveolata LINDB. = F. dumortieri (HÜB. et GENTH.) LINDB.)			S., 61b
Chiloscyphus pallescens (EHRH. ex HOFFM.) DUM.	v	s	
Lophocolea bidentata (L.) DUM.	h	s	
≠Lophocolea cuspidata (NEES) LIMPR.≠			G., 11
Lophozia ventricosa (DICKS.) DUM.	v	s	
Gymnocolea inflata (HUDS.) DUM.	v	h	
!! Gymnocolea inflata var. heterostipa (CARR. et SPRUCE) LDBG.	v	z	
Nardia geoscyphus (DE NOT.) LINDB.	z	ss	
(Nardia scalaris S.F. GRAY)			G., 27
! Jungermannia hyalina (LVELL) ex HOOK.	ss	ss	
≠Jungermannia caespititia LINDENB.≠			G., 27
Mylia anomala (HOOK.) S.F. GRAY	v	v	
(Scapania curta (MART.) DUM.)			G., 27
[Scapania nemorea (L.) GROLLE (= S. nemorosa)]			
!! Cephaloziella elasticha (JACK) SCHIFFN. (= C. elachista)	s	s	
Cephalozia bicuspidata (L.) DUM.	h	v	
!! Cephalozia lammersiana (HÜB.) CARRINGTON	v	v	
Cephalozia connivens (DICKS.) LINDB.	v	z	
!! Cephalozia macrostachya KAAL. (incl. C. "media" fo. aquatica HINTZE et LSKE.)[1]	v	z	
[Cladopodiella francisci (HOOK.) BUCH]			
!! Cladopodiella fluitans (NEES) BUCH	s	z	
Odontoschisma sphagni (DICKS.) DUM.	v	v	
[Lepidozia reptans (L.) DUM.]			
Kurzia pauciflora (DICKS.) GROLLE (= Teleranea setacea auct.)	v	z	
[Calypogeia neesiana (MASS. et CARR.) K. MÜLL.]			
Calypogeia sphagnicola (ARN. et PERSS.) WARNST. et LOESKE[2]	s	s	
!! Calypogeia muelleriana (SCHIFFN.) K. MÜLL. (incl. Wasserform)[1]	h	v	
Calypogeia fissa (L.) RADDI (incl. Wasserform)[1]	v	ss	

---

1) siehe S. 20

Musci

Sphagnidae

	1	2	3
!! Sphagnum subsecundum NEES var. typicum[1]	v	ss	
Sphagnum subsecundum NEES var. inundatum RUSS.	v	v	
Sphagnum subsecundum NEES var. rufescens (Br. germ.) HÜBENER	z	z	
!! Sphagnum subsecundum NEES var. crassicladum WARNST.	z	z	
!! Sphagnum subsecundum NEES fo. obesum (WILS.) PAUL	z	v	
Sphagnum auriculatum SCHIMPER[1]	v	z	
(Sphagnum riparium AONGSTR.)			M., 49a
!!! Sphagnum dusenii C. JENSEN	ss	ss	
Sphagnum cuspidatum EHRHART fo. falcata RUSS.			
Sphagnum cuspidatum EHRHART fo. submersa SCHIMPER	v	v	
Sphagnum cuspidatum EHRHART fo. plumulosa SCHIMPER			
!!! Sphagnum balticum RUSSOW			
Sphagnum recurvum P. de B. var. mucronatum (RUSS.) WARNST	h	h	
Sphagnum recurvum P. de B. var. amblyphyllum (RUSS.) WARNST.	v	s	
Sphagnum recurvum P. de B. var. amblyphyllum fo. parvifolia (SENDT.) WARNST.	z	z	
Sphagnum recurvum P. de B. fo. fallax (KLGGR.) PAUL[2]	s	s	
Sphagnum molluscum BRUCH	v	z	
Sphagnum compactum DE CANDOLLE	h	ss	
!! Sphagnum squarrosum PERS.	h	s	
Sphagnum fimbriatum WILS.	h	z	
Sphagnum rubellum WILS.	v	s	
!! Sphagnum acutifolium EHRHART	z	s	
Sphagnum plumulosum RÖLL	v	s	
!! Sphagnum molle SULLIV.	z	z	
Sphagnum papillosum LDBG.	h	v	
Sphagnum palustre L.	h	z	
!! Sphagnum subbicolor HAMPE[2]	ss	ss	
Sphagnum magellanicum BRIDEL	v	z	

---

1) Zur Sphagnum subsecundum - Gruppe
s. S. 21

2) siehe S. 22

	1	2	3

B r y i d a e

	1	2	3
!! Pleuridium subulatum (HUDS.) RABENH.	v	ss	
Ceratodon purpureus (L.) BRID.	h	s	
!! Dicranella cerviculata (HDW.) SCHPR.	h	v	
Dicranella heteromalla (L.) SCHPR.	h	z	
!! Dicranum undulatum EHRHART (= D. rugosum)			
!! Dicranum bonjeani DE NOT. (= D. palustre)	v	ss	
Campylopus piriformis (SCHULTZ) BRID.	h	v	
(Campylopus fragilis (TURNER) Bryol. eur.)			BA., 48
Campylopus flexuosus (L.) BRID.	h	ss	
[Leucobryum glaucum (L.) SCHRP.]			
Barbula unguiculata (HDS.) HEDW.	h	ss	
Leptobryum piriforme (L.) SIBTH.	v	ss	
Pohlia nutans (SCHREB.) LDBG.	h	h	
!! Pohlia nutans (SCHREB.) LDBG. var. sphagnetorum SCHPR.	z	s	
Mnium hornum L.	h	s	
Aulacomnium palustre (L.) SCHWGR.	h	v	
!! [Philonotis fontana (L.) BRIDEL]	h	ss	
Leptodictyum riparium (L.) WTF.	v	ss	
Calliergon cuspidatum (L.) KDBG. (= Acracladium c. (L.) LDBG.)	h	ss	
[Calliergon cordifolium (HDW.) KDBG.]			
Calliergon stramineum (DICKS.) KDBG.	h	h	
Drepanocladus aduncus (HDW.) WTF. var. kneiffii (SCHRP.) WTF.	h	s	
(Drepanocladus sendneri (SCHIMP.) WARNST.)			M., 49b
(Drepanocladus revolvens (SW.) MOENK.)			M., 49b
Drepanocladus fluitans (L.) WTF.	h	h	
[Drepanocladus uncinatus (HDW.) WTF.]			
[Brachythecium salebrosum (HOFFM.) Br. eur.]			
Brachythecium rutabulum (L.) Br. eur.	h	z	
[Brachythecium rivulare (BRUCH) Br. eur.]			
Pseudoscleropodium purum (L.) FLSCHR.	h	ss	
Eurhynchium stokesii (TURN.) Br. eur.	h	s	
Entodon schreberi (WILLD.) MKM.	h	s	
Plagiothecium curvifolium SCHLIEPH.	v	s	
Plagiothecium denticulatum (L.) Br. eur. var. undulatum RUTHE	z	z	
[Plagiothecium silvaticum (HUDS.) Br. eur. (non MÖNKEMEYER)]			
[Plagiothecium laetum Bryol. eur.]			
!! Hypnum imponens HEDWIG	z	ss	
!! Hypnum ericetorum (Br. eur.) PAUL	h	s	
!! Polytrichum gracile MENZ	v	z	
!! Polytrichum strictum BANKS	v	s	
Polytrichum commune L.	h	h	

K o r m o p h y t a

	1	2	3

P t e r i d o p h y t a

	1	2	3
Lycopodiella inundata (L.) HOLUB	s	s	
Equisetum fluviatile L.	h	ss	
≠Osmunda regalis L.≠			H.-P., 26
(Pilularia globulifera L.)			S., 30
≠Thelypteris palustris SCHOTT≠			WE., 11
Dryopteris carthusiana (VILL.) H.P. FUCHS	h	s	
(Dryopteris cristata (L.) A. GRAY)			H.-P., 26

S p e r m a t o p h y t a

C o n i f e r o p h y t i n a

	1	2	3
Pinus sylvestris L.			

M a g n o l i o p h y t i n a

L i l i a t a e   (= Monocotyledoneae)

	1	2	3
Typha latifolia L.	v	z	
Typha angustifolia L.	v	s	
Sparganium erectum L. ssp. erectum	v	ss	
(Sparganium minimum WALLR.)			H., 11
Sparganium emersum REHMANN (= S. simplex HUDS.)	z	ss	
(Sparganium angustifolium MICHX.)			H.-P., 26
(Triglochin palustre L.)			S., 30
(Potamogeton compressus L.)			H.-P., 26
(Potamogeton obtusifolius MERT. et KOCH)			WE., 11
(Potamogeton pusillus agg.) [1]			H., 26b
≠Potamogeton alpinus BALBIS≠			S., 30
[Potamogeton perfoliatus L.]			
(Potamogeton gramineus L.)			H.-P., 26
Potamogeton natans L.	h	z	
Potamogeton polygonifolius POURR. (= P. oblongus VIV.) [2]	s	s	
(Scheuchzeria palustris L.)			H., 26b
Alisma plantago-aquatica L.	h	s	
(Luronium natans (L.) RAF. = Elisma natans BUCHENAU)			H., 26b

[1] HÖPPNERs Bezeichnung P. p u s i l l u s L. kann heute nur noch im Sinne des Aggregats verstanden werden.

[2] siehe S.23

	1	2	3
Baldellia ranunculoides (L.) Parl. (= Echinodorus ranunculoides (L.) ENGELM. ex ASCH.)	s	s	
[Sagittaria sagittifolia L.]			
(Butomus umbellatus L.)			P.C., 93
Anarchis canadensis (L.C. RICH.) PLANCK (= Elodea canadensis MICHX.)	h	ss	
Hydrocharis morsus-ranae L.	v	ss	
Typhoides arundinacea (L.) MOENCH (= Phalaris arundinacea L.)	h	ss	
Alopecurus geniculatus L.	h	s	
Alopecurus aequalis SOBOLEWSKY	s	ss	
Agrostis canina L. ssp. stolonifera BLYTT.	v	h	
Agrostis stolonifera L. ssp. prorepens KOCH	h	s	
Calamagrostis canescens (WEB.) ROTH	v	s	
Calamagrostis epigejos (L.) ROTH	h	ss	
Holcus lanatus L.	h	ss	
Avenella flexuosa (L.) PARL. (= Deschampsia flexuosa (L.) TRIN.)	h	ss	
(Deschampsia setacea (HUDS.) HACKEL)			H., 16a
Phragmites australis (CAV.) TRIN. ex STEUD. (= P. communis TRIN.)	h	z	
Molinia caerulea (L.) MOENCH	h	h	
(Catabrosa aquatica (L.) PG.)			H.-P., 26
Poa annua L.	h	ss	
~~Glyceria maxima (HARTMAN) HOLMBERG~~			
Glyceria fluitans (L.) R. BR.	h	z	
Glyceria declinata BRÉB.	z	ss	
(Cyperus fuscus L.)			S., 30
(Cyperus flavescens L.)			S., 30
Eriophorum vaginatum L.	s	z	
Eriophorum angustifolium HONCK.	v	h	
(Eriophorum latifolium HOPPE)			H., 26b
! Eriophorum gracile KOCH	ss	ss	
Trichophorum germanicum PALLA	z	s	
Eleocharis palustris (L.) ROEM. et SCHULT. ssp. vulgaris S.M. WALTERS (= ssp. palustris sensu PODLECH)	h	z	
(Eleocharis uniglumis (LINK) SCHULT.)			WE., 11
Eleocharis multicaulis SM.	s	z	
(Eleocharis quinqueflora (F.X. HARTM.) O. SCHWARZ)			S., 30
(Eleocharis acicularis (L.) ROEM. et SCHULT.)			H.-P., 26
Isolepis setacea (L.) R. BR.	z	ss	
(Isolepis fluitans (L.) R. BR.)			S., 30
Schoenoplectus lacustris (L.) PALLA	h	z	
!! Schoenoplectus tabernaemontani (C.C. GMEL.) PALLA	s	ss	
(Blysmus compressus (L.) PANZ. ex LK.)			B., 74
Cladium mariscus (L.) POHL	s	ss	
Rhynchospora alba (L.) VAHL	z	v	
Rhynchospora fusca (L.) AIT. fil.	s	z	
(Carex dioica L.)[1]			H.-P., 26
(Carex pulicaris L.)			H., 11

---

1) 1977 von DIETRICH u. REHNELT im Elmpter Bruch nachgewiesen

	1	2	3
(Carex pauciflora LIGHTF.)			F., 78
Carex paniculata L.	v	ss	
(Carex diandra SCHRANK)			H., 16b
Carex canescens L.	v	v	
Carex stellulata GOOD.	h	ss	
Carex juncella auct. medioeur.[1]	?	z?	
Carex nigra (L.) REICHARD ssp. nigra	h	s	
Carex nigra (L.) REICHARD ssp. recta (FLEISCHER) ROTHM.[1]	h	z	
Carex gracilis CURT.	v	z	
Carex elata ALL.	z	z	
! Carex limosa L.	ss	ss	
Carex panicea L.	h	ss	
(Carex hostiana DC.)			H.-P., 26
(Carex distans L.)			S., 30
(Carex flava L.)			B., 74
[Carex tumidicarpa ANDERSS. (= C. demissa auct.)]			
⧧Carex oederi EHRH.⧧[2]			B., 74
Carex rostrata STOKES ex WITH.	v	h	
Carex vesicaria L.	v	z	
Carex acutiformis EHRH.	h	s	
Carex lasiocarpa EHRH.	s	z	
(Calla palustris L.)			S., 30
Lemna trisulca L.	h	ss	
Lemna minor L.	h	s	
Juncus inflexus L.	v	ss	
Juncus effusus L.	h	h	
Juncus conglomeratus L.	v	s	
Juncus squarrosus L.	z	s	
Juncus tenuis WILLD.	h	ss	
Juncus bufonius L.	h	s	
Juncus tenageia L. f.	s	ss	
Juncus bulbosus L. ssp. bulbos.	v	v	
Juncus articulatus L.	h	ss	
Juncus acutiflorus EHRH. ex HOFFM.	v	z	
Narthecium ossifragum (L.) HUDS.	s	z	
Iris pseudacorus L.	h	ss	
⧧Epipactis palustris (L.) CR.⧧			S., 30
(Platanthera bifolia (L.) RICH.)			H., 11
Dactylorhiza maculata (L.) SOÓ	z	ss	
(Dactylorhiza maculata ssp. elodes (GRISEB.) SOÓ)			H.-P., 26
⧧Dactylorhiza majalis (RCHB.) HUNT et SUMMERH.⧧			
⧧Dactylorhiza incarnata (L.) SOÓ⧧			H.-P., 26
Dactylorhiza traunsteineri (SAUT. ex RCHB.) SOÓ s.1.[3]	ss	ss	
(Hammarbya paludosa (L.) O. KUNTZE)			S., 30
(Liparis loeselii (L.) RICH.)			H.-P., 26

---

1) siehe S.127

2) Aus dieser Angabe von HÖPPNER geht nicht hervor, ob es sich um C a r e x   t u m i d i c a r p a   (= d e m i s s a) oder C . s c a n d i n a v i c a DAVIES handelt.

3) siehe S. 23

		1	2	3

M_a_g_n_o_l_i_a_t_a_e__(=_Dicotyledoneae)

	1	2	3
Myrica gale L.	z	s	
Populus tremula L.	h	s	
Salix ad cinerea L. vergens[1]	h	z	
Salix ad aurita L. vergens	h	s	
Salix repens L.	v	ss	
Betula ad pubescens EHRH. vergens[1]	v	v	
Betula ad pendula ROTH vergens	h	v	
Alnus glutinosa (L.) GAERTN.	h	ss	
Quercus robur L.	h	s	
!! Rumex maritimus L.	s	ss	
Rumex crispus L.	h	ss	
Polygonum amphibium L.	h	s	
Polygonum persicaria L.	h	ss	
Polygonum lapathifolium ssp. incanum (F.W. SCHMIDT) SCHÜBL. u. MART. (= P. tomentosum)	h	ss	
Polygonum hydropiper L.	h	ss	
Polygonum minus HUDS.	v	s	
Polygonum aviculare agg.	h	ss	
(Montia fontana L.)			H.-P., 26
Stellaria media (L.) VILL.	h	ss	
Stellaria alsine GRIMM	v	ss	
Sagina procumbens L.	h	ss	
(Sagina nodosa (L.) FENZL)			H.-P., 26
Spergularia rubra (L.) J. et K. PRESL.	v	ss	
(Corrigiola litoralis L.)			J., 29
Illecebrum verticillatum L.	z	ss	
Nymphaea alba L.	v	v	
Nymphaea alba L. var. minor[2]	ss	ss	
[Nuphar lutea (L.) SM.]			
(Ranunculus hederaceus L.)			H.-P., 26
[Ranunculus fluitans LAM.]			
Ranunculus aquatilis L. var. peltatus (SCHRANK.) GLK.	v	ss	
! Ranunculus ololeucos LLOYD	ss	ss	
Ranunculus flammula L.	h	s	
Ranunculus sceleratus L.	z	ss	
Ranunculus repens L.	h	ss	
Cardamine pratensis L.	h	s	
Rorippa islandica (OED. ex MURRAY) BORB. emend. JONS.	h	ss	
Rorippa sylvestris (L.) BESS.	h	s	
Rorippa amphibia (L.) BESS.	z	ss	
Drosera rotundifolia L.	z	v	
(Drosera anglica HUDS.)			SL., 41
Drosera intermedia HAYNE	z	z	
(Parnassia palustris L.)			H.-P., 26
Sorbus aucuparia L.	h	s	
Rubus fruticosus agg.	h	ss	
Potentilla palustris (L.) SCOP.	v	v	

---

1) siehe S. 24
2) siehe S. 57,6o,61

	1	2	3
Potentilla anserina L.	h	ss	
Potentilla erecta (L.) RAUSCHEL	h	z	
(Potentilla anglica LAICH)			WE., 15
Trifolium repens L.	h	ss	
Lotus uliginosus SCHKUHR	h	s	
(Radiola linoides ROTH)			S., 30
Polygala serpyllifolia HOSE	z	ss	
Callitriche palustris agg.	h	s	
Frangula alnus MILL.	h	s	
Hypericum elodes L.	s	z	
(Hypericum humifusum L.)			S., 30
[Hypericum tetrapterum FRIES]			
Viola palustris L.	v	ss	
Peplis portula L.	z	ss	
Lythrum salicaria L.	h	ss	
(Ludwigia palustris (L.) ELLIOTT			S., 30
Epilobium ad palustre L. vergens[1)	v	z	
Epilobium ad obscurum SCHREB. vergens[1)	v	z	
(Myriophyllum verticillatum L.)			H., 13
+Myriophyllum spicatum L.+			H.-P., 26
(Myriophyllum alterniflorum DC.)			H.-P., 26
Hydrocotyle vulgaris L.	v	v	
(Apium inundatum (L.) RCHB. f.)			H.-P., 26
(Apium nodiflorum (L.) LAG.)			H.-P., 26
Cicuta virosa L.	z	ss	
Oenanthe aquatica (L.) POIR.	h	s	
Peucedanum palustre (L.) MOENCH	v	z	
Andromeda polifolia L.	s	z	
Vaccinium oxycoccus L.	z	v	
Vaccinium myrtillus L.	h	s	
Calluna vulgaris (L.) HULL.	h	v	
Erica tetralix L.	v	h	
(Hottonia palustris L.)			S., 30
(Samolus valerandi L.)			S., 30
! Lysimachia thyrsiflora L.	s	ss	
Lysimachia vulgaris L.	h	z	
(Anagallis tenella (L.) L.)			S., 30
(Centunculus minimus L.)			S., 30
Menyanthes trifoliata L.	z	z	
(Nymphoides peltata (S.G. GMEL.) O. KUNTZE)			S., 30
(Cicendia filiformis (L.) DELARBRE)			S., 30
[Centaurium pulchellum (SW.) DRUCE]			
Gentiana pneumonanthe L.	z	s	
Myosotis laxa LEHM. ssp. caespitosa (K.F. SCHULZ) HYL. ex NORDH.	z	ss	
[Myosotis scorpioides L.]			
+Scutellaria minor HUDS.+			H.-P., 26
Scutellaria galericulata L.	v	z	
Lycopus europaeus L.	h	s	

1) siehe S. 24

	1	2	3
Mentha aquatica L.	h	s	
Mentha arvensis L.	h	ss	
Solanum dulcamara L.	h	ss	
(Limosella aquatica L.)			S., 30
Veronica scutellata L.	z	ss	
[Pedicularis sylvatica L.]			
(Pedicularis palustris L.)			SL., 41
(Pinguicula vulgaris L.)			H.-P., 26
Utricularia minor L.	z	z	
! Utricularia australis R. BR. (= U. neglecta LEHM.)[1]	s	s	
(Utricularia intermedia HAYNE)			S., 30
(Utricularia ochroleuca HARTMAN)			H.-P., 26
Plantago major L. ssp. major	h	ss	
(Littorella uniflora (L.) ASCH.)			WI., 18
Galium palustre L.	h	s	
(Lobelia dortmanna L.)			SO., 26
Eupatorium cannabinum L.	h	ss	
Gnaphalium uliginosum L.	h	s	
(Gnaphalium luteo-album L.)			S., 30
Bidens cernua L.	v	s	
Bidens tripartita L.	h	ss	
! [Senecio tubicaulis MANSF.]			
(Senecio erraticus BERTOL.)			S., 30
(Senecio aquaticus HILL)			S., 30
Cirsium arvense (L.) SCOP.	h	ss	
Cirsium palustre (L.) SCOP.	h	ss	
(Cirsium dissectum (L.) HILL			H.-P., 26

---

1) siehe S.24

3.1.4. Vergleichender floristischer Überblick

Gemessen an der auch insgesamt nur geringen Flächengröße der Untersuchungsobjekte und dem durchweg geringen Nährstoffangebot erscheint die Zahl von 221 Arten (148 Gefäßpflanzen und 73 Moose) erstaunlich hoch, erst recht die Zahl von 308 Arten, die sich nach Einbeziehung der vielen verschollenen Arten ergibt (s. Tab.2). Von den 221 heutigen Arten sind jedoch nur ca. 1/10 auf die Untersuchungsobjekte beschränkt. Alle anderen kommen ebenfalls an anderen Standorten innerhalb der Sandgebiete vor und sind dort zum größten Teil sogar häufiger; insgesamt hat wohl nur etwa ein Viertel des Artenbestandes seinen Schwerpunkt in den Untersuchungsobjekten.

> Vollständige Artenlisten, die eine ähnlich große Zahl von einzelnen Heidegewässern und -mooren betreffen wie die des Untersuchungsgebietes, existieren nicht. Die einzigen Zusammenstellungen, die über den Rahmen eines einzelnen Gewässers oder Moores hinausgehen, betreffen die Hildener Heide am rechten Niederrhein (WOIKE, 1958), das NSG "Heiliges Meer" im nördlichen Westfalen (KOPPE, 1931-1955; RUNGE, 1957, 1967), die Berliner Moore mit ihren Gewässern (SUKOPP, 1959) und den größten Teil der noch vorhandenen nw-deutschen Hochmoore (MÜLLER, 1965, 1968).

Ein quantitativer und qualitativer Vergleich mit den jeweils hier angegebenen Artenzahlen bzw. Arten kann nicht mehr als eine grobe Orientierungshilfe sein.

> KOPPE und RUNGE sowie WOIKE erfassen die Flora des jeweiligen Gesamtgebietes, in dem die Heidegewässer und -moore nur einen kleineren Teil ausmachen; SUKOPP bezieht neben ein oligo- und mesotrophen auch die eutrophen Gewässer und -moore mit ein. MÜLLERs Arbeiten beziehen sich zwar auf einen weit größeren Landschaftsraum und insgesamt auch auf eine viel größere Fläche, erlauben jedoch nur den Vergleich mit einem Teilaspekt der Flora der Untersuchungsobjekte, dem oligo- bis dystrophen Bereich.

Hinsichtlich der Artenzahl bleibt das Untersuchungsgebiet verständlicherweise gegenüber den 3 erstgenannten, die einen weit größeren ökologischen Bereich umspannen, stark zurück. Dies gilt vor allem für die Kormophyten (Untersuchungsgebiet: 148; Heiliges Meer: 288; Hildener Heide: 280; Berliner Moore: 250), aber auch für die Moose (Untersuchungsgebiet: 73; Heiliges Meer: 109; Hildener Heide: 118; Berliner Moore: 95).

Der relative Artenreichtum wird erst deutlich beim Vergleich mit MÜLLER (s.o.) und zusätzlich für die Moose mit KOPPE (s.o.) und MEIJER (1958): Die Zahl der Kormophyten liegt fast doppelt so hoch wie bei MÜLLER. Interessant ist auch der hohe Grad der Übereinstimmung der Arten; so kommen z.B. 90 % der von MÜLLER angeführten Monokotylen auch in den Untersuchungsobjekten vor.

Vor allem beachtenswert ist aber die Zahl der Moose (73), auch wenn sie nur um 4 höher liegt als in den nw-deutschen Hochmooren (s.o. MÜLLER); MEIJER (1958) gibt allerdings für die Gesamtheit aller holländischen Venne nur die Zahl 80 an. Da MEIJER die Moose aber nicht im einzelnen nennt, ist ein qualitativer Vergleich nur mit KOPPE möglich. Danach fehlen von 25 Moosarten, die KOPPE (1955) als typisch für die nordwestdeutschen Heidemoore angibt, in meinem Untersuchungsgebiet nur 2 Arten (S p h a g n u m   i m b r i c a t u m ,   T e - t r a p l o d o n   m n i o i d e s) .

> Von den 31 typischen Arten der Hochmoore fehlen 8 (S p h a g n u m   p u l c h r u m , S .   f u s c u m ,   S .   w a r n s t o r f i i ,   D i c r a n u m   b e r g e r i , C a l y p o g e i a   n e e s i a n a ,   D r e p a n o c l a d u s   e x a n n u l a - t u s ,   R i c c a r d i a   l a t i f r o n s ,   T e t r a p l o d o n   m n i o i - d e s) .   Bei einem Vergleich mit MÜLLER zeigt sich: Von den 16 dort aufgeführten Hepaticae der nw-deutschen Hochmoore fehlen bei mir nur C h i l o s c y p h u s   p o l y - a n t h u s   sowie R i c c a r d i a   s i n u a t a   und C a l y p o g e i a   n e e - s i a n a , die aber im Untersuchungsgebiet an nicht mehr den Untersuchungsobjekten zugerechneten Standorten vorkommen.
> Von allen auf nw-deutschen Hochmooren nachgewiesenen Sphagnen fehlen außer den drei oben genannten typischen nur noch die drei sehr seltenen Arten S p h a g n u m   i m b r i - c a t u m ,   l i n d b e r g i i   und S p h a g n u m   r o b u s t u m   (MÜLLER, 1965, 1968). Dafür treten im Untersuchungsgebiet vier S p h a g n u m   s u b s e c u n d u m - Varianten und S p h a g n u m   r e c u r v u m   var.   a m b l y p h y l l u m   auf, die in der Literatur aber oft als selbständige Arten gewertet werden.

Mit einem Vorkommen von 25 S p h a g n u m - "Arten" (s. Tab.2), die ca. zwei Drittel der

S p h a g n u m - Flora des nw-mitteleuropäischen Tieflandes darstellen,[1] steht das Untersuchungsgebiet - und innerhalb dieses sogar ein einzelnes Moor, das Elmpter Bruch (22) - wohl
einzig im mitteleuropäischen Tiefland da. Dies gilt auch, wenn man neben der Hildener Heide
(22), den Berliner Mooren (17), dem Heiligen Meer (15) und der Wahner Heide (22 oder 23 Arten: SCHUMACHER, 1932; FELD, 1958) größere Gebiete als meines berücksichtigt, so z.B. das
Hohe Venn (15 Arten: DE ZUTTERE, 1967; SCHWICKERATH, 1944 a) und das holländische Hochmoor-
gebiet "De Peel" (18 Arten: BAKKER, 1963; VOO, 1968; und WESTHOFF, 1963).

> Innerhalb der Moose ist das Verhältnis Lebermoose : Torfmoose : Laubmoose, das nach KOPPE
> in NW-Deutschland insgesamt ca. 3 : 1 : 10 beträgt, zunächst in allen oben genannten Ge-
> bieten sehr stark auf Kosten der Laubmoose, in zweiter Linie auch auf Kosten der Leber-
> moose zugunsten der Torfmoose verschoben. Im Vergleich mit der Hildener Heide (1,5 : 1 :
> 2,9), den Berliner Mooren (1,6 : 1 : 2,9) und dem Heiligen Meer (2,8 : 1 : 3,4) nähern sich
> die Verhältnisse in den Untersuchungsobjekten mit 0,9 : 1 : 1,3 schon sehr stark denen von
> echten Hochmooren, so z.B. denen der norddeutschen Hochmoore (MÜLLER, 1965 u. 1968) mit
> 0,6 - 0,7 : 1 : 0,8 - 0,9 und des Hohen Venns (DE ZUTTERE, 1967; SCHWICKERATH, 1944) mit
> 0,8 : 1 : 1,1.

3.2. <u>FLORENELEMENTE</u>

Für eine tiefergehende Analyse der Flora müssen die Arten im Hinblick auf die Gesichtspunkte,
die für eine solche Analyse von Bedeutung sind, miteinander verglichen und zu Artengruppen
zusammengestellt werden. Nach bestimmten Gesichtspunkten zusammengefaßte Artengruppen nennt
man nach KLEOPOW (s. WALTER, 1954) allgemein Florenelemente.
Im Rahmen dieser Arbeit handelt es sich hauptsächlich um folgende zwei Gesichtspunkte bzw.
Elemente:
1. Die "Häufigkeitselemente"
2. Die Geoelemente.

3.2.1. <u>"Häufigkeitselemente"</u>

Häufigkeitsangaben zu den Pflanzen eines Gebietes gewinnen erst dann an Aussagekraft für die
floristische Charakterisierung dieses Gebietes, wenn man sie in Beziehung zur großräumig geltenden Häufigkeit dieser Arten sieht. Zur Erfassung dieser großräumig geltenden Häufigkeit,
die hier "<u>überregionale</u>" Häufigkeit (im Gegensatz zur "regionalen", s.u.) genannt werden soll,
wurde der Versuch unternommen, für jede Art zu einer Aussage über ihre mittlere bzw. durchschnittliche Häufigkeit innerhalb des nordwestlichen Mitteleuropa, in dessen Zentrum das Untersuchungsgebiet liegt, zu gelangen:

> Grundlage dazu sind die Häufigkeitsangaben in den Länder- und Regionalfloren von N-Frank-
> reich bis zur Prignitz (CHRISTIANSEN, 1953; DEMARET und CASTAGNE, 1959-1964; VAN DIEKEN,
> 1970; FLORA NEERLANDICA, ab 1948; FELD, 1958; FISCHER, 1963; FOURNIER, 1961; HEUKELS u.
> VAN OOSTSTROOM, 1970; JENSEN, 1952; KOCH, 1958; KOPPE, 1934-1949, 1964; LAWALRÉE, 1952-
> 1957; MEYER u. VAN DIEKEN, 1947; MULLENDERS, 1967; RUNGE, 1955; VANDEN BERGHEN, 1955-
> 1957; WIJK, 1949).
> Hinzu kommt eine Fülle weiterer Literatur und Einzelangaben, die hier im einzelnen nicht
> aufgeführt werden können.

Als Bezugsbasis für die bei den einzelnen Autoren z.T. unterschiedliche Häufigkeitsabstufung
diente die 5stufige Einteilung in sehr seltene (ss), seltene (s), zerstreute (z), verbreitete (v) und häufige Arten (h), wobei jeder Stufe eine Zahl zwischen 1 (= sehr selten) und 5
(= häufig) zugeordnet wurde. Nach der Umsetzung der Angaben der verschiedenen Autoren in
diese Zahlenwerte oder eventuell in Zwischenwerte konnte nun für jede Art rechnerisch der

---

1) Die fehlenden Arten sind zumindest im nw-mitteleuropäischen Tiefland ausgesprochene Seltenheiten und - mit Ausnahme der sechs oben genannten - Arten der Wälder oder relativ
   eutropher Moore.

"durchschnittliche Häufigkeitswert" ermittelt werden, der die "überregionale" Häufigkeit zum Ausdruck bringt.

Die Relativität und mangelnde Zuverlässigkeit, d.h. also auch der zweifelhafte Aussagewert der Häufigkeitsangaben in Floren sind mir durchaus bewußt,[1] und somit auch die nur scheinbare Exaktheit der Ermittlung der durchschnittlichen Häufigkeit.
Das sollte meiner Meinung nach aber kein ausreichender Grund sein zu glauben, auf jegliche Auswertung und Anwendung solcher Angaben verzichten zu müssen. So halte ich - unter Berücksichtigung und bei Abschätzung aller Bedenken - z.B. die Errechnung der hier zur Diskussion stehenden Mittelwerte im Hinblick auf ihre weiteren Auswertungs- und Anwendungsmöglichkeiten (s.u. und s. Kap.3.2.2.3.) für sinnvoll. Sie vermitteln zumindest eine wichtige Groborientierung, die in den meisten Fällen doch wohl den Realitäten recht nahekommen dürfte.
Im übrigen ist damit zu rechnen, daß unterschiedliche Auffassungen verschiedener Autoren sich in vielen Fällen gegenseitig zum "richtigen" Wert ausgleichen.

Zur Einstufung der Arten nach ihrer Häufigkeit innerhalb der Untersuchungsobjekte, hier kurz als "regionale" Häufigkeit charakterisiert, wurden einige Arten unterschiedlicher überregionaler Häufigkeit als "Standard" bzw. als Testarten herangezogen, und zwar solche, deren überregionale Häufigkeit aus eigener Kenntnis mit der regionalen Häufigkeit verglichen werden konnte. Dadurch konnten nun die Kriterien für die Einstufung auch aller anderen Arten in die fünf Kategorien der regionalen Häufigkeit so gewählt werden, daß einander ähnliche regionale und überregionale Verbreitungs- und Verteilungsmuster einer Art auch tatsächlich eine Zuordnung zur gleichen Häufigkeitskategorie erfahren. Drückt man die Häufigkeit durch die Anzahl der einzelnen Untersuchungsobjekte aus, in denen eine Art vorkommt, so wird die Voraussetzung der Vergleichbarkeit bzw. Entsprechung der Angaben über die regionale und überregionale Häufigkeit durch folgende Kriterien weitgehend erfüllt: ss = 1 - 2, s = 3 - 5, z = 6 - 15, v = 16 - ca. 30, g = mehr als 30 Heidegewässer bzw. -moore.

In einigen wenigen Fällen war es jedoch sinnvoller, einem sehr reichlichen Vorkommen oder gar Massenvorkommen einer Art in einem oder wenigen großflächigeren Untersuchungsobjekten dadurch gerecht zu werden, daß diese Art in die jeweils nächsthöhere Häufigkeitskategorie eingestuft wurde.

Jede Art kann nun entsprechend ihrer regionalen Häufigkeit in den Untersuchungsobjekten und ihrer überregionalen großräumigen Häufigkeit einem "Häufigkeitselement" zugeordnet werden.
Maximal sind demnach bei 5 Häufigkeitsstufen 25 Häufigkeitselemente denkbar. Sie reichen von ss/ss bis h/h, wobei die erste Angabe die großräumige Häufigkeit und die zweite die regionale Häufigkeit kennzeichnet.
Bei den Gefäßpflanzen treten 18, bei den Moosen 17 Häufigkeitselemente auf. Im Bereich der in NW-Mitteleuropa häufigen und verbreiteten Arten kommen sowohl bei den Gefäßpflanzen wie bei den Moosen alle theoretisch möglichen Häufigkeitselemente vor (s. Abb.6).
Auffällig ist der prozentual geringe Anteil der Arten mit gleicher großräumiger und regionaler Häufigkeit (h/h, v/v, z/z, s/s, ss/ss) bei den Moosen (s. Abb.6b) und erst recht bei den Gefäßpflanzen (s. Abb.6a).
Die Diskrepanz zwischen großräumiger und regionaler Häufigkeit tritt besonders stark bei der Betrachtung der Häufigkeitselemente der Gefäßpflanzen zutage (s. Abb.6a):

Die großräumig häufigen Pflanzen, die 50 % des Artenbestandes bilden, sind hier zum weit überwiegenden Teil (80 %) sehr selten (h/ss = ca. 50 %) bzw. selten (h/s = ca. 30 %) und nur zu einem sehr geringen Teil ebenfalls häufig (h/h = ca. 5 %) oder verbreitet (h/v = ca. 5 %). Auch unter den Arten aller anderen großräumig geltenden Häufigkeitsstufen überrascht der hohe Prozentsatz an Gefäßpflanzen, die in den Heidegewässern und -mooren sehr selten sind (s/ss = ca. 40 %, z/ss = ca. 40 %, v/ss = ca. 20 %). Insgesamt treten 40 % der vorkommenden Gefäßpflanzen nur sehr selten (1 - 2mal) auf; von diesen gelten aber nur 1/10, also 4 % aller Arten, auch in NW-Mitteleuropa als sehr selten (ss/.. = ../ss). Demgegenüber sind nur 3 % der Gefäßpflanzen in den Heidegewässern und -mooren häufig anzutreffen (h/h und v/h); nach ihrem Gesamtvorkommen in NW-Mitteleuropa zählen aber 50 % aller Arten zu den häufigen.

---

1) Außer dem unterschiedlichen Alter der Floren bzw. der Angaben, auf die sich die Floren stützen, ist es u.a. die Tatsache, daß von den verschiedenen in den Häufigkeitsbegriff eingehenden Kategorien je nach Autor, Art und Raum jeweils eine andere mehr im Vordergrund stehen kann: die Verbreitung der Arten über den von der Flora erfaßten Raum, die Verteilung (Frequenz) oder die Anzahl der Vorkommen (Fundorte) oder einfach die Menge (Abundanz) an Individuen.

Gemessen an der Verbreitung in NW-Mitteleuropa ist somit der größte Teil der Gefäßpflanzen der Heidegewässer und -moore unterrepräsentiert. Es handelt sich dabei um untypische Pflanzen, die man wohl als Fremdlinge der Flora der Heidegewässer und -moore bezeichnen kann.

Andererseits sind etwa 10 % der Pflanzen häufiger als im Durchschnitt NW-Mitteleuropas (s/z, z/v und v/h). Die Arten dieser Häufigkeitselemente können als die "besonders charakteristischen" der Heidegewässer und -moore angesehen werden (s. Abb.6a: dicke Umrandung).

Bei den Moosen wiederholt sich das Bild im wesentlichen:

Der krasse Gegensatz zwischen überregionaler und regionaler Häufigkeit bei den Gefäßpflanzen ist hier aber etwas gemildert (Abb.6b): Während nur ca. 40 % der Moose der Heidemoore und -gewässer in NW-Mitteleuropa häufig und 6 % sehr selten sind (50 bzw. 4 % der Gefäßpflanzen), müssen aufgrund der regionalen Häufigkeit in den Untersuchungsobjekten ca. 10 % als häufig und nur ca. 25 % als sehr selten bezeichnet werden (Gefäßpflanzen: 3 % bzw. 40 %). Es sind also prozentual weniger Moosarten unterrepräsentiert als Gefäßpflanzen.

Der Prozentsatz an Pflanzen, die in den Heidegewässern und -mooren einen größeren Häufigkeitsgrad erreichen als in NW-Mitteleuropa (also der "besonders charakteristischen Arten"), ist mit weniger als 5 % noch geringer als bei den Gefäßpflanzen (ca. 10 %).

Neben den "besonders charakteristischen Arten" können noch weitere mehr oder weniger "charakteristische Arten" herausgestellt werden:

Dazu lassen sich zum einen verständlicherweise die wenigen weiteren häufigen Arten (h/h) rechnen, auch wenn diese z.T. für die Sandgebiete ganz allgemein charakteristisch sind, sowie die übrigen verbreiteten Arten, sofern ihre Verbreitung in den Untersuchungsobjekten weder hinter der in den übrigen Biotopen der Sandgebiete noch hinter der durchschnittlichen nw-mitteleuropäischen Verbreitung zurückbleibt (also nur v/v). Zum anderen müssen von der Vielzahl der in den Untersuchungsobjekten selten und sehr selten vorkommenden Arten diejenigen, die auch großräumig selten oder sehr selten sind (s/s und ss/ss), als "charakteristische Arten" bezeichnet werden, zumal sie alle in den die Heidegewässer und -moore umgebenden, viel ausgedehnteren Biotopen der Sandgebiete und meist auch im ganzen Niederrheingebiet gar nicht oder nur äußerst selten auftreten.

Außerdem können noch diejenigen Arten des Elements z/z zu der Gruppe der "charakteristischen Arten" gezählt werden, die im Rahmen der niederrheinischen Flora, besonders aber der Flora der Sandgebiete auf die Heidegewässer und -moore beschränkt sind.

Im einzelnen handelt es sich in den beiden Gruppen um folgende Arten:

1. Die "besonders charakteristischen" Arten:

a) Häufigkeitselement s/z:[1]

Cladopodiella fluitans, Eriophorum vaginatum, Eleocharis multicaulis, Rhynchospora fusca, Carex lasiocarpa, Narthecium ossifragum, Andromeda polifolia, Hypericum elodes.

b) Häufigkeitselement z/v:

Sphagnum subsecundum fo. obesum, Rhynchospora alba, Drosera rotundifolia, Vaccinium oxycoccus.

c) Häufigkeitselement v/h:

Gymnocolea inflata, Agrostis canina, Eriophorum angustifolium, Carex rostrata, Erica tetralix.

2. Die "charakteristischen" Arten:

a) Häufigkeitselement ss/ss:[1]

Plectocolea hyalina, Sphagnum dusenii,[2] Sphagnum balticum,[2] Sphagnum subbicolor,[2] Erio-

---

1) Die Verbreitung dieser Arten im Untersuchungsgebiet zeigen die Abbildungen 7 - 11.

2) Die floristischen Raritäten des Elementes ss/ss sind in ihrer Verbreitung in NW-Mitteleuropa dargestellt (s. Abb.14, 15 u. 19).

phorum gracile,[1] Carex limosa,[1] Dactylorhiza traunsteineri s.l., Nymphaea alba var. minor,[1] Ranunculus ololeucos.

b) Häufigkeitselement s/s:[2]

Cephaloziella elachista, Calypogeia sphagnicola, Sphagnum recurvum fo. fallax, Lycopodiella inundata, Potamogeton polygonifolius, Baldellia ranunculoides, Utricularia australis.

c) Häufigkeitselement z/z:

Sphagnum subsecundum var. crassicladum, Sphagnum recurvum fo. parvifolia, Carex elata, Drosera intermedia, Menyanthes trifoliata, Utricularia minor.

d) Häufigkeitselement v/v:

Mylia anomala, Cephalozia lammersiana, Odontoschisma sphagni, Sphagnum subsecundum var. inundatum, Sphagnum cuspidatum, Carex canescens, Juncus bulbosus, Betula ad pubescens vergens, Nymphaea alba, Potentialla palustris, Hydrocotyle vulgaris.

e) Häufigkeitselement h/h:

Sphagnum recurvum var. mucronatum, Pohlia nutans, Calliergon stramineum, Drepanocladus fluitans, Polytrichum commune, Molinia caerulea, Juncus effusus.

Insgesamt sind ungefähr 30 % der Moosarten und ungefähr 25 % der Kormophytenarten "charakteristisch" bzw. "besonders charakteristisch" für die Heidegewässer und Heidemoore. Von diesen Arten wiederum gehören ca. 45 % zu den in ganz NW-Mitteleuropa seltenen und sehr seltenen Arten.

Nach WESTHOFF (1962) ist die Flora oligotropher Feuchtgebiete durch einen sehr hohen Prozentsatz an seltenen Arten (60 %) ausgezeichnet, während deren Anteil z.B. in eutrophen Sümpfen und Gewässern nur bei 20 % liegt.

Dieser hohe Prozentsatz ist in vielen Untersuchungsobjekten, so z.B. im Heidemoor des Elmpter Bruchs, tatsächlich verwirklicht. Die "Diversität" der Flora (SUKOPP, 1970; LOHMEYER et al., 1972) wird also in diesen Untersuchungsobjekten in Übereinstimmung mit WESTHOFFs Angaben vor allem durch die seltenen Arten bestimmt, die nach LOHMEYER et al. (1972) "wesentlich zur Diversität ... beitragen". Der von SUKOPP, BÖCKER und KÖHLER (1974) und von LOHMEYER (1972) aufgezeigte "positive Zusammenhang zwischen Diversität und Stabilität eines Biotops" kann in diesen Fällen voll unterstrichen werden.

Anders sieht es in einigen Untersuchungsobjekten und auch in der Gesamtflora aller Untersuchungsobjekte aus, wo die seltenen und sehr seltenen Arten nur zu ca. 15 % vertreten sind; hier wird also die Diversität der Flora vorwiegend durch vereinzelt auftretende überregional häufige Arten bestimmt.

Es handelt sich hierbei entweder um solche, die aus der Umgebung randlich noch in die Untersuchungsobjekte übergreifen oder um mehr oder weniger eutraphente Arten.

Eine Diversität, die durch einen relativ hohen Anteil an großräumig häufigen Arten bestimmt ist, weist nicht etwa auf eine Stabilität hin (s.o.), sondern im Gegenteil auf Labilität, d.h. auf die Gefährdung der Flora dieser Heidegewässer und -moore. Denn die hier erfolgte Verschiebung zugunsten der häufigen Arten auf Kosten der seltenen, meist oligotraphenten Arten ist bereits Ausdruck einer gewissen Nivellierung, d.h. Angleichung an die Verhältnisse der Umgebung bzw. an die allgemeine Eutrophierung der Landschaft. So sind im Laufe eines Jahrhunderts bereits fast 90 Arten, die zu drei Viertel den seltenen bis sehr seltenen Arten angehörten, aus den Untersuchungsobjekten verschwunden (s. Tab.2).

---

1) s. S.38, Fußnote 2.
2) s. S.38, Fußnote 1.

Ein nahezu gleicher Wert von ca. 60 % an seltenen Arten (WESTHOFF, 1960, s.o.) wird für die Untersuchungsobjekte erst dann erreicht, wenn man vom heutigen Artenbestand lediglich die charakteristischen und besonders charakteristischen Arten und zusätzlich die verschollenen seltenen und sehr seltenen Arten berücksichtigt.

Bei den seltenen und sehr seltenen Arten handelt es sich - soweit es die Gefäßpflanzen betrifft - fast ausschließlich um solche Arten, die in die "Rote Liste" der gefährdeten Pflanzen aufgenommen wurden (KORNECK et al., 1977). Aber der Anteil dieser gefährdeten Arten ist größer als der Anteil der hier als selten und sehr selten eingestuften Arten; demnach wären also die Häufigkeitsangaben in den hier ausgewerteten Floren (s.o.) teilweise korrekturbedürftig.

So zählen etwa 20 % der Gesamtartenzahl der Untersuchungsobjekte und ca. 55 % der dafür charakteristischen und besonders charakteristischen Arten zu den gefährdeten Arten. Das entspricht beinahe den 59 %, die SUKOPP et al. (1978) als Anteil der gefährdeten Arten an der Gesamtartenzahl der Formation "Oligotrophe Moore, Moorwälder und Gewässer" angeben (vgl.: 60 % seltener Arten bei WESTHOFF, s.o.).

Da diese Gesamtartenzahl nur die Arten beinhaltet, die ihr "Hauptvorkommen" in dieser Formation haben, so finden diese in der unabhängig davon zusammengestellten Gruppe der "charakteristischen" und "besonders charakteristischen" Arten eine weitgehende Entsprechung auf regionaler Ebene.

3.2.2. Geoelemente

Wie SCHWICKERATH (1961 b) gezeigt hat, können die Arten der niederrheinischen Heiden, Heidetümpel und Heidemoore, sofern sie nicht zu den in Europa weiter verbreiteten Arten gehören, entweder den Florenelementen der "atlantischen Gruppe" (atlantisch, subatlantisch, subatlantisch-mediterran) oder der "nordischen Gruppe" (subarktisch, subarktisch-alpin, nordisch) zugerechnet werden. SCHWICKERATH (1961 b, 1936 b) hat die für den Niederrhein bedeutsamen Arten dieser Florenelemente aufgeführt und zum Teil in ihrer Verbreitung im Rheinland dargestellt. Insbesondere hat er für die atlantischen Arten (1936 a, 1961 b; siehe auch bei STEUSLOFF, 1940) den charakteristischen Verlauf der südöstlichen Arealgrenze[1] im Bereich des Niederrheins herausgearbeitet (s. Abb.12).

Es gilt nun, dieses grundlegende florengeographische Bild im Hinblick auf die heutigen Verhältnisse speziell meines Untersuchungsgebietes zu modifizieren, zu ergänzen und gegebenenfalls zu korrigieren sowie durch die Einbeziehung der Moose zu vervollständigen.

3.2.2.1. Zuordnung der Arten zu den Geoelementen

Eine volle Einbeziehung der Moose in das System der Geoelemente der Gefäßpflanzen ist allerdings bei dem heutigen noch lückenhaften Kenntnisstand über die Verbreitung der Moose nur schwer möglich. Deshalb wird von der im ganzen unproblematischeren Zuordnung der Gefäßpflanzen zu den Geoelementen ausgegangen und erst anschließend eine entsprechende Zuordnung der Moose versucht.

Kormophyta: Als Grundlage für die Zuordnung der Gefäßpflanzen des Untersuchungsgebietes zu den einzelnen Geoelementen dienten mir zunächst die Listen bei WALTER (-STRAKA) (1970). Auch SCHWICKERATHs Auffassungen decken sich weitgehend mit denen WALTERs (die unterschiedlichen Bezeichnungen "nordisch" (SCHWICKERATH) und "boreal" (WALTER) dürfen als Synonyme betrachtet werden). Da bei WALTER aber nicht alle Arten erfaßt sind, diente folgende Literatur zur Ergänzung: ALLORGE, 1924; BARKMAN und WESTHOFF, 1969; BRAUN-Blanquet, 1923, 1928; DE SMIDT, 1967; DUPONT, 1968; HANNIG u. WINKLER, 1926-1940; HULTÉN, 1950, 1958, 1962, 1971;

---

1) Unter "Areal" versteht SCHWICKERATH hier das "Areal der soziologischen Bindung einer Art" (SCHWICKERATH, 1936 a).

JÄGER, 1968; MEUSEL, 1943; MEUSEL, JÄGER und WEINERT, 1965; OBERDORFER, 1970; PODLECH, 1958; ROISIN, 1969; STEFFEN, 1935; TROLL, 1925.

Der Auswertung der Literatur müssen 3 Anmerkungen vorangeschickt werden:

1) Arealkarten allein können in vielen Fällen (besonders bei den borealen Arten) nicht die Entscheidung über die Zugehörigkeit einer Art zu einem bestimmten Geoelement herbeiführen:

    a) Es kommt in ihnen nicht zum Ausdruck, bei welchem Auflockerungsgrad der "Siedlungs-dichte" (MEUSEL-JÄGER-WEINERT, 1965) die einzelnen Autoren die Grenzen ihrer jeweiligen Arealdarstellung gezogen haben. Eine unterschiedliche Bewertung der Verteilungsweise im Randbereich des Areals kann zu verschiedener Ziehung der Arealgrenze durch die einzelnen Autoren führen. Im Extremfall bedeutet das eine unterschiedliche arealtypologische Ein-ordnung.

    b) Noch schwerer wiegt, daß die meisten Arealkarten nicht die Lage des Hauptverbreitungs-gebietes zum Ausdruck bringen. Dieses ist aber für die Einordnung einer Art in ein Geo-element im Sinne WALTERs von noch größerer Bedeutung als die Arealgrenzen selbst.

2) Voraussetzung für die Verwertung der Angaben aus der Literatur ist, daß sowohl der Geo-elementbegriff an sich als auch die Abgrenzung der einzelnen Geoelemente den Vorstellungen WALTERs weitgehend entsprechen. Angaben, denen eine andere Auffassung zugrunde liegt, konn-ten dennoch teilweise durch Listenvergleich und vergleichende Arealbetrachtung im Sinne WALTERs umgedeutet und verwertet werden.

3) In den Fällen einer unterschiedlichen arealtypologischen Beurteilung einer Art gegenüber WALTER gab letztlich das arealmäßige Verhalten der Art innerhalb des nordwestlichen Mittel-europa den Ausschlag für die Einordnung.

    Diesem speziellen Gesichtspunkt nähert sich bereits PODLECH (1958), wenn er etliche pseu-doatlantische Arten BRAUN-BLANQUETs, die WALTER seinerseits zum größten Teil zum subat-lantisch-mediterranen Element stellt, eng an die euatlantischen anschließt. Es handelt sich dabei um ARTEN, "die sich in unserem Gebiet arealmäßig wie die echten atlantischen verhalten, die also geeignet sind, das atlantische Florengebiet in Deutschland mit zu charakterisieren" (PODLECH, 1958). SCHWICKERATH hat diese und einige weitere Arten aus demselben Grund schon immer zum euatlantischen Geoelement gestellt, während WALTER, der vom Verhalten der Art im gesamten Mitteleuropa ausgeht, sie zum subatlantisch-mediterra-nen Element stellt. Auch ROISIN (1969) und DUPONT (1968) wollen in ihrer neuesten Bear-beitung des atlantischen Elements weniger die mediterrane Ausstrahlung solcher Arten betont wissen als vielmehr deren Differenzierung in solche mit atlantischer und solche mit mehr subatlantischer Verbreitung in unserem Raum, d.h. im nordwestlichen Mitteleuropa.

Aufgrund des regionalen Charakters des Untersuchungsgebietes habe ich folglich die Arten, die von WALTER oder anderen Autoren zum subatlantisch-mediterranen Element gestellt werden, je nach ihrem Verhalten im nordwestlichen Mitteleuropa entweder zum atlantischen oder zum subatlantischen Element gestellt: Die angeführten Überlegungen und Vergleiche führten zu folgendem Ergebnis:

1) <u>Atlantische Gruppe</u>[1]

a) <u>euatlantisch</u>:

(Luronium natans), Baldellia ranunculoides, (Deschampsia setacea), Elocharis multicaulis, (Isolepis fluitans), Narthecium ossifragum, Dactylorhiza traunsteineri s.l., Myrica gale, (Ranunculus hederaceus), Ranunculus ololeucos, Hypericum elodes, (Apium inundatum), Erica tetralix, (Anagallis tenella), (Cicendia filiformis), (Cirsium anglicum).

b) <u>subatlantisch</u>:

(Osmunda regalis), (Pilularia globulifera), Potamogeton polygonifolius, Glyceria declinata, Trichophorum germanicum, Rhynchospora fusca, (Carex hostiana), (Carex oederi[2]), Juncus squarrosus, Juncus tenageia, Juncus acutiflorus, (Montia fontana ssp. chondrosperma = M. minor), (Corrigiola litoralis), Illecebrum verticillatum, Drosera intermedia, (Potentilla

---

1) Eingeklammerte Arten ( ): verschollene Arten der Heidegewässer und -moore (s. Arten-liste).

2) siehe Fußnote in der Artenliste.

anglica), (Radiola linoides), (Polygala serpyllifolia), (Hypericum humifusum), (Ludwigia palustris), (Apium nodiflorum), (Scutellaria minor), (Utricularia ochroleuca), (Senecio aquatica).

2) Nordische Gruppe

a) boreal:

(Sparganium angustifolium), (Triglochin palustre), (Scheuchzeria palustris), Eriophorum vaginatum, Carex limosa, Eriophorum gracile, (Carex dioica), (Carex pauciflora), Carex lasiocarpa, (Calla palustris), Betula pubescens, (Drosera anglica), (Parnassia palustris), Potentilla palustris, (Myriophyllum alterniflorum), Andromeda polifolia, Vaccinium oxycoccus, Lysimachia thyrsiflora, Menyanthes trifoliata, (Utricularia intermedia).

b) subboreal:

Equisetum fluviatile, Pinus sylvestris, (Sparganium minimum), (Potamogeton alpinus), (Potamogeton gramineus), Potamogeton natans, Agrostis canina, Avenella flexuosa, (Eriophorum latifolium), Eriophorum angustifolium, Carex canescens, Carex nigra, (Carex flava), Carex rostrata, Carex vesicaria, Dactylorhiza maculata, (Hammarbya paludosa), Populus tremula, Nymphaea alba var. minor, Drosera rotundifolia, Sorbus aucuparia, Potentilla erecta, Viola palustris, Vaccinium myrtillus, (Pinguicula vulgaris), Galium palustre, (Lobelia dortmanna).

Bryophyta: Als allgemeine Grundlage für die arealtypologische Einordnung der Moose bietet sich außer HERZOGs erster ausführlicher Bearbeitung der "Geographie der Moose" (1926) nur KOPPEs Arbeit (1955) an. Sie ist die einzige bryogeographische Darstellung, die alle Moose des nordwestdeutschen Tieflandes und damit auch meines Gebietes umfaßt.

> Alle anderen mir bekannt gewordenen Arbeiten mit bryogeographischen Angaben über die hier zur Diskussion stehenden Arten betreffen entweder nur bestimmte Elemente (ALLORGE, 1924; GAMS, 1952; JENSEN, 1955; PAUL, 1914; PODLECH, 1958) oder nur bestimmte Moose bzw. Moosbiotope (BARKMAN und WESTHOFF, 1969; DE SMIDT, 1967; DÜLL, 1969; MÜLLER, 1951-1958 u. 1954; SCHWICKERATH, 1961 b).

Da sich KOPPEs Einteilung der Geoelemente aber nicht unmittelbar mit der für die höheren Pflanzen getroffenen Einteilung identifizieren läßt, mußte mit Hilfe der genannten Literatur eine Vergleichsbasis gesucht werden, die eine florengeographische Gegenüberstellung der Moose und Gefäßpflanzen erlaubte. Besonders solche Arbeiten, die in die Florenelemente der Gefäßpflanzen auch Moose miteinbeziehen (ALLORGE, BARKMAN, DE SMIDT, PODLECH, SCHWICKERATH) oder die die Abgrenzung der Moos-Geoelemente an der Verbreitung bestimmter Gefäßpflanzen orientieren (JENSEN, 1955), können dazu beitragen, die von KOPPE unterschiedenen Elemente im Sinne der Geoelemente der Gefäßpflanzen umzudeuten.

> Aufgrund solcher vergleichenden Studien und anhand der wenigen existierenden Arealkarten wird zum Beispiel ersichtlich, daß der euozeanische Bereich bei KOPPE viel enger gefaßt ist als der entsprechende euatlantische Bereich bei WALTER und erst recht bei SCHWICKE-RATH. JENSEN (1955) bezeichnet dementsprechend auch die subozeanischen Arten KOPPEs fast ausschließlich als euatlantisch. Erst die euryozeanischen Arten KOPPEs - euryozeanisch ist hier ganz anders verstanden als bei ALLORGE und ROISIN - nennt JENSEN subatlantisch. Die Berechtigung dieser Interpretation von KOPPEs Geoelementen wird durch weitere, wenn auch nur sporadische Angaben bei den meisten oben genannten Autoren bekräftigt und deshalb hier übernommen.

Demnach lassen sich die Arten, die nach KOPPE "von der borealen bis zur gemäßigten Zone verbreitet" sind, wohl noch dem subborealen Element WALTERs gleichstellen; die Arten, die "von der subarktischen bis in die gemäßigten Zonen verbreitet sind" (KOPPE), lassen sich am besten mit dem boreal-montanen zum borealen Element (WALTER) zusammenfassen. Die subarktischen und subarktisch-alpinen Arten KOPPEs entsprechen dem subarktischen Element bei den Gefäßpflanzen.

> Wenn ich in Anlehnung an die Einteilung bei den Gefäßpflanzen die 5 Elemente der "nordischen Arten" KOPPEs zu 3 Elementen zusammenfasse, so ist hier ebensowenig wie bei der ozeanischen Gruppe eine Korrektur der KOPPEschen Typisierung beabsichtigt, als vielmehr ihre Interpretierung durch terminologische Gleichsetzung mit den Geoelementen der Gefäßpflanzen.

1) Atlantische Gruppe

a) euatlantisch:

Sphagnum auriculatum, Sphagnum molle, Campylopus flexuosus.

b) subatlantisch:

(Fossombronia wondraczekii), (Fossombronia foveolata = dumortieri), Cephalozia macrostachya, Odontoschisma sphagni, Kurzia pauciflora, Calypogeia fissa, Sphagnum subsecundum fo. obesum, Sphagnum papillosum, Campylopus piriformis, Mnium hornum, Eurhynchium stokesii, Hypnum imponens, Hypnum ericetorum.

2) Nordische Gruppe

a) subarktisch:

(Sphagnum riparium), Sphagnum dusenii, Sphagnum balticum.

b) boreal:

(Riccardia pinguis), Chiloscyphus pallescens, Lophozia ventricosa, Sphagnum recurvum fo. parvifolia, Sphagnum compactum, Sphagnum fimbriatum, Sphagnum palustre, Sphagnum subbicolor, Sphagnum magellanicum, (Drepanocladus sendtneri), Polytrichum strictum.

c) subboreal:

(Riccardia multifida), Gymnocolea inflata, Nardia geoscyphus, (Jungermannia caespititia), Cephaloziella elasticha, Cephalozia lammersiana, Cladopodiella fluitans, Calypogeia sphagnicola, Sphagnum cuspidatum, Sphagnum recurvum var. mucronatum, Sphagnum recurvum var. amblyphyllum, Sphagnum recurvum fo. fallax, Sphagnum plumulosum, Dicranella cerviculata, Calliergon stramineum, Brachythecium rutabulum.

3.2.2.2. Anteile der Geoelemente an der Flora

Bei der Auswertung der Listen werden Mosse und Gefäßpflanzen zunächst weiterhin getrennt betrachtet. Zur besseren Bewertung der florengeographischen Verhältnisse in den Heidegewässern und -mooren wird ein Vergleich mit der Flora NW-Deutschlands versucht.

Bryophyta: Nach KOPPE (1955) gehören 36 % der Moose des niedersächsischen Tieflandes zur "nordischen Gruppe" und 14 % zur "ozeanischen" (einschließlich der mediterran-ozeanischen).[1] Der westlichen Lage des Untersuchungsgebietes entsprechend würde man eine Verschiebung des für ganz Niedersachsen geltenden Verhältnisses zugunsten des atlantischen bei Abnahme des borealen Anteils erwarten. Aber (s. Abb.16a) es ist lediglich eine Erhöhung des Anteils der atlantischen Gruppe (euatlantisch und subatlantisch) festzustellen (ca. 20 %); der Anteil der nordischen ist der gleiche wie im niedersächsischen Durchschnitt (ca. 35 %).

Der überraschend hohe Anteil der nordischen Gruppe erhält noch mehr Gewicht dadurch, daß die extremen Elemente in dieser Gruppe (subarktisch und boreal = > 40 % der nordischen Gruppe) stärker vertreten sind als in der atlantischen Gruppe (euatlantisch = ca. 20 % der atlantischen Gruppe).

Unter den verschollenen Arten ist der Anteil an nordischen noch höher als in der heutigen Flora, bei nur unwesentlich niedrigerem atlantischen Anteil (s. Abb.16b). Heutige und verschollene Moosflora zusammengenommen haben jedoch - wegen der geringen Zahl der verschollenen Arten (s. Tab.2)- im wesentlichen die gleichen Anteile wie in der heutigen Moosflora (s. Abb.16c). Das gilt in gleichem Maß für alle 3 Moosgruppen (s. Abb.17).

---

[1] In Schleswig-Holstein sind laut JENSEN (1955), der mehr Arten der atlantischen Element-Gruppe zuordnet, 19 % der Moose atlantisch i.w.S.

Verantwortlich für den unerwartet hohen nordischen Anteil ist vor allem der hohe Prozentsatz
an nordischen Sphagnen (s. Abb.17), der mit ca. 50 % die niedersächsische Sphagnenflora noch
übertrifft. Unter diesen sind neben dem borealen S p h a g n u m   s u b b i c o l o r   vor
allem die beiden subarktischen Arten S p h a g n u m   d u s e n i i   und   b a l t i c u m
hervorzuheben. Eine 3. subarktische Art, S p h a g n u m   r i p a r i u m , die von MEIJER
(1949) für die Brunssumer Heide angegeben wird, konnte 1961 von AGSTERIBBE und GROENHUIZEN
nicht mehr nachgewiesen werden.

> Die Vorkommen von S p h a g n u m   b a l t i c u m ,   d u s e n i i   und   s u b b i c o -
> l o r   (s. Abb.9 u. 10) im Untersuchungsgebiet stellen wohl ihre westlichsten bzw. süd-
> westlichsten derzeit bekannten Fundorte im europäischen Tiefland dar (s. Abb.14a-c).[1]
> Der Fund von S p h a g n u m   b a l t i c u m   (s. Abb.10) ist der erste Nachweis dieser
> Art im Bereich der rheinisch-westfälischen Flora. Auch in den mittleren und südlichen Nie-
> derlanden und dem belgisch-französischen Tiefland kommt sie nicht vor.
> S p h a g n u m   d u s e n i i   (s. Abb.9) ist zumindest für das Rheinland und Limburg
> neu. (Die beiden Fundorte im Untersuchungsgebiet liegen auf limburgischer Seite.) Erst
> 1959 wurde der erste Fund aus Holland gemeldet (BARKMAN und GLAS). Die einzige Angabe aus
> Westfalen (in LIMPRICHT, 1904) sowie die wenigen belgischen Angaben aus dem vorigen Jahr-
> hundert (CARDOT, 1884) wurden seither nicht mehr bestätigt.
> Der S p h a g n u m   s u b b i c o l o r   - Fund (s. Abb.9) ist der zweite Nachweis die-
> ser Art im Bereich der rheinisch-westfälischen Flora (schriftl. Mitteil. von SCHUMACHER).
> Der niederländischen Flora fehlt die Art vollkommen. DELVOSALLE u. Mitarb. (1969) melden
> sie für Belgien - mit eventueller Ausnahme eines Fundortes im Hohen Venn (1954) - als ver-
> schollen.

Als bezeichnend für den relativ starken borealen, d.h. relativ geringen atlantischen Charakter der Moosflora, insbesondere der S p h a g n u m - Flora, kann umgekehrt auch das Fehlen
der beiden euatlantischen Arten S p h a g n u m   i m b r i c a t u m   und S p h a g n u m
p u l c h r u m   angesehen werden.

Kormophyta: Für die Gefäßpflanzen liegen keine den Prozentangaben KOPPEs und JENSENs vergleichbaren Zahlen vor. Anhand der arealkundlichen Literatur (s. Kap.3.2.2.1.) kann man aber
zu einer groben Abschätzung der Verhältnisse innerhalb der nordwestdeutschen Flora kommen:
ca. 5 % atlantische, 10 - 15 % nordische Arten. Die prozentualen Anteile betragen somit jeweils nur etwa die Hälfte bis ein Drittel der Anteile bei den Moosen, aber das Verhältnis
zwischen atlantischer und nordischer Gruppe entspricht mit 1 : 2 - 2,5 ungefähr dem bei den
Moosen (1 : 2,5).
In den Untersuchungsobjekten ist dieses Verhältnis zwischen beiden Gruppen (atlantisch und
nordisch) mit 1 : 1,7 gegenüber dem Mittel der nw-deutschen Gefäßpflanzenflora (s.o. 1 : 2 -
2,5) stärker zugunsten der atlantischen verschoben als bei den Moosen (1 : 1,9). Im Unterschied zu den Moosen liegen die Anteile der atlantischen (ca. 10 %) und der nordischen Gruppe (20 %) zwar wesentlich höher als im Durchschnitt NW-Deutschlands, dennoch bleiben sie um
über ein Drittel hinter denen bei den Moosen zurück (s. Abb.16a).

> Betrachtet man wiederum nur das extremere Element beider Gruppen, so ist es hier - in Um-
> kehrung der Verhältnisse bei den Moosen - in der atlantischen Gruppe am stärksten vertre-
> ten (50 %iger Anteil des euatlantischen Elements, das hier auch absolut größer ist als
> bei den Moosen); in der nordischen Gruppe dagegen umfaßt das boreale Element nur ein
> Drittel, und das subarktische fehlt.

Bei den verschollenen Kormophyten (s. Abb.16b) ist im Gegensatz zu den Moosen, wo die Anteile der atlantischen und nordischen Gruppe nicht wesentlich von denen der heutigen abweichen,
der Anteil der atlantischen Arten mehr als doppelt so hoch wie bei den heute noch vorhandenen
und damit sogar deutlich höher als der der nordischen Arten; diese sind demgegenüber nämlich,
wie die entsprechenden Moose, zu etwa gleichem Anteil vertreten wie bei den heutigen.

> Dadurch ergeben sich (s. Abb.16) für die Gesamtkormophytenflora (heutige und ehemalige
> Arten) nahezu gleiche Anteile der nordischen und atlantischen Gruppe und in diesen wie-

---

1) Ihre südwestlichsten Vorposten überhaupt erreichen bzw. erreichten sie in den hochmonta-
   nen Lagen des französischen Zentralmassivs (S .   b a l t i c u m : ZOLLER, 1954; S .
   s u b b i c o l o r : DISMIER, 1927), bzw. in den Vogesen (S .   d u s e n i i : DIS-
   MIER, 1927).

derum der borealen und euatlantischen Arten einerseits und der subborealen und subatlantischen andererseits.

Unter den borealen Gefäßpflanzen sind vor allem C a r e x   l i m o s a und E r i o p h o -
r u m   g r a c i l e zu erwähnen, weil sie in NW-Mitteleuropa nur noch selten sind und ihre
Vorkommen im Gebiet mit zu den letzten westlichen Vorposten ihres Areals gehören (s. Abb.15).
Für einige weitere boreale Arten des Untersuchungsgebietes, z.B. A n d r o m e d a   p o -
l i f o l i a ,   V a c c i n i u m   o x y c o c c u s , die in Mitteleuropa aber etwas
häufiger sind, verläuft die Grenze ihres geschlossenen Areals ebenfalls nur wenig weiter
westlich in der Campine (s. Abb.13).
Im Bereich dieser Arealgrenzen verläuft in etwa auch die Ostgrenze der "medioatlantischen"
zur "boreoatlantischen Unterdomaine" ROISINs (1969), zu der auch das Untersuchungsgebiet gehört.
Diese, dem Untersuchungsgebiet nächstgelegene und für seine Charakterisierung entscheidende
florengeographische Grenze spiegelt sich nach der neuesten umfassenden Bearbeitung des atlantischen Florenelementes durch ROISIN in einer klimatischen Grenze wider (s. Abb.13), und
zwar der Grenze zwischen den Klimagebieten VI (V) und VI bei WALTER und LIETH (1967, s. Kapitel "Klima").

3.2.3. Beziehungen zwischen Geoelementen und Häufigkeitselementen

Mehr noch als der prozentuale Anteil der einzelnen Geoelemente an der Gesamtflora ist die relative Häufigkeit der einzelnen zu diesen Elementen gerechneten Arten geeignet, ein Gebiet zu
charakterisieren. Der florengeographische Charakter der Heidegewässer und -moore läßt sich
also präzisieren, wenn man die Geoelemente in Beziehung zu den Häufigkeitselementen setzt.

In Abbildung 18 ist in jedes der Häufigkeitselemente ihr Prozentsatz an arealtypologisch charakterisierten Arten eingezeichnet.

> In Abwandlung von Abbildung 6 sind die Häufigkeitselemente der Übersichtlichkeit halber
> in Einheitsgröße dargestellt. Die im Gebiet nicht realisierten 7 Häufigkeitselemente sind
> durch einen Querstrich gekennzeichnet.

Es zeigt sich eine auffällige Konzentration sowohl von atlantischen als auch von nordischen
Arten auf die Gruppen der im nordwestlichen Mitteleuropa im allgemeinen seltenen und sehr
seltenen Arten einerseits und der "charakteristischen" und "besonders charakteristischen"
Arten (s.o.) andererseits:
Die großräumig seltenen und sehr seltenen Arten sind zu ungefähr 75 % arealtypologisch charakterisiert (45 % nordisch, 30 % atlantisch). Somit sind hier die nordischen fast doppelt so
stark, die atlantischen sogar mehr als doppelt so stark vertreten wie in der Gesamtflora der
Untersuchungsobjekte; das Verhältnis der atlantischen zur nordischen Gruppe beträgt dadurch
bei den Seltenheiten nur noch 1 : 1,5 (Gesamtflora = 1 : 1,8).
Im Zusammenhang mit der Tatsache, daß auch unter den verschollenen Arten der Anteil der atlantischen im Verhältnis zu den nordischen überdurchschnittlich hoch ist (s.o.), könnte dies
dahingehend gedeutet werden, daß die Arten der atlantischen Gruppe - entgegen aller Erwar-
tung - in den Heidegewässern und -mooren des Untersuchungsgebietes durchschnittlich stärker
gefährdet sind als die der nordischen Gruppe.
Die "besonders charakteristischen" Arten zeigen den enorm hohen Anteil von 95 % an arealtypologisch charakterisierten Arten; bei den "charakteristischen" beträgt der Anteil an Geoelementen immerhin noch 60 %. Zusammengenommen zeigen "charakteristische" und "besonders charakteristische" Arten einen Anteil an nordischen Arten, der den der atlantischen um mehr als
das 2,5fache übertrifft (ca. 55 % zu ca. 20 %). Der Quotient aus nordischen und atlantischen
Arten liegt hier nahezu doppelt so hoch (> 2,5) wie bei den seltenen und sehr seltenen, bei
gleichem Gesamtanteil von arealtypologisch charakterisierten Arten (75 %). Auch gegenüber
der Gesamtflora (1,8) ist dieser Quotient sehr viel höher, und selbst der geschätzte nord-
deutsche Mittelwert (s.o.: 2 - 2,5) wird übertroffen.

Hierin kommen die im Verhältnis zur westlichen Lage des Untersuchungsgebietes relativ starken borealen Züge in der Flora der Heidegewässer und -moore deutlicher als bisher zum Ausdruck.

Erstaunlicherweise ist der im Vergleich dazu viel geringere atlantische Einschlag mit einem Anteil von 20 % dennoch viel stärker als in der Gesamtheit der norddeutschen Flora (Moose: ca. 15 %, Kormophyten: ca. 5-8 %) und auch als in der Gesamtflora der Untersuchungsobjekte (s.o.: 15 %).

3.3. ZUSAMMENFASSUNG DER FLORISTISCHEN ANALYSE

1) Der floristischen Übersicht sind Erläuterungen zur Diagnose und Abgrenzung einiger kritischer Sippen vorangestellt:

a) Von wenigen Ausnahmen tatsächlicher C a l y p o g e i a   s p h a g n i c o l a abgesehen, werden   s p h a g n i c o l a - a r t i g e   Exemplare als Wasserformen von C a l y p o g e i a   m u e l l e r i a n a   erkannt.

b) Alle   C e p h a l o z i a   m e d i a - ähnlichen Vorkommen (= "C.   m e d i a   fo. a q u a t i c a   HINTZE u. LSKE.") müssen C.   m a c r o s t a c h y a   zugeordnet werden.

c) Die Unmöglichkeit, die meisten derjenigen Sippen der   S p h a g n a   s u b s e c u n d a mit einschichtiger Rinde, so auch die beiden einzigen hier noch als Arten akzeptierten Sippen   a u r i c u l a t u m   und   s u b s e c u n d u m   immer exakt gegeneinander abzugrenzen, wird im einzelnen aufgezeigt.

d) Gut ausgeprägte Exemplare der in der Literatur entweder als   S p h a g n u m   f a l l a x oder als   S p h a g n u m   r e c u r v u m   fo.   f a l l a x   bewerteten Sippe konnten nur sehr selten nachgewiesen werden, während im gleichen Wassertiefenbereich eindeutige, nicht mit   f a l l a x   identische   r e c u r v u m - Formen häufig sind, die stellenweise sogar nasser stehen als   c u s p i d a t u m   und andererseits zusammen mit   f a l l a x am gleichen Standort auftreten können. Darin kann ein Argument für die eventuelle Selbständigkeit der Sippe gesehen werden.

e) Umgekehrt können aber gleitende Übergänge zwischen   S p h a g n u m   p a l u s t r e und   s u b b i c o l o r   nicht ausgeschlossen werden: Das letzte Glied einer Reihe von p a l u s t r e - ähnlichen Formen mit zunehmender Merkmalsausprägung von   S p h a g n u m s u b b i c o l o r   wurden als   S p h a g n u m   s u b b i c o l o r   identifiziert, die anderen   p a l u s t r e   zugeordnet.

f) Die Unmöglichkeit der eindeutigen Identifizierbarkeit einer   D a c t y l o r h i z a - Population aus dem   t r a u n s t e i n e r i - Komplex mit einer der vielen bisher beschriebenen Formen und Arten wird begründet. Ihre vergleichende Beschreibung und Diagnose im Zusammenhang mit anderen derartigen, immer seltener werdenden Populationen innerhalb des nw-mitteleuropäischen Tieflandes wird als dringende Aufgabe hingestellt.

g) Bei der Vielgestaltigkeit von   B e t u l a ,   S a l i x   und   E p i l o b i u m   und der unklaren oder wenig einheitlichen Ausprägung der Merkmale bestimmter Arten wird man der Identifizierung der meisten Exemplare dieser Gattungen weder durch die Angabe einer Art noch eines definierten Bastards gerecht. Die Deutung ihrer Entstehung durch introgressive Hybridisation macht es lediglich möglich, die Lage eines Einzelexemplares oder eines ganzen Bestandes innerhalb des Gesamtspektrums aus reinen Arten und Hybridenschwärmen zu erkennen und sie entsprechend der Art, der sie offensichtlich am nächsten stehen (B e t u l a :   p u b e s c e n s   oder   p e n d u l a ;   S a l i x :   a u r i t a oder   c i n e r e a ;   E p i l o b i u m :   o b s c u r u m   oder p a l u s t r e) als   " B e t u l a ,   S a l i x   bzw.   E p i l o b i u m   ad ... vergens" zu kennzeichnen.

2) Insgesamt umfaßt der Artenbestand 221 Arten (73 Bryophyten und 148 Kormophyten), von denen 25 (zumeist Moose) zum ersten Mal für den Bereich des Untersuchungsgebietes und zwei (S p h a g n u m   d u s e n i i   und   b a l t i c u m)   für das Rheinland und Limburg nachgewiesen werden. In der floristischen Literatur seit dem vorigen Jahrhundert finden sich Angaben über weitere 87 heute verschollene Arten, überwiegend aus den heute nicht mehr vorhandenen, z. T. mehr mesotrophen Mooren und Gewässern.

Ein in beschränktem Maß möglicher quantitativer und qualitativer floristischer Vergleich mit einigen vergleichbaren Gebieten und Biotopen zeigt - besonders bei den Moosen - den hohen Grad an Übereinstimmung und somit auch den repräsentativen Charakter der Untersuchungsobjekte für Heidegewässer und -moore schlechthin. Darüber hinaus enthält die Flora auch einige Besonderheiten: Außer den beiden oben genannten S p h a g n u m - Arten sind es vor allem S p h a g n u m   s u b b i c o l o r ,   E r i o p h o r u m   g r a c i l e , C a r e x   l i m o s a ,   D a c t y l o r h i z a   t r a u n s t e i n e r i   s.l., N y m p h a e a   a l b a   var. m i n o r   und R a n u n c u l u s   o l o l e u c o s (s. auch unten 3 b, Geoelemente).
Bemerkenswert ist auch die ungewöhnlich reichhaltige Sphagnumflora mit 25 "Arten" (einschließlich einiger meist als Arten bewerteter Varietäten und Formen).

3) Über diese vergleichende Betrachtung hinaus wird eine tiefergehende Analyse und "Bewertung" der floristischen Verhältnisse durch die Zuordnung bzw. Zusammenfassung der Arten zu Florenelementen (im Sinne WALTER's) erreicht, indem a) die regionale Häufigkeit der Arten, d.h. ihre Häufigkeit innerhalb der Untersuchungsobjekte in Beziehung zu ihrer großräumigen Häufigkeit gesetzt ("Häufigkeitselemente") und b) die Arten auf ihre arealtypologische Zugehörigkeit hin untersucht werden (Geoelemente):

a) Durch die Aufstellung der Häufigkeitselemente kristallisiert sich ca. 1/4 aller Arten als "besonders charakteristische " und "charakterisitsche" Arten heraus: das sind diejenigen Arten, die - gemessen an der nordwestmitteleuropäischen Flora - eine überdurchschnittliche oder gleichgroße Häufigkeit aufweisen. Fast die Hälfte dieser Arten sind allgemein seltene und sehr seltene Arten, über die Hälfte gilt als gefährdet. Dennoch entspricht der prozentuale Anteil der Arten aus der Elementgruppe der überregional seltenen und sehr seltenen Arten nur in einigen Untersuchungsobjekten noch in etwa den für mehr oder weniger oligotrophe Feuchtbiotope typischen hohen Werten, auch wenn er in der Gesamtflora mit ca. 15 % im Vergleich zu anderen Biotopen noch relativ hoch liegt. Im Vergleich zu früher hat aber der Grad der entscheidend durch die (sehr) seltenen Arten bestimmten "Diversität" der Flora stark abgenommen; die Vielfalt und Differenzierung der Gesamtflora wie auch der mancher Untersuchungsobjekte im einzelnen wird heute in starkem Maß von den in den Untersuchungsobjekten ebenfalls (sehr) seltenen, großräumig häufigen Arten bestimmt. Die Nivellierung der Flora, die darin zum Ausdruck kommt, macht ihre Gefährdung deutlich, deren Grund letztlich in der Labilität des Biotops gesehen wird.

b) Der Zuordnung der Arten zu den Geoelementen geht eine kritische, integrierende und korrigierende Auseinandersetzung mit den Widersprüchen in der Literatur voraus: Das betrifft u.a. besonders den Versuch, die arealtypologische Einordnung der Moose mit der der Gefäßpflanzen vergleichbar zu machen. Als letztlich entscheidendes Kriterium für die Zuordnung der Arten zu den Geoelementen wird hier ihr arealmäßiges Verhalten im nordwestlichen Mitteleuropa angesehen.
Danach sind mehr als 1/3 der Arten von florengeographischer Relevanz, indem sie sich den atlantischen (euatlantisch und subatlantisch) oder den nordischen (subarktisch, boreal und subboreal) Geoelementen zuordnen lassen:

Bei den Moosen liegt der Anteil der atlantischen Arten um ca. 50 %, der der nordischen Arten sogar um etwa 75 % höher als bei den Gefäßpflanzen. Im Vergleich zur niedersächsischen Flora ist sowohl die Moos- als auch die Phanerogamenflora der Untersuchungsobjekte erwartungsgemäß stärker atlantisch geprägt; bei Einbeziehung der verschollenen Arten, die zu einem noch größeren Teil atlantisch sind, liegt der atlantische Anteil der Gefäßpflanzen noch beträchtlich höher. Wider Erwarten ist aber unter den Gefäßpflanzen und den Sphagnen auch die nordische Komponente stärker vertreten als in der Flora ganz Nordwestdeutschlands. Jedoch ist das Verhältnis zwischen atlantischen und nordischen Arten gegenüber der nordwestdeutschen Flora bei den Gefäßpflanzen stärker zugunsten der atlantischen verschoben als bei den Moosen. Das Auftreten der für das Rheinland bzw. ganz Westdeutschland und die südlichen Niederlande neuen subarktischen Arten S p h a g n u m d u s e n i i und b a l t i c u m sowie das frühere Vorkommen des subarktischen S p h a g n u m r i p a r i u m zeugen von den relativ starken nordischen Einstrahlungen, insbesondere hinsichtlich der Sphagnumflora, was durch das Fehlen der euatlantischen Arten S. p u l c h r u m und i m b r i c a t u m noch betont wird.

Die Lage des Untersuchungsgebietes im Überschneidungsbereich der Arealgrenzsäume einer Reihe atlantischer Arten (E r i c a t e t r a l i x , N a r t h e c i u m o s s i f r a g u m H y p e r i c u m e l o d e s , E l e o c h a r i s m u l t i c a u l i s u.a.) und borealer Arten (insbesondere C a r e x l i m o s a , E r i o p h o r u m g r a c i l e , A n d r o m e d a p o l i f o l i a , V a c c i n i u m o x y c o c c u s) wird aufgezeigt. Die dem Untersuchungsgebiet nächstgelegene und für seine Charakterisierung entscheidende florengeographische Grenze, die Grenze zwischen der "medioatlantischen" und der mit ihrer W- und SW-Flanke auch das Untersuchungsgebiet umfassenden "boreoatlantischen Unterdomaine" (ROISIN), die sich auch in einer klimatischen Grenze widerspiegelt (WALTER und LIETH), ist hauptsächlich durch das Ausklingen dieser borealen Arten bestimmt.

c) Bei der Ermittlung und Darstellung der Beziehungen zwischen Geoelementen und "Häufigkeitselementen" zeigt sich eine sehr starke Konzentration sowohl von atlantischen als auch von nordischen Arten auf die Gruppe der im nordwestlichen Mitteleuropa im allgemeinen seltenen und sehr seltenen Arten einerseits und der für das Gebiet "charakteristischen" und "besonders charakteristischen" Arten andererseits:

Der dabei wiederum besonders hohe Anteil atlantischer Arten unter den regional seltenen bis sehr seltenen ist als Zeichen der wider Erwarten stärkeren Gefährdung der atlantischen Arten im Untersuchungsgebiet zu sehen. Die im Unterschied dazu besonders starke Beteiligung der nordischen Arten an der Gruppe der die "charakteristischen" und "besonders charakteristischen" Arten bildenden Häufigkeitselemente bringt die im Verhältnis zur westlichen Lage des Gebietes relativ starken nordischen Züge in der Flora der Heidegewässer und -moore deutlicher als bisher zum Ausdruck.

4. DIE VEGETATIONSEINHEITEN

4.1. VORBEMERKUNGEN

"Eine objektive Gliederung der Vegetation kann nur induktiv von den die Vegetation zusammen-
setzenden Pflanzen, also vom realen Pflanzenbestand ausgehen." (OBERDORFER u. Mitarb.,
1967). Die Fassung der Vegetationseinheiten und deren Untergliederung stützt sich also allein
auf das Merkmal der größtmöglichen floristischen Ähnlichkeit.

Allgemeine Charakterisierungen von Standortfaktoren, aber auch differenziertere ökologische
Aussagen dienen der Bestätigung und Begründung, aber auch kritischen Überprüfung der phytocoenologischen Aussagen und Differenzierungen. Neben den Ergebnissen der unmittelbaren Beobachtung, des Standortvergleichs und von Literaturstudien fließen auch manche Ergebnisse meiner
ökologischen Untersuchungen (besonders in den Profilen, Abb. 2o-37) mit ein, wobei die primär
phytocoenologische Zielsetzung dieser Arbeit nochmals betont werden muß.

4.1.1. Methodik

4.1.1.1. Herkunft und Gewinnung der Aufnahmen

Die soziologischen Aufnahmen stammen - von wenigen Ausnahmen abgesehen - nicht aus einzelnen
willkürlich ausgewählten, von vornherein als "typisch" oder "rein" beurteilten Beständen. Sie
sind vielmehr jeweils ein Glied einer hintereinander abfolgenden Reihe von Aufnahmen, die in
Form von "Geländeprofilen" entweder der Zonation der Heidegewässer und -moore folgen oder ein
Vegetationsmosaik durchqueren (s. Abb.20-37).
Zunächst wurde in jedem der 20 Einzeluntersuchungsgebiete (s. Abb.1) durch die breiteste und
vollständigste Zonation, die in einem seiner Gewässer oder Moore verwirklicht ist, ein solches Profil gelegt. Da diese Zonation meist nicht repräsentativ für das ganze Gewässer ist,
wurden außerdem alle Zonationen mit unterschiedlicher Abfolge der Bestände, mit noch nicht
erfaßten Gesellschaften oder mit stark abweichender floristischer Struktur durch weitere Profile erfaßt.

In den übrigen Gewässern und Mooren desselben Einzeluntersuchungsgebietes wurden nur solche Zonationen durch Profile erfaßt, die von denen des ersten Gewässers abweichen.

In jedem weiteren der 20 Einzeluntersuchungsgebiete habe ich jedoch wieder alle untereinander
abweichenden Zonationen aufgenommen, auch wenn sie in fast gleicher Form schon aus einem anderen Einzeluntersuchungsgebiet vorlagen.

Während die Bestände der Heidegewässer überwiegend in Zonationen angeordnet sind, tritt in
den Heidemooren bevorzugt eine kleinräumige mosaikartige Anordnung der Gesellschaften auf.
(Aber auch innerhalb eines Zonationskomplexes kann ein bestimmter Teilbereich einen mosaikartigen Wechsel von Gesellschaften aufweisen.) Die Profile wurden entweder - wie bei den Zonationen - durch das ganze Mosaik an seiner breitesten Stelle oder durch einen typischen
Teilbereich gelegt.

Die Anlage der Aufnahmen in den Profilen geschah auf dreierlei Weise:
1) In der Regel wurde entlang einer abgesteckten, geraden oder z.T. auch mehrfach geknickten
Linie - letzteres besonders bei den Mosaikprofilen - Aufnahme an Aufnahme gereiht, wobei ich
die Abgrenzung der Aufnahmen unter dem Gesichtspunkt größtmöglicher Homogenität des Bestandes
vornahm.

Es handelt sich hier also nicht um die für andere Zwecke geeignete Transekt-Methode (BRAUN-
BLANQUET, 1964) oder um eine Linienschätzung (s. z.B. SCHWICKERATH, 1963). Diese Methode
bietet sich an, wenn sich die Vegetation nicht kontinuierlich ändert, sondern, wie hier,
± sprunghaft. (Gelegentlich auftretende schmale Übergangs- oder Durchdringungszonen zweier
Bestände, die in ihrer Größe unterhalb des Minimalareals bleiben, wurden allerdings übersprungen.)

2) In großflächigeren Beständen, die in ihrer Größe weit über das Minimalareal für die entsprechende Gesellschaft hinausgehen, wurden die Aufnahmen nicht lückenlos aneinandergereiht.
Hier habe ich, entlang dem Verlauf des Profils, je eine Aufnahme aus der Mitte und teilweise

zusätzlich noch aus den beiden Randbereichen des großflächigen Bestandes gewonnen. Auch breite Übergangs- und Durchdringungszonen zwischen zwei Gesellschaften wurden aufgenommen, wenn
sie in sich homogen waren.

Die meisten der mit diesen beiden Methoden gewonnenen Aufnahmen sind mit Holzpflöcken ab-
gesteckt und dadurch im Gelände wieder auffindbar. In wenigen Fällen wurde der Verlauf
des Profils noch zusätzlich durch 1 - 2 m lange Stangen markiert (z.B. im Elmpter Bruch).

3) Nachdem von den häufigeren Gesellschaften eine größere Zahl von Aufnahmen vorlag und alle
Typen von Zonations- und Mosaikkomplexen durch mindestens ein, meist aber durch viele im Gelände markierte Profile erfaßt waren, löste ich mich in den restlichen, weniger vielfältigen
Teilen des Untersuchungsgebietes von der zeitraubenden Festlegung der Aufnahmen entlang einer
streng einzuhaltenden Linie. Die Aufnahmen wurden nun dort gemacht, wo die aufeinander abfolgenden Bestände optimal ausgebildet waren, so daß sie jetzt z.T. gegeneinander versetzt, z.T.
in größeren Abständen voneinander lagen.

Mit dieser Methode wurde für die soziologische Auswertung der Einzelaufnahmen noch eine
größere Zahl von Aufnahmen bereitgestellt und die erkannten Typen von Zonations- und Mosaikkomplexen unterbaut.

Schließlich lagen insgesamt etwa 100 Profile vor, innerhalb derer über 700 Einzelbestände in
soziologischen Aufnahmen erfaßt wurden.

Die Abfolge der Aufnahmen entlang von Profilen bietet gegenüber der Auswahl meist isolierter
Aufnahmen folgende Vorteile:

1) Das subjektive Moment bei der Auswahl der einzelnen Aufnahmen kann weitgehend reduziert
werden: Hier ist nur die Bestimmung der Lage des Profils eine relativ subjektive Entscheidung, während sich dann aber die einzelnen Aufnahmen mehr oder weniger zwangsläufig ergeben.

Ähnlich wie bei einer großmaßstäblichen und lückenlosen Kartierung, die natürlich in Anbetracht der über 100 verschiedenen Heidegewässer und -moore nur an einigen Beispielen
durchgeführt werden konnte, mußte jeder von einem Profil berührte Bestand soziologisch
eingeordnet werden und durfte nicht als "untypisch", "Durchmischung", "Fragment" u.a. von
vornherein vernachlässigt werden.
Dadurch wurde andererseits auch das ganze Spektrum der Ausbildungsmöglichkeiten einer Assoziation viel vollständiger erfaßt. Das zeigt sich letztlich auch darin, daß viele Gesellschaften weniger rein, weniger typisch und öfter fragmentarisch erscheinen als bei
isolierten, mit größerer Subjektivität ausgewählten Aufnahmen. Dieser Sachverhalt entspricht aber eher den tatsächlichen Verhältnissen; denn in der Natur ist das Zahlenver-
hältnis der untypischen oder Durchdringungsaufnahmen gegenüber den typischen oder reinen
Aufnahmen höher als es viele soziologische Darstellungen vermuten lassen.

2) Die Stellung der Aufnahmen innerhalb eines bestimmten räumlichen Vegetationsgefüges geht
mit in die Deutung der Aufnahmen ein: Die floristische und soziologische Struktur eines Bestandes läßt sich bei Kenntnis des Komplexes, in den er eingebettet ist, besser deuten.

3) Der dynamische Aspekt der Vegetation kann hier besser zum Ausdruck kommen: Die räumliche
Abfolge der Bestände entlang dem Profil spiegelt in manchen Fällen eine zeitliche Abfolge
wider.

Diese Vermutung erwächst aus dem Vergleich von Profilen durch offensichtlich "analoge"
Vegetationskomplexe, die aber auf unterschiedlichem Entwicklungsstadium stehen (s. z.B.
Schwingrasen von unterschiedlicher Mächtigkeit).
Definitive Aussagen zur Sukzession können natürlich erst nach der Durchführung von "Suk-
zessionsexperimenten" (BRAUN-BLANQUET, 1964) gemacht werden: Viele Profile und hierin
die jeweilige Aufnahmefläche können in späteren Jahren aufgrund ihrer Markierung mit
Holzpflöcken wieder aufgefunden, neu aufgenommen und mit den früheren verglichen werden.

4) Die ökologischen Ursachen für die unterschiedliche Ausbildung von Beständen und letztlich
von Gesellschaften sind durch den direkten Vergleich der Standortfaktoren innerhalb desselben
Profils meist besser zu beurteilen als durch eine Gegenüberstellung der Standortfaktoren isolierter Einzelbestände.

Innerhalb ein und desselben Profils bleiben eben bestimmte Standortfaktoren konstant. Die
übrigen Faktoren dagegen zeigen eine Differenzierung in einer dem Verlauf des Vegetations-
profils entsprechenden Abfolge (s. z.B. "Catena") und eventuell - bei im Jahresgang
schwankenden Faktoren - eine für das ganze Profil im wesentlichen gleichsinnige Änderung.

4.1.1.2. Darstellung und Auswertung der Tabellen

Eine tabellarische Wiedergabe jeder einzelnen Aufnahme ist wegen der großen Aufnahmezahl weder sinnvoll noch möglich.

Nur ausgewählte Aufnahmen in die Tabellen aufzunehmen, hieße aber den Vorteil, das subjektive Moment bei der Auswahl der Aufnahmen so gering wie möglich gehalten zu haben, wieder preiszugeben.
Aber auch die ausschließliche Wiedergabe des Aufnahmematerials in Form von synthetischen Tabellen würde die zum Verständnis der Syndynamik und Ökologie nötige Differenzierung nicht ausreichend zum Ausdruck bringen.

In dieser Arbeit geschieht die tabellarische Darstellung deshalb auf zweierlei Weise:

1) In Form von analytisch-synthetischen "Mischtabellen": Die Gesellschaften sind hier z.T. bis zur Kategorie der "Ausbildungsform" differenziert. Liegen von den Untereinheiten der jeweils untersten Kategorie nicht mehr als 5 Aufnahmen vor, so sind sie, wie in analytischen Tabellen, einzeln aufgeführt. Größere Aufnahmezahlen werden wie in synthetischen Tabellen behandelt.

2) In Form von undifferenzierten synthetischen Gesellschaftstabellen: Da sie zur vergleichenden Betrachtung ihrer Gesamtstruktur dienen, sind hier nur die häufigsten Arten aufgeführt.

In beiden Fällen sind zur besseren Vergleichbarkeit alle Gesellschaften einer Klasse in einer einzigen Tabelle dargestellt.

Darüber hinaus werden gelegentlich in synthetischen Tabellen bestimmte Untereinheiten, Artengruppen oder Gruppen von Beständen vergleichend einander gegenübergestellt.

Folgende Kriterien, die für die Auswertung der Tabellen von Bedeutung sind, sollen kurz erläutert werden:

1) Der Grad der Ähnlichkeit, der zwischen den in den synthetischen Tabellen zu einer Einheit zusammengefaßten Einzelbeständen besteht, läßt sich mit Hilfe der Homogenitätsformel von PFEIFFER (1957) ermitteln:

$$\frac{v_1 + v_2 + \ldots v_n}{n \cdot g} \cdot 100$$

(v = Zahl der Arten in den einzelnen Aufnahmen; n = Zahl der Aufnahmen; g = Gesamtartenzahl der Tabelle). Die Homogenität[1] im Sinne PFEIFFERs wurde für jede Einheit im Kopf der Tabelle angegeben.

2) In manchen Fällen habe ich zur Erfassung der "Verwandtschaft" zwischen 2 Vegetationseinheiten von den verschiedenen Gemeinschaftskoeffizienten, die ELLENBERG (1956) angibt, den "Präsenz-" und den "Stetigkeits-Gemeinschaftskoeffizienten"[2] herangezogen:

a) Der Präsenz-Gemeinschaftskoeffizient (Gp) entspricht "der Zahl der gemeinsamen Arten, ausgedrückt in Prozent sämtlicher Arten, die in beiden Einheiten vorkommen" (ELLENBERG, 1956). Er wird nach folgender Formel errechnet:

$$Gp = \frac{Pc}{Pa + Pb + Pc} \cdot 100 \ (\%).$$

Hierbei ist Pa die Zahl der nur in der ersten, Pb die Zahl der nur in der zweiten Vegetationseinheit vorkommenden Arten und Pc die Zahl der gemeinsamen Arten.

---

1) Diese "Homogenität" hat nichts mit der Homogenität einzelner Aufnahmen (= "Probeflächenhomogenität") zu tun.

2) Für die Berechnung der Werte sollte die gleiche Zahl von Aufnahmen bei den betreffenden Einheiten zugrundegelegt werden, was meist erst nach einer repräsentativen Auswahl erreicht wird.

b) Für die Ermittlung des <u>Stetigkeits-Gemeinschaftskoeffizienten</u> (Gs) gilt die Formel:

$$Gs = \frac{Sc : 2}{Sa + Sb + Sc : 2} \cdot 100 \ (\%)$$

(Sc = Summe der Stetigkeiten aller gemeinsamen Arten; Sa = Summe der Stetigkeiten der nur in der ersten Einheit vorkommenden Arten; Sb = die entsprechende Summe der zweiten Einheit).

Zum Vergleich bestimmter florengeographischer, soziologischer oder ökologischer Artengruppen innerhalb einer Gesellschaft oder zwischen verschiedenen Gesellschaften habe ich die Verfahren der Berechnung des "Gruppenanteils", der "Gruppenstetigkeit", des "Gruppenwertes" und der "mittleren Gruppenmenge" nach TÜXEN und ELLENBERG (1937) angewandt:[1]

a) Im <u>Gruppenanteil</u> (G) wird die Summe aller Einzelvorkommen sämtlicher Arten einer Gruppe in Beziehung gesetzt zur Summe aller Einzelvorkommen sämtlicher Arten der Tabelle:

$$G = \frac{g \ (= \text{Gruppe})}{t \ (= \text{Tabelle})} \cdot 100 \ (\%)$$

b) Die <u>Gruppenstetigkeit</u> (S) entspricht der mittleren Stetigkeit aller zur Gruppe zusammengefaßten Arten:

$$S = \frac{g \ (\text{siehe a})}{\text{Artenzahl der Gruppe} \cdot \text{Aufnahmezahl}} \cdot 100 \ (\%)$$

c) Der <u>systematische Gruppenwert</u> (D) schließlich ist "der einfache zahlenmäßige Ausdruck für die Bedeutung einer Artengruppe innerhalb einer Gesellschaft" (TÜXEN und ELLENBERG).

$$D = \frac{G \ (\text{siehe a}) \cdot S \ (\text{siehe b})}{100}$$

d) Die Erfassung der mengenmäßigen Anteile einer Artengruppe innerhalb einer bestimmten Einheit durch die aus der "Gruppenabundanz" SCHWICKERATHs (1931) abgeleitete "<u>mittlere Gruppenmenge</u>" wird hier als "<u>(mittlerer) Gruppendeckungswert</u>" bezeichnet, da er sich aus den in den Tabellen aufgeführten (mittleren) Deckungswerten (BRAUN-BLANQUET, 1964) durch Addition ergibt.

4.1.2. <u>Anmerkungen zur Synsystematik und Differenzierung</u>

1) Wie in vielen nährstoffarmen Gebieten (z.B. besonders im borealen Skandinavien) bietet sich die Vegetation auch in den Heidegewässern und -mooren als eine Vielzahl unterschiedlicher, aber artenarmer und meist ziemlich homogener Bestände dar. Diese Bestände lassen sich zunächst nur als zu einem bestimmten Verband, einer Ordnung oder Klasse zugehörig charakterisieren, da in ihnen oft Assoziationscharakterarten fehlen. Andererseits zeichnen sie sich aber fast immer durch die Dominanz einer oder zweier Arten aus.
Solche Bestände, die durch die Konstanz und <u>Dominanz</u> von Arten charakterisiert sind, lassen sich zunächst problemlos als "<u>Soziationen</u>" oder "<u>Konsoziationen</u>" im Sinne der skandinavischen pflanzensoziologischen Schule (DU RIETZ, 1930 u.a.)[2] zusammenfassen, auch wenn die Aufnahmen nicht mit der skandinavischen Konstanten-Methode gewonnen sind.

---

1) s. S.51, Fußnote 2.

2) Eine <u>Soziation</u> besteht aus einer bis mehreren Schichten, wobei in jeder Schicht eine dominierende Art auftritt. In der mindestens 2-schichtigen <u>Konsoziation</u> ist nur in <u>einer</u> Schicht eine Dominante vorhanden.

Die bloße Zuordnung von Beständen mit einzelnen, auffällig hervortretenden Pflanzenarten zu Soziationen befriedigt häufig nicht.

"Es hat sich nämlich herausgestellt, daß ein und dieselbe Spezies unter verschiedenen Standortbedingungen dominieren kann, und daß dementsprechend ihre Begleitflora oft recht verschieden ist" (ELLENBERG, 1956). Zur gleichen Soziation bzw. Konsoziation gestellte Bestände sind also nicht immer in ihrer gesamten Artenzusammensetzung, also im Sinne der Zürich-Montpellier'schen Schule, miteinander "verwandt".

Dementsprechend habe ich stets eine Zuordnung der einzelnen Soziationen und Konsoziationen zu bestimmten Assoziationen versucht. (Näheres dazu: s. Scheuchzerio-Caricetea.)

Die Arbeiten von KALLIOLA (1939, zit. in BRAUN-BLANQUET, 1964), NORDHAGEN (1936, 54, zit. in BRAUN-BLANQUET) und SCHWICKERATH (1944 b) bestätigen, daß sich die Soziationen und Konsoziationen der schwedischen Literatur fast immer einem Verband oder zum großen Teil auch einer Assoziation zuordnen lassen. Auch BRAUN-BLANQUET (1964) und ELLENBERG (1956, 1963) betonen, daß innerhalb von Assoziationen Soziationen und Konsoziationen unterschieden werden können.

Ist die soziologische Zuordnung einer Soziation bzw. Konsoziation zu einer Assoziation durch das Vorkommen von C-Arten unzweifelhaft, so stellen die Soziationen bzw. Konsoziationen eine "Fazies" dar. Beim Fehlen von C-Arten werden alle durch die gleiche Dominante geprägten Soziationen bzw. Konsoziationen zu einer ranglosen "Gesellschaft"[1] zusammengefaßt (= "Assoziation" im Sinne der skandinavischen Schule).

In der systematischen Fassung der Assoziationen richte ich mich in erster Linie und soweit wie möglich nach der neuesten Zusammenstellung der westdeutschen Pflanzengesellschaften durch OBERDORFER und Mitarb. (1967) bzw. OBERDORFER (1970).

Zum Vergleich werden neben den synsystematischen Auffassungen jeweils verschiedenster Autoren die in vielem abweichenden Systeme von WESTHOFF und DEN HELD (1969; für Holland) und PASSARGE (1964 a) bzw. PASSARGE und HOFMANN (1968; nordostdeutsches Tiefland) diskutiert.

2) In bezug auf die Differentialarten folge ich SCHWICKERATH (1942, 1954, 1968), der die Möglichkeiten, die in der Konzeption dieses Begriffes durch W. KOCH (1926) liegen, als erster und einziger voll ausgeschöpft hat und gleichzeitig dem Begriff eine "Schärfung und Klärung" gab, indem er "jede Abwandlungsmöglichkeit des Ausgleichszustandes eines Vegetationsgefüges in den Differentialarten zu Worte kommen läßt" (SCHWICKERATH, 1954).

Wie bei SCHWICKERATH werden hier 4 Gruppen von Differentialarten unterschieden:

1. "Syngenetische" Differentialarten (D), die den jeweiligen Entwicklungszustand kennzeichnen.

2. "Nährstoffbedingte" Differentialarten (d), die die Abweichungen vom optimalen Nährstoffgehalt anzeigen.

3. "Feuchtigkeitsbestimmte" Differentialarten (δ), die vornehmlich die Änderungen vom normalen Wassergehalt ankünden.

4. "Geographische" Differentialarten (Δ), die die geographischen Ausbildungsformen (atlantische, boreal-kontinentale usw.) kennzeichnen.

Im Gegensatz zu SCHWICKERATH möchte ich die ersten drei Typen von Differentialarten nicht von vornherein nur zur Ausgliederung jeweils bestimmter Untergliederungskategorien verwenden (z.B.: d = "Variantendifferentialart"): Entsprechend den speziellen Verhältnissen der jeweiligen Gesellschaft(en) wird mal dem einen, mal dem anderen Typ von Differentialarten eine übergeordnete Bedeutung beigemessen.[2]

---

1) Darüber hinaus wird der Begriff "Gesellschaft" hier aber auch als Überbegriff abstrakter Vegetationseinheiten gebraucht.

2) Das Vorkommen ein und derselben Art kann auch Ausdruck verschiedener Tendenzen sein, so daß die Art z.B. gleichzeitig D- und d-Art ist.

Mein Bemühen, möglichst viele Arten als Differentialarten herauszustellen[1] und damit möglichst vielen Arten durch die Zuordnung zu einer bestimmten Artengruppe eine bestimmte Funktion im Gefüge der Gesellschaft zu geben, entspricht im Prinzip dem Bestreben SCAMONIs und Mitarb. (1965) nach Aufgliederung der Tabellen in ökologische Gruppen.

Arten, die gemäß der Definition ELLENBERGs (1956) (mindestens 50 % Stetigkeit) nicht als Differentialarten im strengen Sinne gelten dürfen, die aber im Untersuchungsgebiet ausschließlich mit diesen echten Differentialarten zusammen vorkommen, habe ich oft dennoch als "schwach differenzierende Arten"[2] besonders herausgestellt. Sie können eine durch echte Differentialarten bedingte Differenzierung von Untereinheiten untermauern oder sonst eine "Abweichung vom typischen Ausgleichszustand" in eine bestimmte Richtung "floristisch faßbar" machen (SCHWICKERATH, 1942).

4.1.3. <u>Legende zu den Vegetationstabellen</u>

C:, VC:, OC:, KC:	=	Assoziations-, Verbands-, Ordnungs-, Klassencharakterart(en)
(C):, (VC):, (OC):, (KC):	=	"schwache" C-, VC-, OC-, KC-Art(en)
[VC]:, [OC]:, [KC]:	=	"übergreifende" VC-, OC-, KC-Art(en)
Diff:	=	Differentialart(en) als allgemeine Bezeichnung[1]
D:	=	"syngenetische" Differentialart(en) (SCHWICKERATH)
d:	=	"nährstoffbedingte" Differentialart(en) (SCHWICKERATH)
δ:	=	"feuchtigkeitsbestimmte" Differentialart(en) (SCHWICKERATH)
Δ:	=	"geographische" Differentialart(en) (SCHWICKERATH)
(d):, (d):, (δ):, (Δ):	=	"schwach differenzierende Art(en)" (s.o.)
↓:	=	abbauende Art(en)
B:	=	Begleiter
Spalte a	=	Stetigkeitsklasse und Spanne der Artmächtigkeiten
Spalte b	=	"(mittlerer) Deckungswert" (BRAUN-BLANQUET, 1964)
Spalte A, B, C, ...	=	Einzelaufnahmen

4.2. <u>AQUATISCHE (= HYDROPHYTEN-) VEGETATION</u>

4.2.1. <u>Potamogetonetea (Nymphaeion)</u>

4.2.1.1. <u>Nymphaeetum albae VOLLMAR 47 em. OBERDF. mscr.: Typische Subassoziation</u>

Ü b e r b l i c k , L o k a l i s a t i o n [3] u n d S t a n d o r t : Etwa ein Drittel aller Untersuchungsobjekte, insbesondere die meisten größeren und tieferen Heidegewässer, erhalten ihren physiognomisch auffälligsten Vegetationsaspekt durch lockere Gruppen bis sehr

---

1) In den Fällen, in denen die "Funktion" einer Differentialart nicht eindeutig zu erkennen ist, außer, daß sie eben bestimmte Bestände rein floristisch charakterisiert, ist in den Tabellen die undifferenzierte Bezeichnung "Diff." gewählt, die dem "D" bei den meisten Autoren entspricht.

2) In den Tabellen werden sie nur mit einer unterbrochenen Linie umrahmt.

3) Dieser bei fast allen Gesellschaften wiederkehrende Begriff soll die topographische Lage (nur bei bemerkenswerten Einheiten) und die Anordnung der betreffenden Einheit oder des Bestandes im Vegetationskomplex umfassen. Sofern die Einheit nur in Zonationskomplexen auftritt, wird statt dessen von "Zonation" gesprochen.

dichte Teppiche von N y m p h a e a   a l b a . Solche äußerst artenarmen Bestände nehmen
zumeist den bei weitem größten Flächenanteil an der Vegetation dieser Gewässer ein (s. Abb.
20, 24, 25).

> Nur selten bleiben die tiefsten zentralen Partien ausgespart und damit vollkommen frei von
> jeder Moos- und Gefäßpflanzenvegetation. Manchmal, wenn keine oder nur eine spärliche Ufer-
> vegetation ausgebildet ist, reichen die Bestände bis unmittelbar ans Ufer.

In sechs Gewässern treten an die Stelle der N y m p h a e a - Bestände entsprechend artenarme
und ziemlich aufgelockerte P o t a m o g e t o n   n a t a n s - Bestände. Nur 6 weitere Bestände enthalten beide Arten, wobei jedoch jeweils eine der beiden dominiert (s.u.).

Die P o t a m o g e t o n - Bestände erreichen weder die große Ausdehnung noch den dichten
Zusammenschluß, die vielen N y m p h a e a - Beständen ihre aspektbestimmende Rolle verleihen.

> Als Erklärung für die Ersetzung von N y m p h a e a durch P o t a m o g e t o n lassen
> sich innerhalb des Untersuchungsgebietes vorerst keine ökologischen Faktoren finden, die
> der vergleichenden Beobachtung zugänglich wären.
> Auch aus den wenigen sich teilweise widersprechenden aut- und synökologischen Angaben in
> der Literatur über die beiden Arten oder die von ihnen geprägten Vegetationseinheiten läßt
> sich keine Erklärung ableiten.

Solche artenarmen oder Rein-Bestände (zumeist von N y m p h a e a , seltener von P o t a -
m o g e t o n   n a t a n s , noch seltener Mischbestände aus beiden) werden innerhalb Mitteleuropas in einer großen Zahl von Arbeiten (über 40) zumindest erwähnt; nähere Angaben über
die Vergesellschaftung oder Tabellen solcher Bestände sind jedoch relativ selten. Sie kommen
zwar wohl ziemlich häufig in relativ eutrophen Gewässern vor (s.u.), aber besonders charakteristisch sind sie für Heidegewässer und andere meso- bis oligotrophe Gewässer, wo sie die
einzige Form von Potamogetonetea-Beständen darstellen, die überhaupt eine nennenswerte Rolle
spielen.

> Während nach VAN DER VOO (1962 a u. 1964), dem besten Kenner der niederländischen Heide-
> gewässer, das Vorkommen von N y m p h a e a und/oder P o t a m o g e t o n einen nähr-
> stoffreicheren und tieferen Typ unter den Heidegewässern anzeigt (= " N y m p h a e a -
> Venne"), messen DIJK und WESTHOFF (1960) dem Auftreten der beiden Arten, die sie für in-
> different hinsichtlich des Trophiegrades halten, keine Bedeutung für die ökologische Cha-
> rakterisierung von Heidegewässern bei.

Innerhalb des Untersuchungsgebiets gehören zu den Gewässern mit derartigen Beständen zunächst
die nährstoffreichsten. Aber selbst die unverlandeten offenen Restwasserflächen einiger Heidemoore, die durch Verlandung über S p h a g n u m - Schwingrasen aus Heidegewässern hervorgegangen sind, werden von N y m p h a e a   a l b a geprägt, die auch hier in ihrer Vitalität nicht merklich beeinträchtigt ist (s. Abb.26).
Lediglich in den offensichtlich nährstoffärmsten und sauersten Gewässern findet sich überhaupt
niemals N y m p h a e a oder P o t a m o g e t o n   n a t a n s .

Ebenso wie die Trophie so umfaßt auch der Wassertiefenbereich, innerhalb dessen die Bestände
siedeln, eine relativ weite Amplitude. Sie kommen zwar überwiegend in den tieferen, in der
Regel nicht austrocknenden Gewässern vor, die aber selten eine Tiefe von mehr als 2 m erreichen. In manchen Beständen geht die Wassertiefe nie über einen halben Meter hinaus, zumeist
bedingt durch größere Mächtigkeit der Muddeschichten. Zeitweise können auch ganze Bestände
trockenfallen, zumindest erstrecken sie sich öfter bis in den im Sommer regelmäßig trockenliegenden Uferbereich und blühen dort sogar.
Von der letztlich bestimmenden Rolle der Trophie für die Existenzmöglichkeit von N y m -
p h a e a oder P o t a m o g e t o n zeugen einerseits diejenigen Gewässer, in denen trotz
ausreichender Tiefe diese Bestände aus offensichtlich trophischen Gründen fehlen. Andererseits sind die Substratverhältnisse Anzeiger größerer Trophie:
Es handelt sich nämlich um eine wohl als Gyttja zu bezeichnende, dunkel- bis schwärzlich-
graue, stark zersetzte organische Mudde, meist weitgehend ohne erkennbare Pflanzenreste; ihre
Mächtigkeit schwankt zwischen 10 und über 50 cm. Stellenweise kann in mittleren und unteren

Schichten mit Bleiacetatpapier H_2S und anhand blauschwarzer Muddefärbung FeS festgestellt
werden, was auf zumindest lokale relativ eutrophe Zustände hinweist; eine zuweilen gelartig-
schleimige Konsistenz der Mudde deutet Sapropelierung an.
Andererseits ist die Mudde, zumal in ihren unteren Schichten, öfter von bräunlich-grauer Far-
be und entweder von mehr faseriger bis flockiger Struktur oder stärker klumpend. Diese Kenn-
zeichen sprechen mehr für humifizierende Prozesse im sauren Milieu oder für allochthone Hu-
mus- oder Torfeinschwemmung. Die Mudde nimmt dann schon schwachen Torfschlammcharakter an
(= dyartige Gyttja oder Dygyttja).

F l o r i s t i s c h e   S t r u k t u r (s. Tab.3): Neben der dominierenden Art, also
meist N y m p h a e a   a l b a (s. Spalte 1) und nur selten P o t a m o g e t o n   n a -
t a n s (s. Spalte 2), die in nicht einmal 20 % der Bestände gemeinsam auftreten, kommen in
keiner der insgesamt 25 Aufnahmen mehr als 5 weitere Arten vor, meist sind es nur 2 (mittl.
Artenzahl: 3). Einige Bestände - selbst bei Größen von über 1 ooo m² - enthalten außer
N y m p h a e a überhaupt keine andere Art.
Insgesamt kommen neben N y m p h a e a aber immerhin 16 Arten vor, neben P o t a m o g e -
t o n sind es 13, und zwar überwiegend die gleichen. Dadurch liegt der Präsenz-Gemeinschaftskoeffizient zwischen N y m p h a e a - und P o t a m o g e t o n - Beständen mit 38 % in
dem Bereich, den ELLENBERG (1856) als Anhaltspunkt für die Zugehörigkeit zur selben Gesellschaft angibt. Da alle in den N y m p h a e a - Beständen häufigeren Arten auch in den
P o t a m o g e t o n - Beständen erscheinen und umgekehrt, resultiert ein noch bedeutend
höherer Stetigkeits-Gemeinschaftskoeffizient von 48 %, der ihre floristische Verwandtschaft
unterstreicht.

> Größere Stetigkeit erreicht nur C a r e x   r o s t r a t a in den N y m p h a e a -
> Beständen (42 %). Mit Ausnahme der 4 nächsthäufigen Arten mit Stetigkeiten zwischen 30
> und 25 %, nämlich J u n c u s   b u l b o s u s und U t r i c u l a r i a   m i n o r
> in den N y m p h a e a - Beständen und S c h o e n o p l e c t u s   l a c u s t r i s
> und P o t e n t i l l a   p a l u s t r i s (daneben aber auch noch N y m p h a e a
> a l b a) in den P o t a m o g e t o n   n a t a n s - Beständen, wird im übrigen die
> Stetigkeitsklasse I nicht überschritten. Das bedingt eine mittlere Stetigkeit aller be-
> gleitenden Arten (= "Gruppenstetigkeit" nach TÜXEN und ELLENBERG, 1937; s. Kap.4.1.1.2)
> von nur 26 bzw. 23 %. Dadurch liegt auch die Gesamtstetigkeit aller Arten einschließlich
> N y m p h a e a bzw. P o t a m o g e t o n , also die Homogenität (nach PFEIFFER,
> 1957; s. Kap.4.1.1.2.) mit 35 % relativ niedrig.

Die Artmächtigkeit der begleitenden Arten reicht nur in einzelnen Fällen an die von N y m -
p h a e a bzw. P o t a m o g e t o n heran. Sonst dominiert eine der beiden Arten immer
absolut. Die Bestände können somit also zunächst als " N y m p h a e a - Soziation" (Spalte 1) einerseits und als " P o t a m o g e t o n - Soziation" (Spalte 2) andererseits zusammengefaßt werden.

> C a r e x   r o s t r a t a als häufigste Begleitpflanze tritt nur mit geringen Artmäch-
> tigkeiten und niedriger Soziabilität auf, also in Form isolierter Einzelexemplare, die
> zudem kaum blühen und fruchten, obwohl sie vegetativ kräftig ausgebildet sein können.
> Ihr Deckungswert (Spalten 1b u. 2b) beträgt deshalb auch nur wenig mehr als 5 % des Wer-
> tes von N y m p h a e a und P o t a m o g e t o n . Auch die in den beiden Soziationen
> im Durchschnitt jeweils mit Abstand deckungsstärksten Arten J u n c u s   b u l b o s u s
> (N y m p h a e a - Soziation) und N y m p h a e a (P o t a m o g e t o n - Soziation)
> erreichen mit Deckungswerten von 339 bzw. 375 nur ca. 10 % der jeweiligen Dominanten. Der
> Gesamtdeckungswert aller begleitenden Arten macht lediglich etwas mehr als ein Drittel
> des Wertes von N y m p h a e a oder P o t a m o g e t o n aus.

S y n s y s t e m a t i s c h e   S t e l l u n g : Wegen der großen Bedeutung, die der
N y m p h a e a - Soziation in Heidegewässern überhaupt, aber auch in vielen anderen Gewässern zukommt, soll ihre Einfügung ins pflanzensoziologische System und ihre Zuordnung zu
einer bestimmten Assoziation versucht werden.
KOCH (1926) weist auf die grundsätzlichen Schwierigkeiten bei der Beurteilung von Schwimm-
blatt- und Laichkraut-Beständen bzw. -Gesellschaften hin. Gut entwickelte Assoziationsindi-
viduen kommen selten vor. "Die Fragmente sind ungemein zahlreicher und erschweren Verständnis und Überblick infolge ihrer Artenarmut bei trotzdem recht wechselvoller Kombination."

Nur wenige Autoren ordnen diese Bestände, die nur zum geringen Teil Mischbestände beider Arten darstellen, einer bestimmten Assoziation zu: Die Aufstellung von Assoziationen wie "Potamogetonetum natantis" (MATTIK, 1929, und HILD, 1959 b) oder "Potameto-Polygonetum natantis" (KNAPP und STOFFERS, 1962) ist wohl nicht zu rechtfertigen, da P o t a m o - g e t o n   n a t a n s und P o l y g o n u m   a m p h i b i u m f. n a t a n s als VC-Arten des Nymphaeion keinen eindeutigen Schwerpunkt innerhalb des Verbandes erkennen lassen.

Von den meisten derjenigen Autoren, die diese Bestände einer bestimmten Assoziation zu-ordnen, werden sie als "Fragmente", "Fazies", "arme Form", "Variante" oder auch ganz ohne nähere Charakterisierung zum Myriophyllo-Nupharetum gestellt (DONSELAAR, 1958, 1961; GÉHU, 1961; HILD, 1965; HILD und REHNELT, 1971; HORST, 1966; KONCZAK, 1968; KREUZER, 1940; LIBBERT, 1932, 1939; PANKNIN, 1941; SAUER, 1937; SUKOPP 1959). Aber nach MÜLLER und GÖRS (1960), durch die die Hydrophyten-Vegetation eine wesentliche Neubearbeitung er-fahren hat, müßten selbst in den kümmerlichsten Fragmenten des Myriophyllo-Nupharetum noch M y r i o p h y l l u m oder C e r a t o p h y l l u m anwesend sein, was hier aber nie der Fall ist.

Die beiden Autoren, die sich vor allem auf süddeutsches und ostdeutsches Aufnahmematerial stützen, unterscheiden für den hier relevanten oligo-mesotrophen Bereich ein Nymphaeetum minoris VOLLMAR 47 auf mehr oder weniger schlammigem Boden und ein Potameto-Nupharetum auf mehr oder weniger mineralischem Substrat. Zu diesem stellt DIERSSEN (1972) Bestände im Gildehauser Venn, die denen des Untersuchungsgebietes entsprechen. Abgesehen davon, daß das Potameto-Nupharetum in dieser ursprünglichen Fassung MÜLLERs und GÖRS' wegen des Fehlens eigener C-Arten meiner Meinung nach zu schwach charakterisiert ist, um als eigen-ständige Assoziation zu gelten,[1] ist diese Gliederung im Hinblick auf die Verhältnisse in ganz Mitteleuropa korrektur- und ergänzungsbedürftig. Sie bietet nämlich, ganz im Ge-gensatz zur Bewertung der Bestände von N y m p h a e a   a l b a var. m i n o r als eigener Assoziation (N y m p h a e e t u m   m i n o r i s VOLLMAR 47), keine Möglich-keit zur Einordnung der Bestände der N y m p h a e a - Normalform, die offensichtlich vor allem in den Niederlanden und NW-Deutschland vorkommen und bei MÜLLER und GÖRS nicht berücksichtigt sind.

WESTHOFF und DEN HELD (1969) und OBERDORFER und Mitarb. (1967) erweitern den Geltungsbereich dieser Gliederung in unterschiedlicher Weise, so daß darin auch für die Bestände, die hier zur Diskussion stehen, Platz ist: OBERDORFER und Mitarb. (1967) stellen zur Diskussion, das Potameto-Nupharetum in der ungenügend charakterisierten Fassung MÜLLERs und GÖRS' lediglich als verarmte boreal-montane Rasse dem Myriophyllo-Nupharetum unterzuordnen. Dagegen schlagen sie die Erweiterung des Nymphaeetum minoris VOLLMAR 47 zum "Nymphaeetum albae VOLLMAR 47 em. OBERDF. mscr." vor. Diese Assoziation kommt "vor allem mit N y m p h a e a   a l b a f. m i n o r in ärmeren Gewässern höherer Lagen oder in Norddeutschland" vor und "mit N y m - p h a e a   a l b a   t y p i c a auch an mesotroph-schlammigen Stellen tieferer Lagen".

Die Begründung der auf einem noch unveröffentlichten Manuskript OBERDORFERs beruhenden Fas-sung dieser Assoziation kann aufgrund eigener Beobachtungen in folgendem vermutet werden:

In den N y m p h a e a - Beständen des Untersuchungsgebietes kann man im seichteren Randbereich, der z.T. im Sommer austrocknet, stellenweise eine Reduktion der Blattgröße, selten und weniger deutlich auch der Blütengröße beobachten. Bei den Blättern kann die Größe z.T. auf das Ausmaß der im Elmpter Bruch vorkommenden echten N y m p h a e a a l b a var. m i n o r (s.u. nächstes Kap.) heruntergehen. Ich habe diese Exemplare jedoch nicht als var. m i n o r bezeichnet, zunächst weil die Blüten - soweit überhaupt vorhanden - im Unterschied zu den Blättern nicht die genügende Größenreduktion zeigen, und weil sich darüber hinaus bei näherer Untersuchung ohnehin herausstellte, daß diese rela-tiv kleinblättrigen "Exemplare" aus denselben Rhizomen entspringen, die in tieferen Ge-wässerbereichen normal ausgebildete Blätter und Blüten hervorbringen. Von var. m i n o r darf man erst dann sprechen, wenn aufgrund bestimmter Standortfaktoren ein ganzer Bestand - wie es früher auch im Elmpter Bruch und anderen niederrheinischen Mooren der Fall war (s.u.) - eine bedeutende Reduzierung aller Pflanzenteile aufweist.

Diese Beobachtungen deuten darauf hin, daß es möglicherweise gleitende Übergänge zwischen der Normalform von N y m p h a e a   a l b a und N y m p h a e a   a l b a var. m i - n o r gibt (s. auch KONCZAK, 1968; KRAUSCH, 1964 und STEUSLOFF, 1938).

Es liegt also nahe, in Anlehnung an OBERDORFER alle in nährstoffärmeren (meso-oligotrophen) Gewässern auf Schlammuntergrund siedelnden artenarmen N y m p h a e a - Bestände, ungeach-tet der Ausbildung irgendeiner Form, zu einer Einheit, dem Nymphaeetum, zusammenzufassen, anstatt die Bestände der typischen Form zum mehrschichtigen, artenreichen und eutraphenten Myriophyllo-Nupharetum zu stellen.

---

1) s. auch DIERSSEN (1972): "Synsystematisch läßt sich die Assoziation vom Nymphaeetum mi-noris nicht eindeutig trennen."

Die Bestände der beiden Formen bzw. Varietäten von N y m p h a e a sollen dabei als eigene Subassoziationen aufgefaßt werden, in denen die C-Art N y m p h a e a a l b a also jeweils in Form einer anderen intraspezifischen Sippe auftritt, die als solche dann die Differential"sippe" der jeweiligen Subassoziation darstellt (s. Tab.3).

Zu diesem Nymphaeetum stelle ich nicht nur die N y m p h a e a - Soziation, sondern auch die P o t a m o g e t o n n a t a n s - Soziation. Nach VOLLMAR (1947) und MÜLLER und GÖRS gehört P o t a m o g e t o n n a t a n s neben N y m p h a e a a l b a var. m i n o r als höchststeter Begleiter zur charakteristischen Artenkombination des Nymphaeetum minoris, nach OBERDORFER sogar als lokale Charakterart. Auch DONSELAAR (1961) betont, daß sowohl die var. m i n o r als auch die typische Ausbildung von N y m - p h a e a a l b a oft, und zwar teilweise ausschließlich, mit P o t a m o g e t o n n a t a n s vorkommt.

U n t e r g l i e d e r u n g : Außer den 3 Charakterarten aus dem Nymphaeion-Verband und E l o d e a c a n a d e n s i s als OC-Art kommen insgesamt 17 weitere Arten vor. Diese sind bis auf die nur spärlich auftretenden Pleustophyten L e m n a t r i s u l c a und R i c c i a f l u i t a n s entweder ± oligotraphente Arten des Sphagno-Utricularion und der Littorelletea oder Arten der Phragmitetea und der Scheuchzerio-Caricetea, die überwiegend meso- bis relativ eutraphent und gleichzeitig abbauend sind.
In 10 Aufnahmen (s. Tab.3, Spalte 4) treten die oligo-dystraphenten Arten der ersten Gruppe und die wenigen oligo-dystraphenten Arten der zweiten Gruppe auf. In den anderen 15 Aufnahmen (s. Spalte 3) sind es die meso- bis eutraphenten abbauenden Arten der zweiten Gruppe. Dementsprechend lassen sich 2 Varianten unterscheiden:

1) Die Variante von J u n c u s b u l b o s u s var. f l u i t a n s : Die Sphagno-Utricularion-Sippen S p h a g n u m s u b s e c u n d u m fo. o b e s u m , S p h a - g n u m d u s e n i i , S p h a g n u m c u s p i d a t u m fo. p l u m o s u m sowie U t r i c u l a r i a m i n o r und die Littorelletea-Sippe J u n c u s b u l - b o s u s var. f l u i t a n s [1] (s. Tab.3, Spalte 4) kennzeichnen eine oligo- bis dystraphente Variante der sonst mehr mesotraphenten Assoziation. Als echte Differentialarten (d-Arten nach SCHWICKERATH, s. Kap.4.1.2.) können allerdings nur J u n c u s b u l b o - s u s und U t r i c u l a r i a m i n o r angesehen werden, da nach ELLENBERG (1956) nur solche Arten als Differentialarten gelten können, "die in den durch sie zusammengefaßten Aufnahmen mit mindestens 50 % Stetigkeit auftreten". Aber auch die 3 S p h a g n u m - Sippen (s.o.), die demnach nicht als echte Differentialarten bewertet werden dürfen, helfen diese oligo-dystraphente Variante zu charakterisieren. Sie seien deshalb als "schwach-differenzierende Arten" bezeichnet. Die besondere Herausstellung dieser oligotraphenten Variante wird außerdem durch die Tatsache bekräftigt, daß von den abbauenden Arten hier nur die 3 Arten (C a r e x r o s t r a t a , E r i o p h o r u m a n g u s t i f o l i u m und M o l i n i a) vorkommen, die am ehesten ins oligotrophe Milieu vordringen: E r i o - p h o r u m a n g u s t i f o l i u m kommt nur in der oligotraphenten Variante von J u n c u s b u l b o s u s vor, und C a r e x r o s t r a t a tritt hier mit überdurchschnittlich hoher Stetigkeit auf, so daß sie als weitere schwach differenzierende Art aufgefaßt werden kann. Ein weiteres Merkmal dieser Variante ist das fast konstante und meist auch dominante Auftreten von N y m p h a e a a l b a (90 %), wohingegen P o t a m o - g e t o n n a t a n s nur mit 28 % Stetigkeit auftritt.

Die Beziehungen dieser Variante zu den Wasserpflanzengesellschaften oligo-dystropher Gewässer (hier: Sphagnetum cuspidato-obesi, s.u.) sind aber alles in allem weniger deutlich, als man erwarten würde. Erstaunlicherweise gibt es kaum Übergänge zu diesen, so daß, von 2 Ausnahmen abgesehen, die Hydrophyten-Bestände des Untersuchungsgebietes entweder den Schwimmpflanzengesellschaften des Nymphaeion (wie hier) oder dem Sphagno-Utricularion (Utricularietea) (s.u.) sicher zugeordnet werden können. Insgesamt ist bei den Aufnahmen der oligo-dystraphenten Variante zwar der Gruppenanteil der Arten des Sphagno-Utricularion etwas höher als der der Nymphaeion-Arten, aber durch die viel höhere Gruppenstetigkeit der Nymphaeion-Arten (40 % gegenüber 28 %) ist schließlich auch deren

---

1) Zur Bewertung der pleustophytischen Form von f l u i t a n s siehe unten im Zusammenhang mit dem Sphagnetum cuspidato-obesi (Kap.4.2.2.).

systematischer Gruppenwert höher (13,2 gegenüber 10,9). Der Nymphaeion-Charakter wird besonders deutlich, wenn man die mehr als 3mal so großen Gruppendeckungswerte berücksichtigt (3750 gegenüber 1080).

2) Die typische Variante: Den meisten Aufnahmen (15) des Nymphaeetum fehlen diese oligodystraphenten Differentialarten und - mit Ausnahme von C a r e x r o s t r a t a - auch alle "schwach differenzierenden Arten". An die Stelle der oligotraphenten Hydrophyten treten hier die allerdings nur spärlich vorkommenden eutraphenten Hydrophyten R i c c i a f l u i t a n s und L e m n a t r i s u l c a . Außerdem treten die abbauenden Arten bevorzugt auf, deren meso-eutraphente Vertreter kommen sogar ausschließlich in diesen 15 Beständen vor.

> Allerdings sind die abbauenden Arten nicht genügend stet, um nach ELLENBERG (1956) eine bestimmte Subassoziation, Abbauphase, Endphase oder ähnliches zu differenzieren. Dementsprechend kann man die 15 Bestände lediglich als typische Variante (= Variante ohne echte Differentialarten) der oligotraphenten Variante gegenüberstellen. Die meso-eutraphenten abbauenden Arten können jedoch als "schwach differenzierende Arten" dieser typischen Variante angesehen werden.

Beim Vergleich mit der oligotraphenten Variante zeigt die typische Variante überdies einen wesentlich höheren Anteil an P o t a m o g e t o n n a t a n s (53 % gegenüber 20 %), wohingegen die Häufigkeit von N y m p h a e a a l b a abnimmt (66 % gegenüber 90 %). Demnach ist die typische Variante durch ein ausgeglicheneres Vorkommen von N y m p h a e a a l b a und P o t a m o g e t o n n a t a n s gekennzeichnet, während in der oligotraphenten Variante der Schwerpunkt des Vorkommens eindeutig bei N y m p h a e a a l b a liegt.

K o n t a k t u n d E n t w i c k l u n g : Die abbauenden Arten, die rund 2/3 aller Begleitarten des Nymphaeetum ausmachen, treten bevorzugt in der typischen, aber mit 3 oligotraphenten Vertretern auch in der oligotraphenten Variante auf (s.o.). Wenn auch ihre geringe Artmächtigkeit und Stetigkeit es nicht erlauben, mit ihnen als syngenetischen Differentialarten eine besondere Untereinheit abzutrennen, so geben sie doch Auskunft über Kontakt und Entwicklung der Bestände: Die abbauenden Arten sind entweder aus der umgebenden Ufervegetation vorgedrungen oder haben sich primär hier angesiedelt, auf jeden Fall sind sie als erste Anzeiger einer Verlandung zu deuten. C a r e x r o s t r a t a als steteste dieser Arten weist auf die häufigste Kontaktvegetation (C . r o s t r . - Ges.; s. Abb.24 u. 25) und gleichzeitig auf die mutmaßliche Weiterentwicklung im Zuge der Verlandung hin. Die übrigen, schon mehr meso- bis eutraphenten Phragmitetalia-Arten, in erster Linie Arten des eigentlichen Röhrichts (Phragmition), treten an Bedeutung sehr zurück. Ihr Gruppenanteil und ihre Gruppenstetigkeit sind nicht größer als die der Scheuchzerio-Caricetalia-Arten, in der N y m p h a e a - Soziation erreichen letztere sogar eine höhere Gruppenmächtigkeit bzw. höheren Gruppendeckungswert. Im Gegensatz zu dem in eutrophen Gewässern regelmäßigen Kontakt der Schwimmblattpflanzengesellschaften mit dem Röhricht ist diese Zonierung hier nur in 4 Gewässern vorhanden (s. Abb.20).

4.2.1.2. Nymphaeetum: Subassoziation von N y m p h a e a a l b a var. m i n o r
(= "Nymphaeetum minoris VOLLMAR 47")

L o k a l i s a t i o n u n d S t a n d o r t : N y m p h a e a a l b a var. m i n o r wurde 1951 von SCHWICKERATH (s. KNORR und SCHWICKERATH, 1959) im Naturschutzgebiet "Elmpter Bruch" entdeckt (s. Abb.1, Nr.12). Nur noch an 3 Stellen auf der offenen Moorfläche konnte ich wenige Exemplare dieser bemerkenswerten Sippe auffinden, die überdies nicht mehr zum Blühen kommen.

Zwei dieser Fundorte (Tab.3, Spalte 5) stellen kleinflächige Reliktfragmente des von SCHWICKERATH angegebenen "Nymphaeetum minoris" dar. Sie liegen in den wenigen kleinen, noch nicht vollständig verlandeten schlenkenartigen Restwasserflächen, die überwiegend von niedrigen

und kümmernden Phragmiteten und von ziemlich fragmentarischen Caricetum lasiocarpae- und
Cladietum-Beständen (s.u.) eingenommen werden und in ein Mosaik aus Sphagneten, N a r -
t h e c i u m - Teppichen und M y r i c a - Gebüsch eingebettet sind.
Die Wassertiefe in diesen wohl als mesotroph zu bezeichnenden "Schlenken" beträgt maximal
nicht einmal 30 cm, bei einer jährlichen Schwankung von nur wenigen cm. Das Substrat ist ein
ca. 60 cm mächtiger, stark zersetzter, torfschlammartiger Torf (vorwiegend aus Phragmites).

> Am dritten Fundort wachsen in ihrer Vitalität bereits sehr beeinträchtigte Exemplare von
> N y m p h a e a   a l b a var. m i n o r inmitten eines Bestandes der S p h a -
> g n u m   r e c u r v u m - Gesellschaft (s. dort).

Ö k o g e o g r a p h i s c h e s   V e r h a l t e n und t a x o n o m i s c h e B e -
w e r t u n g von N y m p h a e a   a l b a var. m i n o r : Außer dem Fund im Untersuchungsgebiet und einem in Belgien (VANDEN BERGHEN, 1947; s. Abb.19) liegen die Fundorte dieser seltenen Sippe entweder im Alpenvorland (BAUMANN, 1911; KRISAI, 1960; MÜLLER und GÖRS,
1960; VOLLMAR, 1947), dem Schwarzwald und den Alpen (MEUSEL und MÜHLBERG, 1965, in: HEGI,
2.Aufl.) oder im östlichen Mitteldeutschland (s. Abb.19: GUTTE u.a., 1965; JESCHKE, 1959
u. 1963; KONCZAK, 1968; KRAUSCH, 1964; PASSARGE, 1955) und in Skandinavien (MEUSEL und MÜHL-
BERG, s.o.).
In den Gewässern dieser Gebiete soll sie nach MEUSEL und MÜHLBERG die Normalform von N y m -
p h a e a   a l b a ersetzen (s. auch MÜLLER und GÖRS).[1] Es sind kühlere, nährstoffärmere
Gewässer (auch Moortümpel und Torfstiche) mit basischen, aber oligotrophen Kalkböden bis
schwach sauren dyartigen Schlammböden. Die typische Vergesellschaftung besteht aus P o -
t a m o g e t o n   n a t a n s und U t r i c u l a r i a   a u s t r a l i s   (= n e -
g l e c t a) . Besonders auffällig ist ein häufiger Kontakt solcher Bestände (von den meisten Autoren als "Nymphaeetum minoris VOLLMAR 47" aufgefaßt, s.o. voriges Kap. u. s.u.) mit
Cladieten.

> Im Zusammenhang mit N y m p h a e a   a l b a var. m i n o r muß noch auf folgende
> Formen bzw. Sippen hingewiesen werden:
> 1) Die unter wechselnder Bezeichnung aus anderen Gebieten, nämlich aus NW-Deutschland und
> den Niederlanden, bekannt gewordenen kleinblütigen und kleinblättrigen Formen von N y m -
> p h a e a   a l b a (s. Abb.19):
> SLOFF (1928) und VLIEGER u. ZINDEREN-BAKKER (1941) erwähnen für die Niederlande kleinblü-
> tige bzw. Zwergformen von N y m p h a e a   a l b a und FOURNIER (1961) eine seltene
> var. m i n i f l o r a BORB. für Frankreich. Aus N-Deutschland gibt es Angaben VAN DIE-
> KENs (1970) über N y m p h a e a   a l b a fo. p a r v i f l o r a R. et T. in ost-
> friesischen Moortümpeln und 2 alte unsichere Angaben aus Schleswig-Holstein (CHRISTIAN-
> SEN, 1955).
> Für den Niederrhein geben HÖPPNER (1920, 1925, 1926 a u. b), SCHUMACHER (1932, 1966) und
> STEUSLOFF (1938) "kleine - " oder "Kümmerformen" von N y m p h a e a an; HÖPPNER und
> PREUSS (1926) sprechen von " N y m p h a e a   a l b a fo. a f f i n e (HARZ) SCHU-
> STER".
> 2) Die innerhalb des hier berücksichtigten Raumen nur für wenige, heute wohl z.T. ver-
> schwundene Fundorte in Belgien (LAWALRÉE, 1955, und ROMPAEY u. DELVOSALLE, 1972) angege-
> bene N y m p h a e a   o c c i d e n t a l i s (OSTENFELD) E. MOSS. (s. Abb.19), die
> nach GLÜCK (1936) in Skandinavien und England vorkommt und nach LAWALRÉE (1955) in W- und
> NW-Europa die kontinentale N y m p h a e a   c a n d i d a ersetzen soll. TANSLEY
> (1953) führt aus England ein Nymphaeetum occidentalis in sauren Gewässern mit torfiger
> Mudde an.

GLÜCK (1936) hält N y m p h a e a   a l b a var. m i n o r für identisch mit N . o c -
c i d e n t a l i s (s. auch OBERDORFER, 1970). Nach MEUSEL und MÜHLBERG (1965, in: HEGI,
2. Aufl.) "muß nochmals geprüft werden, welche Beziehungen zwischen diesen beiden Sippen bestehen".
Als Deutung der Beziehungen, die JESCHKE (1959) zu N . c a n d i d a vermutet, wird eine
auf Introgression beruhende Übergangsstellung zu dieser Art für möglich gehalten. Auf jeden
Fall verdient N y m p h a e a   a l b a var. m i n o r im Unterschied zu den anderen
Sippen der Art, die wohl nur Standortmodifikationen darstellen, "größere Beachtung" (MEUSEL
und MÜHLBERG). Für ROTHMALER (1963) jedoch ist N y m p h a e a   a l b a var. m i n o r

---

1) Für Ostdeutschland trifft das jedoch nicht allgemein zu (GUTTE u.a., 1965; JESCHKE, 1963;
   KONCZAK, 1968; KRAUSCH, 1964), sondern nur für bestimmte Gewässer.

lediglich eine Kümmerform ohne taxonomischen Wert (s. auch HÖPPNER, 1920, 1925, 1926 a u. b; STEUSLOFF, 1938, und SCHUMACHER, 1932, 1966).

Meiner Meinung nach darf man die unterschiedliche systematische Auffassung nicht alternativ bewerten:

1) Ohne Zweifel gibt es kleinblütige Standortmodifikationen, zu denen bestimmt einige der in der Literatur (s.o.) beschriebenen kleinblütigen Bestände von N y m p h a e a   a l b a wie auch die aus dem oben bereits erwähnten Gebiet gerechnet werden müssen. Dafür sprechen eigene Beobachtung und auch die anderer Autoren (s.o.), besonders aber die in Stickstoffmangelkulturen erzielten Zwergformen von N y m p h a e a   a l b a (MEUSEL und MÜHLBERG, 1965).

2) Daneben gibt es offensichtlich eine echte Varietät[1] " m i n o r " , deren Eigenständigkeit außer durch morphologische Merkmale vor allem durch ihr oben skizziertes "ökogeographisches Verhalten" (MEUSEL und MÜHLBERG, 1965) betont wird. Vor allem der Standort, die Vergesellschaftung und die Kontaktvegetation (s.u.) sprechen für die Zugehörigkeit der Pflanzen aus dem Elmpter Bruch zu dieser echten var. m i n o r (oder ssp.?).

Von N . o c c i d e n t a l i s ist in dieser Hinsicht noch zu wenig bekannt. Sollte sich jedoch deren ökologisch-soziologisches Verhalten als ganz ähnlich herausstellen, so legt die geographische Lage (s. Abb.19) natürlich eine Zugehörigkeit zu dieser Art nahe.

> Andernfalls wäre - vorausgesetzt, daß N . o c c i d e n t a l i s nicht mit N . a . var. m i n o r identisch ist[2] (s.o.) - der weit nach Westen vorgeschobene Fundort von N . a . var. m i n o r eines der Anzeichen für gewisse subboreal-subkontinentale Züge in der Vegetation des Untersuchungsgebietes, die in Klima und Flora schon erkennbar sind (s.o.) und im Laufe der Besprechung der Vegetation noch mehrfach zum Ausdruck kommen werden.
>
> Es ist nur zu hoffen, daß nach dem Zuschütten der Abflußkanäle aus dem Elmpter Bruch und dem Ansteigen des Wasserspiegels eine Erholung der 3 Bestände erfolgt. Sofern diese wieder zum Blühen gelangen, könnte ein Vergleich mit Exemplaren aus anderen Gebieten und auch mit N . o c c i d e n t a l i s vorgenommen werden.

F l o r i s t i s c h e   S t r u k t u r (s. Tab.3) und S u k z e s s i o n (s. Sukzess.-Schema, Abb.39): Entsprechend dem fragmentarischen Charakter fehlt im Elmpter Bruch P o t a m o g e t o n   n a t a n s , die sonst selbst in den artenärmsten Beständen der Gesellschaft steter Begleiter von N y m p h a e a   a l b a var. m i n o r ist (s.o.). Statt dessen erscheint in der ersten Aufnahme P o t a m o g e t o n   p o l y g o n i f o l i u s (= o b l o n g u s) in diesen Schlenken, und zwar z.T. in der großblättrigen, mit P o t a m o g e t o n   n a t a n s zu verwechselnden forma c o r d i f o l i u s Cham. et Schl. (s. Kap.3.1.2.).[3] In der anderen Aufnahme kommen U t r i c u l a r i a   m i n o r und a u s t r a l i s (= n e g l e c t a) vor, von denen vor allem die letztere nach MÜLLER und GÖRS (1960) eine der häufigsten Arten des Nymphaeetum minoris ist und sogar eine U t r i c u l a r i a   a u s t r a l i s - Subassoziation differenziert.

Diese 3 Begleiter zeigen ebenso wie S p h a g n u m   o b e s u m eine oligo- bis dystrophe Tendenz an (oligo-dystraphente Variante). Die anderen Arten geben einen kleinen Eindruck von den verschiedenen Pflanzengesellschaften, die nebeneinander oder in gegenseitiger Durchdringung miteinander die besagten Schlenken zu erobern und schließlich zu verlanden versuchen (s. Sukzess.-Schema, Abb.39). Die relativ hohen P h r a g m i t e s - Artmächtigkeiten sind

---

1) Nach MEUSEL und MÜHLBERG (s.o.) eventuell sogar als Unterart einzustufen.

2) Die auffällige geographische Trennung (s. Abb.19) scheint dagegen zu sprechen. Die Verbreitung der beschriebenen kleinblütigen Formen im Bereich zwischen den Arealen von N y m p h a e a   a l b a var. m i n o r und N . o c c i d e n t a l i s legt den Verdacht nahe, daß es von zwei Zentren aus zur Bildung von N y m p h a e a - Varianten (oder -Subspecies) bzw. evtl. einer selbständigen Art (N . o c c i d e n t .) gekommen ist, während es in NW-Deutschland und in den Niederlanden lediglich bei Standortmodifikationen blieb.

3) SCHUMACHER (1932) erwähnt ebenfalls für die Tümpel der Wahner Heide, für die er ja auch eine kleine Form von N y m p h a e a angibt, eine mit P o t a m o g e t o n   n a t a n s zu verwechselnde kritische Form von P o t a m o g e t o n   p o l y g o n i f o l i u s . Es ist nicht von der Hand zu weisen, daß sich manche Literaturangaben zu n a t a n s auf diese Form beziehen.

allerdings nicht unbedingt ein Zeichen für einen schon weit fortgeschrittenen Abbau der Gesellschaft, denn meist werden als Standort des Nymphaeetum minoris entweder stille, ins
Röhricht hineinragende Buchten oder aufgelockerte Randzonen des Röhrichts angegeben. Aber
C a r e x l i m o s a und l a s i o c a r p a zeigen, daß die Entwicklung bereits auf
diese Zwischenmoorgesellschaft hinführt, die aber nur an wenigen Stellen in diesen Schlenken
fragmentarisch ausgebildet sind und von den vordringenden S p h a g n u m - Teppichen oder
dem M y r i c a - Gebüsch verdrängt werden. Anzeichen dafür ist das Vorkommen von M y -
r i c a . Die Relikte der Subassoziation von N y m p h a e a   a l b a var. m i n o r
können genausogut auch als Initialstadien des Caricetum limosae oder des Caricetum lasiocarpae aufgefaßt werden.

Eine vegetationsdynamische Beziehung mit dem benachbarten Cladietum (s.o.) ist ebenfalls
nicht ausgeschlossen. Die in der Literatur beschriebene enge räumliche Beziehung zwischen
diesen 2 äußerst seltenen Vegetationseinheiten ist selbst hier in den fragmentarischen Beständen beider Einheiten noch verwirklicht.

4.2.2. Utricularietea

Sphagnetum cuspidato - obesi TX. et HÜBSCHM. 58

L o k a l i s a t i o n u n d Ü b e r b l i c k : In den kleineren, flacheren und nährstoffärmsten Gewässern mit ganz anderen Schlamm- bzw. Torfablagerungen (s.u.) wird die Stelle des
Nymphaeetum vielfach von ganz andersartigen, aber fast ebenso artenarmen Beständen eingenommen, die hauptsächlich aus mehr oder weniger freischwimmenden Formen von S p h a g n u m
c u s p i d a t u m , S p h a g n u m o b e s u m [1] und J u n c u s b u l b o s u s ,
manchmal auch von U t r i c u l a r i a m i n o r gebildet werden. Diese "pleustophytischen" Bestände, denen sich nur selten weitere pleustophytische Arten, häufig aber noch eine
Reihe echter Rhizophyten zugesellen, gehören alle dem Sphagnetum cuspidato-obesi TX. et
HÜBSCHM. an.
Ihr Erscheinungsbild reicht von unauffällig und recht vereinzelt dicht unter der Oberfläche
treibenden Exemplaren bis zu miteinander verwobenen mehrschichtigen Verbänden von bestimmten
Sippen (s.u.) einer oder mehrerer der genannten Arten. Von weitem scheinen oft die aus dem
Wasser ragenden Blütenstände von J u n c u s b u l b o s u s oder auch von U t r i c u -
l a r i a m i n o r das Wasser mit einem roten bzw. gelben Schleier zu bedecken.

Im Gegensatz zum Nymphaeetum beschränken sich diese Bestände nicht auf die offene Wasserfläche, die hier ohnehin oft fehlt oder stark zurückgedrängt ist. Häufiger noch durchsetzen sie
inselhaft oder vollständig die oft sehr lückige Sumpfpflanzenvegetation im Uferbereich der
Gewässer bzw. im "Pseudolagg" (s.u.) der Moore (s. Vegetat.-Profile Abb.21, 26, 29, 31).

Daneben kommen sie aber auch in einigen größeren Gewässern mit N y m p h a e a - und
P o t a m o g e t o n - Beständen vor. Hier besiedeln sie das Wasser offener Uferbereiche,
und zwar in der Regel die seichteren Buchten, die etwas abseits von der offenen Wasserfläche
mit den genannten Schwimmblattpflanzen liegen oder sogar von ihnen durch einzelne Schwing-
rasenbildungen vollständig getrennt sind. Durch diese Isolierung von dem übrigen, mehr mesotrophen Teil des Gewässers wird hier der Einfluß des armen sandigen Untergrundes und der
oberflächliche Abfluß aus den angrenzenden Heiden und Kiefernforsten besonders wirksam, so
daß dieser Bereich des Gewässers mehr oder weniger oligodystroph ist (s. Vegetat.-Prof.
Abb.24 u. 25).

F a s s u n g d e r A s s o z i a t i o n : Es soll hier zur Diskussion gestellt werden, im Unterschied zu TÜXEN (1958 a) nur solche Bestände zum Sphagnetum cuspidato-obesi zu

---

1) Zur Taxonomie und Systematik von S p h a g n u m o b e s u m siehe Kap.3.1.2.

zählen, die von "pleustophytischen"[1] Exemplaren von S p h a g n u m   c u s p i d a t u m ,
S p h a g n u m   o b e s u m ,   J u n c u s   b u l b o s u s   und   U t r i c u l a r i a
m i n o r   geprägt sind und bei TÜXEN zur "Subassoziation von S p h a g n u m   c u s p i -
d a t u m   p l u m o s u m " gehören. Der Umfang der Assoziation sollte also soweit ge-
strafft werden, daß sie als pleustophytische Vegetationseinheit definiert werden kann.

Bestände aus festwurzelnden bzw. dem Boden aufsitzenden, aber zum großen Teil noch submersen
Formen der genannten Arten, d.h. Bestände, in denen die pleustophytischen Formen stark zurücktreten oder gar fehlen, möchte ich nicht dieser Gesellschaft anschließen. Bei TÜXEN
(1958 a) dagegen gehen sie wohl zum größten Teil in der "Subassoziation von S p h a g n u m
c u s p i d a t u m   s u b m e r s u m " auf.[2]

> Derartige Bestände stehen vielmehr strukturell, floristisch, ökologisch und syngenetisch
> mit bestimmten Littorelletea- und Scheuchzerio-Caricetea-Gesellschaften in engerem Zu-
> sammenhang als mit den "pleustophytischen" Beständen.[3]
> Diese Bestände treten nämlich häufiger als Synusien (besonders S p h a g n u m - Synusien)
> dieser Gesellschaften auf denn als selbständige Einheiten ohne oder mit nur wenigen fremden
> Arten. Die Arten, aus denen diese Synusien aufgebaut sind, stellen dann Differentialarten
> der oligo-dystraphenten Subassoziationen oder Varianten in den entsprechenden Gesellschaf-
> ten dar. Daher habe ich aber auch die relativ wenigen Bestände "bodenfester" Formen (auch
> z.B. von D r e p a n o c l a d u s   f l u i t a n s) , die nicht oder lediglich spär-
> lich von Littorelletea- oder Scheuchzerio-Caricetea-Arten durchsetzt werden, bei denjeni-
> gen Gesellschaften dieser beiden Klassen eingeordnet, als deren Initialstadien sie auf-
> grund der spärlich vorkommenden Arten aus diesen Einheiten angesehen werden können (s.
> dort).
> Diese Synusien gehen räumlich wie zeitlich gleitend in die Synusien aus trockeneren For-
> men über (S p h a g n u m   c u s p i d a t u m   f .   f a l c a t u m ,   S p h a g n u m
> o b e s u m   div. f.,   S p h a g n u m   c r a s s i c l a d u m   u.a.,   J u n c u s
> b u l b o s u s   f .   u l i g i n o s u s) , die nun auch von TÜXEN u.a. nicht mehr zum
> Sphagnetum cuspidato-obesi, sondern - wie hier - als Synusien zu anderen Gesellschaften
> gestellt werden. Also auch in der weiteren Fassung durch TÜXEN ist das Sphagnetum cuspi-
> dato-obesi auf den Entfaltungsbereich bestimmter Formen beschränkt; ich möchte es ledig-
> lich noch stärker auf den Bereich weitgehend pleustophytischer Formen einengen.

Außer dieser in erster Linie syngenetischen Begründung für die Herauslösung der Subassoziation von S p h a g n u m   c u s p i d a t u m   s u b m e r s u m TÜXENs, mit der ja
gleichsam eine negative Abgrenzung der von mir enger gefaßten Assoziation verbunden ist,
gibt es ein noch gewichtigeres Argument für diese engere Fassung im Sinne einer positiven
Inhaltsbestimmung als weitgehend pleustophytischer Vegetationseinheit:
Mit der Einengung des Sphagnetum cuspidato-obesi auf die weitgehend freischwimmenden Bestände wird der zuletzt noch einmal von SEGAL (1968) formulierten Erkenntnis Rechnung getragen,
daß Pleustophyten und Rhizophyten in sehr hohem Grade unabhängig voneinander sind und es deshalb notwendig ist, "die Vegetationen mit Dominanz von Pleustophyten oder Rhizophyten immer
zu trennen". Diese Erkenntnis des ökologisch, strukturell und physiognomisch eigenen Charakters der Pleustophytenvegetation hat ja schon früher im eutrophen Bereich zur Einordnung der
Pleustophyten-Bestände in eigene Kategorien geführt (z.B. in Assoziationen wie Lemnetum,
Riccielletum, Hydrocharitetum usw. oder sogar Ordnungen und Klassen wie Lemnetea und Hydro-
charitetea).

Mit derselben Begründung und Berechtigung haben PIETSCH (1965 a) und DEN HARTOG und SEGAL
(1964) unabhängig voneinander die Vegetation der meso- und oligotraphenten Pleustophyten
aus den Littorelletea ausgegliedert und zur Klasse der Utricularietea (Ordnung: Utricularietalia) vereint. Dazu stellen PIETSCH (1965 a) und OBERDORFER und Mitarb. (1967) auch das
Sphagnetum cuspidato-obesi, das vorher den Littorelletea angehörte.

> Auch die letzten Bearbeitungen (TÜXEN, 1975, und SCHOOF-VAN PELT, 1973) des gesamten
> Komplexes, der seit der Aufstellung der Littorelletea durch BRAUN-BLANQUET und TÜXEN
> (1943) von den meisten Autoren mit dieser Klasse identifiziert wird, gehen von dieser

---

1) Näheres zu diesem Begriff s. S.65 und Abschnitt "Syngenese".

2) Bei DIERSSEN (1972) sind auch Wasserformen von Sph. recurvum (bei ihm als "Sph. fallax"
   = apiculatum) Bestandteil der Assoziation.

3) TÜXEN bezweifelt sogar einen syngenetischen Zusammenhang zwischen den beiden Subassoziationen von S p h a g n u m   c u s p i d a t u m   p l u m o s u m und - s u b m e r -
   s u m .

Grundkonzeption der Trennung in 2 übergeordnete Kategorien aus, wenn sie auch den Zusammenhang zwischen den beiden Haupteinheiten wieder stärker betont sehen möchten, indem sie sie als zwei Ordnungen (Littorelletalia und Utricularietalia) zu einer einzigen Klasse (TÜXEN: Juncetea bulbosi bzw. SCHOOF-VAN PELT: Littorelletea) vereinigen.

Die Herausnahme der "Subassoziation von S p h a g n u m   c u s p i d a t u m   s u b m e r - s u m " , d.h. die Reduzierung der Gesellschaft auf die Subassoziation von p l u m o s u m mit Dominanz pleustophytischer Exemplare bzw. Formen, ist nur die Konsequenz aus der Abgliederung des Sphagnetum cuspidato-obesi aus den Littorelletea und ihrer Einfügung in die Utricularietea durch PIETSCH und OBERDORFER (s.o.). Denn diese Stellung ist nur für das Sphagnetum cuspidato-obesi in diesem eingeschränkten Sinne gerechtfertigt.

Wenn OBERDORFER und Mitarb. diesen Schritt auch nicht eindeutig vollziehen, so läßt doch zweierlei darauf schließen, daß er durchaus ihrer Konzeption entspricht: 1) Bei der Behandlung des Caricetum limosae sprechen sie von "reinen S p h a g n u m   c u s p i - d a t u m - D r e p a n o c l a d u s - Gesellschaften" als dessen Vorstufe, ohne sie in Zusammenhang mit dem Sphagnetum cuspidato-obesi zu bringen. 2) Im Gegensatz zu PIETSCH (1965 a) ordnen sie außer dem Sphagnetum cuspidato-obesi nur solche Gesellschaften in die Utricularietea ein, deren charakteristische Arten häufig oder ständig als Pleustophyten auftreten.

Es bedarf nun einer näheren Bestimmung dessen, was hier unter "pleustophytischen Formen" bzw. "- Beständen" verstanden werden soll: Dazu gehören außer den ziemlich vereinzelt und frei im Wasser schwimmenden Exemplaren auch die "über dem braunen Schlamm ... schwebenden wolkigen Polster" (TÜXEN, 1958 a) und die "an der Oberfläche schwimmenden ... lockeren Watten" von bestimmten Sippen (s.u.) einer oder mehrerer der vier genannten Arten.

Die weitere Charakterisierung und Abgrenzung der pleustophytischen Bestände ist eng mit dem Verständnis der Möglichkeiten sowohl ihrer Entstehung als auch ihres Fortbestandes und ihrer Weiterentwicklung verbunden:

S y n g e n e s e   u n d   D y n a m i k :
1) Ihre Entstehung, wenn auch vielfach erst in ersten Ansätzen (Initialen), vollzieht sich bei gelegentlichem Trockenliegen oder zumindest bei niedrigen Wasserständen an Standorten, deren durchschnittliche und erst recht deren maximale Wasserstände auf die Dauer für die normalen Ausbildungsformen der 4 konstituierenden Arten des Sphagnetum cuspidato-obesi zu hoch liegen.

Zwei verschiedene Tatsachen, die aber auch beide zusammenwirken können, begünstigen nun die pleustophytische Lebensweise dieser Bestände:
a) Bei Wiederanstieg des Wassers lockern sich die obersten Schlamm- oder Torfschlammschichten sehr stark auf, oft ist sogar zwischen Oberflächenwasser und Bodenablagerung keine deutliche Grenze ausgebildet, sondern das eine Medium geht über einen ± mächtigen suspensoidbreiigen oder faserig-flockigen Übergangsbereich in das andere Medium über. Unter diesen Umständen verlieren die Arten des Sphagnetum cuspidato-obesi ihre Verankerung im Boden bzw. ihre Haftung am Boden und beginnen frei im Wasser zu treiben, so daß sie, entsprechend den Wasserstandsschwankungen einerseits und den Windeinwirkungen bzw. den Wellenbewegungen andererseits, horizontal und vertikal verlagert werden können.

b) Manche Bestände können aber auch zunächst im Boden verhaftet bleiben, insbesondere natürlich an solchen Standorten, an denen die oberen Torfschlammschichten entweder weniger locker oder nur geringmächtig sind; diese Bestände werden erst - sofern sie sich bei den relativ hohen Wasserständen halten konnten - nach erneutem, eventuell auch erst nach mehrmaligem Trockenfallen und entsprechendem Wasseranstieg pleustophytisch: Die ältesten, unteren Teile der Sprosse (besonders der Sphagnen) fallen an der Luft verstärkter Zersetzung anheim, so daß die Pflanzen durch den Auftrieb beim Wiederanstieg des Wassers hier auseinanderfallen und die oberen, noch lebenden Sproßteile von ihrer Verbindung mit dem Untergrund gelöst werden.

2) Für den Fortbestand pleustophytischer Bestände sowie für ihre weitere Ausdehnung liegen die notwendigen Bedingungen zum einen ebenfalls in den Boden- bzw. Schlammverhältnissen, die oben als eine der Ursachen für ihre Entstehung charakterisiert wurden, und zum anderen in

den auch schon genannten relativ hohen durchschnittlichen Wasserständen. Durch beides wird die Verankerung der Bestände im Boden und somit meist auch ihre starre Ortsgebundenheit weitgehend verhindert.

Aus den geschilderten Verhältnissen des Übergangsbereichs zwischen Wasser und Torfschlammböden erklärt sich auch die Einschränkung, daß im Einzelfall - insbesondere bei dichterem Zusammenschluß der Pflanzen oder gar bei Verflechtung der Pflanzen untereinander - der Nachweis des pleustophytischen Charakters einzelner Pflanzen sowie des zusammenhängenden Geflechts eines ganzen Bestandes oft kaum eindeutig möglich ist. Aber selbst wenn öfter sogar offensichtlich noch Verbindungen der Pflanzen mit dem Untergrund bestehen, so entsprechen solche Bestände in ihrem ökologischen Gesamtcharakter am ehesten "echter" Pleustophyten-Vegetation:[1]
In vielen dieser Bestände nämlich besteht die Verbindung wohl überwiegend aus abgestorbenen und im Abbau begriffenen Sprossen[2] und ist darüber hinaus - oder auch unabhängig davon - wegen der beschriebenen Schlammverhältnisse ohnehin nur sehr locker. Auf jeden Fall sind es oft nur unbedeutende Anlässe, die den Zusammenhang zwischen Vegetation und Boden lösen.
In Beständen, die ein über große Flächen oder gar über ein ganzes Gewässer miteinander verwobenes oder verfilztes Netz darstellen, ist eine eventuelle Verankerung im Boden oft nur in bestimmten Teilbereichen oder sogar nur an einzelnen Punkten vorhanden, so daß der größte Teil des Bestandes nur indirekt mit dem Boden in Verbindung steht, also nur scheinbar "bodenfest" ist.
Schließlich gibt es Bestände, die sogar vollständig durch eine solche nur scheinbare "Bodenfestigkeit" charakterisiert sind, in Wirklichkeit aber nur deshalb keinen wesentlichen vertikalen und horizontalen Verlagerungen (s.o.) unterliegen, weil sie von höheren Rhizophyten stark durchsetzt sind, an denen sich das zusammenhängende schwebende Netz des Sphagnetum cuspidato-obesi verfangen hat.

S y s t e m a t i s c h - t a x o n o m i s c h e   u n d   s o z i o l o g i s c h e   B e w e r t u n g   d e r   p l e u s t o p h y t i s c h e n   S i p p e n :
Nach dieser allgemeinen Charakterisierung und Umgrenzung der Assoziation und der dazu notwendigen Darstellung ihrer Syngenese müssen nun noch im einzelnen zunächst die Möglichkeiten, aber auch Schwierigkeiten der systematisch-taxonomischen Erfassung, d.h. der Identifizierbarkeit der pleustophytischen Formen mit bestimmten, aus der Literatur bekannten taxonomischen Formen diskutiert werden. Damit ist nämlich erst die einigermaßen exakte Abgrenzbarkeit und Inhaltsbestimmung des Sphagnetum cuspidato-obesi möglich. Weiterhin müssen die Möglichkeiten und Schwierigkeiten der soziologischen Bewertung der pleustophytischen Formen, d.h. letztlich der exakten soziologischen Definition der Assoziation durch C- und D-Arten aufgezeigt werden.

a) S p h a g n u m   c u s p i d a t u m   f .   p l u m o s u m :
Von S p h a g n u m   c u s p i d a t u m tritt nur die Form p l u m o s u m pleustophytisch auf, wenn diese auch nicht ausschließlich pleustophytisch ist. Meinen mehrjährigen Beobachtungen zufolge ist die reinste Ausprägung der Merkmale von f .   p l u m o s u m fast nur bei pleustophytisch lebenden Exemplaren verwirklicht, zumindest hält sich typisches p l u m o s u m auf die Dauer hauptsächlich nur noch in der pleustophytischen Lebensweise. Da andererseits die relativ wenigen eindeutig und dauerhaft "bodenfesten" Exemplare bzw. Bestände meistens schon mehr oder weniger starke Anklänge an f .   s u b m e r s u m zeigen,[3] soll hier der Klarheit und Einfachheit halber - nicht zuletzt um die Tabelle nicht noch differenzierter und komplizierter werden zu lassen - die Angabe " f .   p l u m o s u m " ganz im Sinne von "pleustophytische Form" verstanden werden. So ist auch TÜXENs "Subassoziation von S p h a g n u m   c u s p i d a t u m   p l u m o s u m " nach dessen Schilderung als eine rein pleustophytische Einheit aufzufassen ("schwebende, wolkige Polster", "an der Oberfläche schwimmend"). Die Assoziation in dem von mir vorgeschlagenen eingeschränkten Umfang

---

1) Deshalb werden hier solche Bestände begrifflich nicht von unzweifelhaften Pleustophytenbeständen getrennt, sondern zusammen mit diesen als "pleustophytische" Bestände bezeichnet.

2) Außer bei den Sphagnen ist das auch bei den Erdsprossen von U t r i c u l a r i a   m i n o r oft zu beobachten.

3) Innerhalb eines breiten Übergangsfeldes wird eine eindeutige Zuordnung zu f .   p l u m o s u m , d.h. eine Trennung gegen f .   s u b m e r s u m , oft sogar zur Ermessensfrage.

ist also weitgehend mit der TÜXENschen Subassoziation von S p h a g n u m c u s p i d a -
t u m p l u m o s u m identisch.

S p h a g n u m c u s p i d a t u m f. p l u m o s u m wird von TÜXEN (1958 a) als Assoziationscharakterart gewertet. MÜLLER und GÖRS (1960) sehen in ihr primär eine VC-Art des
von ihnen neu aufgestellten Sphagno-Utricularion, gleichzeitig aber auch noch eine C-Art des
Sphagnetum cuspidato-obesi. Abgesehen davon, daß eine Sippe nicht gleichzeitig C- und VC-Art
sein kann, weil eine solche Auffassung der Definition der Charakterart widerspricht (s.
SCHWICKERATH, 1954), ist die Bewertung als VC-Art in dem neuerdings von OBERDORFER und
Mitarb. (1967) vorgeschlagenen Umfang des Sphagno-Utricularion ohnedies wohl nicht aufrecht-
zuerhalten. Da OBERDORFER und Mitarb. aber ihrerseits keine Verbands- und Assoziationscharakterarten angeben, ist die Bewertung noch offen.

Ein Vergleich der bisher veröffentlichten Tabellen, in denen S p h a g n u m c u s p i -
d a t u m f. p l u m o s u m vorkommt, zeigt, daß diese Form ihren Schwerpunkt im Sphagnetum cuspidato-obesi hat. Auch ihre Vorkommen im Sphagno-Sparganietum angustifolii Tx. 37,
die für MÜLLER und GÖRS sowie PIETSCH (1965 a) wohl das Hauptargument für ihre Stellung als
VC ist, haben nur eine Stetigkeit von III (gegenüber IV im Sphagnetum cuspidato-obesi) bei
stets niedrigen Artmächtigkeiten zwischen + und 2 (gegenüber +-5 im Sphagnetum cuspidato-
obesi).

S p h a g n u m c u s p i d a t u m f. p l u m o s u m wird man demnach wohl als schwache Charakter-"Art" ansehen dürfen.

> Der Begriff Charakter-"Art" ist streng genommen hier nicht angebracht, da die Eigenschaft
> hoher Treue hier nicht einer ganzen Art, sondern lediglich einer Form zukommt. Diese Ein-
> schränkung ist jedoch nur formal relevant, nicht inhaltlich, zumal auch TÜXEN diese Form
> und weiterhin auch nur bestimmte Formen von S p h a g n u m o b e s u m (s.u.) als
> C-Arten aufführt. Die Form nimmt aber hier die Funktion einer C-Art ein.
> Angesichts der u.a. von ROTHMALER (1963) und WESTHOFF und DEN HELD (1969) betonten Mög-
> lichkeiten und auch Notwendigkeiten der Berücksichtigung intraspezifischer Sippen (umge-
> kehr aber auch von Gattungen oder gar Familien) für die Charakterisierung von Vegeta-
> tionseinheiten sollte man in Erwägung ziehen, ob man nicht ganz allgemein statt von Cha-
> rakter- bzw. Kenn-"Arten" von Charakter- bzw. Kenn-"Sippen" oder "-Taxa" (s. auch WEST-
> HOFF und DEN HELD, 1969) sprechen sollte. Als solche kommen meiner Meinung nach auch die
> kleinsten taxonomischen Untereinheiten in Frage, sofern sie für eine Vegetationseinheit
> bestimmter Gruppierung oder auch nur bestimmten physiognomischen, strukturellen oder öko-
> logischen Charakters kennzeichnend sind, wie es ja hier der Fall ist.

b) S p h a g n u m o b e s u m f. i n s o l i t u m u n d p l u m o s u m :
WARNSTORF (1911) unterscheidet eine Reihe von Varietäten von S p h a g n u m o b e s u m .
Da man aber o b e s u m lediglich als Komplex von Wasserformen verschiedener Subsecunda-
Sippen (hier nach KOPPE, 1964, als Varietäten gewertet) zu verstehen hat (s. Kap.3.1.2.),
kann den WARNSTORFschen Varietäten nur der Rang von "Unterformen" (subforma) zuerkannt werden (s. Tab.4), solange es nicht möglich ist, den Formenkomplex o b e s u m aufzulösen und
damit den Rang dieser "Unterformen" zu erkennen.[1]

> Die Unterscheidung solcher vom systematischen Standpunkt normalerweise völlig belangloser
> und schwer faßbarer Einheiten wie Unterformen (subforma) ist in diesem Fall zumindest in
> ökologischer und soziologischer Hinsicht von Bedeutung. Denn nur die Unterformen p l u -
> m o s u m und i n s o l i t u m sind Bestandteile des Sphagnetum cuspidato-obesi.

Die beiden (Sub-)Formen p l u m o s u m und i n s o l i t u m , die auch TÜXEN (1958 a)
als einzige o b e s u m - Sippen (bei ihm als Varietäten) aufführt, werden hier immer zusammen genannt, auch wenn es im einzelnen nicht möglich war, sie beide in allen Fällen nach-
zuweisen. Aber sie scheinen die einzigen, zumindest aber die hauptsächlichsten Formen zu
sein, die im Gebiet (und möglicherweise im ganzen nordwestdeutschen Flachland, s. TÜXEN)
überhaupt pleustophytisch auftreten. Über f. p l u m o s u m läßt sich wohl Ähnliches sa-
gen wie über f. p l u m o s u m von S p h a g n u m c u s p i d a t u m , wogegen
f. i n s o l i t u m nach der Diagnose von WARNSTORF sogar wohl eine ausschließlich pleustophytisch lebende Ausbildungsform ist. Die Angabe " S p h a g n u m o b e s u m f.

---

1) Im Text soll aber im Gegensatz zur Tabelle der Einfachheit halber von " S p h a g n u m
   o b e s u m " und seinen "Formen" gesprochen werden.

i n s o l i t u m und p l u m o s u m " steht hier praktisch als Synonym für "pleustophytische Form(en)".

Die Aufnahmen TÜXENs vom Sphagnetum cuspidato-obesi waren bis jetzt die einzigen überhaupt,
in denen o b e s u m - Formen unterschieden wurden. Sie werden von TÜXEN als VC-Arten des
inzwischen aufgegebenen Helodo-Sparganion gewertet. Nach der Auflösung des Helodo-Sparganion
durch MÜLLER und GÖRS (1960) und der Einfügung des Sphagnetum cuspidato-obesi in den neuen
Verband des Sphagno-Utricularion (so auch bei OBERDORFER, 1970, PIETSCH, 1963 und 1965, OBER-
DORFER und Mitarb., 1967) muß die soziologische Bewertung der beiden o b e s u m - Formen
neu getroffen werden:

> Bei den genannten Autoren gilt S p h a g n u m o b e s u m (also wohl der gesamte For-
> menkomplex) als VC-Art des Sphagno-Utricularion. Das ist allerdings zumindest nach der Zu-
> ordnung des Verbandes zu den Utricularietea (PIETSCH, 1965, OBERDORFER und Mitarb., 1967),
> spätestens jedoch seit der Ausklammerung des Sphagno-Sparganietum und des (Sphagno-) Jun-
> cetum bulbosi aus diesem Verband und ihre Rückführung in die Littorelletea durch OBERDOR-
> FER und Mitarb. (1967) nicht mehr aufrechtzuerhalten, da S p h a g n u m o b e s u m
> gerade in diesen 2 Assoziationen mit etwa gleicher Stetigkeit auftritt.

Da in der Literatur bei der Angabe von S p h a g n u m o b e s u m keine weitere Differenzierung vorgenommen wird (außer bei TÜXEN, s.o.), ist es noch nicht zu ermessen, welche
Bedeutung die beiden pleustophytischen Formen innerhalb des Gesamtverbreitungsspektrums von
S p h a g n u m o b e s u m , also auch über das Sphagno-Utricularion hinaus haben. Nach
den Beschreibungen von Struktur und Ökologie aller Gesellschaften mit S p h a g n u m
o b e s u m - Vorkommen sind sie am häufigsten im Sphagno-Sparganietum angustifolii Tx. 37
(Littorellion) zu erwarten. Eine Entscheidung über die soziologische Bewertung wäre dann bereits nach einer Klärung der Frage zu treffen, ob die beiden pleustophytischen Formen in dieser Gesellschaft ebenso häufig vorkommen und eine gleich große Rolle spielen wie im Sphagnetum cuspidato-obesi, oder ob sie nur neben anderen, diese Gesellschaft stärker prägenden Formen auftreten: In letzterem Fall hätten sie - genau wie f. p l u m o s u m von c u s -
p i d a t u m - ihren soziologischen Schwerpunkt im Sphagnetum cuspidato-obesi und könnten
als schwache Charakter-"Arten"[1] angesehen werden. Im ersten Fall dagegen wäre nur ihre Bewertung als "Assoziations-Differentialarten" gerechtfertigt, die dann das Sphagnetum cuspidato-obesi innerhalb des Sphagno-Utricularion differenzieren würden, ebenso aber auch das
Sphagno-Sparganietum angustifolii innerhalb des Littorellion.

c) J u n c u s _ b u l b o s u s _ var. _ f l u i t a n s , pleustophytische Form:
Im Unterschied zu den Sphagnen gibt es von J u n c u s b u l b o s u s keine systematisch-taxonomisch begründete Form, die hauptsächlich oder gar ausschließlich pleustophytisch
lebt. Die freischwimmenden Exemplare, die oft auch - allein oder gemeinsam mit anderen Arten - in größeren, netzartigen, meist vom Wind zusammengetriebenen Verbänden auftreten, bilden also keine eigene systematisch-taxonomisch faßbare Einheit und sind in der Literatur bis
jetzt auch noch nicht beschrieben. Es scheint sich lediglich um freischwimmende Exemplare
der zumeist festwurzelnden Varietät f l u i t a n s zu handeln, denen aber hier vom phytocoenologischen Standpunkt aus wegen ihrer Einfügung in eine Vegetation mit physiognomisch,
strukturell, floristisch und ökologisch eigenem Charakter eine größere Bedeutung zukommt und
deshalb als besondere Ausbildungsform bewertet wird.
In der pflanzensoziologischen Literatur findet man nur selten Angaben über die Varianten
oder Formen von J u n c u s b u l b o s u s (s.u.), so daß eine zutreffende soziologische Bewertung nur für die "Gesamtart" J u n c u s b u l b o s u s möglich ist:

> In Anbetracht der jüngsten Veränderungen im System (s.o.: Aufstellung der Utricularietea,
> Veränderung des Umfangs des Sphagno-Utricularion) stellt J u n c u s b u l b o s u s
> aber nur noch eine schwache Klassen-Charakterart der Littorelletea[2] dar, da sie auch
> außerhalb dieser Klasse mit großer Stetigkeit vorkommt, z.B. im Sphagnetum cuspidato-obesi
> (in der Literatur mit Stetigkeit III-IV, im Untersuchungsgebiet mit IV).

---

1) Über die Verwendung des Begriffs Charakter-"Art" für intraspezifische Taxa s. S. 67

2) Durch die Zusammenfassung von Utricularietea und Littorelletea zur neuen Klasse Juncetea
   bulbosi durch TÜXEN (1975) gewinnt J u n c u s b u l b o s u s allerdings eine klar-
   umgrenzte soziologische Stellung (als KC).

Die wenigen Angaben in der Literatur (TÜXEN, 1958 a; PIETSCH, 1963; ALTEHAGE, 1957), die Beschreibungen von Struktur und Ökologie aller Gesellschaften mit J u n c u s   b u l b o - s u s - Vorkommen sowie meine eigenen Erfahrungen gestatten dennoch die Aussage, daß diese Bewertung nur für die "Gesamtart" J u n c u s   b u l b o s u s , keineswegs aber für sei- ne Varietäten und Formen im einzelnen gleichermaßen zutrifft, geschweige denn für die pleu- stophytische Ausbildungsform. Vielmehr ist die var. f l u i t a n s die charakteristische Sippe nur solcher (überwiegend Littorelletea-) Gesellschaften, deren Standorte während län- gerer Perioden im Jahresgang relativ hohe Wasserstände aufweisen; dagegen ist für die Ge- sellschaften mit niedrigerem Wasserstand (z.B. Eleocharitetum multicaulis, Sphagno-Juncetum bulbosi) die Form u l i g i n o s u s Fries. charakteristisch.

Innerhalb der Gesellschaften mit Vorkommen von J u n c u s   b u l b o s u s var. f l u i - t a n s findet sich nun die pleustophytische Form ihrerseits wiederum nur in den wenigen Gesellschaften mit einem Untergrund aus lockeren, breiartigen oder faserigen Massen (s.o.), die größtenteils aus Überresten von S p h a g n u m   c u s p i d a t u m ,   o b e s u m und (oder) J u n c u s   b u l b o s u s selbst bestehen. Die pleustophytischen Bestände aus J u n c u s   b u l b o s u s var. f l u i t a n s , die z.T. auch nur einen Teil eines "Überstellungskomplexes" (s.u.) darstellen, sind einer jener Bereiche im Gesamtspek- trum der J u n c u s   b u l b o s u s - Sippen, die nicht zu den Littorelletea gehören, sondern in diesem Fall zu den Utricularietea.

> An Standorten mit Schlammschichten festerer Konsistenz oder mit nur geringer oder gar fehlender Torfschlammauflage über dem sandigen Untergrund - wie es für viele Littorelle- tea-Gesellschaften typisch ist - kommt die var. f l u i t a n s in der normalen rhizo- phytischen Lebensweise oder aber die seltene f. s u b m e r s u s Glk. vor (s. Kap. 4.3.1.2.).

Ähnlich wie für die S p h a g n u m   o b e s u m - Formen kommt für die pleustophytische Ausbildungsform von J u n c u s   b u l b o s u s je nach ihrer vorläufig noch nicht ab- schätzbaren Stetigkeit und Artmächtigkeit in den wenigen Gesellschaften, in denen sie über- haupt vorkommen kann, entweder ihre Charakterisierung als Assoziations-Differential-"Art" oder als schwache Charakter-"Art" des Sphagnetum cuspidato-obesi in Frage.

Die soziologische Bewertung der Pleustophyten ist somit nur bei U t r i c u l a r i a m i n o r (KC und OC), S p h a g n u m   d u s e n i i (subarktische Differentialart) und L e m n a   m i n o r (zufälliger Begleiter) eindeutig (s. Tab.4).

F l o r i s t i s c h e   S t r u k t u r (s. Tab.4):
Als Konsequenz aus der Erkenntnis der weitgehenden ökologischen und soziologischen Unabhän- gigkeit zwischen Pleustophyten und Rhizophyten habe ich als die eigentlichen Konstituenten der so umgrenzten Gesellschaft also nur die Pleustophyten angesehen. Die große Zahl der in der Tabelle angeführten Rhizophyten und festsitzenden Moose der Bodenschicht habe ich nicht den echten Begleitern oder Differentialarten gleichgesetzt. Sie "überlagern" (PIETSCH, 1965 a) bzw. "überstellen" (PASSARGE, 1965) lediglich das Sphagnetum cuspidato-obesi; bei den Moosen der Bodenschicht müßte man entsprechend von "unterlagern" bzw. "unterstellen" sprechen. (Die "überstellenden" und "unterstellenden" Arten sind in der Tabelle in Klammern gesetzt.) Durch diese Trennung wird es aber auch möglich, das Sphagnetum cuspidato-obesi noch als solches auszusondern, wenn der Vegetationsaspekt durch Rhizophyten bestimmt wird, ohne daß das Sphagnetum cuspidato-obesi hier etwa nur fragmentarisch ausgebildet wäre. Wir haben es dann mit einem "Überstellungskomplex" (PASSARGE, 1965) zu tun, im Rahmen dessen der innerhalb bzw. zwischen dem ± dichten Rhizophytenbestand auftretende Pleustophytenbe- stand als selbständiger Teil anzusehen ist (s. Veg.-Prof. Abb.21, 24, 25, 26, 29, 30, 31). Von den 7 Pleustophyten-Sippen,[1] die überhaupt vorkommen (s. Tab.4), müssen die Formen von S p h a g n u m   c u s p i d a t u m ,   S p h a g n u m   o b e s u m und J u n c u s

---

1) Die beiden o b e s u m - Formen werden hier gemeinsam betrachtet.

b u l b o s u s aufgrund ihrer Stetigkeit in der Gesamtheit der 69 Aufnahmen als die "<u>cha-
rakteristische Artenkombination</u>" betrachtet werden, wenn auch ihre soziologische Bewertung
noch nicht eindeutig zu bestimmen ist (s.o.). Jede von ihnen kommt in ca. 50 - 60 % aller Bestände vor, wenn man die 12 Aufnhmen der U t r i c u l a r i a - Fazies (Spalte 5) unberücksichtigt läßt, sogar in ca. 60 - 70 %.

Die soziologische Bindung zwischen diesen 3 Sippen ist also sehr eng, so daß in fast einem
Drittel aller Aufnahmen alle 3 Sippen zusammen vorkommen und in einem weiteren Drittel zwei
dieser Sippen,[1] wobei die Kombination S p h a g n u m   c u s p i d a t u m - S p h a -
g n u m   o b e s u m doppelt so häufig ist wie jede der beiden anderen möglichen Kombina-
tionen. (Dies kommt auch in der Bezeichnung Sphagnetum cuspidato-obesi zum Ausdruck.)

> Demnach ist wiederum in nur ungefähr einem Drittel der Bestände lediglich je eine dieser
> Sippen vertreten, aber nur etwa die Hälfte davon (11) stellt Reinbestände - sieht man
> einmal von "über- und unterstellenden" Arten ab - einer dieser Arten dar; denn in den
> übrigen Aufnahmen sind sie mit U t r i c u l a r i a   m i n o r vergesellschaftet bzw.
> 1mal auch mit einer pleustophytischen Form von S p h a g n u m   d u s e n i i (s.u.).
>
> U t r i c u l a r i a tritt etwa gleich häufig auch mit zweien oder allen 3 Sippen der
> charakteristischen Artenkombination auf; ebenso oft bildet sie aber auch Reinbestände.

Die Reinbestände aller vier Arten können ohne weiteres als <u>Fazies</u> des Sphagnetum cuspidato-
obesi betrachtet werden, da bei den dreien der charakteristischen Artenkombination jeweils
nur etwa 10 % und bei U t r i c u l a r i a nur etwa 30 % der Vorkommen Reinbestände sind.

Viel häufiger als Reinbestände von S p h a g n u m   o b e s u m ,   S p h a g n u m
c u s p i d a t u m oder J u n c u s   b u l b o s u s findet man aber Faziesbestände,
die neben der faziesbildenden Sippe noch andere Pleustophyten mit geringer Artmächtigkeit
(+ bis 2) enthalten. Daneben treten Bestände auf, die faziesartig von 2 Sippen mit hoher
Artmächtigkeit gleichermaßen geprägt sind ("Mischfazies").

Die Erwähnung der Fazies - auch wenn sie nicht in der Tabelle erscheinen - ist aus zwei
Gründen wichtig:

1) Manche Faziesausbildungen werden von verschiedenen Autoren als selbständige Einheiten beschrieben und benannt:

> DUVIGNEAUD (1949) und GAMS und RUOFF (1929): "Sphagnetum cuspidati" (z.T.); GROSSER
> (1955): "S p h a g n u m   o b e s u m - J u n c u s   b u l b o s u s - Zone";
> GROSSER (1966): "S p h a g n u m   c u s p i d a t u m - J u n c u s   b u l b o -
> s u s - Gesellschaft" und "Juncetum bulbosi" (z.T.); HUECK (1925): "S p h a g n u m
> c u s p i d a t u m   (p l u m o s u m) - Ass."; JONAS (1935): "U t r i c u l a -
> r i a   m i n o r - S p h a g n u m   o b e s u m - Soz."; PASSARGE (1964): "J u n -
> c u s   b u l b o s u s   f l u i t a n s - Ges." (z.T.); PIETSCH (1965): "Sphagneto
> (obesi) - Juncetum bulbosi"; WESTHOFF und DEN HELD (1969): "S p h a g n u m   c u s -
> p i d a t u m   (p l u m o s u m) - Soziation"; STRIJBOSCH (1976): verschiedene Sozia-
> tionen von J u n c u s   b u l b o s u s und den beiden Sphagnen und von den Sphagnen
> allein.

Nach den Verhältnissen des Untersuchungsgebietes und unter Berücksichtigung der wenigen veröffentlichten Aufnahmen des Sphagnetum cuspidato-obesi (s. besonders bei MÜLLER und GÖRS,
1960) wäre eine eindeutige Zuordnung dieser Einheiten zum Sphagnetum cuspidato-obesi im Rahmen der Fazies möglich, sofern es sich um pleustophytische Bestände handelt.

2) Die Fazies sind Ausdruck ökologischer Differenzierung, die auch in der weiteren floristischen Zusammensetzung zum Ausdruck kommt:

a) Die Fazies von S p h a g n u m   o b e s u m , das weniger "nährstoffeindlich" und weniger acidophil ist als c u s p i d a t u m (KLEUVER und VAN DER VOO, 1962; TÜXEN, 1958 a;
WESTHOFF und DEN HELD, 1969 u. a)[2], enthält 5 der insgesamt 11 U t r i c u l a r i a -

---

1) Nur die U t r i c u l a r i a - Fazies (s. S.70), die viel häufiger in Form von Reinbeständen auftritt als die anderen Fazies und die sich auch physiognomisch und floristisch
   viel stärker von den übrigen Beständen abhebt, wird gesondert in der Tabelle angeführt.

2) Es fehlt auch meistens - im Gegensatz zu c u s p i d a t u m - in den sehr nährstoffarmen Hochmoorblänken oder tritt dort zumindest stark zurück (GAMS und RUOFF, 1929; HUECK,
   1925; MÜLLER, 1941; JAHNS, 1969; SCHWICKERATH, 1944).

Vorkommen außerhalb der U t r i c u l a r i a - Fazies. In der nährstoffeindlicheren und acidophileren c u s p i d a t u m - Fazies tritt nie U t r i c u l a r i a auf.

b) Die S p h a g n u m   o b e s u m - Fazies kommt ca. 4mal so häufig innerhalb von Rhizophyten-Beständen, d.h. also in Form "überstellter" Bestände vor, wie als "freie" Bestände (s.u.). Die J u n c u s   b u l b o s u s - Fazies tritt dagegen vorzugsweise in Form "freier" Bestände auf, während die S p h a g n u m   c u s p i d a t u m - Fazies sowie die Mischbestände etwa gleich häufig als "überstellte" und als "freie" Bestände vorkommen. (Über die ökologische Deutung dieser Tatsache s.u.)

U n t e r g l i e d e r u n g :

1) T y p i s c h e   S u b a s s o z i a t i o n : Das Vorkommen von S p h a g n u m d u s e n i i var. p l u m o s u m , und zwar einmal neben S p h a g n u m   c u s p i - d a t u m , ein anderes Mal anstelle von S p h a g n u m   c u s p i d a t u m , bedingt die Abtrennung einer besonderen Subassoziation von S p h a g n u m   d u s e n i i (s.u.), so daß alle übrigen Bestände als typische Subassoziation bezeichnet werden müssen. Durch U t r i c u l a r i a   m i n o r läßt sich diese wiederum in eine U t r i c u l a r i a - Variante und in eine typische Variante differenzieren.

a) Typische Variante (Tab.4, Spalten 1 u. 2): Innerhalb der typischen Variante sollen die nicht oder nur sehr schwach überstellten Bestände als "freie Bestände" von den "überstellten Beständen" geschieden oder getrennt behandelt werden:

Während in der Literatur bisher fast ausschließlich die "freien Bestände" beschrieben wurden, blieben die "überstellten" Bestände wenig beachtet bzw. wurden nicht als solche besonders herausgestellt. Nur TÜXEN (1958 a) teilt 2 Aufnahmen mit, in denen E r i o - p h o r u m mit Artmächtigkeiten von 3 bis 5 aspektbestimmend auftritt, ohne daß er diese Bestände aber besonders herausstellt. PASSARGE (1964 a) unterscheidet allerdings innerhalb des Sphagnetum cuspidato-obesi eine "Subassoziation von E r i o p h o r u m   a n - g u s t i f o l i u m " .

In den "freien Beständen" (Tab.4, Spalte 1) kommt S p h a g n u m   c u s p i d a t u m (71 % Stetigkeit) sehr viel häufiger vor als S p h a g n u m   o b e s u m (47 %) und J u n c u s   b u l b o s u s (53 %). Im allgemeinen treten diese beiden Sippen aber mit größerer Artmächtigkeit auf als c u s p i d a t u m , so daß sich ihre Deckungswerte letztlich nicht sehr von dem von S p h a g n u m   c u s p i d a t u m unterscheiden.

Absolute Reinbestände aus nur einem oder mehreren dieser Pleustophyten, d.h. Bestände ganz ohne Rhizophyten, sind sehr selten, wie auch die Angaben in der Literatur beweisen. Von "freien Beständen" spreche ich daher auch dann noch, wenn pro Aufnahme bis zu drei Rhizophyten mit geringer Artmächtigkeit hinzutreten. Dementsprechend sind die Deckungswerte der "überstellenden", aber auch der "unterstellenden" Arten nicht nennenswert.
Von den 15 überstellenden oder unterstellenden Rhizophyten, die insgesamt in den 17 Aufnahmen von "freien Beständen" vorkommen, zeigen nur E r i o p h o r u m   a n g u s t i - f o l i u m und J u n c u s   b u l b o s u s var. f l u i t a n s eine höhere Stetigkeit (je 41 %).

Weisen in einem Bestand mindestens zwei überstellende Arten eine Artmächtigkeit von mindestens 2 oder eine Art eine solche von 3 auf, so wird er bereits zu den "überstellten Beständen" gerechnet (Spalte 2). Im Durchschnitt kommen hier pro Aufnahme 5 (statt 2,4) "überstellende" Rhizophyten oder "unterstellende" Moose vor. In den 27 überstellten Beständen treten im ganzen 37 Sippen (statt 15) auf. Die mittlere Stetigkeit aller überstellenden Arten, d.h. also die Homogenität, ist dabei mit 35 % in der Gruppe der "überstellten" Bestände deutlich größer als in der der "freien" Bestände (28 %).

Die beiden häufigsten - mit E r i o p h o r u m   a n g u s t i f o l i u m und J u n - c u s   b u l b o s u s die gleichen wie in den "freien" Beständen - erreichen nämlich Stetigkeitswerte von 78 bzw. 70 % (IV), und auch A g r o s t i s   c a n i n a ist mit 48 % noch steter als die häufigsten Arten der "freien" Bestände.
Aufgrund der Fassung der Assoziation als pleustophytische Einheit wäre es natürlich nicht logisch, bestimmte Rhizophyten als Diff.-Arten einer oder mehrerer Untereinheiten zu bewerten (s. z.B. PASSARGE, 1964: " E r i o p h o r u m   a n g u s t i f o l i u m - Subassoziation").

Der Gruppendeckungswert der überstellenden Arten liegt insgesamt 5mal so hoch wie in der Gruppe der freien Bestände, so daß man jetzt nicht mehr von einzelnen "überstellenden" Arten, sondern von "überstellenden Beständen" sprechen kann.

Von den überstellenden Arten erlangen jedoch nur E r i o p h o r u m a n g u s t i - f o l i u m und E l e o c h a r i s p a l u s t r i s eine derartige aspektbestimmende Dominanz. Außer diesen treten nur noch G l y c e r i a f l u i t a n s , C a - r e x r o s t r a t a und A g r o s t i s c a n i n a des öfteren bestandsbildend auf, selten noch J u n c u s b u l b o s u s rhizophyt. Form, J u n c u s e f - f u s u s , · E l e o c h a r i s m u l t i c a u l i s und P o t e n t i l l a p a l u s t r i s .

In Konsequenz ihrer weitgehenden Unabhängigkeit von der pleustophytischen Vegetation müssen diese überstellenden Bestände zu den entsprechenden Rhizophyten-Gesellschaften gestellt werden, also vorwiegend zur " E r i o p h o r u m a n g u s t i f o l i u m - Gesellschaft" (Schechzerio-Caricetea, s. Kap.4.3.3.8.) und der " E l e o c h a r i s p a l u s t r i s - Gesellschaft" (Littorelletea s. Kap.4.3.1.4.), die mit dem Sphagnetum cuspidato-obesi einen "Überstellungskomplex" bilden (s.o.). Folglich werden die gleichen Aufnahmen in den Tabellen dieser Gesellschaften erneut aufgeführt. (Dort werden dann umgekehrt die Sippen des Sphagnetum cuspidato-obesi in Klammer gesetzt.)

Die naheliegende Erklärung, daß es sich bei den "überstellten" Beständen um Degenerations-, Abbau- oder Endstadien des Sphagnetum cuspidato-obesi handelt, scheint aus folgenden Gründen nicht zutreffend zu sein:

1) Die überstellten Bestände beschränken sich ebensowenig auf den seichteren Uferbereich wie die "freien" Bestände auf das tiefere Wasser, das von den Helophyten noch nicht erreicht werden konnte. Die Wassertiefe der meisten Sphagnetum cuspidato-obesi-Bestände ist im Mittel selten über 80 cm, meist nicht tiefer als 50 cm. In trockeneren Jahren liegen viele von ihnen fast vollkommen trocken. Die Wassertiefe ist also überall so gering, daß Rhizophyten hätten Fuß fassen können.

2) Die überstellten Bestände zeigen keinerlei Anzeichen von Degeneration: Die mittlere Artenzahl der Pleustophyten steigt hier sogar gegenüber den "freien" Beständen (1,7) auf 2,3, bedingt durch die höhere Stetigkeit aller 3 Sippen. Folglich ist auch die Homogenität der "überstellten" Bestände mit 78 % weit höher als die der "freien" Bestände (56 %).

Mit der zunächst rein physiognomisch-strukturellen Differenzierung zwischen "freien" und "überstellten" Beständen geht aber durchaus ein deutlicher quantitativer Unterschied (Stetigkeit und Deckungswert) zwischen den beiden Gruppen einher, in dem sich ökologische Unterschiede spiegeln:

Durch die gegenüber der "freien Form" fast 75 %ige Erhöhung sowohl des Deckungswertes als auch der Stetigkeit von S p h a g n u m o b e s u m wird dessen deutliche Bevorzugung überstellter Bestände offenbar, wogegen der Deckungswert von S p h a g n u m c u s p i - d a t u m und J u n c u s b u l b o s u s sich nicht wesentlich verändert hat.

Aufgrund der auffälligen Koinzidenz von verstärktem Auftreten von S p h a g n u m o b e - s u m und der Zunahme von Stetigkeit und Deckungswert überstellender Arten - neben E r i o - p h o r u m a n g u s t i f o l i u m vornehmlich Arten weniger oligotraphenten Charakters wie E l e o c h a r i s p a l u s t r i s , G l y c e r i a f l u i t a n s oder A g r o s t i s c a n i n a - muß man in der "überstellten Form" weniger eine im Abbau begriffene Ausbildungsform sehen als vielmehr einen Zeiger für etwas nährstoffreichere Standorte.

Der entschieden höhere Deckungswert von o b e s u m gegenüber c u s p i d a t u m und J u n c u s b u l b o s u s (bei allerdings fast gleicher Stetigkeit von c u s p i d a - t u m und o b e s u m) weist auf Beziehungen zum Sphagno (obesi) - Sparganietum angustifolii TX. 37 hin, einer Gesellschaft meso-oligotropher Gewässer (WESTHOFF und DEN HELD, 1969), in der auch die Rhizophyten "eine viel größere Rolle spielen" (TÜXEN, 1958 a), und zwar außer S p a r g a n i u m a n g u s t i f o l i u m besonders G l y c e r i a

f l u i t a n s (WESTHOFF und DEN HELD, 1969). Neben der größeren Bedeutung von S p h a -
g n u m o b e s u m und den Rhizophyten trifft für die überstellten Bestände ebenso das
- wenn auch nicht sehr stete, so doch teilweise dominierende - Auftreten von G l y c e r i a
f l u i t a n s zu. Sie erreicht nach E r i o p h o r u m a n g u s t i f o l i u m und
J u n c u s b u l b o s u s immerhin den dritthöchsten Deckungswert.

Da nach HÖPPNER und PREUSS (1926) im Untersuchungsgebiet früher auch S p a r g a n i u m
a n g u s t i f o l i u m vorkam, könnte man es eventuell vertreten, einen großen Teil der
überstellten Bestände als Relikte, Fragmente oder gar nur als arme Formen des Sphagno (obesi)
- Sparganietum angustifolii TX. 37 anzusehen.

WESTHOFF und DEN HELD (1969) wollen denn auch den größten Teil des Sphagnetum cuspidato-
obesi als "verarmte Variante" des Sphagno - Sparganietum angustifolii gewertet wissen;
sie trennen davon nur die ärmsten, fast reinen S p h a g n u m c u s p i d a t u m -
Bestände als "Soziation von S p h a g n u m c u s p i d a t u m " ab und lösen damit
das Sphagnetum cuspidato-obesi ganz auf.
STRIJBOSCH (1976) unterscheidet neben dieser Soziation von S p h . c u s p i d a t u m ,
die er wie WESTHOFF und DEN HELD allerdings nicht zu den Littorelletea, sondern zu den
Scheuchzerietea rechnet, drei verwandte, dem gleichen Verband (Rhynchosporion) angeschlos-
sene Soziationen (von S p h . c r a s s i c l a d u m var. o b e s u m , von D r e -
p a n o c l a d u s f l u i t a n s und von U t r i c u l a r i a m i n o r) , die
ebenfalls aus "im Wasser schwebenden Teppichen" bestehen. Innerhalb der Littorelletea
führt er drei, allerdings nur teilweise "pleustophytische" Soziationen von J u n c u s
b u l b o s u s und jeweils einer der drei Moosarten auf.
Auch in der umfassenden Bearbeitung der Littorelletea (einschließlich der Utricularietea)
durch SCHOOF-VAN PELT (1973) ist das Sphagnetum cuspidato-obesi offenbar in das Sphagno-
Sparganietum angustifolii mit einbezogen. Hier umfaßt die S p h a g n u m - Subassoziation neben einer verarmten Variante auch eine solche von U t r i c u l a r i a (s. folgender Abschnitt).

b) Variante von U t r i c u l a r i a m i n o r (Tab.4, Sp.3-5): Durch die Vergesellschaftung von U t r i c u l a r i a m i n o r , einer OC-Art der Utricularietea, mit einer, zwei oder allen drei Sippen der charakteristischen Artenkombination in ca. einem Viertel aller Aufnahmen, wird die Zugehörigkeit des Sphagnetum cuspidato-obesi zu dieser Ordnung
deutlich. Gleichzeitig ändern sich aber das Bild und die Struktur der Gesellschaft merklich,
so daß man von einer besonderen "Variante von U t r i c u l a r i a m i n o r " sprechen
muß.

Sie tritt allerdings - mit Ausnahme von 2 Beständen (s. Spalte 3) - nur als überstellte Bestände auf (s. Spalten 4 u. 5).

In über der Hälfte dieser Bestände dominiert U t r i c u l a r i a m i n o r absolut;
diese U t r i c u l a r i a - Fazies muß besonders herausgestellt werden (s.u.).

In den übrigen Beständen erreicht U t r i c u l a r i a keine größere Artmächtigkeit als 3;
es herrschen die Arten der charakteristischen Artenkombination, und zwar fast immer S p h a -
g n u m o b e s u m , vor. (Auch in DIERSSENs Subassoziation von U t r i c u l a r i a
m i n o r dominiert S p h . o b e s u m eindeutig über c u s p i d a t u m .)

Aus der Betrachtung der verschiedenen Fazies (s. S.73) läßt sich bereits ableiten, daß die
häufigste Faziesbildung der U t r i c u l a r i a - Variante - nach der U t r i c u l a -
r i a - Fazies selbst - die S p h a g n u m o b e s u m - Fazies ist, wohingegen die
S p h a g n u m c u s p i d a t u m - Fazies hier überhaupt nicht auftritt.

Der Anstieg des Deckungswertes von S p h a g n u m o b e s u m im Vergleich zu den überstellten Beständen der typischen Variante (s. Tab.4), aber vor allem das starke Zurücktreten
der beiden konkurrierenden Pleustophyten S p h a g n u m c u s p i d a t u m und J u n -
c u s b u l b o s u s , weisen die U t r i c u l a r i a - Variante, in der demnach
S p h a g n u m o b e s u m absolut dominiert, eindeutig als noch anspruchsvoller als die
überstellten Bestände der typischen Variante aus.

Die Bestände der U t r i c u l a r i a - Variante sind nicht nur häufiger, sondern auch
stärker überstellt als die Bestände der typischen Variante. Der Gesamtdeckungswert aller
überstellenden Arten liegt hier nämlich höher als in der typischen Variante (10 700 gegenüber 8 100). Die Arten sind durchweg die gleichen, wenn es auch insgesamt nur 25 statt 33
sind. Im Durchschnitt hat jetzt aber jeder Bestand 6,3 (statt 5,1) überstellende Arten

(s. Tab.4). Bis auf E r i o p h o r u m   a n g u s t i f o l i u m   und   J u n c u s
b u l b o s u s   stehen nun jedoch mit   J u n c u s   e f f u s u s ,   C a r e x   r o -
s t r a t a ,   P o t e n t i l l a · p a l u s t r i s   und   C a r e x   n i g r a   andere überstellende Arten im Vordergrund, ohne daß sich daraus allerdings eine Aussage
über die trophischen Verhältnisse rechtfertigen ließe. Unzweifelhafte Zeiger nährstoffreicherer Verhältnisse sind dagegen die Nymphaeion-Arten, die nur hier eine etwas größere
Bedeutung erlangen.
Im übrigen kommt in der nur relativ geringen Stetigkeit und Artmächtigkeit dieser Arten
wieder die bereits bei der Besprechung des Nymphaeetum erwähnte nur schwache Beziehung
zum Ausdruck, die zwischen dem für oligo-dystrophe Gewässer typischen Sphagnetum cuspidato-obesi und den für meso-eutrophe Gewässer typischen Gesellschaften des Nymphaeion
besteht.

U t r i c u l a r i a - Fazies (Tab.4, Spalte 5): In etwa der Hälfte der Bestände der
U t r i c u l a r i a - Variante ist   U t r i c u l a r i a   die vorherrschende Art, was
z.T. allerdings schon bei einer Artmächtigkeit von 2 der Fall ist. Diese   U t r i c u l a -
r i a - Fazies ist wiederum ca. zur Hälfte als Reinbestände ausgebildet.

Obwohl   U t r i c u l a r i a   m i n o r   seinen Schwerpunkt in Gesellschaften des etwas nährstoffreicheren Scorpidio-Utricularion hat, ist es doch zu vertreten, auch die
U t r i c u l a r i a - Reinbestände in nährstoffarmen Gewässern, wie z.B. den Heidegewässern, in denen keine Scorpidio-Utricularion-Gesellschaft vorkommt, zum Sphagnetum
cuspidato-obesi (Sphagno-Utricularion) zu stellen: Denn es gibt eine gleitende Reihe von
diesen Reinbeständen über Bestände mit spärlichem Vorkommen einer der 3 Arten der charakteristischen Artenkombination bis zur eindeutigen   U t r i c u l a r i a - Variante
des Sphagnetum cuspidato-obesi.

Außer in einem Fall handelt es sich bei der Fazies nur um überstellte Bestände. Jetzt ist
aber statt des oligotraphenten   E r i o p h o r u m   a n g u s t i f o l i u m   die mesotraphente   J u n c u s   e f f u s u s   die bedeutendste Art; außer   C a r e x   r o -
s t r a· t a   haben alle anderen überstellenden Arten an Bedeutung stark abgenommen. Relativ
häufig kommen jetzt auch schon die z.T. aus dem Wasser ragenden Sippen   S p h a g n u m
c u s p i d a t u m   f .   f a l c a t u m   und   S p h a g n u m   r e c u r v u m   auf, die
sich bultartig um die Rhizophyten herum lagern.

2) Subassoziation von   S p h a g n u m   d u s e n i i   var.   p l u m o s u m   (Tab.4,
Spalte 6): In einem der Dünenweiher des "Natuurreservaat Ravenvennen" (s. Abb.1, Nr.9)
konnte ich einen Bestand entdecken, der zu den bemerkenswertesten des ganzen Untersuchungsgebietes zu zählen ist: S p h a g n u m   c u s p i d a t u m   f .   p l u m o s u m   wird
hier teilweise durch eine habituell sehr ähnliche Form von   S p h a g n u m   d u s e n i i
(teste: F. KOPPE und A. SCHUMACHER) ersetzt.

Wegen der in ganz Mitteleuropa außerordentlich großen Seltenheit dieser subarktischen Art,
die bisher aus dem Rheinland noch nicht bekannt war und im Untersuchungsgebiet seinen derzeit wahrscheinlich westlichsten Vorposten - zumindest innerhalb des europäischen Tieflandes - hat (s. Abb.14 u. Kap.3.2.2.2.), sollen Fundort und Standort näher charakterisiert
werden:
Es handelt sich hier um eines der wenigen Gewässer, in denen sowohl das mesotraphente Nymphaeetum als auch das dystroph-oligotraphente Sphagnetum cuspidato-obesi vorkommen (s.
Veget.-Profil, Abb.24).

Das Nymphaeetum nimmt als reiner   N y m p h a e a - Bestand die größte Fläche des Gewässers ein und wird von   C a r e x   r o s t r a t a - Beständen umsäumt. Das Sphagnetum
cuspidato-obesi, und zwar in der Subassoziation von   S p h a g n u m   d u s e n i i
(s.u.), besiedelt diejenigen seichten Bereiche des Gewässers, wo dieses bei mittlerem
und hohem Wasserstand noch 20 - 30 m über den   C a r e x   r o s t r a t a - Gürtel hinaus buchtartig in das umgebende Ericion hineinragt. Diese nur bis 50 cm tiefe "Bucht"
bildet auch bei höherem Wasserstand keine geschlossene offene Wasserfläche, sondern ist
mosaikartig durchsetzt von Bulten und kleinen Inseln, gebildet und wohl auch entstanden
aus dem Rhynchosporetum, dem Sphagnetum papillosi oder aus   M o l i n i a - Horsten; diese folgen in einer bestimmten Reihenfolge vom Ufer zum offenen Wasser hin aufeinander.
Eine entsprechende "Zonation" zeigen auch die Gesellschaften der noch nicht verlandeten,
teilweise schlenkenartigen Wasserflächen, die die Bulte und Inseln umgeben: Zwischen den
R h y n c h o s p o r a - Bulten und -Inseln im ufernächsten Bereich wächst neben spärlichem   R h y n c h o s p o r a   a l b a   und   E r i o p h o r u m   a n g u s t i f o -
l i u m   hauptsächlich eine Bodenschicht aus   S p h a g n u m   c u s p i d a t u m   f .
s u b m e r s u m ,   C l a d o p o d i e l l a   f l u i t a n s   und   D r e p a n o -
c l a d u s   f l u i t a n s ,   die im Sommer teilweise trockenliegt (Initialstadium
des Rhynchosporetum).

Die seltener trockenfallenden, schlenkenartigen Wasserflächen zwischen den teilweise viele Quadratmeter großen gewölbten Inseln mit Hochmoorvegetation (Sphagnetum papillosi) lassen bereits ein spärliches Sphagnetum cuspidato-obesi aufkommen, und zwar in Form der S p h a g - n u m   c u s p i d a t u m - Fazies aus S p h a g n u m   c u s p i d a t u m und J u n c u s   b u l b o s u s . In dem daran anschließenden, noch tieferen Bereich (bei mittlerem Wasserstand ca. 50 cm), aus dem sich statt der Sphagnetum-Bulte jetzt M o l i - n i a - Horste bzw. -Inseln mit vereinzeltem R h y n c h o s p o r a - und E r i c a - Bewuchs erheben, tritt zu S p h a g n u m   c u s p i d a t u m und J u n c u s   b u l - b o s u s das ebenfalls schwimmende S p h a g n u m   d u s e n i i . Von hier stammt die erste Aufnahme (Spalte 6a). Die zweite Aufnahme (Spalte 6b), in der S p h a g n u m c u s p i d a t u m gänzlich durch S p h a g n u m   d u s e n i i ersetzt ist, schließt an die erste an: Sie ragt bereits in die ersten Vorposten des C a r e x   r o s t r a t a - Gürtels hinein, in dem auch schon N y m p h a e a vereinzelt vorkommt.

In der Literatur, die im Zusammenhang mit einem weiteren d u s e n i i - Vorkommen (in der E r i o p h o r u m   a n g u s t i f o l i u m - Gesellschaft, s. Kap.4.3.3.8.) genannt wird, ist S p h a g n u m   d u s e n i i als typische Art der Hochmoorschlen- ken und -kolke angegeben. Die S p h a g n u m   d u s e n i i - Bestände treten dort dann, meist vergesellschaftet mit D r e p a n o c l a d u s   f l u i t a n s oder C l a d o p o d i e l l a   f l u i t a n s , in Form von Schwingrasen auf, seltener wohl auch als submerse Bestände. In beiden Fällen stellen sie zunächst die Initialsta- dien von R h y n c h o s p o r i o n - Assoziationen (Caricetum limosae, Scheuchzerie- tum bzw. Scheuchzerio-Caricetum limosae und Rhynchosporetum) dar und bilden dann in der voll entwickelten Gesellschaft die Bodenschicht.[1]
Wenn auch in keinem Fall eine Aussage über die jeweils vorliegende Varietät oder Form von d u s e n i i gemacht wird, so ist den Schilderungen doch zu entnehmen, daß es sich hier überwiegend nicht um eine pleustophytische Form von d u s e n i i (var. p l u - m o s u m) handelt. Es sind also Bestände, die nicht dem eigentlichen Sphagnetum cus- pidato-obesi aus pleustophytischen Formen entsprechen (im Sinne der TÜXENschen Subasso- ziation von S p h a g n u m   c u s p i d a t u m   f.   p l u m o s u m ; s.o.).

In dem Bestand in den Ravenvennen handelt es sich jedoch um eine pleustophytische Form, die nach WARNSTORF (1911) zur <u>var.   p l u m o s u m</u>[2] gehört und hier also, entsprechend forma p l u m o s u m von c u s p i d a t u m , ein echter Bestandteil des Sphagnetum cuspidato- obesi ist.
S p h a g n u m   d u s e n i i gibt diesem Bestand aber eine florengeographisch besondere Tönung und kann als <u>subarktische geographische Differentialart</u> (Δ: subarktisch im Sinne SCHWICKERATHs) einer besonderen Subassoziation betrachtet werden. Die Stellung des Bestandes zu einem " S p h a g n e t u m   d u s e n i i " als einer vikariierenden Assoziation des Sphagnetum cuspidato-obesi, wie sie PASSARGE (1964 a, nach HUECK, 1939) für die d u s e - n i i - Bestände Mittel- und Ostdeutschlands vorschlägt, halte ich in diesem Fall für nicht gerechtfertigt, weil d u s e n i i hier, wenigstens in einem Teil des Bestandes (Spalte 6 A), zusammen mit c u s p i d a t u m vorkommt und sie nicht, wie im boreal-subarktischen Gebiet, vollkommen ersetzt.
Dennoch ist die Subassoziation von S p h a g n u m   d u s e n i i des Sphagnetum cuspi- dato-obesi eine der Vegetationseinheiten, die der Vegetation der Heidegewässer und -moore des Gebietes einen borealen Zug verleihen.

---

1) Das zweite Vorkommen von S p h a g n u m   d u s e n i i im Untersuchungsgebiet liegt auch tatsächlich auf jungen Schwingrasen zusammen mit E r i o p h o r u m   a n g u - s t i f o l i u m und R h y n c h o s p o r a   a l b a vor (" R h y n c h o s p o - r a - Variante der E r i o p h o r u m - Gesellschaft", s. Kap.4.3.3.8.).

2) Bei WARNSTORF gilt die var. p l u m o s u m , im Gegensatz zu den anderen Varietäten, in ganz Europa als selten; er gibt sie nur für Finnland an.

4.2.3. Zusammenfassender Rückblick auf die aquatische Vegetation

Die aquatische oder Hydrophyten-Vegetation wird - wie in den meisten Heidegewässern und -mooren des nordwestlichen Mitteleuropa - fast ausschließlich von den beiden Assoziationen Nymphaeetum und Sphagnetum cuspidato-obesi gebildet.

a) Das Nymphaeetum albae in seiner typischen Subassoziation besiedelt in Gestalt sehr artenarmer, z.T. relativ großflächiger N y m p h a e a   a l b a - oder P o t a m o - g e t o n   n a t a n s - Soziationen überwiegend die größeren und tieferen Gewässer mit z.T. bis zu einem Meter mächtigen, stellenweise sapropeligen Gyttjaschichten; es bildet aber auch noch die typische Vegetation der wenigen zentralen Restwasserflächen der durch S p h a g n u m - Schwingrasen entstandenen Heidemoore.
Unterschiedliche synsystematische Fassungen derartiger Bestände werden diskutiert und Gründe sowohl für ihre Abtrennung als eigene Assoziation gegenüber dem Myriophyllo-Nupharetum als auch für die Einbeziehung des "Nymphaeetum minoris" als Subassoziation dargelegt.
Zwei kleine Reliktfragmente dieser Subassoziation von N y m p h a e a   m i n o r gehören aufgrund ihrer fast ausschließlichen Verbreitung im subkontinental-borealen und -montanen Bereich zu den bemerkenswertesten Vegetationseinheiten der Untersuchungsobjekte und der nw-mitteleuropäischen Heidegewässer und -moore überhaupt. Die kontroverse systematisch-taxonomische Bewertung der Differential-"Sippe" "N y m p h a e a   m i n o r" wird dargelegt, jedoch die Unabhängigkeit dieser Frage von der synsystematischen Auffassung über die durch sie charakterisierten Bestände betont: Die floristische Zusammensetzung, der charakteristische Kontakt mit nicht minder seltenen Vegetationseinheiten (insbesondere dem Cladietum) sowie ihre Ökologie werden als ein Argument für eine relativ große Eigenständigkeit der Bestände, also möglicherweise doch für eine Berechtigung als selbständiger Assoziation angesehen.

b) Die Hydrophytenvegetation der nährstoffärmeren und saureren Gewässer und Moore an durchschnittlich seichteren Standorten mit Torf- und Torfschlamm (= Dy)-böden besteht aus dem Sphagnetum cuspidato - obesi. Es wird in dieser Arbeit - in Konsequenz der ihm neuerdings zugewiesenen Stellung innerhalb der Utricularietea bzw. Utricularietalia - als ausschließlich pleustophytische Assoziation aufgefaßt, deren Struktur, Syngenese und Dynamik ausführlich beschrieben werden.
Die Begründung der Assoziation auf Pleustophyten, die - mit Ausnahme von U t r i c u - l a r i a   m i n o r - lediglich Standortmodifikationen von S p h a g n u m   c u s - p i d a t u m , S p h a g n u m   o b e s u m und J u n c u s   b u l b o s u s darstellen (= C- oder Diff.-"Sippen"), besteht in der weitgehenden räumlich-strukturellen, soziologischen und ökologischen Unabhängigkeit der pleustophytischen von der rhizophytischen Vegetation.
Der eigentliche Unterschied der Auffassung liegt nicht in der Begründung der Assoziationen auf Standortmodifikationen als solchen - denn dies geschieht teilweise auch in der ursprünglichen Fassung der Assoziation -, sondern in der Einengung auf rein pleustophytische Formen. Diese Fassung ist weniger problematisch als die im alten Umfang unter Einschluß von rhizophytischen bzw. bodenfesten Beständen, die besser schon als Initialstadien von Littorelletea- oder Scheuchzerio-Caricetea-Gesellschaften bewertet werden.

Die fast nie fehlenden rhizophytischen bzw. bodenfesten Moos- und Phanerogamen-Arten werden nicht zu den eigentlichen Konstituenten der Gesellschaft gerechnet und somit nicht den echten Begleitarten gleichgesetzt, aber dennoch als "überstellende" Arten - je nach ihrer soziologischen Stellung in Artengruppen differenziert - tabellarisch erfaßt.

Dementsprechend wird hier zwischen "freien" Beständen, die nicht oder lediglich von einzelnen Arten überstellt sind, und "überstellten" Beständen mit dichteren überstellenden Beständen verschiedener Vegetationseinheiten (Littorelletea und Scheuchzerio-Caricetea) unterschieden, die mit dem Sphagnetum cuspidato-obesi einen "Überstellungskomplex" bilden.

Standort und Struktur der überstellten Bestände lassen ihre Deutung als im Abbau begriffene Ausbildungsformen des Sphagnetum cuspidato-obesi nicht zu. Vielmehr muß man in ihnen einen Anzeiger nährstoffreicherer Standorte sehen. Dafür spricht die deutliche Koinzidenz zwischen verstärktem Auftreten des im Vergleich zu S . c u s p i d a t u m weniger azidophilen S . o b e s u m und der Zunahme von Stetigkeit und Deckungswert überstellender Arten, zumal solcher von weniger oligotraphentem Charakter (z.B. Eleocharis palustris und Agrostis canina). In diesem Zusammenhang wird die eventuelle Deutung von derartig überstellten Beständen der obesum-Fazies als Fragment des stärker mesotraphenten Sphagno obesi - Sparganietum angustifolii diskutiert.

Ein weiterer Hinweis auf günstigere Nährstoffverhältnisse an den Standorten überstellter Bestände ist darin zu sehen, daß die der typischen Variante gegenübergestellte anspruchsvollere Variante von U t r i c u l a r i a m i n o r fast nur in Form überstellter Bestände auftritt. Diese Variante ist darüber hinaus außer durch eine insgesamt dichtere Überstellung - bei stärkerer Beteiligung einiger anspruchsvollerer Arten (z.B. J u n - c u s e f f u s u s , P o t e n t i l l a p a l u s t r i s) - durch das starke Zurücktreten von J u n c u s b u l b o s u s und S p h a g n u m c u s p i d a - t u m und damit das absolute Vorherrschen der o b e s u m - und der U t r i c u l a - r i a - Fazies gekennzeichnet. Obwohl diese U t r i c u l a r i a - Fazies als eigenständigste Fazies zur Hälfte keine anderen Pleustophyten enthält und in der Literatur oft nicht zum Sphagnetum cuspidato-obesi gerechnet wird, läßt sich ihre Zugehörigkeit zu dieser Assoziation als deren anspruchsvollster Flügel begründen.

Zwei Bestände, in denen das für das Rheinland und die südlichen Niederlande bisher unbekannte subarktische S p h a g n u m d u s e n i i in einer pleustophytischen Form dominierend auftritt, werden hier aufgrund des Kontaktes und der fließenden Übergänge mit der cuspidatum-Fazies des Sphagnetum cuspidato-obesi ebenfalls dieser Assoziation, als Subassoziation von S p h a g n u m d u s e n i i , zugeordnet. Soweit bekannt, finden sich derartige pleustophytische Bestände - meist als eigene Assoziation beschrieben - erst wieder in Mittel- und Ostdeutschland und im kontinentalen und borealen Bereich.

c) Die übrigen drei Vegetationseinheiten, die z.T. der Hydrophytenvegetation zuzuordnen sind (J u n c u s b u l b o s u s f l u i t a n s - Gesellschaft, Soziation von J u n c u s b u l b o s u s fo. s u b m e r s u s , Hyperico-Potamogetonetum polygonifolii z.T.), werden als Littorelletea-Einheiten erst im Zusammenhang mit der semiaquatischen Vegetation behandelt, zu der der größte Teil der Littorelletea-Vegetation der Untersuchungsobjekte gerechnet werden muß.

4.3. SEMIAQUATISCHE (= AMPHI- UND HELOPHYTEN-) VEGETATION

4.3.1. Littorelletea

Die Besprechung der Amphi- und Helophyten-Vegetation soll mit den Littorelletea beginnen, auch wenn die in den Untersuchungsobjekten vorkommenden Einheiten dieser Klasse zum größten Teil die trockensten Standorte einnehmen, indem sie innerhalb des Komplexes der Ufervegetation überwiegend den äußeren Rand besiedeln.

Die Zugehörigkeit eines Teils der Littorelletea-Gesellschaften zur Hydrophyten-Vegetation, die enge Beziehung der Littorelletea zur zuvor besprochenen Hydrophyten-Assoziation Sphagnetum cuspidato-obesi und nicht zuletzt die Stellung dieser Klasse in allen soziologischen Systemen legen es nahe, die in dieser Arbeit sonst am abnehmenden Wasserstand orientierte Reihenfolge in der Besprechung der Pflanzengesellschaften in diesem Fall zu durchbrechen.

Die Littorelletea, die hier in der Fassung von OBERDORFER und Mitarb. (1967) verstanden werden und das atlantische Hypericion und das mehr mitteleuropäische Littorellion umfassen,
nicht dagegen das Sphagno-Utricularion und damit das Sphagnetum cuspidato-obesi (s.o.), beinhalten die für die nordwest-mitteleuropäischen Heidegewässer typischste Vegetation. Man
könnte sie z.T. als "Charakter-Gesellschaften" - entsprechend den Charakter-Arten - bezeichnen. Wie bei den C-Arten sagt das aber nichts über ihre Häufigkeit aus: Sie sind in ganz Mitteleuropa sehr selten geworden und dabei überwiegend nur fragmentarisch ausgebildet.

Aus dem Rheinland sind Littorelletea-Bestände bisher nur von SCHWICKERATH (1933), SAUER
(1952) und BURCKHARDT und BURGSDORF (1962) beschrieben. Die floristische Literatur aus
dem Untersuchungsgebiet (s. Kap.1.3. und 3.1.3.) läßt aber eventuell auch Rückschlüsse
auf derartige Bestände im Untersuchungsgebiet zu.
Die Bedingungen zur vollen Ausbildung des gesamten Gefüges einer Littorelletea-Assoziation sind eben nur noch selten gegeben. Viele der Arten sind zwar einerseits auf stärkere
Wasserstandsschwankungen angewiesen, also auf den Wechsel von Trockenfallen und Über-
schwemmung (s. PIETSCH, 1965 b), vertragen andererseits aber oft ebensowenig hohe und
lang anhaltende Hochwasserstände (RUNGE, 1969 b) wie lang andauerndes Trockenliegen der
Standorte in extremen Jahren (MENKE, 1955). Ähnlich ungünstig wirken auch eine Eutrophierung (WESTHOFF und DEN HELD, 1969) bzw. Schlammbildung sowie eine Dystrophierung bzw.
Torf- und Torfschlammbildung und der damit verbundene Verlust der Klarheit des Wassers
(TÜXEN, 1937; ROLL, 1939; RUNGE, 1957 u. 1969 b; WESTHOFF und DEN HELD, 1969).
Die Seltenheit und der überwiegend fragmentarische Charakter von Littorelletea-Assozia-
tionen bedingen, daß die soziologische Stellung und die Berechtigung vieler Assoziationen immer noch nicht endgültig beurteilt werden können. Auch über den Inhalt der gesamten
Klasse Littorelletea gehen die Meinungen auseinander, denn sie wurde in jüngerer Zeit
mehrfach in ihrem Umfang erweitert bzw. eingeengt (DEN HARTOG und SEGAL, 1964; PIETSCH,
1965 b; WESTHOFF und DEN HELD, 1969; OBERDORFER und Mitarb., 1967; DIERSSEN, 1972;
SCHOOF-VAN PELT, 1973; TÜXEN, 1975).

Auch im Untersuchungsgebiet handelt es sich überwiegend um fragmentarische Bestände. Dabei
kann es sich um Pionierstadien handeln oder um Bestände, die auf diesem Stadium stehengeblie-
ben sind, bei denen es also aus irgendwelchen Gründen nicht zur Ausbildung einer Assoziation
kommen konnte, oder aber um Abbaustadien bzw. Relikte ehemals vorhandener vollständiger Asso-
ziationsindividuen. Meist fehlen jegliche Assoziationscharakterarten irgendeiner der Littorelletea-Assoziationen, oft dominiert eine Art, die nicht zu den Assoziationscharakterarten von
Littorelletea-Assoziationen gehört. Nur die gesamte Artenkombination und die KC- (= OC-) oder
VC-Arten machen die Zugehörigkeit zu den Littorelletea (= Littorelletalia) bzw. deren beiden
Verbänden deutlich.
Selbst die wenigen Bestände, die einer Assoziation sicher zugeordnet werden können, haben
nur fragmentarischen Charakter. Möglicherweise sind auch die übrigen Bestände als Fragmente
irgendeiner Littorelletea-Assoziation aufzufassen, aber nur in einzelnen Fällen ist eine Zugehörigkeit oder zumindest eine Beziehung zu einer bestimmten Assoziation erkennbar. Solange
aber nicht sicher gesagt werden kann, welche Assoziation im einzelnen als Fragment vorliegt,
spreche ich lediglich von abstrakten ranglosen "Gesellschaften" (s. Kap.4.1.2.) der Littorelletea. Fast immer dominieren eine oder mehrere Arten, so daß die Gesellschaften auch als Zusammenfassung mehrerer Soziationen, also als "Assoziationen" im Sinne der skandinavischen
Schule, gesehen werden können.

4.3.1.1. J u n c u s   b u l b o s u s   f l u i t a n s - Gesellschaft PASSARGE 1964

Ü b e r b l i c k   u n d   L o k a l i s a t i o n : Am Anfang der Auseinandersetzung mit den
Littorelletea sollen sehr artenarme oder gar reine Bestände von J u n c u s   b u l b o -
s u s   v a r .   f l u i t a n s stehen (s. Tab.5), weil sie noch der Hydrophyten-Vegetation
zuzurechnen sind und in kleinen untiefen Gewässern meist noch die offene Wasserfläche innerhalb der die Gewässer umsäumenden Helo- und Amphiphyten-Zone - sofern überhaupt vorhanden -
besiedeln (s. Abb.21). Solche Bestände stehen meist in Kontakt mit bestimmten Littorelletea-
Assoziationen, schließen z.B. zum tieferen Wasser hin an das Eleocharitetum multicaulis (so
auch bei SLOFF, 1928) oder an die E l e o c h a r i s   p a l u s t r i s - Gesellschaft an

(so auch bei GROSSER, 1955). Einzelne kleinere Gewässer, besonders Gruben und Gräben, sind fast vollständig von diesen lockeren bis dichten Beständen eingenommen.

S y n s y s t e m a t i s c h e   S t e l l u n g :

J u n c u s   b u l b o s u s   gilt ganz allgemein als KC-Art der Littorelletea bzw. als OC-Art der Littorelletalia. Bei der Behandlung des Sphagnetum cuspidato-obesi habe ich aber zur Diskussion gestellt, die pleustophytische Form der var. f l u i t a n s als C-"Sippe" oder doch wenigstens als Assoziations-Differentialsippe des Sphagnetum cuspi- dato-obesi zu bewerten und entsprechend alle Bestände der pleustophytischen Form als Fa- zies dieser Assoziation aufzufassen. Alle Bestände der rhizophytischen Form von J u n - c u s   b u l b o s u s var. f l u i t a n s werden aber nach wie vor zu den Littorel- letea gestellt.
Ähnlich artenarme oder fast reine J u n c u s   b u l b o s u s - Bestände werden u.a. von ALLORGE (1921/22), OBERDORFER (1957), PASSARGE (1964 a u. b), PIETSCH (1965 c) und SAUER (1952/53) beschrieben, und zwar vorwiegend aus Heidegewässern oder ähnlichen nähr- stoffarmen Gewässern, wie z.B. Tagebaugruben (PIETSCH, 1965 c). Teilweise werden sie le- diglich als Pioniere oder andere Fragmente von im einzelnen nicht identifizierbaren Littorelletea-Gesellschaften bewertet. PASSARGE (1964 a) sieht in den Beständen Mittel- europas möglicherweise verarmte Ausbildungen der atlantischen " H y p e r i c u m   e l o d e s - P o t a m o g e t o n   o b l o n g u s - Gesellschaft". Öfter werden sie auch als eigene Gesellschaften oder gar Assoziationen angesehen; diese können im wesentlichen alle mit einer der beiden bei OBERDORFER und Mitarb. (1967) aufgeführten Assoziationen identifiziert werden: dem Ranunculo-Juncetum bulbosi (NORDH. 21) OBERDF. 57 und dem Sphagno-Juncetum bulbosi GROSSER 59.

Aufgrund der Tabellen und der Standortbeschreibung bei GROSSER (1955 und 1966) ergibt sich eine weitgehende Übereinstimmung zwischen den Beständen im Untersuchungsgebiet und dem Sphagno-Juncetum bulbosi GROSSER 59. Aus zwei Gründen ziehe ich aber die Bezeichnung " J u n c u s   b u l b o s u s   f l u i t a n s - Gesellschaft" vor, die PASSARGE (1964 a), ebenfalls unter Berufung auf GROSSERs Beschreibungen und Tabellen (1955 und 1966), dafür ge- wählt hat:

1. In dieser Bezeichnung kommt zum Ausdruck, daß es sich hier um J u n c u s   b u l b o - s u s var. f l u i t a n s handelt, im Gegensatz zu u l i g i n o s u s oder anderen Formen im Ranunculo-Juncetum (NORDH. 21) OBERDF. 57.

Auch PASSARGE (1964 c) unterscheidet neben seiner " J u n c u s   b u l b o s u s   f l u i t a n s - Gesellschaft" noch ein "Juncetum bulbosi OBERDF. 57", das wohl dem Ranunculo-Juncetum entsprechen soll. Die Unabhängigkeit beider Einheiten wird dadurch betont, daß PASSARGE letztere zu den Scheuchzerietalia (Rhynchosporion) stellt.

2. Andererseits wird mit dieser Bezeichnung zum Ausdruck gebracht, daß solchen Beständen von J u n c u s   b u l b o s u s var. f l u i t a n s zwar eine Eigenständigkeit, jedoch nicht der Charakter einer Assoziation zukommt. Sie bilden vielmehr eine "Gesellschaft" im Sinne einer Zusammenfassung zweier Soziationen (s. Kap.4.1.2.). Damit bleibt aber offen, ob es sich nicht tatsächlich um Pionierbestände bzw. andere Fragmente ganz bestimmter Littorel- letea-Assoziationen handelt.

F l o r i s t i s c h e   S t r u k t u r (s. Tab.5):
Es werden hier nur solche Bestände berücksichtigt, in denen die rhizophytische Form über eventuell vorhandene Arten aus anderen Ordnungen oder Klassen dominiert und dabei eine Art- mächtigkeit von mindestens 3 erreicht.
Gegenüber J u n c u s   b u l b o s u s var. f l u i t a n s , die bei einer durch- schnittlichen Artmächtigkeit von 4 einen Deckungswert von über 6 000 (s. Tab.5, Spalte 1) erreicht, stellen die 12 echten Begleiter keinen bedeutenden Faktor in der Struktur der Be- stände dar. Die meisten Begleiter treten bei einem geringen Deckungswert nur 1- oder 2mal auf.

Nur 3 Arten erlangen eine größere Bedeutung. Diese besteht aber im Höchstfall lediglich in einer nicht einmal 50 %igen Stetigkeit (E r i o p h o r u m   a n g u s t i f o - l i u m , J u n c u s   e f f u s u s) bzw. in einem Deckungswert von ca. 850 (S p h a g n u m   c u s p i d a t u m   fo.   s u b m e r s u m) . Zwei Arten des Spha- gnetum cuspidato-obesi zeigen zwar im Vergleich dazu relativ hohe Deckungswerte, aber in ihrer Eigenschaft als Pleustophyten können sie in Konsequenz der in Kapitel 4.2.2. ange- stellten Überlegungen nicht als echte Bestandteile der rhizophytischen J u n c u s   b u l b o s u s - Bestände gelten; dementsprechend werden diese Arten in Klammern gesetzt.

Wegen der alleinigen Dominanz der einzigen Konstanten J u n c u s   b u l b o s u s var.
f l u i t a n s kann man die meisten Bestände zunächst zu einer " J u n c u s   b u l -
b o s u s   f l u i t a n s - Soziation" zusammenfassen (s. Tab.5, Spalte 1). Die beiden
restlichen Aufnahmen (Spalte 2 A u. B) repräsentieren entsprechend eine " J u n c u s
b u l b o s u s   f l u i t a n s - S p h a g n u m   c u s p i d a t u m   s u b m e r -
s u m - Soziation".

Eine U n t e r g l i e d e r u n g der Gesellschaft kann insofern vorgenommen werden, als
die beiden Soziationen gleichzeitig 2 Ausbildungsformen ("Untergesellschaften") der Gesellschaft darstellen: eine typische (Spalte 1) und eine S p h a g n u m - Ausbildungsform
(= "Untergesellschaft", Spalte 2).

4.3.1.2. Soziation von J u n c u s   b u l b o s u s fo. s u b m e r s u s

In den wenigen Gewässern, in denen der Sanduntergrund stellenweise noch mehr oder weniger
freiliegt, kommt bisweilen in Tiefen (bis ca. 80 cm), in die die rhizophytische Form von
J u n c u s   b u l b o s u s var. f l u i t a n s nicht mehr vorzudringen vermag, die
seltene forma s u b m e r s u s von J u n c u s   b u l b o s u s vor (s. auch Tab.4),
"eine höchst eigentümliche Form, deren Zugehörigkeit zu J u n c u s   b u l b o s u s oft
schwer erkennbar ist" (ASCHERSON und GRAEBNER, 1902/04). Allein schon an ihrer Wuchsform als
"Isoëtide" (DU RIETZ, 1930; SEGAL, 1968) mit ihren bis zu 50 cm langen, haarförmigen, roset-
tig angeordneten Trieben und Blättern wird ihre Zugehörigkeit zu den Littorelletea deutlich.

In einem dieser Gewässer ("Het Siep" Abb.1, Nr.1) fanden sich einige wenige lockere Reinbestände dieser Form, die also eine Soziation von J u n c u s   b u l b o s u s fo. s u b -
m e r s u s darstellen[1] (Beispiel: Tab.5, Spalte 3). Sie sitzen entweder direkt dem Sandboden auf oder wurzeln zumindest darin, auch wenn dieser mit einer lückenhaften, dünnen und
lockeren Torfschlamm- oder Äfja-Auflage bedeckt ist (s. z.B. auch STEUSLOFF, 1945).

Die geschilderten Wasser- und Bodenverhältnisse, aber auch allein schon der Gesamteindruck
dieses Gewässers (spärliche bzw. fehlende Ufervegetation, sowie keinerlei Schwimmblattvege-
tation) erinnern sehr stark an bestimmte " L o b e l i a - Gewässer" in NW-Deutschland.
Auch wenn die gründliche Suche nach L i t t o r e l l a und L o b e l i a innerhalb dieses Gewässers erfolglos blieb, so erfuhr ich doch später (mündliche Mitteilung von CLEEF und
KERS), daß hier tatsächlich bis vor einigen Jahren noch Lobelia zu finden war.

Man könnte also diese Soziation von J u n c u s   b u l b o s u s fo. s u b m e r s u s
als Fragment (im Sinne eines Relikts) des Isoeto-Lobelietum betrachten. Es müßte weiter geprüft werden, inwieweit die forma s u b m e r s u s typisch für diese Gesellschaft ist.

4.3.1.3. Eleocharitetum multicaulis ALL. 22

Bevor auf weitere Hydrophyten-Bestände der Littorelletea eingegangen wird, muß nach den
hygrophilsten Littorelletea-Einheiten das andere Extrem, nämlich diejenige Amphiphyten-
Assoziation besprochen werden, die bis auf die trockensten Bereiche der Uferzone herauf-
reicht. Erst nach der Analyse dieser Einheit werden die anderen Littorelletea-Bestände
verständlich.

---

1) Ihre Fassung als "Gesellschaft" ist nicht angebracht, da es sich nur um wenige, zudem zusammenhängende Bestände handelt, wie sie aus anderen Gebieten noch nicht bekannt geworden
sind. Der auch für konkrete Bestände gültige Begriff der "Soziation" ist im übrigen wegen
seiner eindeutigen strukturellen Aussage dem Begriff "Gesellschaft" dann vorzuziehen, wenn
damit nicht eine Gruppe von Soziationen und Konsoziationen zusammengefaßt werden kann.

Ü b e r b l i c k   und   L o k a l i s a t i o n :   Eine charakteristische Erscheinung flacher Uferbereiche in einer Reihe von Tümpeln und Weihern (s. Abb.7) sind ± dichte niedrige Rasen von E l e o c h a r i s   m u l t i c a u l i s - Horsten; sie sitzen zusammen mit einigen weiteren Begleitern auf oder zwischen einem flachen und lockeren S p h a g n u m - Teppich und stellen eine sehr verarmte Ausbildung des Eleocharitetum multicaulis dar, das - gemessen an seiner allgemeinen Seltenheit in nw-mitteleuropäischen Heidegewässern - hier relativ häufig auftritt.

Die Assoziation nimmt in den Gewässern des Untersuchungsgebietes mit einer z.T. viele Meter breiten Zone meist den äußeren Ufersaum ein, der im Sommer fast regelmäßig und recht lange trocken liegt, während des Winters und Frühjahrs aber ständig überschwemmt ist (s. Abb.21 u. 28). Meist geht es dann direkt und unvermittelt in die die Heidegewässer umgebende Vegetation über. Manchmal folgen zum Ufer hin aber auch noch E r i o p h o r u m - oder C a - r e x   f u s c a - Bestände, wie es auch BURRICHTER (1969 a), ALTEHAGE (1957) und GÉHU (1964) angeben, bisweilen auch ein Rhynchosporetum (wie auch bei PASSARGE, 1955, und bei LEIJS, 1962).

Die Ufer einiger Gewässer, an denen wohl die Grenzen der Existenzmöglichkeiten selbst fragmentarischer Eleocharitetum-Bestände nahezu erreicht sind (s.u. Standort), zeigen anstelle eines deutlichen E l e o c h a r i s - Saums nur hier und da einzelne E l e o c h a r i s - Horste, oft am Fuß oder an den Flanken von M o l i n i a - Bulten.

In einigen wenigen Gewässern dringt das Eleocharitetum, wenn auch meist nur in Form von einzelnen E l e o c h a r i s - Horsten, in Bereiche größerer Wassertiefe (bis 40 cm) vor, und zwar in der von GLÜCK (1936) beschriebenen "halbsubmersen Form" mit aus den Ährchen austreibenden vegetativen Sprossen, die z.T. auf der Wasseroberfläche schwimmen. Ich bezeichne diese Form hier nach SCHULZE-MOTEL (1966, in HEGI, 2.Aufl.) als forma   v i v i p a r a . In einem kleinen und untiefen Gewässer der Teverner Heide nimmt ein solches Eleocharitetum sogar das gesamte Zentrum der Wasserfläche ein.

> Sofern die Literatur überhaupt diesbezügliche Aussagen zuläßt, siedelt das Eleocharitetum anderenorts häufiger, als es im Untersuchungsgebiet der Fall ist, in solch größeren Wassertiefen. Nach ALTEHAGE (1957) und GÉHU (1964) nimmt es sogar den gleichen Tiefenbereich wie C a r e x   r o s t r a t a   bzw.   C a r e x   v e s i c a r i a   ein. ALLORGE (1921/22) nennt das E l e o c h a r i t e t u m sogar "Association à H e l e - o c h a r i s   m u l t i c a u l i s   e t   C a r e x   r o s t r a t a " .

Im Untersuchungsgebiet bevorzugt die Assoziation den äußeren Ufersaum wohl deshalb, weil hier die Torfschlammschicht noch am geringsten ist (s.u. Standort).

F l o r i s t i s c h e   S t r u k t u r   (s. Tab.5):
Außer E l e o c h a r i s   m u l t i c a u l i s ,   der einzigen Assoziationscharakterart, kommen von Littorelletea-Elementen (C-, VC-, OC- u. KC-Arten) nur die OC- (= KC-)Arten J u n c u s   b u l b o s u s   und   R a n u n c u l u s   o l o l e u c o s vor. Während J u n c u s   b u l b o s u s   in 60 % aller Bestände auftritt, findet sich R a n u n c u - l u s   o l o l e u c o s   nur in einem Tümpel in "Het Quin" (s. Abb.1, Nr.3), und zwar in der Nähe weniger, zwischen M o l i n i a - Horsten dahinvegetierender E l e o c h a r i s - Halme.

> Diese Art galt am Niederrhein als verschwunden, seitdem BRUCKHARDT und BURGSDORF (1962) sie am Schwarzwasser bei Wesel nicht mehr sicher bestätigen konnten. Aus Westfalen wurde von BURRICHTER (1969 b) der erste Fund seit 1941 gemeldet.

Zweimal tritt auch E l e o c h a r i s   p a l u s t r i s   ssp.   v u l g a r i s   Walt. hinzu, über deren Bewertung innerhalb der Littorelletea aber noch wenig Klarheit herrscht. Bestände von E l e o c h a r i s   p a l u s t r i s   ssp.   v u l g a r i s   stehen den Littorelletea auf jeden Fall aber sehr nahe, wie unten noch gezeigt werden wird.

> In den Aufnahmen aus der Literatur treten insgesamt mehr als 10 weitere Littorelletea-Arten auf, wovon jedoch nur H y p e r i c u m   e l o d e s (hierzu s.u.), L i t t o - r e l l a (VC), A p i u m   i n u n d a t u m (VC), P o t a m o g e t o n   p o l y - g o n i f o l i u s (VC), S c i r p u s   f l u i t a n s (OC) und R a n u n c u l u s

f l a m m u l a (OC) öfter Stetigkeiten von IV oder V erreichen (s. besonders SCHOOF-VAN PELT, 1973).
In den Untersuchungsobjekten kommen H y p e r i c u m und P o t a m o g e t o n zwar mehrfach vor, aber nie zusammen mit E l e o c h a r i s   m u l t i c a u l i s , sondern entweder lediglich als Begleiter in anderen Gesellschaften oder selbst bestandsbildend. Deshalb lag es nahe, mich der Gliederung MÜLLERs und GÖRS' (1960) anzuschließen, die auch von OBERDORFER und Mitarb. (1967) übernommen wird, und H y p e r i c u m - und P o t a m o g e t o n - Bestände dem Hyperico-Potamogetonetum zuzuordnen (s. Kap. 4.3.1.6.), das von MÜLLER und GÖRS vom zu "komplex gefaßten" Eleocharitetum abgetrennt wurde. In den Verhältnissen des Untersuchungsgebietes allerdings eine Bestätigung für die Eigenständigkeit des Hyperico-Potamogetonetum gegenüber dem Eleocharitetum zu sehen, wäre verfehlt, da sich alle 3 Arten hier im Grenzbereich ihres Areals befinden und aus diesen und anderen Gründen (s. S.75, s.u. und s. Kap.4.3.1.6.) nur fragmentarische Bestände bilden.
In der Bearbeitung der Littorelletea durch SCHOOF-VAN PELT (1973) wird denn auch die Berechtigung dieser Assoziation aus der Sicht des gesamten nw-europäischen Verbreitungsgebietes abgelehnt. Danach wären die H y p e r i c u m - und P o t a m o g e t o n - Bestände als fragmentarische Ausbildungen des Eleocharitetum zu deuten.

Die Tatsache, daß außer E l e o c h a r i s   m u l t i c a u l i s , J u n c u s   b u l - b o s u s , R a n u n c u l u s   o l o l e u c o s und der unsicheren Littorelletea-Art E l e o c h a r i s   p a l u s t r i s keine der über ein Dutzend übrigen VC- und OC-Arten vorkommt, zeigt deutlich den fragmentarischen Charakter der Assoziation im Untersuchungsgebiet.

Die insgesamt 22 Sippen, die außer den oben genannten an der Zusammensetzung der verschiedenen Ausbildungsformen (s.u.) des Eleocharitetums beteiligt sind, verteilen sich im wesentlichen auf die Gruppe der Moosschicht einerseits und die Gruppe der Scheuchzerio-Caricetea fuscae-Arten andererseits. In fast allen Aufnahmen kommen Sphagnen vor, aber nur ein Teil der Aufnahmen ist durch einen ziemlich geschlossenen S p h a g n u m - Teppich charakterisiert. Die höheren Pflanzen treten überwiegend nur 1- bis 2mal und mit geringer Artmächtigkeit auf.

E r i o p h o r u m   a n g u s t i f o l i u m und M o l i n i a erweisen sich als die beiden einzigen höchststeten Begleiter (Stetigkeit V und IV). Daneben spielt nur noch A g r o s t i s   c a n i n a und unter den Moosen S p h a g n u m   c u s p i d a - t u m fo. f a l c a t u m eine Rolle, die sich jeweils in der Hälfte der Aufnahmen finden. Alle Arten nehmen aber nur einen Bruchteil des Deckungswertes von E l e o c h a - r i s   m u l t i c a u l i s (3 200) ein; die relativ höchsten Werte werden bemerkenswerterweise von Sphagnen erreicht (S p h a g n u m   c u s p i d a t u m fo. f a l - c a t u m : ca. 1 500; S p h a g n u m   a u r i c u l a t u m : ca. 1 000).

Nur in jeweils wenigen Aufnahmen dominieren E r i o p h o r u m oder A g r o s t i s über E l e o c h a r i s   m u l t i c a u l i s . Der Littorelletea-Charakter bleibt aber auch hier meist eindeutig, weil dann die Littorelletea-Arten insgesamt gegenüber den Scheuchzerio-Caricetea fuscae-Arten überwiegen.[1] Immerhin wird hier aber die Hinneigung zu den Scheuchzerio-Caricetea fuscae besonders deutlich sichtbar, die eigentlich in allen Aufnahmen, insbesondere in denen mit gemeinsamem E r i o p h o r u m - und A g r o s t i s - Vorkommen vorhanden ist.

Das deutet darauf hin, daß sich das Eleocharitetum multicaulis im Untersuchungsgebiet im Abbaustadium befindet, was darüber hinaus und unabhängig davon auch darin zum Ausdruck kommt, daß fast alle Bestände mit M o l i n i a durchsetzt sind. Im Einklang mit dem Abbauzustand der Assoziation steht auch ihr fragmentarischer Charakter.
Eine Erklärung für die fragmentarische Struktur des Eleocharitetum multicaulis vermag aber auch die folgende Beleuchtung des florengeographischen Charakters und des Standorts dieser Assoziation zu geben:

F l o r e n g e o g r a p h i s c h e r   C h a r a k t e r :
Das Eleocharitetum multicaulis ist eine der atlantischsten Assoziationen des Untersuchungsgebietes, sowohl was das Areal der Gesellschaft betrifft wie auch bezüglich der großen Zahl

---

1) 1 oder 2 Aufnahmen mit starkem A g r o s t i s   c a n i n a - Anteil und ohne weitere Littorelletea-Elemente könnten aber schon als Übergang zu den Scheuchzerio-Caricetea (Carici-Agrostidetum) bzw. als deren Initialstadium aufgefaßt werden.

an <u>euatlantischen</u> C-, VC- und OC-Arten, die sie in weniger fragmentarischen Ausbildungsformen als im Untersuchungsgebiet beherbergen kann (E l e o c h a r i s   m u l t i c a u - l i s ,   R a n u n c u l u s   o l o l e u c o s ,   H y p e r i c u m   e l o d e s , I s o l e p i s   f l u i t a n s ,   A p i u m   i n u n d a t u m ,   B a l d e l l i a r a n u n c u l o i d e s ,   P o t a m o g e t o n   p o l y g o n i f o l i u s , D e s c h a m p s i a   s e t a c e a) .

Die Tatsache, daß das Untersuchungsgebiet nicht mehr zum euatlantischen Gebiet gehört (s.o.), könnte den fragmentarischen Charakter der Assoziation innerhalb des Gebietes miterklären helfen.

> So stammen die wenigen Angaben über einigermaßen vollständige Eleochariteten innerhalb des nw-mitteleuropäischen Raumes auch durchweg aus dem euatlantischen Bereich: Belgische Campine (VANDEN BERGHEN, 1947), Brabant (DIJK und WESTHOFF, 1960; VAN DER VOO, 1966; SCHOOF-VAN PELT, 1973), Achterhoek (VAN DER VOO und LEENTVAAR, 1959), Twente (VAN DER VOO, 1962 a; DE SMIDT, 1962), Münsterland (RUNGE, 1961, 1969 b), Emsland (ALTEHAGE, 1957, 1960), Oldenburg (MENKE, 1955). Bei den in der Literatur (Kap.3.1.3) noch in grö-ßerer Zahl angegebenen Fundorten von E l e o c h a r i s   m u l t i c a u l i s , z.T. außerhalb des euatlantischen Gebietes, muß es sich aber aufgrund der Literatur und eigener Kenntnis der nw-deutschen Flora durchweg um ebensolche fragmentarische Eleochariteten handeln wie im Untersuchungsgebiet.

Aus den Literaturangaben über das ehemalige Vorkommen (s. Kap.3.1.3.) fast aller Littorelletea-Arten im Untersuchungsgebiet kann nicht unbedingt geschlossen werden, daß das Eleocharitetum hier früher einmal voll ausgebildet war. Da nämlich die Arten im Gebiet selbst oder etwas weiter östlich in den Sandgebieten der rechtsrheinischen Terrassen ihre <u>südöstlichste Verbreitungsgrenze</u> erreichen bzw. erreichten, kann man nicht ausschließen, daß sie, wie viele andere Arten, im Grenzbereich ihres Areals nicht die gleiche enge soziologische Bindung eingehen, wie in ihrem übrigen Areal. So kommt z.B. auch heute noch B a l d e l l i a r a n u n c u l o i d e s im Untersuchungsgebiet vor, allerdings außer im Hyperico-Potamogetonetum oblongi außerhalb ihrer eigentlichen soziologischen Bindung.

S t a n d o r t : Der fragmentarische Charakter der Assoziation innerhalb des Untersuchungsgebietes mag z.T. aus ihrem ausgeprägt atlantischen Charakter erklärbar sein. Schwerwiegender ist aber wohl die Tatsache, daß der Komplex der für das Eleocharitetum optimalen Boden- und Wasserverhältnisse nirgendwo im Untersuchungsgebiet in vollem Umfang gegeben ist:

Mäßig oligotrophes und saures Wasser, flache <u>sandige</u> Ufer mit fehlender oder ganz geringer Torf- oder Schlammauflage, <u>große Wasserstandsschwankungen</u> mit zeitweiligem Trockenfallen (s. ALLORGE, 1921/22; BÜKER, 1938, 1939; JONAS, 1935; MENKE, 1955; PASSARGE, 1955; PFEIFFER, 1945; PIETSCH, 1963/65; SAUER, 1952; TÜXEN, 1937). Nur an den Standorten mit relativ üppigen und großflächigen E l e o c h a r i s - Beständen ist dieser Faktorenkomplex nahezu verwirklicht. Hier ist lediglich die Bedeckung des Sandbodens mit einer Torfschlamm- oder Torfauflage von nur wenigen Zentimetern schon zu ungünstig für die meisten Littorelletea-Arten (JONAS, 1935; RUNGE, 1969 b). Erreicht die organische Auflage ca. 10 cm oder mehr, oder wird die S p h a g n u m - Bodenschicht zu mächtig oder zu dicht, so verschwindet auch E l e o - c h a r i s .

> Schon JONAS (1935) stellte fest, daß bei einer "gewissen Mächtigkeit" der Dyablagerung das Eleocharitetum von der " E r i o p h o r u m - S p h a g n u m   c u s p i d a - t u m - Soziation" abgelöst wird.

Ebenso fehlt das Eleocharitetum an steilen Ufern, bei geringen Wasserstandsschwankungen und in den nährstoffärmsten und nährstoffreichsten Gewässern des Untersuchungsgebietes.

U n t e r g l i e d e r u n g (s. Tab.5):

> Angesichts des höchststeten Vorkommens von E r i o p h o r u m   a n g u s t i f o l i - u m läge es nahe, alle Bestände des Untersuchungsgebietes zu einer besonderen "Subasso-ziation von E r i o p h o r u m " zusammenzufassen, da E r i o p h o r u m in den bis-her veröffentlichten Aufnahmen anderer Autoren kaum aufgeführt wird. Es ließe sich jedoch schwerlich vertreten, die Aufstellung einer Subassoziation nur auf fragmentarischen Be-ständen zu begründen.

Es muß vielmehr versucht werden, die Bestände in die Untergliederung einzuordnen, die bereits durch die Arbeiten von TÜXEN (1937), LIBBERT (1940), PFEIFFER (1945), PASSARGE (1955) und ALTEHAGE (1957) vorgegeben ist und vorläufig wohl als allgemeingültig anerkannt werden muß. Das konstante Auftreten von E r i o p h o r u m läßt sich dann am besten so deuten, daß die zu unterscheidenden Untereinheiten (Subassoziationen bzw. Varianten) jeweils als E r i o p h o r u m - Phasen ausgebildet sind, die wohl Abbaustadien darstellen, zumal der Abbaucharakter durch das fast stete Vorkommen von M o l i n i a bestätigt und verstärkt wird.

Die Zuordnung der fragmentarischen Bestände in die vorgegebene Gliederung ist verständlicherweise recht problematisch, nur ein Teil der Aufnahmen läßt sich einer dieser Subassoziationen unmittelbar zuordnen: der trockensten Subassoziation von A g r o s t i s   c a n i n a (Spalte 6), und zwar in der dystrophen Variante mit einer S p h a g n u m - Bodenschicht, hauptsächlich aus S p h a g n u m   c u s p i d a t u m fo. f a l c a t u m und S p h a - g n u m   a u r i c u l a t u m (bei ALTEHAGE, 1957, nur a u r i c u l a t u m ; s. auch DIERSSEN, 1972: Subass. von S p h .   a u r i c .) .

Daneben gibt es Bestände ohne A g r o s t i s auf noch trockeneren Standorten. Floristisch und standörtlich stehen sie der Subassoziation von A g r o s t i s   c a n i n a am nächsten und könnten vielleicht in Ermangelung eigener Differential-Arten als "typische Subassoziation" zusammengefaßt werden. Neben einer S p h a g n u m - Variante (Spalte 5) existiert hier aber auch eine typische Variante ohne S p h a g n u m (Spalte 4).

> Zwei Aufnahmen beherbergen Elemente des Rhynchosporetums und zeigen damit an, daß die trockensten Formen standörtlich dem Rhynchosporetum nahestehen (eventuell: Variante von R h y n c h o s p o r a , s. PIETSCH, 1963), das auch bei einigen Gewässern in der Zonation nach außen auf das Eleocharitetum folgt (s. Abb.21). Die abbauende Tendenz wird hier noch verstärkt durch Beteiligung von E r i c a und M y r i c a .

Von den beiden sich nahestehenden trockeneren Ausbildungsformen hebt sich eine dritte, feuchtere in dreierlei Hinsicht ab (Spalte 7): 1) E l e o c h a r i s   m u l t i c a u l i s ist hier als forma v i v i p a r a (s.o.) ausgebildet. 2) J u n c u s   b u l b o s u s tritt stet auf, und zwar als var. f l u i t a n s , wohingegen es in den beiden anderen trockeneren Ausbildungsformen nur teilweise und zudem in der var. u l i g i n o s u s vorkommt, die ALTEHAGE (1957) als einzige J u n c u s   b u l b o s u s - Sippe innerhalb des Eleocharitetum aufführt. 3) Außerdem ist sie von Arten des Sphagnetum cuspidato-obesi durchsetzt, das mit dem Eleocharitetum einen Durchdringungskomplex bildet.

> Eine S p h a g n u m - Bodenschicht ist hier nicht als geschlossener Teppich, sondern nur fleckenhaft oder gar nicht ausgebildet. M o l i n i a fehlt in jeder 2. Aufnahme, aber E r i o p h o r u m tritt dann immer mit Artmächtigkeit 2 auf, so daß auch diese Aufnahmen noch zum Abbaustadium gerechnet werden können.

Diese am weitesten ins Wasser vordringende Ausbildungsform läßt sich auch keiner der bekannten Subassoziationen eindeutig zuordnen, zeigt aber am ehesten Beziehungen zur Subassoziation von P o t a m o g e t o n   o b l o n g u s der genannten Autoren (s. auch SCHOOF-VAN PELT, 1973), in der J u n c u s   b u l b o s u s und S p h a g n u m   c u s p i d a t u m und o b e s u m am häufigsten aufzutreten scheinen. Sie wird hier vorläufig "Subassoziation von J u n c u s   b u l b o s u s var. f l u i t a n s " benannt.

4.3.1.4. E l e o c h a r i s   p a l u s t r i s - Gesellschaft JESCHKE 59

Z o n a t i o n (s. Abb.21) und S t a n d o r t : Das Eleocharitetum multicaulis wird oft dort, wo es nicht weit ins Wasser vordringt, also nur in Form der beiden "trockenen" Subassoziationen (A g r o s t i s   c a n i n a - und typische Subassoziation) auftritt, zum tieferen Wasser hin von lockeren E l e o c h a r i s   p a l u s t r i s - Beständen abgelöst. Manchmal reichen die Bestände aber auch bis auf Bereiche hinauf, die in bezug auf den Standort der Subassoziation von A g r o s t i s des Eleocharitetum multicaulis entsprechen. Daneben gibt es noch einzelne isolierte Bestände, die keinen Kontakt zum Eleocharitetum multicaulis haben.

Ungeachtet des relativ häufigen Vorkommens von E l e o c h a r i s   p a l u s t r i s
bzw. E l e o c h a r i s   p a l u s t r i s - Beständen tritt die Art nur selten im
Eleocharitetum multicaulis auf und umgekehrt. Hier ist also eine räumliche Differenzierung zwischen E l e o c h a r i s   p a l u s t r i s - Beständen und dem Eleocharitetum
multicaulis vorhanden, wie sie relativ selten in der Literatur beschrieben wird.

Das Eleocharitetum multicaulis nimmt eben aus edaphischen Gründen (s. voriges Kap.) meist nur

den äußeren trockeneren Uferbereich ein und überläßt seinen potentiellen Siedlungsbereich im

tieferen Wasser meist ganz E l e o c h a r i s   p a l u s t r i s , die die dort schon

mächtigeren Schlamm- oder Torfschlammschichten im Gegensatz zu E l e o c h a r i s   m u l -

t i c a u l i s verträgt oder gar bevorzugt. Diese sind gleichzeitig Anzeichen dafür, daß

Gewässer, in denen von E l e o c h a r i s   p a l u s t r i s geprägte Bestände vorkommen,

einen größeren Nährstoffgehalt aufweisen als diejenigen, in denen das Eleocharitetum multi-

caulis allein auftritt.

F l o r i s t i s c h e   S t r u k t u r (s. Tab.5) und s y n s y s t e m a t i s c h e
S t e l l u n g :

   E l e o c h a r i s   p a l u s t r i s spielt im allgemeinen die größte Rolle in Phragmitetea-Gesellschaften (OC bei BALÁTOVÁ-TULÁCKOVÁ, 1963, KC bei KRAUSCH, 1964) und wird
   sogar als C-Art der Phragmitetea-Assoziation Eleocharitetum palustris SCHENNIKOW 1919
   (= Eleocharito-Hippuridetum PASSARGE 1955) bewertet.

Die E l e o c h a r i s   p a l u s t r i s - Bestände des Untersuchungsgebietes zeigen kaum

eine Beziehung zu der eutraphenten Phragmitetea-Assoziation Eleocharitetum palustris SCHEN-

NIKOW 1919, selbst wenn man sie als deren Fragment betrachten würde. Nach der floristischen

Struktur sind sie vielmehr am besten bei den Littorelletea (Littorellion) unterzubringen:

Die häufigste, beinahe konstante Art ist die KC-Art der Littorelletea J u n c u s   b u l -

b o s u s in verschiedenen Formen. In der Hälfte der Aufnahmen dominieren die Elemente des

Sphagnetum cuspidato-obesi, das den Littorelletea nahesteht, vielfach ja auch heute noch da-

zu gerechnet wird und bevorzugt zusammen mit Littorelletea-Gesellschaften Komplexe bildet

(s. auch beim Eleocharitetum multicaulis). In einigen Aufnahmen kommt noch die Littorelletea-

Art P o t a m o g e t o n   p o l y g o n i f o l i u s hinzu.

   Auch in der Literatur wird E l e o c h a r i s   p a l u s t r i s häufig von Littorelletea-Gesellschaften angegeben: In einer synoptischen Tabelle von Littorelletea-Aufnahmen
   aus ganz NW-Europa, also dem gesamten Areal der Klasse, erscheint sie sogar neben R a -
   n u n c u l u s   f l a m m u l a als die häufigste der aus anderen Klassen in Littorelletea-Einheiten eindringenden Arten (SCHOOF-VAN PELT, 1973). JONAS (1935) bewertet sie zusammen mit E l e o c h a r i s   m u l t i c a u l i s und S c i r p u s   f l u i -
   t a n s als Charakterart seines "Heleocharetum atlanticum". Bei TÜXEN (1937) gehört sie
   sogar zu den Differentialarten der Subassoziation von P o t a m o g e t o n   p o l y -
   g o n i f o l i u s des Eleocharitetum. Nach ALTEHAGE (1960) stellen mit E l e o c h a -
   r i s   p a l u s t r i s durchsetzte Bestände des Eleocharitetum eine durch zugeführte
   Nährstoffe bedingte Fazies der Gesellschaft dar. PASSARGE (1964 a) unterscheidet beim
   Littorelletum eine Subassoziation von E l e o c h a r i s   p a l u s t r i s , und
   nach PFEIFFER (1945) ist die Art sogar VC des Littorellion.
   Von besonderen E l e o c h a r i s   p a l u s t r i s - Beständen bzw. -Soziationen
   oder -Gesellschaften innerhalb von nährstoffarmen Gewässern sprechen nur JONAS (1932 a
   und 1935), GROSSER (1955), JESCHKE (1959), LEIJS (1962) und PIETSCH (1965). Nach JONAS
   (1932 a) nehmen die fast "reinen Herden" von E l e o c h a r i s   p a l u s t r i s
   (= " S c i r p u s   p a l u s t r i s - S p h a g n u m   c u s p i d a t u m -
   Soziation", JONAS, 1935) in den emsländischen Heidekölken "die Stelle der eutrophen Ver-
   landungsgesellschaft" (Röhricht) ein. JESCHKE (1959) schließt nicht aus, daß es sich bei
   seiner " E l e o c h a r i s   p a l u s t r i s - G e s e l l s c h a f t " ,[1] die er
   u.a. aufgrund des Vorkommens von L i t t o r e l l a und M y r i o p h y l l u m
   a l t e r n i f l o r u m zu Recht zum Littorellion stellt, eventuell nur um eine östliche Variante des Eleocharitetum multicaulis handelt. Ähnliches vermutet GROSSER (1955)
   von seinen "Rasensimsen-Sumpfried-Tümpeln" im Bereich von Heidegewässern in der Oberlausitz.

Die E l e o c h a r i s   p a l u s t r i s - Bestände des Untersuchungsgebietes lassen

sich am ehesten der " E l e o c h a r i s   p a l u s t r i s - Gesellschaft" von JESCHKE

---

1) Auf JESCHKEs E l e o c h a r i s   p a l u s t r i s - Gesellschaft des Littorellion
   berufen sich OBERDORFER und Mitarb. (1967) fälschlicherweise bei der Aufführung des ganz
   anderen, zu den Phragmitetea gehörenden Eleocharitetum palustris SCHENNIKOW 1919.

(1959) zuordnen. Im Hinblick auf die floristische Zusammensetzung besteht auch eine große Ähnlichkeit mit den von GROSSER (1955) beschriebenen "Rasensimsen-Sumpfried-Tümpeln": Hier finden sich wie bei meinen Aufnahmen neben E l e o c h a r i s   p a l u s t r i s , das nach GROSSERs Ansicht das in der Oberlausitz fehlende E l e o c h a r i s   m u l t i c a u - l i s vertritt, noch J u n c u s   b u l b o s u s ,   S p h a g n u m   c u s p i d a - t u m ,   S p h a g n u m   o b e s u m   und   G l y c e r i a   f l u i t a n s .

Es ist zu vermuten, daß es sich bei den E l e o c h a r i s   p a l u s t r i s - Vorkommen innerhalb der Phragmitetea einerseits (z.B. dem Eleocharitetum palustris SCHENNIKOW 1919) und bei denen innerhalb der Littorelletea andererseits (z.B. E l e o c h a r i s   p a - l u s t r i s - Gesellschaft von JESCHKE) um unterschiedliche Kleinarten, Subspezies oder andere intraspezifische Sippen handelt (s. auch KRAUSCH, 1964). Leider sind außer bei WEST- HOFF und DEN HELD (1969) in der Literatur keine Kleinarten bzw. Subspezies angegeben.

WESTHOFF und DEN HELD meinen sogar, im Gegensatz zu OBERDORFER (1970), im Eleocharitetum palustris SCHENNIKOW (bei ihnen als Eleocharito-Hippuridetum PASSARGE 1955) handele es sich um E l e o c h a r i s   u n i g l u m i s   (bzw.   p a l u s t r i s   ssp.   u n i - g l u m i s) .   Ihre einzigen weiteren differenzierten Angaben über E l e o c h a r i s   p a l u s t r i s - Sippen, nämlich E l e o c h a r i s   p a l u s t r i s   ssp.   p a - l u s t r i s in bestimmten Gesellschaften, sind leider ohne Autorennamen und damit wert- los, da die Bezeichnung ssp.   p a l u s t r i s   sowohl für ssp.   m i c r o c a r p a S.M. WALTERS (s. ROTHMALER, 1963) als auch für ssp.   v u l g a r i s   S.M. WALTERS (s. OBERDORFER, 1970) Verwendung findet. In meinen Aufnahmen handelt es sich um ssp. v u l - g a r i s   S.M. WALTERS.

U n t e r g l i e d e r u n g   (s. Tab.5): Die Untergliederung entspricht in manchem der des Eleocharitetum multicaulis, nur sind die einzelnen Ausbildungsformen entsprechend feuchter; daher fehlt eine Ausbildungsform, die der trockensten (= typischen?) Subassoziation im Eleo- charitetum multicaulis entspricht. Die Gliederung hat noch stärker provisorischen Charakter als beim Eleocharitetum multicaulis, da sie sich in der Hälfte der Fälle nur auf 1 oder 2 Aufnahmen stützen kann: Neben einer Ausbildung (= "Untergesellschaft") mit A g r o s t i s c a n i n a gibt es hier nur eine feuchtere ohne A g r o s t i s ,   für die wieder, wie beim Eleocharitetum multicaulis, das stete Auftreten von J u n c u s   b u l b o s u s var. f l u i t a n s und die Durchdringung mit dem Sphagnetum cuspidato-obesi kennzeichnend ist.

Die Trennung zwischen diesen beiden Ausbildungsformen ist aber weniger deutlich als im Eleocharitetum multicaulis. Die beiden "intermediären" Bestände (Spalte 10 C, D) ordne ich hier der A g r o s t i s - Ausbildung zu, einerseits, weil die Untergliederung in Analogie zum Eleocharitetum multicaulis - und dort wiederum analog zur Literatur - primär vom Vorkommen von A g r o s t i s ausgeht, und andererseits, weil die Aufnahmen struk- turell und ökologisch mehr Beziehungen zu dieser Ausbildungsform zeigen (E r i o p h o - r u m   (- M o l i n i a) - Abbaustadium und kein J u n c u s   e f f u s u s und C a r e x   r o s t r a t a) .

Innerhalb der A g r o s t i s - Ausbildung läßt sich, im Gegensatz zum Eleocharitetum multi- caulis, außer einer S p h a g n u m - Variante[1] eine D r e p a n o c l a d u s   f l u i - t a n s - Variante und eine Variante ohne S p h a g n u m - oder D r e p a n o c l a - d u s - Bodenschicht (typische Variante) unterscheiden.
Die S p h a g n u m - Synusie der S p h a g n u m - Variante wird hier hauptsächlich aus S p h a g n u m   s u b s e c u n d u m - Sippen gebildet (Gruppendeckungswert ca. 3 600, gegenüber nur 550 der c u s p i d a t u m - Sippen), während im Eleocharetum multicaulis die c u s p i d a t u m - Sippen überwiegen (2 900 gegenüber 2 300 der s u b s e c u n - d u m - Sippen). Das spricht für ein größeres Nährstoffangebot an den Standorten der E l e o c h a r i s   p a l u s t r i s - Gesellschaft (s.o. und s. ALTEHAGE, 1960).

Die zweite, nasse (J u n c u s   b u l b o s u s   f l u i t a n s -) Ausbildungsform zeigt in der Hauptsache gegenüber dem Eleocharitetum folgende 3 Unterschiede, die entweder durch die größere Wassertiefe (1. und 2.) oder durch nährstoffreicheren Standort (2. und 3.) bedingt sind:

---

1) Im Rahmen der Fassung der Gesellschaft als Zusammenschluß verschiedener Soziationen oder Konsoziationen liegt hier eine " E l e o c h a r i s   p a l u s t r i s - S p h a - g n u m - Konsoziation" vor.

1. E r i o p h o r u m tritt nur in der Hälfte der Aufnahmen und auch nur mit den Artmächtigkeiten + und 1 auf, M o l i n i a fehlt vollkommen. Von einer Ausbildung als M o l i -
n i a - Abbaustadium kann also hier nicht die Rede sein.

2. Jeder zweiten Aufnahme sind G l y c e r i a f l u i t a n s , C a r e x r o s t r a -
t a und bzw. oder J u n c u s e f f u s u s ± stark beigemischt. G l y c e r i a und
J u n c u s e f f u s u s sind gleichzeitig auch Anzeiger höheren Nährstoffgehaltes. Von
einem Abbaustadium könnte höchstens bei einer Aufnahme gesprochen werden, in der J u n c u s
e f f u s u s die Artmächtigkeit 2 erreicht.

3. Das Verhältnis zwischen S p h a g n u m c u s p i d a t u m und o b e s u m (sowohl
der pleustophytischen wie der rhizophytischen Formen) hat sich in bezug auf Deckungswert und
Stetigkeit jetzt zugunsten des anspruchsvolleren o b e s u m umgekehrt.

4.3.1.5. G l y c e r i a f l u i t a n s - Gesellschaft

Ebenso wie E l e o c h a r i s p a l u s t r i s tritt im allgemeinen auch G l y c e -
r i a f l u i t a n s einerseits in Phragmitetea-Gesellschaften häufig auf - sie ist sogar
C-Art in dem hierzu gehörenden Sparganio-Glycerietum -, andererseits stellt sie aber auch
einen der häufigsten Begleiter in Littorelletea-Gesellschaften dar (s. z.B. SCHOOF-VAN PELT,
1973):

> Insbesondere in folgenden Littorelletea-Gesellschaften kann die Art eine recht große Rolle
> spielen (u.a. - soweit ersichtlich - Stetigkeiten von III - V): Im Eleocharitetum multicau-
> lis (PFEIFFER, 1945; PIETSCH, 1963; TÜXEN, 1937), im Ranunculo-Juncetum (OBERDORFER,
> 1957), im Juncetum bulbosi (GROSSER, 1966), in der L i t t o r e l l a - A p i u m
> i n u n d a t u m - Gesellschaft (PASSARGE, 1964 a), in der S p a r g a n i u m a n -
> g u s t i f o l i u m - S p h a g n u m o b e s u m - Assoziation (TÜXEN, 1937; GROS-
> SER, 1955; WESTHOFF und DEN HELD, 1969) und in der S c i r p u s f l u i t a n s -
> P o t a m o g e t o n p o l y g o n i f o l i u s - Gesellschaft (ALLORGE, 1921/22).

> Nach Ansicht einiger Autoren ist G l y c e r i a in oligotrophem Milieu ein Zeiger für
> saprobes Wasser (DIJK und WESTHOFF, 1960) bzw. für Eutrophierung (PFEIFFER, 1945 und VAN
> DER VOO, 1964) oder - ganz allgemein - ein "Störungszeiger" (KLEIVER und VAN DER VOO,
> 1962).

Im Untersuchungsgebiet gehört G l y c e r i a f l u i t a n s zu den stetesten Arten in
der E l e o c h a r i s p a l u s t r i s - Gesellschaft, des öfteren tritt sie aber auch
als überstellende Art des Sphagnetum cuspidato-obesi auf.

Darüber hinaus finden sich im Untersuchungsgebiet Bestände mit in der Feldschicht dominierender G l y c e r i a (s. Tab.5).[1] Derartige, oft nur lockere und kleinflächige Bestände
folgen in der Zonation vom Ufer zur Gewässermitte meist auf die E l e o c h a r i s p a -
l u s t r i s - Gesellschaft, seltener direkt auf das Eleocharitetum multicaulis oder das
Hyperico-Potamogetonetum. Hier und da gibt es auch in ehemaligen Flachslöchern oder Gräben
isolierte Bestände.

> Die besonders lockeren und nur fleckenartig vorkommenden Bestände der forma n a t a n s
> Glk. erweisen sich als diejenigen Helophyten-Bestände, die am weitesten ins Wasser vor-
> dringen, wenn man einmal von gelegentlichen, für Heidegewässer ja untypischen Röhricht-
> beständen absieht, sofern diese nicht aus untiefen Schwingmassen entspringen. Die gleiche
> Stellung von G l y c e r i a f l u i t a n s bzw. G l y c e r i a - Beständen inner-
> halb der Vegetationsabfolge in Heidegewässern beschreibt u.a. HENNES (1934).

Da die meisten Bestände in räumlichem Kontakt mit Littorelletea-Beständen stehen und - mit
Ausnahme der Aufnahmen 12 B und 13 B[2] - entweder J u n c u s b u l b o s u s , H y -
p e r i c u m e l o d e s oder auch E l e o c h a r i s p a l u s t r i s oder Elemente des Sphagnetum cuspidato-obesi enthalten (s. Tab.5), dürfte eine Einordnung dieser Bestände außerhalb der Littorelletea schwerlich zu begründen sein, denn andere Coenoelemente

---

1) Zwei Aufnahmen, in denen neben G l y c e r i a f l u i t a n s E l e o c h a r i s
   p a l u s t r i s in gleicher Artmächtigkeit auftritt, wurden in die Tabelle der
   E l e o c h a r i s p a l u s t r i s - Gesellschaft aufgenommen.

2) Diese wurden der Einfachheit halber jedoch ebenfalls in diese Gesellschaft eingeordnet.

treten gegenüber den Littorelletea-Elementen stark zurück. Vielleicht handelt es sich um Pionierstadien oder um auf diesem Stadium stehengebliebene Fragmente oder - und das ist das wahrscheinlichste - um Relikte bestimmter Littorelletea-Assoziationen, d.h. Abbau- bzw. Störungsstadien (s. PFEIFFER, 1945; DIJK und WESTHOFF, 1960; KLEIVER und VAN DER VOO, 1962).

Ebenso wie bei E l e o c h a r i s   p a l u s t r i s   wäre zu prüfen, inwiefern es sich bei G l y c e r i s   f l u i t a n s - Populationen innerhalb von Littorelletea-Gesellschaften um eine besondere intraspezifische Sippe handelt. Jedenfalls zeigen die Pflanzen in den G l y c e r i a - Beständen des Untersuchungsgebietes oft die Merkmale der forma l o l i a c e a Aschs., die STEUSLOFF (1938) auch für Torfstiche bei Dorsten anführt.

4.3.1.6. Hyperico-Potamogetonetum_polygonifolii_(ALL._26)_BR.-BL._et_TX._50

S y n s y s t e m a t i s c h e   F a s s u n g : Im Eleocharitetum multicaulis des Untersuchungsgebietes wird H y p e r i c u m   e l o d e s - im Gegensatz zu den meisten Beschreibungen dieser Assoziation in der Literatur - vermißt (s. Kap.4.3.1.3.), ebenso fehlt P o t a m o g e t o n   p o l y g o n i f o l i u s   (= o b l o n g u s) , nach dem einige Autoren (ALTEHAGE, 1957; LIBBERT, 1940; PFEIFFER, 1945; SCHOOF-VAN PELT, 1973; TÜXEN, 1937) sogar eine eigene Subassoziation des Eleocharitetum benennen. Aber die beiden Arten kommen durchaus, wenn auch selten, im Gebiet vor (s. Abb.7), entweder als untergeordnete Begleiter innerhalb anderer Gesellschaften oder selbst bestands- bzw. gesellschaftsbildend, aber nie zusammen mit E l e o c h a r i s   m u l t i c a u l i s   (s. Tab.5).
Das scheint die folgende Auffassung zu belegen, die bereits von BRAUN-BLANQUET und TÜXEN (1952) angedeutet, von MÜLLER und GÖRS (1960) wiederaufgegriffen und verdeutlicht wurde und auch in die Übersicht von OBERDORFER und Mitarb. (1967) miteingegangen ist: Das Eleocharitetum war bisher "komplex gefaßt" und "ist also zu zerlegen in ein Potameto oblongi - Hypericetum elodis und in ein reines Eleocharitetum multicaulis" (MÜLLER und GÖRS, 1960) (s. dazu auch beim Eleocharitetum, S. 84).

Die Berechtigung, in Mitteleuropa neben einem Eleocharitetum auch noch ein Potameto-Hypericetum (= Hyperico-Potamogetonetum bei OBERDORFER und Mitarb., 1967) zu unterscheiden, das zudem noch einem neuen Verband, nämlich dem Hypericion, angehören soll, wird von einigen Autoren allerdings bestritten, zumal bis heute nur aus Irland und Spanien 6 Aufnahmen als Potameto-Hypericetum elodis veröffentlicht wurden (BRAUN-BLANQUET und TÜXEN, 1952). WESTHOFF und DEN HELD (1969), DIERSSEN (1972) und SCHOOF-VAN PELT (1973) z.B. lehnen die Auffassung von MÜLLER und GÖRS ab und betonen erneut die ursprüngliche Bewertung der beiden Arten als C-Arten des Eleocharitetum bzw. von P o t a m o g e t o n p o l y g o n i f o l i u s als VC des Littorellion.
DEN HARTOG und SEGAL (1964) und PIETSCH (1965 b) erkennen zwar den Hypericion-Verband MÜLLERs und GÖRS' an und damit also die Eigenständigkeit von E l e o c h a r i s - Beständen (als Eleocharitetum) einerseits und von H y p e r i c u m und P o t a m o - g e t o n - Beständen andererseits: Unsicher bleibt jedoch die Gültigkeit des Potameto-Hypericetum, da sie ein besonderes Potametum polygonifolii (= oblongi) aufstellen, das sie einem neuen Verband, dem Potamion polygonifolii, und einer neuen Ordnung, den Luronio-Potametalia außerhalb der Littorelletea (Potametea), zuordnen.
Schon ALLORGE (1921/22) erkannte P o t a m o g e t o n   p o l y g o n i f o l i u s - Beständen einen Assoziationsrang zu (S c i r p u s   f l u i t a n s - P o t a m o - g e t o n   p o l y g o n i f o l i u s - Assoziation, s. auch SCHWICKERATH, 1933). Dagegen benannte er keine besondere Gesellschaft nach H y p e r i c u m   e l o d e s , sondern sah in dieser Art eine Charakterart des Eleocharitetum multicaulis (s.o.), führte sie aber gleichzeitig auch als Begleiter in der zum tieferen Wasser hin oft anschließenden S c i r p u s   f l u i t a n s - P o t a m o g e t o n   p o l y g o n i - f o l i u s - Assoziation auf.
VAN DER VOO (1966) und GÉHU (1964) berichten von Gewässern, in denen eine Differenzierung zwischen H y p e r i c u m - Beständen und P o t a m o g e t o n - Beständen dergestalt vorliegt, daß die H y p e r i c u m - Bestände das Ufer und die P o t a m o - g e t o n - Bestände die tieferen Wasserzonen besiedeln. Auch MÖLLER (1961), MENKE (1964) und DIERSCHKE (1969) beschreiben P o t a m o g e t o n   p o l y g o n i f o l i u s - Bestände bzw. -Gesellschaften; häufigste Begleiter sind U t r i c u l a r i a   m i n o r und J u n c u s   b u l b o s u s . DIERSCHKE vermutet in seiner " U t r i c u l a - r i a   m i n o r - P o t a m o g e t o n   o b l o n g u s - Gesellschaft" eine verarmte Ausbildung des Hyperico-Potamogetonetum.
DIERSSENs Tabelle (1972) des Eleocharitetum multicaulis Subass. v. H y p e r i c u m e l o d e s zeigt einen ziemlich großen Bereich gemeinsamen Vorkommens von E l e o -

c h a r i s mit jeweils nur einer der beiden Arten; derartige Bestände sind durch fließende Übergänge mit reinen H y p e r i c u m - oder P o t a m o g e t o n - Herden
verbunden,(die er allerdings nicht vom Eleocharitetum trennt).

Auch im Untersuchungsgebiet besteht eine Differenzierung in H y p e r i c u m - Bestände
einerseits und P o t a m o g e t o n - Bestände andererseits, ohne daß - bis auf eine Ausnahme - Mischbestände aus beiden Arten auftreten. Diese Tatsache scheint für die Gliederung
von DEN HARTOG und SEGAL (1964) und PIETSCH (1965 b) (s.o.) zu sprechen, darf jedoch aus zwei
Gründen nicht als eine zwingende Bestätigung dieser Auffassung herangezogen werden: 1) Die
Arealgrenzlage, in der sich fast alle Littorellion- und Littorelletea-Arten, besonders auch
H y p e r i c u m   e l o d e s und P o t a m o g e t o n   p o l y g o n i f o l i u s ,
im Untersuchungsgebiet befinden, bedingt eventuell eine andere soziologische Bindung der
Arten als im Hauptverbreitungsgebiet. 2) Die Bestände des Untersuchungsgebietes sind fast
alle durch Elemente fremder Verbände und Ordnungen ziemlich stark gestört und im Abbau begriffen.

Die Zuordnung der Aufnahmen aus dem Untersuchungsgebiet geschah zunächst vorläufig gemäß dem
System von MÜLLER und GÖRS (1960), weil dieses eine vermittelnde Position zwischen zwei extremen Auffassungen einnimmt (s.o.), die aus der Sicht des Untersuchungsgebietes nicht beurteilt werden können. Auch das in dieser Arbeit im allgemeinen zugrunde gelegte System von
OBERDORFER und Mitarb. folgt der Gliederung dieser beiden Autoren. Danach muß man die fast
ausschließlich getrennten H y p e r i c u m - und P o t a m o g e t o n - Bestände als
zwei verschiedene Fazies des Hyperico-Potamogetonetum auffassen, nämlich als H y p e r i -
c u m - Fazies und als P o t a m o g e t o n - Fazies.

Folgt man der umfassenden Bearbeitung der Littorelletea durch SCHOOF-VAN PELT, nach der
das Eleocharitetum mehr oder weniger in seinem früheren Umfang bestätigt wird, also unter
weitgehender Einbeziehung des Hyperico-Potamogetonetum, so wären solche Bestände, wie sie
hier zur Diskussion stehen, als Fazies des Eleocharitetum, allerdings als Fragmente dieser
Assoziation zu bewerten. Auch DIERSSEN (1972) meint reine H y p e r i c u m - sowie
P o t a m o g e t o n   p o l y g o n i f o l i u s - Bestände im Gildehäuser Venn nicht
vom Eleocharitetum trennen zu können.

U n t e r g l i e d e r u n g und f l o r i s t i s c h e   S t r u k t u r :

a) H y p e r i c u m   e l o d e s - F a z i e s (s. Tab.5)

Der Littorelletea-Charakter ist hier insgesamt stärker ausgeprägt als im Eleocharitetum multicaulis. Neben H y p e r i c u m kommen bis zu 3 VC- und OC-Arten in einer Aufnahme vor,
dazu z.T. noch E l e o c h a r i s   p a l u s t r i s und/oder G l y c e r i a   f l u i -
t a n s . Die insgesamt 7 Littorelletea-Arten treten aber, außer H y p e r i c u m , in
den 8 Aufnahmen jeweils nur 1- bis 3mal auf, so daß die Bestände schon von daher untereinander ziemlich uneinheitlich sind und die niedrigste Homogenität unter den Littorelletea aufweisen = 26 %). Noch größer sind allerdings die Unterschiede zwischen den einzelnen Aufnahmen
in bezug auf die übrigen Arten (Begleiter), deren Zahl mit 53 insgesamt sehr groß ist. Außer
bei einer Aufnahme mit 6 Arten liegt die Artenzahl mit 14 - 18 Arten je Aufnahme für Littorelletea-Bestände sehr hoch. Das zeigt sehr deutlich ihren Störungs- und Abbaucharakter. Die
floristische Verwandtschaft der Aufnahmen untereinander und somit die Gliederung der Assoziation spiegeln sich auch in diesen abbauenden Elementen wider: Ihr Einfluß ist in den 3 ersten
Aufnahmen am größten. Hier ist die Gesellschaft regelrecht "verschleiert" bzw. "überstellt"
(PASSARGE, 1965), besonders in den beiden ersten, und zwar durch Röhricht-Bestände.

Diese ersten 3 Aufnahmen stellen zugleich die trockenste Ausbildungsform (typische Subassoziation?) der Gesellschaft im Untersuchungsgebiet dar, auch wenn die dominierenden Phragmitetea-Arten, im Gegensatz zu den Begleitern in den anderen, hygrophileren Beständen, einen
sehr nassen Standort bzw. größere Wassertiefe anzudeuten scheinen. Hier aber handelt es sich
um den äußersten Rand des Röhrichts. Die Standorte sind denen der trockenen Ausbildungsformen des Eleocharitetum multicaulis ähnlich, allerdings mit dem Unterschied, daß sie sich ausnahmslos in Gewässern befinden, die zu den nährstoffreichsten und am wenigsten sauren des
Untersuchungsgebietes zählen: Die Gewässer grenzen an Äcker oder Weiden und weisen entweder

Röhrichtbestände auf oder enthalten zumindest eine Reihe von meso-eutraphenten Arten. Dementsprechend hat der Sanduntergrund auch nicht eine dünne Auflage aus Torf oder Torfschlamm, sondern aus breiigem Faulschlamm.

Auch die 4. und 5. Aufnahme (Spalten 16 A und B), die mit der 6. (Spalte 17) durch das gemeinsame Vorkommen von A g r o s t i s   c a n i n a , wie in den voraufgegangenen Gesellschaften, zu einer A g r o s t i s - Ausbildungsform (A g r o s t i s - S u b a s s o - z i a t i o n ?) zusammengefaßt werden können, besiedeln derartige Standorte, bilden allerdings ein besonderes Durchdringungs- bzw. Abbaustadium mit Arten der Bidentetea und Plantaginetea.

Die 6. Aufnahme (Spalte 17) mit einer S p h a g n u m - Bodenschicht entstammt einem Schwingrasen (s. Abb.32) und stellt die S p h a g n u m - V a r i a n t e (bei GÉHU, 1964: "Helodo-Sphagnetum") der A g r o s t i s - Ausbildungsform dar, und zwar wiederum als ein besonderes Abbaustadium, das sich in der Durchdringung mit Arten der Scheuchzerio-Caricetea fuscae und des Magnocaricion ausdrückt. In bezug auf die abbauenden Arten ist sie den beiden folgenden Beständen (18 A und B) ganz ähnlich.

Diese beiden letzten Aufnahmen müssen aber - unabhängig von ihrer Ausbildung als fast gleiches Abbaustadium (wie Aufnahme 17) - als dritte, hygrophilste Ausbildungsform abgetrennt werden. Sie wachsen von Schwingrasen aus als schwimmende Decken aufs offene Wasser hinaus (s. Abb.32), durchsetzt von einigen wenigen anderen Arten, besonders aus den Scheuchzerio-Caricetea und dem Magnocaricion (P o t e n t i l l a ,   M e n y a n t h e s u.a.). Außer dem Fehlen von A g r o s t i s ist für sie die forma natans SCHWICK. von H y p e - r i c u m   e l o d e s kennzeichnend, die hier statt der "Landform" (SCHWICKERATH, 1933 und 1936 a) auftritt.

In dieser dritten Ausbildungsform hat also die Charakterart, wie es auch bei E l e o - c h a r i s   m u l t i c a u l i s fo. v i v i p a r a in der entsprechenden Ausbildungsform des Eleocharitetum der Fall war, in Gestalt ihrer Wasserform zugleich die Funktion einer Differentialart (δ_3).

Diese Ausbildungsform mag hier aber vorläufig, in Analogie zu den bisher besprochenen Gesellschaften, als "Subassoziation von J u n c u s   b u l b o s u s var. f l u i t a n s " bezeichnet werden, auch wenn J u n c u s   b u l b o s u s var. f l u i t a n s nur in einer der beiden Aufnahmen vorkommt.

b) P o t a m o g e t o n   p o l y g o n i f o l i u s - F a z i e s :

Der im Gebiet sehr seltene P o t a m o g e t o n   p o l y g o n i f o l i u s (s. Abb.7) bildet neben seinem Vorkommen in verschiedenen Gesellschaften ("Nymphaeetum minoris", Caricetum rostratae, Caricetum lasiocarpae, E l e o c h a r i s   p a l u s t r i s - Gesellschaft s.o. und H y p e r i c u m - Beständen bzw. -Fazies s.o.) nur an zwei Stellen (Brunsumer Heide: Abb.1, Nr.20, und Meinweg: Abb.1, Nr.15) eigene und größere Bestände (Tab.5, Spalte 19), und zwar lediglich in kleineren und untiefen grabenartigen Vertiefungen (evtl. ehemalige Flachsrösten) und in Gräben mit nahezu stagnierendem Wasser.

Wenn diese Bestände hier als Fazies des Hyperico-Potamogetonetum polygonifolii aufgefaßt werden, dann müssen sie der hygrophilsten Ausbildungsform (Subassoziation von J u n c u s   b u l b o s u s var. f l u i t a n s ?) angeschlossen werden. Jedenfalls spricht zunächst das (2malige) Vorkommen von J u n c u s   b u l b o s u s var. f l u i t a n s dafür.

Einige Angaben in der Literatur bestätigen dies:
1. Man könnte diejenigen Bestände der S c i r p u s   f l u i t a n s - P o t a m o - g e t o n   p o l y g o n i f o l i u s - Assoziation, die H y p e r i c u m enthalten (ALLORGE, 1921/22; SCHWICKERATH, 1933), ebensogut zu der hier zur Diskussion stehenden J u n c u s   b u l b o s u s   f l u i t a n s - Subassoziation des Hyperico-Potamogetonetum stellen. Denn zum einen tritt nach ALLORGE auch hier J u n c u s   b u l b o - s u s var. f l u i t a n s auf, und zum anderen ist nach SCHWICKERATH H y p e r i - c u m   e l o d e s hier als fo. n a t a n s ausgebildet, die ja im Untersuchungsgebiet als δ-Art dieser Subassoziation bezeichnet werden kann (s. Aufn. 18 A u. B).
2. Auch der enge räumliche Kontakt zwischen P o t a m o g e t o n - und H y p e r i - c u m - Beständen, den VAN DER VOO (1966) und GÉHU (1964) sowie schon ALLORGE (1921/22) und SCHWICKERATH (1933) beschreiben, kann so gedeutet werden, daß die P o t a m o g e - t o n - Bestände lediglich die hygrophilere Fazies innerhalb des Hyperico-Potamogetonetum darstellen.

4.3.1.7. <u>Zusammenfassung (Littorelletea)</u>

Der größte Teil der Littorelletea-Vegetation der Untersuchungsobjekte (das Eleocharitetum multicaulis, die E l e o c h a r i s   p a l u s t r i s - Gesellschaft und die G l y c e - r i a   f l u i t a n s - Gesellschaft) muß zur semiaquatischen (= Amphi- und Helophyten-) Vegetation gerechnet werden.

Die übrigen drei vorkommenden Littorelletea-Einheiten (J u n c u s   b u l b o s u s   f l u i t a n s - Gesellschaft, Soziation von J u n c u s   b u l b o s u s   fo. s u b - m e r s u s , Hyperico-Potamogetonetum polygonifolii) werden hier aus synsystematischen Gründen im Zusammenhang mit den drei erstgenannten behandelt, obwohl sie sich im Untersuchungsgebiet ökologisch teilweise (J u n c u s   b u l b o s u s - Gesellschaft) bzw. vollständig als Hydrophytenbestände darstellen.

a) Von den C-Arten der Littorelletea-Assoziationen kommen nur E l e o c h a r i s   m u l - t i c a u l i s ,   H y p e r i c u m   e l o d e s   und P o t a m o g e t o n   p o - l y g o n i f o l i u s   vor. Von ganz wenigen Ausnahmen abgesehen gehen sie aber keine Vergesellschaftung miteinander ein, so daß sich aus der Sicht der Untersuchungsobjekte einerseits zwar die von manchen Autoren vorgenommene Trennung zwischen einem <u>Eleochari-tetum multiculis</u> und einem <u>Hyperico - Potamogetonetum polygonifolii</u> zu bestätigen scheint, andererseits aber das Hyperico-Potamogetonetum lediglich durch die Deutung von H y p e r i c u m - und P o t a m o g e t o n - Soziationen als zwei floristisch und ökologisch wenig verwandte Fazies dieser Assoziation in Erscheinung tritt.

Von den vielen VC-, OC- und KC-Arten sind nur J u n c u s   b u l b o s u s ,   B a l - d e l l i a   r a n u n c u l o i d e s   und R a n u n c u l u s   o l o l e u c o s   vorhanden, letztere als eines der bemerkenswertesten Elemente der gesamten Vegetation nur in einem Bestand.

Der wenig repräsentative und <u>fragmentarische</u> Charakter der beiden Assoziationen wird besonders deutlich durch das häufige Auftreten von A g r o s t i s   c a n i n a   (A g r o s t i s   c a n i n a - Subass.) und von Sphagnen (S p h a g n u m - Var.); andererseits zeigt er sich in der Ausbildung aller Bestände als <u>Abbaustadien</u>, die im Eleocharitetum multicaulis durch E r i o p h o r u m   a n g u s t i f o l i u m   und M o l i n i a ,   im Hyperico-Potamogetonetum durch Überstellung mit Phragmitetea-Arten oder durch Durchdringung mit Bidentetea-, Plantaginetea- oder Scheuchzerio-Caricetea-Arten charakterisiert werden.

Als Erklärung für diese wenig repräsentative Ausbildung, die in gewissem Maß wohl als regionaltypische Ausbildung der beiden Assoziationen gelten darf, wird neben der Tatsache, daß sie sich im äußersten Grenzbereich ihres Areals befinden, der Versauerung durch den Einfluß der Umgebung eine große Bedeutung zugeschrieben. Dagegen spielen anthropogene Eutrophierungserscheinungen, wie sie ganz allgemein für das Verschwinden oder die Verarmung von Littorelletea-Vegetation in Mitteleuropa diskutiert werden, nur teilweise eine Rolle.

Das Eleocharitetum multicaulis ist zwar - gemessen an überregionalen Verhältnissen - erstaunlicherweise noch relativ verbreitet, bleibt aber - in Gewässern mit starken Wasserstandsschwankungen und sehr flachen Ufern - fast immer auf einen charakteristischen relativ schmalen äußeren Ufersaum beschränkt, wo der sandige Untergrund noch offen zutage tritt, oder nur mit einer geringmächtigen Torf- oder Torfschlammauflage bedeckt ist. Größere Tiefen, in die es bei optimalen Bedingungen wohl eindringen kann, werden durchweg gemieden, weil hier die organische Auflage bereits zu dick geworden ist.

b) In den meisten hier zu den Littorelletea gestellten Beständen fehlen sogar jegliche C-Arten irgendeiner der Littorelletea-Assoziationen; aufgrund von VC-, OC- oder KC-Arten und der gesamten floristischen Struktur sowie der Kontaktvegetation, der Dynamik und der Ökologie werden sie den Littorelletea zugeordnet. Bei manchen Beständen läßt sich sogar die Assoziation benennen, deren Fragment, Initial- oder Degenerationsstadium sie wahrscheinlich darstellen.

Für Soziationen der KC-Art J u n c u s   b u l b o s u s var. f l u i t a n s ist der
Littorelletea-Charakter eindeutig. Die als Zusammenfassung dieser Soziationen definierte
"J u n c u s   b u l b o s u s   f l u i t a n s - Gesellschaft", die zusammen
mit dem Eleocharitetum multicaulis die häufigste Littorelletea-Einheit ist und ganz all-
gemein in oligo- bis dystrophen Gewässern ziemlich verbreitet zu sein scheint, kann in
Form sehr artenarmer bis reiner Bestände kleinere Gewässer nahezu vollständig einnehmen.

c) In der Soziation von J u n c u s   b u l b o s u s   fo. s u b m e r s u s, die sich in
einem charakteristischen Gewässer an Standorten mit fehlender oder nur sehr geringer
Mudde- oder Torfmuddebedeckung des Bodens findet, kann ein Fragment des früher in demselben und in einigen anderen Gewässern vorhandenen Isoeto-Lobelietum gesehen werden.

d) Weiterhin sind die jeweiligen Soziationen von E l e o c h a r i s   p a l u s t r i s
ssp. v u l g a r i s und von G l y c e r i a   f l u i t a n s , also von Arten,
die keine eigentlichen Littorelletea-Arten sind, zu deren bevorzugten phytocoenologischen
Verbindungen aber die mit Littorelletea-Arten gehören, als "E l e o c h a r i s   p a -
l u s t r i s - Gesellschaft" bzw. "G l y c e r i a   f l u i t a n s - Gesellschaft"
den Littorelletea zuzurechnen. Sie sind Anzeiger einer gewissen Eutrophierung bzw. stärkerer Schlamm- oder Torfschlammbildung.
Die Tatsache, daß E l e o c h a r i s   p a l u s t r i s , die sonst oft mit E l e o -
c h a r i s   m u l t i c a u l i s vergesellschaftet ist, eine eigenständige, meist dem
Eleocharitetum multicaulis zum tieferen Wasser hin vorgelagerte Gesellschaft bildet, in
die E l e o c h a r i s   m u l t i c a u l i s wegen der mächtigeren organischen
Schichten nicht mehr vordringt, zeugt von der ökologischen Grenzsituation, in der sich
das Eleocharitetum multicaulis befindet.

4.3.2. Phragmitetea

4.3.2.1. Phragmition

Ü b e r b l i c k : Der Anteil der Gewässer und Moore mit Beständen des Phragmition, die ja
für eu- und mesotrophe Gewässer typisch sind, ist mit 20, d.h. ca. 20 % aller Untersuchungsobjekte größer, als man aufgrund der Literatur in Heidegewässern und -mooren erwarten würde.
Diese Tatsache und auch die recht große Zahl an Aufnahmen (36) darf allerdings nicht über
die insgesamt nur geringe Flächenausdehnung dieser Bestände im Untersuchungsgebiet hinweg-
täuschen.

Die relativ große Zahl der Aufnahmen kommt nämlich dadurch zustande, daß die meist nur
kleinflächigen Bestände in den einzelnen Gewässern oder Mooren überwiegend ganz verschieden ausgebildet sind und daß auch die Röhrichte innerhalb der wenigen Gewässer, wo sie
größere Ausdehnung erreichen, jeweils in mehrere unterschiedliche Gesellschaften und
Ausbildungsformen differenziert sind.

Nur 3 Gewässer (s. Abb.1, Nr.2, 10, 19) weisen größere, d.h. mehrere Ar große Röhrichtbestände auf, die das Gewässer entweder gürtelförmig umgeben oder zumindest größere Partien
des Gewässers bzw. seines Ufers einnehmen. Es sind dies die größeren und tieferen Gewässer
auf der Mittel- oder Niederterrasse, und zwar diejenigen, für die die Entstehung in Relikten
ehemaliger Maasbetten am ehesten zutreffen dürfte (s. Kap.2.2.2.), und die ständig vom Grundwasser gespeist werden. Teile dieser Gewässer liegen in nährstoffreicheren Schichten. Drei
dieser Gewässer sind außerdem zum großen Teil von Äckern und Wiesen umgeben, erhalten also
von daher stärkere Nährstoffzufuhr.
In den übrigen, stets ärmeren Gewässern und Mooren mit Phragmition-Beständen handelt es sich
um nur kleine, z.T. wenige m² große Bestände, die in einigen kleinen Weihern allerdings einen
entscheidenden Aspekt der Vegetation ausmachen können. Auch die meisten dieser Gewässer grenzen an Acker- und Weideland. In einigen anderen Gewässern oder Mooren sind Enten oder Möwen
für die offensichtliche, oft aber wohl nur lokale Nährstoffanreicherung verantwortlich.

Auch die offene Moorfläche des Elmpter Bruchs, die auf den ersten Blick den Eindruck eines großen P h r a g m i t e s - Röhrichts macht, ist in Wirklichkeit nur in wenigen kleinflächigen Bereichen als solches zu bezeichnen. Hierbei handelt es sich um Relikte der ehemals meso- oder eutraphenten Vegetation dieses Moores.

Zu den Objekten mit kleinflächig ausgebildeten Phragmition-Beständen gehören auch 7 Gewässer bzw. Moore mit "Schwingröhrichten" von wenigen Quadratmetern bis höchstens wenigen Ar Größe, die von S p h a g n u m - Schwingrasen allseits oder größtenteils umgeben sind.

S y n s y s t e m a t i k : Das äußere Erscheinungsbild fast jeden Bestandes wird von einer bestimmten Großröhrichtart beherrscht, und zwar am häufigsten von S c h o e n o p l e c - t u s   l a c u s t r i s ,   T y p h a   l a t i f o l i a   und P h r a g m i t e s a u s t r a l i s   (= c o m m u n i s) , nur in Einzelfällen sind es C l a d i u m , T y p h a   a n g u s t i f o l i a   oder P h a l a r i s   a r u n d i n a c e a . Außer den beiden Beständen, in denen P h a l a r i s   bzw. T y p h a   a n g u s t i f o l i a dominieren, habe ich die Bestände je nach der dominierenden Röhricht-Art eigenen Assoziationen zugeordnet, in denen die dominierende Art zugleich Charakterart und namengebende Art ist.

Eine solche Bewertung, die für C l a d i u m - Bestände bereits allgemein akzeptiert wird, setzt sich in jüngerer Zeit auch für Bestände aus P h r a g m i t e s ,   T y - p h a ,   S c h o e n o p l e c t u s   l a c u s t r i s   und S c h o e n o p l e c - t u s   t a b e r n a e m o n t a n i   immer mehr durch (OBERDORFER und Mitarb., 1967; WESTHOFF und DEN HELD, 1969; LANG, 1967; BURRICHTER, 1969, und in beschränktem Umfang, allerdings nur in bezug auf bestimmte Reinbestände, auch PASSARGE, 1964, und HILD und REHNELT, 1965 b, 1971). Diese Auffassung tritt an die Stelle der seit KOCH (1926) üblichen Praxis, diese Bestände lediglich als verschiedene Fazies, Varianten oder selten auch Subassoziationen einer einzigen Assoziation, dem Scirpo-Phragmitetum, zu bewerten (s. SAUER, 1937; TÜXEN, 1937 und 1955; DE BOER, 1942; OBERDORFER, 1957; BALÁTOVÁ-TULÁCKOVÁ, 1964; KRAUSCH, 1965; RUNGE, 1969 a, b).

Allerdings wurden zu diesen Röhricht-Gesellschaften auch einige Bestände gestellt, in denen entweder neben der Röhricht-Art eine ebenso oder noch stärker dominierende Art der Kraut- oder Moosschicht hinzutritt (Tab.6, Spalten 10, 11 u. 12), oder in denen sogar die hohen, röhrichtbildenden Arten nur zu lockeren Beständen zusammentreten und statt dessen VC-, OC- oder KC-Arten oder C-Arten verwandter Assoziationen dominieren (Spalten 4 D, 4 E u. 5). Solche Bestände kennzeichnen eine Subassoziation, Variante oder Fazies einer der Assoziationen.

4.3.2.1.1. Schoenoplectetum_lacustris_(EGGL._33)_SCHMAL._39,_Phragmitetum_australis_(=_com-
munis)_(GAMS_27)_SCHMAL._39_und_Typhetum_angustifolio-latifoliae_(EGGL._33)
SCHMAL._39

F l o r i s t i s c h e   S t r u k t u r   (s. Tab.6):
Diese 3 Assoziationen, die aus dem Scirpo-Phragmitetum KOCHs (1926) gebildet wurden (OBER-DORFER und Mitarb., 1967), werden am besten vergleichend betrachtet.
Die Tendenz der Röhrichtarten, jede für sich eigene Bestände zu bilden und sich nur relativ selten zu mischen, ist in den Heidegewässern und -mooren des Untersuchungsgebietes stärker ausgeprägt, als es die große Zahl der in der Literatur veröffentlichten Aufnahmen überwiegend zeigt:

Unter den insgesamt 32 Aufnahmen der 3 Assoziationen gibt es keinen Bestand mit einer auch nur annähernd gleichmäßigen Mischung der 4 Röhrichtarten, wie sie in der typischen Fazies bzw. Variante von KOCH (1926) verwirklicht ist. Lediglich in 10 Aufnahmen, also in weniger als einem Drittel, tritt neben der dominierenden Röhrichtart eine weitere - allerdings immer nur untergeordnet - auf. In 4 Aufnahmen sind es 2 weitere Arten, und nur in einer Aufnahme sind alle 4 Arten vertreten.

Am eigenständigsten scheint das Typhetum zu sein, innerhalb dessen neben den beiden C-Arten nur in einer Aufnahme eine der beiden anderen Hauptröhrichtarten auftritt (S c h o e n o - p l e c t u s   l a c u s t r i s) und einmal auch S c h o e n o p l e c t u s   t a - b e r n a e m o n t a n i . Umgekehrt kommen im Phragmitetum am häufigsten "fremde" Röh-richtarten vor, hauptsächlich ebenfalls S c h o e n o p l e c t u s   l a c u s t r i s .

Auch durch den gesamten Artenbestand wird die größte Eigenständigkeit des Typhetum innerhalb
der 3 Assoziationen bestätigt:

Die Präsenz-Gemeinschaftskoeffizienten (Gp) des Typhetum mit dem Schoenoplectetum einerseits und dem Phragmitetum andererseits liegen mit 18 % bzw. 16 % weit unter dem Bereich
(ca. 25 %), den ELLENBERG (1956) als groben Anhaltspunkt für die Zugehörigkeit zu ein und
derselben Assoziation angibt. Selbst bei Berücksichtigung der Stetigkeit nimmt die Ähnlichkeitsbeziehung des Typhetum mit den beiden anderen Assoziationen nur gering oder
überhaupt nicht zu (Stetigkeitsgemeinschaftskoeffizient = Gs : 22 bzw. 16 %)[1]. Der Gp zwischen Schonoplectetum lacustris und Phragmitetum bringt mit 36 % doch eine relativ enge
floristische "Verwandtschaft" dieser beiden Assoziationen zum Ausdruck, die jedoch dadurch wieder abgeschwächt wird, daß der Gs nur unerheblich höher (43 %) liegt. In der
Ähnlichkeitsbeziehung zwischen den 3 Assoziationen ergibt sich somit folgende ansteigen-
de Reihenfolge: Typhetum : Phragmitetum = 16 %, Typhetum : Schoenoplectetum = 22 %,
Schoenoplectetum : Phragmitetum = 43 %.

Jene sehr artenarmen Bestände oder gar reine Populationen aus einer der Röhrichtarten, wie
sie in der Literatur häufig erwähnt werden, gibt es in den Untersuchungsobjekten nur selten:

Außer dem einzigen Reinbestand - und zwar aus S c h o e n o p l e c t u s   l a c u -
s t r i s - schwankt die Artenzahl zwischen 4 (in nur 2 Aufnahmen des Schoenoplectetum) bzw. 5 (in nur je 1 Aufnahme des Typhetum und Phragmitetum) einerseits und 15 (Typhetum), 28 (Schoenoplectetum) bzw. 34 (Phragmitetum) andererseits, so daß die mittleren
Artenzahlen die für Röhrichte relativ hohen Werte von 9,8 (Typhetum), 11,4 (Schoenoplectetum) und 15 (Phragmitetum) erreichen. Noch außergewöhnlicher ist aber die Gesamtzahl
von 42 Arten im Typhetum, 63 im Schoenoplectetum und 73 im Phragmitetum, die ebenso wie
die Gesamtzahl von 110 Arten alle aus der Literatur ersichtlichen vergleichbaren Zahlen
übertreffen.[2]

Trotz der Fülle an Arten kann nicht von der vollen Entfaltung des typischen Artgefüges gesprochen werden, das Röhrichte in eutrophen Gewässern zeigen, wie z.B. auch in den dem Untersuchungsgebiet nächstgelegenen Schwalm- und Netteseen (z.B. auch HILD, 1956) und den
vielen anderen eutrophen Gewässern des Niederrheins (s. HILD und REHNELT, 1965-71).

So fehlen hier z.B. die sonst recht häufigen eutraphenten VC-, OC- und KC-Arten oder die
aus anderen Assoziationen übergreifenden C-Arten A c o r u s   c a l a m u s ,   R u -
m e x   h y d r o l a p a t h u m ,   R a n u n c u l u s   l i n g u a ,   G l y c e -
r i a   m a x i m a ,   C a r e x   a c u t i f o r m i s und viele andere, geschweige
denn die von einigen dieser Arten gebildeten Assoziationen.

Die hohe Gesamtartenzahl wird zum einen dadurch bedingt, daß ein viel größerer Anteil als in
anderen Gebieten aus abbauenden Arten bzw. Eindringlingen aus anderen Ordnungen besteht; zum
anderen aber dadurch, daß die überwiegende Zahl der Arten jeweils nur in wenigen oder gar
nur in einer Aufnahme auftritt.

Nur im Typhetum findet sich neben der C-Art T y p h a   l a t i f o l i a noch eine
weitere Art (P o t e n t i l l a   p a l u s t r i s) mit der Stetigkeit V, nur
3 Arten erreichen den Wert IV. Während im Phragmitetum die 7 stetesten Arten nur der
Stetigkeitsklasse III angehören, erreicht im Schoenoplectetum nur eine Art (H y d r o -
c o t y l e) diese Stetigkeitsklasse.

Darin kommt zum Ausdruck, daß die Homogenität (im Sinne PFEIFFERs, s. Kap.4.1.1.2.) aller
3 Assoziationen innerhalb des Untersuchungsgebietes nicht groß ist; die Ähnlichkeit zwischen
den Beständen innerhalb der einzelnen Assoziationen ist teilweise sogar ziemlich gering.

U n t e r g l i e d e r u n g : Die aus der teilweise relativ geringen Ähnlichkeit der Aufnahmen sich notwendig ergebende Differenzierung der Assoziationen in verschiedene Untereinheiten führt bei allen Assoziationen zu ähnlichen Ergebnissen.
Die erste grobe Gliederung sieht danach folgendermaßen aus:
1. Subassoziation von N y m p h a e a ,
2. typische Subassoziation,
3. Subassoziation von L y c o p u s ,
4. Subassoziation von S p h a g n u m .

---

1) Bei größerer floristischer Ähnlichkeit müßte die Differenz zwischen den beiden Koeffizien-
   ten viel größer sein.

2) Diese 110 Arten machen übrigens fast genau die Hälfte aller in den Heidegewässern und
   -mooren vorkommenden Arten aus.

Diese Gliederung und deren weitere Differenzierung entspricht - bis auf die der letztgenannten Subassoziation - im wesentlichen der Gliederung des gesamten Scirpo-Phragmitetum durch KRAUSCH (1964 und 1965), bzw. sie läßt sich zwanglos in diese einordnen oder ergänzt sie sinngemäß. Die Gültigkeit dieser Gliederung für alle 3 Assoziationen, d.h. also auch nach Auflösung des Scirpo-Phragmitetum, geht aus den Tabellen bei KRAUSCH (1964 und 1965) hervor; denn in den meisten der von KRAUSCH aufgestellten Untereinheiten können alle Fazies auftreten.

KRAUSCHs Gliederung ist, im Gegensatz zu der Gliederung von TÜXEN und PREISING (1942) und den darauf aufbauenden Gliederungen von ZONNEVELD (1960), DONSELAAR (1961) und WESTHOFF und DEN HELD (1969) und den von BOER (1942) und CASPERSON (1955), die einzige Gliederung, in der sich einerseits die ökologische Abstufung sowohl nach dem Wasserstand als auch nach den Trophieverhältnissen und andererseits die Entwicklungsrichtungen innerhalb des Scirpo-Phragmitetums am besten widerspiegeln. Diese Gliederung fand er am gesamten mitteleuropäischen Aufnahmematerial der Assoziationen bestätigt.

1. Der Subassoziation von N u p h a r des Scirpo-Phragmitetum bei KRAUSCH entsprechen in allen 3 Assoziationen jene artenarmen, im tieferen Wasser wachsenden Bestände, die gekennzeichnet sind durch das Auftreten rhizophytischer Hydrophyten, die sonst in keinem der übrigen Bestände anzutreffen sind; andere Arten fehlen hier ganz oder treten zumindest mit ihrer Gesamt- bzw. Gruppenmächtigkeit hinter den Hydrophyten zurück. Allerdings möchte ich hier in allen drei Assoziationen jeweils von einer Subassoziation von N y m p h a e a   a l b a sprechen, da N y m p h a e a   a l b a im Untersuchungsgebiet und überhaupt in Heidegewässern die Stelle von N u p h a r einnimmt (s. Nymphaeetum).

Neben N y m p h a e a   a l b a können, wie bei KRAUSCH, auch hier P o l y g o n u m a m p h i b i u m und P o t a m o g e t o n   n a t a n s als D-Arten dieser Subassoziation angesehen werden. An diese Gruppe von Differentialarten kann man die beiden, ausschließlich in diesen Aufnahmen auftretenden Potametea-Arten E l o d e a   c a n a d e n s i s und R a n u n c u l u s   p e l t a t u s anschließen.

> N y m p h a e a , ebenso aber auch die anderen Hydrophyten, treten nicht jeweils in allen 3 Assoziationen auf, was sicherlich seinen Grund lediglich in der Seltenheit derartiger Bestände im Untersuchungsgebiet hat.
> Jedenfalls läßt sich aus der Tabelle bei KRAUSCH keine Berechtigung dazu ableiten, für jede Assoziation eine eigene spezifische Subassoziation aufzustellen; keine der 3 Wasserpflanzen zeigt nämlich eine besondere Korrelation zu einer der 3 Fazies des Scirpo-Phragmitetum, d.h. also hier zu einer der 3 Assoziationen. Allenfalls ließe sich die unterschiedliche Ausbildung der Subassoziation im Schoenoplectetum und Phragmitetum als P o l y g o n u m - Fazies und die des Typhetum als P o t a m o g e t o n   n a t a n s - Fazies einstufen.

Eine eindeutige Differenzierung ergibt sich lediglich innerhalb des Typhetum: Als Vertreter einer echten nährstoffarmen Variante kann man sicher die Aufnahme mit J u n c u s   b u l - b o s u s und U t r i c u l a r i a   a u s t r a l i s   (= n e g l e c t a) bewerten (Variante von J u n c u s   b u l b o s u s , Spalte 14). Als eine weitere, gegenüber den typischen Varianten ebenfalls nährstoffärmere Variante wäre eine C a r e x   r o s t r a - t a - Variante (Spalte 15) im Sinne KRAUSCHs auszuscheiden.

2. Bestände, denen die Hydrophyten fehlen und die auch noch keine der zahlreichen Arten der folgenden Subassoziationen beherbergen, kann man mit KRAUSCH als typische Subassoziation auffassen (s. Tab.6, Spalten 2 u. 3). Die Artenarmut dieser Subassoziation, die nur beim Schoenoplectetum auftritt, findet ihre Erklärung darin, daß das Substrat dieser Subassoziation ein "infraaquatischer Schwingrasen" ist, der eine geringere Nährstoffversorgung erwarten läßt (s. Abb.30).

> Die Pflanzen entspringen hier nämlich einem wenige Dezimeter tief untergetauchten, mächtigen Rhizomgeflecht, das wiederum über einer ebenso mächtigen Schicht aus Wasser und dünnflüssig-breiigem Faulschlamm schwimmt und größtenteils - wenn auch unter allmählichem ± tiefem Einsinken - bertreten werden kann. Die Bestände sollen hier als "Schwingröhrichte" bezeichnet werden (s. auch unten).

Die Nährstoffarmut des Standortes wird in einigen Beständen betont durch das Vorkommen relativ oligotraphenter Arten wie C a r e x   r o s t r a t a , U t r i c u l a r i a   m i - n o r sowie einiger kleiner S p h a g n u m - Gruppen (Beispiel: s. Sp. 3 A, B). Die oligo-dystraphente Variante (C a r e x   r o s t r a t a - Variante), die sich nach diesen Arten abtrennen läßt, weist auf den Übergang zur Subassoziation von S p h a g n u m hin, an die die Schwingröhrichte angrenzen und zu der sie sich entwickeln (s.u.).

3. In den meisten Röhrichtbeständen, und zwar in den teilweise trockenfallenden des flacheren Wassers, die oft uferwärts auf Bestände der N y m p h a e a - Subassoziation folgen, finden sich weitere Phragmitetea-Arten, Arten der Molinietalia und einer Reihe anderer Einheiten beigemischt. Viele dieser Arten, insbesondere die häufigsten unter ihnen, ergeben eine eindeutige Zuordnung dieser Bestände zur KRAUSCHschen Subassoziation von S o l a n u m d u l c a m a r a . Da aber auch diese Subassoziation bei KRAUSCH, wie auch die Subassoziationen von N u p h a r (s.o.), in den einzelnen Aufnahmen jeweils nur durch eine beschränkte Zahl von in bestimmtem Rahmen gegeneinander ersetzbaren Differentialarten repräsentiert ist, und da das namengebende S o l a n u m d u l c a m a r a im Untersuchungsgebiet nur sporadisch auftritt, ist es gestattet, diese Subassoziation hier nach der am häufigsten auftretenden Art als Subassoziation von L y c o p u s e u r o p a e u s zu benennen (Schoenoplectetum -, Phragmitetum - und Typhetum lycopetosum).

Auch die von KRAUSCH aufgezeigte weitere Differenzierung in Varianten läßt sich im Untersuchungsgebiet im Prinzip nachvollziehen. Sie geht hier aber mit einer Differenzierung in a) Schwing- und b) Standröhrichte einher: Die Bestände des Phragmitetum - und des Schoenoplectetum lycopetosum wurzeln im Boden fest, d.h. sind Standröhrichte, die Typhetum lycopetosum-Bestände sind dagegen "Schwingröhrichte" (s.o.: typ. Subass.):

a) Das schwingende Typhetum lycopetosum ist in 2 der 3 Aufnahmen als die typische Variante KRAUSCHs ausgebildet, die hier aber aufgrund ihrer besonderen Artenarmut (jeweils nur 1 Subassoziations-Differentialart) und wegen der Beteiligung von C a r e x r o s t r a t a - in einer Aufnahme auch noch von S p h a g n u m f i m b r i a t u m - als anspruchslosere Subvariante auftritt (Subvariante von C a r e x r o s t r a t a) . Die 3. Aufnahme repräsentiert - angezeigt durch E p i l o b i u m ad p a l u s t r e vergens und A c r o c l a d i u m c u s p i d a t u m - die nach KRAUSCH anspruchsloseste Variante von T h e l y p t e r i s p a l u s t r i s , die hier jedoch Variante von E p i l o b i u m p a l u s t r e benannt werden soll. Auch hier sind also, wie bei der typischen Subassoziation, die Schwingröhrichte als anspruchslosere Varianten und Subvariante ausgebildet.

b) Die Standröhrichte des Phragmitetum und Schoenoplectetum sind, auch in bezug auf D-Arten, die artenreichsten Bestände; sie sind verbunden und gegen die Schwingröhrichte abgegrenzt durch das Vorkommen von O e n a n t h e a q u a t i c a , die nach KRAUSCH eine Differentialart der nährstoffreichen Variante (nach SCHWICKERATH: d) von G l y c e r i a m a x i m a ist, die weitgehend der Subassoziation von P h a l a r i s bei TÜXEN und PREISING (1942) und der Subassoziation von O e n a n t h e bei DONSELAAR (1961) und WESTHOFF und DEN HELD (1969) entspricht. Sie wird hier am besten als Variante von O e n a n t h e bezeichnet, da nur diese Art mit großer Stetigkeit vorkommt und die sehr anspruchsvolle G l y c e r i a m a x i m a fehlt.

> Die Variante von O e n a n t h e weicht von den ihr entsprechenden Ausbildungsformen in anderen Gebieten teilweise doch stark ab. Die Abbautendenz, die im allgemeinen der ganzen Subassoziation von S o l a n u m (= L y c o p u s) und somit auch dieser Variante beigemessen wird (s. auch die Bezeichnungen "Endphase" bei BOER, 1942, bzw. "Degenerationsphase" bei CASPERSON, 1955), ist auch im Untersuchungsgebiet deutlich gegeben. Dabei sind bei mir aber nicht in dem Maße wie in den meisten anderen Gebieten die Arten beteiligt, die einen Abbau in Richtung auf Magnocaricion- und Alnetalia-Bestände ankündigen. Die äußere Begrenzung der Röhrichtbestände der beiden in Frage kommenden Gewässer durch Acker- bzw. Weideland bedingt vielmehr ein randliches Eindringen von Arten, die im allgemeinen in Röhrichten seltener vorkommen, ihnen zum Teil sogar weitgehend fremd sind und die eine Entwicklung einleiten bzw. diese belegen, die in einer "Unterwanderung" bzw. "Unterstellung" (PASSARGE, 1965) durch diese Arten oder den daraus gebildeten Gesellschaften besteht:

Zunächst tritt die Variante von O e n a n t h e aufgrund des steten Vorkommens kleiner A g r o s t i s s t o l o n i f e r a - Rasen in beiden Gesellschaften als eine besondere A g r o s t i s s t o l o n i f e r a - Subvariante auf, die auch KONCZAK (1968) unabhängig von der Differenzierung in Subassoziationen in seinem Untersuchungsgebiet ausgebildet fand. Diese Ausbildungsform ist außerdem gekennzeichnet durch eine weitere Plantaginetea-Art, nämlich P o l y g o n u m a m p h i b i u m var. t e r r e s t r e , die Molinetalia-Art

96

M e n t h a   a r v e n s i s   und die Bidentetea-Arten B i d e n s   c e r n u u s und
R o r i p p a   i s l a n d i c a .

Innerhalb des Schoenoplectetum umfaßt diese Subvariante u.a. drei Fazies (von S p a r g a -
n i u m   e r e c t u m , Spalte 4 E, von A l i s m a , Spalte 5, und von P h a l a -
r i s [1], Spalte 4 D), die man auch als S p a r g a n i u m - ,   A l i s m a - bzw.
P h a l a r i s - Soziationen oder -Gesellschaften besonders herausstellen könnte (s. z.B.
STRIJBOSCH, 1976: eine zwischen Phragmition und Oenanthion vermittelnde " S p a r g . -
L y c o p u s - Ges." sowie eine zum Oenanthion gerechnete " A l i s m a - I r i s -
Gesellschaft").

Besondere Aufmerksamkeit verdienen noch die beiden folgenden Gruppen von Aufnahmen:

1) In Beständen in der Echter Heide (Sp.5 u. 9; s. auch Abb.20) kommen mehrere soziologisch
zusammengehörige Arten, und zwar in Form "überstellter" bzw. "unterstellender" Gesellschaften vor ("Unterstellungsstadium"). Beiden Aufnahmen ist das Stellario-Scirpetum als unterstellende Gesellschaft gemeinsam. In Aufnahme 9 liegt eine Durchdringung, zum Teil aber eine
Verzahnung und ein mosaikartiger Wechsel des Stellario-Scirpetum mit weiteren unterstellenden
Gesellschaften vor (Bidenti-Polygonetum,[2] Rumici-Alopecuretum, Ranunculo-Juncetum).

2) In 3 anderen Aufnahmen aus dem Heereven (Spalten 10, 11 A u. B) tritt außer den Abbauarten,
die der gesamten Subvariante eigen sind, jeweils eine einzelne, für Röhrichte recht ungewöhnliche abbauende Art faziesbildend hinzu (" H o l c u s   l a n a t u s - Abbaufazies"
und " H y p e r i c u m   e l o d e s - Abbaufazies").

4. Neben den 3 Subassoziationen, die nach KRAUSCH unterschieden werden konnten, gibt es -
entsprechend den relativ nährstoffarmen und sauren Standortverhältnissen der Untersuchungsobjekte - in allen 3 Assoziationen eine weitere Ausbildungsform; sie ist durch die starke Beteiligung von S p h a g n u m und eine damit zusammenhängende Verarmung bei gleichzeitigem
Aufkommen anspruchsloserer Arten aus den Oxycocco-Sphagnetea und den Scheuchzerio-Caricetea
fuscae charakterisiert. Diese bemerkenswerte Ausbildungsform ist ein besonderes, außerhalb
der 3 übrigen Subassoziationen stehendes Abbaustadium, z.T. bereits ein Übergangsstadium zu
Sphagneten; es kann wegen seiner floristischen Eigenständigkeit und seiner relativen Stabilität als eigene Subassoziation von S p h a g n u m (= Schoenoplectetum -, Typhetum - und
Phragmitetum sphagnetosum) gelten.

> In der Literatur werden solche S p h a g n u m - reichen Röhrichte relativ selten und
> dann fast nur im Zusammenhang mit dem Phragmitetum beschrieben: Teils werden sie als eige-
> ne " S p h a g n u m - P h r a g m i t e s - Gesellschaft" (MÖLLER, 1961; GROSSER, 1963),
> teils als Subassoziation, wie auch ich sie bewerte, eingestuft (JONAS, 1933) oder ohne
> definitive soziologische Einordnung nur erwähnt (SCHUMACHER, 1932; KRAUSCH, 1964). VLIEGER
> (1942), DONSELAAR (1961), MÜLLER-STOLL und NEUBAUER (1965) sowie KRAUSCH (1968) führen
> zwar keine S p h a g n u m - Ausbildungsformen ausdrücklich an, dafür aber S p h a -
> g n u m - reiche Gesellschaften mit starker Beteiligung von P h r a g m i t e s oder
> T y p h a   l a t i f o l i a , die wohl ehemalige, hauptsächlich durch S p h a g n e n
> abgebaute Röhrichtbestände darstellen.

Auch diese Subassoziation tritt innerhalb des Gebietes wiederum a) als Schwingröhricht (beim
Schoenoplectetum und Typhetum) und b) als festwurzelndes Standröhricht (beim Phragmitetum)
auf. Beide spielen für die Deutung der Ökologie sowie für die Syngenese und die weitere Sukzession der Vegetation der jeweiligen Untersuchungsobjekte eine wichtige Rolle:

a) Auf den Schwingröhrichten des Schoenoplectetum und Typhetum entsteht diese Subassoziation
wohl immer erst dann, wenn sich auf dem untergetauchten, schwingenden Rhizom- und Wurzelgeflecht so viele Ablagerungen in Form von Detritus, Halm- und Blattresten angesammelt haben,
daß diese an oder nahe an die Wasseroberfläche heranreichen:

> In der Regel entwickeln sich die Bestände dieser Subassoziation aus Beständen der sehr
> artenarmen typischen Subassoziation, die sich hier also nicht - wie es sonst fast allge-
> mein der Fall ist (KRAUSCH, 1964) - zur Subassoziation von S o l a n u m (= L y c o -

---

1) Diese ist nicht identisch mit dem Phalaridetum LIBB. 31 des Magnocaricion.
2) WESTHOFF und DEN HELD (1969) unterscheiden ein durch Arten dieser Assoziation differen-
ziertes Scirpo-Phragmitetum bidentetosum.

p u s) weiterentwickelt. Die Sphagnetosum-Bestände umsäumen die Typicum-Bestände entweder ganz - z.B. wenn diese auf einer Seite ans offene Wasser grenzen - oder wenigstens
zum großen Teil. Nach außen gehen sie in S p h a g n u m - Schwingrasen über, die entweder ein Carici-Agrostidetum sphagnetosum oder Sphagneten darstellen.
In einigen Untersuchungsobjekten bilden sie aber auch den einzigen, nur noch fleckenhaf-
ten Röhrichtrest inmitten von S p h a g n u m - Schwingrasen.

Auch wenn die Sphagnum-Subassoziation der beiden Assoziationen in ihrem Randbereich an
S p h a g n u m - Schwingrasen grenzt, so kommt nur in seltenen Fällen und dann immer nur
kleinflächig eine Übergangszone aus einem Carici canescentis-Agrostidetum oder einem Sphagnetum mit einzelnen Röhrichtvorkommen vor (s. S c h o e n o p l e c t u s l a c u s t r i s -
Subvariante der S p h a g n u m r e c u r v u m - Gesellschaft). Es bleibt hier aber fraglich, ob die normale Entwicklung der gesamten Bestände der S p h a g n u m - Subassoziation
überhaupt zu Sphagneten oder zum Carici-Agrostidetum sphagnetosum hinführt. Jedenfalls ergaben meine Bohrungen, daß die Schwingmatten aus S c h o e n o p l e c t u s - bzw. T y -
p h a - Rhizomen und -Wurzeln nur mit sehr begrenzter Ausdehnung bis unter oder in die
Schwingrasendecke aus S p h a g n e n reichen, die dann nur noch gelegentlich von einzelnen T y p h a - oder S c h o e n o p l e c t u s - Halmen durchstoßen wird. Offensichtlich
waren also diese Röhrichtbestände auch ursprünglich nur kleinflächig und sind heute, wenn
auch z.T. als Subassoziation von S p h a g n u m , infolge der nur schwachen randlichen
Eroberung durch die S p h a g n u m - Schwingrasen, nicht viel kleiner als ursprünglich
(s. Abb.30).

Zumindest das Typhetum sphagnetosum scheint sich nicht zu S p h a g n u m - Schwingrasen
hin zu entwickeln und sich damit nicht der oligo-dystraphenten Sukzessionsreihe einzufügen. Vielmehr scheint es eine direkte Entwicklung zum anspruchsvolleren Frangulo-Salicetum zu nehmen. Für diese Annahme spricht einerseits das mesotraphente S p h a g n u m
f i m b r i a t u m , das den S p h a g n u m - Schwingrasen weitgehend fremd ist, dagegen aber zu den häufigsten Sphagnen des Frangulo-Salicetum zählt, und andererseits das
schon relativ starke Auftreten von S a l i x ad c i n e r i a vergens, aber auch von
J u n c u s e f f u s u s und P o t e n t i l l a p a l u s t r i s .

b) Das stets als Standröhricht ausgebildete Phragmitetum sphagnetosum tritt lediglich im
Elmpter Bruch in Form weniger Bestände auf, von denen 2 aufgenommen wurden (Spalte 12 A u. B):

Beim Phragmetetum sphagnetosum handelt es sich um die letzten Bestände, die im Elmpter Bruch
- soweit es den als "Heidemoor" zu bezeichnenden Teil betrifft[1] - überhaupt noch als echte
Röhrichte angesprochen werden können. Denn die von weitem als ein ausgedehntes Schilfrö-
richt erscheinende offene Moorfläche dieses größten Untersuchungsobjektes ist zum allergröß-
ten Teil nicht mehr als Röhricht zu bezeichnen, sondern stellt ein Mosaik hauptsächlich aus
Sphagneten, "Narthecieten", M y r i c a - oder B e t u l a - Gebüschen dar, die alle reich
mit P h r a g m i t e s durchsetzt sind (s. Abb.34).
Das Phragmitetum sphagnetosum kommt in jenen wenigen offeneren, meist spärlicher besiedelten,
schlenkenartigen Partien vor, die - als letzte, noch nicht ganz verlandete Reste des ehemaligen Gewässers - im zentralen Teil der offenen Moorfläche in das genannte Mosaik hier und da
eingestreut sind. Eine gute Voraussetzung für die Ausbildung dieser Subassoziation sind dabei vor allem die auf einer 0,5 - 1 m mächtigen Schlamm- und Torfschicht noch verbleibende
geringe, wenig schwankende Wasserbedeckung sowie deren weitgehende Isolierung vom nährstoffreicheren Untergrund und Grundwasser.
Die Bildung dieser Subassoziation ging offensichtlich von der heute allerdings nicht mehr
vorhandenen artenarmen typischen Subassoziation aus (s. Sukzessionsschema Nr.2, Abb.39), wie
sich aus dem Fehlen jeglicher Differentialarten anderer Subassoziationen folgern läßt. Das
Auftreten von S p h a g n u m p a p i l l o s u m zeigt eine Entwicklungstendenz auf das
Sphagnetum papillosi hin an. Offensichtlich ist diese Tendenz aber, bevor sie zum Ziel führen konnte, "überholt" worden von dem im größten Teil des Elmpter Bruchs bereits verwirklichten Abbau der Sphagneten, der hier durch das Einwandern von M o l i n i a , E r i c a ,
vor allem aber von M y r i c a bereits so weit fortgeschritten ist, daß man von einer
" M y r i c a - Abbaufazies" des Phragmitetum sphagnetosum sprechen kann. Das gleichzeitige

---

1) s. Kap.2.2.3.

Vorhandensein von S p h a g n u m   f i m b r i a t u m   und   B e t u l a   ad   p u b e -
s c e n s   vergens deutet die weitere Sukzession zum Betuletum pubescentis als Endstadium
der ganzen Entwicklungsreihe an. Die ebenfalls vorhandenen Arten C l a d i u m   und   C a -
r e x   l a s i o c a r p a   müssen aber wohl schon vor der Eroberung dieser Bestände durch
Sphagnen und die anderen hier genannten abbauenden Arten ins Phragmitetum eingedrungen sein.
Dabei kam es allerdings nicht, wie sonst überall im weniger verlandeten Teil der Schlenken,
zur Ausbildung eines P h r a g m i t e s - reichen Caricetum lasiocarpae bzw. des hier allerdings nur seltenen Cladietum.

Die in diesen beiden Aufnahmen angedeutete Entwicklungstendenz findet sich nun in all ihren
einzelnen Entwicklungsstufen in Form des genannten Mosaiks im Elmpter Bruch verwirklicht.
Dem Phragmitetum sphagnetosum kommt also eine zentrale Rolle in der Deutung der heutigen Ve-
getation des Elmpter Bruchs zu: Die vom ehemaligen Phragmitetum typicum ausgehende Sukzession
im Elmpter Bruch wurde durch die Ausbildung der S p h a g n u m - Subassoziation in eine
Richtung gelenkt, die - statt, wie im meso- und eutrophen Bereich, über Magnocariceten u.a.
Gesellschaften zum Alnetum - über Sphagneten, "Narthecieten" und M y r i c a - Gebüsch zum
Betuletum pubescentis führt.

Im Elmpter Bruch zeigt sich also die breite Skala der Abbaumöglichkeiten von Röhrichten -
hier in Richtung oligo-dystraphenter Gesellschaften - , wohingegen in allen anderen Gebieten
mit Röhrichten die in der Sukzession auf die Röhrichte folgende Gesellschaft entweder ganz
fehlt oder nur in Ansätzen vorhanden ist:

> Von den schwingenden Schoenoplectetum- und Typhetum-Beständen führt die Sukzession nur
> selten über die S p h a g n u m - Subassoziation als erstem Abbaustadium hinaus. Auch
> bei den Standröhrichten, für die allerdings nur ein Abbau in mehr mesotraphente Gesell-
> schaften in Frage kommt, zeigen sich lediglich die ersten Stufen des Abbaus (Subassozia-
> tion von L y c o p u s   in der Subvariante von A g r o s t i s   s t o l o n i f e r a
> bzw. deren spezielle Abbaustadien).

4.3.2.1.2. Cladietum marisci ZOBRIST 35

Die drei einzigen Röhrichtbestände (Spalten 19 u. 20), die man dieser in ganz Mitteleuropa
sehr seltenen Assoziation zuordnen kann, besiedeln wie das zuvor besprochene Phragmitetum
sphagnetosum die letzten, noch nicht vollends der Verlandung durch S p h a g n u m - reiche
Gesellschaften anheimgefallenen "Schlenken" im zentralen Teil der offenen Moorfläche des
Elmpter Bruchs (s. Vegetat.-Prof. Abb.34 u. 35). Zusammen mit Beständen in zwei viel nährstoffreicheren Gebieten (NSG Krickenbecker Seen und NSG "Mörken") sind dies die einzigen
verbliebenen C l a d i u m - Fundorte am Niederrhein.

> Nach STEEGER (1932) soll C l a d i u m   bereits den Römern die niederrheinischen Sümpfe
> "verleidet" haben. HÖPPNER berichtet noch in den 20er Jahren aus den niederrheinischen
> Röhrichten und Flachmooren von "undurchdringlichen Dickichten von C l a d i u m "
> (1920), von "größeren, prächtigen" oder "staatlichen" C l a d i u m - Beständen (1926 a
> u. c, 1927 a).

Der   S t a n d o r t   entspricht nicht der in Floren, soziologischen Übersichten u.a. durchweg zu findenden Charakterisierung als einer kalkbeanspruchenden Art bzw. Assoziation (s.
z.B. OBERDORFER und Mitarb., 1967: "oligotrophe Kalkseen").

> Bei Berücksichtigung der mehr als 30 Arbeiten, in denen von C l a d i u m - Beständen
> bzw. Cladieten innerhalb Mitteleuropas berichtet wird, zeigt sich aber, daß Cladieten
> zwar im Alpenvorland und in den Alpen fast ausnahmslos kalkreiche Gewässer besiedeln,
> daß die Vorkommen im mitteleuropäischen Tiefland (von N-Frankreich bis Ostdeutschland)
> aber überwiegend in kalkarmen Gewässern liegen, wobei die Angaben der Autoren zwischen
> eutroph bis oligotroph schwanken. Der Schwerpunkt scheint im mesotrophen Milieu zu lie-
> gen. ALTEHAGE (1957), MARGADANT und WIJK (1942), RUNGE (1961), VANDEN BERGHEN (1947) und
> WESTHOFF und DEN HELD (1969) geben C l a d i u m - Bestände bzw. das Cladietum auch für
> Heidegewässer oder -moore an.

In der f l o r i s t i s c h e n   S t r u k t u r (s. Tab.6) muß zunächst auf die starke
Beteiligung von P h r a g m i t e s hingewiesen werden.

Nach HÖPPNERs Beschreibungen zu urteilen, handelt es sich bei den Cladieten des Niederrheins wohl immer um ähnliche, dem Phragmitetum nahestehende Bestände. Derartige Bestände
sind die Grundlage für die Bewertung des Cladietum als einer Phragmition-Assoziation, wie
sie bisher nur von KRAUSCH (1964), PASSARGE (1964 a) und OBERDORFER und Mitarb. (1967)
vertreten wird. Da viele Bestände dem Magnocaricion näherstehen, sahen sich die meisten
Autoren veranlaßt, das Cladietum zum Magnocaricion zu stellen. Nach PFEIFFER (1961), der
sogar nur bestimmten Ausbildungsformen von C l a d i u m - Beständen die Bewertung als
eigene Assoziation, und zwar des Magnocaricion, zuerkennen möchte, wären Bestände, wie
die des Elmpter Bruchs und früher am gesamten Niederrhein, nur als Fazies oder Subassoziation des Scirpo-Phragmitetum (bzw. des Phragmitetum) anzusehen ("Scirpo-Phragmitetum
cladietosum" auch schon bei SAUER, 1937, und BOER, 1942).

Allen Aufnahmen des Cladietum und des Phragmitetum ist gemeinsam, daß sie sehr deutlich im
Abbau begriffen sind,[1] denn sie sind bereits sehr stark mit M y r i c a durchsetzt. Eine
derartige Ausbildungsform, die hier als " M y r i c a - Abbaufazies" oder " - Gebüschstadium" bezeichnet wird, ist bisher nur aus einem Heidemoor in der Campine (Belgien) bekannt
geworden (VANDEN BERGHEN, 1947).

Die erste Aufnahme (Spalte 19) zeigt neben M y r i c a kaum noch andere abbauende Arten
und dann diese auch nur spärlich. Sie kommt der typischen Subassoziation KRAUSCHs (1964)
nahe; ein sehr spärliches Auftreten von S p h a g n u m   r e c u r v u m läßt den Bestand
mit den beiden anderen, die dem Phragmitetum sphagnetosum in ihrer Zusammensetzung entsprechen, jedoch zur S p h a g n u m - Subassoziation vereinigen.

Sphagnenreiche Cladieten sind sowohl aus kalkarmen Gebieten (HÖPPNER, 1927 c; VANDEN
BERGHEN, 1947; KRAUSCH, 1964; JESCHKE, 1963), wie erstaunlicherweise auch aus kalkreichen
Gebieten (BRAUN, 1968) bekannt. In ihrer Struktur nicht unbedingt miteinander vergleichbar, erfahren sie eine unterschiedliche soziologische Bewertung, die von " S p h a -
g n u m - Form" (KRAUSCH, 1964) bis zur Einordnung in die Sphagneten (BRAUN, 1968) reicht.
Im Vergleich zu diesen und in Analogie zu den anderen Röhrichtgesellschaften (s.o.)
scheint es mir am vorteilhaftesten, von einer "Subassoziation von S p h a g n u m " zu
sprechen.[2]

Ganz besondere Bedeutung erlangt einer dieser Bestände (Spalte 21 B) dadurch, daß ich hier
einige Bulte des sehr seltenen S p h a g n u m   s u b b i c o l o r nachweisen konnte,
die zusammen mit solchen im benachbarten Caricetum lasiocarpae den einzigen derzeit aus dem
Rheinland bekannten Fundort dieser Art darstellen (zur Problematik der Bestimmung s.
Kap.3.1.2, zur mitteleuropäischen Verbreitung s. Abb.14).

Der erste Bestand läßt nur eine Deutung in dem Sinne zu, daß hier die Entwicklung von einem
Cladietum typicum direkt zum M y r i c a - Gebüschstadium verlaufen ist, das seinerseits
den Übergang zum M y r i c a - Gebüschstadium des Betuletum pubescentis darstellt. Es sind
also keine Ansätze von solchen Gesellschaften vorhanden, die normalerweise M y r i c a -
Gebüschen in der Sukzession vorangehen.

Dagegen sind fast alle Arten in den beiden anderen Beständen möglicherweise Anzeichen für
eventuell ehemals vorhanden gewesene Sukzessionstendenzen auf Gesellschaften hin, die im
Elmpter Bruch in der Entwicklung vom Phragmitetum zu M y r i c a - Gebüschen tatsächlich
auftraten und auftreten (Caricetum lasiocarpae, Sphagneten, "Narthecietum" (s.u.), M o -
l i n i a - Bestände). Keine dieser Entwicklungsmöglichkeiten wurde aber bei den beiden
Cladietum-Beständen realisiert, da sie entweder jeweils "in statu nascendi" von der Entwicklungstendenz zur nächstfolgenden Gesellschaft "überholt" wurden, bis schließlich M y -
r i c a den ganzen Bestand durchsetzte, oder aber weil die einzelnen abbauenden Arten
(C a r e x   l a s i o c a r p a , Sphagnen, N a r t h e c i u m , E r i c a , M o -
l i n i a ,   M y r i c a) sogar ± "simultan" in das Cladietum eindrangen.

---

1) Das kommt auch schon darin zum Ausdruck, daß C l a d i u m in allen 3 Beständen nicht
   mehr regelmäßig und auch nur bei einzelnen Exemplaren Blütenstände treibt.

2) Eine umfassende und allgemeingültige Gliederung des Cladietum fehlt bisher. Die wenigen
   vorliegenden Gliederungen sind nur an lokalen oder regionalen Verhältnissen orientiert.
   KRAUSCHs Gliederung bietet u.a. wohl deshalb die beste Möglichkeit für die Zuordnung des
   Bestandes, weil sie außer der von PASSARGE als einzige von der Stellung des Cladietum im
   Phragmition-Verband ausgeht.

Alle diese in den beiden Cladietum-Beständen nur im Ansatz angedeuteten Gesellschaften, besonders das Caricetum lasiocarpae, finden sich aber im unmittelbaren Umkreis des Cladietum. Ob sich diese Bestände - sofern in ihnen C l a d i u m vorkommt - tatsächlich aus dem Cladietum entwickelt haben, muß dahingestellt bleiben (s. Veget.-Prof., Abb.34 u. 35, u. Sukzess.-Schema 2, Abb.39).

> VANDEN BERGHEN (1947), LUTZ (1938), VOLLMAR (1947), BRAUN (1968) und BERTSCH (1938) schildern die Entwicklung von Cladieten zu Sphagneten, wenn auch z.T. über Zwischenstufen. Eine der häufigsten Assoziationen jedoch, die in der Sukzession mittelbar oder unmittelbar auf das Cladietum folgt oder zumindest in engem räumlichen Kontakt mit ihm steht, scheint der Literatur zufolge (s. VOLLMAR, 1947; LUTZ, 1938; JESCHKE, 1963; KRAUSCH, 1964) das Caricetum lasiocarpae zu sein.

Als A u s g a n g s p u n k t für die Entwicklung des Cladietum oder doch wenigstens als eine ihrer typischen Hydrophyten-Kontaktgesellschaften wird öfter das "Nymphaeetum minoris" genannt (BRAUN, 1968; JESCHKE, 1959 u. 1963; KRAUSCH, 1964; VOLLMAR, 1947). Erstaunlicherweise ist nun auch diese räumliche und möglicherweise zeitliche, vegetationsdynamische Beziehung zwischen Cladietum und "Nymphaeetum minoris" (s.o. Kap.4.2.1.2.) ebenfalls im Elmpter Bruch gegeben, wo doch beide Gesellschaften die einzigen und nur noch kleinflächigen und fragmentarischen Bestände im gesamten Untersuchungsgebiet bilden.

> Auch HÖPPNER nennt im Zusammenhang mit den C l a d i u m - Beständen der jetzt verschwundenen niederrheinischen Moore mehrfach (1920, 1925, 1926 a) einerseits Bestände "kleinblütiger Formen" von N y m p h a e a (s.o. "Nymphaeetum minoris") und andererseits C a r e s l a s i o c a r p a - Bestände.

4.3.2.1.3. Schoenoplectetum tabernaemontani PASS. 64

Wohl noch bemerkenswerter als das Cladietum ist ein von S c h o e n o p l e c t u s t a - b e r n a e m o n t a n i geprägter Bestand.

> S c h o e n o p l e c t u s t a b e r n a e m o n t a n i kommt neben ihrem Hauptverbreitungsgebiet in den salzigen bis brackigen Küstengewässern nur sehr selten in Süßwassergewässern des Binnenlandes vor. So ist z.B. in der gesamten limburgischen und niederrheinischen floristischen Literatur (von WIRTGEN, 1857, bis heute) für das Gebiet zwischen Rhein und Maas nur ein einziger Fundort (Grevenbroich, 1937) angegeben (s. LAVEN und THYSSEN, 1959).
> Bei BOER (1942), RUNGE (1969 a), TÜXEN (1937) und WESTHOFF und DEN HELD (1969) gilt die Art als C-Art des Scirpetum maritimi, bei JESCHKE (1959) und VOLLMAR (1947) sogar als C-Art des Cladietum. Die meisten Autoren sehen in Beständen mit Dominanz von S c h o e - n o p l e c t u s t a b e r n a e m o n t a n i lediglich eine Fazies oder besondere Ausbildungsform des Scirpo-Phragmitetum (SAUER, 1937; JESCHKE, 1963) oder des Scirpetum maritimi (MOER, 1942; DONSELAAR, 1961). Nur PASSARGE (1964. a) sowie OBERDORFER und Mitarb. (1967), denen ich mich hier anschließen möchte, werten sie als eigene Assoziation.

Der kleine Bestand des Schoenoplectetum tabernaemontani (Tab.6, Spalte 21) im Untersuchungsgebiet findet sich in einem nicht viel mehr als 1 Ar großen Heidegewässer am Rande des Kempkes Venn im Brachter Wald (Abb.1, Nr.11). Er besiedelt das seichte Ufer des Gewässers, das fast ganz von einem lockeren Typhetum (s. Spalte 14) eingenommen wird. Nach außen schließt sich an den Bestand eine mehrfach größere Fläche mit lichterem S c h o e n o p l e c t u s t a b e r n a e m o n t a n i - Bewuchs und einer S p h a g n u m - Bodenschicht an, die nicht mehr überschwemmt wird. Diese Bestände sind schon als Sphagneten zu bewerten (s. dort).

Die Begleitflora des Schoenoplectetum-Bestandes, die von U t r i c u l a r i a m i n o r bestimmt wird und weiterhin aus L y s i m a c h i a v u l g a r i s , S p h a g n u m c u s p i d a t u m fo. f a l c a t u m , D r e p a n o c l a d u s f l u i t a n s und P o t e n t i l l a p a l u s t r i s gebildet wird, weist den Bestand als eine relativ anspruchslose Ausbildungsform der Assoziation aus, deren Gliederung allerdings noch unbekannt ist.

> Soweit in der Literatur eine Begleitflora von S c h o e n o p l e c t u s t a b e r - n a e m o n t a n i erwähnt ist, ist sie überwiegend anspruchsvoller als im Untersuchungsgebiet. Auch gelegentliche Standortangaben lassen deutlich werden, daß das Schoenoplectetum tabernaemontani überwiegend in ± eutrophen, neutralen bis basischen Gewässern

auftritt, die z.T. auch kalkreich sind. Bei den wenigen Heidegewässern, aus denen die Art oder die Assoziation bekannt ist (STEUSLOFF, 1938; RUNGE, 1961 u. 1969 b), handelt es sich um solche mit meso- bis eutrophem Einschlag, wie es wohl auch im Kempkes Venn der Fall ist.

Zwischen einem großen Teil der beschriebenen Gewässer mit S c h o e n o p l e c t u s t a - b e r n a e m o n t a n i - Vorkommen und dem Gewässer im Kempkes Venn besteht eine bemerkenswerte Gemeinsamkeit: Beide sind künstlich geschaffen oder in irgendeiner Weise stark anthropogen beeinflußt (Fischteiche, Kiesgruben, Torfstiche, Steinbrüche, Viehtränken u.a.). Bei dem Gewässer im Kempkes Venn handelt es sich entweder um eine kleine ehemalige Sand- oder Kiesentnahmestelle oder um eine Flachsröste. Es muß sich also auch hier wie an vielen der übrigen Fundorte um ziemlich junge Ansiedlungen handeln.

Der Bestand darf also nicht - wie etwa die Cladietum-Bestände des Elmpter Bruchs - als Relikt einer ursprünglich weiter verbreiteten Vegetation angesehen werden, weder in bezug auf das Kempkes Venn noch in bezug auf das gesamte Untersuchungsgebiet, was ja bereits die floristische Literatur zeigt (s.o.).

4.3.2.2. Magnocaricion

4.3.2.2.1. Caricetum elatae W. KOCH 26

Das Caricetum elatae, eine der charakteristischsten und früher wohl auch häufigsten Assoziationen meso- bis eutropher Gewässer und Niedermoore, tritt verständlicherweise nur in wenigen Gewässern (s. Abb.1, Gebiete: 2, 6, 7, 8 u. 19) des Untersuchungsgebietes und zudem - mit einer Ausnahme - nur kleinflächig auf.

> Überhaupt scheint die Gesellschaft heute - zumindest im nw-mitteleuropäischen Tiefland - ziemlich selten zu sein. Wird sie für den Niederrhein noch bei HÖPPNER und PREUSS (1926) als "in den Wiesenmooren des Niederrheins verbreitet und stellenweise große Bestände bildend" charakterisiert, so scheint sie sich dort heute außer in meinen Untersuchungsgebieten nur noch kleinflächig in wenigen eutrophen Gewässern zu halten (s. BURCKHARD und BURGSDORF, 1966; HILD, 1956; HILD und REHNELT, 1965 a u. 1967 b).
> Die einzigen, mir bekannten Angaben der Gesellschaft aus oligotrophen Gewässern oder Mooren in Mitteleuropa stammen, außer der von SCHUMACHER (1932), aus dem östlichen Mitteleuropa (PASSARGE, 1955; NEUHÄUSL, 1965).

Trotz der nur wenigen Vorkommen im Untersuchungsgebiet übertrifft die Assoziation alle anderen in ihrer Gesamtflächenausdehnung, und zwar lediglich aufgrund ihrer sehr großflächigen Massenausbildung (ca. 20 ha) in dem nach dem Elmpter Bruch zweitgrößten Untersuchungsobjekt, dem Eendenven bei Bergen (s. Karte Abb.1, Nr.6). Es ist eine von einem Dünenkranz umgebene Reihe kleinerer und großer Torfstiche, die aber insgesamt zum größten Teil eine fast geschlossene Wasserfläche bilden.

In diesem Gebiet ist die sicherlich optimale Voraussetzung für die Entfaltung der Assoziation mit der starken Nährstoffzufuhr durch eine mehrere tausend Vögel starke Lachmöwenkolonie gegeben ("Guanotrophierung", s. BURRICHTER, 1969, und LEENTVAAR, 1967).

> Allerdings läßt sich dadurch die große Flächenausdehnung gerade dieser Gesellschaft nicht hinreichend erklären, denn relativ anspruchsvolle Gesellschaften, wie die J u n c u s e f f u s u s - Gesellschaft oder das Typhetum, lockern nur in einigen Teilen des Venns den eintönigen Vegetationsaspekt auf, obwohl gerade diese Gesellschaften, z.B. im Zwillbrocker Venn in Westfalen (BURRICHTER, 1969 a), als Folge der Guanotrophierung durch Möwen besonders großflächig auftreten.

Bei den übrigen 5 Gewässern des Untersuchungsgebietes mit nur kleinflächigen Caricetum elatae-Beständen läßt sich ebenfalls ein gegenüber den meisten Heidegewässern höherer Nährstoffgehalt erwarten. Hier ist der höhere Trophiegrad ohne weiteres daraus abzuleiten, daß diese Gewässer zu den wenigen gehören, die streckenweise an Äcker oder Wiesen grenzen.

U n t e r g l i e d e r u n g , Z o n a t i o n u n d S u k z e s s i o n : Die Assoziation tritt im Untersuchungsgebiet in 3 sehr unterschiedlichen Ausbildungsformen auf, die außer C a r e x e l a t a nur wenige Arten gemeinsam haben:

1) Die ausgedehnten Bestände im Eendenven (Tab.7, Spalte 1 A u. B) sind äußerst artenarm, ebenso einige kleine Bestände in 3 anderen Gewässern, von denen nur einer exemplarisch aufgenommen wurde (Spalte 1 c). Sie sollen hier vorläufig - da keine Möglichkeit der Zuordnung zu einer der in der Literatur bereits beschriebenen Ausbildungsformen erkennbar ist - lediglich als "reine" Fazies der typischen Subassoziation bezeichnet werden. Im Inneren des Eendenven findet sich auf weiten Strecken außer gelegentlicher L e m n a   m i n o r   keine andere höhere Pflanze als die mächtigen C a r e x   e l a t a - Horste (Spalte 1 A), die z.T. noch in nahezu 1 m tiefem Wasser wachsen (zur Zonation s. Vegetat.-Profil, Abb.22). Nur an den jeweils tiefsten Stellen der einzelnen Teile des Eendenven bleiben größere offene Wasserflächen ohne jegliche Vegetation übrig. In seichteren, mindestens kurzfristig trockenliegenden Bereichen rücken die Horste dichter zusammen, und einige begleitende Arten treten auf (Spalte 1 b). Schließlich wird C a r e x   e l a t a   hauptsächlich von hochbultigen, auf den ersten Blick kaum vom Caricetum elatae zu unterscheidenden M o l i n i a - Beständen abgelöst, die das Caricetum elatae zum Ufer hin umsäumen und im übrigen das ganze Ven - meist an den seichtesten Stellen - flecken- oder streifenhaft durchziehen. Dadurch markieren sie die Aufgliederung dieses ausgedehnten Untersuchungsgebietes in mehrere große und kleinere Teilbereiche.

MÖRZER-BRUYNS' Beschreibung des Eendenvens aus dem Jahre 1952 bietet eine der wenigen Gelegenheiten für das Untersuchungsgebiet, zu konkreten Anhaltspunkten über die jüngste Entwicklung der Vegetation wenigstens in groben Zügen zu kommen, wenn sie hier auch leider nur den aus dem Rahmen der normalen Entwicklungsmöglichkeiten von Heidegewässern fallenden Sonderfall der Entwicklung und Veränderung durch Guanotrophierung betrifft: Die Ausdehnung von C a r e x   e l a t a   muß seither in einem für einen Zeitraum von 20 Jahren fast unvorstellbaren Maße zugenommen haben,[1] wobei von der ehemals z.T. noch vorherrschenden oligotraphenten Wasservegetation (S p h a g n u m   spec., J u n c u s   b u l - b o s u s   und P o t a m o g e t o n   p o l y g o n i f o l i u s) als auch von den in seichten oder bereits stärker verlandeten Partien oft auftretenden Sphagnetum- und Scheuchzerio-Caricetea fuscae-Beständen (H y d r o c o t y l e , E r i o p h o r u m   a n g u s t i f o l i u m , A g r o s t i s   c a n i n a   u.a.) heute nur noch wenig übriggeblieben ist.

2) Der im Sommer längere Zeit vollständig trockenliegende Bestand (Spalte 2) in einem Gewässer am W-Rand der Echter Heide (Abb.1, Nr.19) gehört zweifellos der typischen Subassoziation der meisten Autoren an (DONSELAAR, 1961; HILD, 1956; HORST u.a., 1966; JESCHKE, 1959, 1963; MÜLLER-STOLL und NEUBAUER, 1965; PASSARGE, 1964 a; SAUER, 1937; WESTHOFF und DEN HELD, 1969), auch wenn diese von den einzelnen Autoren z.T. verschieden gefaßt wird. Diese reichste Ausbildungsform der Assoziation innerhalb des Untersuchungsgebietes, die im Vergleich zu den meisten von den genannten Autoren beschriebenen Beständen aber immer noch als relativ artenarm bezeichnet werden muß, ist hier als P h r a g m i t e s - Fazies ausgebildet (KOCH, 1926; VOLLMAR, 1947). Die meisten Arten, darunter die mit den größten Artmächtigkeiten, sind Phragmition-Arten, die hier also als übergreifende OC-Arten anzusprechen sind.

In der floristischen Zusammensetzung spiegelt sich wider, daß der Bestand - als einziger von den Beständen des Untersuchungsgebietes - im Kontakt mit Röhrichtbeständen steht, wie es ja für das Caricetum elatae typisch ist (s. Veget.-Profil, Abb.20). Die wenige Zentimeter mächtige Torfschlammauflage über dem Sanduntergrund beweist, daß aber keineswegs eine Sukzession vom Röhricht zum Caricetum elatae stattgefunden hat, wie sie für andere Gebiete oft angegeben wird.

Hier schließt das Caricetum elatae auch nicht - wie gewöhnlich - zum Ufer hin an das Röhricht an, sondern liegt inmitten des Röhrichts zwischen einem wasserseitigen Schoenoplectetum lacustris, in dem einzelne C a r e x   e l a t a - Horste noch weit vorgeschoben vorkommen, und einem uferseitigen Phragmitetum, dessen Standort für C a r e x   e l a - t a - Horste bereits zu oft oder zu lange im Jahr trockenliegt.

---

1) Dies ist hier besonders hervorzuheben, da es in krassem Gegensatz zu der nur sehr langsam sich vollziehenden Sukzession steht, wie sie in der Regel in Heidegewässern und -mooren zu beobachten ist (s. z.B. TÜXEN, 1958 a) und wie auch ich sie in denjenigen Untersuchungsobjekten, die mir bereits seit vielen Jahren bekannt sind, feststellen konnte.

3) Zwei Bestände im Suikerven (Abb.1, Nr.2) stellen eine dritte Ausbildungsform der Assoziation dar (Spalten 3 A u. B), zweifellos eine, deren auffälligste Charakterisierung in einer
S p h a g n u m - Bodenschicht besteht und die deshalb in Analogie zu den Phragmition-Asso-
ziationen (s.o.) als Subassoziation von S p h a g n u m betrachtet werden (s. auch MÜLLER-
STOLL und NEUBAUER, 1965). Eine Reihe weiterer Differentialarten entstammt den Scheuchzerio-
Caricetea fuscae, so daß diese Ausbildungsform schon zu Kleinseggengesellschaften vermittelt,
wie auch bei MÜLLER-STOLL und NEUBAUER (1965) beschrieben.

   Sie könnte auch noch der von mehreren Autoren (DONSELAAR, 1961; JESCHKE, 1963; PASSARGE,
   1964 a, und WESTHOFF und DEN HELD, 1969) unterschiedenen Subassoziation von C o m a -
   r u m angegliedert werden, etwa als S p h a g n u m - Fazies oder -Variante (s. JESCHKE,
   1963).

Die S p h a g n u m - Subassoziation stellt zweifellos ein Abbau- bzw. Endstadium dar. Die
Zwischenräume zwischen den Horsten sind hier keineswegs - wie es für das Endstadium des Caricetum elatae meist beschrieben wird - weitgehend oder ganz verschwunden, vielmehr sind sie
fast vollständig, d.h. bis ca. zur Hochwasserstandslinie, mit Torfschlamm angefüllt, auf dem
sich ein S p h a g n u m   r e c u r v u m - Teppich angesiedelt hat, der z.T. auch schon
auf die Horste übergreift, so daß von den ehemals säulenartig ausgebildeten C a r e x
e l a t a - Horsten nur noch ihr oberster Teil als niedriger Bult zu erkennen ist. Zur Gewässermitte hin setzen sich beide Bestände in S p h a g n u m - Schwingrasen fort (s. Veget.-
Profil, Abb.32).

4.3.2.2.2. Caricetum rostratae RÜB. 12

   JONAS bezeichnet in seiner grundlegenden Arbeit über die "Emsländischen Heidekölke"
   (1932) das Caricetum rostratae zusammen mit dem Rhynchosporetum und dem Heleocharetum
   atlanticum (= E l e o c h a r i t e t u m   m u l t i c a u l i s und E l e o c h a -
   r i s - p a l u s t r i s - Gesellschaft; s. dort) als die "eigentlichen Heidekolkassoziationen". Rechnet man wie JONAS mehr oder weniger alle C a r e x   r o s t r a t a -
   Bestände zum Caricetum rostratae, dann hat die Charakterisierung durch JONAS auch für
   das Untersuchungsgebiet eine gewisse Berechtigung:

C a r e x   r o s t r a t a - Bestände gehören auch in den Heidegewässern und -mooren des
Untersuchungsgebietes zu den häufigsten Vegetationseinheiten und bilden auch in bezug auf
ihre Gesamtflächenbedeckung einen der bedeutendsten Anteile am Vegetationsmosaik der Untersuchungsobjekte.

Wird das Caricetum rostratae jedoch so aufgefaßt, wie es sich innerhalb des nach C-Arten
und unter dem Aspekt der floristisch-soziologischen Gesamtstruktur aufgestellten hierarchischen Systems darstellt und wie es erst 1962 durch OBERDORFER als eigenständige Magnocaricion-Assoziation (nach Auflösung des "klassischen" KOCHschen Caricetum inflato-vesicariae)
eingeführt wurde, so lassen sich nur wenige C a r e x   r o s t r a t a - Bestände des Untersuchungsgebietes in diese Assoziation einordnen: Auch wenn in ihr bisweilen Elemente der
Scheuchzerio-Caricetea fuscae in stärkerem Maße als in anderen Magnocaricion-Gesellschaften
zur Geltung kommen können, so zeigt doch die Zusammenstellung des größten Teils des europäischen Aufnahmematerials durch BALÁTOVÁ-TULÁCKOVÁ (1963), daß in ihr die Magnocaricion- bzw.
Phragmitetea-Komponente bei weitem überwiegt, daß es sich also somit um eine echte Magno-
caricion-Gesellschaft handelt.

Fehlt nun, wie in den weitaus meisten C a r e x   r o s t r a t a - Beständen des Untersuchungsgebietes, die Magnocaricion- bzw. Phragmitetea-Komponente völlig, während Scheuchzerio-Caricetea-Arten vorhanden sind, so können derartige Bestände nicht mehr zum Caricetum
rostratae und damit zum Magnocaricion und zu den Phragmitetea gestellt werden; sie müssen
vielmehr - als C a r e x   r o s t r a t a - Soziation, die ich zur ranglosen " C a -
r e x - r o s t r a t a - Gesellschaft" zusammenfasse - den Scheuchzerio-Caricetea fuscae
zugeordnet werden (s.u. Kap.4.3.3.2.).

Mit den beiden Aufnahmen 5 B und 6 B der Tabelle 7 sind diejenigen Bestände des Untersuchungsgebietes bereits nahezu alle erfaßt, die neben C a r e x   r o s t r a t a noch eine wei-

tere Phragmitetea-Art enthalten (hier C a r e x e l a t a und T y p h a l a t i f o -
l i a) und somit eindeutig dem Caricetum rostratae angehören. Außer diesen habe ich nur
noch wenige weitere, sehr artenarme Bestände ohne Scheuchzerio-Caricetea fuscae-Arten, darunter auch Reinbestände von C a r e x r o s t r a t a , dem Caricetum rostratae angeschlossen.

> Ob man solche artenarmen Ausbildungen als verarmtes Caricetum rostratae, wie JESCHKE
> (1959) und DIERSSEN (1972), oder als die Optimalphase dieser Assoziation bewerten soll,
> ist noch nicht zu entscheiden. Manchen Autoren folgend, dürfte man weder diese noch die
> beiden Bestände mit Phragmitetea-Arten zum Caricetum rostratae rechnen: Ohne Angabe über
> ihren systematischen Anschluß und ihre Einordnung in höhere systematische Kategorien wer-
> den sie als " C a r e x - r o s t r a t a - Stadium" (SUKOPP, 1959) oder " S p h a -
> g n u m r e c u r v u m - C a r e x r o s t r a t a - Stadium" (TÜXEN, 1958 a) be-
> zeichnet. Andere rechnen ähnliche Bestände bereits zu den Initialstadien von Scheuch-
> zerio-Caricetea fuscae-Assoziationen (z.B. JESCHKE, 1959), wie es ja auch hier (s.u.)
> mit den meisten C a r e x r o s t r a t a - Beständen geschieht, sofern VC-, OC- oder
> KC-Arten aus dieser Klasse auftreten. DUVIGNEAUD (1949) rechnet sogar das Caricetum ro-
> stratae insgesamt zu den Scheuchzerio-Caricetea (bei ihm erweitert als "Sphagno-Caricetea
> fuscae").

Die Anordnung bzw. die Lage der Caricetum rostratae-Bestände innerhalb der Untersuchungsobjekte unterscheidet sich nicht wesentlich von denen der großen Masse der übrigen C a r e x
r o s t r a t a - Bestände (s. C a r e x r o s t r a t a - Gesellschaft in den Scheuchzerio-Caricetea fuscae): Unter den Gewässern mit C a r e x r o s t r a t a - Beständen
scheint es sich - nach Lage des Gewässers und der übrigen Vegetation zu schließen - um die
relativ nährstoffreichsten zu handeln. Innerhalb des Wassertiefenbereiches, den C a r e x
r o s t r a t a - Bestände ganz allgemein einnehmen können, besiedeln die wenigen Bestände
des Caricetum rostratae die tieferen Bereiche. Deshalb sind die meisten der ohnehin spärlich
vorhandenen Begleiter Hydrophyten, die als Differentialarten zweier Varianten (Variante von
N y m p h a e a und Variante von J u n c u s b u l b o s u s var. f l u i t a n s)
anzusehen sind (Spalten 4 u. 6). Auch bei den Sphagnen, die in einigen Aufnahmen auftreten
und dann eine Subassoziation von S p h a g n u m differenzieren (s. auch KRAUSCH, 1964),
handelt es sich überwiegend um Hydrophyten.

4.3.2.2.3. Caricetum vesicariae BR.-BL. et DEN. 35

Diese Assoziation ist in den Untersuchungsobjekten nur durch einen kleinen, isolierten Bestand (Tab.7, Spalte 8) in einer flachen Senke des Brachter Waldes (Abb.1, Nr.11) vertreten.

Die wenigen anderen C a r e x v e s i c a r i a - Bestände zählen nicht zu dieser Magnocaricion-Assoziation, sondern müssen - wie auch die meisten C a r e x r o s t r a t a -
Bestände - unter die Scheuchzerio-Caricetea eingeordnet werden.

4.3.2.3. Zusammenfassung (Phragmitetea)

Phragmitetea-Gesellschaften kommen zwar in nahezu einem Drittel aller Untersuchungsobjekte
vor, aber fast immer nur in Form von kleinen Beständen. Die wenigen Untersuchungsobjekte mit
großflächigeren Beständen gehören entweder zu den größeren und tieferen, in nährstoffreichere Schichten eingebetteten oder sind solche, die an Kulturland angrenzen oder in anderer Weise zoogen oder anthropogen eutrophiert sind.

a) Innerhalb des Phragmition, das hier aus dem Phragmitetum, dem Schoenoplectetum lacustris,
   dem Typhetum sowie dem Cladietum und dem Schoenoplectetum tabernaemontani (s.u.) besteht,
   ist die Tendenz der Röhrichtarten, jede für sich eigene Bestände zu bilden und sich nur
   relativ selten zu mischen, in den Untersuchungsgebieten stärker ausgeprägt, als es die
   große Zahl der in der Literatur veröffentlichten Aufnahmen überwiegend bekundet.

   Der besonderen ökologischen Grenzsituation für Phragmition-Vegetation in Heidegewässern
   und -mooren entspricht ihre fragmentarische Struktur, gleichzeitig aber auch der insgesamt

große Artenreichtum, der in erster Linie nicht durch Beteiligung von Phragmitetea-Arten, sondern durch Arten bedingt ist, die dieser Vegetationsklasse mehr oder weniger fernstehen. Ungeachtet der insgesamt nur geringen Flächenausdehnung zeigt somit der ganze Verband, aber auch seine einzelnen Gesellschaften eine große Inhomogenität, d.h. eine starke Differenzierung, so daß ein großer Teil der aus der Literatur bekannten Untereinheiten auch hier ausgebildet ist.

b) Am häufigsten bzw. charakteristischsten sind Ausbildungsformen, die Zeichen für Abbau und Degeneration sind: Dazu gehören sowohl die S p h a g n u m - Subassoziation jeder Assoziation als auch die A g r o s t i s stolonifera-Subvarianten der Lycopus-Subass. des Phragmitetum und des Schoenoplectetum. Diese wiederum umfassen einerseits ein u.a. durch Elemente des Stellario-Scirpetum charakterisiertes "Unterstellungsstadium", zum anderen eine H y p e r i c u m h e l o d e s - und eine H o l c u s l a n a t u s - "Abbaufazies".

Die kleinflächigen Bestände der S p h a g n u m - Subassoziationen des Schoenoplectetum und des Typhetum haben fast ausschließlich den Charakter von Schwingröhrichten (= "infraaquatische Schwingrasen"); sie grenzen an meist großflächige S p h a g n u m - Schwingrasen oder sind ganz davon eingeschlossen und stellen aufgrund des weitgehend fehlenden Kontaktes zum Boden die anspruchslosesten und artenärmsten Bestände dar.

Als Standröhricht tritt die S p h a g n u m - Subassoziation (und zwar nur die des Phragmitetum) im wesentlichen nur im Elmpter Bruch auf, wo der Abbau des ehemaligen Phragmitesröhrichts offenbar über die S p h a g n u m - Subassoziation verlief, die heute allerdings nur noch fleckenhaft erhalten ist. Teilweise haben sich daraus Sphagneten entwickelt, zum großen Teil aber nimmt bzw. nahm die Sukzession, unter Überschlagung der Sphagneten, in Gestalt einer " M y r i c a - Abbaufazies" den direkten Weg zu einem M y r i c a - Gebüsch, zu dem sich schließlich auch die Sphagneten entwickeln.

c) Ausschließlich in Form einer derartigen M y r i c a - Abbaufazies sind die wenigen kleinen Cladietum-Bestände ausgebildet, die sich in der Nachbarschaft dieser Phragmiteten finden. Trotz des Reliktcharakters der Assoziation stimmen sie in einem wesentlichen Merkmal mit vielen anderen Vorkommen der Assoziation in Mitteleuropa überein: Sie stehen in räumlichem Kontakt einerseits mit den beiden einzigen Beständen von N y m p h a e a a l b a var. m i n o r (= Nymphaeetum minoris") als möglichem Ausgangspunkt der Sukzession und andererseits mit Beständen des Caricetum lasiocarpae, das in der Literatur als eine der häufigsten Folgegesellschaften des Cladietum beschrieben wird.

d) Nicht um ein Relikt, sondern um eine relativ junge Ansiedlung in einem weitgehend künstlich bedingten kleinen Gewässer handelt es sich beim einzigen Bestand des im Binnenland und zumal in nährstoffarmen und sauren Gewässern sehr seltenen Schoenoplectetum tabernaemontani.

e) Nach der Häufigkeit der Vorkommen spielen Magnocaricion-Gesellschaften nur eine untergeordnete Rolle. Jedoch übertrifft das Caricetum elatae alle anderen Vegetationseinheiten der Untersuchungsobjekte in ihrer Gesamtflächenausdehnung aufgrund ihrer sehr großflächigen Massenausbildung - in Form armer bis reiner Bestände mit bis über 1 m hohen Bulten - im Eendenven bei Bergen. Mit der starken Nährstoffzufuhr durch eine Möwenkolonie (= Guanotrophierung") sind hier sicherlich die optimalen Bedingungen für die Assoziation gegeben.

In den wenigen anderen Gewässern mit dieser Assoziation ist ein höherer Trophiegrad daraus abzuleiten, daß diese Gewässer zu den wenigen gehören, die streckenweise an Äcker oder Wiesen grenzen. Nur ein Bestand steht in dem für diese Assoziation typischen Kontakt mit Röhrichtbeständen. Der Abbau des einzigen in deutlichem Abbau befindlichen Bestandes geschah durch Ausfüllung der Bultzwischenräume mit Mudde und Torf und anschließende Besiedlung mit Sphagnen (S p h a g n u m - Subassoziation).

f) Wie in Heidegewässern und -mooren ganz allgemein, so gehören auch in den Untersuchungsobjekten C a r e x r o s t r a t a - Bestände zu den häufigsten Vegetationseinheiten. Sie können jedoch nur in den seltensten Fällen als Caricetum rostratae aufgefaßt werden.

Wenn - wie in fast allen Aufnahmen - Magnocaricion- und Phragmitetea-Arten fehlen oder hinter den fast immer vorhandenen Scheuchzerio - Caricetea -Arten zurücktreten, gehören sie der folgenden Klasse an.

4.3.3. Scheuchzerio-Caricetea fuscae

4.3.3.1. Zur Problematik der Synsystematik

Die Klasse der Scheuchzerio-Caricetea stellt den eindeutigen Schwerpunkt in der Vegetation der Heidegewässer und -moore dar: Zunächst ist sie mit 4 Assoziationen und 8 ranglosen "Gesellschaften", die ihr innerhalb der Untersuchungsobjekte zugeordnet werden müssen, die bei weitem umfangreichste. Ferner bildet sie - indem eine oder mehrere dieser Einheiten in fast jedem Heidegewässer oder -moor zu finden sind - insgesamt den häufigsten Bestandteil der Vegetation und nimmt in vielen Gewässern auch flächenmäßig den größten Anteil unter den Vegetationseinheiten für sich in Anspruch.

> Lediglich ihre Flächenausdehnung über die Gesamtheit aller Untersuchungsobjekte wird von zwei Einzelgesellschaften, dem Caricetum elatae und von der S p h a g n u m   r e c u r v u m - Gesellschaft, übertroffen. Aber beide Gesellschaften - besonders das Caricetum elatae - fallen in bezug auf Häufigkeit und Verteilung über die Untersuchungsgebiete gänzlich aus dem Rahmen (s. Kap.4.3.2.2. u. 4.4.1.2.).

Verantwortlich für die Bedeutung der Scheuchzerio-Caricetea sind eigentlich nur folgende 5 - 6 Gesellschaften bzw. Assoziationen: Die C a r e x   r o s t r a t a - Gesellschaft, die J u n c u s   e f f u s u s - Gesellschaft, die M o l i n i a - Gesellschaft, das Carici canescentis - Agrostidetum caninae, die E r i o p h o r u m   a n g u s t i f o l i u m - Gesellschaft und - mit Einschränkungen - das Rhynchosporetum.

Von den 289 Aufnahmen, die hier den Scheuchzerio-Caricetea fuscae zugeordnet werden, bietet sich für über ein Viertel keine Einordnungsmöglichkeit in irgendeine Assoziation, da in diesen Aufnahmen keine Assoziationscharakterart auftritt; die VC-, OC- und KC-Arten aus den Scheuchzerio-Caricetea weisen aber diesen Beständen eine meist eindeutige Stellung in dieser Klasse zu (s. Tab.8).[1] Da aber die Physiognomie und Struktur dieser Bestände von einer Art eindeutig beherrscht wird und vielfach auch in der Moosschicht eine dominierende Art auftritt, lassen sich alle Bestände mit gleichen Dominanten zu Soziationen bzw. Konsoziationen (s. Kap.4.1.2.) zusammenfassen. Durch Vereinigung aller Soziationen bzw. Konsoziationen mit gleicher dominierender Art in der Feldschicht ergeben sich 8 "Gesellschaften" (= Assoziationen im Sinne der skandinavischen Schule), denen nur 4 echte, auf der Treue von Charakterarten basierende Assoziationen gegenüberstehen.

> Eigenen Beobachtungen und der Literatur zufolge finden sich derartige Bestände ohne Assoziationscharakterarten auch in vielen anderen Gebieten. Vielfach werden sie, wie hier, als eigene "Gesellschaften" beschrieben, manchmal wird aber auch eine durch nichts zu begründende Zuordnung zu den festumrissenen Assoziationen vorgenommen. Insgesamt hinterläßt das Literaturstudium den Eindruck, daß solche Bestände vielfach als Ausnahmeerscheinungen, untypische und fragmentarische Scheuchzerio-Caricetea-Assoziationen, d.h. als Bestände angesehen werden, deren Entwicklung nicht mehr oder noch nicht bis zur Ausbildung von Assoziationen gelangt sind. Demzufolge meint man oft ganz offensichtlich, sie vernachlässigen zu dürfen.

Die Vielzahl der "Gesellschaften" und ihr zahlen- und flächenmäßiger Anteil an der Vegetation der Untersuchungsobjekte entspricht aber wohl den typischen und durchschnittlichen Verhältnissen in Heidegewässern und -mooren, zumindest innerhalb des nordwestlichen Mitteleuropas, und ist nicht etwa ein Sonderfall; denn das Untersuchungsgebiet darf - nicht zuletzt auch wegen seiner Ausdehnung - in bezug auf die Ausbildung und die Differenzierung der Scheuchzerio-Caricetea als repräsentativ für eine große Zahl von Gebieten in diesem Raum gelten.

---

1) Auf weniger eindeutige bzw. auf zweifelhafte Fälle wird bei den einzelnen Gesellschaften eingegangen.

Angesichts einer so großen Vielgestaltigkeit und Häufigkeit sowie eines derart großen Flä-
chenanteils von Beständen, die keiner festumrissenen Assoziation angehören, bleiben die der-
zeitige Gliederung der Scheuchzerio-Caricetea fuscae, ja vielleicht sogar überhaupt Umfang
und Abgrenzung dieser und verwandter Klassen unbefriedigend. Das Ziel "einer im Gebiet überall reproduzierbaren und praktikablen Auffassung der Grundeinheiten mit einer naturnahen
Beurteilung der für die Einheiten charakteristischen Arten" (OBERDORFER und Mitarb., 1967)
ist, von der Situation des Untersuchungsgebietes her beurteilt, für die Scheuchzerio-Caricetea fuscae noch am wenigsten erreicht. "Beobachtungen, Aufnehmen, Vergleichen (Tabellen-
arbeit) und Durchdenken" müssen aus der Sicht des Untersuchungsgebietes hier "noch manche
Änderungen bringen" (OBERDORFER und Mitarb., 1967). Die große Zahl meiner Aufnahmen kann dazu
einen wesentlichen Beitrag liefern, insbesondere auch deshalb, weil sie rein induktiv und
nach einer Methode gewonnen wurden (s. S.50), aufgrund derer sich in dem gewonnenen Aufnahmematerial die Fülle der verschiedenen Ausbildungsmöglichkeiten von Scheuchzerio-Caricetea fuscae-Beständen spiegelt.
Möglicherweise wird man sich bei einer zukünftigen "endgültigen" Gliederung der Scheuchzerio-Caricetea fuscae nicht der Notwendigkeit entziehen können, neben den in der Treue bestimmter Arten begründeten Assoziationen den aus der Dominanz bestimmter Arten abgeleiteten
Soziationen bzw. Konsoziationen einen gleichwertigen Platz einzuräumen, wie es WESTHOFF und
DEN HELD (1969) bei der Darstellung der gesamten holländischen Pflanzengesellschaften, besonders im Bereich der Scheuchzerietea und der Parvocaricetea, bereits durchführen.

Bei der Aufteilung der Vegetation in Einheiten zweier solcher, nach verschiedenen Prinzipien
aufgestellter Kategorien, die einander grundsätzlich weder unter- noch übergeordnet, sondern
nebengeordnet sind, liegt es in der Natur der Sache, daß sich die Geltungsbereiche von Assoziationen einerseits und Soziationen bzw. Konsoziationen andererseits stellenweise ± weit
überdecken; d.h., daß viele Bestände gleichzeitig einer bestimmten Assoziation wie auch einer bestimmten Soziation oder Konsoziation angehören.
Angewandt auf die konkreten Verhältnisse der Untersuchungsobjekte ergeben sich aus diesen
Überlegungen folgende 3 Gruppen von Beständen:
1) Bestände, die ausschließlich einer Assoziation angehören (= ca. 40 % aller Bestände); es
sind dies alle Bestände mit einer oder mehreren, eventuell auch dominierenden Assoziations-
Charakterarten und ohne sonstige aspektbeherrschende Arten.
2) Bestände, die ausschließlich einer Soziation oder Konsoziation bzw. den daraus gebildeten
"Gesellschaften" angehören (ca. 25 %); es sind dies alle Bestände ohne Assoziationscharakterarten, aber mit jeweils einer dominierenden, meist sogar aspektbeherrschenden Art, vorwiegend einer OC- bzw. KC-Art (P o t e n t i l l a   p a l u s t r i s ,   M e n y a n -
t h e s   t r i f o l i a t a ,   C a r e x   l a s i o c a r p a ,   E r i o p h o r u m
a n g u s t i f o l i u m   oder   C a r e x   n i g r a) ,   seltener auch einer Art, die ihren Schwerpunkt nicht innerhalb der Scheuchzerio-Caricetea hat (C a r e x   r o s t r a -
t a ,   C a r e x   v e s i c a r i a ,   J u n c u s   e f f u s u s ,   M o l i n i a
c a e r u l e a) .
3) Bestände, die sich sowohl einer bestimmten Assoziation als auch einer bestimmten Soziation
bzw. Konsoziation oder einer daraus gebildeten "Gesellschaft" zuordnen lassen (ca. 35 %).
Es sind diejenigen Bestände, die einerseits zwar durch eine oder mehrere C-Arten des Carici
canescentis-Agrostidetum, seltener des Rhynchosporetum ausgezeichnet sind, in denen aber
andererseits eine der unter 2) genannten Arten eindeutig den Aspekt beherrscht. Diese Bestände sind also gleichzeitig einerseits Fazies einer der beiden Assoziationen, andererseits
Bestandteil der jeweiligen "Gesellschaft", innerhalb derer sie dann als A g r o s t i s
c a n i n a - Variante oder   R h y n c h o s p o r a - Variante besonders abgetrennt werden
(s. Kap.4.3.3.14. u. Tab.8 u. 9).
Meiner Meinung nach ist der Betrachtung dieser "ambivalenten" Bestände unter dem Gesichtspunkt der Dominanz der Vorzug zu geben. Deshalb habe ich sie tabellarisch den entsprechenden
Soziationen bzw. Konsoziationen ("Gesellschaften") zugeordnet, anstatt sie im Zusammenhang

mit den beiden Assoziationen aufzuführen. Das geschah aufgrund folgender Tatsachen und Überlegungen:

a) Diese Einteilung spiegelt besser die sich in der Natur darbietende physiognomische Differenzierung wider:

    Das Hauptcharakteristikum von Scheuchzerio-Caricetea fuscae-Beständen ist es nämlich, daß
    sie sich primär weitgehend als von jeweils einer Art beherrscht darstellen, also in Form
    von Soziationen bzw. Konsoziationen.

b) Diese Einteilung wird stärker dem ökologischen "Hintergrund" gerecht:

    Die Dominanz der jeweiligen Art macht deutlich, daß diese Bestände stärker dem Einfluß
    derjenigen Faktoren unterliegen, die für die bestimmende Rolle dieser Art verantwortlich
    sind, als jenen Faktoren, die für die Assoziation maßgeblich sind. Die fraglichen Bestände
    zeigen also wahrscheinlich in ökologischer Hinsicht, besonders bezüglich des Wasserstan-
    des, engere Beziehungen, d.h. größere Ähnlichkeit mit den übrigen Beständen der betref-
    fenden Soziation (also ohne C-Art) als mit den meisten Beständen der betreffenden Asso-
    ziation.

c) Diese Einteilung vermeidet eine Zergliederung sowohl der Assoziationen als auch der Soziationen bzw. Konsoziationen und damit ein Verwischen der großen, allgemeinen Züge. Statt dessen läßt sich jetzt in den beiden in Frage kommenden Assoziationen (also Carici canescentis-
Agrostidetum caninae und Rhynchosporetum) eine einfache, klare Differenzierung erkennen, die
im wesentlichen sowohl in den anderen beiden Assoziationen als auch in den Soziationen bzw.
Konsoziationen, also den 8 "Gesellschaften", wiederkehrt. Dadurch ist es jetzt möglich, ein
Gliederungskonzept (s. Kap.4.3.3.14.) zu entwerfen, das auf alle Einheiten im Prinzip anwendbar ist und anhand dessen einerseits die gemeinsamen Züge in der Variabilität bzw. Differenzierung der Scheuchzerio-Caricetea fuscae-Vegetation deutlich werden und andererseits die
einzelnen Gesellschaften und Assoziationen in bezug auf ihre Syngenese und Synökologie (insbesondere Wasserstand) miteinander verglichen werden können; auf diese Weise lassen sich also
ökologische und dynamische Zusammenhänge innerhalb der gesamten Scheuchzerio-Caricetea fuscae-
Vegetation aufzeigen.[1]

    Würde man dagegen bei den zur Diskussion stehenden Beständen ihre jeweilige Stellung inner-
    halb der beiden Assoziationen in den Vordergrund rücken, so müßten diese teils als Initial-,
    teils als Abbaustadium, teils als Fazies verschiedener Ausbildungsformen dieser Assoziatio-
    nen bewertet werden, und zwar so, daß oft selbst ein und dieselbe Soziation in verschiede-
    nen Ausbildungsformen der Assoziation auftritt. Diese Stadien und Fazies würden zudem
    meist Sonder- bzw. Randformen der Assoziationen darstellen, die physiognomisch und struk-
    turell doch ziemlich stark aus dem durch die verschiedenen normalen Ausbildungsformen ge-
    spannten Rahmen der Assoziationen fallen würden.

Durch die oben begründete Zusammenfassung aller von einer Art beherrschten Bestände zu Soziationen oder Konsoziationen bzw. zu "Gesellschaften", die gleichwertig neben die Assoziationen
gestellt werden, wird nicht einmal die Hälfte aller Aufnahmen den Assoziationen unmittelbar
zugerechnet, d.h. der größte Teil der gesamten Scheuchzerio-Caricetea-Vegetation der Heidegewässer und -moore ist zu ranglosen "Gesellschaften" zusammengefaßt. Die Tabellen sind aber
so angelegt, daß sie einer anderen Deutung, also auch einer Überführung der Bestände mit AC-
Arten in die entsprechenden Assoziationen zugänglich bleiben, indem diesen Beständen eine ge-
sonderte Stellung in Form von Varianten eingeräumt wird.

4.3.3.2. C a r e x r o s t r a t a - Gesellschaft

Die C a r e x r o s t r a t a - Gesellschaft beinhaltet all jene im Untersuchungsgebiet
weitverbreiteten C a r e x r o s t r a t a - Bestände, die nicht zum Caricetum rostratae
im Sinne OBERDORFERs (s. Kap.4.3.2.2.2.) - also zum Magnocaricion - gestellt werden dürfen,

---

1) Aus diesem Grund wird die Untergliederung der Gesellschaften und Assoziationen erst nach
   der Besprechung all dieser Einheiten vorgenommen (s. Kap.4.3.3.14.).

da sie mit wenigen Ausnahmen[1] jede Magnocaricion-, Phragmitetalia- und -etea-Art vermissen lassen, andererseits aber eine oder meist mehrere Scheuchzerio-Caricetea-Arten enthalten (s. Tab.8).

Z o n a t i o n (s. Veget.-Profile, Abb.24, 28, 30) und S t a n d o r t : Von C a r e x r o s t r a t a geprägte Bestände treten entweder fleckenhaft oder meist streifenförmig in den tieferen Uferpartien (Sublitoral und tiefste Bereiche des Eulitoral) auf, oder sie nehmen großflächig ganze Ufer, mitunter auch einzelne Gewässer, fast vollständig ein. An den Uferrandpartien werden sie - sofern hier noch Raum für eine andere Vegetation bleibt - vorwiegend von anderen Scheuchzerio-Caricetea fuscae-Beständen (z.B. der E r i o p h o r u m a n g u s t i f o l i u m - Gesellschaft oder der J u n c u s   e f f u s u s - Gesellschaft) abgelöst. Zum Zentrum der Gewässer hin folgen in den meisten Fällen entweder J u n c u s e f f u s u s - Bestände oder aber direkt die offene Wasserfläche mit oder ohne Hydrophyten-Vegetation. Manchmal erhebt sich statt dessen auch ein S p h a g n u m - Schwingrasen aus dem Wasser, so daß C a r e x   r o s t r a t a - Bestände einen Teil der nassen Randzone ("Uferring" bzw. "Pseudolagg") bilden können, die die Schwingrasen und schließlich auch die daraus hervorgegangenen Heidemoore stets umgeben (s. Vegetations-Profile Abb. 28, 29, 3o); bisweilen nehmen sie sogar die randliche Teile der Schwingrasen ein.

Bevorzugt werden etwas nährstoffreichere Gewässer, wie diejenigen flachen Gewässer oder Moore, die stellenweise an Kulturland angrenzen, sowie jene tieferen Gewässer, die wohl eine stärkere Verbindung mit dem Grundwasser aufweisen. Allerdings treten bei höherer Trophie und (oder) zunehmender Verschlammung an die Stelle der C a r e x   r o s t r a t a - Bestände zunehmend J u n c u s   e f f u s u s - Bestände (s. nächstes Kapitel).

In den relativ nährstoffreicheren Gewässern des Untersuchungsgebietes, d.h. jenen wenigen, die bereits als meso- bis eutroph gelten können, sind es statt dessen vorwiegend Röhricht-bestände oder - wie im Fall des Eendenvens (s. Kap.4.3.2.2.1.) - ein ausgedehntes Carice-tum elatae. Ebenso wie in den relativ nährstoffreicheren Gewässern treten C a r e x r o s t r a t a - Bestände auch in den nährstoffarmen, flachen, mit dem Boden- und Grund-wasser wohl kaum in Verbindung stehenden Gewässern, wie sie vor allem auf der Hauptter-rasse (Teverner Heide: Abb.1, Nr.2o, Brachter Wald: Nr.11) anzutreffen sind, nur ausnahms-weise und dann auch nur spärlich ausgebildet auf. Hier wird ihr Wassertiefenbereich stel-lenweise von der E l e o c h a r i s   p a l u s t r i s - Gesellschaft eingenommen.

F l o r i s t i s c h e   S t r u k t u r (s. Tab.8 u. 9a) und s y n s y s t e m a t i -s c h e   S t e l l u n g : Die C a r e x   r o s t r a t a - Bestände stellen bisweilen nur lockere Ansammlungen der kennzeichnenden Art dar, sind vielfach aber fast röhrichtartig verdichtet und erscheinen dann bei größerer Flächenausdehnung vom Rand her wie hochhalmige, eintönige graugrüne Wiesen. Immer handelt es sich um artenarme Bestände. Zu der aspektbe-stimmenden Art tritt nur selten eine größere Zahl von Begleitern hinzu, und nur Arten in der Moosschicht erreichen oder übertreffen bisweilen C a r e x   r o s t r a t a an Artmäch-tigkeit.

Drei Tatsachen sprechen dafür, daß es sich nicht etwa lediglich um verarmte Caricetum ro-stratae-Bestände handelt, daß also das Fehlen von VC-, OC- oder KC-Arten aus den Phragmite-tea nicht durch die allgemeine Artenarmut erklärt werden kann: 1) Gerade die wenigen Carice-tum rostratae-Bestände (s. Tab.7) sind artenärmer (mittlere Artenzahl ohne Sphagnen 3,3) als die Bestände der C a r e x   r o s t r a t a - Gesellschaft (mittlere Artenzahl ohne Spha-gnen 6,7). 2) Bereits sehr artenarme Bestände weisen eine oder mehrere Scheuchzerio-Carice-tea-Arten auf, wobei 3) mit steigender Artenzahl nicht etwa Magnocaricion- oder Phragmitetea-Arten dazutreten, sondern in der Regel weitere Scheuchzerio-Caricetea-Arten. Die mittlere Artenzahl der Scheuchzerio-Caricetea-Arten liegt mit 4 angesichts der niedrigen mittleren

---

[1] Auch die beiden einzigen Aufnahmen mit je einer Phragmitetea-Art (T y p h a   l a t i -f o l i a bzw. C a r e x   a c u t i f o r m i s) gehören sowohl aufgrund des zahlen-mäßigen Vorherrschens wie auch aufgrund der Artmächtigkeit von Scheuchzerio-Caricetea-Arten eindeutig hierher und nicht zum Caricetum rostratae.

Gesamtarten-Zahl von 8 relativ hoch, auf jeden Fall erreicht diese Artengruppe in der Gesamt-heit der Aufnahmen den größten Gruppenwert.

Lediglich in 6 von den insgesamt 28 Aufnahmen wird ihr Gruppenanteil von dem der Molinie-talia-Arten übertroffen, in drei davon ist dafür aber wieder die Gruppenmächtigkeit (-deckung) größer als die der Molinietalia-Arten. Läßt man außerdem die in den Untersu-chungsobjekten beinahe allgegenwärtige und deshalb für die soziologische Bewertung wenig relevante Molinia außer acht, so sind die Anteile beider Gruppen in den 6 Aufnahmen je-weils gleich. Schließlich würde es auch der Standort als abwegig erscheinen lassen, diese 6 Bestände, losgelöst von den anderen, den Molinietalia, anzuschließen.

Die soziologische Bewertung derartiger Bestände, die in bestimmten Gebieten, so z.B. den nährstoffarmen nord- und ostdeutschen Gewässern, die typische Ausbildungsform von C a r e x r o s t r a t a - Beständen zu sein scheinen, geschieht in der Literatur in recht unterschied-licher Weise:

1) Einige Autoren geben ihr weder den Rang einer eigenen Assoziation (= Caricetum rostra-tae), noch ordnen sie sie einer anderen Assoziation zu; ebenso unterbleibt eine eindeuti-ge Einordnung in eine höhere Kategorie, auch wenn sie z.T. zum Ausdruck bringen, daß sie sie als dem Caricion fuscae oder zumindest den Scheuchzerio-Caricetea nahestehend anse-hen: JACOBS (1957): " C a r e x r o s t r a t a - Bestände"; OBERDORFER (1938) und STAMER (1967): " C a r e x - r o s t r a t a - Gesellschaft"; TÜXEN (1958 b): " S p h a-g n u m o b e s u m - C a r e x i n f l a t a - Gesellschaft"; JAHNS (1969): " C a r e x r o s t r a t a - S p h a g n u m c u s p i d a t u m - Gesellschaft".

2) Mit der Fassung als "Konsoziation von C a r e x r o s t r a t a und S p h a-g n u m " bringen WESTHOFF und DEN HELD (1969) zum Ausdruck, daß sich eine Zuordnung solcher Bestände zu einer bestimmten Assoziation verbietet; allerdings schließen sie die-se Konsoziation dem Rhynchosporion-Verband an. STRIJBOSCH (1976) differenziert in diesem Sinne in sechs Soziationen von C . r o s t r a t a und jeweils verschiedene dominie-rende Moosarten bzw. eine moosfreie Soziation.

3) Andere stellen derartige C a r e x r o s t r a t a - Bestände, wenn sie Assoziations-Charakterarten (meist A g r o s t r i s c a n i n a und C a r e x c a n e s c e n s) von Scheuchzerio-Caricetea-Assoziationen enthalten, als Initial-Stadium oder Fazies zu den entsprechenden Assoziationen, meist zum Carici canescentis-Agrostidetum (TÜXEN, 1937; JANSEN, 1945; SUKOPP, 1959; ALTEHAGE, 1960; JESCHKE, 1963; MÜLLER-STOLL und NEUBAUER, 1965), selten auch zum Cuspidato-Scheuchzerietum (TÜXEN, 1962; STAMER, 1967) oder zum Rhynchosporetum (TÜXEN, 1958 a). STRIJBOSCH (1976) betrachtet eine " C a r e x r o-s t r a t a - Soziation" als Fazies der " P o t e n t i l l a p a l u s t r i s - C . r o s t r a t a - Gesellschaft" des Caricion curto-nigrae (s. aber oben unter 2).

4) JONAS (1935), STEFFEN (1931), UHLIG (1938) und später auch DUVIGNEAUD (1949), PASSARGE (1964 a) und DIERSSEN (1972) fassen solche Bestände als Caricetum rostratae (bei JONAS: .... sphagnetosum) oder Sphagno-Caricetum rostratae zusammen, wobei diese Assoziationen aber überwiegend nicht mit dem oben beschriebenen Caricetum rostratae identisch sind, wie es die meisten Autoren verstehen, nämlich als Magnocaricion-Assoziation (s. besonders BALÁTOVÁ-TULÁCKOVÁ, 1963). Tatsächlich ordnen DUVIGNEAUD und PASSARGE ihr Caricetum ro-stratae bzw. Sphagno-Caricetum rostratae denn auch in die Klasse bzw. Ordnung der Scheuch-zerio-Caricetea (-alia) fuscae; die gleiche Stellung kommt nach Aussage von KRAUSCH (1964) und WESTHOFF und DEN HELD (1969) auch dem Caricetum sphagnetosum von STEFFEN bzw. JONAS zu. Nur UHLIG unterstellt sein Caricetum rostratae, wenn auch mit großen Bedenken, dem Magnocaricion.

Die vielfältigen Einordnungsversuche sind vor allem durch folgende erschwerende Umstände er-klärlich:

1) Neben C a r e x r o s t r a t a - Beständen, die sich dem Caricetum rostratae als Magnocaricion-Assoziation zuordnen lassen, gibt es eine große Zahl von C a r e x r o-s t r a t a - Beständen, die in Ermangelung von Magnocaricion- bzw. Phragmitetea-Arten of-fensichtlich nicht hierhin gehören.

2) Abgesehen von ihrer Zugehörigkeit zu den Scheuchzerio-Caricetea weisen diese Bestände keine eindeutige Beziehung zu einer der Assoziationen dieser Klasse auf, sie lassen sich als Fazies verschiedener Assoziationen auffassen.

3) Letztlich ist all dies - wie auch MÜLLER-STOLL und NEUBAUER (1965) betonen - auf folgendes zurückzuführen: C a r e x r o s t r a t a - Herden beschränken sich in bezug auf die Was-serstufe wie auch auf die Trophieverhältnisse offensichtlich weder auf den eigentlichen Ent-faltungsbereich der meisten Magnocaricion- bzw. Phragmitetea-Arten und -Gesellschaften noch auf den der Scheuchzerio-Caricetea-Arten und -Gesellschaften, d.h. also je nach Tiefe und Trophie stellt sich eine andere Begleitflora ein.

Schließt man sich WESTHOFF und DEN HELD (1969) an, die das Caricetum rostratae auch tatsächlich ganz auflösen und nur innerhalb der Scheuchzerietea eine "Konsoziation von C a r e x   r o s t r a t a   und   S p h a g n u m " unterscheiden, so müßte man dann auch die 7 Aufnahmen des Caricetum rostratae dazu stellen, also zur C a r e x   r o s t r a t a - Gesellschaft, wie ich sie verstehe.

4.3.3.3.   J u n c u s   e f f u s u s - Gesellschaft

Die J u n c u s   e f f u s u s - Gesellschaft, wie die C a r e x   r o s t r a t a - Gesellschaft hier vorläufig als Zusammenfassung der verschiedenen J u n c u s   e f f u s u s - Soziationen verstanden, ist in ihrem Anteil an der Vegetation der Untersuchungsobjekte von etwa gleich großer Bedeutung wie die C a r e x   r o s t   r a t a - Gesellschaft; wenn sie auch nicht ganz so häufig ist, so tritt sie doch überwiegend mit größerer Flächenausdehnung auf.

F l o r i s t i s c h e   S t r u k t u r (s. Tab.8 u. 9a) und s y n s y s t e m a t i s c h e   S t e l l u n g : Auch in der floristischen Zusammensetzung, somit auch in der synsystematischen Stellung, gleicht sie der C a r e x   r o s t r a t a - Gesellschaft stark: Auch hier sind in jeder Aufnahme im Durchschnitt 4 Scheuchzerio-Caricetea fuscae-Arten vorhanden (mittlere Artenzahl 4,4 bei einer mittleren Gesamtartenzahl von 10). Bei etwas niedrigerem Gruppenanteil, aber höherer Gruppenstetigkeit ist der Gruppenwert der Scheuchzerio-Caricetea fuscae-Arten wenig höher (16,3) als in der C a r e x   r o s t r a t a - Gesellschaft (14,1). Er liegt fast doppelt so hoch wie der Gruppenwert der Molinietalia als zweitwichtigster Artengruppe, so daß über die systematische Stellung der J u n c u s   e f f u s u s - Gesellschaft in den Scheuchzerio-Caricetea fuscae kein Zweifel mehr bestehen dürfte.

In einigen wenigen Aufnahmen der insgesamt 35 Aufnahmen ist zwar der Gruppenanteil und erst recht die Gruppendeckung der Molinietalie-Arten größer als die der Scheuchzerio-Caricetea fuscae-Arten, aber dabei ist eine eindeutige Einordnungsmöglichkeit in eine Molinietalia-Assoziation nicht gegeben, so daß es zu rechtfertigen ist, auch diese wenigen Bestände der Übersichtlichkeit und Einfachheit halber in die J u n c u s   e f f u s u s - Gesellschaft und damit in die Scheuchzerio-Caricetea fuscae einzubeziehen.

J u n c u s   e f f u s u s - Bestände, die sich bezüglich Standort und Zusammensetzung mit denen des Untersuchungsgebietes vergleichen lassen, sind aus vielen Gebieten bekannt geworden, wenn auch bei weitem nicht in der Häufigkeit der C a r e x   r o s t r a t a - Bestände. Auch aus im allgemeinen noch nährstoffärmeren Biotopen,[1] wie z.B. Hochmoorteichen bzw. -kolken, werden J u n c u s   e f f u s u s - Bestände (MÜLLER, 1968) bzw. eine " J u n c u s   e f f u s u s - Gesellschaft" (JAHNS, 1969) beschrieben. Die synsystematische Fassung und Einordnung derartiger Bestände von J u n c u s   e f f u s u s , dessen soziologischer Schwerpunkt nicht in der Klasse der Scheuchzerio-Caricetea liegt (s.u.), differiert von Autor zu Autor ziemlich stark, was nur zum Teil in dem zweifellos vorhandenen Unterschied ihrer floristisch-soziologischen Struktur begründet ist:

Oft unterbleibt eine Einordnung in das pflanzensoziologische System: s. BURRICHTER (1969): " J u n c u s   e f f u s u s - Bultstadium"; DIERSSEN (1972): " J u n c u s   e f f u s u s - Bestände"; MÜLLER-STOLL und GRUHL (1959): "Binsensumpf"; aber auch HENNES (1934), JONAS (1935) und MATTIK (1929): "Juncetum effusi (sphagnetosum)". Nur wenige Autoren stellen die besagten Bestände dorthin, wo laut OBERDORFER und Mitarb. (1967) J u n c u s   e f f u s u s seinen Schwerpunkt hat, nämlich in gestörten, in enger Beziehung zum Agrophyro-Rumicion (Plantaginetalia) stehenden Molinietalia-Gesellschaften (OC-Art); SUKOPP (1959) z.B. rechnet sie zum Junco-Molinietum, in dem J u n c u s   e f f u s u s als Assoziations-Differentialart zu bewerten ist. WESTHOFF und DEN HELD (1969) stellen ihr "Juncetum effusi", das als Störungsgesellschaft am Rande nährstoffarmer Heidevenne auftritt und in dem J u n c u s   e f f u s u s im Bereich der niederländischen Vegetation sein Optimum haben soll, sogar zum Agropyro-Rumicion (Plantaginetalia).

---

1) In diesen Fällen handelt es sich allerdings um solche, die ± stark eutrophiert sind.

PASSARGE (1964 a) ordnet seine " S p h a g n u m - J u n c u s e f f u s u s -
Gesellschaft" in die Klasse der Scheuchzerio-Caricetea fuscae ein. STRIJBOSCH (1976) beschreibt aus Vennen bei Nimwegen außer einer J u n c u s e f f u s u s - Soziation,
die er dem Caricion curto-nigrae anschließt, fünf dem Rhynchosporion zugeordnete Soziationen aus J u n c u s e f f u s u s und jeweils einer Moosart. OBERDORFER und Mitarb.
(1967) stellen zur Diskussion, derartige Bestände, die sie noch vorläufig mit dem Junco-
Molinietum (Molinietalia s.o.) umfassen, als Caricetum fuscae juncetosum zu bewerten.
Eine ähnliche Beurteilung nehmen ALTEHAGE (1960), JESCHKE (1961) und KRAUSCH (1968) vor,
indem sie sie als Fazies dem Carici canescentis-Agrostidetum caninae zuordnen.

Etwa drei Viertel meiner Aufnahmen, nämlich diejenigen, die ich als "Variante von A g r o -
s t i s   c a n i n a " bezeichne (s. Tab.9a u. Kap.4.3.3.1.), können - wie bei den zuletzt
genannten Autoren (ALTEHAGE, 1960; JESCHKE, 1961, und KRAUSCH, 1968) - als Fazies des Carici
canescentis-Agrostidetum caninae aufgefaßt werden, auch wenn ich sie aus oben genannten
Gründen hier primär als Soziation sehe.

S t a n d o r t :

1) Von den Gewässern und Mooren des Untersuchungsgebietes, in denen ausgedehnte Bestände der
J u n c u s   e f f u s u s - Gesellschaft vorkommen, ist ein größerer Teil unzweifelhaft
eutrophiert:

a) So erlangt die Gesellschaft in dem bereits erwähnten Eendenven, das durch eine Möwenkolonie stark guanotrophiert ist (s. Caricetum elatae), als einzige Gesellschaft neben dem be-
herrschenden Caricetum elatae noch eine gewisse Bedeutung:

Auch MATTIK (1929) beschreibt J u n c u s   e f f u s u s - Bestände (als Juncetum effusi), die innerhalb einer eutrophen Zonation im Zusammenhang mit Caricetum elatae-Beständen stehen.
BURRICHTER (1969 a) und REIJNDERS (1960) (s. auch WESTHOFF und DEN HELD, 1969) berichten
ebenfalls von Heidegewässern, die früher die typische, + anspruchslose Vegetation zeig-
ten, in denen heute aber als eindeutige Auswirkung von Möwenkolonien J u n c u s   e f -
f u s u s - Bestände stark dominieren (von BURRICHTER als " J u n c u s   e f f u s u s -
Bultstadium" der verschiedenen ehemaligen Gesellschaften bezeichnet).
Die von STRIJBOSCH (1976) beschriebenen Soziationen von J u n c u s   e f f u s u s
kommen in Vennen vor, in denen Guanotrophierung eine Rolle spielt.

b) Einen verhältnismäßig großen Anteil an der Vegetation nimmt die Gesellschaft auch in einigen von denjenigen Gewässern des Untersuchungsgebietes ein, die entweder direkt an Acker-
oder Weideland grenzen, mit Kulturland durch Gräben verbunden sind oder aber von Wasser gespeist werden, das von steileren Hängen fließt, insbesondere aber am Hang oder Hangfuß aus-
tritt. Teilweise konzentrieren oder beschränken sich die Bestände der Gesellschaft dann sogar
auf die Seiten des Untersuchungsobjektes, die direkt diesen Einflüssen ausgesetzt sind.

c) Ein überdurchschnittlich hoher Nährstoffgehalt, der sich stellenweise auch in der übrigen
Vegetation widerspiegelt, kann auch für die 5 Dünentümpel am Forsthaus Ritzrode (s. Abb.1,
Nr.17) angenommen werden, die zu den wenigen Untersuchungsobjekten gehören, die überwiegend
von der J u n c u s   e f f u s u s - Gesellschaft geprägt sind. Für einen erhöhten Nährstoffgehalt spricht hier allein schon die Tatsache, daß diese Tümpel mit einer Tiefe von
z.T. 2,5 m zu den tiefsten Gewässern bzw. Mooren des Untersuchungsgebietes gehören.[1]

Darüber hinaus ist sicherlich damit zu rechnen, daß früher auf verschiedene Weise eine Beein-
flussung durch die nahe menschliche Siedlung stattgefunden hat. (Ähnlich lassen sich übrigens
auch großflächige Bestände erklären, die gerade die ortsnächsten Gewässer des Brachter Waldes
(s. Abb.1, Nr.11) auszeichnen.)

2) Für die hier so sehr dominierende Rolle der J u n c u s   e f f u s u s - Gesellschaft
findet sich noch eine weitere, und zwar edaphische Erklärung:
a) Bis in jüngere Zeit wurde für die Entenjagd, früher wahrscheinlich auch für die Flachs-
bleiche, zur Schaffung, Erhaltung oder Vergrößerung freier Wasserflächen Torf und Schlamm
stellenweise ausgehoben und auf anderen Flächen, vornehmlich in den ufernahen Bereichen, ab-

---

1) Ein Zusammenhang zwischen Wassertiefe und Trophiegrad der Gewässer besteht insofern, als
   die tiefsten Gewässer wohl in viel stärkerem hydrologischen Zusammenhang mit dem Grundwasser stehen als die seichteren.

gelagert, so daß diese schließlich überwiegend von mehr oder weniger trockenliegenden und nackten, ziemlich tiefgründigen, zähen und verschlammten Torfen eingenommen wurden. Derartige Bodenverhältnisse müssen aufgrund von verschiedenen eigenen Beobachtungen und Literaturangaben als eine sehr günstige Bedingung für die Ansiedlung und Entfaltung von J u n c u s e f f u s u s angesehen werden. Dieser edaphische Faktorenkomplex oder wenigstens ein Teil davon stellt möglicherweise neben den Trophieverhältnissen eine der Grundvoraussetzungen für die Ausbildung der meisten größeren J u n c u s e f f u s u s - Bestände in den Untersuchungsobjekten dar. Die meisten J u n c u s e f f u s u s - Bestände der Untersuchungsobjekte siedeln auf solchen relativ mächtigen, gestörten oder gar umgelagerten zähen und schlammigen Torfschichten.

Bei STRIJBOSCH (1976) finden sich ähnliche Angaben über mächtige, z.T. umgelagerte Torfschichten bezüglich seiner Soziationen von J u n c u s und S p h a g n u m c u s p i - d a t i m bzw. r e c u r v u m .

Im Bereich zwischen den J u n c u s e f f u s u s - Horsten sind sie oft noch nicht oder wenig bewachsen, liegen also teilweise noch "offen" bzw. "nackt" da, bleiben aber zum großen Teil ziemlich tief unter Wasser. Von den Faktoren des gesamten für die Ausbildungsmöglichkeiten von J u n c u s e f f u s u s - Beständen günstigen edaphischen Faktorenkomplexes ist also das Trockenliegen des "nackten" Torfschlamms lediglich für die erste Ansiedlung von J u n c u s e f f u s u s notwendig. Wenn das auf natürliche Weise in trockenen Jahren geschah oder - wie oben beschrieben - auf künstliche Weise durch Aufhäufung von Torfschlamm, oder wenn beides zusammenspielte, dann konnte sich J u n c u s e f f u s u s schnell ansiedeln.

BURRICHTER (1969 a) beobachtete in Trockenjahren die "explosionsartige Ausbreitung" von J u n c u s e f f u s u s , die hierbei als "Pionierpflanze der zeitweilig wasserfreien, guanotrophierten Torfschlammböden" auftrat.
Hat J u n c u s e f f u s u s einmal Fuß gefaßt, dann kann es sich aufgrund seiner Fähigkeit, horstförmig in die Höhe zu wachsen, an den wieder steigenden Wasserspiegel anpassen und vermag sich dadurch auch bei mittleren oder gar hohen Wasserständen selbst in den tieferen Gewässern zu behaupten, in denen z.B. C a r e x r o s t r a t a ebenso wie die meisten anderen Helophyten, außer den Röhrichtarten, nicht mehr wachsen können.

b) Die Grundbedingungen des edaphischen Faktorenkomplexes, daß es sich um gestörte, zähe, schlammige, besonders aber um offenliegende, also nackte Torfe handeln muß, können auch durch andere als die genannten Ursachen geschaffen werden, die in den oben genannten Ritzroder Tümpeln noch zusätzlich eine Rolle gespielt haben mögen, in anderen Untersuchungsgebieten eventuell die entscheidenden Faktoren waren:

Nach SUKOPP (1959) z.B. tritt J u n c u s e f f u s u s in den Berliner Mooren und Gewässern als Folge stärkeren Betretens auf, das ja primär die weitgehende Zerstörung der ursprünglichen Vegetation und die Offenlegung des nackten Torfschlamms bewirkt. Ähnliches gilt nach BURRICHTER (1969 a) auch für das Zwillbrocker Venn (Münsterland), wo sich die Massenverbreitung von J u n c u s e f f u s u s unter anderem als Folge der mechanischen Einwirkung durch Möwen (Tritt, Nestbau) erklären läßt. Dieser Faktor kann auch für die J u n c u s e f f u s u s - Bestände in der Möwenkolonie des Eendenven im Untersuchungsgebiet (s.o.) von Bedeutung sein. Daneben spielt hier aber ja auch noch die Guanotrophierung eine Rolle (s.o.).

Z o n a t i o n (s. Veget.-Provile, Abb.23 u. 25): Der weitgespannte Wassertiefenbereich, den die J u n c u s e f f u s u s - Gesellschaft insgesamt einnehmen kann (s.o.), erklärt auch die Tatsache, daß sie in bezug auf die räumliche Anordnung innerhalb der Vegetationszonation die variabelste unter den Gesellschaften und Assoziationen der Untersuchungsobjekte ist. Das spiegelt sich auch in der floristischen Struktur derart wider, daß sie zu den Gesellschaften mit den niedrigsten Homogenitätswerten zählt (23 %). Wie schon den Ausführungen bei der C a r e x r o s t r a t a - Gesellschaft zu entnehmen war, teilt sich die J u n - c u s e f f u s u s - Gesellschaft in vielen Gewässern und Mooren ± breite Ufersäume im Wechsel mit der C a r e x r o s t r a t a - Gesellschaft. In solchen Gewässern, oder auch nur an denjenigen Uferpartien, die einem der genannten schwach eutrophierenden Einflüsse aus der Umgebung unterliegen, finden sich öfter Bestände, die beinahe den äußersten Uferbereich (ca. oberes Eulitoral) besiedeln und bei Vorhandensein von C a r e x   r o s t r a t a - Beständen dann von diesen zur Gewässermitte hin abgelöst werden; vereinzelt sind sogar noch andere Gesellschaften zwischen diese beiden zwischengeschaltet. Andererseits gibt es auch Bestände, die erst auf die C a r e x   r o s t r a t a - Gesellschaft zum Innneren des Gewässers oder Moores hin folgen. Nach innen schließt sich meist ein Schwingrasen an, d.h. es handelt sich dann überwiegend um die bei der C a r e x   r o s t r a t a - Gesellschaft bereits erwähnten Randsümpfe von Schwingrasen oder von Heidemooren (= "Pseudolagg"). In einigen Fällen reicht die Gesellschaft bis auf die Schwingrasen hinaus und stellt somit eine der Initial-Gesellschaften der Schwingrasen dar (s. E r i o p h o r u m   a n g u s t i f o l i u m - Gesellschaft).

Öfter beherrscht die Gesellschaft aber auch ganze Uferstrecken oder gar ein ganzes Gewässer oder Moor, so daß man vielleicht teilweise statt von Gewässer oder Moor besser von "Binsen-sumpf" (GROSSER, 1955; MÜLLER-STOLL und GRUHL, 1959) sprechen sollte.

4.3.3.4. M o l i n i a - Gesellschaft

Jene einförmigen M o l i n i a - Herden oder weitläufigen M o l i n i a - Fluren, die sich, wie in allen Heidegebieten, so auch in meinen Untersuchungsobjekten bevorzugt in nassen bis feuchten Heidesenken erstrecken und dort an die Stelle der anmoorigen Heide treten (Ericetum sphagnosum), können sich bis in die Heidegewässer oder -moore hinein fortsetzen. M o l i - n i a - Bestände innerhalb von Heidegewässern oder ähnlichen relativ nährstoffarmen Gewässern kommen in anderen Gebieten mit etwa der gleichen großen Häufigkeit vor wie im Untersuchungsgebiet, so daß sie zu den charakteristischsten und häufigsten Bestandteilen des Vegetationskomplexes von Heidegewässern und -mooren schlechthin gehören. Gleichzeitig stellen sie das häufigste verbindende Element zwischen der Vegetation der Heiden einerseits und der der Heidegewässer und -moore andererseits dar.

L o k a l i s a t i o n (s. Veget.-Prof., Abb.21-25 u. 28) und S t a n d o r t : Die seichtesten und meist ziemlich kleinen Gewässer mit nur allmählich abfallendem und im Sommer fast regelmäßig oder mehrfach trockenliegendem Untergrund werden oft vollständig von horstigen M o l i n i a - Beständen eingenommen.

In vielen tieferen Gewässern oder in den Randzonen ("Pseudolagg" s.o.) von Heidemooren beschränken sich derartige Bestände auf einen schmalen Ufersaum, der im Extremfall nur mehr kaum 1 m mißt. Vorzugsweise und in größerer Breite haben sie sich an flachen, sanft abfallenden Ufern von Gewässern mit starken Wasserstandsschwankungen entwickelt. Den typischsten und großflächigsten Entfaltungsbereich der M o l i n i a - Bestände stellen die weit in die umgebenden Heiden oder trockenen M o l i n i a - Herden hineinragenden seichten Buchten sowie die damit vergleichbaren "Pole" der langgestreckten Untersuchungsobjekte dar (s. Veget.-Prof., Abb.23-25). Indem sie sich vom Eulitoral bis weit ins Sublitoral hinein erstrecken können, ist der Wasserstandsbereich, in dem M o l i n i a - Bestände vorkommen können, einer der weitesten, den Vegetationseinheiten innerhalb der Untersuchungsobjekte überhaupt einnehmen. Er ist noch größer als der der J u n c u s   e f f u s u s - Gesellschaft, auch wenn die M o l i n i a - Bestände sich, im Gegensatz zu dieser, ganz überwiegend auf den äußersten Uferbereich konzentrieren.

Ähnlich wie bei J u n c u s   e f f u s u s wird das unterschiedlich weite Vordringen in tiefere Wasserbereiche zunächst einmal sowohl von dem Ausmaß des Wasserrückzugs in trockenen Jahren als auch von dessen Dauer oder Wiederholung bestimmt. Weiterhin scheint es abhängig von den Bodenverhältnissen zu sein: Die M o l i n i a - Bestände finden sich fast nur auf anmoorigen Sanden und Sanden mit geringmächtiger Torfschlamm- oder Torfauflage. Hieraus läßt sich eine Erklärung dafür ableiten, daß die M o l i n i a - Bestände zwar, mit Ausnahme der wenigen meso- bis eutrophen, die verschiedensten Untersuchungsobjekte besiedeln können, aber in den nährstoffreicheren seltener vorkommen und dann nur in einem schmalen Ufersaum. Sie erreichen also nur in den nährstoffärmeren Gewässern größere Ausdehnung und stoßen in Bereiche größerer Wassertiefen vor. In nährstoffreicheren Gewässern sind nämlich die Bodenablagerungen mächtiger und zudem lockerer, schlammiger, und zwar beides mit zunehmender Tiefe in verstärktem Maße, so daß die Bedingungen für M o l i n i a immer schlechter werden.

Strukturell gibt es alle Übergänge von einzelnen relativ weitständigen M o l i n i a - Horsten bis zu solchen, die dicht beieinander stehen oder gar inselartig erweitert bzw. aus mehreren zusammengewachsen sind. In den meisten Fällen bedingt diese Struktur eine mosaikartige Verzahnung mit hygrophileren Beständen, teilweise sogar mit Hydrophyten-Vegetation (s. Kap.5).

F l o r i s t i s c h e   S t r u k t u r   (s. Tab.8 u. 9a) und   s y n s y s t e m a t i - s c h e   S t e l l u n g : Die meisten M o l i n i a - Horste bilden das Substrat für andere Arten, die allerdings überwiegend nur in geringer Zahl und jeweils geringer Artmächtigkeit vorhanden sind. Es sind zumeist Arten der Oxycocco-Sphagnetea, insbesondere E r i c a , daneben auch der Scheuchzerio-Caricetea fuscae, hier vorwiegend E r i o p h o r u m   a n - g u s t i f o l i u m   oder R h y n c h o s p o r a   a l b a , aber auch einzelne Arten aus verschiedenen anderen Einheiten. Obwohl M o l i n i a wie J u n c u s   e f f u s u s OC-Art der Molinietalia ist, kommt eine Einordnung in diese Ordnung nicht in Frage.

In über der Hälfte der mehr als 30 Arbeiten, in denen derartige Bestände erwähnt oder beschrieben sind, werden sie keiner bestimmten Assoziation zugeordnet und auch keiner höheren synsystematischen Kategorie, sondern lediglich als " M o l i n i a - Bestände", "-Gürtel", "-Zonen" oder dergleichen beschrieben, selten auch als " M o l i n i a - Gesellschaft", " M o l i n i a - J u n c u s - e f f u s u s - Gesellschaft" u.a.
Nach WESTHOFF und DEN HELD (1969) sowie STRIJBOSCH (1976) sind derartige Bestände als Soziationen zum Rhynchosportion zu rechnen.
Einige Autoren (z.B. ALTEHAGE, 1960; BURRICHTER, 1969 a; DUVIGNEAUD und VANDEN BERGHEN, 1945; BURCKHARDT und BURGSDORF, 1962; RUNGE, 1966 und 1969a; TÜXEN, 1958 a) bewerten sie allesamt genauso wie die an die Heidegewässer oder -moore angrenzenden oder sie zonenartig umgebenden M o l i n i a - Bestände der Anmoorheiden, die überwiegend mit denen auf Heidemooren und entwässerten Hochmooren gleichgesetzt werden, nämlich als M o l i n i a - Bultstadium oder -Subassoziation des Ericetum, manchmal auch eines Sphagnetum.
Dazu müssen sie auch nach JONAS (1935) und DUVIGNEAUD (1943) gezählt werden, die innerhalb der auf sauren, nährstoffarmen Torfen wachsenden, artenarmen M o l i n i a - Bestände (die zweifellos nicht zum eigentlichen Molinietum zählen) außer diesen M o l i n i a - Stadien von Oxycocco-Sphagnetea-Assoziationen auch noch ein Molinietum sphagnetosum (JONAS) bzw. ein Sphagneto-Molinietum (DUVIGNEAUD, 1949) unterscheiden, das auf Heide- und Hochmooren vorkommt.[1]
Sieht man von einzelnen Aufnahmen mit dominierender M o l i n i a ab, die sich bei einzelnen Autoren innerhalb ihrer Tabellen von Scheuchzerio-Caricetea-Assoziationen finden, so sind es nur KRAUSCH (1968) und WESTHOFF und DEN HELD (1969), die M o l i n i a - Bestände in den Randzonen ± oligotropher Gewässer den Scheuchzerio-Caricetea zuordnen (KRAUSCH: " M o l i n i a - Gesellschaft"; WESTHOFF und DEN HELD: " M o l i n i a - S p h a g n u m   c u s p i d a t u m - Soziation").
Eine Differenzierung solcher M o l i n i a - Bestände wird nur von GROSSER (1955) angedeutet - wenn auch nicht im einzelnen vollzogen - , indem er nämlich von ihnen als von einem "Durchdringungskomplex verschiedener benachbarter Einheiten, in dem M o l i n i a die Vorherrschaft erlangt hat", spricht.
Zuletzt hat DIERSSEN (1972) betont, daß die Artenzusammensetzung der aus der Literatur bekannten, nicht zum Molinietum gehörenden M o l i n i a - Bestände soziologisch wenig Gemeinsamkeiten zeigt.

In der Tat ist eine einheitliche Bewertung dieser M o l i n i a - Bestände, zumindest im Untersuchungsgebiet, nicht gerechtfertigt. Die differenziertere Bewertung ist zunächst davon abhängig, inwieweit das Mosaik aus M o l i n i a - Horsten einerseits und dazwischen sich erstreckenden Wasserflächen mit Hydro- oder Helophytenvegetation andererseits (s.o.) tatsächlich als solches aufgelöst oder als Einheit gesehen und entsprechend aufgenommen wird.

Dabei sollten meiner Meinung nach je nach Situation 3 verschiedene Betrachtungsweisen vorgenommen werden, innerhalb derer sich dann die Zuordnung je nach floristischer Struktur der Aufnahmen entscheidet (s. Tab.34):

---

[1] Sie entsprechen dem, was HENNES (1934) als "Molinietum" aus dem Deutener Moor am rechten Niederrhein angibt, z.T. auch dem, was HÖPPNER (1926 a) aus dem Elmpter Bruch und KLEIST (1929) aus polnischen Dünensenken ebenfalls als "Molinietum" beschreiben.

1) Erreichen die M o l i n i a - Horste nur geringeren, höchstens durchschnittlichen Umfang und weisen sie keine oder nur spärliche Begleitflora auf, so werden sie nicht, auch nicht in ihrer Gesamtheit, als selbständige Vegetationseinheit neben der sie umgebenden überschwemmten Ufer- oder Wasserpflanzen-Vegetation angesehen, also nicht als eine Komponente eines Mosaiks. Vielmehr wurde die gesamte Vegetation, also die M o l i n i a - Horste und die zwischen ihnen wachsenden Pflanzen, mit einer Aufnahme erfaßt:

a) Sind die Bestände zwischen den einzelnen Horsten so groß, daß ihre Artmächtigkeit höchstens den Wert 3 erreicht, so werden die M o l i n i a - Horste lediglich als abbauende Bestandteile der Gesellschaft, inmitten derer sie sich erheben, bewertet.

b) Bestände, in denen M o l i n i a ungefähr die Hälfte der Aufnahmefläche oder mehr bedeckt (Artmächtigkeit z.T. noch 3, meist aber 4 oder 5), werden durchweg zu bestimmten M o l i n i a - Soziationen zusammengefaßt und diese wiederum zur " M o l i n i a - Gesellschaft" (s. Tab.9a), die den Scheuchzerio-Caricetea fuscae zugehört; denn die Arten aus dieser Klasse nehmen mit jeweils mehreren Vertretern den größten Gruppenanteil ein, mit Ausnahme ganz weniger Aufnahmen, in denen Molinietalia-Arten überwiegen (s. Veget.-Prof., Abb.22 u. 28).

2) Nur wenn umfangreichere M o l i n i a - Horste oder -Inseln, die dazu noch eine reichere Begleitflora beherbergen, mit Hydro- oder Helophyten-Gesellschaften abwechseln, deren Gesamtfläche nicht bedeutend von der der M o l i n i a - Horste abweicht, hat man es meiner Meinung nach mit einem echten Mosaik zu tun, das eine getrennte Betrachtung der beiden Komponenten erfordert. Von jeder in einem solchen Mosaik abgesteckten Aufnahmefläche wurden zumindest 2 (manchmal auch 3) Aufnahmen gewonnen, indem die Gesamtheit der isolierten M o l i n i a - Horste bzw. -Inseln getrennt von der zerrissenen bzw. netzartigen Fläche der Hydro- oder Helophyten-Vegetation aufgenommen wurde.

> Eine innerhalb derselben Aufnahmefläche eventuell noch ausgebildete "Zwischenetage" wurde als 3. Aufnahme aufgenommen; das sind je nach Situation entweder:
> a) die flachsten, öfter überschwemmten M o l i n i a - Horste der größeren M o l i n i a - Inseln oder
> b) die Flanken und der Fuß der Horste bzw. Inseln oder
> c) die seichteren Wasserflächen um die Horste herum.

Derartige M o l i n i a - Horste bzw. -Inseln müssen aufgrund des Überwiegens von Oxycocco-Sphagnetea-Arten überwiegend als " M o l i n i a - Abbaustadium" von Oxycocco-Sphagnetea-Gesellschaften (Ericetum oder Sphagneten) gewertet werden (s. Tab.23 u. 35; Veg.-Prof. Abb.23 u. 26). Sie stellen somit eine, wenn auch in einzelne Horste aufgelöste Fortsetzung der die Untersuchungsobjekte meist umgebenden M o l i n i a - Gürtel dar, die nämlich im allgemeinen als solche Abbaustadien diesen Assoziationen zugeordnet werden. Sie scheinen auch als Kristallisationspunkte für die Entwicklung von Sphagnetum-Bulten aufzutreten. Derartige Bestände werden deshalb dort behandelt (s. Kap.4.4.1.4.).

Teilweise sind aber Scheuchzerio-Caricetea-Arten die stärkste Gruppe in der Begleitflora der M o l i n i a - Horste (s. Veget.-Prof., Abb.21-25); das ist meist beim oben genannten Zwischenniveau zwischen höchsten Horstpartien und "Pseudoschlenken" der Fall. Diese Aufnahmen werden dann der M o l i n i a - Gesellschaft (wie unter 1) angeschlossen.

Das Mosaik kann sich somit aus einer Hydrophyten- bzw. einer Helophyten-Gesellschaft (meist einer Scheuchzerio-Caricetea fuscae-Gesellschaft oder -Assoziation), einer M o l i n i a - Soziation (= M o l i n i a - Gesellschaft) und schließlich dem M o l i n i a - Stadium einer Oxycocco-Sphagnetea-Gesellschaft zusammensetzen, die jeweils ein bestimmtes Höhenniveau zum Wasserspiegel einnehmen.

3) Sind die Horste derart bis zu mehrere Quadratmeter großen inselartigen Komplexen zusammengewachsen, daß entweder nur noch isolierte, meist seichte "Schlenken" dazwischen übrigbleiben oder oft nur fußbreite, miteinander verbundene Gräben, so wurde entweder die gesamte derartig aufgebaute Fläche aufgenommen, oder aber es wurden in wenigen Fällen die wenigen verbliebenen wasserbedeckten Flächen ausgespart und gar nicht aufgenommen, wenn sie die floristische Struktur der jeweiligen Aufnahme merklich verändern würden. Die großen M o l i n i a - Inseln gehören wieder entweder einer Oxycocco-Sphagnetea-Gesellschaft oder, in selte-

nen Fällen, den M o l i n i a - Soziationen (= M o l i n i a - Gesellschaft) an, oder sie
zeigen eine Differenzierung in beide Gruppen (s. Veget.-Prof., Abb.23).

Entscheidend bei solchen Beständen ist auch, inwieweit sie überhaupt noch zum Vegetations-
bestand der Untersuchungsobjekte gehören. Die Grenze zu den die Untersuchungsobjekte umgebenden M o l i n i a - Beständen ist da zu sehen, wo man keine "Schlenken" mehr fest-
stellt, also entweder der horstförmige Wuchs von M o l i n i a aufhört oder die Zwischenräume zwischen den Horsten nur sporadisch wasserbedeckt sind.

Aufgrund dieser differenzierten Betrachtungsweise müssen die M o l i n i a - Bestände im
Uferbereich der Untersuchungsobjekte also entweder als Bultstadien von Oxycocco-Sphagnetea-
Assoziationen verstanden werden oder als den Scheuchzerio-Caricetea zuzuordnende " M o -
l i n i a - Gesellschaft" (s. Tab.34).
Wie bei allen Einheiten der Scheuchzerio-Caricetea läßt sich ein Teil der von M o l i n i a
beherrschten Bestände als Fazies des Carici canescentis-Agrostidetum verstehen. Ihr Anteil
liegt aber mit 25 % viel niedriger als bei allen anderen Gesellschaften (Ausnahme: E r i o -
p h o r u m - Gesellschaft). Dafür ist aber ein größerer Teil der Bestände als M o l i n i a -
Fazies des Rhynchosporetum aufzufassen (s. Tab.9a). Dennoch ist der Anteil an Aufnahmen, die
keiner Assoziation zugeordnet werden können, mit ca. 40 % hier viel größer als in den beiden
vorigen Gesellschaften, so daß die Betrachtung der Bestände unter dem Aspekt der Dominanz,
d.h. ihrer Zusammenfassung als M o l i n i a - Soziation bzw. -Konsoziation, die insgesamt
die M o l i n i a - Gesellschaft ausmachen, hier besonders gerechtfertigt ist.

Die so verstandene M o l i n i a - Gesellschaft entspricht weitgehend der " M o l i -
n i a - Randsumpf-Gesellschaft" KRAUSCHs (1968). WESTHOFF und DEN HELDs (1969) " M o -
l i n i a - S p h a g n u m c u s p i d a t u m - Soziation" umfaßt dagegen lediglich
einen Teil der M o l i n i a - Gesellschaft. Die drei Autoren ordnen ihre Einheiten ebenfalls den Scheuchzerio-Caricetea (WESTHOFF und DEN HELD: "Scheuchzerietea") zu.

4.3.3.5. P o t e n t i l l a p a l u s t r i s - Gesellschaft

Die 5 folgenden Gesellschaften (s. Tab.9b: " P o t e n t i l l a p a l u s t r i s - ",
" M e n y a n t h e s t r i f o l i a t a - ", " C a r e x l a s i o c a r p a - ",
E r i o p h o r u m a n g u s t i f o l i u m - " und " C a r e x n i g r a - Gesellschaft") sind durch die Dominanz einer OC- bzw. KC-Art der Scheuchzerio-Caricetalia bzw.
-etea ausgezeichnet (C a r e x l a s i o c a r p a evtl. nur OC). Deshalb sind sie in
ihrer Stellung zur Klasse der Scheuchzerio-Caricetea noch viel eindeutiger festgelegt als
die 3 zuvor beschriebenen Gesellschaften, zumal die Gruppe der Scheuchzerio-Caricetea-
Arten auch hier alle anderen Artengruppen bezüglich Gruppenanteil, -stetigkeit und -wert
übertrifft (s. Tab.8) und zudem der Gruppenanteil dieser Arten, von wenigen Ausnahmen abgesehen, auch in jeder einzelnen Aufnahme der höchste ist. Erstaunlicherweise ist aber bei
allen 5 Gesellschaften der Anteil derjenigen Bestände, die in keine Assoziation sicher ein-
gefügt werden können, größer als bei den 3 vorhergehenden Gesellschaften; insgesamt sind
es hier über die Hälfte aller Aufnahmen gegenüber ca. nur einem Drittel bei den vorigen Gesellschaften.
Macht man sich die in der Literatur zumindest für P o t e n t i l l a p a l u s t r i s -,
M e n y a n t h e s - und E r i o p h o r u m a n g u s t i f o l i u m - Bestände zu
findende Bewertung als Initial-Stadien von Scheuchzerio-Caricetea-Assoziationen zu eigen,
so läßt sich die große Zahl von Beständen ohne AC-Arten leicht dadurch erklären, daß es
sich hier um Bestände handelt, in denen es noch nicht zur Ausdifferenzierung einer bestimmten Assoziation gekommen ist.

Diese Deutung als Initial-Stadium von Scheuchzerio-Caricetea-Assoziationen ist im allgemeinen
wohl am ehesten für P o t e n t i l l a p a l u s t r i s - Bestände zu vertreten. Zumindest lassen die Standorte der im Untersuchungsgebiet relativ seltenen Bestände nur wenig Möglichkeit für die Ansiedlung von AC-Arten wie C a r e x c a n e s c e n s , A g r o s t i s
c a n i n a (oder gar R h y n c h o s p o r a u.a.), weil diese im allgemeinen seichtere
Standorte bevorzugen.
Dementsprechend weisen auch nur 2 der 9 Aufnahmen (s. Tab.9b) eine dieser beiden oder beide
Arten auf und lassen sich somit dem Carici canescentis-Agrostidetum zuordnen.
Im übrigen zeigt sich auch in der Begleitflora, daß die P o t e n t i l l a p a l u -
s t r i s - Bestände unter allen Scheuchzerio-Caricetea-Beständen diejenigen sind, die sich
am weitesten in die Gewässer vorschieben können: In fast jedem der ansonsten sehr artenarmen
Bestände treten mindestens 2 Hydrophyten auf.

P o t e n t i l l a   p a l u s t r i s - Bestände werden in der Literatur ziemlich selten erwähnt und dann meist aus Heidegewässern oder -mooren oder vergleichbaren Biotopen. Sie werden entweder als ranglose Einheiten (ALTEHAGE, 1955; JESCHKE, 1961; VAN DER VOO, 1961; SOLINSKA, 1963) bewertet oder sehr oft als den verschiedensten Gesellschaften des Magnocaricion und der Scheuchzerio-Caricetea fuscae zugehörig betrachtet.
STRIJBOSCH (1976) faßt sie als Fazies der P o t e n t i l l a - C .   r o s t r a t a - Gesellschaft (Caricion curto-nigrae) auf.
Besonders von Magnocaricion-Assoziationen werden P o t e n t i l l a   p a l u s t r i s - Subassoziationen oder Varianten unterschieden; nach BALÁTOVÁ-TULÁCKOVÁ (1963), HORST u.a. (1966) und KRAUSCH (1964) spielt die Art im Caricion rostratae sogar die Rolle einer Differential-Art gegenüber dem Caricion gracilis, und SAUER (1937) sieht ihre eigentliche Heimat in bezug auf ihre Vitalität im Magnocaricion (VC). Überwiegend (so auch bei OBERDORFER, 1970) wird sie aber, wie auch hier, als KC- bzw. OC-Art der Scheuchzerio-Caricetea bzw. der Parvocaricetea bewertet und ihr Vorkommen in den Magnocaricion-Gesellschaften als Abbau-Erscheinung und Übergang zu den Kleinseggen-Gesellschaften gedeutet.

Die P o t e n t i l l a   p a l u s t r i s - Bestände wurzeln entweder im innersten, zumeist sublitoralen Uferbereich im Anschluß an verschiedene Scheuchzerio-Caricetea fuscae-Gesellschaften, bisweilen auch auf untergetauchten Rhizomschwingteppichen von Röhrichtbeständen (s. Kap.4.3.2.1.1.: "Schwingröhrichte") oder im untergetauchten Teil von S p h a g n u m - Schwingrasen. Von hier aus treiben nun ihre z.T. netzartig verflochtenen ausläuferartigen Sprosse mit den auf der Wasseroberfläche schwimmenden Blatt- und Blütentrieben in die offene Wasserfläche hinaus (s. Veget.-Prof., Abb.32), oder aber sie grenzen an einen S p h a g n u m - Schwingrasen, auf den sie sich auch hinaufziehen können (s. Veget.-Prof., Abb.25 u. 31). Das Spektrum des Wassertiefenbereichs der Gesellschaft ist somit sehr weit und wohl nur noch vergleichbar mit dem der M o l i n i a - Gesellschaft (s.o.).

Die Kontaktvegetation und die dominierende Vegetation der Gewässer, innerhalb derer die P o t e n t i l l a   p a l u s t r i s - Gesellschaft vorkommt, sprechen - beurteilt nach den Verhältnissen des Untersuchungsgebietes - für Standorte eines mittleren Trophiegrades. Sowohl den ärmeren als auch den reicheren Untersuchungsobjekten fehlt diese Gesellschaft, obwohl P o t e n t i l l a   p a l u s t r i s in einzelnen Exemplaren auch noch vielfach in ärmeren und reicheren Untersuchungsobjekten vorkommen kann. Die genannten Nährstoffverhältnisse kommen, außer durch das Auftreten (mit großer Stetigkeit (IV) und z.T. großer Artmächtigkeit) von C a r e x   r o s t r a t a , vor allem durch die begleitenden Hydrophyten zum Ausdruck: Die oligotraphenten Arten J u n c u s   b u l b o s u s var. f l u i t a n s und S p h a g n u m   c u s p i d a t u m fo. p l u m o s u m treten nur sehr selten und spärlich auf, während sich die weniger oligotraphenten Arten wie U t r i c u l a r i a   m i n o r und S p h a g n u m   o b e s u m (s. Sphagnetum cuspidato-obesi) in großer Menge einfinden.

Der Kontakt der P o t e n t i l l a   p a l u s t r i s - Gesellschaft mit den <u>Schwingrasen</u> und ihre teilweise Beteiligung an dessen Vegetation (s.o.) legen es nahe, daß P o t e n t i l l a   p a l u s t r i s - Bestände in einzelnen Fällen an der Bildung von Schwingrasen beteiligt waren und sind (s. Kap.5).

4.3.3.6. <u>M e n y a n t h e s   t r i f o l i a t a - Gesellschaft</u>

Die wenigen Bestände der im Untersuchungsgebiet ohnehin seltenen M e n y a n t h e s   t r i f o l i a t a erinnern bezüglich Standort und Kontakt in vielen Punkten an die P o t e n t i l l a   p a l u s t r i s - Gesellschaft: Alle 3 Vorkommen finden sich innerhalb eines sehr großen Wassertiefenbereichs durchweg in Gewässern mittleren Trophiegrades:

1) Der Bestand (Tab.9b, Spalte 6) in den Rollvennen (s. Abb.1 Nr.14) erhebt sich aus ca. 1 m tiefem Wasser im Bereich eines Nymphaeetum.
2) Der kleine lockere Bestand (Spalte 7) in der Duivelskuil (s. Abb.1 Nr.5) findet sich dagegen in der schmalen, wenig tiefen Randzone eines Schwingrasen-Heidemoores zwischen einer E r i o p h o r u m   a n g u s t i f o l i u m - Zone und dem Schwingrasen.
3) In den Ravenvennen (s. Abb.1 Nr.9) macht der Bestand (Spalte 8) einen Teil eines kleinen

Schwingrasens aus, der im Randbereich eines ausgedehnten Nymphaeetums entstanden ist, wobei die Rhizome und Ausläufer von M e n y a n t h e s waagerecht in oder über der schwingenden Torfschlammschicht verlaufen, die die Grundlage des Teppichs aus hygrophilen Sphagnen darstellt (S p h a g n u m c u s p i d a t u m fo. f a l c a t u m und S p h a g n u m s u b s e c u n d u m var. i n u n d a t u m) . Möglicherweise sind die M e n y a n - t h e s - Rhizome und -Ausläufer, ähnlich wie auch bei P o t e n t i l l a p a l u - s t r i s , für die Bildung des Schwingrasens mitverantwortlich.

Im Gegensatz zu P o t e n t i l l a p a l u s t r i s ist in der Literatur von M e - n y a n t h e s - Schwingrasen oder zumindest von der Bedeutung von M e n y a n t h e s für die Bildung von Schwingrasen mehrfach die Rede (FRÜH und SCHRÖTER, 1904; CAJANDER, 1913; ZUMPFE, 1929; VOLLMAR, 1947; DIJK und WESTHOFF, 1955; VAN DER VOO, 1961; STAMER, 1967; STRIJBOSCH, 1976).
Überhaupt werden M e n y a n t h e s - Bestände häufiger beschrieben als P o t e n - t i l l a - Bestände, obwohl sie vermutlich, wie auch in den Untersuchungsobjekten, viel seltener sind als diese. Die meisten in der Literatur erwähnten Vorkommen stammen jedoch nicht aus Heidegewässern oder -mooren, sondern aus im allgemeinen nährstoffreicheren Gewässern. Die relativ häufige Erwähnung in der Literatur mag darin begründet sein, daß von M e n y a n t h e s geprägte Bestände vielfach eine eigenständige Einheit darstellen als P o t e n t i l l a - Bestände. So spricht RUNGE (1969 a u. b) von einem "Carici-Menyanthetum" und KUIPER (1958) von einem "Menyantheto-Juncetum subnodulosi". Meistens jedoch ist die soziologische Bewertung von M e n y a n t h e s und entsprechend die synsystematische Fassung von M e n y a n t h e s - Beständen die gleiche wie bei P o t e n - t i l l a p a l u s t r i s , bzw. der P o t e n t i l l a p a l u s t r i s - Gesellschaft.

4.3.3.7. C a r e x l a s i o c a r p a - Gesellschaft

Im Uferbereich einiger Untersuchungsobjekte, die wohl - ähnlich wie die beiden zuvor beschriebenen Gesellschaften - einen mittleren Trophiegrad einnehmen, finden sich lockere, wenig ausgedehnte C a r e x l a s i o c a r p a - Bestände (Artmächtigkeit meist nur 3).

Solche Bestände sind zwar nicht häufig, aber doch viel häufiger, als es ihrem Anteil am Gesamtbestand der Heidegewässer im nordwestlichen Mitteleuropa entspricht, so daß es nicht verwundert, wenn aus dem nw-mitteleuropäischen Raum von C a r e x l a s i o c a r p a - Beständen innerhalb von Heidegewässern nur selten berichtet wird (SCHUMACHER, 1932; JONAS, 1933, 1935; DUVIGNEAUD und VANDEN BERGHEN, 1945; VANDEN BERGHEN, 1947; DONSELAAR, 1958; ALTEHAGE, 1955, 1960; DIJK und WESTHOFF, 1960; DIERSSEN, 1972; STRIJBOSCH, 1976).
Ganz im Gegensatz dazu steht die Aussage PASSARGEs (1964), daß im ostdeutschen Tiefland solche von ihm als "Sphagno-Caricetum lasiocarpae" bezeichneten Bestände die verbreitetste Kleinseggen-Gesellschaft in oligotrophen Gewässern darstellen.

Die relative Häufigkeit von Beständen der borealen C a r e x l a s i o c a r p a in den Untersuchungsobjekten mag mit deren Übergangsstellung zwischen ozeanischen Heidegewässern und -mooren und den stärker kontinental geprägten oligotrophen Gewässern und Mooren im ostdeutschen Tiefland im Zusammenhang stehen. Außer in Klima und Flora ließen ja auch in der Vegetation bereits Anhaltspunkte für diese Übergangsstellung finden (s. 1. "Nymphaeetum minoris", 2. S p h a g n u m d u s e n i i - Subassoziation des Sphagnetum cuspidato-obesi, 3. fragmentarische Ausbildung der Littorelletea).

F l o r i s t i s c h e S t r u k t u r (s. Tab.8) und s y n s y s t e m a t i s c h e S t e l l u n g : Zu C a r e x l a s i o c a r p a treten M o l i n i a und E r i o - p h o r u m a n g u s t i f o l i u m mit größerer Stetigkeit (V bzw. IV), aber meist nur geringer Artmächtigkeit hinzu. Die Mehrzahl der Bestände ist mit S p h a g n u m - Polstern (meist r e c u r v u m) durchsetzt, selten hat sich aber eine geschlossene S p h a - g n u m - Decke ausgebildet. Mit einer mittleren Artenzahl von 10,5 sind die Bestände unter allen Scheuchzerio-Caricetea-Einheiten nach denen des "echten" Caricetum lasiocarpae die artenreichsten.
Bei C a r e x l a s i o c a r p a - Beständen wird man mit einem ähnlichen Problem konfrontiert wie bei den C a r e x r o s t r a t a - Beständen: Der größte Teil der Bestände gehört nicht der nach der bestimmenden Art benannten Assoziation an, hier dem Caricetum lasiocarpae im Sinne KOCHs (1926) und der meisten Autoren. Nur einige Bestände an ganz anderen

Standorten im Elmpter Bruch passen sich gut in das Bild des Caricetum lasiocarpae ein und werden als solches gesondert behandelt (s. Kap.4.3.3.13.).

Das Auftreten von C a r e x l a s i o c a r p a selbst als dominierende Art ist nämlich allein kein hinreichender Grund, vom Caricetum lasiocarpae zu sprechen; denn die aus der weiten ökologischen und soziologischen Amplitude von C a r e x l a s i o c a r p a sich ergebende mangelnde Gesellschaftstreue, auf die schon PAUL und LUTZ (1941) hinweisen und die auch sonst in der Literatur zum Ausdruck kommt, verbietet es, alle von dieser Art beherrschten Bestände als Caricetum lasiocarpae zu bezeichnen. In diesem Fall sind es folgende Gründe:

1) VC-Arten des Eriophorion gracilis fehlen hier, ebenso wie häufige und typische Begleit-Arten des Caricetum lasiocarpae, von denen einige aber in den Caricetum lasiocarpae-Beständen des Elmpter Bruchs auftreten.

2) Dagegen zeigen A g r o s t i s c a n i n a und C a r e x c a n e s c e n s und mit Einschränkung auch die schwache VC-Art C a r e x n i g r a , von denen in der Mehrzahl der Bestände zumindest eine vorkommt, die Zugehörigkeit der meisten Bestände zum Carici canescentis-Agrostidetum an, d.h. also zum Caricion canescentis-fuscae. Da auch diese C a r e x l a s i o c a r p a - Fazies des Carici canescentis-Agrostidetum in erster Linie in ihrer Eigenschaft als Soziation gesehen wird, werden die Bestände auch als solche, zusammen mit den Beständen ohne die beiden C-Arten, nur " C a r e x l a s i o c a r p a - Gesellschaft" zusammengefaßt.

3) Der Standort (s.u.), also Ufer oligo-mesotropher Gewässer - d.h. u.a.: starke Wasserstandsschwankungen und geringmächtige Torf- oder Torfschlammböden oder anmooriger Sand (s.u.) - , ist vollkommen untypisch für die Assoziation, die in ihrer typischen Vergesellschaftung Schwingrasen in meso-eutrophen Gewässsern und Schlenken in mesotrophen Zwischenmooren besiedelt.

Dieses ökologische Argument, verbunden mit dem ersten, dürfte auch genügen, um die Bestände ohne A g r o s t i s und C a r e x c a n e s c e n s (s. Tab.9b, Spalten 9, 10, 11, 12) hier anzuschließen, ohne daß dabei die Möglichkeit ausgeklammert wird, die beiden ersten (Spalten 9 u. 19) dem Magnocaricion zuzuschlagen.

Einige Autoren (z.B. ALLORGE und DENIS, 1927; JONAS, 1935; SCHWICKERATH, 1939, 1942, 1963; ALTEHAGE, 1960; RUNGE, 1969 a; DIERSSEN, 1972) ordnen ähnlich zusammengesetzte Bestände meist auch vergleichbarer Standorte dennoch dem Caricetum lasiocarpae zu: So sind sie nach ALTEHAGE (1960) lediglich als fragmentarische Ausbildungen der Assoziation aufzufassen; nach SCHWICKERATH (1942) wären sie die nährstoffärmsten Variante und nach OBERDORFER und Mitarb. (1967) dem "azidophilen Flügel" der Assoziation zuzurechnen.
Auch DIERSSEN (1972) betont das Fehlen von Eriophorion gracilis-Arten und das ausschließliche Vorkommen von Arten des Caricion canescentis-fuscae und des Caricion rostratae in entsprechenden Beständen im Münsterland; eine eindeutige Zuordnung sei deshalb und wegen der zu weiten soziologischen Amplitude von C a r e x l a s i o c a r p a nicht möglich. Dennoch ordnet er diese Bestände dem Caricetum lasiocarpae W. KOCH (Eriophorion gracilis) zu.
Andere Autoren werden der unterschiedlichen Ausbildung von C a r e x l a s i o c a r p a - Beständen, die von eutrophen, kalkreichen Zwischenmooren über mesotrophe, saure Standorte bis zu litoralen Verlandungszonen mesotropher Gewässer reichen, durch eine + starke Differenzierung gerecht: Manche Autoren geben die einfache, unterschiedlich weit gefaßte Bezeichnung "Caricetum lasiocarpae" auf zugunsten zweier Einheiten, einer mehr eutraphenten und einer mehr oligo(-meso-)traphenten, die verschiedenen Verbänden zugeordnet werden, und zwar dem Caricion davallianae (= Schoenion) oder dem Eriophorion gracilis einerseits und dem Caricion canescentis-fuscae andererseits, z.B.:
a) DUVIGNEAUD und VANDEN BERGHEN (1945) und DUVIGNEAUD (1949):
   1. Caricion davallianae (= Schoenion): "Caricetum (diandro-)lasiocarpae eutrophicum" oder "-basiclinum"
   2. Caricion canescentis-fuscae: "Caricetum (diandro-)lasiocarpae oligomesotrophicum" oder "-acidoclinum".
b) WESTHOFF und DEN HELD (1969):
   1. Caricion davallianae; "Scorpidio-Caricetum diandrae"
   2. Caricion canescentis-fuscae: "Sphagno-Caricetum lasiocarpae"
c) PASSARGE (1964 a):
   1. Eriophorion gracilis (im Gegensatz zu OBERDORFER und Mitarb. zu Tofieldietalia!):
   "Eriophoro-Caricetum lasiocarpae"
   2. Caricion canescentis-fuscae: "Sphagno-Caricetum lasiocarpae".

Abgesehen davon, daß ich mich nicht einer synsystematischen Auffassung anschließen kann, in der offenbar entweder eine Art in 2 verschiedenen Assoziationen als C-Art auftritt oder eine (b,2) bzw. beide Assoziationen (c) gar nicht durch Charakter-Arten gekennzeichnet sind, ist es fraglich, inwieweit die hier zur Diskussion stehenden Bestände in den Rahmen einer dieser Einheiten passen. Das trifft nur für die Bestände mit Sphagnen zu, die sich gut in das Sphagno-Caricetum lasiocarpae PASSARGEs einfügen lassen, nicht jedoch in die gleichnamige Einheit bei WESTHOFF und DEN HELD, die dem Caricetum lasiocarpae oligomesotrophicum (a,2) entspricht, das demnach also auch nicht die Bestände meines Untersuchungsgebietes umfaßt. Vielmehr unterscheiden WESTHOFF und DEN HELD als dritte Einheit mit C a r e x   l a s i o c a r p a   noch eine zu den Scheuchzerietea gerechnete, weitgehend mit dem Sphagno-Caricetum lasiocarpae PASSARGEs identische " C a r e x   l a s i o - c a r p a - S p h a g n u m - Konsoziation", der diejenigen Bestände aus den Untersuchungsobjekten, die Sphagnen enthalten - also die meisten Bestände -, zugeordnet werden können.

STRIJBOSCH (1976) beschreibt aus den Overasseltse und Hatertse Vennen bei Nimwegen eine " C a r e x   l a s i o c a r p a - Soziation", die er als Fazies der " P o t e n - t i l l a - C. r o s t r a t a - Gesellschaft" des Caricion curto-nigrae auffaßt.

Auch einige Autoren, die das Caricetum lasiocarpae aufrechterhalten und nicht, wie die oben genannten, in 2 Assoziationen auflösen, erkannten die Notwendigkeit, neben dem Caricetum lasiocarpae eine nach C a r e x   l a s i o c a r p a   benannte Einheit ohne Assoziationsrang aufzustellen, die dem Caricion canescentis-fuscae angehört: SUKOPP (1959): " C a r e x   l a s i o c a r p a - Stadium"; JESCHKE (1961): " C a r e x   l a s i o - c a r p a - A g r o s t i s   c a n i n a - Gesellschaft"; KRAUSCH (1968): " C a r e x   l a s i o c a r p a - Rundsumpfgesellschaft". Besonders die letzten beiden entsprechen wiederum den Beständen der Untersuchungsobjekte mit Sphagnen. Die Bestände ohne S p h a - g n u m   stehen der " C a r e x   l a s i o c a r p a - P e u c e d a n u m   p a - l u s t r e - Assoziation" TÜXENs (1937) nahe. Meine allgemeine Bezeichnung " C a r e x   l a s i o c a r p a - Gesellschaft" umfaßt alle diese meist enger gefaßten Einheiten, auch Bestände ohne Sphagnen.

Die Berechtigung einer eventuellen Einordnungsmöglichkeit einiger Bestände ins Magnocaricion (s.o.) wird dadurch bestätigt, daß auch ARNTZENIUS (1961/63), DUVIGNEAUD (1951), NEUHÄUSL (1959), PAUL und LUTZ (1941), VANDEN BERGHEN (1947), LOHMEYER u.a. (in OBERDORFER und Mitarb., 1967) bestimmte Bestände dazu zählen oder es zumindest diskutieren.

S t a n d o r t   und   Z o n a t i o n   (s. Veget.-Prof., Abb.22, 25, 31, 32): Die Bestände der   C a r e x   l a s i o c a r p a - Gesellschaft wurzeln größtenteils in geringmächtigem Schlamm oder Torf oder in humosem, anmoorigem Sand. Überwiegend sind sie im Bereich der bei mittlerem Wasserstand umrissenen Uferlinie (wie es auch RUNGE, 1969 b, angibt), d.h. also im mittleren Eulitoral, angesiedelt, so daß jeweils der gesamte Bestand in den meisten Jahren dem mehrmaligen Wechsel von Trockenfallen und Überflutung unterworfen ist.

Auch SUKOPP (1959) gibt starke Wasserstandsschwankungen (im Mittel 40 cm) an den Standorten seines "Carex lasiocarpa-Stadiums" im Gegensatz zum Caricetum lasiocarpae an.

Darüber hinaus ist in den betreffenden Gewässern vorzugsweise gerade an den Standorten der C a r e x   l a s i o c a r p a - Bestände ein besonders starker, auf anderen Umständen beruhender Wechsel der Wasserstandsverhältnisse zu verzeichnen, der sich oft mit Regelmäßigkeit mehrmals im Jahr ereignet und der gelegentlich auch bei anderen Gesellschaften beobachtet wird (z.B. Eleocharitetum multicaulis oder E r i o p h o r u m   a n g u s t i f o - l i u m - Gesellschaft): Er besteht darin, daß kurz nach Rückzug des Wassers der Wasserspiegel bereits unmittelbar außerhalb der Uferlinie oft erst wieder bei einer Tiefe von ca. 0,5 m oder mehr unter der Bodenoberfläche anzutreffen ist.

Das läßt zwar auf Gewässer ohne oder mit nur unwesentlichem oder periodischem Grundwasserkontakt, also auf oligotrophe Gewässer schließen, dennoch sind die Gewässer mit C a - r e x   l a s i o c a r p a - Uferbeständen relativ nährstoffreich, bedingt durch eutrophierende Außeneinflüsse oder durch die Tiefe vieler dieser Gewässer.[1]

Das sprunghafte Absinken des Wasserspiegels am Standort der C a r e x   l a s i o c a r p a - Gesellschaft sagt also nichts über die Trophie aus, sondern läßt nur die große Toleranz der Gesellschaft in bezug auf die Wasserstandsverhältnisse erkennen. In dieser Beziehung steht sie nur wenig der M o l i n i a - und der J u n c u s   e f f u s u s - Gesellschaft nach.

Die Bestände begrenzen die Gewässer nach außen, oder es schließen sich außen noch die

---

[1] Die von STRIJBOSCH (1976) untersuchten Bestände (C. l a s i o c a r p a - Soziation) kommen in solchen Vennen vor, die schon lange Zeit eutrophierenden Einflüssen aus umgebendem Weideland unterliegen.

E r i o p h o r u m   a n g u s t i f o l i u m - Gesellschaft oder das Carici canescentis-
Agrostidetum an; nur selten findet man hier eine der typischen Vegetationseinheiten der äußeren Uferzone, wie z.B. das Eleocharitetum multicaulis (so auch bei DIERSSEN, 1972) oder die
M o l i n i a - Gesellschaft, da diese in der Regel oligotrophere Standorte einnehmen. Nach
innen sind sie oft begrenzt von der C a r e x   r o s t r a t a - Gesellschaft, der J u n -
c u s   e f f u s u s - Gesellschaft und (bzw. oder) der P o t e n t i l l a   p a l u -
s t r i s - Gesellschaft.

Wo sich in einzelnen Fällen die C a r e x   l a s i o c a r p a - Bestände bis ins innerste
Eulitoral erstrecken und in den Wassertiefenbereich von C a r e x   r o s t r a t a oder
J u n c u s   e f f u s u s hineinreichen, sind sie noch weiter aufgelichtet, und C a r e x
l a s i o c a r p a tritt zu kleinen horstartigen Gruppen zusammen (s. Veget.-Prof., Abb.22).

> Dieser horstartige Wuchs von C a r e x   l a s i o c a r p a , der mir nur von den Ber-
> liner Mooren (SUKOPP, 1959) und aus der Niederlausitz (PASSARGE, 1964 b) bekannt geworden
> ist, wird oft betont durch die hohen kegelförmigen S p h a g n u m   r e c u r v u m -
> oder f i m b r i a t u m - Bulte, aus denen C a r e x   l a s i o c a r p a gruppen-
> weise herausragt.

4.3.3.8. E r i o p h o r u m   a n g u s t i f o l i u m - Gesellschaft

Diese Gesellschaft ist - gemessen an der Anzahl einzelner isolierter Bestände - die häufigste
Vegetationseinheit der Untersuchungsobjekte überhaupt. Sie kommt in nahezu jedem Untersuchungsobjekt, oft sogar mehrfach vor. An der Gesamtfläche aller Untersuchungsobjekte hat sie
jedoch, etwa im Gegensatz zur C a r e x   r o s t r a t a - oder J u n c u s   e f f u -
s u s - Gesellschaft, einen relativ geringen Anteil (Durchschnittsgröße 15 m², s. Tab.8).
Nur kleine und kleinste Tümpel erhalten des öfteren durch E r i o p h o r u m   a n g u -
s t i f o l i u m - Bestände ihr Gepräge, das vorwiegend durch die roten bis kupferfarbigen
Blätter bzw. Blattspitzen und Triebe sowie - in manchen Sommern - durch die weißen, wolligen,
weithin sichtbaren Fruchtstände bestimmt wird.

S t a n d o r t ,   Z o n a t i o n (s. Veget.-Prof., Abb.21, 23, 24, 26-33) und S u k -
z e s s i o n (s. Sukz.-Schema, Abb.38): Entsprechend ihrer Häufigkeit umspannt die Gesellschaft den Bereich von den sauersten, nährstoff- und artenärmsten, bis zu den relativ nährstoffreicheren; nur in den wenigen bereits meso- bis eutrophen Gewässern mit größeren Röhrichtbeständen fehlt sie.
Der Hauptentfaltungsbereich bezüglich der Wassertiefe reicht vom äußersten Eulitoral bis in
das beginnende Sublitoral.

Alle in der Arbeit bisher beschriebenen Gesellschaften und Assoziationen können tiefer ins
Wasser vordringen und kommen dementsprechend - außer den viel anspruchsvolleren Phragmite-
talia-Assoziationen - als innere Begrenzung der E r i o p h o r u m   a n g u s t i f o -
l i u m - Bestände zu tieferem Wasser hin in Frage: Die C a r e x   r o s t r a t a - Gesellschaft bildet den häufigsten Kontakt in dieser Richtung, während die mit der C a r e x
r o s t r a t a - Gesellschaft oft in Verbindung stehende J u n c u s   e f f u s u s -
Gesellschaft, die ja ähnlich häufig wie diese vorkommt, aber anspruchsvoller ist, nur selten
diese Rolle übernimmt.
Bei steilen Uferkanten reichen die E r i o p h o r u m - Bestände oft unmittelbar bis an
diese heran, und nur an flachen Ufern sind ihnen in der Regel andere Einheiten uferwärts vor-
gelagert: Meist die M o l i n i a - Gesellschaft, oft aber auch das Carici canescentis-
Agrostidetum oder das Eleocharitetum multicaulis, seltener das Rhynchosporetum, die C a r e x
l a s i o c a r p a - oder die J u n c u s   e f f u s u s - Gesellschaft. Typisch und häufig ist ihre mosaikartige Verzahnung mit den z.T. ausgedehnten M o l i n i a - Horsten und
-Inseln (s. M o l i n i a - Gesellschaft und s. Veget.-Prof., Abb.23 u. 26).

Ungefähr genauso häufig, wie sie einerseits kleinere Senken ausfüllt und andererseits an den
Ufern größerer Untersuchungsobjekte auftritt, ist die Gesellschaft am Aufbau der für viele

Heidegewässer und -moore typischen <u>Schwingrasen</u> (also ca. 1/3 aller Aufnahmen) beteiligt. Sie stellt, zumindest heute, in vielen Fällen die Primärvegetation junger Schwingrasen dar (s. Kap.5).

> In dieser Beziehung übertrifft sie die bereits geschilderten C a r e x   r o s t r a - t a - ,   J u n c u s   e f f u s u s - ,   P o t e n t i l l a   p a l u s t r i s - oder M e n y a n t h e s - Bestände an Bedeutung, ganz zu schweigen von den schwingenden Röhrichtbeständen; nur das Caricetum canescenti-Agrostidetum, das die Hauptvegetation der Schwingrasen ausmacht, kann als Initialgesellschaft von Schwingrasen ungefähr genauso häufig auftreten.

Aber auch wenn die Initialvegetation der Schwingrasen von anderen Gesellschaften gebildet wird, ist sie eines der häufigsten Folgestadien.
Im Zuge der weiteren Entwicklung der Schwingrasen geht die Gesellschaft entweder in das Carici canescentis-Agrostidetum oder direkt in ein Sphagnetum über (s. Kap.5).

F l o r i s t i s c h e   S t r u k t u r (s. Tab.8 u. 9b). Die Bestände der Gesellschaft stellen nach denen der M e n y a n t h e s - Gesellschaft durchschnittlich die artenärmsten innerhalb der Scheuchzerio-Caricetea fuscae dar (mittlere Artenzahl 6,6); die Gesamtartenzahl der Gesellschaft ist jedoch mit 63 Arten (einschließlich der S p h a g n u m - Formen) nach der J u n c u s   e f f u s u s - Gesellschaft die höchste innerhalb der Klasse. Im Vergleich zu den meisten aus der Literatur bekannten Beständen (besonders der S p h a - g n u m   c u s p i d a t u m - E r i o p h o r u m - Gesellschaft und der S p h a g n u m   r e c u r v u m - E r i o p h o r u m - Gesellschaft; s.u.) ist die mittlere Artenzahl jedoch relativ hoch, ganz besonders aber die Gesamtartenzahl der Gesellschaft. In deren Verhältnis zur mittleren Artenzahl kommt die geringe Homogenität der Gesellschaft zum Ausdruck, die wiederum im Widerspruch zu den aus der Literatur bekannten, nicht nur artenarmen, sondern auch sehr gleichförmigen Beständen steht. Der Homogenitätsgrad (25 %) wird innerhalb der Scheuchzerio-Caricetea fuscae nur noch von der M o l i n i a - Gesellschaft unterboten (s. Tab.8).

> So erreichen die nach E r i o p h o r u m häufigste Art der Feldschicht (M o l i - n i a) und die der Moosschicht (S p h a g n u m   s u b s e c u n d u m) jeweils nur eine Stetigkeit von ca. 50 % (III). Außer S p h a g n u m   c u s p i d a t u m   f o. f a l c a t u m mit ca. 40 % und einigen Arten mit wenig über 20 % Stetigkeit (II: A g r o s t i s   c a n i n a ,   S p h a g n u m   o b e s u m ,   S p h a g n u m   r e c u r v u m ,   D r e p a n o c l a d u s   f l u i t a n s) kommen von den 63 Arten alle anderen nur ziemlich selten bis sporadisch vor (I).

Auch bezüglich der Artmächtigkeit treten besonders die Arten der Feldschicht gegenüber E r i o p h o r u m stark in den Hintergrund:

> M o l i n i a , als die häufigste Art und die Art mit der durchschnittlich höchsten Artmächtigkeit nach E r i o p h o r u m , erreicht nur einen Deckungswert von ca. 350 (ca. 3,5 %) gegenüber 5 200 von E r i o p h o r u m .

Im Vergleich dazu liegen die Deckungswerte bei den Moosen, die hier im Gegensatz zu den 6 bisher beschriebenen Scheuchzerio-Caricetea-Gesellschaften in allen Aufnahmen relativ stark vertreten sind, durchschnittlich wesentlich höher (S p h a g n u m   s u b s e c u n - d u m , einschließlich der Wasserformen: über 3 000; S p h a g n u m   c u s p i d a t u m und S p h a g n u m   r e c u r v u m : jeweils um 1 200; s. Tab.8).

Die zu erwartenden floristischen und soziologischen Unterschiede zwischen <u>Schwingrasen-Be</u>-<u>ständen</u> einerseits und den in kleinen Senken oder im Uferbereich auf festem Substrat siedelnden Beständen andererseits (hier kurz "<u>Litoralbestände</u>" genannt) sind nur insofern <u>qua</u>-<u>litativer</u> Natur, als bestimmte Arten lediglich in einer der beiden Gruppen vorkommen (s. Tab.13: z.B. D r o s e r a   r o t u n d i f o l i a nur auf Schwingrasen, Hydrophyten nur in den übrigen Beständen). Sie sind allerdings alle zu selten, um als Differentialarten eine echte floristisch-soziologische Differenzierung in 2 Untereinheiten anzuzeigen.

Aussagekräftiger sind dagegen die <u>quantitativen</u> Unterschiede, d.h. die Unterschiede in Stetigkeit und Deckungswert, mit der ein und dieselbe Sippe in der Gesamtheit der Schwingrasenbestände einerseits und in der Gesamtheit der Litoralbestände andererseits auftritt. Die größeren und ökologisch bedeutsameren quantitativen Unterschiede zeigt die Moosschicht, die insgesamt allerdings in beiden Bestands- bzw. Standort-Gruppen ungefähr den gleichen Gesamtdeckungswert (ca. 6 000, also ca. 60 % durchschnittliche Artmächtigkeit) einnimmt.

1) Zum einen spiegeln sich in den unterschiedlichen Werten (s. Tab.13) unterschiedliche hygrische Verhältnisse:[1]

   a) In den Litoralbeständen weist die Gruppe diverser Landformen von S p h a g n u m s u b s e c u n d u m s.l. sowohl die bei weitem höchste Stetigkeit (ca. 50 %) als auch den bei weitem höchsten Deckungswert (2 300) auf. Die Gesamtheit der hygrophileren Formen, also der Wasserformen von S p h a g n u m s u b s e c u n d u m s.l. (fo. o b e s u m) und von S p h a g n u m c u s p i d a t u m (fo. s u b m e r s u m und p l u m o s u m) erreicht fast die gleiche Bedeutung. Dagegen spielt das am wenigsten hygrophile S p h a g n u m r e c u r v u m mit nur halb so großer Stetigkeit und nur einem Drittel des Deckungswertes eine geringe Rolle.
   b) In den Schwingrasenbeständen dagegen zeigt S p h a g n u m r e c u r v u m ungefähr die gleichen Stetigkeits- und Deckungswerte wie die im Durchschnitt stärker hygrophilen Landformen von S p h a g n u m s u b s e c u n d u m in den Litoralbeständen, ohne allerdings - wie s u b s e c u n d u m dort - die bei weitem bedeutendste Art zu sein. Die Wasserformen von s u b s e c u n d u m und c u s p i d a t u m spielen hier dagegen eine ähnlich unbedeutende Rolle wie r e c u r v u m in den Litoralbeständen.

Der Standort der Schwingrasenbestände erweist sich im Vergleich mit dem der Litoralbestände als im Durchschnitt wesentlich trockener: Einem fast 3mal so hohen Deckungswert des am wenigsten hygrophilen S p h a g n u m r e c u r v u m auf den Schwingrasen steht ein mehr als doppelt so hoher Gesamtdeckungswert der Wasserformen in den Litoralbeständen gegenüber.

2) In den Stetigkeits- und Deckungsunterschieden kommen aber auch unterschiedliche Säure- und Trophieverhältnisse zwischen Litoral- und Schwingrasen-Beständen zum Ausdruck:

   a) In den Litoralbeständen ist das weniger azidophile S p h a g n u m s u b s e c u n d u m fast doppelt so häufig und nimmt einen 4mal so hohen Deckungswert ein wie das azidophile, aber in bezug auf die Hygrophilie etwa zu vergleichende S p h a g n u m c u s p i d a t u m fo. f a l c a t u m . Das Verhältnis bleibt das gleiche, wenn man die Wasserformen der beiden Arten hinzurechnet.
   b) Auf den Schwingrasen ist der Unterschied zwischen diesen beiden Arten in bezug auf die Stetigkeit überhaupt nicht mehr vorhanden und bezüglich des Deckungswertes nur noch schwach ausgeprägt.

Im Vergleich der beiden Standorte erweist sich der Deckungswert aller s u b s e c u n d u m - Formen (also einschließlich o b e s u m) auf dem Schwingrasen als nur etwa halb so groß wie am Ufer; umgekehrt ist der Wert aller S p h a g n u m c u s p i d a t u m - Formen hier etwa doppelt so hoch.

Auf den Schwingrasen herrschen also insgesamt saurere und nährstoffärmere Verhältnisse als am Ufer. Das findet darin seine Erklärung, daß das Wasser auf oder in den Schwingrasen mit dem offenen Wasser des Gewässers bzw. der überschwemmten Randzone der Heidemoore oft nicht mehr in Verbindung steht und dann zum überwiegenden Teil stark ombrogen beeinflußt ist (s. auch Kap.4.4.1.4.).

S y n s y s t e m a t i s c h e   F a s s u n g   u n d   S t e l l u n g :   E r i o p h o r u m   a n g u s t i f o l i u m - Bestände werden in der Literatur zwar öfter erwähnt, aber insgesamt doch offensichtlich stark vernachlässigt, so daß - nimmt man die Verhältnisse in meinen Untersuchungsobjekten zum Maßstab - ihre wahre Häufigkeit innerhalb des Vegetationskomplexes der Heidegewässer und -moore sowie ihre Variabilität in Struktur und Standort nicht zum Ausdruck kommen. So ist z.B. auch keine Einheit beschrieben, die die Vielfalt der E r i o p h o r u m - Bestände meiner Untersuchungsobjekte umfaßt.

   Die "S p h a g n u m - E r i o p h o r u m   a n g u s t i f o l i u m - Gesellschaft" PASSARGEs (1964 b) und das "Eriophoretum polystachii" DUVIGNEAUDs (1949) entsprechen noch am ehesten der hier beschriebenen Gesellschaft. Die einzigen beiden übrigen, nach E r i o p h o r u m   a n g u s t i f o l i u m benannten Gesellschaften bzw. Soziationen, nämlich die "S p h a g n u m   c u s p i d a t u m - E r i o p h o r u m - Gesell-

---

1) Über die Hygrophilie der Sphagnen und ihre entsprechende, allerdings vereinfachende Anordnung in der Tabelle s. gegen Ende des Kapitels 4.3.3.14.

schaft (bzw. -Soziation)" und die " S p h a g n u m   a p i c u l a t u m   (= r e -
c u r v u m) - E r i o p h o r u m - Gesellschaft (bzw. -Soziation)" (s. HUECK, 1925;
HENNES, 1934; JONAS, 1935; TÜXEN, 1958; JAHNS, 1962, 1969; PASSARGE, 1964 b; STAMER,
1967; MÜLLER, 1968; RUNGE, 1966, 1969 a; BURRICHTER, 1969 a, b; WESTHOFF und DEN HELD,
1969; DIERSSEN, 1972) sind sehr eng gefaßt und erfassen auch zusammengenommen nur den
kleineren Teil der Bestände in den Untersuchungsobjekten. Hier spielt die außer bei
STRIJBOSCH (1976) (als E r i o p h o r u m - S p h a g n u m   o b e s u m - Soziation)
in der Literatur nicht beschriebene E r i o p h o r u m   a n g u s t i f o l i u m -
S p h a g n u m   s u b s e c u n d u m - Soziation bzw. -Gesellschaft eine viel größere
Rolle als die beiden oben genannten Soziationen. Dazu kommen auch noch einige seltenere
Soziationen.
Einige der genannten Autoren rechnen, wie ich, auch Bestände, die Assoziations-Charakterarten wie A g r o s t i s   c a n i n a ,   C a r e x   c a n e s c e n s ,   R h y n -
c h o s p o r a   a l b a u.a. enthalten, zu den von ihnen unterschiedenen E r i o -
p h o r u m   a n g u s t i f o l i u m - S p h a g n u m   c u s p i d a t u m - bzw.
S p h a g n u m   r e c u r v u m - Gesellschaften. Bei anderen Autoren jedoch erscheinen
solche von E r i o p h o r u m geprägten Bestände als " E r i o p h o r u m   a n -
g u s t i f o l i u m - Fazies" oder "-Aspekte" in den Tabellen der entsprechenden Assoziationen: Dem Carici-canescentis-Agrostidetum (ALTEHAGE, 1960; KRAUSCH, 1968; VANDEN
BERGHEN, 1952), dem Caricetum fuscae (OBERDORFER, 1938; SCHWICKERATH, 1944 a), dem Rhynchosporetum (DIERSCHKE, 1969; WOIKE, 1958) oder dem Cuspidato-Scheuchzerietum (STAMER,
1967).

Folgt man den zuletzt genannten Autoren, so läßt sich im Unterschied zu den anderen Scheuchzerio-Caricetea-Gesellschaften[1] nicht nur ein Teil als E r i o p h o r u m - Fazies des
Carici canescentis-Agrostidetum (s.u.: 1) auffassen, sondern auch ein Teil als E r i o -
p h o r u m - Fazies einer Rhynchosporion-Assoziation (s.u.: 2). Hierzu gehören die Bestände
mit R h y n c h o s p o r a   a l b a ,   f u s c a und (oder) D r o s e r a   i n t e r -
m e d i a . Im Rahmen der E r i o p h o r u m - Gesellschaft werden sie hier - entsprechend der A g r o s t i s - Variante - als " R h y n c h o s p o r a - Variante" besonders
hervorgehoben (s. Tab.9b):

1) Die E r i o p h o r u m - Fazies des Carici canescentis-Agrostidetum darf als dessen zumindest potentielles Initial-Stadium angesehen werden (s. z.B. auch OBERDORFER, 1938;
SCHICKERATH, 1944 a;[2] BURRICHTER, 1969 a), wenn auch die tatsächliche Sukzession öfter direkt zu den Sphagnion-Gesellschaften hinführt (s.o.: Sukzession).

2a) Eine entsprechende Bewertung der E r i o p h o r u m - Fazies des Rhynchosporetum
(= größter Teil der R h y n c h o s p o r a - Variante der E r i o p h o r u m - Gesellschaft) als Initial-Stadium des Rhynchosporetum (s. TÜXEN, 1958 a und VAN DER VOO, 1962)
wäre nicht gerechtfertigt, weil auch diese Bestände entweder ins Carici canescentis-Agrostidetum oder in Sphagneten übergehen und nicht erst in ein gut ausgeprägtes eigentliches
Rhynchosporetum (s. beim Carici canescentis-Agrostidetum und Rhynchosporetum).
b) Handelt es sich bei Beständen der R h y n c h o s p o r a - Variante um Schwingrasen,
die die C-Arten D r o s e r a   i n t e r m e d i a und R h y n c h o s p o r a vermissen lassen und nur die VC-Art R h y n c h o s p o r a   a l b a enthalten, so kann man sie
ebenso wie als Fragmente des Rhynchosporetum auch als Fragmente des Scheuchzerio-Caricetum
limosae (TÜXEN, 1937, 1958 a u. b, 1962; JAHNS, 1969, s.u.: "Scheuchzerietum" bzw. "Cuspidato-Scheuchzerietum") auffassen (s. dort).

Aus der Literatur geht nämlich hervor, daß die floristischen, ökologischen und syndynami-
schen Beziehungen zwischen dem Scheuchzerio-Caricetum limosae und der E r i o p h o -
r u m - Gesellschaft sehr eng sind. Nach HUECK (1925) besiedeln beide Einheiten[3] im
Wechsel miteinander gleiche oder ähnliche Standorte auf Schwingrasen oligotropher Gewässer und Moore, und nach JAHNS (1969) nimmt die S p h a g n u m   c u s p i d a t u m -
E r i o p h o r u m   a n g u s t i f o l i u m - Gesellschaft in kleineren Schlenken, in
denen kein Scheuchzerietum vorkommt, ökologisch und syndynamisch die Stelle des Scheuchzerietum der größeren Kolke ein. Deshalb bewerten er, TÜXEN (1937, 1958 a u. b, 1962),

---

1) Eine Ausnahme bildet lediglich die M o l i n i a - Gesellschaft (s. dort).

2) Bei OBERDORFER und SCHWICKERATH als Initialstadium des weiter gefaßten Caricetum nigrae.

3) Bei HUECK: " E r i o p h o r u m   a n g u s t i f o l i u m - S p h a g n u m
c u s p i d a t u m - Assoziation" und " C a r e x   l i m o s a - S p h a g n u m
c u s p i d a t u m - Assoziation".

und BURRICHTER (1969 a) die S p h a g n u m   c u s p i d a t u m - E r i o p h o -
r u m - Gesellschaft (unabhängig davon, ob Rhynchosporion-Arten auftreten) auch als Fragment bzw. fragmentarisches Relikt des Scheuchzerietum.

Unter den Beständen des Untersuchungsgebietes zeigt vor allem einer eine besonders deutliche
Beziehung zum Scheuchzerietum; in ihm ist nämlich S p h a g n u m   d u s e n i i [1] vertreten, das sich am häufigsten in Schlenken mit S c h e u c h z e r i a (und/oder C a -
r e x   l i m o s a) findet und auch in seiner Ökologie in hohem Maße mit der von
S c h e u c h z e r i a übereinstimmt. Dies gilt nicht nur für sein boreales Hauptverbreitungsgebiet (u.a. CAJANDER, 1913; EUROLA, 1962; RUUHIJÄRVI, 1960; SJÖRS, 1948; SVENSSON,
1965; s. auch TÜXEN, 1958 b: "Dusenii-Scheuchzerietum"), sondern auch für die wenigen Standorte innerhalb Mitteleuropas (s. RUDOLPH, FIRBAS und SIGMOND, 1928; REDINGER, 1934; SCHUMA-
CHER, 1937; OBERDORFER, 1938, 1957; HUECK, 1939; LUTZ und PAUL, 1941; BARKMAN und GLAS, 1959).
Einer der wenigen ehemaligen Fundorte von S c h e u c h z e r i a in den Untersuchungsgebieten liegt nun auffälligerweise im gleichen Gebiet wie der Fundort von S p h a g n u m
d u s e n i i .

4.3.3.9. C a r e x   n i g r a - Gesellschaft

Bestände, die weitgehend von der für die Scheuchzerio-Caricetea (-alia) fuscae namengebenden
KC- und OC-Art C a r e x   n i g r a (= f u s c a) geprägt sind, finden sich in den Untersuchungsobjekten, wie ganz allgemein in Heidegewässern und -mooren, nur selten.

 Überhaupt gehört C a r e x   n i g r a innerhalb der Vegetation der Untersuchungsgebiete nach den sehr seltenen und bemerkenswerten Arten, wie C a r e x   l i m o s a ,
 E r i o p h o r u m   g r a c i l e und auch noch R h y n c h o s p o r a   f u s c a ,
 zu den seltensten Arten der Scheuchzerio-Caricetea.

L o k a l i s a t i o n : Mit Ausnahme eines großen, dichten, wiesenartigen Bestandes, der
den größten Teil der Ufervegetation des Unteren Scherpenseel'schen Weihers (s. Abb.1 Nr.15)
einnimmt, handelt es sich um kleine, meist lockere Bestände. Einige treten in seichten, innerhalb von Heide- oder M o l i n i a - Beständen liegenden Mulden auf, die zumindest im Winter und Frühjahr von z.T. leicht fließendem Wasser überschwemmt werden. Häufiger findet sich
die Gesellschaft am äußersten Wassersaum nicht allzu armer und saurer, aber auch nicht allzu
reicher Gewässer. Bei Anwesenheit der E r i o p h o r u m   a n g u s t i f o l i u m -
Gesellschaft oder gar des Eleocharitetum multicaulis kommt die C a r e x   f u s c a - Gesellschaft noch außerhalb dieser Einheiten vor (s. z.B. auch JONAS, 1935), die vielfach sonst
die äußere Vegetationszone des Ufers bilden.

S y n s y s t e m a t i s c h e   S t e l l u n g : Dem System von OBERDORFER und Mitarb.
(1967) folgend, müßte man die C a r e x   n i g r a - Bestände dem Caricetum nigrae
(= fuscae) zuordnen, das immer wieder aus relativ nährstoffarmen Flachmooren beschrieben
wird.

 C a r e x   n i g r a gilt nahezu übereinstimmend als KC-Art der Scheuchzerio-Caricetea
 (s. u.a. OBERDORFER, 1970). Die Fassung eines Caricetum nigrae ist daher wohl problematisch. Nach OBERDORFER und Mitarb. (1967) ist denn auch C a r e x   n i g r a nur
 schwache C-Art, und die entscheidendere Kennzeichnung geschieht durch die "guten" C-
 Arten C a r e x   c a n e s c e n s und e c h i n a t a .

Bezüglich der Gültigkeit eines Caricetum nigrae möchte ich mich daher LEBRUN und Mitarb.
(1949), RUNGE (1969 a), TÜXEN (1937 u. 1955), WESTHOFF und DEN HELD (1969) und anderen Autoren anschließen, die im Rahmen der Vegetation des nw-mitteleuropäischen Tieflandes kein Ca-

---

1) Innerhalb des Untersuchungsgebietes ist das der zweite Nachweis (s. Abb.9) dieser in Mitteleuropa äußerst seltenen borealen Art (Verbreitung s. Abb.14). Hier handelt es sich im
   Unterschied zum anderen Fundort (s. Kap.4.2.2.) nicht um eine Wasserform, sondern um eine
   der im allgemeinen häufigeren Landformen.

ricetum nigrae gelten lassen wollen, sondern statt dessen von einem Carici canescentis-Agrostidetum bzw. dem synonymen "Caricetum curto (= canescens)-echinatae" (WESTHOFF und DEN HELD) sprechen.

In diesen Assoziationen ist zwar nicht C a r e x   n i g r a Charakterart (sie wird als VC-OC-Art gewertet), aber mit C a r e x   c a n e s c e n s und e c h i n a t a haben sie gleiche C-Arten wie das Caricetum nigrae. OBERDORFER und Mitarb. (1969) und DUVIGNEAUD (1949) sehen denn auch im Carici canescentis-Agrostidetum nur eine besondere, ärmere Tief-landform des Caricetum nigrae (= fuscae).

Lediglich diejenigen Bestände mit C a r e x   n i g r a - Dominanz, die C a r e x   c a - n e s c e n s und A g r o s t i s   c a n i n a enthalten, können nun - ebenso wie die entsprechenden Bestände der bisher beschriebenen Gesellschaften - als Fazies der Carici ca-nescentis-Agrostidetum aufgefaßt werden, da für das Carici canescentis-Agrostidetum C a - r e x   n i g r a als Charakterart nicht in Frage kommt (s.o.).

Die Betrachtung aller C a r e x   n i g r a - Bestände unter dem Aspekt der ihnen allen gemeinsamen Eigenschaft als Soziation liegt hier näher als bei fast allen anderen Scheuch-zerio-Caricetea-Gesellschaften außer der P o t e n t i l l a   p a l u s t r i s - Ge-sellschaft; hier sind nämlich die Bestände ohne echte C-Arten in der Überzahl.
Mit der " C a r e x   n i g r a - Gesellschaft" als Zusammenfassung aller C a r e x   n i g r a - Soziationen der Untersuchungsobjekte lassen sich auch alle aus anderen Gebie-ten beschriebenen, von C a r e x   n i g r a geprägten Bestände einschließen (z.B. STAMER, 1967: " S p h a g n u m   c u s p i d a t u m - C a r e x   n i g r a - Ge-sellschaft"; STIJBOSCH, 1976: " C a r e x   n i g r a - Soziation").

F l o r i s t i s c h e   S t r u k t u r (s. Tab.8 u. 9b): Innerhalb der C a r e x   n i - g r a - Gesellschaft ist M o l i n i a wesentlich stärker vertreten als in allen anderen Gesellschaften, z.T. sogar mit größeren Bulten (Artmächtigkeit 3), so daß schon beinahe von einem Mosaik wie zwischen der M o l i n i a - und der E r i o p h o r u m - Gesellschaft gesprochen werden kann. Da umgekehrt in der M o l i n i a - Gesellschaft C a r e x   n i - g r a stärker vertreten ist als in anderen Gesellschaften, bestehen zwischen den beiden Ge-sellschaften wohl fließende Übergänge. Die ökologische Spannweite der C a r e x   n i g r a - Gesellschaft reicht aber weiter in den nährstoffreichen Bereich hinein als der der M o l i - n i a - Gesellschaft und wohl der meisten Scheuchzerio-Caricetea-Gesellschaften. Das wird allein schon daran sichtbar, daß ungefähr die Hälfte der Aufnahmen keine Sphagnen enthalten, was sonst bei keiner Gesellschaft und Assoziation der Fall ist. Unter diesen Beständen sind besonders die bereits erwähnten großen dichten Herden im offensichtlich bereits meso- bis eutrophen "Unteren Scherpenseel'schen Weiher" zu nennen, die zur Gewässermitte entweder an ein Typhetum oder ein Schoenoplectetum lacustris oder direkt ans offene Wasser mit P o t a - m o g e t o n   n a t a n s - Beständen grenzen.
Bei diesen und den wenigen anderen Beständen an relativ nährstoffreichen und z.T. etwas was-serzügigen Standorten handelt es sich um die ssp. r e c t a (FLEISCHER) ROTHMALER. An ein-zelnen Ufern, die nicht lange und nur seicht überschwemmt sind, erscheint die Art in ihrer ssp. n i g r a , die z.B. in dem mit meinen Untersuchungsgebieten gut vergleichbaren Ge-biet des "Heiligen Meeres" als einzige Sippe nachgewiesen wurde (MELLIN und LIENENBECKER, 1964). Die meisten Vorkommen in den Untersuchungsobjekten müssen allerdings nach ROTHMALER (1963) zur horstartig wachsenden ssp. j u n c e l l a Fries[1] gestellt werden, die auch z.T. in den Wasserstandsbereich der C a r e x   r o s t r a t a - Gesellschaft vordringt, welche die C a r e x   n i g r a - Gesellschaft zur Tiefe hin ablösen kann. JONAS (1939) und SCHUMACHER (1932) nennen diese Sippe (als var. j u n c e a = syn. j u n c e l l a Fries) als die für ± oligotrophe Heidegewässer typische Form von C a r e x   n i g r a . Diese an skandinavischen Seen und Mooren verbreitete Sippe soll jedoch nach ROTHMALER (1963, zitiert in HEGI, 1968) in Mitteleuropa gar nicht vorkommen. In EHRENDORFER (1973) wird je-doch ihr Vorkommen in Deutschland nicht ausgeschlossen.

---

1) Bei EHRENDORFER (1973) erhält sie als " C a r e x   j u n c e l l a auct. medioeur." den Rang einer Kleinart von C a r e x   n i g r a agg.

Vielleicht liegt in der noch ausstehenden endgültigen Klärung der Systematik der intraspezifischen Sippen von C a r e x   n i g r a einer der Schlüssel für die differenziertere
soziologische und ökologische Bewertung von C a r e x   n i g r a - Sippen (KC-, OC-, VC-,
C-"Art" bzw. "-Sippe"?) und damit auch für eine Verbesserung des noch unbefriedigenden soziologischen Systems.

4.3.3.10. Carici canescentis - Agrostidetum caninae TX. 37

Bei den letzten 4 Einheiten der Scheuchzerio-Caricetea handelt es sich um diejenigen mit
Assoziationsrang, die also im Gegensatz zu den "Gesellschaften" durch Charakterarten ge-
kennzeichnet sind, wobei diese - allerdings nur selten - gleichzeitig als dominierende
Art den Aspekt der Vegetation bestimmen können.

Ü b e r b l i c k : Unter den 4 Assoziationen der Scheuchzerio-Caricetea tritt das Carici
canescentis-Agrostidetum caninae am häufigsten auf; es übertrifft auch die meisten "Gesellschaften" der Scheuchzerio-Caricetea an Häufigkeit und Flächenausdehnung.

Würde man, was ja grundsätzlich möglich ist, auch noch die A g r o s t i s - Variante
der verschiedenen Scheuchzerio-Caricetea-Gesellschaften als besondere Fazies (Initial-
stadium) des Carici canescentis-Agrostidetum caninae auffassen, so wäre diese Gesellschaft
die bedeutendste Vegetationseinheit der Untersuchungsobjekte überhaupt.

Z o n a t i o n (s. Veget.-Prof., Abb.26 u. 28-32) und S u k z e s s i o n (s. Sukzess.-
Schema, Abb.38): Die große Bedeutung der Assoziation bezieht sich allerdings - im Gegensatz
zu allen bisher beschriebenen Gesellschaften - nur auf die Schwingrasen, während ihre Beteiligung an der Uferzonation nicht sehr viel größer ist als etwa die der C a r e x   l a -
s i o c a r p a - oder C a r e x   n i g r a - Gesellschaft oder des Eleocharitetum multicaulis.
Nur 1/3 der Aufnahmen entstammt der Uferzone (s. Abb.28 u. 31), wo die Assoziation meistens
den äußersten Saum einnimmt; oft überläßt sie diesen auch der M o l i n i a - Gesellschaft,
seltener dem Eleocharitetum multicaulis, der J u n c u s   e f f u s u s - oder der
E r i o p h o r u m   a n g u s t i f o l i u m - Gesellschaft, und schließt sich diesen
dann zum Gewässerinneren hin an. Die beiden letzteren, vornehmlich die E r i o p h o r u m
a n g u s t i f o l i u m - Gesellschaft, stellen aber meistens die Kontaktgesellschaft nach
innen dar, z.T. aber auch bereits die C a r e x   r o s t r a t a - Gesellschaft oder gar
die Hydrophyten-Assoziationen des freien Wassers.
Oft aber findet das Carici canescentis-Agrostidetum caninae seine Fortsetzung auf Schwingrasen, die sich auch direkt im Bereich dieser Assoziation aus dem Wasser erheben können (s.
E r i o p h o r u m - Gesellschaft) und sich von hier aus über kleinere und größere Flächen
des Gewässers erstrecken. Die Assoziation erweist sich sogar als die typischste und häufigste Vegetationseinheit jüngerer Schwingrasen, d.h. solcher, die noch nicht oder nur unter
starkem Nachgeben und Untertauchen begangen werden können (s. Veget.-Prof., Abb.25, 26, 30-
32). Oft jedoch kann sich der als Grundlage der Schwingrasen-Bildung dienende Torfschlamm,
besonders wenn er bis über die Wasseroberfläche hochgetrieben ist, auch unmittelbar mit dem
Carici canescentis-Agrostidetum caninae besiedeln; dabei kann der Sphagnenbewuchs zunächst
entweder nur spärlich sein oder aber bereits in Form einer ± geschlossenen Bodenschicht aus
hygrophilen Sphagnumformen oder -Sippen auftreten. Aber auch die aus anderen Gesellschaften
gebildeten Initialstadien entwickeln sich mit zunehmender Verfestigung und Herauswachsen
über das Wasserspiegelniveau meist ebenfalls zum Carici canescentis-Agrostidetum (s. Sukzess.-
Schema, Abb.38).
Die Weiterentwicklung der Assoziation ist verbunden mit der im Laufe der Zeit zunehmenden
Mächtigkeit und gleichzeitigen Verfestigung des Schwingrasens (s. Kap.5).

Das Carici canescentis-Agrostidetum caninae ist dadurch, daß es fast in gleichem Umfang wesentlich am Aufbau der Vegetation sowohl von Heidegewässern wie von Heidemooren beteiligt ist, eines der wenigen und unter diesen das bedeutendste verbindende Element zwischen den beiden Formationen.

F l o r i š t i s c h e   S t r u k t u r   (s. Tab.8 u. 10): Die häufigste und deckungsstärkste Art nach A g r o s t i s   c a n i n a   (evtl. nur "Assoziationsdifferentialart") ist E r i o p h o r u m   a n g u s t i f o l i u m , die wiederum noch häufiger ist als die einzige "gute" C-Art C a r e x   c a n e s c e n s . Obwohl hier fast alle Scheuchzerio-Caricetea-Arten vorkommen, fehlt erstaunlicherweise C a r e x   n i g r a : Immerhin verstehen ja einige Autoren das Carici canescentis-Agrostidetum als verarmte Tieflandform des Caricetum nigrae.

Die Schwingrasenbestände zeigen gegenüber den Beständen der Litoralzone stärkere quantitative Unterschiede in bezug auf Stetigkeit und Deckungswert einer Reihe von Arten (s. Tab.14), als dies bei der E r i o p h o r u m - Gesellschaft der Fall war (s. Tab.13).

> A g r o s t i s   c a n e s c e n s   ist zwar in beiden Gruppen mit rund 90 % Stetigkeit die häufigste Art, aber sie weist in der Uferzone einen beachtlichen Deckungswert auf, der fast dreimal so hoch liegt wie auf den Schwingrasen. In zwei Dritteln aller Uferbestände, in der A g r o s t i s   mit einer Artmächtigkeit von mindestens 3 auftritt, muß man sogar von einer A g r o s t i s - Fazies sprechen, während eine solche bei nur ca. 15 % der Schwingrasen-Bestände vorliegt.
> STRIJBOSCH (1976) beschreibt eine dem Caricion curto-nigrae-Verband zugeordnete A g r o - s t i s   c a n i n a - Soziation, die sich auf beiden Standorttypen schon bei geringem Einfluß nährstoffreicheren Wassers einfindet.
> C a r e x   c a n e s c e n s   kommt in mehr als 2/3 aller Schwingrasenbestände vor, allerdings mit meist ziemlich geringer Artmächtigkeit; in den Uferbeständen ist sie nur in jedem dritten Bestand vertreten, dann jedoch meist mit größerer Artmächtigkeit.
> Bestände, deren Aspekt von C a r e x   c a n e s c e n s   bestimmt wird und die nach STRIJBOSCH (1976) dem Caricetum curto-echinatae angehören, folgen nach diesem Autor in der Sukzession auf die oben erwähnte A g r o s t i s - Soziation.

Die quantitativen Unterschiede in der Moosschicht (s. Tab.14) weisen auch hier, wie bereits bei der E r i o p h o r u m - Gesellschaft, auf eine im Durchschnitt geringere Hygrophilie der Schwingrasenbestände gegenüber den Uferbeständen hin:

> In den Litoralbeständen übertrifft die Gesamtheit der hygrophileren Sippen S p h a - g n u m   r e c u r v u m   deutlich, während in allen Schwingrasenbeständen jeweils S p h a g n u m   r e c u r v u m   die stark vorherrschende S p h a g n u m - Art ist.

Bei einem Vergleich der beiden Standorte miteinander zeigen die Wasserformen an den Uferstandorten etwa 4mal so hohe Stetigkeits- und Gesamtdeckungswerte wie auf den Schwingrasen (bei der E r i o p h o r u m - Gesellschaft nur ungefähr 2mal so hoch), während S p h a - g n u m   r e c u r v u m   umgekehrt auf den Schwingrasen doppelt so häufig und mit einer 5mal so hohen Deckung wie am Ufer auftritt (bei der E r i o p h o r u m - Gesellschaft nur ca. 3mal so hohe Deckung).

Unterschiedliche Nährstoff- und Säureverhältnisse zwischen den beiden Standorten zeigen sich hier, im Gegensatz zur E r i o p h o r u m - Gesellschaft, nicht.

> Auf beiden Standorten halten sich S p h a g n u m   c u s p i d a t u m   und s u b - s e c u n d u m , einschließlich ihrer verschiedenen Formen, sowohl bezüglich Stetigkeit als auch bezüglich Deckungswert in etwa die Waage. Das gleiche Verhältnis zwischen diesen beiden Sippen findet sich bei der E r i o p h o r u m - Gesellschaft nur auf den Schwingrasen, die sich also in dieser Beziehung bei beiden Gesellschaften gleichen.

4.3.3.11. Rhynchosporetum (W. KOCH 26) TX. 37

Ü b e r b l i c k   und   S t a n d o r t : Unter den von JONAS (1932) angeführten "eigentlichen" Heidekolkassoziationen (Eleocharitetum multicaulis, Caricetum rostratae bzw. Carex rostrata-Gesellschaft und Rhynchosporetum) ist im Untersuchungsgebiet das Rhynchosporetum bezüglich der Zahl von Untersuchungsobjekten, in denen es vorkommt, die seltenste. Es findet

sich in nicht viel mehr Untersuchungsobjekten als etwa die C a r e x l a s i o c a r p a -
oder gar die C a r e x n i g r a - Gesellschaft. In der Zahl von Einzelbeständen übertrifft sie aber die genannten Gesellschaften bei weitem an Häufigkeit. In den meisten Untersuchungsobjekten, in denen sie vorkommt, tritt sie nämlich in mehreren, in einem sogar in
einer großen Vielzahl von isolierten Einzelbeständen auf, so daß sich insgesamt ein umfang-
reiches Aufnahmematerial (nach der E r i o p h o r u m a n g u s t i f o l i u m - Gesellschaft und dem Carici canescentis-Agrostidetum die meisten Aufnahmen) ergibt.
Die einzelnen Bestände nehmen aber zum größten Teil weniger als 1 m² ein und erstrecken sich
nur sehr selten über Flächen von 20 m² oder mehr (maximal etwa 100 m²), so daß die Assoziation flächenmäßig insgesamt nur eine untergeordnete Rolle spielt.

> Eine weit größere Zahl von Aufnahmen wurde im Rahmen dieser Arbeit nicht in die Tabelle
> aufgenommen, da sie Bestände betreffen, die nicht zu den Heidegewässern und -mooren zu
> zählen sind, vielmehr sind es Bestände aus dem eigentlichen Hauptverbreitungsgebiet der
> Assoziation, nämlich "nackten", nur sporadisch und kurzfristig oder nie überschwemmten
> Anmoorböden inmitten der Heiden oder auf Wegen und Schneisen. Hier findet sich stellen-
> weise reichlich L y c o p o d i e l l a i n u n d a t a (s.u.).
> Wie die M o l i n i a - Gesellschaft, so stellt also auch das Rhynchosporetum eine Ver-
> bindung - allerdings eine viel seltenere - zwischen der Vegetation der Untersuchungsob-
> jekte und der der Heiden dar. So ist auch bei Rhynchosporetum-Beständen nicht immer leicht
> zu entscheiden, ob sie noch bzw. schon zu den Heidegewässern zu zählen sind, insbesondere
> dort, wo sie kleine, flache Mulden, vorwiegend innerhalb der feuchten und anmoorigen Hei-
> den, besiedeln, wie sie ja auch schon als Standort der M o l i n i a - Gesellschaft ge-
> schildert wurden: Falls diese während des Winters und Frühjahrs größtenteils und auch im
> Sommer zeitweise unter Wasser stehen, müssen sie schon den Heidegewässern zugerechnet
> werden, selbst wenn sie nur kleine schlenkenartige Eintiefungen darstellen.

Die jährlichen Wasserstandsschwankungen erreichen in den Mulden mit Rhynchosporetum-Vegeta-
tion allerdings nicht das Ausmaß, wie es in denen mit der M o l i n i a - Gesellschaft meist
auftritt; das Rhynchosporetum scheint auf mehrmalige Durchnässung des Oberbodens im Laufe der
Vegetationsperiode angewiesen zu sein, andererseits aber höhere Überstauung nicht zu vertragen. Die Standorte sind vorzugsweise relativ offene, nur lückenhaft mit Moosen oder anderer
Vegetation bedeckte, anmoorige Sand- oder Anmoor-Böden.

Weniger häufig tritt die Gesellschaft aber auch an ganz ähnlichen Standorten im äußeren Ufersaum größerer Gewässer auf (s.u.), der dritte Standort sind ganz junge Schwingrasen, in denen der Torfschlamm noch weitgehend "nackt" ist (s.u.).

L o k a l i s a t i o n u n d S u k z e s s i o n : Die größte und üppigste Entfaltung zeigt
die Gesellschaft in einer sehr ausgedehnten, mehr als 1 ha großen, von Kiefernforsten, feuchten Heiden und Weiden umgebenen flachen Mulde innerhalb des "Naturschutzgebietes Ravenvennen" (Abb.1, Nr.9): Rhynchosporetum-Bestände wechseln hier mosaikartig einerseits mit M o -
l i n i a - Horsten oder -Inseln und S p h a g n u m - bzw. Sphagnetum-Bulten und andererseits mit Beständen der E r i o p h o r u m - Gesellschaft ab, die die tieferen Stellen besiedelt.
In tieferen Gewässern kann die Assoziation gelegentlich einen kleinen Abschnitt des äußersten Ufersaumes einnehmen, sich dabei z.T. sogar noch zwischen das Eleocharitetum multicaulis oder M o l i n i a - Bestände und die ans Ufer grenzende Heide schiebend (s. Veget.-
Prof., Abb.21). Öfter setzt sie sich über das Ufer hinaus in die Heide fort. Manchmal aber
folgen zum Gewässerrand hin noch M o l i n i a - Horste oder S p h a g n u m - Bulte, ebenso wie sich solche auch zur Gewässermitte hin anschließen können. Meist aber, zumal an breiten, flachen Ufern, ist das Rhynchosporetum, ähnlich wie z.B. in der oben beschriebenen großen, flachen Senke in den Ravenvennen, mosaik- oder netzartig, bzw. etagenartig mit der
M o l i n i a - Gesellschaft, dem Sphagnetum papillosi bzw. z.T. der E r i o p h o r u m -
Gesellschaft verzahnt. Das ist besonders in den seichten, ziemlich weit in die Heiden hineinragenden "Buchten" oder Schmalseiten bzw. "Pole" länglich gestreckter Gewässer, wie sie bereits im Zusammenhang mit der M o l i n i a - Gesellschaft und der S p h a g n u m d u -
s e n i i - Subassoziation des Sphagnetum cuspidato-obesi beschrieben wurden, der Fall (s.

Veget.-Prof., Abb.24). In der Verbindung mit der M o l i n i a - Gesellschaft kann das Rhynchosporetum auch in größere Wassertiefen vordringen, indem sich R h y n c h o s p o r a
a l b a und - seltener - auch D r o s e r a i n t e r m e d i a mit steigender Wassertiefe mehr und mehr auf die Flanken und schließlich auch auf die oft verkahlenden Kuppeln
ausgedehnter M o l i n i a - Horste zurückziehen. An solchen Fällen wird besonders deutlich,
daß der Übergang zwischen Rhynchosporetum und M o l i n i a - Gesellschaft räumlich wie
strukturell fließend ist (s. R h y n c h o s p o r a - Variante der M o l i n i a - Gesellschaft).

Bei den Schwingrasenbeständen handelt es sich, wie bei der E r i o p h o r u m - Gesellschaft
und teilweise auch beim Carici canescentis-Agrostidetum, um die Initialvegetation von Schwingrasen. Allerdings siedelt sich das Rhynchosporetum im Gegensatz zu diesen beiden ausschließlich erst dann an, wenn bereits "nackte" Torfschlammschichten bis über die Wasseroberfläche
hochgequollen sind (s. Veget.-Prof., Abb.27 u. 33; s. auch FISCHER, 1960; TÜXEN, 1958; GAUGER,
1931; u.a.).

In den meisten Fällen ist der schwingende Torfschlamm schon bald von D r e p a n o c l a -
d u s - Rasen teilweise bedeckt oder von einem ± geschlossenen Teppich dieser Art überzogen,
manchmal auch von C l a d o p o d i e l l a f l u i t a n s . Sphagnen verdrängen diese
Arten mehr und mehr oder nehmen statt ihrer direkt den nackten Torfschlamm ein. Mit der vollständigen Eroberung der Bestände durch S p h a g n u m beginnt der eigentliche Schwingrasen, auf dem sich die Assoziation meist nicht mehr lange durchsetzen kann, sondern entweder
vom Carici canescentis-Agrostidetum abgelöst wird oder direkt in ein Sphagnetum übergeht, in
dem sich lediglich Rhynchospora alba in einzelnen Halmen noch als Relikt (D-Art einer besonderen Subassoziation) eine gewisse Zeit halten kann.

> Als Initialvegetation derartigen bis über die Wasseroberfläche hochgetriebenen Torf-
> schlamms kann aber auch direkt das Carici canescentis-Agrostidetum auftreten (s. dort),
> indem der Torfschlamm nicht zunächst vom Rhynchosporetum besiedelt wird, sondern direkt
> von Sphagnen und A g r o s t i s c a n i n a und C a r e x c a n e s c e n s .

Auf manchen jungen Schwingrasen (s. z.B. Veget.-Prof., Abb.27 u. 33) steht sie in mosaikarti-
gem Wechsel mit einer dieser Assoziationen (Carici canescentis-Agrostidetum, Sphagnetum) und
der E r i o p h o r u m - Gesellschaft als häufigster Initial-Gesellschaft von S p h a -
g n u m - Schwingrasen, die dann meist nassere Standorte als das Rhynchosporetum besiedelt,
mit dieser aber, ebenso wie in der Ufervegetation, durch Übergänge verbunden ist.

F a s s u n g u n d f l o r i s t i s c h e S t r u k t u r (s. Tab.11): Wie zum Carici
canescentis-Agrostidetum, so können auch zum Rhynchosporetum über die in der Tabelle aufge-
nommenen Bestände hinaus noch Bestände der vorher beschriebenen Soziationen bzw. "Gesellschaften" gerechnet werden; in diesem Fall sind es aber nur Bestände der E r i o p h o -
r u m - und der M o l i n i a - Gesellschaft, innerhalb derer diese Bestände als R h y n -
c h o s p o r a - Variante herausgestellt werden. Innerhalb des Rhynchosporetum müßten sie
als E r i o p h o r u m - bzw. M o l i n i a - Fazies angesehen werden. Wie es schon im
räumlichen Kontakt, insbesondere in der mosaik- oder netzartigen Verknüpfung zwischen Rhynchosporetum und den beiden Gesellschaften zum Ausdruck kommt, so sind also auch floristisch
die Übergänge zu diesen 2 Gesellschaften fließend. Die naheliegende syngenetische Deutung
dieser Fazies als Initialstadium bzw. Abbaustadium entspricht aber nicht den Tatsachen (s.
E r i o p h o r u m - Gesellschaft und Kap.4.3.3.1.). Sieht man von diesen, von M o l i -
n i a oder E r i o p h o r u m geprägten Fazies-Beständen ab, so tritt nur in ca. der
Hälfte der Aufnahmen (s. Tab.11) eine Art der Feldschicht ± aspektbestimmend auf (Artmächtigkeit aber auch hier überwiegend nicht mehr als 3), und zwar fast ausschließlich eine der
C- bzw. VC-Arten, meist R h y n c h o s p o r a a l b a , viel seltener auch R h y n -
c h o s p o r a f u s c a oder D r o s e r a i n t e r m e d i a . Bei den übrigen
Beständen handelt es sich um sehr lockere, z.T. sogar spärliche Bestände, in denen keine Art
der Feldschicht besonders hervortritt.

An ihren Deckungswerten lassen sich die durchschnittlich sehr geringen Artmächtigkeiten aller Arten in dieser Assoziation ablesen: Der bei weitem höchste Deckungsgrad von 2 355, den R h y n c h o s p o r a   a l b a   erreicht, bedeutet im Durchschnitt aller Aufnahmen lediglich eine Deckung von ca. 25 %. Alle anderen Arten, mit Ausnahme von S p h a g n u m   c u s p i d a t u m   (einschließlich der Wasserformen: ca. 1 500 = 15 %), liegen noch weit darunter (1 000 = 10 %), selbst M o l i n i a   und E r i o p h o r u m , die Arten mit ungefähr gleich hoher Stetigkeit (um 80 %) wie R h y n c h o s p o r a   a l b a .
Während die VC-Art R h y n c h o s p o r a   a l b a   in fast 90 % aller Aufnahmen vorkommt, treten die AC-Arten R h y n c h o s p o r a   f u s c a   und D r o s e r a   i n t e r m e d i a   nur in ca. 1/3 bzw. 2/3 aller Aufnahmen auf. Aber auch in diesen Aufnahmen liegt die mittlere Deckung von R h y n c h o s p o r a   f u s c a   nur etwa so hoch (ca. 25 %), wie sie für R h y n c h o s p o r a   a l b a   im Durchschnitt <u>aller</u> Aufnahmen errechnet wurde; die von D r o s e r a   i n t e r m e d i a   erreicht nur ca. den halben Wert.
Nur in wenigen Aufnahmen drängen die beiden AC-Arten R h y n c h o s p o r a   a l b a   in den Hintergrund, insgesamt spielen sie aber im Vergleich zu dieser VC-Art eine untergeordnete Rolle; das gilt in bezug auf die Stetigkeit auch im Vergleich zu M o l i n i a   und E r i o p h o r u m   (beide ca. 80 %), während die Deckungswerte der beiden AC-Arten und dieser beiden höchststeten Arten ungefähr gleich niedrig liegen.

In 9 Aufnahmen (ca. 20 %) fehlen die beiden AC-Arten vollständig, und nur R h y n c h o s p o r a   a l b a   zeigt die Zugehörigkeit zum Rhynchosporion-Verband an. Aufgrund des Standorts und des Kontaktes besteht jedoch meist kein Zweifel über ihre Zugehörigkeit zum Rhynchosporetum. Handelt es sich in solchen Fällen aber um <u>Schwingrasen</u>, dann ist auch eine Bewertung als Fragment des <u>Scheuchzerio-Caricetum limosae</u> denkbar (s. dort).

Nur einmal dringt ein lockerer Bestand der sehr seltenen, meist ebenfalls als AC-Art geltenden L y c o p o d i e l l a   i n u n d a t a   von trockeneren Bereichen bis in die äußerste Uferzone vor.

Die 3 genannten AC-Arten bzw. VC-Arten fehlen hier aber ebenso wie in fast allen derartigen, teilweise üppigen Beständen, die im Untersuchungsgebiet noch mehrfach - allerdings außerhalb der Untersuchungsobjekte - auf dichten, nackten Böden von Wegen, Schneisen oder Sand- und Tongruben zu finden sind. Nach WESTHOFF und DEN HELD (1969) sowie STRIJBOSCH (1976) sind sie dem Lycopodio - Rhynchosporetum albo-fuscae und damit dem Ericion und nicht dem Sphagno-Rhynchosporetum der Scheuchzerietea zuzurechnen.

Auch die Moosschicht von Rhynchosporetum-Beständen ist locker und z.T. nur sehr spärlich ausgebildet. Nur selten ist eine ± geschlossene Moosschicht, in der dann in vielen Fällen die Sphagnen hinter D r e p a n o c l a d u s   f l u i t a n s ,   C l a d o p o d i e l l a   f l u i t a n s   oder G y m n o c o l i a   i n f l a t a   stark zurücktreten. Andererseits gibt es keine Bestände ohne Beteiligung von Moosen, so daß die Gesellschaft zu den wenigen gehört, die nur als S p h a g n u m - Subassoziation[1] auftreten; auch BRAUN (1968), JAHNS (1962, 1969), OBERDORFER (1957) und TÜXEN (1937) beschreiben nur ein Rhynchosporetum sphagnetosum.

WESTHOFF und DEN HELD (1969) und STRIJBOSCH (1976) wählen denn auch für Bestände in Heide- und Hochmooren die Bezeichnung "Sphagno-Rhynchosporetum", das sie den Scheuchzerietea anschließen, und stellen dieser Assoziation ein "Lycopodio-Rhynchosporetum" auf Sand- und Anmoorböden gegenüber, das sie dem Ericion anschließen.

Der Unterschied zwischen <u>Litoral-</u> und <u>Schwingrasen</u>beständen (s. Tab.15) besteht zunächst im Fehlen von R h y n c h o s p o r a   f u s c a   auf den Schwingrasen, das, wie in der Literatur mehrfach beschrieben, eben derartige moorige Standorte meidet (s.o.: "Lycopodio-Rhynchosporetum bei WESTHOFF und DEN HELD, 1969). Umgekehrt zeigt das vermehrte Auftreten der C-Art D r o s e r a   i n t e r m e d i a   auf den Schwingrasen deren Vorliebe für ausgeglichenere Wasserstandsverhältnisse.

Im Vergleich zur E r i o p h o r u m   a n g u s t i f o l i u m - Gesellschaft und zum Carici canescentis-Agrostidetum caninae (s. Tab.13 u. 14) überrascht bei beiden Gruppen von Beständen das deutliche Zurücktreten der Sphagnen,[2] was allerdings vor allem auf die starke

---

1) Die Einbeziehung der lebermoosreichen Ausbildungen in die S p h a g n u m - Subassoziation ergibt sich ohne weiteres aus der engen Verbindung dieser beiden Moosgruppen. Kein Bestand mit Lebermoosen ist ganz frei von Sphagnen.

2) Von allen Scheuchzerio-Caricetea ist es die S p h a g n u m - ärmste Gesellschaft.

Abnahme von S p h a g n u m   r e c u r v u m - in den Litoralbeständen bis zur völligen
Bedeutungslosigkeit - zurückzuführen ist. Gleichzeitig überrascht das starke Vorkommen der
H e p a t i c a e in den Litoralbeständen und das von D r e p a n o c l a d u s   f l u i -
t a n s auf den Schwingrasen: Sie reichen jeweils in ihrer Stetigkeit und in ihrem Deckungswert an die Werte der Sphagnen in ihrer Gesamtheit heran.

> Die Eigenschaft des Rhynchosporetum als Erstbesiedler nackter Böden sowohl am Ufer wie
> auf Schwingrasen bietet den H e p a t i c a e bzw. D r e p a n o c l a d u s   f l u i -
> t a n s die Möglichkeit, sich rasenbildend auszubreiten, bevor sie der Konkurrenz der
> Sphagnen unterliegen.

Der Unterschied in der Hygrophilie zwischen Litoral- und Schwingrasenbeständen ist hier nicht
so deutlich ausgeprägt wie in der E r i o p h o r u m   a n g u s t i f o l i u m - Gesellschaft oder gar im Carici canescentis - Agrostidetum caninae, da D r e p a n o c l a d u s
f l u i t a n s und die Gruppe der H e p a t i c a e [1] insgesamt hier etwa den gleichen
hygrischen Schwerpunkt haben. Unter den 3 Gesellschaften besiedeln die Rhynchosporetum-Bestände am Ufer meistens die trockensten Standorte (s. Veget.-Prof., Abb.21 u. 24), wohingegen sie auf den Schwingrasen eine Mittelstellung einnehmen zwischen dem nasseren Standort
der E r i o p h o r u m   a n g u s t i f o l i u m - Gesellschaft und dem im allgemeinen
trockeneren des Carici canescentis - Agrostidetum caninae.
In den Litoralbeständen des Rhynchosporetum überwiegt das nährstoff-feindlichere und acidophilere S p h a g n u m   c u s p i d a t u m in allen Formen über die S p h a g n u m
s u b s e c u n d u m - Sippen.
Ein Vergleich mit den beiden anderen Gesellschaften zeigt eine Umkehr im Verhältnis von
c u s p i d a t u m zu s u b s e c u n d u m mit abnehmender durchschnittlicher Nässe
des Standortes (s. Tab.13, 14 u. 15): E r i o p h o r u m   a n g u s t i f o l i u m -
Gesellschaft: 1 000 zu 4 000; Carici canescentis - Agrostidetum caninae: 2 100 zu 2 050;
Rhynchosporetum: 1 700 zu 600. Mit einer Abnahme der mittleren Wasserstände des Standortes
geht also offensichtlich eine Zunahme der Acidität einher.

4.3.3.12. Scheuchzerio - Caricetum limosae (BR.-BL. 21) LIBB. 32

Zu den Initialgesellschaften junger Schwingrasen in meso-oligotrophen Gewässern gehört neben
der E r i o p h o r u m - Gesellschaft und dem Rhynchosporetum auch das Scheuchzerio - Caricetum limosae, das in N-Europa und wohl auch noch im nordöstlichen und südlichen Mitteleuropa
die bedeutendste und charakteristischste Assoziation an diesen Standorten darstellt, während
sie in NW-Mitteleuropa äußerst selten ist.

> Wie bereits im Zusammenhang mit der E r i o p h o r u m   a n g u s t i f o l i u m -
> Gesellschaft und dem Rhynchosporetum diskutiert wurde, könnte man gewisse, zur R h y n -
> c h o s p o r a - Variante der E r i o p h o r u m - Gesellschaft und zum Rhynchospore-
> tum gestellte Schwingrasenbestände (besonders den mit S p h a g n u m   d u s e n i i)
> als Fragmente des Scheuchzerio - Caricetum limosae auffassen (nach TÜXEN, 1958 a, b u. 1962,
> sowie JAHNS, 1969, vielleicht sogar die ganze S p h a g n u m   c u s p i d a t u m -
> E r i o p h o r u m   a n g u s t i f o l i u m - Gesellschaft).

S c h e u c h z e r i a , und damit wohl auch die Assoziation, ist früher in einigen Heidegewässern und -mooren des Untersuchungsgebietes vorgekommen (HERRENKOHL, 1871; FÖRSTER,
1878; Phanerogamae ..., 1887, 1895; HÖPPNER und PREUSS, 1926), wobei es sich zumindest teilweise um heute noch existierende Untersuchungsobjekte handeln muß.

---

[1] Im Gegensatz zu D r e p a n o c l a d u s   f l u i t a n s , das in bezug auf die Wasserverhältnisse relativ stenök ist, umspannen die beiden etwa gleich häufigen Hauptver-
treter der H e p a t i c a e einen viel weiteren Wasserstandsbereich: C l a d o p o -
d i e l l a   f l u i t a n s reicht weiter in den nasseren und G y m n o c o l e a
mehr in den trockeneren Bereich; der Bereich ihres stärksten Vorkommens überschneidet
sich aber weitgehend.

C a r e x   l i m o s a , die zweite Charakterart der Assoziation, trat laut Literatur
(FÖRSTER, 1878; DE WEVER, 1911; HÖPPNER, 1926 a u. b) im Untersuchungsgebiet noch seltener
und in ganz anderen Einzelgebieten als S c h e u c h z e r i a auf, und zwar in Gewässern
oder Mooren, die heute mit Ausnahme des Elmpter Bruchs verschwunden sind.

Inmitten des Heidemoors im Elmpter Bruch konnte ich die heute in NW-Mitteleuropa äußerst seltene Art (s. Abb.15), die in diesem Heidemoor und damit am ganzen Niederrhein seit 1951
(KNORR und SCHWICKERATH, 1959) nicht mehr aufgefunden wurde (s. HILD, 1961 b), an einigen
wenigen Stellen nachweisen. Die meisten Exemplare der Art sind allerdings Bestandteile des
Caricetum lasiocarpae (s.u.). Nur in einer jener schlenkenartigen Restwasserflächen, die im
übrigen vom Caricetum lasiocarpae oder dem Cladietum oder "Nymphaeetum minoris" (s. dort)
eingenommen werden und von Sphagneten, "Narthecieten" oder M y r i c a - Gebüsch umgeben
sind, läßt sich von einem, allerdings recht dürftig ausgebildeten, Scheuchzerio - Caricetum
limosae sprechen (s. Tab.11 und Veget.-Prof., Abb.35), in dem locker stehende und nur 1 -
1,5 m hohe P h r a g m i t e s - Halme den Aspekt bestimmten (P h r a g m i t e s -
Fazies). Die räumliche und das heißt hier gleichzeitig die syndynamische Verbindung der
Assoziation mit dem Caricetum lasiocarpae ist sehr charakteristisch bei nährstoffreicheren
Verhältnissen.

Im Gegensatz zu den als eventuelle Fragmente der Assoziation zu deutenden meso- bis ± oligotraphenten Schwingrasenbeständen der E r i o p h o r u m   a n g u s t i f o l i u m - Gesellschaft, in denen in einzelnen Gebieten höchstwahrscheinlich S c h e u c h z e r i a
vorkam (s.o.), besiedelt der Bestand im Elmpter Bruch mit C a r e x   l i m o s a einen
nicht schwingenden, meso-eutrophen Standort. Zudem hat er sich auch aus anderer Vegetation
entwickelt, nämlich aus dem Phragmitetum, eventuell noch über das Caricetum lasiocarpae
(s. Sukzess.-Schema, Abb.39).

Da auch die jetzt verschwundenen Moore mit C a r e x   l i m o s a - Vorkommen innerhalb
der Untersuchungsgebiete ähnlichen Charakter wie das Elmpter Bruch aufwiesen, scheint sich
die Meinung von JONAS (1935) zu bewahrheiten, wonach C a r e x   l i m o s a in seinen
westlichsten Vorkommen nur in nährstoffreicheren Moorbildungen anzutreffen ist (s. auch
MENKE, 1964; RUNGE, 1961). Auf jeden Fall waren sie nährstoffreicher als die heute z.T. noch
existierenden Moore, in denen früher S c h e u c h z e r i a nachgewiesen wurde. Damit findet hier auch die Feststellung von BARKMAN und WESTHOFF (1969) eine Bestätigung, daß nämlich
in den Niederlanden und NW-Deutschland C a r e x   l i m o s a und S c h e u c h z e -
r i a nie zusammen vorkommen (s. aber SCHWICKERATH, 1963); vielmehr tritt in der typischen
Schwingrasenverlandung von Heidegewässern lediglich ein "Scheuchzerietum" TX. 1937 auf, das
nicht mit dem "Scheuchzerio - Caricetum limosae" LIBB. 1932 identisch ist. Das Scheuchzerio -
Caricetum limosae käme dann also erst in den nährstoffreicheren Mooren, wie dem Elmpter
Bruch, vor.

Bei einem über die niederländischen und nordwestdeutschen Verhältnisse hinausgehenden Vergleich läßt sich eine derartige Differenzierung aber nicht aufrechterhalten. Wenn statt
dessen OBERDORFER und Mitarb. (1967) wohl zu Recht nur ein Scheuchzerio - Caricetum limosae
(BR.-BL. 1921) LIBBERT 1932 gelten lassen wollen, so ist allerdings zweifelhaft, ob darin
alle unter den Namen "Caricetum limosae" (OSVALD, 1923; KOCH, 1926; ALLORGE und DENIS,
1927; HUECK, 1931), "Carex limosa - ....-Assoziation" oder "-Gesellschaft" (z.B. HUECK,
1925; ALMQUIST, 1929; RUDOLPH, FIBRAS und SIGMOND, 1928; ZUMPHE, 1929; STEFFEN, 1931;
SJÖRS, 1948; SVENSON, 1965; u.a.), "Scheuchzerietum" (PAUL, 1910; TÜXEN, 1937), "Cuspidato-Scheuchzerietum" (TÜXEN, 1958 a), " C a r e x   l i m o s a - S c h e u c h -
z e r i a - Assoziation" (LIBBERT, 1933) oder "Cariceto limosae - Scheuchzerietum palustris" (DUVIGNEAUD, 1949) beschriebene Bestände oder Einheiten in vollem Umfang eingeschlossen werden können und sollen. Denn die ökologische Amplitude von C a r e x   l i -
m o s a reicht bis in den eutrophen Bereich hinein, so daß es Bestände mit C a r e x
l i m o s a gibt, sogar als Dominante, die mit dem Scheuchzerietum bzw. Scheuchzerio-
Caricetum limosae wenig gemein haben:

1) So steht nach PAUL und LUTZ (1941) das Caricetum limosae KOCHs ihrer " C a r e x
d i a n d r a - A g r o s t i s   c a n i n a - Assoziation" näher als dem Scheuchzerietum.

2) Das von KUHN (1954) beschriebene Caricetum limosae entspricht (selbst nach Meinung
der Autorin) dem Caricetum chordorhizae PAUL et LUTZ 1941.

3) LIBBERT (1933) identifiziert seine C a r e x   l i m o s a - S c h e u c h z e -
r i a - Assoziation nicht mit dem anspruchsvolleren Caricetum limosae, wie es von KOCH
(1926) beschrieben wird.

4) DUVIGNEAUD (1949) stellt seinem Cariceto limosae-Scheuchzerietum (PAUL, 1910) LIBBERT
1933, "die eine subaquatische Assoziation der oligotrophen Schlenken der S p h a g n u m -
Moore" darstellt, das einem anderen Verband zugeordnete, also floristisch ganz anders zusammengesetzte "Caricetum limosae eutrophicum" (ALMQUIST, 1929) gegenüber, das in Senken
eutropher Moore vorkommt und sich mit dem Caricetum diandro-lasiocarpae eutrophicum ver-
mischen kann.

Bezüglich des Standortes und der Beziehung zum Caricetum lasiocarpae hat der Bestand im
Elmpter Bruch manches mit diesem "Caricetum limosae eutrophicum" gemeinsam, und vielleicht
entsprachen die früher hier und in ähnlichen Mooren des Niederrheins und Limburgs (WIRTGEN,
1857; FÖRSTER, 1878; DE WEVER, 1911; BRANDT und JAECKEL, 1912; WIRTGEN, 1912; HÖPPNER, 1926 a,
1927 a, 1941) vorhandenen C a r e x   l i m o s a - Bestände dieser Einheit. Eine andere
Frage ist es allerdings, ob man solche C a r e x   l i m o s a e - Bestände als "Caricetum
limosae" bezeichnen darf, d.h. ob C a r e x   l i m o s a hier C-Art ist. Nach PAUL und
LUTZ (1941) muß der Schwerpunkt von C a r e x   l i m o s a eindeutig im Scheuchzerio -
Caricetum limosae gesehen werden, sie ist in dieser Assoziation (wie auch bei OBERDORFER und
Mitarb., 1967, und WESTHOFF und DEN HELD, 1969) Charakter-Art. Das Caricetum limosae eutrophicum muß also einer anderen oder verschiedenen anderen Assoziationen (wie etwa den oben
erwähnten Caricetum chordorhizae, Caricetum diandrae u.a.) als besondere Ausbildungsform
oder Fazies zugeordnet werden.

Der Relikt- und Fragment-Charakter des hier zur Diskussion stehenden Bestandes, der von allen
Seiten von S p h a g n u m - Teppichen bedrängt und mehr und mehr eingeengt wird, erlaubt
keine eindeutige soziologische Zuordnung; es bestehen gleichermaßen Gemeinsamkeiten mit dem
oligotraphenten Scheuchzerio - Caricetum limosae wie mit dem Caricetum limosae eutrophicum.

Die 3. Aufnahme (Spalte 6 A) stellt ein Abbaustadium dar, das zum Sphagnion-Verband vermittelt. Die 4. Aufnahme (Spalte 6 B) gehört eigentlich bereits zum Sphagnetum papillosi, wird
aber zur Verdeutlichung der Sukzessionsverhältnisse hier noch mitaufgeführt. Sie ist ein
Beispiel für die an einigen Stellen auftretenden Sphagneten, in denen sich noch einige
C a r e x   l i m o s a - Exemplare halten können.

4.3.3.13. Caricetum lasiocarpae W. KOCH 26

S y s t e m a t i s c h e   F a s s u n g : Im Kapitel 4.3.3.7. wurden bereits von C a -
r e x   l a s i o c a r p a beherrschte Bestände am Ufer mancher Untersuchungsobjekte beschrieben, die zweifellos nicht dem Caricetum lasiocarpae und dem Eriophorion gracilis-Ver-
band angehören, sondern lediglich als ranglose, aus mehreren Soziationen bzw. Konsoziationen
bestehende "Gesellschaft" zusammengefaßt wurden, die wiederum dem Caricion fuscae nähersteht
oder ihm sogar angehört.

Daneben gibt es innerhalb des Untersuchungsgebietes aber auch Bestände des "echten" Caricetum lasiocarpae, das in NW-Deutschland noch seltener als C a r e x   l a s i o c a r p a -
Soziationen (bzw. die " C a r e x   l a s i o c a r p a - Gesellschaft") vorkommt und im
übrigen auch in ganz Mitteleuropa sehr selten ist.

Es ist allerdings fraglich, ob ein "Caricetum lasiocarpae" überhaupt aufgestellt werden
kann. Es besteht nämlich noch keine Klarheit darüber, inwiefern C a r e x   l a s i o -
c a r p a innerhalb ihrer weiten ökologischen und soziologischen Amplitude, aufgrund
derer ja bereits die " C a r e x   l a s i o c a r p a - Gesellschaft" (s.o.) als eigenständige Einheit aufgestellt werden mußte, überhaupt einen duetlichen soziologischen
Schwerpunkt aufweist, der es rechtfertigt, die Art als Charakterart anzusehen und entsprechend diesen Bereich als Caricetum lasiocarpae zu fassen. OBERDORFER und Mitarb.
selbst werten die Art nicht als C-Art des Caricetum lasiocarpae, sondern lediglich als
Differentialart gegenüber anderen Eriophorion gracilis-Gesellschaften. Die Beibehaltung
eines derartigen Caricetum lasiocarpae ist ebensowenig befriedigend wie die im Rahmen
der " C a r e x   l a s i o c a r p a - Gesellschaft" (s. Kap.4.3.3.7.) aufgeführten
verschiedenen Versuche einer Aufgliederung in 2 verschiedene Einheiten unter gleichzei-

tiger Auflösung des Eriophorion gracilis-Verbandes im Sinne OBERDORFERs (DUVIGNEAUD und VANDEN BERGHEN, 1945; DUVIGNEAUD, 1948, 1949; PASSARGE, 1964 a; WESTHOFF und DEN HELD, 1969).
Eine Klärung kann erst durch umfangreicheres Aufnahmematerial herbeigeführt werden und "muß einer zukünftigen monographischen Bearbeitung der Zwischenmoor-Gesellschaften überlassen bleiben" (KRAUSCH, 1968). Vorläufig habe ich daher, wie KRAUSCH, das Caricetum lasiocarpae, und zwar als Eriophorion gracilis-Assoziation, beibehalten.

Geht man vorläufig von der Berechtigung zur Aufstellung eines Caricetum lasiocarpae aus, so müssen die Bestände im Elmpter Bruch dem "acidophilen Flügel" (OBERDORFER und Mitarb., 1967) der Assoziation zugeordnet werden. Dieser ist nicht mit einer S p h a g n u m - Ausbildung bzw. -Subassoziation schlechthin zu identifizieren; denn es gibt auch S p h a g n u m - Ausbildungen, die wenig acidophil sind, nämlich mit S p h a g n u m   t e r e s ,   c o n - t o r t u m und p l a t y p h y l l u m (KRAUSCH, 1968; KUIPER, 1958; LIBBERT, 1939; DUVIGNEAUD, 1948; KRISAI, 1965; SCHEEL, 1962; WESTHOFF und DEN HELD, 1969; u.a.), während die hier auftretenden Sphagnen (s u b b i c o l o r ,   p l u m u l o s u m ,   s u b - s e c u n d u m und r e c u r v u m) wohl für den "acidophilen Flügel" typisch sind.

S t a n d o r t   u n d   L o k a l i s a t i o n : Es handelt sich hier um einige kleine Bestände im Heidemoor des Elmpter Bruchs (s. Veget.-Prof., Abb.34 u. 35), d.h. an einem völlig anderen Standort als dem der C a r e x   l a s i o c a r p a - Gesellschaft. Dieser Standort und damit die Möglichkeit für die Ausbildung dieser Assoziation ist auf dieses Heidemoor beschränkt, weil es in wesentlichen Zügen von fast allen anderen Heidemooren im Untersuchungsgebiet abweicht.

Es nimmt deshalb unter diesen in bezug auf Entstehung, Ökologie und Vegetation insofern eine besondere Stellung ein, als es ein verlandetes, heute zum größten Teil von Narthecieten, Sphagneten oder M y r i c a - Gebüsch eingenommenes, ehemaliges P h r a g m i - t e s - Röhricht darstellt, in dem die bereits mehrfach beschriebenen (s. "Nymphaeetum minoris", Cladietum und Caricetum limosae), noch nicht völlig verlandeten, schlenkenartigen kleinen und seichten Restwasserflächen als Standort des Caricetum lasiocarpae erhalten sind.

Dieser Standort entspricht weitgehend dem, was in der Literatur als einer der typischen Standorte für das Caricetum lasiocarpae angegeben wird und was man zusammenfassend als "Schlenken in mesotrophen Zwischenmooren" bezeichnen kann. Die Wasserstandsschwankungen sind hier, in krassem Gegensatz zu den Standorten der C a r e x   l a s i o c a r p a - Gesellschaft, sehr gering: Der - ebenfalls im Gegensatz zu dieser Gesellschaft - mächtige Torf- und Schlammboden bleibt ständig unter Wasser, das aber kaum mehr als 20 cm tief wird.

Auch in bezug auf typische Kontaktvegetation zeigen sich Gemeinsamkeiten mit Beständen anderer Gebiete; es muß sogar als sehr bemerkenswert bezeichnet werden, daß die einzigen in den Untersuchungsobjekten vorkommenden Bestände der sehr seltenen Assoziationen Cladietum und Caricetum limosae, die charakteristische Kontakt-Assoziationen des Caricetum lasiocarpae darstellen und dann meist auch in vegetationsdynamischem Zusammenhang mit ihm gebracht werden (Literatur s.u. bei floristischer Struktur und Syngenese), gerade hier in diesen Schlenken im Umkreis des Caricetum lasiocarpae, z.T. auch in direktem Kontakt mit ihm, angetroffen werden.

F l o r i s t i s c h e   S t r u k t u r (s. Tab.12) und S u k z e s s i o n (s. Sukzess.- Schema, Abb.39): Die Assoziation ist zwar mit einer mittleren Artenzahl von 12 die artenreichste Einheit der Scheuchzerio-Caricetea im Untersuchungsgebiet, dennoch handelt es sich hier um eine relativ sehr artenarme Ausbildung der Assoziation. Das ist nicht nur in der ± starken Beteiligung von Sphagnen begründet (s. einerseits Aufnahme 1, andererseits die artenreichen Sphagnum-Subassoziationen bei DUVIGNEAUD, 1948, KRAUSCH, 1968, und SCHEEL, 1962), sondern eventuell auch in der Reliktnatur der Schlenken.

Die meisten der zahlreichen meso- bis eutraphenten Arten, die an der Zusammensetzung der bei optimaler Entwicklung sehr artenreichen Assoziation (mit wenigen Ausnahmen aber nur als Begleiter) beteiligt sind (s. besonders KOCH, 1926; DIJK und WESTHOFF, 1955; KRAUSCH,

1968), fehlen hier zwar, aber eine Reihe von ihnen wird von HOEPPNER (1920, 1925, 1926 a, 1927 b, 1941) für die meisten derartigen Zwischenmoore, die er aus mehreren, heute vernichteten Mooren des Niederrheins erwähnt, zusammen mit C a r e x   l a s i o c a r p a und   l i m o s a   angegeben. Das trifft besonders für C a r e x   d i a n d r a   zu, die als übergreifende VC-Art aus dem soziologisch und ökologisch verwandten Caricetum diandrae sehr oft mit C a r e x   l a s i o c a r p a   vergesellschaftet ist.
Einige dieser Arten können durchaus auch im Elmpter Bruch vorhanden gewesen sein, bevor es in seinem zentralen offenen Bereich den heutigen Zustand eines Heidemoores erreichte.

Floristisch-soziologisch wird die Zugehörigkeit zum Caricetum lasiocarpae in erster Linie zunächst durch E r i o p h o r u m   g r a c i l e   angezeigt, die in den meisten Aufnahmen auftritt und in fast allen Exemplaren blüht und fruchtet, was bei C a r e x   l a s i o c a r p a   nur selten der Fall ist.

Die Aufnahmen, in denen diese VC-Art des Eriophorion gracilis fehlt, sind solchen, in denen sie vorkommt, benachbart, sind also jeweils Teil eines lediglich durch Auftreten bestimmter Begleiter bzw. Differentialarten räumlich differenzierten größeren Caricetum lasiocarpae-Bestandes, in dem das ohnehin nur spärlich über die Bestände verstreute E r i o p h o r u m   g r a c i l e   zufällig nicht vertreten ist.

Fast ebensoviele Aufnahmen enthalten C a r e x   l i m o s a   als übergreifende OC-Art (= OC), die auch in den meisten aus anderen Gebieten veröffentlichten Aufnahmen ein ziemlich steter Bestandteil dieser Assoziation ist (ALLORGE und DENIS, 1927: "Caricetum lasiocarpae caricetosum limosae"; BRAUN, 1968, DUVIGNEAUD, 1948: "Carex limosa-Fazies"; KOCH, 1926: "Caricetum lasiocarpae caricosum limosae"; KRAUSCH, 1968; MÜLLER-STOLL und NEUBAUER, 1965; PAUL und LUTZ, 1941; SCHEEL, 1962; SCHWICKERATH, 1963). Sie zeugt dann fast immer von dem Kontakt des Caricetum lasiocarpae mit dem Caricetum limosae, der von den meisten der genannten und darüber hinaus auch anderen Autoren (ARNTZENIUS und REHNELT, 1964; KUHN, 1960; LIBBERT, 1939; LÖTSCHERT, 1964 b; VANDEN BERGHEN, 1952) syngenetisch im Sinne einer Entwicklung des Caricetum lasiocarpae in ein Caricetum limosae gedeutet wird. Im Elmpter Bruch grenzen die beiden Assoziationen zwar nicht aneinander, aber sie finden sich in ± benachbarten "Schlenken" (s. Veget.-Prof., Abb.35).
Eine Sukzession des Caricetum lasiocarpae zum Caricetum limosae ist zwar in einzelnen Fällen nicht auszuschließen, aber überwiegend doch unwahrscheinlich, da sich bereits überall ein unmittelbarer Abbau durch Sphagnen anbahnt, z.T. auch schon weit fortgeschritten ist (s.u.).

Andererseits vermitteln die Bestände physiognomisch noch den Eindruck eines sehr lockeren, lichten und niedrigen Phragmitetum (s. KRISAI, 1965: "Subassoziation von P h r a g m i t e s " ; VANDEN BERGHEN, 1947: " P h r a g m i t e s - Fazies"), denen sich in den meisten Beständen etwas C l a d i u m   zugesellt. Die Entwicklung aus einem Phragmitetum, wie sie hier klar zum Ausdruck kommt (s. Sukzess.-Schema, Abb.39), scheint eine der häufigsten und typischsten für das Caricetum lasiocarpae zu sein (s. u.a. DUVIGNEAUD, 1948; HÖPPNER, 1925, 1926 a; KRISAI, 1958; KUIPER, 1958; VANDEN BERGHEN, 1947; WESTHOFF und DEN HELD, 1969; ZUMPFE, 1929).
Der Literatur zufolge (DIJK und WESTHOFF, 1955; JESCHKE, 1963; LUTZ, 1938; POELT, 1954; SCHEEL, 1962; VANDEN BERGHEN, 1952; VOLLMAR, 1947; WESTHOFF und DEN HELD, 1969) ist wohl ebenso häufig das Cladietum der Ausgangspunkt für die Entwicklung der Assoziation, zumindest steht dieses oft in engem räumlichen Kontakt zu ihr. Das häufige Vorkommen von C l a d i u m   in den Beständen des Elmpter Bruchs (z.T. mit Artmächtigkeit 2) könnte so gedeutet werden, daß in den meisten Fällen auch hier dem Caricetum lasiocarpae ein Cladietum unmittelbar vorausging, d.h., daß in der Sukzession vom Phragmitetum zum Caricetum lasiocarpae noch das Cladietum zwischengeschaltet war. Meine Torf- und Schlammbohrungen und die Tatsache, daß die noch vorhandenen Cladietum-Bestände direkt durch S p h a g n u m und M y - r i c a abgebaut werden (s. beim Cladietum), geben dieser Deutung wenig Wahrscheinlichkeit.

Für den Bestand mit N y m p h a e a   a l b a var. m i n o r (Spalte 2) ist nicht auszuschließen, daß er von einem "Nymphaeetum minoris" seinen Ausgang genommen hat. Aufnahmen mit N y m p h a e a   a l b a var. m i n o r innerhalb des Caricetum lasiocarpae finden sich auch bei BRAUN (1968) und POELT (1954), innerhalb der " C a r e x   l a s i o c a r p a -

Gesellschaft" bei KRAUSCH (1964).

Häufigere Hydrophyten als N y m p h a e a   m i n o r sind die seltenen Arten P o t a -
m o g e t o n   p o l y g o n i f o l i u s und U t r i c u l a r i a   a u s t r a l i s
(=   n e g l e c t a) , die als eine der charakteristischsten Begleiter des Nymphaeetum
minoris bereits genannt wurde. Die Wasseroberfläche fast aller Bestände ist jedoch schon
durch Sphagnen ± stark eingeengt. Es sind hauptsächlich einzelne isolierte, aus dem seichten Wasser herausragende Bulte und Polster von 2 Arten, die in den gesamten Untersuchungsobjekten nur hier vorkommen und bei der Degeneration der Assoziation ein offensichtlich charakteristisches Stadium bilden:

1) Das subatlantische S p h a g n u m   p l u m u l o s u m (= subnitens), das gelegentlich innerhalb des Untersuchungsgebietes noch in nassen Heiden zu finden ist, und

2) das sehr seltene boreale S p h a g n u m   s u b b i c o l o r (= centrale),[1] das hier
und in einem benachbarten Cladietum-Bestand (s. dort) das einzige, derzeit aus Westdeutschland bekannte Vorkommen darstellt.

Den wenigen Literaturangaben zufolge ist der hier vorliegende Standort durchaus charakteristisch für beide Arten:

> Zum einen kommen beide Arten wie hier im Caricetum lasiocarpae vor: 1. p l u m u l o -
> s u m : DUVIGNEAUD (1948); WESTHOFF und DEN HELD (1969). 2. s u b b i c o l o r :
> KRISAI (1965).
> Zum anderen finden sie sich in ökologisch und soziologisch nahestehenden Zwischenmoor-
> gesellschaften: JESCHKE (1963); KAULE (1973); PAUL u. LUTZ (1941); WESTHOFF u. DEN HELD
> (1969); ZUMPFE (1929).
> Besonders die Arbeiten von KAULE (1973) und JESCHKE (1963) bieten interessante vergli-
> chende Aspekte: KAULE (1973) beschreibt aus oberbayrischen Mooren S p h a g n u m
> p l u m u l o s u m - Bulte und S p h a g n u m   s u b b i c o l o r - Bulte, die ne-
> beneinander vorkommen, als Teile von mesotrophen "Übergangsmoor-Komplexen", worin die
> Schlenken zwischen diesen Bulten von Arten wie R h y n c h o s p o r a   a l b a ,
> C a r e x   l i m o s a ,   C a r e x   l a s i o c a r p a ,   S c o r p i d i u m
> s c o r p i o i d e s u.a. besiedelt werden. Den Bulthorizont faßt er je nach Dominanz
> entweder als " S p h a g n u m   s u b n i t e n s (syn. p l u m u l o s u m) -
> Gesellschaft" oder " S p h a g n u m   c e n t r a l e (syn. s u b b i c o l o r) -
> Gesellschaft" zusammen, die er zu den Parvocaricetea stellt, auf deren syntaxonomische
> Zuordnung zu einer Assoziation er aber vorerst verzichtet.
> Ganz ähnliche Verhältnisse beschreibt JESCHKE (1963) aus einem "Zwischenmoor-Mosaik-
> komplex" in Mecklenburg: S p h a g n u m   p l u m u l o s u m - Bulte und S p h a -
> g n u m   s u b b i c o l o r - Bulte werden hier als Stadien in der Verlandung von
> " S p h a g n u m   a u r i c u l a t u m - Schlenken" aufgefaßt, die sich u.a. auch
> aus dem Caricetum lasiocarpae entwickeln. Die Beschreibungen KAULEs und JESCHKEs spiegeln
> ziemlich gut die Verhältnisse in einigen Beständen des Elmpter Bruchs wider.

Stellenweise zeigen kleine Flecken oder Polster von S p h a g n u m   p a p i l l o s u m
sowie einigen anderen Oxycocco-Sphagnetea-Arten,wie auch bei JESCHKE und KAULE,die Tendenz
zum direkten Übergang in ein Sphagnetum an (s. Veget.-Prof., Abb.34 u. 35 und Sukzess.-
Schema, Abb.39). Andere Schlenken werden statt von S p h a g n u m   s u b b i c o l o r -
oder p l u m u l o s u m - Bulten von S p h a g n u m   a u r i c u l a t u m und
s u b s e c u n d u m erobert, die z.T. schon die ganze "Schlenke" mit einem dichten Teppich überzogen haben (s.o. JESCHKE, 1963: " S p h a g n u m   a u r i c u l a t u m -
Schlenken").

4.3.3.14. Vergleichende Betrachtung der Differenzierung der Gesellschaften und
           Assoziationen

Bei der vorangegangenen Darstellung der 12 Scheuchzerio-Caricetea-Assoziationen und -Gesell-
schaften wurde auf deren Differenzierung nicht näher eingegangen, von wenigen Ausnahmen abgesehen, wie z.B. der Differenzierung zwischen Litoralbeständen und Schwingrasenbeständen
innerhalb der 3 hauptsächlichsten Schwingrasen bildenden Einheiten. Diese Differenzierung
ist aber nur im Hinblick auf die ökologische Charakterisierung und Deutung der Schwingrasen

---

[1] Zur Problematik der Bestimmung und Abgrenzung gegen andere Arten s. Kap.3.1.2.

relevant, zur Begründung einer echten soziologischen Untergliederung ist sie nicht weitgehend genug.

Bei den allgemeinen Erörterungen über die Scheuchzerio-Caricetea fuscae (s. Kap.4.3.3.1.) werden Inhalt und Umfang, die den Gesellschaften einerseits und den Assoziationen andererseits hier zugemessen werden, u.a. damit begründet, daß auf diese Weise sowohl in den Assoziationen als auch in den Gesellschaften gleiche Differenzierungen erkennbar werden und dadurch ein allgemeines Gliederungsschema aufgestellt werden kann (s. Tab.16), das auf alle Einheiten im Prinzip anwendbar ist, auch wenn in keiner der 12 Einheiten alle Differenzierungsmöglichkeiten, die das Schema zum Ausdruck bringt, verwirklicht sind.

Der bei einem so klaren und allgemeinen Schema verständlicherweise auftretende Nachteil, daß sich die danach zu unterscheidenden Untereinheiten nicht bei allen Gesellschaften und Assoziationen immer in der wünschenswerten Schärfe voneinander trennen lassen, wird hier bewußt in Kauf genommen, weil in dieser Gliederung einerseits die zweifellos vorhandenen gemeinsamen Züge in der Variabilität bzw. Differenzierung der Scheuchzerio-Caricetea-Vegetation zum Ausdruck kommen und andererseits die einzelnen Gesellschaften und Assoziationen in bezug auf ihre Syngenese (Herkunft und Weiterentwicklung) und Synökologie (insbesondere Wasserstand) miteinander vergleichbar sind. Denn sowohl in der Häufigkeit der verschiedenen Untereinheiten, d.h. oft auch im Fehlen bestimmter Untereinheiten, als auch in ihrer jeweils speziellen Ausprägung liegen Möglichkeiten syngenetischen und ökologischen Vergleichs. Es wurden also bewußt die eventuell für bestimmte Einheiten aus allgemeiner und großräumiger Sicht bedeutsamen Differenzierungen außer acht gelassen, weil sie derartigen Vergleichen abträglich gewesen wären.

1) Zunächst müssen die Bestände mit Sphagnen von denen ohne Sphagnen getrennt werden, wie es auch die weitaus meisten Autoren tun.

Einige nehmen diese Differenzierung bereits auf der Stufe der Assoziation vor, indem sie einer S p h a g n u m - freien eine S p h a g n u m - enthaltende Assoziation oder -Gesellschaft gegenüberstellen (z.B. PASSARGE, 1964 a; STEFFEN, 1931; WESTHOFF und DEN HELD, 1969).
DUVIGNEAUD (1949) unterscheidet dagegen innerhalb verschiedener Assoziationen jeweils mehrere, nach jeweils einer S p h a g n u m - Art benannte Subassoziationen (u.a. z.B. Caricetum lasiocarpae sphagnetosum subsecundi, - sph. cuspidati, - sph. recurvi, - sph. papillosi). Meistens jedoch wird innerhalb jeder Assoziation lediglich eine Subassoziation oder Variante nach einer bestimmten S p h a g n u m - Art unterschieden und benannt, auch wenn diese oft durch andere Arten ersetzt ist (BRAUN, 1968; BURRICHTER, 1969 a; FISCHER, 1960; HORST u.a., 1966; JAHNS, 1962; JESCHKE, 1963; KRAUSCH, 1968; MÜLLER-STOLL und NEUBAUER, 1965; OBERDORFER, 1957; STAMER, 1967; TÜXEN, 1937).

In meinen Untersuchungsobjekten kommen in den meisten Beständen mehrere S p h a g n u m - Sippen bzw. -Arten nebeneinander vor; die S p h a g n u m - Sippen sind also in ihrem Vorkommen nicht derart voneinander geschieden, daß sie als Differentialarten zur Trennung verschiedener Einheiten herangezogen werden könnten. Mein Aufnahmematerial rechtfertigt demnach keine Unterscheidungen in mehrere Einheiten, seien es nun Assoziationen (s. z.B. HUECK, 1925, 1929, und JAHNS, 1962, 1969), Subassoziationen (s. z.B. DUVIGNEAUD, 1949) oder nur Varianten.

Ebensowenig ist in den meisten Gesellschaften und Assoziationen die Herausstellung einer S p h a g n u m - Art als Differentialart vertretbar. Vielmehr muß hier ganz allgemein jeweils von einer " S p h a g n u m - Subassoziation" gesprochen werden, bzw. - bei den Gesellschaften - von einer " S p h a g n u m - Ausbildung" (= -Konsoziation) (s. Schema). Hier tritt die gesamte Gattung S p h a g n u m als "Differentialgattung" auf (s. auch BRAUN, 1968; JONAS, 1935; SCHEEL, 1962; SCHWICKERATH, 1944 a; SUKOPP, 1959; VANDEN BERGHEN, 1952; WOIKE, 1958). Das bedeutet nicht, daß keine Differenzierung in bezug auf die S p h a g n u m - Schicht vorhanden wäre. Auf diese wird weiter unten noch eingegangen (s.u. "Sozietäten").
Außer der C a r e x n i g r a - Gesellschaft sind alle Gesellschaften zum weitaus größten Teil als S p h a g n u m - Subassoziation ausgebildet. Bei 3 Gesellschaften (E r i o p h o r u m a n g u s t i f o l i u m - Gesellschaft, Carici canescentis-Agrostidetum, Rhynchosporetum) ist sie sogar die einzige Ausbildungsform.

2) Eine weitere Untergliederung der beiden Subassoziationen bzw. Ausbildungen, die im Auftreten bestimmter Differentialarten begründet ist, läßt sich in meinem Untersuchungsgebiet nur

anhand von Phanerogamen-Arten vornehmen. Dabei zeigen sich zwischen der typischen und der S p h a g n u m - Subassoziation bzw. -Ausbildung Ähnlichkeiten in ihrer inneren Differenzierung: Zunächst wird bei den "Gesellschaften" sowohl innerhalb der typischen als auch der S p h a g n u m - Ausbildung die bereits bei den einleitenden Erörterungen zu den Scheuchzerio-Cericetea begründete Scheidung einer A g r o s t i s   c a n i n a - und teilweise auch noch einer R h y n c h o s p o r a - Variante (s. E r i o p h o r u m - Gesellschaft und M o l i n i a - Gesellschaft) von der typischen Variante vorgenommen (s. Schema).

3) Die weitere Untergliederung in Subvarianten folgt derselben Differenzierung, anhand derer bei den beiden Assoziationen bereits die Untergliederung der Subassoziationen in Varianten vollzogen wurde (s. Schema):
Bestände, in denen aufgrund der größeren Wassertiefe oder zumindest aufgrund ihrer dauernden oder fast ständigen Überflutung oder lediglich aufgrund ihrer noch geringen Verlandung Hydrophyten vorkommen (s.u. a + b), lassen sich - von wenigen Ausnahmen abgesehen (s. besonders Caricetum lasiocarpae) - meist gut von solchen trennen, in denen Oxycocco-Sphagnetea-Arten vorkommen (s.u. c). Bestände, die weder Arten der einen noch der anderen Gruppe enthalten, stellen die typischen Subvarianten bzw. Varianten dar.

a) Bei den Hydrophyten handelt es sich meist um U t r i c u l a r i a   m i n o r und um J u n c u s   b u l b o s u s var. f l u i t a n s (rhizophytische Form s. Kap.4.2.2.). Viel seltener kommen N y m p h a e a   a l b a , noch seltener P o t a m o g e t o n n a t a n s und p o l y g o n i f o l i u s vor, während nur ganz vereinzelt einige wenige andere Arten auftreten. Teilweise enthalten die Bestände nur jeweils eine Hydrophyten-Art. Die soziologische Bindung zwischen U t r i c u l a r i a   m i n o r und J u n c u s b u l b o s u s ist ausreichend, um alle diejenigen Bestände innerhalb jeder Subassoziation bzw. Variante, in denen sich nur eine der beiden häufigsten Arten oder in einzelnen Fällen auch statt dessen das soziologisch und ökologisch ähnliche P o t a m o g e t o n   p o l y - g o n i f o l i u s findet, als jeweils eine Variante bzw. Subvariante aufzufassen oder - bei mehreren Beständen - zu einer solchen zusammenzufassen. Sie wird einheitlich nach dem häufigsten Rhizophyten J u n c u s   b u l b o s u s var. f l u i t a n s benannt, auch wenn diese Sippe fehlt oder zu unstet ist, um bei isolierter Betrachtung als Differentialart gelten zu können.

b) In anspruchsvolleren Gesellschaften und Assoziationen, zugleich - mit Ausnahme des Carici canescentis-Agrostidetum - in relativ tieferem Wasser (s. C a r e x   r o s t r a t a - , J u n c u s   e f f u s u s - , P o t e n t i l l a   p a l u s t r i s - , M e - n y a n t h e s - Gesellschaft) kann an die Stelle der J u n c u s   b u l b o s u s - (Sub-)Variante die N y m p h a e a - (Sub-)Variante mit N y m p h a e a oder P o t a - m o g e t o n   n a t a n s treten. Die beiden Hydrophyten-Varianten stellen die räumliche, strukturelle oder syngenetische Verbindung zu den beiden entsprechenden Hydrophyten-Assoziationen her.

c) Als Gegenpol hierzu stellen die Bestände mit Oxycocco-Sphagnetea-Arten die Verbindung zu Assoziationen dieser Klasse dar. Die soziologische Bindung der Oxycocco-Sphagnetea-Arten untereinander ist viel stärker als die der Hydrophyten, außerdem tritt hier eine Art viel stärker in den Vordergrund, nämlich E r i c a   t e t r a l i x , das in ca. 3/4 aller Aufnahmen mit Oxycocco-Sphagnetea-Arten vorkommt. Deshalb werden hier in jeder Gesellschaft und Assoziation alle innerhalb einer Subassoziation oder Variante vorkommenden Bestände mit Oxycocco-Sphagnetea-Arten jeweils einheitlich zu einer einzigen E r i c a - Variante bzw. -Subvariante gerechnet.

Im Gegensatz zur J u n c u s   b u l b o s u s - (Sub-)Variante, die ebenso wie in der typischen Ausbildung (bzw. Subassoziation) auch in der S p h a g n u m - Ausbildung (-Subassoziation) fast jeder Gesellschaft (Assoziation) auftritt, ist die E r i c a - (Sub-)Variante, abgesehen von 2 Ausnahmen, auf die S p h a g n u m - Ausbildung bzw. -Subassoziation beschränkt. Die E r i c a - (Sub-)Variante entspricht sowohl den Oxycocco-Subassoziationen, die PASSARGE (1964 a) bei mehreren seiner Assoziationen unterscheidet (Sphagno-Caricetum lasiocarpae, Sphagno-Caricetum canescentis u.a.), als auch den nach E r i c a oder V a c c i n i u m o x y c o c c u s benannten Varianten, Subvarianten oder Terminalphasen, die von verschiedenen Autoren bei den verschiedensten Assoziationen unterschieden werden (BRAUN, 1968; DUVIGNEAUD, 1948; JAHNS, 1962, 1969; SCHWICKERATH, 1944 a).

Die Ansiedlung der Oxycocco-Sphagnetea-Arten wird einerseits dann möglich, wenn die Verlandung soweit gediehen ist, daß zumindest fleckenhaft horstige oder bultige Partien entstanden sind (z.B. M o l i n i a - , J u n c u s e f f u s u s - Horste, besonders aber S p h a g n u m - Bulte), die nicht mehr oder nur gelegentlich unter Wasser stehen, meist aber erst, wenn sie bis zur Ausbildung eines geschlossenen S p h a g n u m - Teppichs fortgeschritten ist, der weit über das Wasserniveau herausgewachsen ist. Andererseits können sie in die Bestände des äußersten, längere Zeit im Jahr trockenfallenden und in der übrigen Zeit nur untiefen Ufers eindringen, sich besonders aber schon sehr früh auf den nicht der Überflutung ausgesetzten Schwingrasen einfinden. Mit zunehmender Entfernung der Oberfläche der S p h a g n u m - Bulte oder -Teppiche von der Wasseroberfläche steigt in den Beständen auch die Bedeutung der Oxycocco-Sphagnetea-Arten in bezug auf Artenzahl und Artmächtigkeit an, bis sie schließlich in Oxycocco-Sphagnetea-Assoziationen übergehen.

Die 4 Subvarianten bzw. Varianten unterscheiden sich also ökologisch untereinander im wesentlichen in der Lage des Schwerpunktes ihrer Wasserstandsverhältnisse und - damit teilweise zusammenhängend - im Grad der Verlandung; nur zwischen der J u n c u s b u l b o s u s - (Sub-)Variante und der seltenen N y m p h a e a - (Sub-)Variante liegt der Unterschied primär in Trophieverhältnissen.

Demnach bringt der zahlenmäßige Anteil der 4 (Sub-)Varianten an der Gesamtzahl der Bestände der einzelnen Gesellschaften und Assoziationen ebenso wie das Fehlen einer oder zweier (Sub-) Varianten den unterschiedlichen Schwerpunkt, aber auch die unterschiedliche Spannweite in den Wasserverhältnissen und den unterschiedlichen Verlandungsgrad der einzelnen Gesellschaften und Assoziationen zum Ausdruck.[1]

Ein echter Vergleich, ohne daß der Faktor Trophie mithineinspielt, ist aber nur möglich, wenn einerseits jeweils die Werte einer Subassoziation (bzw. Ausbildung) - typische oder S p h a g n u m - Subassoziation bzw. -Ausbildung - miteinander verglichen werden und andererseits die J u n c u s b u l b o s u s - und N y m p h a e a - (Sub-)Variante als "Hydrophyten-(Sub-)Variante" zusammengefaßt werden.

In Tabelle 17 ist dementsprechend die prozentuale Aufteilung der Bestände der S p h a - g n u m - Subassoziationen bzw. -Ausbildungen innerhalb der einzelnen Gesellschaften und Assoziationen[2] auf die Varianten zusammengestellt:

Ausgehend von dem einen Extrem, der P o t e n t i l l a p a l u s t r i s - Gesellschaft, von deren Aufnahmen 75 % den beiden Hydrophyten-(Sub-)Varianten und keine der E r i c a - (Sub-)Variante angehören, bis hin zum anderen Extrem, der M o l i n i a - Gesellschaft, in der umgekehrt die E r i c a - (Sub-)Variante 75 % der Bestände umfaßt, die Hydrophyten- (Sub-)Variante (hier nur die J u n c u s b u l b o s u s - (Sub-)Variante) dagegen nur 10 %, lassen sich die Gesellschaften und Assoziationen in einer Reihe anordnen, in der die abnehmende Tiefe des bevorzugten Wasserstandsbereiches, zugleich aber auch der zunehmende Verlandungsgrad zum Ausdruck kommen, was hier kurz als Abnahme der "Hygrophilie" charakterisiert wird.

Die abnehmende "Hygrophilie" der Reihe wird vor allem in einer ziemlich kontinuierlichen Zunahme des Anteils der E r i c a - (Sub-)Variante deutlich. Gleichzeitig nimmt der Anteil der typischen (Sub-)Varianten im größten Teil der Reihe ab, nachdem er zunächst zwischen den ersten 3 Einheiten eine starke Zunahme erfahren hatte. Schließlich spricht für

---

[1] Derartige vergleichende Aussagen, die auf der Häufigkeit der Aufnahmen der (Sub-)Varianten und ihrer prozentualen Beteiligung an der Gesamtaufnahmenzahl der einzelnen Gesellschaften beruhen, sind durch die große Zahl der Aufnahmen und vor allem durch deren repräsentative Auswahl gerechtfertigt. (Zur Methode der Auswahl s. Kap.4.1.1.1.).

[2] Das Caricetum limosae und die M e n y a n t h e s - Gesellschaft werden hier wegen der geringen Aufnahmenzahl (2 bzw. 3) nicht berücksichtigt.

die abnehmende "Hygrophilie" auch die starke Abnahme des Anteils der Hydrophyten-(Sub-)
Varianten zu Beginn und am Ende der Reihe, bei relativ geringen Schwankungen von ca. 5 %
zwischen den meisten Gesellschaften und Assoziationen.

Das so gewonnene Bild der Hygrophilie der Gesellschaften und Assoziationen stimmt fast genau
mit dem überein, was ich durch Abstraktion aus den über 100 Profilen entlang der Ufer gewinnen konnte: Vorwiegend folgen die Einheiten in der Uferzone tatsächlich in dieser Reihenfolge
aufeinander; die hier dargestellte Reihe ist allerdings niemals so vollständig als Zonation
verwirklicht. Besonders die J u n c u s   e f f u s u s - Gesellschaft und die M o l i -
n i a - Gesellschaft können weit über den Schwerpunkt ihres Wasserstandsbereiches hinausgehen
und in der Zonation an anderer Stelle auftreten.

Die oben dargelegte Differenzierung der Gesellschaften und Assoziationen ist im Auftreten
bzw. Fehlen bestimmter Phanerogamen-Arten begründet; aus ihr läßt sich also eine Untergli-
derung anhand von Differentialarten, d.h. eine qualitativ begründete Untergliederung ableiten. Im Unterschied dazu ist diejenige Differenzierung, die auf der Differenzierung der Moosschicht beruht, im wesentlichen nur durch quantitative Merkmale bestimmt: Die Bestände der
S p h a g n u m - Ausbildung bzw. -Subassoziation jeder Gesellschaft bzw. Assoziation sind
nämlich in der Regel dadurch gekennzeichnet, daß eine S p h a g n u m - Sippe, manchmal
auch D r e p a n o c l a d u s   f l u i t a n s oder eine Lebermoosart (meist C l a d o -
p o d i e l l a   f l u i t a n s oder G y m n o c o l e a) über die meist daneben noch
vorhandenen übrigen Sphagnen dominiert. Entsprechend besteht die Differenzierung, und damit
die Untergliederungsmöglichkeit bezüglich der Sphagnumschicht, in den unterschiedlichen Dominanten.

Auf die sich daraus ableitende Unmöglichkeit, verschiedene S p h a g n u m - Subassoziationen oder gar -Assoziationen bzw. "-Gesellschaften" zu unterscheiden, wie es von ande-
ren Autoren in anderen Gebieten - z.T. wohl mit Recht, teilweise aber sicherlich auch zu
Unrecht - getan wird, habe ich oben bereits hingewiesen.
Differenzierungen, die nicht mehr qualitativ, d.h. durch Differentialarten zum Ausdruck
kommen, werden im allgemeinen zur Begründung von Untergliederungskategorien unterhalb der
Subvariante, meist Fazies, herangezogen. In den wenigen Fällen, in denen bezüglich der
S p h a g n u m - Schicht so verfahren wird, spricht man entweder von einer nach der jeweiligen Sippe benannten "...-reichen Ausbildung" (JAHNS, 1969, z.B.: " S p h .   m o l -
l u s c u m - ,   S p h .   p u l c h r . - ,   S p h .   c u s p i d a t u m - reiche Ausbildung" der typischen Variante in der S p h a g n u m   c u s p i d a t u m - Subassoziation des Rhynchosporetum) oder von "Phasen" (STAMER, 1967, z.B.: " S p h .   a p i -
c u l a t u m - Phase" innerhalb einer typischen Subvariante des Scheuchzerietum). Diesen
Untergliederungen einzelner Assoziationen liegen also ganz ähnliche Verhältnisse zugrunde, wie sie in meinen Untersuchungsobjekten ganz allgemein bei allen Gesellschaften und
Assoziationen anzutreffen sind, und wahrscheinlich auch in den meisten Gebieten, aus denen die oben erwähnten, aufgrund der S p h a g n u m - Schicht unterschiedenen Assoziationen und Subassoziationen beschrieben werden: eine mangelnde oder zumindest ungenügende
räumliche Trennung im Vorkommen der einzelnen S p h a g n u m - Sippen.

Tatsächlich aber kommt der Differenzierung der S p h a g n u m - Schicht eine weit größere
Bedeutung zu, als ihr bei derart untergeordneter Bewertung zugemessen wird: Denn die
S p h a g n u m - Schicht stellt zweifellos ein im Hinblick auf Physiognomie und Ökologie
entscheidendes Strukturelement in den entsprechenden Beständen dar. Sofern es sich, wie in
den meisten Fällen, um "Gesellschaften" handelt, die ja in der Zusammenfassung aller Soziationen mit gleicher dominierender Feldschicht-Art begründet sind (s.o.), ist mit dieser Differenzierung jeweils die Aufgliederung ihrer S p h a g n u m - Ausbildung bzw. -Konsoziation
in die Soziationen vollzogen, die ja durch die Dominanz einer Art in jeder Schicht charakterisiert und definiert sind. Sowohl in Soziationen als auch in Assoziationen stellt die
S p h a g n u m - Schicht eine Synusie dar, der man eine gewisse Eigenständigkeit einräumen
muß: Auch wenn man die Synusien nicht als eigentliche Grundeinheiten der Vegetationsgliede-
rung ansieht, wie es von GAMS (1918) mit der Einführung des Begriffs beabsichtigt war, sondern in ihnen nur ein Strukturelement der Soziationen oder Assoziationen sieht, kann man
sie isoliert von den Gesellschaften bzw. Assoziationen, deren Strukturelement sie jeweils
darstellen, betrachten und die durch die Verschiedenheit in den Dominanzverhältnissen gekennzeichneten und unterschiedenen Einheiten in synusialer Betrachtungsweise als Sozietäten

(DU RIETZ, 1930, 1965) bezeichnen. Sie entsprechen im Prinzip den von POELT (1954) unterschiedenen "Moosvereinen" der Verlandungsgesellschaften und Moore des Alpenvorlandes, auch
wenn die von mir aufgestellten Sozietäten teilweise enger gefaßt sind. Selbstverständlich
kommen in meinen Untersuchungsobjekten nur wenige der "Moosvereine" POELTs vor, da hier die
vielfältigen calciphilen und eutrophen Moosvereine fehlen. Dafür kommen aber andere hinzu.

In Tabelle 18 sind die Sozietäten der Untersuchungsobjekte aufgeführt, z.T. zu Gruppen zusammengefaßt. Zur Erläuterung muß noch folgendes angemerkt werden:

1) Entsprechend der in den Vegetationstabellen vorgenommenen Differenzierung von S p h a -
g n u m   s u b s e c u n d u m und c u s p i d a t u m werden hier von beiden Arten
jeweils 3 Sozietäten unterschiedlicher Hygrophilie unterschieden (a, b, c), je eine aus
den freischwimmenden (a_1 bzw. a_2), eine aus den festwurzelnden Wasserformen (b_1 bzw. b_2)
und eine aus den Landformen (c_1 bzw. c_2). Innerhalb dieser 3 Gruppen ist jeweils die erste Sozietät (= s u b s e c u n d u m [1], s. Index 1) die weniger acidophile und weniger nährstoffeindliche, während die zweite (= c u s p i d a t u m , s. Index 2) die
acidophilere und nährstoffeindlichere Sozietät darstellt.

2) Die Bezeichnung "diverse Sphagnen" beinhaltet alle in den Scheuchzerio-Caricetea fuscae
nur ein- bis wenige Male vorkommende Sozietäten von f i m b r i a t u m ,   s q u a r -
r o s u m ,   m o l l u s c u m ,   p a p i l l o s u m ,   d u s e n i i ,   s u b b i -
c o l o r ,   p l u m u l o s u m .

3) Die Sozietäten von C l a d o p o d i e l l a   f l u i t a n s und G y m n o c o -
l e a   i n f l a t a werden zu Recht in den Zusammenhang mit den S p h a g n u m -
Sozietäten gestellt, da in fast allen Beständen der beiden Sozietäten Sphagnen vorkommen
und umgekehrt verschiedene Lebermoose ± reichlich in den S p h a g n u m - Sozietäten zu
finden sind.

4) Das gleiche gilt für D r e p a n o c l a d u s   f l u i t a n s .

5) Spielen die Sphagnen und überhaupt die Moose eine derart geringe Rolle, daß sie insgesamt die Artmächtigkeit von 2 nicht überschreiten, kann man wohl kaum von einer Sozietät
und somit einem wesentlichen Strukturelement der Gesellschaften und Assoziationen sprechen.
Da aber der Anteil derartiger Bestände an den einzelnen Gesellschaften und Assoziationen
zu deren Charakterisierung beitragen kann, werden sie hier als "moosarme Bestände" mitaufgeführt.

Betrachtet man nun nicht mehr die Sozietäten als solche, also losgelöst von der jeweiligen
höheren Vegetation, sondern richtet vielmehr den Blick auf ihren Anteil an den Gesellschaften
und Assoziationen, so werden folgende Zusammenhänge deutlich (s. Tab.18):
Die meisten Sozietäten kommen in fast allen Gesellschaften und Assoziationen vor. Lediglich
die selteneren Sozietäten treten jeweils nur in einigen Gesellschaften auf, für die sie z.T.
sogar ziemlich charakteristisch sind: Die S p h a g n u m   d u s e n i i - Sozietät im
Rhynchosporetum, die S p h a g n u m   s u b b i c o l o r - und S p h a g n u m   p l u -
m u l o s u m - Sozietät im Caricetum lasiocarpae, die D r e p a n o c l a d u s   f l u i -
t a n s - Sozietät in der C a r e x   n i g r a - Gesellschaft und im Rhynchosporetum sowie
in der M o l i n i a - Gesellschaft.
Für die häufigeren Sozietäten gilt im Prinzip POELTs (1954) Feststellung: "Die einzelnen
Moosvereine sind für bestimmte Feuchtigkeits- und Versauerungsstadien der verschiedenen Pha-
nerogamensynusien charakteristisch und können in einer ganzen Anzahl derselben vorkommen."

1) Zunächst sei die Verteilung der einzelnen Sozietäten im Hinblick auf die hygrischen Verhältnisse betrachtet: Ein hoher Anteil der hygrophilsten Sozietäten (a_1 und a_2) findet sich
tatsächlich in der hygrophilsten (P o t e n t i l l a   p a l u s t r i s -) Gesellschaft.
Die etwas weniger hygrophilen Sozietäten (b_1 und b_2) sind mit einem leicht erhöhten Anteil in
Gesellschaften "mittlerer Hygrophilie" (C a r e x   l a s i o c a r p a - und E r i o -
p h o r u m - Gesellschaft) vertreten. Die noch weniger hygrophile Gruppe der Landformen
von s u b s e c u n d u m und c u s p i d a t u m (c_1 und c_2) kommt in noch weniger hygrophilen Gesellschaften mit ziemlich hohem Prozentanteil vor. (In den beiden "trockensten"
Gesellschaften liegt der Prozentanteil allerdings wieder niedriger.)

---

1) Der Einfachheit halber wird keine weitere Spezifizierung von S p h a g n u m   s u b -
s e c u n d u m s.l. in die Arten oder Varietäten vorgenommen. Überwiegend handelt es
sich um i n u n d a t u m , seltener um c r a s s i c l a d u m oder a u r i c u -
l a t u m .

Erstaunlich ist es, daß die am wenigsten hygrophile S p h a g n u m   r e c u r v u m - Sozietät bereits in sehr hygrophilen Gesellschaften (s. besonders die J u n c u s   e f - f u s u s - Gesellschaft und die C a r e x   l a s i o c a r p a - Gesellschaft) in einem hohen Prozentsatz der Bestände auftritt und daß sie umgekehrt an den weniger hygrophilen nur einen sehr geringen Anteil hat.

> Diese Tatsachen lassen sich folgendermaßen erklären: Bei der J u n c u s   e f f u s u s - und der C a r e x   l a s i o c a r p a - Gesellschaft bieten die Horste[1] bereits in noch wenig verlandeten Beständen mit großer Wassertiefe die Möglichkeit für die Ansied- lung von S p h a g n u m   r e c u r v u m , ohne daß dabei die die Verlandung charak- terisierenden Phanerogamen der E r i c a - Subvarianten auftreten, aber meist auch, ohne daß vorher hygrophilere Sphagnen die Voraussetzung für die Besiedlung mit S p h a g n u m r e c u r v u m schaffen mußten.
> Der erstaunlich geringe Anteil der S p h a g n u m   r e c u r v u m - Sozietät an den "trockensten" Gesellschaften bzw. Assoziationen wird z.T. dadurch erklärlich, daß hier anstelle von S p h a g n u m   r e c u r v u m andere S p h a g n u m - Sozietäten, die D r e p a n o c l a d u s - Sozietät oder die Lebermoos-Sozietäten, treten, die eine ähnlich geringe Hygrophilie aufweisen.

2) In bezug auf die Trophie- und Säureverhältnisse, sofern sie in dem Anteil an S p h a - g n u m   s u b s e c u n d u m - Sozietäten einerseits ($a_1 + b_1 + c_1$) und dem der S p h a - g n u m   c u s p i d a t u m - Sozietäten andererseits ($a_2 + b_2 + c_2$) zum Ausdruck kommen, liegt bei den meisten Gesellschaften und Assoziationen der Anteil der weniger acidophilen und weniger nährstoffeindlichen S p h a g n u m   s u b s e c u n d u m - Sozietäten höher als der der S p h a g n u m   c u s p i d a t u m - Sozietäten. In der P o t e n t i l l a p a l u s t r i s - Gesellschaft, der C a r e x   l a s i o c a r p a - Gesellschaft und dem Caricetum lasiocarpae tritt sie sogar ausschließlich auf. Diese Einheiten erweisen sich somit als die anspruchsvollsten, während das Rhynchosporetum als einzige Einheit, in der die S p h a g n u m   c u s p i d a t u m - Sozietäten überwiegen, als die anspruchsloseste Vege- tationseinheit bezeichnet werden darf.

Betrachtet man nun den prozentualen Anteil der Sozietäten an der Zahl der Bestände, die ins- gesamt in allen Gesellschaften und Assoziationen den einzelnen Varianten bzw. Subvarianten zugerechnet werden (s. Tab.19), so zeigt sich auch hier, daß die meisten Sozietäten in meh- reren oder allen (Sub-)Varianten vorkommen können, allerdings mit unterschiedlichen Schwer- punkten: Die hygrophileren Sozietäten ($a_1 + a_2$ und $b_1 + b_2$) haben einen größeren prozentualen Anteil an den hygrophileren (Sub-)Varianten, während die weniger hygrophilen Sozietäten ($c_1 + c_2$, S p h a g n u m   r e c u r v u m -, D r e p a n o c l a d u s - und Lebermoos-Sozie- täten) stärker oder ausschließlich in den weniger hygrophilen (Sub-)Varianten vertreten sind.

Mit der Abnahme der Hygrophilie geht eine merkliche Abnahme des Anteils der 3 weniger acido- philen Sozietäten von S p h a g n u m   s u b s e c u n d u m ($a_1 + b_1 + c_1$) einher: Der Anteil der S p h a g n u m   s u b s e c u n d u m - Sozietäten an der Zahl der Bestände der J u n c u s   b u l b o s u s - Variante liegt 5mal so hoch wie der der S p h a g n u m c u s p i d a t u m - Sozietäten ($a_2 + b_2 + c_2$), während die Anteile der beiden Sozietäten- Gruppen innerhalb der E r i c a - Variante ungefähr gleich sind.

4.3.3.15. Zusammenfassung (Scheuchzerio-Caricetea fuscae)

Die Klasse der Scheuchzerio-Caricetea stellt sowohl hinsichtlich der Anzahl an Vegetations- einheiten als auch hinsichtlich ihrer Verbreitung den eindeutigen Schwerpunkt in der Vegeta- tion der Untersuchungsobjekte dar.

a) Für über ein Viertel der Bestände, denen aufgrund der VC- bis KC-Arten eine eindeutige Stellung in dieser Klasse zugewiesen werden muß, bietet sich wegen des Fehlens von C- Arten keine Möglichkeit der Zuordnung in irgendeine Assoziation. Dank der aspektbestim- menden Dominanz jeweils einer bestimmten Art in Feld- und Moosschicht sind sie aber als

---

[1] Über horstförmiges Wachstum von C a r e x   l a s i o c a r p a s. Ende v. Kap.4.3.3.7.

Soziationen innerhalb der Scheuchzerio-Caricetea zu fassen. Durch Vereinigung aller Soziationen mit gleicher dominierender Art in der Feldschicht ergeben sich 8 "Gesellschaften" (C a r e x   r o s t r a t a - Ges., J u n c u s   e f f u s u s - Ges., M o -
l i n i a - Ges., P o t e n t i l l a   p a l u s t r i s - Ges., M e n y a n t h e s -
Ges., C a r e x   l a s i o c a r p a - Ges., E r i o p h o r u m   a n g u s t i f o -
l i u m - Ges., C a r e x   n i g r a - Ges.), von denen die ersten 3 nicht nach VC-, OC-
oder KC-Arten der Scheuchzerio-Caricetea unterschieden sind, aber aufgrund des Gruppenanteils, der Gruppenstetigkeit und des systematischen Gruppenwertes eindeutig dieser Klasse angehören. Den 8 Gesellschaften stehen nur 4 echte auf der "Treue" von Charakterarten
basierende Assoziationen gegenüber (Carici canescentis-Agrostidetum, Rhynchosporetum,
Scheuchzerio-Caricetum limosae, Caricetum lasiocarpae).

Da im Gegensatz zu den Littorelletea der zahlen- und flächenmäßige Anteil von Beständen,
die keiner Assoziation angehören, als repräsentativ zumindest für ganz Mitteleuropa gelten darf, wird vorgeschlagen, zur begrifflichen Fassung dieses Anteils neben den in der
Treue bestimmter Arten begründeten Assoziationen den aus der Dominanz bestimmter Arten abgeleiteten Soziationen bzw. Konsoziationen einen gleichwertigen Platz einzuräumen.

Viele Bestände, die entweder dem Carici canescentis-Agrostidetum oder dem Rhynchosporetum
zuzuordnen sind, gehören gleichzeitig einer Soziation an. Es wird im einzelnen begründet,
weshalb diese Faziesausbildungen der beiden Assoziationen hier jedoch in erster Linie im
Zusammenhang mit den Soziationen bzw. den Gesellschaften gesehen werden, innerhalb derer
sie dann aber als A g r o s t i s - bzw. R h y n c h o s p o r a - Variante besonders
herausgestellt werden.

b) Durch diese Fassung der Gesellschaften und Assoziationen ist es jetzt möglich, ein Gliederungsschema zu entwerfen, das auf alle Einheiten im Prinzip anwendbar ist: Anhand dessen können zum einen die gemeinsamen Züge in der Variabilität bzw. Differenzierung der
Scheuchzerio-Caricetea-Vegetation deutlich werden und zum anderen die einzelnen Gesellschaften und Assoziationen in bezug auf ihre Syngenese und Synökologie miteinander verglichen werden.

Die häufige Vergesellschaftung der verschiedenen S p h a g n u m sippen miteinander er-
laubt es nur, statt einer oder mehrerer nach einer bestimmten S p h a g n u m - Art differenzierten Subassoziationen eine einzige S p h a g n u m - Subassoziation (bei den Gesellschaften: " S p h a g n u m - Ausbildung" bzw. "-Konsoziation") mit der Gattung
S p h a g n u m als "Differential-Gattung" der viel seltener ausgebildeten typischen
Subassoziation gegenüberzustellen.
Innerhalb der "Gesellschaften" wird weiter nach dem Vorkommen von C-Arten in eine
A g r o s t i s   c a n i n a - Variante und - bei der M o l i n i a - und E r i o -
p h o r u m - Gesellschaft - eine R h y n c h o s p o r a - Variante differenziert, die
auch als Fazies des Carici canescentis-Agrostidetum bzw. des Rhynchosporetum betrachtet
werden dürfen.
Das Auftreten von Hydrophyten einerseits oder Oxycocco-Sphagnetea-Arten andererseits bedingt bei den "Gesellschaften" die Ausgliederung einer N y m p h a e a - , einer
J u n c u s   b u l b o s u s   f l u i t a n s - und einer E r i c a - Subvariante,
bei den Assoziationen entsprechender Varianten.
Der Prozentuale Anteil der Aufnahmen der Subvarianten (bzw. Varianten) an der Gesamtauf-
nahmezahl der einzelnen Gesellschaften und Assoziationen ebenso wie das Fehlen einer oder
zweier (Sub-)Varianten bringen den unterschiedlichen Schwerpunkt, aber auch die unterschiedliche Spannweite in den Wasserverhältnissen und den unterschiedlichen Verlandungsgrad der einzelnen Gesellschaften und Assoziationen zum Ausdruck. Die so gewonnene Reihenfolge der "Hygrophilie" der Gesellschaften und Assoziationen bestätigt weitgehend ihre
durch Abstraktion aus den über 100 Vegetationsprofilen abgeleitete hygrische Reihenfolge,
ergänzt und differenziert diese aber darüber hinaus in einzelnen Punkten.

c) Die Differenzierung der Moosschicht kann nicht adäquat der Bedeutung der in ihr liegenden
ökologischen Aussage im hierarchischen Untergliederungssystem zum Ausdruck gebracht werden, indem etwa verschiedene Subassoziationen oder Varianten nach bestimmten Moosarten
aufgestellt würden. Infolge der ungenügenden räumlichen Trennung im Vorkommen der einzelnen Sphagnen läßt sich nämlich eine qualitativ, also im Auftreten von Differentialarten
begründete Untergliederung meist nicht ableiten. Dagegen beruht die Differenzierung der
Moosschicht, und damit eine der bedeutendsten Differenzierungen überhaupt, im wesentlichen auf quantitativen Kriterien, d.h. auf den unterschiedlichen Dominanzverhältnissen,
worin ja erst die Gliederung der Gesellschaften und auch eines Großteils der Assoziationen
in die einzelnen Soziationen begründet ist (s.o.).

Zur begrifflichen Fassung dieser Differenzierung, die der oben skizzierten Untergliederung
anhand von Differentialarten nebenzuordnen ist, muß die Sphagnumschicht in ihrer Eigenschaft als Synusie zunächst isoliert von den Gesellschaften und Assoziationen betrachtet
werden, deren Strukturelement sie jeweils darstellen. Die durch die Verschiedenheit in
den Dominanzverhältnissen gekennzeichneten und unterschiedenen Einheiten werden gemäß synusialer Betrachtungsweise als "Soziatäten" bezeichnet. Es handelt sich hier in der Hauptsache neben der von S p h a g n u m   r e c u r v u m   um solche der verschiedenen Wasserformen von c u s p i d a t u m   und   s u b s e c u n d u m   s.l., einiger Hepaticae
und von D r e p a n o c l a d u s   f l u i t a n s .

Die meisten Soziatäten kommen jedoch mit unterschiedlichem Schwerpunkt in allen Gesellschaften und Assoziationen vor, einige seltenere sind besonders typisch für bestimmte
Gesellschaften oder gar darauf beschränkt. Jede Soziatät kennzeichnet ein bestimmtes
Feuchtigkeits- und Versauerungsstadium der Gesellschaften bzw. Assoziationen. Ihr prozen-
tualer Anteil an diesen ist ein guter Maßstab sowohl für die durchschnittliche Hygrophilie, Acidität und Trophie der Gesellschaften als auch für die Gesamtamplitude der Gesellschaften hinsichtlich dieser Standortfaktoren. Weiterhin zeigt sich eine schwerpunktmäßi-
ge, der "Hygrophilie" entsprechende Verteilung der prozentualen Anteile der Soziatäten
an den Varianten bzw. Subvarianten aller Gesellschaften und Assoziationen. Dabei geht
mit deren abnehmender Hygrophilie eine merkliche Abnahme des Anteils der drei weniger
acidophilen Soziatäten von S p h a g n u m   s u b s e c u n d u m   einher.

d) Fast alle C a r e x   r o s t r a t a - Bestände in den Heidegewässern und -mooren des
Untersuchungsgebietes gehören nicht dem Caricetum rostratae an (Magnocaricion), sondern
der hier als C a r e x   r o s t r a t a - Gesellschaft gekennzeichneten Scheuchzerio-
Caricetea-Einheit, die wohl überhaupt die typische Ausbildung von C a r e x   r o -
s t r a t a - Beständen in relativ nährstoffarmen Gewässern NW-Mitteleuropas zu sein
scheint. Die Problematik der synsystematischen Bewertung von C a r e x   r o s t r a -
t a - Beständen wird diskutiert. Als eine der häufigsten Vegetationseinheiten nimmt die
C a r e x   r o s t r a t a - Gesellschaft die tieferen Uferpartien vieler, vorzugsweise
der etwas nährstoffreicheren Untersuchungsobjekte oder auch ganze Gewässer fast vollständig ein.

e) Von nahezu gleicher Bedeutung ist die J u n c u s   e f f u s u s - Gesellschaft, die
sich in vielen Gewässern und Mooren mehr oder weniger breite Ufersäume im Wechsel mit
der Carex rostrata-Gesellschaft teilt oder diese entweder zur Gewässermitte oder nach
außen hin ablöst und schließlich auch ganze, als "Binsensumpf" zu bezeichnende Untersuchungsobjekte einnehmen kann. Aufgrund des weit gespannten Wassertiefenbereichs, den die
Gesellschaft einnehmen kann, ist sie in bezug auf die räumliche Anordnung innerhalb der
Vegetationszonation nach der M o l i n i a - Gesellschaft die variabelste unter den Vegetationseinheiten der Untersuchungsobjekte.

In nährstoffreicheren Gewässern ersetzt sie oft die C a r e x   r o s t r a t a - Gesellschaft. Von den Untersuchungsobjekten, in denen ausgedehnte Bestände der Gesellschaft vorkommen, ist der größte Teil infolge verschiedener, im einzelnen aufgeführter anthropogener

und zoogener Einflüsse unzweifelhaft eutropher. Auch Standortbedingungen edaphischer Art, die als Grundbedingungen für die Ausbildung größerer J u n c u s   e f f u s u s - Bestände im tieferen Wasser erkannt wurden, sind z.T. anthropogen bedingt oder beeinflußt: Es handelt sich vorwiegend um relativ mächtige, gestörte oder gar umgelagerte zähe und schlammige Torfschichten, die zur Ansiedlung von J u n c u s   e f f u s u s "nackt" und trocken liegen mußten.

f) M o l i n i a - Bestände gehören hier wie in anderen Gebieten zu den häufigsten und charakteristischsten Bestandteilen der Vegetation von Heidegewässern und -mooren, besonders solcher mit starken Wasserstandsschwankungen. Sie treten hier entweder als schmale äußere Ufersäume auf oder ragen - nur in den ärmsten Gewässern - bis weit ins Sublitoral hinein, wobei sie kleinere Gewässer weitgehend beherrschen können. Der Wasserstandsbereich, in dem die M o l i n i a - Bestände vorkommen, übertrifft noch den der J u n c u s   e f - f u s u s - Gesellschaft und ist somit einer der weitesten, den Vegetationseinheiten innerhalb der Untersuchungsobjekte überhaupt einnehmen können.
Die meist sehr artenarmen Bestände bilden ein charakteristisches Mosaik, insbesondere mit dem Rhynchosporetum und der E r i o p h o r u m   a n g u s t i f o l i u m - Gesellschaft. Die M o l i n i a - Horste selbst können als Kristallisationspunkte für Sphagneten dienen, zu denen auch strukturell fließende Übergänge bestehen. Eine differenzierte, hier im einzelnen geschilderte Betrachtungsweise dieser M o l i n i a - Bestände führt - im Unterschied zur Literatur - je nach Struktur zu ihrer Zuordnung zu verschiedenen Einheiten: 1) Als " M o l i n i a - Stadium" zu einer der drei Sphagnion-Gesellschaften, 2) als " M o l i n i a - Bultstadium" zum Ericetum und schließlich 3) zu der hier zur Diskussion stehenden Scheuchzerio-Caricetea-Einheit " M o l i n i a - Gesellschaft".

g) Die ziemlich seltene P o t e n t i l l a   p a l u s t r i s - Gesellschaft und die sehr seltene M e n y a n t h e s - Gesellschaft sind einerseits wegen ihrer offensichtlichen Pionierfunktion im Rahmen der Scheuchzerio-Caricetea-Vegetation erwähnenswert: Bei einem sehr weiten, nur noch mit dem der M o l i n i a - Gesellschaft zu vergleichenden Gesamtspektrum des Wassertiefenbereichs ihrer Vorkommen sind sie innerhalb der Klasse diejenigen Gesellschaften, die mit ihren an oder unter der Oberfläche treibenden Rhizomen am weitesten in die tiefsten Gewässer bzw. -bereiche vordringen können. Zum anderen können sie in zweifacher Weise für die Bildung von Schwingrasen bzw. als deren Initialen von Bedeutung sein.

h) Ähnlich wie bei C a r e x   r o s t r a t a verbietet es die weite ökologische und soziologische Amplitude von C a r e x   l a s i o c a r p a , alle von dieser Art beherrschten Bestände als Caricetum lasiocarpae im Sinne einer Eriophorion gracilis-Assoziation zu bezeichnen. Von wenigen Ausnahmen abgesehen, werden die entsprechenden Bestände der Untersuchungsobjekte nicht nur aufgrund ihrer floristischen Struktur, sondern auch aufgrund ihres Standorts (humoser Sand, starke Wasserstandsschwankungen, mehr oder weniger oligotrophes Wasser, wenn auch schwächer als an den Standorten der meisten anderen Gesellschaften) nicht zum Caricetum lasiocarpae gerechnet. Den verschiedenen Vorschlägen in der Literatur, derartige Bestände in ein weiter gefaßtes Caricetum lasiocarpae bzw. dem "acidophilen Flügel" der Assoziation einzufügen oder zwei gleichwertige Assoziationen nach C a r e x   l a s i o c a r p a aufzustellen, wird nicht entsprochen. Die Bestände werden lediglich als " C a r e x   l a s i o c a r p a - Gesellschaft" zusammengefaßt, die dem Caricion fuscae nahesteht.
Das im Vergleich zu den allgemeinen Verhältnissen in nw-mitteleuropäischen Heidegewässern relativ häufige Vorkommen derartiger Bestände, die nur aus dem östlichen Mitteleuropa öfter beschrieben sind, wird als eines der Anzeichen für den borealen Einschlag in der Vegetation der Untersuchungsobjekte angesehen.

i) Einige kleine Bestände im Elmpter Bruch mit E r i o p h o r u m   g r a c i l e und
früher möglicherweise auch mit C a r e x   d i a n d r a in zwischenmoorartigen, mesotrophen Schlenken mit geringen Wasserstandsschwankungen werden dagegen als eindeutiges
Caricetum lasiocarpae identifiziert. Die Assoziation ist zwar mit einer mittleren Artenzahl von 12 die artenreichste Einheit der Scheuchzerio-Caricetea innerhalb des Untersuchungsgebietes, dennoch handelt es sich um eine relativ artenarme fragmentarische Ausbildung, die nur z.T. in ihrer Stellung zum "acidophilen Flügel" der Assoziation begründet
ist. Die S p h a g n u m - Subassoziation, zu der dementsprechend fast alle Bestände
gehören, ist außer durch S p h a g n u m   s u b s e c u n d u m besonders durch
p l u m u l o s u m und das sehr seltene boreale s u b b i c o l o r gekennzeichnet,
die beide auch in der Literatur für Standorte mit gleicher oder ähnlicher Vegetation angegeben werden.
Weitere Gemeinsamkeiten mit den auch in anderen Gebieten nur seltenen Beständen bestehen
in der z.T. sehr bemerkenswerten Kontaktvegetation (Caricetum limosae, Cladietum, "Nymphaeetum minoris") sowie in der darin zum Ausdruck kommenden Vegetationsdynamik.

j) Die E r i o p h o r u m   a n g u s t i f o l i u m - Gesellschaft, die häufigste, jedoch bei weitem nicht flächengrößte Vegetationseinheit der Untersuchungsobjekte überhaupt, fehlt fast nur in den wenigen bereits meso- bis eutrophen Gewässern und Mooren mit
größeren Röhrichtbeständen. Ihr Hauptentfaltungsbereich bezüglich der Wassertiefe reicht
vom äußersten Eulitoral bis in das beginnende Sublitoral, wobei sie allerdings im Zonationskomplex mit den bisher aufgeführten Scheuchzerio-Caricetea-Einheiten und den meisten
anderen Vegetationseinheiten auf den äußeren Bereich zurückgedrängt wird; oft findet sie
sich mit der M o l i n i a - Gesellschaft bzw. den M o l i n i a - Stadien mosaikartig
verzahnt.
Fast ebenso häufig wie als "Litoralbestände" kommt sie - meist im Wechsel bzw. im Mosaik
mit dem Carici canescentis-Agrostidetum und/oder dem Rhynchosporetum - in Form von
"Schwingrasenbeständen" vor, die oft die erste Stufe in der Entwicklung der Sphagnum-
schwingrasen darstellen.
Alle Bestände der insgesamt sehr artenarmen, aber dennoch relativ inhomogenen Gesellschaft
weisen eine meist auch gut entwickelte Moosschicht auf, in der sich in der Hauptsache auch
die ökologisch bedeutsamen Unterschiede zwischen Litoral- und Schwingrasenbeständen zeigen, wenn auch nur in der quantitativen Struktur, insbesondere in den Unterschieden der
Stetigkeits- und Deckungswerte zwischen S p h a g n u m   s u b s e c u n d u m s.l.,
c u s p i d a t u m und r e c u r v u m : Die Standorte der Schwingrasenbestände sind
einerseits insgesamt trockener, bei einer weniger großen hygrischen Amplitude, andererseits saurer und nährstoffärmer als die der Litoralbestände. Offensichtlich steht das
Wasser der Schwingrasen in nur geringem Kontakt mit dem offenen Wasser des Gewässers oder
Moores und besitzt somit einen stärkeren ombrogenen Anteil.
Die Sukzession auf den Schwingrasen führt von der E r i o p h o r u m - Gesellschaft
weiter entweder über das Carici canescentis-Agrostidetum oder direkt zu einem Sphagnetum.
Aufgrund ihres Charakters als mögliches Initialstadium des Carici canescentis-Agrostide-
tum liegt hier die für alle "Gesellschaften" diskutierte Bewertung der Bestände mit
A g r o s t i s   c a n i n a und/oder C a r e x   c a n e s c e n s als Fazies des
Carici canescentis-Agrostidetum besonders nahe. Die Möglichkeit der auch in der Literatur
zu findenden Deutung von Beständen mit Rhynchospora alba als faziesartiges Initialstadium,
Fragment oder fragmentarisches Relikt der sehr seltenen, aber typischen Initialassoziation
von Schwingrasen, dem Scheuchzerio-Caricetum limosae, wird aufgezeigt; sie liegt besonders
nahe für einen Bestand mit S p h a g n u m   d u s e n i i , dessen besonders enge Beziehung zu dieser Assoziation sowohl in seinen seltenen mitteleuropäischen wie auch in
seinen skandinavischen Vorkommen anhand der Literatur deutlich gemacht wird.

k) Die von der in den Untersuchungsobjekten seltenen C a r e x   n i g r a gebildeten Soziationen werden innerhalb der Scheuchzerio-Caricetea grundsätzlich nicht anders bewertet (" C a r e x   n i g r a - Gesellschaft") als die der zuvor behandelten Arten: Die im nw-mitteleuropäischen Raum zweifelhafte Gültigkeit eines Caricetum nigrae und dessen Vikarianz durch das Carici canescentis-Agrostidetum wird betont. Besonders aufmerksam gemacht wird auf die noch zu klärende Bewertung der für Heidegewässer und -moore offenbar charakteristische, horstig wachsende Form bzw. Sippe von C a r e x   n i g r a agg. als eventuelle " C a r e x   j u n c e l l a auct. medioeur.".

l) Die Bedeutung des Carici canescentis - Agrostidetum caninae als der häufigsten echten Assoziation aller Untersuchungsobjekte insgesamt beruht weniger auf ihrer Häufigkeit als Litoralbestände, als vielmehr auf ihrer dominierenden Beteiligung an der Vegetation der Schwingrasen: Wie die E r i o p h o r u m - Gesellschaft kann sie schon als Initialvegetation der Schwingrasen auftreten; aber auch die Entwicklung der verschiedenen anderen Vegetationseinheiten, die als Initialvegetation in Frage kommen, führt meist zunächst zu dieser Assoziation, bevor die weitere Sukzession das vorläufige Endstadium der Sphagneten erreicht. Das im Vergleich zur E r i o p h o r u m - Gesellschaft im allgemeinen fortgeschrittenere Schwingrasenstadium wird auch in der quantitativen Zusammensetzung der Moosschicht deutlich, wobei sich aber in dem unveränderten Verhältnis der Stetigkeits- und Deckungswerte zwischen S p h a g n u m   s u b s e c u n d u m - und - c u s p i - d a t u m - Gruppe eine gewisse Einheitlichkeit der Schwingrasenvegetation hinsichtlich der Trophie- und Säureverhältnisse zeigt.

m) Das Rhynchosporetum albae tritt nur in relativ wenigen Untersuchungsobjekten ,dafür aber in einer sehr großen Vielzahl überwiegend sehr kleiner Bestände ebenfalls teils als Litoral-, teils als Schwingrasenbestände auf. Die Problematik der Entscheidung über die Zugehörigkeit vieler Litoralbestände zu den Heidegewässern und -mooren wird deutlich gemacht. Charakteristisch ist eine mosaikartige Durchdringung mit den Horsten der M o l i - n i a - Gesellschaft bzw. der genannten M o l i n i a - Stadien (s.o.) oder auch mit Sphagnetum-Bulten, an deren Flanken sie in tiefere Wasserzonen vordringen kann, so daß daraus räumliche wie strukturelle Übergänge zu diesen Einheiten resultieren.

Bei den Schwingrasenbeständen sind andererseits Übergänge zur E r i o p h o r u m - Gesellschaft Besonders häufig, mit der das Rhynchosporetum ebenso wie mit dem Carici canescentis-Agrostidetum am typischen Vegetationsmosaik junger Schwingrasen beteiligt sein kann. Im Unterschied zu diesen stellt es aber ausschließlich eine Initialvegetation der hochgeschwappten Mudde- oder Torfmuddeschichten dar, die als Substrat der meisten Schwingrasen dienen. Dennoch gehören auch schon diese ebenso wie alle anderen Bestände der Assoziation zur S p h a g n u m - Subassoziation, deren Moosschicht aber im allgemeinen recht spärlich bleibt und - als hervorstechendstes diesbezügliches Charakteristikum des Rhynchosporetum - in gleichem Maß wie aus Sphagnen auch aus D r e p a n o c l a d u s und aus Lebermoosen zusammengesetzt ist. Bei langanhaltendem dichten Moosbewuchs erfolgt der Übergang der Assoziation in die genannten Gesellschaften oder ins Sphagnetum.

Der Hauptunterschied zwischen Litoral- und Schwingrasenbeständen in der Phanerogamenzusammensetzung besteht im Fehlen von R h y n c h o s p o r a   f u s c a auf den Schwingrasen, ohne daß das als hinreichend für die Trennung des Rhynchosporetum in zwei selbständige Assoziationen bzw. Gesellschaften - wie z.T. in der Literatur vorgeschlagen - angesehen wird. Der Unterschied zwischen den beiden Standorttypen in der Moosschicht liegt in der Bevorzugung der Litoralbestände durch die Hepaticae und der Schwingrasenbestände durch D r e p a n o c l a d u s . Aus einem Vergleich der Moosschicht beider Bestandstypen mit denen der E r i o p h o r u m - Gesellschaft und dem Carici canescentis-Agrostidetum lassen sich folgende ökologische Aussagen ableiten: 1) Hygrisch sind die Litoralstandorte des Rhynchosporetum gegenüber denen der beiden verglichenen Einheiten die trockensten;

die Schwingrasenstandorte nehmen dagegen eine Zwischenstellung ein. 2a) Hinsichtlich der
Acidität der Litoralstandorte, an denen jetzt S p h a g n u m   c u s p i d a t u m
deutlich über   s u b s e c u n d u m   dominiert, läßt diese Umkehrung im Verhältnis der
Deckungswerte der beiden Sphagnen mit abnehmendem durchschnittlichen Wasserstand (von
der   E r i o p h o r u m - Gesellschaft über das Carici canescentis-Agrostidetum bis zum
Rhynchosporetum) eine Koinzidenz dieser Feuchtigkeitsabnahme mit einer Aciditätszunahme
vermuten. b) Bei den Schwingrasenbeständen spricht das gegenüber den beiden anderen Einheiten unveränderte ausgeglichene Verhältnis zwischen den beiden Sphagnen erneut für die
Einheitlichkeit der Schwingrasen hinsichtlich ihrer mittleren Acidität. Beide Aussagen
(2a u. b) bleiben jedoch wegen der ungenügenden Kenntnis der Ökologie der Lebermoose und
von   D r e p a n o c l a d u s   unsicher.

n) Für solche Schwingrasenbestände, die von den Rhynchosporion-Arten nur die VC-Art
   R h y n c h o s p o r a   a l b a   enthalten und noch im Zusammenhang mit dem Rhynchosporetum behandelt werden, wird ebenso wie für solche der   R h y n c h o s p o r a - Variante
   der   E r i o p h o r u m - Gesellschaft (s.o.) die Möglichkeit der Bewertung als Fragmente
   des im allgemeinen vegetationsdynamisch und ökologisch zum Schwingrasenkomplex gehörenden
   Scheuchzerio - Caricetum limosae diskutiert, zumal diese äußerst seltene nordische
   Assoziation früher auch in den Untersuchungsobjekten vorkam. Die sehr wenigen, kleinen
   und lockeren   C a r e x   l i m o s a - Bestände, die inmitten des weitgehend verlandeten
   Röhrichts des Elmpter Bruchs in räumlich-vegetationsdynamischem Zusammenhang mit dem Caricetum lasiocarpae und mit Sphagneten vorkommen, sind aufgrund ihres fragmentarischen
   Charakters nicht eindeutig zum Scheuchzerio-Caricetum limosae zu stellen. In ihrem floristisch-soziologischen, syngenetischen und ökologischen Charakter zeigen sie Beziehungen
   zu verschiedenen, aus der Literatur bekannten Einheiten, welche die durch eine relativ
   weite ökologische Amplitude ausgezeichnete   C a r e x   l i m o s a   enthalten, aber nicht
   mit dem Scheuchzerio-Caricetum limosae identisch sind.
   Die Problematik der synsystematischen Zuordnung der Bestände ist aber allein schon damit
   gegeben, daß die von einigen Autoren angegebene standörtliche Trennung der beiden borealen
   C-Arten im westlichen Grenzgebiet ihres Areals bei den ehemaligen Vorkommen beider Arten
   im Untersuchungsgebiet höchstwahrscheinlich tatsächlich zutraf und   C a r e x   l i m o -
   s a   dabei - ähnlich wie noch heute im Elmpter Bruch - die nährstoffreicheren Gewässer
   einnahm.

4.3.4. Übrige semiaquatische Vegetation

Außer den in den vorigen Kapiteln eingehend besprochenen Vegetationseinheiten wurden in den
Untersuchungsobjekten einige, z.T. auch recht bemerkenswerte Bestände gefunden, die hier
zwar noch der semiaquatischen Vegetation anzugliedern wären, aber Formationen bzw. Vegetationsklassen angehören, die mit den bisher besprochenen wenig gemein haben (s. SUKOPP u.a.,
1978 und WESTHOFF u. DEN HELD, 1969):
1. Hygrophile Therophytenfluren: a) Isoeto-Nanojuncetea (Nanocyperion = Zwergbinsen-Gesellsch.)
                                 b) Bidentetea tripartiti (Bidention = Teichufer-Gesellsch.)
2. Kriechpflanzenrasen: Plantaginetea (Agropyro-Rumicion = Flutrasen-Gesellschaften)
3. Feucht- und Naßwiesen: Molinietalia (Juncetum acutiflori Br.-Bl. 15)

Soweit überhaupt etwas über die Zugehörigkeit zu einer der Assoziationen der unter 1. und 2.
aufgeführten übergeordneten Einheiten ausgesagt werden kann (s.u.), handelt es sich wohl um
folgende: Scirpetum setacei Moor 36 em. Knapp 48, Cicendietum filiformis All. 22, Bidenti-
Polygonetum hydropiperis (W. Koch 26) Lohm. 50, Rumici-Alopecuretum geniculati Tx. (37) 50.
Sie sind für die Gesamtbeurteilung der Vegetation, besonders hinsichtlich der Diversität
(s. Flora Kap. 3.2.1.) zwar von Bedeutung, sollen aber aus folgenden Gründen nur kurz
zusammenfassend besprochen werden:

Es sind zunächst einmal Bestände, die ökologische Grenzstandorte der Heidegewässer besiedeln, d.h. Standorte im Übergangsbereich dessen, was noch den Heidegewässern zugerechnet werden kann (s.S. 13). Ihren eigentlichen Entfaltungsbereich haben sie ökologisch
(hydrologisch, edaphisch und "trophisch") sowie räumlich außerhalb der Heidegewässer.
Treten sie in seltenen Fällen tatsächlich - und fast immer kleinflächig - in der unmittelbaren Umgebung eines Heidegewässers auf, so können sie randlich in diese eindringen. In
anderen Fällen bietet der äußerste Ufersaum eines Gewässers in manchen Jahren einen oder
mehrere fleckenhafte Standorte für die Ausbildung bestimmter Bestände von Assoziationen,
die ihren eigentlichen Entfaltungsbereich in kleinen ephemeren Wasseransammlungen oder
lediglich nassen schlammigen bis anmoorigen Vertiefungen auf Wegen, Schneisen oder Gräben
und dergleichen haben.

> Die Arten, die diese Bestände bilden, sind zum großen Teil Therophyten, die auch in nor-
> malen Jahren den Beständen der Littorelletea-und Phragmitetea-Assoziationen bzw. -Gesell-
> schaften und unter den Scheuchzerio-Caricetea insbesondere der J u n c u s e f f u -
> s u s - Gesellschaft beigemischt sein können, oft nur ephemer, jedoch teilweise auch
> ständig, aber mit jährlich wechselnder Menge. Wenn sie über die Rolle des zufälligen
> Begleiters hinaus eine Bedeutung erlangen oder zusammen mit ähnlichen Arten auftreten,
> geben sie diesen Beständen eine besondere ökologische oder bzw. und syngenetische Aus-
> richtung oder stellen gar besondere Ausbildungsformen dar (s. z.B. Tab. 6). Innerhalb
> von Littorelletea-Einheiten haben sie eine "abbauende" Funktion, es gelingt ihnen in den
> meisten Fällen aber nicht, echte Bestände der obengenannten Assoziationen auszubilden:
> die Littorelletea-Vegetation "regeneriert" meistens wieder.

Für die Entscheidung darüber, wann man tatsächlich von der Herausbildung eines echten Asso-
ziationsbestandes sprechen kann, gibt es einen breiten Interpretationsspielraum. Es bleibt
jedem unbenommen, das faziesartige Auftreten einer Art mit Schwerpunkt in den obengenannten
Vegetationseinheiten oder das gemeinsame Auftreten mehrerer solcher Arten als Fragment einer der zur Diskussion stehenden Assoziationen zu deuten; denn selbst unter "normalen" oder
gar optimalen Bedingungen sind Bestände dieser Assoziationen oft außerordentlich fragmentarisch, lückig und instabil, sowie physiognomisch durch Vorherrschen einer Art gekennzeichnet. Aber selbst die weniger fragmentarische Ausbildung eines Bestandes bleibt in den in
Frage kommenden Heidegewässern undeutlich bzw. "verschleiert": Entweder ist sie von der ursprünglichen "bodenständigen" Vegetation "überstellt" (= "Überstellungskomplex", s.S. 71 ;
bei TÜXEN, 1962 , auch: "Zwillingsassoziationen"), oder es ist eine enge Verzahnung mit
diesem oder gar einem in Zusammensetzung und Struktur ähnlich labilen und ephemeren Bestand
anderer soziologischer Zugehörigkeit festzustellen.
In der Ausbildung von Beständen der ersten drei der oben aufgeführten Vegetationsklassen
spiegelt sich jeweils mindestens eine der beiden folgenden ökologischen Situationen:
1. lokale anthropogene oder zoogene eutrophierende Einflüsse, die meist auch nicht von
Dauer sind und deshalb keinen nachhaltigen Einfluß auf die Vegetation nehmen (--> Bidention
und Agropyro-Rumicion); 2. besondere hydrologische und/oder edaphische Verhältnisse, die von
denen normaler bzw. mehr oder weniger durchschnittlicher Jahre abweichen (--> Nanocyperion
und Agropyro-Rumicion.).
Da es sich um Bestände mit hohem Anteil von Therophyten handelt (s.o.), werden sie nach dem
Aufhören oder der Abschwächung der sie begünstigenden Einflüsse relativ schnell zurückgedrängt, so daß sich nur noch einzelne Arten in der Kontakt-, Überstellungs- oder "Verzah-
nungsvegetation" halten können.
Auf eine tabellarische Darstellung dieser so sporadisch vorkommenden, unstabilen und ephemeren Bestände wurde deshalb verzichtet, da sie ohnehin nicht zum festen "Inventar" der Vegetation gehören.
Die von J u n c u s a c u t i f l o r u s geprägten Bestände, die sich in einigen Untersuchungsobjekten finden, stellen lediglich faziesartige Ausbildungen von Scheuchzerio-Caricetea-Gesellschaften bzw. - Assoziationen dar (meist des Carici-Agrostidetum; s. auch u.a.
KRAUSCH, 1963: Variante von J. a c u t i f l.; WESTHOFF und DEN HELD, 1969: juncetosum acutiflori). In den meisten Fällen stehen solche Bestände in bewegtem Wasser von grabenartigen
Mulden und Senken oder an trockeneren wasserzügigen Stellen, die nach Boden und Wasserbedek-
kung definitionsgemäß (s.S. 13) keine Untersuchungsobjekte oder Teile davon darstellen.
An einigen, den Untersuchungsobjekten noch ferner stehenden Standorten nehmen solche Bestän-
de manchmal schon eher den Charakter des Juncetum acutiflori Br.-Bl. 15 an, das zu den
Molinietalia zu rechnen ist.

4.4 SUPRAAQUATISCHE VEGETATION

4.4.1 Oxycocco-Sphagnetea

Die Oxycocco-Sphagnetea sind nach den Scheuchzerio-Caricetea die verbreitetste Vegetationsklasse in den Heidegewässern und -mooren. Bestände, die dieser Klasse zugeordnet werden
müssen, treten zwar bei weitem nicht, wie Scheuchzerio-Caricetea fuscae-Bestände, in fast
allen Untersuchungsobjekten auf und sind dort, wo sie vorkommen, oft nur kleinfächig ausgebildet; dennoch wird ihr Anteil an der Gesamtfläche aller Untersuchungsobjekte dank ihrer Hauptbeteiligung am Vegetationsaufbau des größten Untersuchungsobjektes, dem Heidemoor
im Elmpter Bruch, von keiner anderen Einheit übertroffen.

> Die Auffassungen über das System der Oxycocco-Sphagnetea gehen immer noch auseinander,
> wenn auch die meisten jüngeren Gliederungsvorschläge (PASSARGE, 1964 a; OBERDORFER und
> Mitarb., 1967; MALMER, 1968; MOORE, 1968; WESTHOFF und DEN HELD, 1969; RUNGE, 1969 a;
> TÜXEN, 1969; JENSEN, 1972; TÜXEN et al. 1972) lediglich in einer ± starken Abwandlung
> der SCHWICKERATHschen Grundkonzeption (1933, 1940, 1941) bestehen. Auch nach der Klas-
> sifizierung von MOORE (1968), die sich auf die Auswertung von über 3 000 Aufnahmen aus
> fast ganz Europa stützt, divergieren nach wie vor die Meinungen der Autoren, inbesonde-
> re über die Gültigkeit bestimmter bzw. der meisten Assoziationen.

Deshalb kann es vorläufig nur sinnvoll sein, sich bei der Gliederung zunächst vornehmlich
von den regionalen Verhältnissen und von Kriterien der Zweckmäßigkeit und Übersichtlichkeit
leiten zu lassen, um sie dann soweit wie möglich demjenigen System anzugleichen, das den
Verhältnissen in den Untersuchungsobjekten am meisten angemessen ist. Als solches erweist
sich das System SCHWICKERATHs (1940, 1941), allerdings mit 2 Abweichungen bei der Fassung
der Assoziationen, so daß sich - soweit es die Vegetation der Untersuchungsobjekte betrifft
- folgende Gliederung ergibt: [1]

Oxycocco-Sphagnetea = Erico-Sphagnetalia:

1) Sphagnion: Anders als bei SCHWICKERATH wird neben

   a) dem Sphagnetum papillosi und

   b) dem Sphagnetum magellanici (= Sphagnetum medii et rubelli) auch noch

   c) eine " S p h a g n u m   r e c u r v u m - Gesellschaft" als gleichwertige Grund-
      einheit unterschieden. [2]

2) Ericion: Es ist nur durch das Ericetum vertreten.

   Im Gegensatz zu SCHWICKERATH nämlich werden N a r t h e c i u m - Bestände nicht als
   eigenständige Assoziation des Ericion ("Narthecietum") aufgefaßt, sondern - soweit
   sie Teil der Untersuchungsobjekte sind - den Sphagnion-Gesellschaften angeschlossen (s. u.).

4.4.1.1 Sphagnion: Sphagnetum papillosi SCHWICK 40,
       Sphagnetum-magellanici KÄSTN. et al. 1933 und
       "S p h a g n u m   r e c u r u m - Gesellschaft"

4.4.1.1.1 Fassung der Gesellschaften

Die 3 Gesellschaften, die hier gemeinsam und vergleichend analysiert werden sollen, sind
primär durch die Dominanz der S p h a g n u m - Arten unterschieden, können also zunächst
als Soziationen bzw. jeweils als eine Konsoziation (s. Kap. 4.1.2) aufgefaßt werden [3]
(s. auch JENSEN, 1961); dabei werden allerdings in Übereinstimmung mit den meisten Autoren

---

1) Diese Gliederung haben in jüngster Zeit auch J. TÜXEN (1969) und - bis auf die Differenzierung der Assoziationen innerhalb des Sphagnion - auch JENSEN (1972) vorgeschlagen.

2) Über die spezielle Ausbildung dieser 3 Gesellschaften als Gebietsassoziationen s. Kap.
   4.4.1.1.4 u. Tab. 24.

3) Inwieweit hier aber auch eine Reihe von Beständen dazugezählt wird, die kaum noch der
   Konsoziation der jeweiligen S p h a g n u m - Art (z.B. N a r t h e c i u m - Bestände)
   zuzuordnen sind, wird bei der Untergliederung der Einheiten deutlich (s. u.).

die S p h a g n u m   m a g e l l a n i c u m - und S p h a g n u m   r u b e l l u m - Konsoziation zum Sphagnetum magellanici (bzw. SCHWICKERATH: "Sphagnetum medii = magellanici et rubelli") zusammengefaßt.

Die Frage, ob die S p h a g n u m   p a p i l l o s u m - Konsoziation einerseits und die S p h a g n u m   m a g e l l a n i c u m - Konsoziation bzw. - r u b e l l u m - Konsoziation andererseits tatsächlich als selbständige Assoziationen gelten dürfen, gehört zu den entscheidenden Streitpunkten in der Diskussion um das System der Oxycocco-Sphagnetea.

Außer J. TÜXEN (1969), der ja das SCHWICKERATHsche System fast unverändert übernimmt, folgen SCHWICKERATH in der Unterscheidung dieser beiden Assoziationen auch R. TÜXEN (1955), DUVIGNEAUD (1949), LEBRUN und Mitarb. (1949), OBERDORFER und Mitarb. (1967), RUNGE (1969 a) u.a., wenn auch im Rahmen abgewandelter Systeme. Dagegen ist nach MOORE (1968), TÜXEN (1958 a), TÜXEN et al. (1972) und DIERSSEN (1972) u.a. die S p h a g n u m   p a p i l l o s u m - Konsoziation nur als Fazies oder Stadium des Sphagnetum magellanici zu bewerten, nach WESTHOFF und DEN HELD (1969) außerdem teilweise auch als Sphagnetum palustri-papillosi, das mit dem Sphagnetum papillosi SCHWICKERATHs jedoch wenig gemein hat. Im Diksussionsvorschlag JENSENs (1972) erhalten S p h a g n u m   m a g e l l a n i c u m - und S p h a g n u m   p a p i l l o s u m - Konsoziation zwar wieder gleichen Rang, allerdings als 2 von mehreren Subassoziationen eines "Sphagnetum europaeum".

J. TÜXENs Gründe für eine Unterscheidung zweier selbständiger Assoziationen treffen innerhalb des Untersuchungsgebietes nur teilweise zu, da sie überwiegend von den Verhältnissen auf Hochmoorbulten abgeleitet sind; aber auch die Verhältnisse in den Untersuchungsobjekten sprechen eher für eine Trennung in 2 Assoziationen:

1) S p h a g n u m   p a p i l l o s u m   ist nur in ca. der Hälfte der Aufnahmen der S p h a g n u m   m a g e l l a n i c u m - bzw. S p h a g n u m   r u b e l l u m - Konsoziation vertreten. Umgekehrt fehlen S p h a g n u m   m a g e l l a n i c u m   und S p h a g n u m   r u b e l l u m   sogar in über 80 % der S p h a g n u m   p a p i l l o s u m - Konsoziation (s. Tab. 20).

2) Innerhalb des relativ großen Gesamtuntersuchungsgebietes und bei einer verhältnismäßig großen Zahl von Einzelstandorten mit Sphagnion-Beständen (davon nahezu die Hälfte als S p h a g n u m   p a p i l l o s u m - Konsoziation und etwa ebensoviele als S p h a g n u m   r e c u r v u m - Konsoziation, s. u.) haben sich nur in 2 Einzeluntersuchungsobjekten an wenigen Standorten kleine Bestände oder gar nur einzelne Bulte mit dominierendem S p h a g - n u m   m a g e l l a n i c u m oder (bzw. und) r u b e l l u m entwickelt.

Der Literatur zufolge ist das Sphagnetum magellanici offensichtlich in Heidemooren ganz allgemein sehr selten, zumindest ist hier (nach JONAS, 1932, und SCHUMACHER, 1932) das Sphagnetum papillosi, in Hochmooren dagegen das Sphagnetum magellanici das charakteristische Sphagnetum. Nach MÜLLER-STOLL und GRUHL (1965) fehlt das Sphagnetum magellanici auch in den allermeisten oligotrophen Verlandungsmooren Brandenburgs; hier ist es allerdings durch die " E r i o p h o r u m   v a g i n a t u m - S p h a g n u m   r e c u r - v u m - Gesellschaft" ersetzt.

Die wenigen Sphagnetum magellanici-Bestände haben sich fast nur an Standorten entwickelt, die für die S p h a g n u m   p a p i l l o s u m - Konsoziation (und erst recht für die S p h a g n u m   r e c u r v u m - Konsoziation) keine große Bedeutung haben. Die Schwerpunkte im Vorkommen dieser Konsoziationen liegen dagegen an ganz anderen Standorten (s. Tab. 29).

Es kommen hier also offensichtlich unterschiedliche standörtliche Ansprüche der beiden Konsoziationen oder unterschiedlich weite Amplituden dieser ökologischen Ansprüche zum Ausdruck, die in den Untersuchungsobjekten weitgehend nur für die S p h a g n u m   p a p i l - l o s u m - Konsoziation, im Gegensatz zur S p h a g n u m   m a g e l l a n i c u m - Konsoziation, erfüllt sind, und die somit als Argumente für eine Trennung in 2 Assoziationen gelten dürfen (s. auch Kap. 4.4.1.1.2).

Die Berechtigung bzw. Notwendigkeit, innerhalb des Sphagnion auch noch die S p h a g n u m r e c u r v u m - Konsoziation als eigenständige Gesellschaft zu unterscheiden, ergibt sich nicht zwangsläufig als logische Konsequenz aus der Bewertung der S p h a g n u m p a p i l - l o s u m - Konsoziation und der S p h a g n u m m a g e l l a n i c u m - Konsoziation als eigene Assoziationen; denn im Unterschied zu S p h a g n u m p a p i l l o s u m , m a g e l l a n i c u m und r u b e l l u m kommt S p h a g n u m r e c u r v u m nicht die Qualität einer C-Art (nicht einmal als KC-Art) zu. Vielmehr spielt die Art als Bodenschicht (= Synusie) besonders innerhalb von Scheuchzerio-Caricetea-Gesellschaften eine etwa gleich bedeutende Rolle (s. Kap. 4.3.3.14 : Sozietäten).

Deshalb bewerten OBERDORFER (1938), SCHWICKERATH (1941, 1944 a), KÄSTNER und FLÖSSNER, (1933), TÜXEN (1958 a u. b), LÖTSCHERT (1964 a), DIERSSEN (1972) u.a. die S p h a g n u m r e c u r v u m - Konsoziation lediglich als Initialstadium oder auch als Abbau- oder Hemmungsstadium (z.T. in Form einer Subassoziation oder Variante) des Sphagnetum magel-lanici oder des Sphagnetum papillosi. Nach dieser Auffassung ist sie also nur eine Unter-einheit ohne Eigenständigkeit, da in ihren Aufnahmen durchweg eine der C-Arten vertreten ist.

Im Untersuchungsgebiet kann die S p h a g n u m r e c u r v u m - Konsoziation zwar auch der S p h a g n u m p a p i l l o s u m - oder m a g e l l a n i c u m - Konsoziation in der Sukzession vorausgehen, sie in selteneren Fällen auch wieder abbauen. Ihre Deutung als Initial- (bzw. Abbau-)Stadium ließe sich also auch hier vertreten, sofern C-Arten vorkom-men. Folgende Tatsachen lassen es jedoch als notwendig erscheinen, sie hier als charakter-artenlose " S p h a g n u m r e c u r v u m - Gesellschaft" gleichwertig neben das Spha-gnetum papillosi und das Sphagnetum magellanici zu stellen:

1) Der größere Teil ihrer Bestände enthält weder S p h a g n u m p a p i l l o s u m noch m a g e l l a n i c u m oder r u b e l l u m , zeigt also keine direkte Beziehung zu einer der beiden Assoziationen; sie entwickelt sich wohl überwiegend auch nicht zu ih-nen, sondern wird allmählich abgebaut bzw. bewaldet (s. E r i o p h o r u m v a g i n a - t u m - Variante und -Stadium).

2) Die S p h a g n u m r e c u r v u m - Konsoziation tritt in den Untersuchungsobjekten noch häufiger und meist großflächiger auf als das Sphagnetum papillosi (s. Gesamtaufnahme-fläche: 2 200 gegenüber 1 400 m²).

Das trifft wohl im Gegensatz etwa zu nordwestdeutschen Hochmooren (s. MÜLLER, 1965, 1968; JAHNS, 1962, 1969), in denen die S p h a g n u m r e c u r v u m - Konsoziation selten ist, ganz allgemein für Heidegewässer und -moore zu.

3) Innerhalb des Untersuchungsgebietes läßt sich nicht, wie bei den beiden echten Assozia-tionen, eine ausgeprägte Konzentration der S p h a g n u m r e c u r v u m - Konsoziation auf einen bestimmten Standorttyp beobachten. Die meisten Bestände kommen vielmehr an solchen Standorten vor, die für die beiden Assoziationen fast ohne jede Bedeutung sind; umgekehrt tritt sie an Standorten, an denen sich eine der beiden oder beide Assoziationen ± häufig finden, gar nicht oder fast gar nicht auf (s. Tab. 29).

Die Ursachen der unter 1) bis 3) aufgeführten Tatsachen sind sicherlich weitgehend ökologi-scher Natur (s.u.).

Nur wenige Autoren haben in jüngerer Zeit innerhalb der mitteleuropäischen Moorvegetation denjenigen (Kon-)Soziationen des Sphagnion, die nicht von den C-Arten S p h a g n u m p a p i l l o s u m , m a g e l l a n i c u m , r u b e l l u m oder (im Osten) f u s - c u m , sondern einer Reihe anderer S p h a g n u m - Arten gebildet werden, größere Bedeutung geschenkt, indem sie ihnen prinzipiell die gleiche Bewertung wie den Konsozia-tionen der genannten C-Arten beimessen. Sie bewerten diese z.T. häufigen Soziationen entweder - wie ich es hier für die S p h a g n u m r e c u r v u m - Konsoziation tue - als "Gesellschaften" (J. TÜXEN, 1969; MÜLLER, 1965, 1968, z.B.: " S p h . p u l c h - r u m - Gesellschaften" usw.) oder als Subassoziationen eines einzigen "Sphagnetum europae-um" (JENSEN, 1972). PASSARGE (1964 a) schränkt die Berechtigung dazu offensichtlich auf die S p h a g n u m r e c u r v u m - Konsoziation (= " S p h a g n u m r e c u r - v u m - Gesellschaft") ein, OBERDORFER und Mitarb. (1967) sogar nur auf eine ihrer

Soziationen,, die S p h a g n u m   r e c u r v u m - E r i o p h o r u m   v a g i -
n a t u m - Soziation (= "Eriophoro-Sphagnetum revurvi", s. Kap. 4.4.1.1.4: " E r i o -
p h o r u m - Variante").

In den Untersuchungsobjekten sind zum Sphagnion zählende Bestände, in denen eine andere
S p h a g n u m - Art als die 3 C-Arten oder S p h a g n u m   r e c u r v u m dominiert,
sehr selten (2 Aufnahmen mit S p h a g n u m   b a l t i c u m (s.u.) und 3 mit c u s -
p i d a t u m [1]). Da außerdem immer eine der 4 genannten anderen Arten vertreten ist,
habe ich um der Klarheit und Übersichtlichkeit willen darauf verzichtet, weitere Gesellschaften nach diesen Arten abzutrennen.

4.4.1.1.2 Lokalisation, Standorte und Syngenese

Zur Ausbildung von Sphagnion-Gesellschaften ist es in verschiedenen Typen von Untersuchungsobjekten, an 7 verschiedenen Standorttypen und auf verschiedene Art und Weise gekommen
(s. auch Kap. 5):

1) Ehemalige, jetzt dem Untergrund fest aufsitzende Schwingrasen sind fast ausschließlich
von Sphagneten eingenommen. Sie bilden hier zum größten Teil ausgedehnte einheitliche Bestände (s. Vegetationsprofile Abb. 30 u. 31).

Von der Gesamtflächenausdehnung her ist dieser Standorttyp nach den ehemaligen Röhrichten
(= Standorttyp Nr. 3, s.u.) der bedeutendste.

2) Weniger ausgedehnt, jedoch viel häufiger sind Sphagneten in Gestalt von Schwingrasen
bzw. auf Schwingrasen. Aus der Gesamtsicht aller Untersuchungsobjekte sind dies wohl ihre
hauptsächlichsten Standorte, auch wenn hier die Sphagneten teilweise hinter der Scheuchzerio-Caricetea-Vegetation zurücktreten (s. Kap. 4.3.3.8, ...10 u. ...11).

> In seltenen Fällen können sich einzelne Sphagnion-Bestände bereits auf jungen, stark
> schwingenden und kaum betretbaren Schwingrasen entwickelt haben (s. Veget.-Profile
> Abb. 27 u. 33). Erst auf älteren, mächtigeren (0,5 m, z.T. bis 2 m) und festeren
> Schwingrasen haben sich Scheuchzerio-Caricetea-Bestände häufiger - wenn auch zum Teil
> lediglich in Form einzelner, größerer, flacher Bulte - zu Sphagneten ausgebildet, wo-
> bei die E r i c a - (Sub-)Variante bereits den Übergang andeutet (s. Veget.Profile
> Abb. 29, 30 u. 31 und s. Sukzess.-Schema Abb. 38).

3) Die größte Flächenausdehnung erreichen Sphagnion-Bestände an Standorten ehemaliger,
jetzt verlandeter Röhrichte. [2]

> Dies beruht aber lediglich auf der großen Häufigkeit und Verbreitung im ausgedehntesten
> Heidemoor des Untersuchungsgebietes, dem Heidemoor im Elmpter Bruch. Hier und außerdem
> noch in 2 kleinen Untersuchungsobjekten bilden die Sphagneten flache, nur selten stär-
> ker gebultete Teppiche oder Rasen. Sie sind z.T. kleinräumig in verschiedene Einheiten
> und Untereinheiten differenziert und alle mehr oder weniger stark und dicht von niedri-
> gen P h r a g m i t e s - , selten auch C l a d i u m - oder S c h o e n o p l e c -
> t u s   t a b e r n a e m o n t a n i - Halmen durchsetzt. Physiognomisch zeigen sie
> dementsprechend wenig Ähnlichkeit mit Sphagneten (s. Veget.-Profile Abb. 35 u.36).

4) Einige wenige, relativ kleine, durch "infra-aquatische S p h a g n u m - Verlandung"
entstandene Heidemoore bzw. Heidemoorstandorte sind vollständig oder fast vollständig von
kleineren oder größeren zusammenhängenden, flachen bis leicht gebulteten Sphagneten eingenommen.

5) In einigen seichten, im Sommer länger oder häufiger trockenliegenden Heidegewässern und
in entsprechenden Litoralbereichen tieferer Gewässer bzw. in den nassen überschwemmten Randzonen ("Pseudolagg" s.u.) einiger Heidemoore erheben sich kleine hohe Bulte oder ausgedehn-
tere gewölbte Rücken von Sphagnion-Beständen, die bei mittleren und höheren Wasserständen
inselartig über die Wasseroberfläche emporragen.

---

1) Daneben gibt es viele S p h a g n u m   c u s p i d a t u m - Soziationen mit Sphagnion-
   Arten. Da hier aber Zahl bzw. Gruppenanteil und -stetigkeit der Scheuchzerio-Caricetea-
   Arten überwiegen, werden die S p h a g n u m   c u s p i d a t u m - Soziationen mit wenigen Ausnahmen zu den Scheuchzerio-Caricetea gezählt (s. S p h a g n u m   c u s p i -
   d a t u m - Sozietäten, Kap. 4.3.3.14).

2) Es handelt sich hier um "Standröhrichte" (s. Phragmition). Die wenigen kleinen, eventuell
   aus "Schwingröhrichten" hervorgegangenen Sphagneten werden zum Standorttyp 2 (Schwingrasen)
   gezählt.

Manchmal durchsetzen sie - oft im Wechsel mit M o l i n i a - Horsten - ganze Gewässer
oder bestimmte Uferpartien derart, daß sich ein Vegetationsmosaik ausbildet, das an
nordische Aapamoore erinnert (s. Veget.-Profil Abb. 24). Hieraus erklären sich auch
Übergänge zu Scheuchzerio-Caricetea-Gesellschaften.

6) Stellenweise grenzen Sphagneten unmittelbar außen an den Uferrand einiger Untersuchungsobjekte, meist in Form schmaler, z.T. nicht mehr als 0,5 m breiter Zonen. Breiten
von 10 m und mehr erreichen sie nur an solchen langsam verflachenden Schmalseiten (den
"Polen") längsgestreckter Untersuchungsobjekte, wie sie bereits oben als charakteristisch
für großflächigere Ausbildungen von M o l i n i a - Beständen (s.o. M o l i n i a - Gesellschaft) beschrieben wurden (s. Veget.-Profile Abb. 24 u. 26).

Teilweise handelt es sich um die verlandete ehemalige äußerste Uferzone, die Bestände
stellen dann einen Teil der Uferzonation dar und sind mit denen des vorher beschriebenen Standorttyps durch Übergänge verbunden. Zum Teil aber besteht standörtlich und syngenetisch kein grundsätzlicher Unterschied zum folgenden Standorttyp 7.

7) In seichten, nassen Geländedellen im Bereich der anmoorigen Heiden (Ericion) oder standörtlich vergleichbarer Vegetationseinheiten sind gelegentlich Sphagneten entweder als kleinflächige, kaum gewölbte Teppiche oder als Komplexe kleiner, höherer Bulte eingestreut, die
unmittelbar auf dem Mineralboden oder auf nur geringmächtigen Torflagen aufsitzen (s. Veget.-Profil Abb. 37).

An diesen Standorten sind somit die Übergänge der Sphagneten zum Ericion (Ericetum),
zum Rhynchosporetum, zu J u n c u s a c u t i f l o r u s - Beständen u.ä. fließend,
und sie stehen vegetationsdynamisch mit diesen Einheiten in einem labilen Gleichgewicht.

Die hier gewählte Reihenfolge bei der Charakterisierung der Standorttypen von den "ehemaligen Schwingrasen" bis zu den nassen Dellen im Ericion (s. Tab. 29) ist an ihrer abnehmenden
Feuchtigkeit und damit an der abnehmenden Hygrophilie ihrer Vegetation orientiert.

Allerdings entspricht sie nicht einer Standort-Reihe im Sinne von (Grund-)Wasserstufen,
zumal innerhalb jeweils eines Untersuchungsobjektes oft nur eine, höchstens aber drei
dieser Standorttypen auftreten, die dann z.T. das ganze, ohnehin nicht allzu weite
Spektrum der im Sphagnetum möglichen Wasserstandsverhältnisse ausfüllen können.
Die einzelnen Standorttypen können den Wasserstandsbereich anderer Typen teilweise oder
ganz umfassen; sie weisen also z.T. unterschiedlich weite Amplituden zum Nasseren,
Trockeneren oder nach beiden Richtungen hin auf, die entweder bereits räumlich im Bereich der einzelnen Standorte oder einzelner Untersuchungsobjekte mehr oder weniger vollständig verwirklicht sind oder sich erst zeitlich-periodisch zeigen. Meist werden sie
jedoch erst im Rahmen der Gesamtheit aller Standorte bzw. Bestände erkennbar.

Die hygrische Abstufung der Standorttypen beruht also weitgehend nur auf dem Durchschnitt
oder Schwerpunkt der Wasserstandsverhältnisse in der Gesamtheit aller Standorte eines Standorttyps.

So liegt z.B. in den "ehemaligen Schwingrasen" als den im ganzen durchschnittlich nassesten Standorten der mittlere Wasserstand nicht höher, teilweise sogar tiefer als in
vielen Schwingrasen. Zudem sinkt der Wasserspiegel periodisch auf ein Niveau ab, das
tiefer liegen kann als selbst in den ältesten und trockensten Schwingrasen. Ebenso periodisch steigt aber der Wasserspiegel in "ehemaligen Schwingrasen" bis zu einer Überstauung an, ganz im Gegensatz zu den Schwingrasen, in denen der Wasserspiegel ständig
auf dem gleichen, relativ oberflächennahen Niveau bleibt. Insgesamt stellt der "ehemalige Schwingrasen" damit aber den nasseren Standorttyp dar.

Manche Standorttypen unterscheiden sich aber auch z.T. in den Trophie- und Säureverhältnis-
sen, wenn auch keine Reihe zu- bzw. abnehmender Trophie o.ä. aufgestellt werden kann.
Der Grund für das bevorzugte Vorkommen oder andererseits für das weitgehende Fehlen einer
bestimmten Gesellschaft oder einer bestimmten Untereinheit an einem bestimmten Standorttyp (s.u.) kann z.T. weniger hygrischer als vielmehr hauptsächlich trophischer Natur sein
(s.u. einerseits besonders die N a r t h e c i u m - Variante, andererseits das Sphagnetum magellanici). Überdies sind manche Standorttypen gleichzeitig auch Typen unterschiedlicher Entstehung und Entwicklung der Sphagneten (s.o.).

Die 7 aufgeführten Standorttypen sind nicht nur für das Sphagnion insgesamt von unterschiedlicher Bedeutung und Häufigkeit, sondern auch und gerade im Vergleich der 3 Gesellschaften: Die und die Tatsache, daß die meisten Standorttypen bevorzugt (Typ 3), fast ausschließlich (1,2 und 4) oder gar ausschließlich (5) von einer der 3 Einheiten besiedelt werden, wurde bereits oben als Argument für die Trennung der 3 Einheiten als selbständige Gesellschaften bzw. Assoziationen angeführt und kann nun anhand der Tabelle konkretisiert werden, die zwei wesentliche Zusammenhänge vermittelt:

1) Innerhalb der Reihe von der S p h a g n u m   r e c u r v u m - Gesellschaft über das Sphagnetum papillosi zum Sphagnetum magellanici verlagert sich der standörtliche Schwerpunkt (s. Tab. 29: waagerechte Zeilen) von den 3 nassesten Standorttypen (bei der hygrophilsten S p h a g n u m   r e c u r v u m - Gesellschaft) - bis hin zum relativ trockensten Standorttyp (bei dem am wenigsten hygrophilen Sphagnetum magellanici).

> Damit geht eine Tendenz zur Konzentration auf einen Standorttyp einher: Bei der S p h a g-
> n u m   r e c u r v u m - Gesellschaft kann man eigentlich nur von einem relativ breit
> gestreuten "Schwerpunktbereich" sprechen (an den 3 Standorten je ca. 20 - 30 % der Be-
> stände), während das Sphagnetum papillosi einen deutlichen Schwerpunkt im verlandeten
> Röhricht hat (ca. 40 % der Bestände), und die wenigen Bestände des Sphagnetum magellanici
> sogar sehr stark auf einen Standorttyp konzentriert sind (ca. 70 % in nassen Geländedel-
> len im Ericion).
> Eine entsprechende Aufschlüsselung nach Flächenausdehnung, auf deren tabellarische Wie-
> dergabe hier verzichtet wird, zeigt allerdings auch für die S p h a g n u m   r e c u r-
> v u m - Gesellschaft einen ziemlich deutlichen Schwerpunkt, und zwar auf verlandetem
> Röhricht.

2) Bezüglich der jeweiligen maximalen (oder zumindest relativ hohen) prozentualen Anteile einer der 3 Gesellschaften an der Sphagnion-Vegetation der einzelnen Standorttypen (Tab. 29: senkrechte Spalten) ergibt sich eine Verlagerung, die im wesentlichen gleichsinnig mit der zwischen den Gesellschaften festzustellenden Verschiebung des standörtlichen Schwerpunktes verläuft (s. 1.).

An der Vegetation der "ehemaligen Schwingrasen" und der Schwingrasen ist die S p h a g n u m   r e c u r v u m - Gesellschaft mit 80 % bzw. 70 % aller Bestände (s. Tab. 29) und einem noch höheren flächenmäßigen Anteil beteiligt. Damit muß sie als charakteristisch für diese Standorte, besonders also für die "ehemaligen Schwingrasen" (s. dazu auch E r i o p h o- r u m   v a g i n a t u m -Variante), angesehen werden.

> Auf den Schwingrasen mit ihrem nahezu konstanten, relativ hohen Wasserspiegel, der sich
> auch bei fortgesetztem Höherwachsen der S p h a g n u m - Synusie über lange Zeit hin-
> aus durch das damit einhergehende Tiefersinken nicht ändert, bleibt S p h a g n u m
> r e c u r v u m ständig im Bereich seines optimalen Wasserstandsbereichs.
> Das Sphagnetum papillosi konnte sich hier nur auf älteren, festeren Stadien entwickeln,
> die einem Höherwachsen der Sphagnen nicht mehr so unmittelbar durch Tiefersinken nach-
> geben und zudem bei allgemein tiefen Wasserständen in Trockenperioden dem Untergrund
> aufliegen können, so daß dann ein Absinken des Wasserspiegels eintritt.

In den verlandeten Röhrichten, deren periodische Wasserstandsschwankungen ebenfalls unbedeutend sind und die der Schwingrasen nur wenig übertreffen, hat das Sphagnetum papillosi eine etwas größere Häufigkeit und Verbreitung als die S p h a g n u m   r e c u r v u m - Gesellschaft, weil hier die Möglichkeit des Hinauswachsens über ein bestimmtes Wasserspiegelniveau gegeben ist.

Auch an allen anderen Standorten - mit Ausnahme des Uferrandes, wo die Anteile von S p h a g n u m   r e c u r v u m - Gesellschaft und Sphagnetum papillosi etwa gleich sind - macht das Sphagnetum papillosi den Hauptanteil der Vegetation aus. Allein charakteristisch ist es jedoch nur für die seltenen Standorttypen 4 ("durch infraaquatische S p h a g n u m - Verlandung entstandene Heidemoore": ca. 80 %) und 5 ("Litoral"), wo es sogar die einzige Sphagnion-Gesellschaft darstellt (100 %).

Das <u>Sphagnetum magellanici</u> ist wegen seiner Seltenheit an keinem Standorttyp dominierend; die trockensten Standorte, die nassen Mineralboden-Dellen im Ericion, sind aber die einzigen, an denen es überhaupt eine größere Rolle spielt.

Eine der oben bereits angesprochenen Ursachen für die Seltenheit des Sphagnetum magellanici liegt offenbar in der zu großen Nässe nahezu aller Standorte: Neben den ständig hohen Wasserständen in Schwingrasen und verlandeten Röhrichten sind es an den übrigen Standorten, z.T. auch noch in den nassen Mineralboden-Dellen, die periodisch oberflächennahen Wasserstände oder gar Überstauungen (besonders auf den "ehemaligen Schwingrasen"), die es S p h a g n u m   m a g e l l a n i c u m   und   r u b e l l u m   nur selten ermöglichen, Fuß zu fassen, und das heißt meist, in Konkurrenz mit dem primär vorhandenen S p h a g n u m   r e c u r v u m   und   p a p i l l o s u m   zu treten und sie schließlich zu verdrängen. Zudem wird die Möglichkeit zu einer stärkeren Entfaltung mit fortschreitendem Höherwachstum der S p h a g n u m - Decke meist dadurch vereitelt, daß bereits in früheren, hygrophilen Sphagnion-Gesellschaften bzw. -Stadien ein Abbau, insbesondere durch N a r t h e c i u m ,   M y r i c a   und schließlich   B e t u l a stattfindet.
Es ist nicht auszuschließen, daß klimatische Ursachen (s. Klima, Kap. 2.1.3) für die weitgehende Verhinderung des Höherwachsens der Sphagneten durch frühzeitigen Abbau und damit für die weitgehende Verhinderung der Entfaltung des Sphagnetum magellanici mitverantwortlich sein können.
Als dritte Ursache kann der an den meisten Standorten für Sphagnion-Vegetation offensichtlich relativ hohe Nährstoffgehalt in Frage kommen. Außer den Auffassungen SCHWICKERATHs (1941) und J. TÜXENs (1969) über das größere Nährstoffbedürfnis von S p h a g n u m   p a p i l l o s u m   (s.o.) spricht dafür auch JONAS' (1932 b) Feststellung, daß das Spahgnetum magellanici außer in Hochmooren nur in den nährstoffärmsten Heidemooren vorkommt.

4.4.1.1.3 <u>Floristisch-soziologische Struktur</u>

An der Zusammensetzung der Sphagnion-Bestände in den Heidegewässern und -mooren des Untersuchungsgebietes sind alle im westlichen Mitteleuropa häufigeren, sowie die meisten selteneren VC- bis KC-Arten beteiligt (s. Tab. 20).

Sehr häufig und gleichzeitig mit relativ hohen Deckungswerten treten nur E r i c a   t e t r a l i x   und   V a c c i n i u m   o x y c o c c u s   auf, was im wesentlichen den durchschnittlichen Verhältnissen NW-mitteleuropäischer Sphagneten entspricht, im Gegensatz zum ziemlich häufigen Vorkommen von N a r t h e c i u m   o s s i f r a g u m .

Außer diesen VC- und KC-Arten kommen auch die meisten aus der großen Zahl der anderen "echten", d.h. ombrotraphenten Hochmoorarten (ACKENHEIT, 1944: "Ombrominerobionten") vor, die laut ALETSEE (1967) und MÜLLER (1965 u. 1968) überhaupt auf den Hochmooren Nordwestdeutschlands gefunden wurden:

Von den häufigsten Ombrominerobionten fehlen im Gebiet nur E m p e t r u m   n i g r u m ,   S p h a g n u m   p u l c h r u m ,   L e u c o b r y u m   g l a u c u m [1]   und die Flechtenarten. [2] Besonders das Fehlen von L e u c o b r y u m   und der Flechten, die in großer Artenzahl (> 30) und teilweise auch in großen Mengen auf nordwestdeutschen Hochmooren auftreten können, ist charakteristisch für die Sphagnion-Vegetation der Untersuchungsobjekte, wie wohl überhaupt für Heidegewässer und -moore ähnliche Bildungen. Charakteristisch - in diesem Fall jedoch im Einklang mit allen NW-mitteleuropäischen Sphagneten - ist ferner die große Stetigkeit von E r i o p h o r u m   a n g u s t i f o l i u m   (70 - 80 %). Eindeutig überrepräsentiert und damit recht typisch für die Sphagnion-Vegetation der Untersuchungsobjekte, wenn auch jeweils nur für bestimmte Untereinheiten auf charakteristischen Standorten (s.u.), sind M y r i c a   und - weniger stark - P i n u s   s y l v e s t r i s .

Als das bemerkenswerteste ombrotraphente Element der Sphagnion-Vegetation des Untersuchungsgebietes muß noch auf D a c t y l o r h i z a   t r a u n s t e i n e r i   s.l. (s. Kap. 3.1.2) hingewiesen werden, die im Elmpter Bruch in der S p h a g n u m   r e c u r v u m - Gesellschaft und im Sphagnetum papillosi auftritt, von Jahr zu Jahr in ihrer Häufigkeit sehr stark wechselnd.

---

1) L e u c o b r y u m   und einige andere Arten, die in den Sphagnion-Beständen fehlen, kommen allerdings innerhalb des Untersuchungsgebietes dennoch vor, allerdings in den anmoorigen Heiden (Ericion) und in einigen Scheuchzerio-Caricetea-Beständen.

2) Das scheint wohl allgemein für solche Heidemoore zuzutreffen. TÜXEN (1958 b) führt das auf den schwankenden Wasserstand zurück.

Fast genau in der gleichen Artenzahl wie die ombrotraphenten sind die minerotraphenten Arten (ACKENHEIT: "Euminerobionten", DU RIETZ, 1954: "Minderalbodenwasserzeiger", JENSEN, 1961: "Niedermoorzeigerarten") vertreten (s. Tab. 20). Das Verhältnis der Artenzahlen zwischen diesen beiden Artkategorien erreicht damit ungefähr den gleichen Wert (ca. 1 : 1), wie er sich für die Gesamtheit der nordwestdeutschen Hochmoorflora [1] (ohne Flechten) ergibt (MÜLLER, 1965). Bei Ausklammerung der von MÜLLER miterfaßten Gewässer, Lagge, Rüllen usw., d.h. bei Beschränkung auf die Sphagnion-Vegetation, wie im Untersuchungsgebiet, würde sich das Verhältnis in den nordwestdeutschen Hochmooren jedoch deutlich zugunsten der Ombrominerobionten verschieben; bei Einbeziehung der Flechten, die sämtlich ombrotraphent sind, ist deren Anteil noch weit größer.

Die im Vergleich zu den nordwestdeutschen Hochmooren relativ große Bedeutung, die den Euminerobionten in den Sphagnion-Beständen des Untersuchungsgebietes zukommt, wird noch klarer, wenn man berücksichtigt, daß die Euminerobionten in den Hochmoorbeständen meist nur sporadisch auftreten: In nahezu jedem Bestand der Untersuchungsobjekte sind sie aber mindestens durch eine Art vertreten (meist M o l i n i a , häufig auch B e t u l a ad p u b e s c e n s vergens, P h r a g m i t e s und C a r e x r o s t r a t a).

Insgesamt erreichen sie je nach Gesellschaft (s.u.) einen Gruppenanteil von 20 - 30 %. Hieraus ist mit großer Wahrscheinlichkeit zu schließen, daß es sich bei den Standorten ökologisch nicht um Hochmoorstandorte handelt (s.u.).

Schließlich zeigt sich der besondere Charakter der Sphagnion-Gesellschaften der Untersuchungsobjekte, der aber vielen Heidemooren und verwandten Bildungen eigen ist, in der vergleichsweise sehr hohen Beteiligung der Gehölzarten.

Außer in der Dominanz jeweils einer anderen S p h a g n u m - Art und in der unterschiedlichen Stetigkeit der jeweiligen anderen S p h a g n u m - Arten sind die floristisch-soziologischen Unterschiede zwischen den drei Einheiten nur gering.

Die qualitativen Unterschiede sind kaum nennenswert:

Der Präsenz-Gemeinschaftskoeffizient zwischen allen drei Gesellschaften liegt jeweils um 55 %, ein Wert, der an sich keine Trennung in drei selbständige Einheiten rechtfertigt, wenn nicht dem rein quantitativen Kriterium der Dominanz jeweils unterschiedlicher Arten in diesem Fall der Vorrang einzuräumen wäre.
Allerdings zeigt sich ein gewisser qualitativer Unterschied darin, daß von der S p h a g n u m r e c u r v u m - Gesellschaft über das Sphagnetum papillosi zum Sphagnetum magellanici der prozentuale Anteil der Zahl der Euminerobionten am gesamten Arteninventar abnimmt und entsprechend der der Ombrominerobionten zunimmt (s. Tab. 21).

Der einzige bedeutsame quantitative Unterschied - abgesehen von dem entscheidendsten Unterschied, der Dominanz jeweils einer anderen S p h a g n u m - Art - liegt zwischen dem Sphagnetum magellanici einerseits und den beiden anderen Einheiten andererseits: Das Verhältnis zwischen den systematischen Gruppenwerten der Ombrominerobionten und Euminerobionten fällt im Sphagnetum magellanici fast doppelt so hoch aus wie in den beiden anderen Einheiten (s. Tab. 21).

Hinweise auf diesen Sachverhalt finden sich auch bei MALMER (1968), SCHWICKERATH (1944), J. TÜXEN (1969) sowie WESTHOFF und DEN HELD (1969).

Höchstwahrscheinlich liegt in den relativ nährstoffreichen Standorten der Untersuchungsobjekte - angezeigt durch die überdurchschnittlich große Beteiligung von Euminerobionten - ein Schlüssel für die Erklärung, weshalb sich das Sphagnetum magellanici im Gegensatz zum Sphagnetum papillosi und erst recht zur S p h a g n u m r e c u r v u m - Gesellschaft nur an wenigen Stellen entwickeln konnte (s. Veget.-Prof. Abb. 36 u. 37).

Die differenziertere vergleichende Betrachtung der quantitativen Verhältnisse innerhalb der Ombrominerobionten läßt teilweise markante Unterschiede zwischen den 3 Einheiten offenbar werden (s. Tab. 20), aber auch Gegensätze zu anderen Gebieten oder gar zu den Verhältnissen, die als typisch für Sphagneten im nordwestlichen Mitteleuropa angesehen werden können:

---

1) "Hochmoor" hier im Sinne von "Hochmoorkomplex" im Gegensatz zu "Hochmoorstandort" (ALETSEE, 1967), der ja erst dadurch definiert ist, daß er nur Ombrominerobionten enthält.

Zunächst sei auf das gegenteilige Verhalten von zwei der häufigsten und deckungsstärksten Arten (V a c c i n i u m   o x y c o c c u s   und   E r i c a   t e t r a l i x) innerhalb der Reihe von der   S p h a g n u m   r e c u r v u m - Gesellschaft über das Sphagnetum papillosi bis zum Sphagnetum magellanici aufmerksam gemacht:

> Abnahme, besonders der Stetigkeit, aber auch des Deckungswertes von V a c c i n i u m einerseits, starke Zunahme des Deckungswertes sowie leichter Anstieg der Stetigkeit von E r i c a andererseits. Gleiches Verhalten wie V a c c i n i u m kennzeichnet auch die meisten selteneren OC- und KC-Arten und Euminerobionten, während die Werte von C a l l u n a der Tendenz von E r i c a folgen. Von weiteren wichtigen abbauenden Elementen zeigen E r i o p h o r u m   v a g i n a t u m eine eindeutige Bevorzugung für die S p h a g n u m   r e c u r v u m - Gesellschaft, N a r t h e c i u m für das Sphagnetum papillosi und M o l i n i a (allerdings nur bezüglich des Deckungswertes) für das Sphagnetum magellanici (s. Tab. 20).

Eine Möglichkeit des Vergleiches mit den nordwestdeutschen Hochmooren bieten MÜLLERs (1965) Angaben über die Gruppendeckungswerte der "Arten, die bevorzugt Bulte besiedeln". Für das Sphagnetum magellanici ergeben sich fast gleiche Werte (Untersuchungsobjekte: 4 350, nordwestdeutsche Hochmoore: 4 146), beim Sphagnetum papillosi liegen sie im Untersuchungsgebiet (2 550) beträchtlich höher als in dem verglichenen Raum (1 394). Äußerst extrem ist der Unterschied bei der S p h a g n u m   r e c u r v u m - Gesellschaft (2 700 gegenüber 153). Es zeigt sich hier ganz besonders deutlich, daß die S p h a g n u m   r e c u r v u m - Gesellschaft in den Untersuchungsobjekten nicht lediglich als Initial-Stadium der beiden "echten" Sphagnion-Assoziationen aufzufassen ist; sie stellt vielmehr eine diesen gleichwertige, vollentwickelte und selbständige Einheit dar, die oft schon ziemlich stark dem Abbau durch Zwergsträucher unterworfen ist, ohne daß es zur Entwicklung der potentiellen Folgegesellschaften innerhalb des Sphagnion gekommen wäre. (Einen Hinweis darauf erbrachte ja auch schon die Analyse der floristischen Struktur.)

In diesem Zusammenhang verdienen auch folgende Tatsachen Beachtung:

1) Die in den Untersuchungsobjekten verhältnismäßig selten vorkommende Art A u l a c o mn i u m   p a l u s t r e ist nur in der S p h a g n u m   r e c u r v u m - Gesellschaft stärker vertreten.

2) Die wenigen Vorkommen des syngenetisch vergleichbaren P o l y t r i c h u m   s t r i ct u m bleiben sogar auf diese Gesellschaft beschränkt.

3) Schließlich kommt in der unterschiedlich starken Beteiligung von Gehölzarten (s. Tab. 22) u.a. auch die besondere Stellung der S p h a g n u m   r e c u r v u m - Gesellschaft zum Ausdruck: Dreiviertel aller Aufnahmen der S p h a g n u m   r e c u r v u m - Gesellschaft wie auch des Sphagnetum papillosi, aber nur ein Drittel der des Sphagnetum magellanici enthalten Gehölzarten.

Dabei besteht die stärkste Tendenz zur Bruch- und Moorwaldbildung erstaunlicherweise in der meist als Initialstadium der "Hochmoor"-Gesellschaften angesehenen S p h a g n u m   r ec u r v u m - Gesellschaft (Gruppendeckungswert 2 300), am schwächsten ist diese Tendenz in der typischen "Hochmoor-Gesellschaft", dem Sphagnetum magellanici, ausgeprägt (Gruppendeckungswert 1 600).

> Unter den Arten dominiert M y r i c a bezüglich des Deckungswertes in allen Einheiten bei weitem, insbesondere im Sphagnetum papillosi. Nur in der S p h a g n u m   r ec u r v u m - Gesellschaft erreichen B e t u l a und P i n u s , die oft vergesellschaftet sind, noch nennenswerte Deckungswerte, die - zusammengenommen - nicht mehr sehr wesentlich hinter dem von M y r i c a zurückbleiben.

4.4.1.1.4 Differenzierung und Dynamik

Entsprechend der ersten groben überregionalen Differenzierung des Sphagnetum papillosi und des Sphagnetum magellanici in Gebietsassoziationen bzw. Rassen (J. TÜXEN, 1969) soll noch vor ihrer regionalen Untergliederung ihre Ausbildung im Untersuchungsgebiet als "Erico-Sphagnetum papillosi" bzw. als "Erico-Sphagnetum magellanici" gekennzeichnet werden; der Einfachheit halber wird aber im Text weiterhin der einfache Name verwendet.

> Das Erico-Sphagnetum magellanici ist von anderen Gebietsassoziationen durch die atlan-
> tischen geographischen Differentialarten (SCHWICKERATH: △ atl.) E r i c a , O d o n -
> t o s c h i s m a s p h a g n i , N a r t h e c i u m und S p h a g n u m t e n e l -
> l u m getrennt; sie alle kommen in den Beständen der Untersuchungsobjekte vor
> (s. Tab. 23). Als Differentialarten des Erico-Sphagnetum papillosi nennt J. TÜXEN jedoch
> nur die auch im Sphagnetum papillosi des Untersuchungsgebietes vorkommenden borealen
> Elemente A n d r o m e d a p o l i f o l i a und V a c c i n i u m o x y c o c c u s ,
> was aber sicherlich nur aus westeuropäischer Sicht gerechtfertigt ist (s. z.B. MOORE,
> 1968, SCHWICKERATH, 1940, 1941, 1956 und die skandinavische Literatur).

Die regionale Untergliederung ist vornehmlich an den Differenzierungen innerhalb des Untersuchungsgebietes orientiert; dabei habe ich aber soweit wie möglich überregional gültige
oder zumindest allgemein vergleichbare Lösungen angestrebt (s. Tab. 23 u. Tab. 24).

D i e S u b a s s o z i a t i o n e n : In der Auffassung der Subassoziationen bzw. Un-
ter-Gesellschaften möchte ich mich JENSEN (1961) anschließen und sie im Auftreten bzw. Fehlen von Euminerobionten (= Mineralbodenwasserzeiger, s.o.) begründet wissen: Die für das
ökologische Verständnis und die Zweigliederung der Moore (Niedermoor i.w. Sinne und Hochmoor) so bedeutsame sogenannte "Mineralbodenwasserzeiger-Grenze" (DU RIETZ, 1954) erfährt
somit die ihr gebührende Berücksichtigung im pflanzensoziologischen System, indem ich einer ombrotraphenten (= typischen) eine minerotraphente Subassoziation bzw. -"Untergesellschaft" (bei der S p h a g n u m r e c u r v u m - Gesellschaft) gegenüberstelle.

> Die pflanzensoziologische Nutzanwendung des Begriffs der "Mineralbodenwasserzeiger-
> Grenze" geht also nicht so weit, daß darauf - wie etwa bei DU RIETZ (1954) - eine
> pflanzensoziologische Hauptgliederung in 2 Klassen aufbaut, was auch nach JENSEN (1961,
> 1972) und ALETSEE (1967) nicht vertretbar ist. Die wünschenswerte Kongruenz zwischen
> den ökologischen - und zudem floristisch faßbaren - Moortypen und soziologischen Ty-
> pen höherer Rangordnung ist somit nicht erreichbar. Die Grenze zwischen Hochmoor und
> Niedermoor verläuft nämlich mitten durch die Gesellschaften des Sphagnion: Die durch
> Euminerobionten differenzierte minerotraphente Subassoziation muß zur Vegetation des
> Niedermoors (= "Niedermoor-Subassoziation", JENSEN 1961), und zwar des extrem oligo-
> traphenten Niedermoors ("Extremarmried" DU RIETZ, WALDHEIM, 1944, u.a.) auf oligo-
> minerotrophen Standorten (ALETSEE) gezählt werden. Nur die ombrotraphente Subassozia-
> tion auf ombro-oligotrophen Standorten macht die Hochmoorvegetation aus (= "Hochmoor-
> Subassoziation", JENSEN, 1961).[1]

Wie oben bereits angemerkt, sind nur wenige Bestände in den Untersuchungsobjekten vollkommen frei von Euminerobionten.

Erwartungsgemäß liegt der Anteil der rein ombrotraphenten typischen Subassoziation im
Sphagnetum magellanici relativ am höchsten (ca. 15 % aller Bestände); im Sphagnetum papillosi sind es nur 5 %, während die S p h a g n u m r e c u r v u m - Gesellschaft nur als
minerotraphente "Untergesellschaft" ausgebildet ist.

Von den zahlreichen Euminerobionten kommt als echte Differentialart (d.h. mit > 50 % Stetigkeit) der minerotraphenten Ausbildung (s. Tab. = d: minerotr.) nur M o l i n i a in
Frage, die in über 80 % der minerotraphenten Bestände vertreten ist, meist nur in Form
lockerer Halm- bzw. Blattgruppen (Ausnahme: s. " M o l i n i a - Stadium"). Die minerotraphente Ausbildung ist somit floristisch als M o l i n i a - Subassoziation (bzw.
-"Untergesellschaft") zu bezeichnen.

---

[1] Die Gleichsetzung des Sphagnion mit "Hochmoorvegetation", wie sie sich in der Literatur
oft findet, ist somit nicht gerechtfertigt (s. auch JENSEN, 1972).

Alle anderen Euminerobionten nehmen die Funktion "schwach differenzierender Arten"
(s. Tab. 23 = (d: minerotr.)) ein, die meisten - darunter auch die nach M o l i n i a
stetesten Arten (B e t u l a ad p u b e s c e n s vergens, P h r a g m i t e s,
C a r e x r o s t r a t a u.a.) - differenzieren als syngenetische Differentialarten
(s. Tab. 23 = D) gleichzeitig bestimmte Einheiten niedrigerer Kategorie.

Als Differentialart einer Subassoziation oder Variante wird M o l i n i a nur von
JAHNS (1969: D-Art der "Subass. v. A u l a c o m n i u m "), JENSEN (1961), LEBRUN
und Mitarb. (1949) und SCHWICKERATH (1941) bewertet, aber nur für JENSEN ist damit
auch - wie hier - eine Aussage bezüglich der Trophie verbunden.
Im Gegensatz zu Hochmooren müßte ein ziemlich großer, oft sogar der größte Teil der
Sphagneten in Heidemooren zur minerotraphenten Subassoziation gerechnet werden, die
dann meist ebenfalls als M o l i n i a - Subassoziation zu bezeichnen ist.

Schließlich müssen hier noch einige kritische Anmerkungen über <u>Minerotrophie</u> und <u>Ombro-</u>
<u>trophie</u> in den Sphagneten des Untersuchungsgebietes gemacht werden:

1) Der Charakter mancher Arten als Ombro- bzw. Euminerobionte ist regional verschieden
(s. ALETSEE, 1967: "regionale Hochmoorarten" und "geographische Relativität der Mineralbodenwasserzeiger").

Für das Untersuchungsgebiet ergibt sich keine Möglichkeit, das ökologische Verhalten
der Arten in dieser Beziehung eindeutig zu bestimmen, da es die dazu notwendigen Bezugs-
objekte in Gestalt gewölbter Moore oder Moorteile, für die ein Zufluß von Mineralbodenwasser vollkommen auszuschließen wäre, am gesamten Niederrhein wohl nie gegeben hat;
in den benachbarten Landschaften, wie der wenige Kilometer jenseits der Maas gelegenen
Peel oder dem Münsterland, gibt es nicht mehr.
Die Bewertung der Arten für die belgische Campine, die das dem Untersuchungsobjekt am
nächsten liegende Gebiet darstellt, das von ALETSEE (1967) in seiner Tabelle der (regionalen) Hochmoorarten berücksichtigt wird,[1] ist bezüglich einiger Arten noch sehr
unsicher bzw. fraglich, darunter gerade solcher, die zu den häufigsten im Untersuchungsgebiet zählen (M o l i n i a , B e t u l a ad p u b e s c e n s vergens,
M y r i c a).

Deshalb wurde die eindeutige Charakterisierung der Arten, wie sie ALETSEE für West-Nieder-
sachsen vorgenommen hat, und die auch durch MÜLLERs intensive Studien (1965, 1968) abgeklärt
ist, auch für das Untersuchungsobjekt übernommen.

2) Es ist nicht sicher, ob die Bestände der beiden Subassoziationen im Untersuchungsgebiet tatsächlich ausschließlich ombrotrophe (= Hochmoor-) bzw. (oligo-)minerotrophe
(= Niedermoor-)Standorte [2] besiedeln: Die 3 folgenden Möglichkeiten müssen in Betracht
gezogen werden (s. Tab. 28):

a) Die minerotraphente Subassoziation besiedelt ausschließlich <u>minerotrophe</u> Standorte,
und die Bestände der <u>ombrotraphenten</u> Subassoziation sind tatsächlich an rein <u>ombro-</u>
<u>trophe</u> Standorte [3] gebunden, obwohl sie nur eine geringe Ausdehnung inmitten minero-
traphenter Bestände besitzen und ebensowenig wie alle anderen Bestände nicht über die
maximale Höhe des Kapillarhubs von etwa 50 cm (GRANLUND, 1932) über den Wasserspiegel
des gesamten Untersuchungsgebiets emporgewölbt sind.

In den Fällen, in denen es sich um einzelne Bestände, im Extremfall um einen einzelnen
Bult (s. Tab. 23, Spalte 68) handelt, kann das Fehlen von Euminerobionten natürlich
reiner Zufall sein.
Wenig wahrscheinlich ist es aber z.B. für einen ca. 50 m² großen Bereich (Aufn. Spal-
te 36, 37 A, B) inmitten eines nicht einmal 200 m² umfassenden Heidemoores, das aus
einem ca. 1 m tiefen Heidegewässer in einer hauptsächlich von minerotraphenten Arten
(M o l i n i a und B e t u l a p u b e s c e n s und p e n d u l a) umgebenen
Senke entstanden ist (s. Veget.-Profil Abb. 33).

Hier, aber auch bei anderen, kleineren Beständen - wie den genannten Bulten - könnte es
sich um "hydrographisch nicht selbständige Regenwassermoorflächen und -flecken" (ALETSEE,
1967) handeln, über die nach ALETSEE noch wenig Informationen vorliegen. Er rechnet dazu

---

1) Das Verhalten der Arten im ungefähr gleich weit entfernten Hohen Venn dürfte wohl wegen
der Höhenlage und Morphologie dieser Moore kein Maßstab für das Untersuchungsgebiet sein.

2) Im folgenden kann "-Moor" (in verschiedenen Verbindungen) auch dann im Sinne von "-moor-
<u>Standort</u>"(im Gegensatz zu "-moor-<u>Komplex</u>")verstanden werden, wenn der Zusatz "-Standort"
nicht erscheint.

3) Siehe Fußnote Seite 163

etwa ombrotrophe Bultpartien in Übergangsmooren (= "Mischmoor" im Sinne WEBERs, zit. in POTONIE 1911).

b) Die Bestände der ombrotraphenten Subassoziation könnten aber auch mehr oder weniger stark (oligo-) minerotroph beeinflußte Standorte einnehmen (s. Tab. 28: b), was angesichts der oben gegebenen Charakteristik nahezuliegen scheint. Es wären dann jene Sonderfälle von Mooren, Moorteilen oder -standorten, die trotz Einwirkung minerotrophen Wassers eine rein ombrotraphente Vegetation aufweisen und von ALETSEE als "Pseudoregenwassermoore" ("Pseudo-Hochmoore" verschiedener Autoren) bezeichnet werden.

Er rechnet sie den Zwischenmooren zu und damit einem der "Regenwasser-Grenzbiotope" (s.u.). Sie sind vor allem unter den (sub-)kontinentalen Wald-"Hochmooren" und brandenburgischen "Verlandungshochmooren" anzutreffen, die ja z.T. den Heidemooren des Untersuchungsgebietes in Entstehung und Vegetationsaufbau sehr ähneln (s.u.).

c) Es ist schließlich auch denkbar, daß Bestände der minerotraphenten (M o l i n i a -) Subassoziation vereinzelt ombrotrophe Standorte besiedeln (s. Tab. 28: c), d.h., daß das Auftreten von Euminerobionten ("Mineralbodenwasseranzeiger") nicht in jedem Fall Beweis für das gegenwärtige Vorhandensein von Mineralbodenwasser ist. Sie können nämlich lediglich Standortsrelikte (so besonders C a r e x   r o s t r a t a) darstellen, die sich nicht mehr generativ vermehren, wenn der Standort im Laufe der Verlandung rein ombrotroph geworden ist (s. ACKENHEIL, 1944; ALETSEE, 1967). ALETSEE spricht in solchen Fällen von "Pseudo-Mineralbodenwassermooren", die lediglich einen Sonderfall echter Regenwassermoore darstellen.

Für einige Bestände auf älteren Schwingrasen, besonders aber auf ehemaligen Schwingrasen, könnte das durchaus zutreffen, so daß größere Flächen der aus ehemaligen Schwingrasen aufgebauten Heidemoore bzw. Heidemoorteile (besonders die Zentren) als "Regenwassermoore" (s.o. Fußn. 2) zu bezeichnen wären.

Welche dieser drei Möglichkeiten des Verhältnisses zwischen floristisch-coenologisch und ökologisch definierten Moor(-standorts)-Typen hier in den fraglichen Fällen verwirklicht ist, läßt sich vorläufig auch nicht durch meine hydrologischen Untersuchungen und chemischen Analysen klären.

Mit der Tatsache, daß in einigen Sonderfällen, wie hier und wohl auch in vergleichbaren anderen Gebieten, lediglich die "Nahtstelle" zwischen ombrotraphenter und minerotraphenter Vegetation möglicherweise nicht vollkommen mit der zwischen ombrotrophen und minerotrophen Standorten zusammenfällt, sondern ein Übergangssaum von "Biotopen unsicheren ökologischen Charakters" (ALETSEE, 1967) bestehen bleibt, kann die arbeitshypothetische und -technische Bedeutung der "Mineralbodenwasserzeiger-Grenze" nicht angefochten werden (s. auch ALETSEE).

D i e   V a r i a n t e n : Die bedeutendste Differenzierung innerhalb der Subassoziationen aller 3 Gesellschaften sehe ich im Auftreten entweder von E r i o p h o r u m   v a g i n a - t u m   oder von N a r t h e c i u m   bzw. im Fehlen dieser beiden OC und KC-Arten, die hier also - von ganz wenigen Ausnahmen abgesehen - nicht vergesellschaftet sind. Die entsprechende Dreigliederung in eine E r i o p h o r u m   v a g i n a t u m - Variante, eine N a r - t h e c i u m - Variante und eine typische Variante spiegelt die bedeutsamste ökologische (s. Tab. 23: δ) und oft auch physiognomische Differenzierung wider, die durch Oxycocco-Sphagnetea-Arten (C-,KC-Arten) innerhalb der drei Gesellschaften bedingt wird. Beide Arten neigen zu aspektbestimmender Dominanz ("-Fazies" bzw. "-Konsoziationen"), die bis zur fast vollständigen Verdrängung der Sphagnen fortschreiten kann. Somit stellen die E r i o p h o - r u m   v a g i n a t u m - Variante und die N a r t h e c i u m - Variante bei ihrer großen Flächenausdehnung auch die bedeutendsten primären Abbaustadien (bzw. "-Fazies", s.u.) dar, die überhaupt von Oxycocco-Sphagnetea-Arten gebildet werden (s. Tab. 23: "D: term.").

---

zu S.162:

3) Hier und im folgenden sollen die Begriffe "ombrotropher Standort", "ombrotrophes Moor" oder "Regenwassermoor (-standort)" dem Begriff "Hochmoor(-standort)" vorgezogen werden, da dieser eine morphologische Aussage beinhaltet, die hier nicht zutreffen würde. ALETSEE differenziert in ähnlichem Sinne, allerdings nur bezüglich Moorkomplexen, während er für Moorstandorte beide Begriffe synonym verwendet.

Die Trennung der beiden Arten im Untersuchungsgebiet betrifft - von wenigen Ausnahmen abgesehen - nicht nur die Bestände, sondern auch die einzelnen Untersuchungsobjekte, ja z.T. sogar bestimmte Teilgebiete des Gesamtuntersuchungsgebietes (Abb. 8 u. 10). In Anbetracht dessen, daß sich sowohl das atlantische N a r t h e c i u m o s s i - f r a g u m als auch das nordische E r i o p h o r u m v a g i n a t u m hier im Grenzbereich ihres Areals befinden, ist die Frage berechtigt, ob nicht bestimmte klein-klimatische Faktoren als ein Grund für die standörtliche Trennung der beiden Arten in Frage kommen.

Eine einheitliche, für alle drei Gesellschaften zutreffende Gliederung, wie sie hier vor-geschlagen wird und im übrigen auch für die weitere Untergliederung der Varianten gelingt (s.u.), hat folgende Vorzüge: Einerseits werden die Gemeinsamkeiten deutlich, andererseits bringen die in den drei Gesellschaften unterschiedlichen Anteile der Varianten an der Ge-samtheit der Bestände bzw. der Gesamtflächenausdehnung selbst noch geringe ökologische Un-terschiede zwischen den drei Varianten zum Ausdruck: [1]

Aufgrund der unterschiedlichen Anteile der Varianten an den drei Gesellschaften (s. Tab. 25: senkrechte Spalten), aber auch aufgrund der prozentualen Aufteilung der Varianten auf die Gesellschaften (waagerechte Zeilen) läßt sich eine Reihenfolge abnehmender durchschnitt-licher Hygrophilie von der E r i o p h o r u m v a g i n a t u m - Variante über die typi-sche bis zur N a r t h e c i u m - Variante annehmen.

> In der S p h a g n u m r e c u r v u m - Gesellschaft sind alle drei Varianten etwa gleich häufig, dagegen sind die Bestände des Sphagnetum papillosi und des Sphagnetum magellanici hauptsächlich als N a r t h e c i u m - Variante ausgebildet, und nur die typische Variante ist daneben noch von Bedeutung (s. Tab. 25: senkrechte Spalten).

> Andererseits gehören z.B. ca. 80 % der Bestände mit E r i o p h o r u m v a g i n a - t u m - Vorkommen (= E r i o p h o r u m - Variante) zur S p h a g n u m r e c u r - v u m - Gesellschaft, aber nur ca. 30 % der Bestände mit N a r t h e c i u m - Vorkom-men. Diese (= N a r t h e c i u m - Variante) haben dagegen ihren stärksten Anteil im Sphagnetum papillosi (s. Tab. 25: waagerechte Zeilen).

Dieselbe Reihenfolge der drei Varianten nach ihrer Hygrophilie ist - besonders bei der je-weiligen Betrachtung der analogen Varianten als Gesamtheit - abzuleiten aus:

1) ihrer prozentualen Verteilung auf die 7 oben beschriebenen Standorttypen (s. Tab. 30: waagerechte Reihen) und

2) aus ihrem prozentualen Anteil an der Vegetation dieser Standorttypen (senkrechte Spal-ten):

> Zu 1): Innerhalb der genannten hygrischen Reihenfolge der Varianten ist eine Verlagerung des standörtlichen Schwerpunkts von den ehemaligen Schwingrasen als dem durchschnittlich nassesten Standorttyp (E r i o p h o r u m - Variante) zu trockeneren Standorttypen hin (Schwingrasen: typische Variante, verlandetes Röhricht: N a r t h e c i u m - Variante) festzustellen. Zudem fehlt die E r i o p h o r u m - Variante an den trockeneren Stand-orttypen (außer dem Uferrand) völlig, und umgekehrt ist auf den ehemaligen Schwingrasen kein Bestand der N a r t h e c i u m - Variante zu finden.

> Zu 2): An allen 7 Standorttypen ist jeweils nur eine Variante (auch bei den Gesellschaf-ten im einzelnen) von Bedeutung, d.h. also jeder von ihnen wird ganz überwiegend (zu ca. 70 - 80 %, nur am Uferrand zu ca. 50 %) von jeweils einer der drei Varianten bevorzugt besiedelt, ohne daß die Varianten dort das Maximum ihrer Entfaltung zu haben brauchen: Aus der Reihenfolge bzw. Verteilung der Standorttypen, die jeweils von der gleichen Va-riante deutlich bevorzugt werden (Standorttyp 1: E r i o p h o r u m v a g i n a t u m - Variante; Typen 2, 5, 6: typische Variante; Typen 3, 4, 7: N a r t h e c i u m - Varian-te) ist ebenfalls die abnehmende durchschnittliche Hygrophilie von der E r i o p h o - r u m - bis zur N a r t h e c i u m - Variante abzuleiten.

Gleichzeitig wird jetzt aber auch deutlich, daß in der Ausbildung der 3 Varianten nicht blo-ße Wasserstandsstufen zum Ausdruck kommen (s. Kap. 4.4.1.1.2), sondern daß die hygrischen Unterschiede zwischen den 7 Standorttypen differenzierterer Natur sind. Sicherlich spielen auch unterschiedliche trophische und evtl. kleinklimatische Faktoren für die Ausbildung der 3 Varianten und deren Lokalisation mit eine Rolle. Denn nur so läßt es sich erklären,

---

1) Zur Rechtfertigung solcher Schlüsse s. Kap. 4.3.3.14.

daß z.B. der Standorttyp 2 und gleichzeitig auch der Standorttyp 5 fast ausschließlich von der typischen Variante eingenommen werden, während an den (nach den durchschnittlichen Wasserstandsverhältnissen dazwischen liegenden) Standorttypen 3 und 4 die N a r t h e c i u m - Variante diese Stellung einnimmt. Entscheidender für diese Schlußfolgerung ist wohl noch, daß in keinem Untersuchungsobjekt eine Abfolge der 3 Varianten gegeben ist, auch wenn dies aufgrund der Wasserstandsverhältnisse möglich wäre: Wie oben bereits angeführt, schließen sich E r i o p h o r u m v a g i n a t u m und N a r t h e c i u m in ein und demselben Untersuchungsobjekt weitgehend aus; nur die E r i o p h o r u m - Variante und die typische Variante einerseits und die typische Variante und die N a r t h e c i u m - Variante andererseits treten öfter in räumlichen Kontakt miteinander, wobei sich dann meistens auch die erwartete Abfolge der Wasserstandsverhältnisse beobachten läßt.

Die E r i o p h o r u m v a g i n a t u m - Variante ist nicht nur hinsichtlich des Anteils an den drei Gesellschaften die einseitigste, sondern auch hinsichtlich der Standortwahl: Bestände mit E r i o p h o r u m v a g i n a t u m, die zu ca. 80 % der S p h a g n u m r e c u r v u m - Gesellschaft angehören (s. Tab. 25), haben sich nur an drei Standorttypen entwickelt, mit einem ausgeprägten Schwerpunkt auf den "ehemaligen Schwingrasen" (s. Tab. 30: ca. 60 %). Bei einem Anteil von 90 % der Bestände und sogar einer Gesamtflächenausdehnung von nahezu 100 % (tabellarisch nicht dargestellt) ist die E r i o p h o r u m - Variante an diesem Standort die charakteristische Vegetation schlechthin. [1]

Diese eingeengte soziologische und ökologische Stellung von E r i o p h o r u m v a g i n a t u m - enthaltenden Bestände trifft nicht allgemein zu:

Der Literatur zufolge (s. besonders die Sammeltabellen bei SCHWICKERATH, 1941, und MOORE, 1968) erreicht E r i o p h o r u m v a g i n a t u m in Verbindung mit dominierendem S p h a g n u m m a g e l l a n i c u m insgesamt mindestens die gleiche, in NW-Deutschland sogar eine viel höhere Stetigkeit als in Verbindung mit dominierendem S p h a g n u m r e c u r v u m.
Auch im Sphagnetum papillosi ist die Art im allgemeinen häufiger als im Untersuchungsgebiet.
In beiden Assoziationen findet sie sich bevorzugt in den trockeneren bis trockensten Ausbildungsformen und gehört oft zu den typischen Besiedlern der höchsten und trockensten Bulte (z.B. BARKMANN und WESTHOFF, 1969; JAHNS, 1962, 1969; KRAUSCH, 1968; MÜLLER, 1965, 1968; STAMER, 1967; TÜXEN, 1937, 1958 a u. b, 1962).
Im Gegensatz dazu stehen Angaben, nach denen die Schlenken oder die zwischen Schlenke und Bult stehenden Stadien die hauptsächlichsten Standorte von E r i o p h o r u m v a g i n a t u m darstellen (z.B. FRÜH und SCHRÖTER, 1904; GAMS und RUOFF, 1929; GAUGER und ZIEGENSPECK, 1931; JESCHKE, 1961; JONAS, 1935; KRISAI, 1965; SCHWICKERATH, 1941; ZUMPFE, 1929).
Auch wenn die Art ganz allgemein in den trockeneren Ausbildungsformen des Sphagnetum magellanici insgesamt sogar häufiger vorkommt als in der für das Untersuchungsgebiet typischen Verbindung mit S p h a g n u m r e c u r v u m , so scheint sie gerade in dieser Verbindung, zumindest regional, öfter zu stärkerer Entfaltung, d.h. häufiger zu aspektbestimmender Dominanz zu gelangen als im Sphagnetum magellanici.

Diese Artenkombination, häufig also in Gestalt der E r i o p h o r u m v a g i n a t u m - S p h a g n u m r e c u r v u m - Soziation und oft nur mit wenigen anderen Arten, werten viele Autoren (in Mitteleuropa allein über 20) als selbständige " E r i o p h o r u m v a g i n a t u m - S p h a g n u m r e c u r v u m - Gesellschaft" (OBERDORFER und Mitarb., 1967: "Eriophoro - Sphagnetum recurvi HUECK 1925"). [2]

Im Unterschied zu dieser systematischen Auffassung habe ich diese Bestände zusammen mit den noch häufigeren S p h a g n u m r e c u r v u m - Beständen ohne E r i o p h o r u m v a g i n a t u m zur S p h a g n u m r e c u r v u m - Gesellschaft zusammengeschlossen (s. auch u.: typische Variante).

1) Die physiognomische Prägung der ehemaligen Schwingrasen durch diese Variante wird vor allem dadurch erreicht, daß in ungefähr der Hälfte der Bestände, aber in einem flächenmäßig weit darüber hinausgehenden Anteil der Variante E r i o p h o r u m faziesbildend auftritt (= " E r i o p h o r u m v a g i n a t u m - Fazies", s.u.).

2) s. dagegen aber SUKOPP (1959): " E r i o p h o r u m - Phase des Ledo-Sphagnetum medii".

Dies geschah vor allem wegen der engen syngenetischen Beziehung zwischen den beiden Arten von Beständen, nicht zuletzt aber aus Gründen der Einheitlichkeit und besseren Vergleichbarkeit mit dem Sphagnetum magellanici und Sphagnetum papillosi.

Dennoch wird der relativ großen Eigenständigkeit der durch E r i o p h o r u m   v a g i -
n a t u m gekennzeichneten S p h a g n u m   r e c u r v u m - Bestände Rechnung getragen,
indem sie im Rahmen der tiefgreifenden Differenzierung (bis zu Kategorien unterhalb der
"Ausbildungsform") auf einer möglichst frühen Untergliederungsstufe (Variante) abgetrennt
werden.

Diese Eigenständigkeit besteht im wesentlichen in folgendem:

1) In ihrer besonderen syngenetisch-vegetationsdynamischen Rolle und, in Verbindung damit,
in ihrer besonderen standörtlichen Situation.
2) In ihrem geographischen Verbreitungsschwerpunkt (s.u.).

Zu 1): Das absolute Vorherrschen der E r i o p h o r u m   v a g i n a t u m - Variante
der S p h a g n u m   r e c u r v u m - Gesellschaft auf ehemaligen Schwingrasen steht in
Einklang mit den meisten Angaben aus der Literatur. Sie zeigt auch hier wie in den meisten
anderen Gebieten, aus denen sie beschrieben ist, die gleiche, ganz charakteristische syngenetische Stellung als primäres, allerdings "regressives" Sukzessionsstadium nach der
Schwingrasenverlandung oligotropher Gewässer (s. Sukzess.-Schema Abb. 38).

Der ziemlich plötzliche und räumlich unvermittelte Wechsel von den verschiedenen Vegetationseinheiten der Schwingrasen zur E r i o p h o r u m   v a g i n a t u m - Variante
nach dem Übergang der Schwingrasen in "ehemalige Schwingrasen" geht einher mit dem Auftreten von Wasserstandsschwankungen, denen die ehemaligen Schwingrasen im Gegensatz zu den
Schwingrasen ausgesetzt sind, und die im wesentlichen denen im jeweiligen gesamten übrigen
Untersuchungsobjekt bzw. im Restgewässer folgen. Aus der Koinzidenz beider Ereignisse ist
auf einen kausalen Zusammenhang zu schließen, über den sich bisher noch kein Autor geäußert
hat. Das Auftreten von E r i o p h o r u m   v a g i n a t u m ist sicher keine direkte
Folge der höheren Wasserstände, denn die standörtlichen Möglichkeiten für das Vorkommen
von E r i o p h o r u m   v a g i n a t u m sind hinsichtlich des Wasserstandes innerhalb einer weiten Spanne gegeben (s. auch sein bevorzugtes Vorkommen in trockenen Ausbildungen des Sphagnetum magellanici).

Hat E r i o p h o r u m   v a g i n a t u m nämlich erst einmal Fuß gefaßt, so kann es
sich hohen Wasserständen durch seinen horstförmigen Wuchs entziehen.

> Bei seinem horstförmigen Wuchs hat E r i o p h o r u m im Durchschnitt einen größeren
> Abstand vom mittleren Wasserstand als die meisten Bestände der typischen und der
> N a r t h e c i u m - Variante. Dennoch erscheint die Einstufung der E r i o p h o -
> r u m - Variante als die hygrophilste der 3 Varianten berechtigt; sie bezieht sich näm-
> lich weniger auf das "hygrische Verhalten" dieser einen Differentialart, als vielmehr
> auf das des Gesamtbestandes, insbesondere der S p h a g n u m - Synusie, die entspre-
> chend den periodisch hohen Wasserständen bzw. Überschwemmungen aus S p h a g n u m
> r e c u r v u m (z.T. als fo. fallax) und stellenweise aus S p h a g n u m   c u s -
> p i d a t u m gebildet wird, also insgesamt hygrophileren Charakter zeigt als die äl-
> teren Schwingrasen.

Tiefe Wasserstände dagegen erträgt E r i o p h o r u m aufgrund der guten kapillaren Lei-
tung des Wassers durch die sich nur schwer zersetzenden abgestorbenen Teile am Grunde der
Horste, besonders aber durch die scheidigen Blattbasen.

Der Versuch, die Ursachen für die Ausbildung der E r i o p h o r u m   v a g i n a t u m -
Variante der S p h a g n u m   r e c u r v u m - Gesellschaft aufzuzeigen, und eine Begründung für ihre Charakterisierung als Abbaustadium, d.h. für den "regressiven" Charakter der
Sukzession zu geben, kann zugleich entscheidende Aussagen über die ökologische und typolo-
gische Beurteilung von (Heide-)Mooren, die durch Schwingrasenverlandung entstanden sind,
erbringen; er wird deshalb erst im Zusammenhang mit der Darstellung der Vegetationskomplexe
und ihrer räumlich-zeitlichen Dynamik, also der Sukzession, unternommen (s. Kap. 5).

Zu 2): Die E r i o p h o r u m   v a g i n a t u m - Variante der   S p h a g n u m
r e c u r v u m - Gesellschaft (" E r i o p h o r u m   v a g i n a t u m -
S p h a g n u m   r e c u r v u m - Gesellschaft" der Autoren, s.o.) einerseits und das
Sphagnetum magellanici, besonders aber das Sphagnetum papillosi andererseits schließen
sich teilweise regional weitgehend aus: Die " E r i o p h o r u m   v a g i n a t u m -
S p h a g n u m   r e c u r v u m - Gesellschaft" ist - wie sich aus Punkt 1) leicht ableiten läßt - vornehmlich eine Vegetationseinheit solcher Gebiete, in denen eine Aufwölbung der Sphagneten zu echten Hochmooren mit eigenem Wasserspiegel aus klimatischen Gründen nicht mehr stattfindet, wie z.B. in Brandenburg.

Nach HUECK (1925), der als erster die " E r i o p h o r u m   v a g i n a t u m -
S p h a g n u m   r e c u r v u m -Gesellschaft" beschrieben hat, nimmt sie als die
charakteristischste Gesellschaft der brandenburgischen Moore die Stellung des Sphagnetum magellanici der mehr (sub-)ozeanischen Moore ein. MÜLLER-STOLL und NEUBAUER (1965)
bewerten die Gesellschaft denn auch als "Vikariante" des Sphagnetum magellanici,
SUKOPP (1959) als dessen kontinentale Gebietsassoziation (= "Ledo-Sphagnetum medii"),
allerdings in einer verarmten und durch Vorherrschen von   S p h a g n u m   r e c u r -
v u m   gekennzeichneten brandenburgischen Ausbildung. Über Brandenburg hinaus (s. weiterhin FISCHER, 1960; GROSSER, 1955; HUECK, 1929; KRAUSCH, 1968; LIBBERT, 1933; MÜL-
LER-STOLL und GRUHL 1959; PASSARGE, 1964 b) erstreckt sich das Hauptverbreitungsgebiet der Einheit von Mecklenburg (JESCHKE, 1961, 1963; RABBOW 1925) bis Ungarn (SOÓ,
zit. n. KRAUSCH, 1968) und bis Osteuropa hinein (GAMS und RUOFF, 1929; KLEIST, 1929;
KULCZYNSKI, 1949; KATZ, 1930). DUVIGNEAUD (1949) und JESCHKE (1961) kennzeichnen die
Gesellschaft als den Haupttorfbildner der kontinentalen Hochmoore. Diesen geographischen Schwerpunkt bringen auch OBERDORFER und Mitarb. (1967) in ihrem System zum Ausdruck, indem sie ihr "Eriophoro-Sphagnetum recurvi" dem (sub-)kontinentalen Sphagnion
fusci anschließen.
Aus weiter westlich gelegenen subatlantischen und atlantischen Gebieten ist mir die Gesellschaft als solche durch BUDDE und RUNGE (1940), DUVIGNEAUD (1949), LÖTSCHERT
(1964 a u. b) und STAMER (1967) bekannt, allerdings umfassen das Sphagnetum recurvi
JENSENs (1961) sowie das Sphagnetum magellanici und das Sphagnetum papillosi bei
LEBRUN und Mitarb. (1949), SCHWICKERATH (1944) und TÜXEN (1958 a u. b) auch Bestände,
die dieser Gesellschaft zuzurechnen wären. Nach DUVIGNEAUD (1949) sollen einzelne "Vorposten" bis in die Campine und sogar bis in die Bretagne vorkommen.

Der Schwerpunkt der   E r i o p h o r u m   v a g i n a t u m -   S p h a g n u m   r e c u r -
v u m - Gesellschaft, der auch die Bestände im Untersuchungsgebiet zugeordnet werden können, liegt also eindeutig im subkontinentalen und kontinentalen Raum. Hier findet sie sich
meist - in manchen Gebieten (Brandenburg, Mecklenburg) sogar ausschließlich - in einem
ganz charakteristischen Vegetationskomplex und einer damit verbundenen typischen vegetationsdynamischen Stellung, nämlich auf "ehemaligen Schwingrasen" (= "oligotrophe Verlandungsmoore").
Die Bestände im Untersuchungsgebiet sind neben den von STRIJBOSCH (1976) aus Vennen westlich von Nijmegen beschriebenen wohl die am weitesten nach Westen vorgeschobenen Vorkommen
derartig ökologisch und vegetationsdynamisch charakterisierter Bestände. [1] Das nächste
Vorkommen gibt STAMER (1967) für Oldenburg an.

Die einzigen weiteren Gewässer bzw. Moore des NW-mitteleuropäischen Tieflandes, aus denen ähnliche oder vergleichbare Verhältnisse beschrieben sind - allerdings z.T. wenig
ausgeprägt oder kleinflächig, z.T. auch mit stärkeren Abwandlungen vom typischen Bild
(LÖTSCHERT, 1964 a u. b) - liegen bereits in Gebieten, die sich dem subkontinentalen
Bereich nähern: "Blankes Flat" bei Hannover (TÜXEN, 1958 a), "Bullenkuhle" in der östlichen Lüneburger Heide (TÜXEN, 1958 b) [2] und Salemer Moor und "Schwarze Kuhle" in
SE-Holstein (LÖTSCHERT, 1964 a u. b).

Die typische Variante ist in allen 3 Gesellschaften etwa gleich häufig (s. Tab. 25) und
findet sich an allen 7 Standorttypen, hat jedoch in jeder Gesellschaft einen anderen
standörtlichen Schwerpunkt (s. Tab. 30). Dadurch ist sie insgesamt die ökologisch am weitesten gespannte Variante. Bevorzugt kommt sie auf Schwingrasen vor, für die sie zugleich
die charakteristische Vegetation darstellt, da die an diesem Standort dominierende

---

1) BARKMAN und WESTHOFFs (1969) Erwähnung eines während der Sukzession in holländischen Hei-
detümpeln auftretenden "Eriophoro-Sphagnetum recurvi HUECK 1925" beruht wohl auf einem
Mißverständis, denn die beiden Autoren meinen   E r i o p h o r u m   a n g u s t i -
f o l i u m .

2) Der "Maujahn" (TX. 62) zeigt dagegen mehr den Charakter eines kleinen echten Hochmoores
mit typischer Sphagnetum magellanici-Bultvegetation.

S p h a g n u m   r e c u r v u m -Gesellschaft zu ca. 90 % in Form der typischen Variante
auftritt. Ferner ist sie die charakteristische Ausbildung der seltenen im Litoral und am
Ufersaum auftretenden Sphagneten.

Im Gegensatz zu den S p h a g n u m   r e c u r v u m - Beständen mit E r i o p h o -
r u m   v a g i n a t u m (" E r i o p h o r u m   v a g i n a t u m - S p h a g n u m
r e c u r v u m - Gesellschaft" der Autoren (s.o.)) werden solche, die kein E r i o -
p h o r u m   v a g i n a t u m (und auch kein N a r t h e c i u m) enthalten, von den
meisten Autoren als Initialstadium dem Sphagnetum papillosi oder dem Sphagnetum magellanici zugeordnet (SCHWICKERATH, 1944, 1963; OBERDORFER, 1957; TÜXEN, 1958 a u. b ; LÖT-
SCHERT, 1964; u.a.). Nur wenige Autoren (GROSSER, 1966; HUECK, 1925; JONAS, 1935; MÜLLER,
1965; STAMER, 1967; u.a.) bewerten sie als selbständige Einheit ("Sphagnetum recurvi",
" S p h a g n u m   r e c u r v u m - Gesellschaft", " S p h a g n u m   r e c u r v u m
- E r i o p h o r u m   a n g u s t i f o l i u m - Gesellschaft" oder "-Soziation"
u.ä.) [1]. Lediglich JENSEN (1961), KRAUSCH (1968) und MÜLLER-STOLL und GRUHL (1959) umfassen - wie ich - Bestände mit und ohne E r i o p h o r u m   v a g i n a t u m mit
einer einzigen Gesellschaft; sie trennen sie aber nicht innerhalb der Gesellschaft voneinander ab.

Die N a r t h e c i u m - Variante, die vor allem aufgrund ihrer Häufigkeit und Ausdehnung
im Elmpter Bruch die an Bestandsanzahl und Gesamtflächenausdehnung bedeutendste Variante
darstellt, ist ähnlich wie die E r i o p   h o r u m   v a g i n a t u m - Variante auf einen Standorttyp konzentriert: diesmal handelt es sich um das verlandete Röhricht (s. Tab.
30), dessen Vegetation zu ca. 80 % von dieser Variante geprägt wird (s. Veget.-Profile Abb.
35 u. 36). Auch für die seltenen Standorttypen 4 und 7 ("nasse Geländedellen" im Ericion
und "infraaquatisch entstandene Heidemoore") kann sie als die charakteristische Ausbildungsform gelten. Daneben besiedelt sie aber auch bisweilen die übrigen Standorttypen mit Ausnahme der ehemaligen Schwingrasen.

Trotz ihres Charakters als durchschnittlich trockenste Variante bildet sie nur selten die
höchsten und trockensten Bulte; diese werden viel öfter von der typischen Variante eingenommen, die ja die weiteste Amplitude bezüglich des Wasserstandes aufweist, im Durchschnitt
aber nassere Standorte als die N a r t h e c i u m - Variante besiedelt.

Wie oben bereits betont, ist die hygrische Bewertung der N a r t h e c i u m - Variante als durchschnittlich trockenster Variante - ebenso wie die der E r i o p h o r u m
v a g i n a t u m - Variante als nassester Variante - nur von der Gesamtstruktur der
Bestände, und zwar hauptsächlich von der S p h a g n u m - Synusie her verständlich.

Die Synökologie der N a r t h e c i u m - Variante ist nicht identisch mit der Autökologie von N a r t h e c i u m . Die geringere durchschnittliche Hygrophilie der N a r t h e -
c i u m - Variante gegenüber der E r i o p h o r u m   v a g i n a t u m - Variante besteht
nämlich darin, daß sich die S p h a g n u m - Synusie der N a r t h e c i u m - Variante
in den meisten Beständen höher über den Wasserspiegel erhebt als in der E r i o p h o -
r u m   v a g i n a t u m - Variante. N a r t h e c i u m selbst ist jedoch in bezug auf
Wasserstand stenöker und zwar hygrophiler als es die recht weite Spanne der N a r t h e -
c i u m - Variante erwarten läßt.

Die N a r t h e c i u m - Sprosse entspringen nämlich mehr oder weniger tief unter der
S p h a g n u m - Oberfläche. Dabei liegt die Schicht, in der sich die N a r t h e -
c i u m - Rhizome mit ihrem dichten Wurzelgeflecht im allgemeinen ausbilden, um so tiefer unter der S p h a g n u m - Oberfläche, je höher sich diese über den mittleren Wasserspiegel erhebt. Die Höhe der Rhizome bzw. des Rhizomhorizonts über dem Wasserspiegel
variiert also von Bestand zu Bestand relativ wenig: In den verlandeten Röhrichten, dem
Schwerpunkt des N a r t h e c i u m - Vorkommens, bewegt sich der Wasserspiegel mit nur
unbedeutenden jährlichen Schwankungen in relativ geringem Abstand (von wenigen cm bis
zu ca. 10 cm) unterhalb des Rhizomhorizontes. Ganz allgemein ist die Spanne der Abstände
vom Wasserspiegel, in denen N a r t h e c i u m innerhalb der Untersuchungsobjekte seine Sprosse entfaltet, kleiner als bei E r i o p h o r u m   v a g i n a t u m , das sowohl zum Trockenen als auch zum Nassen hin weiter ausgreift.

---

1) Besonders derartige, durch die Kombination von S p h a g n u m   r e c u r v u m und
   einer höheren Pflanze (meist einer Cyperaceae) definierte Gesellschaften oder Soziationen
   verschiedener Autoren gehören oft zum großen Teil gar nicht dem Sphagnion an, sondern
   den Scheuchzerio-Caricetea (s. " S p h a g n u m   r e c u r v u m - Sozietät").

Mit den erwähnten, ziemlich seltenen Vorkommen von N a r t h e c i u m in hohen trockenen Bulten, in denen sich die Art meist nur noch mit einzelnen, oft rein vegetativ bleibenden Trieben zeigt, ist wohl die Möglichkeit ihrer Ansiedlung, Ausbreitung und Behauptung an eine ihrer Grenzen angelangt: Ihre Rhizome liegen hier zu tief unter der Oberfläche der S p h a g n u m - Synusie, so daß bereits vorhandene Rhizome bzw. ein Rhizomhorizont so hoch von S p h a g n u m überwachsen sind, daß die orthotropen Sprosse nicht mehr die Oberfläche der S p h a g n u m - Synusie erreichen können. Die andere Grenze liegt dort, wo die S p h a g n u m - Oberfläche sich noch nicht genügend hoch über den Wasserspiegel erhoben hat.

Die angeführten Erkenntnisse über das Verhältnis von N a r t h e c i u m zum Wasserstand dienen der Klärung bzw. Erklärung der folgenden beiden Zusammenhänge:

1) SCHUMACHERs (1947) Angabe, daß N a r t h e c i u m große Nässe nicht vertrage und deshalb z.B. nie auf Schwingrasen anzutreffen sei, kann also im wesentlichen bestätigt werden; der kausalen Verknüpfung der beiden Aussagen kann man aber nur mit Einschränkung folgen: Die Nässe der Schwingrasen mag zwar in den meisten Fällen Grund genug sein, um von N a r t h e c i u m gemieden zu werden. Daneben spielen aber offensichtlich auch andere Faktoren eine entscheidende Rolle, denn auch auf älteren trockenen Schwingrasen, die bezüglich ihrer Wasserstandsverhältnisse mit den verlandeten Röhrichten verglichen werden können und auf denen sich z.T. auch das Sphagnetum papillosi ausbilden kann, hat sich N a r t h e c i u m - mit einer besonderen Ausnahme - nirgendwo angesiedelt. Gerade die Verhältnisse in diesem Ausnahmefall könnten als Hinweis darauf gedeutet werden, daß N a r t h e c i u m trotz seines Charakters als Ombrominerobiont an den Standort höhere Ansprüche stellt, als sie auf Schwingrasen verwirklicht sind. [1] Auch ihre starke Konzentration auf die verlandeten Röhrichte könnte diese Vermutung untermauern.

Die Tatsache, daß in den heutigen und ehemaligen Schwingrasen Euminerobionten vorkommen, stände dazu nur in scheinbarem Widerspruch, wenn man berücksichtigt, daß diese Arten in tieferen bis viel tieferen Schichten wurzeln und eventuell nur noch als Relikte zu bewerten sind. Auch aus diesen Überlegungen heraus würde sich dann der mögliche Charakter der älteren Schwingrasen und der ehemaligen Schwingrasen als echte ombrotrophe (= Hochmoor-) Standorte mit minerotraphenten Reliktarten bewahrheiten (s.o.).

2) Die optimale Entfaltung der Art (s. Tab. 20 und Tab. 25) liegt im Sphagnetum papillosi, dessen S p h a g n u m - Synusie unter den 3 hier in Frage kommenden Gesellschaften bezüglich des Wasserstandes eine Mittelstellung einnimmt. Wenn auch der Anteil der N a r t h e c i u m - Variante an der Gesamtzahl der Bestände im Sphagnetum magellanici etwa ebensogroß ist wie im Sphagnetum papillosi (s. Tab. 25: ca. 50 %), so erreicht die Art doch im Sphagnetum papillosi den bei weitem größten Deckungswert (s. Tab. 20). Hier ist mehr als die Hälfte der Bestände der N a r t h e c i u m - Variante als N a r t h e c i u m - Soziation bzw. -Fazies ausgebildet (Artmächtigkeit 3-5), in der S p h a g n u m r e c u r v u m - Gesellschaft ist es weniger als ein Drittel, und im Sphagnetum magellanici kommt es gar nicht zu einer derartigen aspektbestimmenden Dominanz von N a r t h e c i u m.

Solche von N a r t h e c i u m beherrschten Bestände bilden im ehemaligen Röhricht des Elmpter Bruchs einen der markantesten Aspekte der Vegetation. Es handelt sich hier um ein Gebiet, das hinsichtlich Häufigkeit und Ausdehnung solcher N a r t h e c i u m - Bestände innerhalb des nordwestlichen Mitteleuropa wohl nur von wenigen anderen erreicht oder übertroffen wird.

Die Zuordnung dieser Bestände zu SCHWICKERATHs (1941, 1944 a) Narthecietum, zu dem er und nach ihm auch DUVIGNEAUD und VANDEN BERGHEN (1945), LEBRUN und Mitarb. (1949), WOIKE (1958) und MOORE (1968) ("Narthecio-Ericetum") u.a. alle von N a r t h e c i u m geprägten Bestände, also N a r t h e c i u m - Soziationen, rechnen, und das außer von LEBRUN und Mitarb. zum Ericion gestellt wird, halte ich für nicht gerechtfertigt.[2] Denn die meisten der in der mitteleuropäischen Literatur tabellarisch erfaßten Bestände enthalten ebenso wie die hier zur Diskussion stehenden Bestände der Untersuchungsobjekte nur ganz ausnahmsweise einmal eine Ericion-Art [3], aber immer mindestens eine Sphagnion-Art.

---

1) Auch in echten Hochmooren scheint sie sich meist auf quellige, wasserzügige Standorte, z.B. Rüllen, zu beschränken.

2) Die meisten N a r t h e c i u m - Bestände, die im Untersuchungsgebiet außerhalb der Untersuchungsgebiete liegen, gehören allerdings ins Ericion.

3) E r i c a wird hier nicht als Ericion-Art bewertet, sondern als OC-Art der Erico-Sphagnetalia angesehen.

Dementsprechend wird mit Ausnahme des Systems von MOORE (1968) in den neueren Systemen (TÜXEN, 1955; RUNGE, 1969 a; J. TÜXEN, 1969; OBERDORFER und Mitarb. 1967; WESTHOFF und DEN HELD, 1969) kein selbständiges Narthecietum mehr unterschieden. Besonders SCHUMACHER (1947) und WESTHOFF und DEN HELD (1969) fordern eine differenzierte Beurteilung von N a r t h e c i u m - Beständen und betonen ihre Zuordnungsmöglichkeit zu verschiedenen Einheiten, insbesondere den Sphagneten.
Meine Auffassung, diese N a r t h e c i u m - Bestände zusammen mit jenen Sphagnetum-Beständen mit nur geringmächtigen bis spärlichen N a r t h e c i u m - Vorkommen zur N a r t h e c i u m - Variante des jeweiligen Sphagnetum zusammenzufassen, entspricht im Grunde der Auffassung von TÜXEN (1937) und DIERSCHKE (1969) und DIERSSEN (1972), die in diesem Sinne eine N a r t h e c i u m - Subassoziation des Sphagnetum magellanici (einschließlich des Sphagnetum papillosi) aufstellen. Ansonsten werden Bestände mit dominierendem N a r t h e c i u m nur noch von JAHNS (1969) und BRAHE (1969) ausdrücklich den Sphagneten zugeordnet, und zwar als besondere Fazies.

Mit der hier vorgenommenen Ausscheidung einer N a r t h e c i u m - Variante soll - ebenso wie bei der E r i o p h o r u m - Variante - neben ihrer starken Konzentration auf einen Standorttyp und ihrer Kennzeichnung als charakteristischer Ausbildung dieses Standorttyps auch ihre besondere syngenetische Rolle zum Ausdruck gebracht werden (s. Sukzess.-Schema Abb. 39): Das Auftreten von N a r t h e c i u m ist meist das erste Anzeichen des Abbaus der S p h a g n u m - Synusie, der mit der Ausbildung eines fast reinen N a r t h e c i u m - Bestandes (s.o.) enden kann (s. auch Kap. 5).

Der abbauende Charakter von N a r t h e c i u m bzw. der N a r t h e c i u m - Fazies ("Narthecietum") wird besonders in SCHWICKERATHs Arbeiten (1941, 1944 u.a.) betont, und TÜXEN (1937) kennzeichnet seine N a r t h e c i u m - Subassoziation des Sphagnetum magellanici als "Degenerationsphase".

Neben den Sphagneten auf Schwingrasen und ehemaligen Schwingrasen (s. E r i o p h o r u m v a g i n a t u m - Variante) erweisen sich also auch die auf dem nach seiner Flächenausdehnung bedeutendsten Standorttyp, den verlandeten Röhrichten, als sehr instabil: Auch hier findet nämlich ein Abbau statt, der überwiegend bereits jüngere, gut wüchsige Entwicklungsstadien, meist des Sphagnetum papillosi, erfaßt, indem sich die N a r t h e c i u m - Variante und dann - als eigentliches Abbaustadium - deren Fazies einstellt (" N a r t h e c i u m - Abbaufazies" bzw. "-Stadium"; s. auch unten: Stadien). Es zeugt ebenso wie die E r i o p h o r u m - Variante von den für die Entwicklung und Erhaltung von Sphagneten ungünstigen Verhältnissen des Untersuchungsgebietes, die wohl u.a. auch klimatischer Natur sein dürften.

D i e   S u b v a r i a n t e n : Diejenigen Ausbildungen der Sphagneten, die durch das mehr oder weniger dichte Auftreten einer Phragmition-Art eine für Sphagneten recht ungewöhnliche Physiognomie aufweisen, sollen hier als P h r a g m i t e s - Subvariante, S c h o e n o-p l e c t u s   l a c u s t r i s-Subvariante oder S c h o e n o p l e c t u s   t a b e r-n a e m o n t a n i - Subvariante der typischen Subvariante gegenübergestellt werden.
Diese Untergliederung beinhaltet in erster Linie eine syngenetische Aussage über unterschiedliche Ausgangsvegetationen, aus der sich die Sphagnetum-Bestände entwickelt haben.
Die 3 durch Phragmition-Arten differenzierten Subvarianten dürfen im allgemeinen jedoch nicht als eigentliche Initialstadien der Sphagneten aufgefaßt werden (s. Tab. 23: "Diff.:").

Ebensowenig beinhaltet die Untergliederung in die Subvarianten eine allgemeine Aussage über unterschiedliche Hygrophilie, wie sie etwa in dem Sinne erwartet werden könnte, daß die 3 nach den Reliktarten des Phragmition differenzierten Subvarianten zu den nassesten, weil jüngsten Ausbildungen gehören. In ihrem ausschließlichen oder fast ausschließlichen (P h r a g m i t e s - Subvariante) Vorkommen an jeweils einem bestimmten Standorttyp (s. Tab. 31) spiegeln sich lediglich die hygrischen Verhältnisse der Standorte wider, an denen es aufgrund günstiger trophischer Bedingungen primär zur Ansiedlung der Phragmition-Arten bzw. -Bestände kommen konnte, die sich schließlich zu Sphagneten entwickelten. In ihnen halten sich dann die Phragmition-Arten auch noch bis in trockene Ausbildungen hinein.
Eine mit der Differenzierung in die Subvarianten zumindest teilweise einhergehende Differenzierung nach den heutigen Nährstoffverhältnissen liegt nahe, ist aber nicht sicher (s. Tab. 23: "d?"). Die Röhrichtarten, besonders P h r a g m i t e s bis zu 1 m), wurzeln in tieferen Schichten unter dem Wasserspiegel (P h r a g m i t e s bis zu 1 m), wobei die obersten, für die Sphagneten relevanten Wasserschichten möglicherweise keinem Einfluß dieser nährstoffreicheren Schichten mehr unterliegen.

So ist die P h r a g m i t e s - Subvariante, die als einzige der 3 durch Phragmition-
Arten differenzierten Subvarianten sowohl an Bestandszahl als auch an Ausdehnung eine
große Bedeutung erlangt, nicht etwa in der S p h a g n u m - r e c u r v u m - Gesellschaft, sondern im "trockeneren" Sphagnetum papillosi am häufigsten, wo sie ca. 50 % der
Aufnahmen ausmacht. Innerhalb dieser Gesellschaft wie auch innerhalb der Gesamtheit der 3
Sphagnion-Gesellschaften tritt sie fast nur in der durchschnittlich trockensten Variante,
der N a r t h e c i u m - Variante, auf, die zu ca. 70 % als P h r a g m i t e s - Subvariante ausgebildet ist.

> Der Grund dafür liegt lediglich darin, daß die P h r a g m i t e s - Subvariante fast
> auf die verlandeten Röhrichte beschränkt bleibt und dort, wie z.B. im Elmpter Bruch
> (s. Veget.-Prof. Abb. 35 u. 36), die nahezu alleinige Ausbildungsform der Sphagneten
> darstellt (s. Tab. 31): Hier in den ehemaligen Röhrichten hat aber die Entwicklung zum
> größten Teil bereits zum Sphagnetum papillosi geführt, und zwar fast immer schon zu
> dessen N a r t h e c i u m - Variante (s. Sukzess.-Schema Abb. 39).

Die S c h o e n o p l e c t u s l a c u s t r i s - Subvariante kommt ebenfalls lediglich in einigen wenigen Untersuchungsobjekten vor, im Gegensatz zur P h r a g m i t e s -
Subvariante aber nur kleinflächig. Sie bildet die vorläufige Endstufe in der Sukzession jener kleinen schwingenden Bestände des Schoenoplectetum lacustris (s. dort), die inmitten
von S p h a g n u m - Schwingrasen liegen oder zwischen diese und die offene Restwasser-
fläche oder das Ufer eingeschoben sind (s. Veget.-Prof. Abb. 30).

Die bemerkenswerteste Ausbildung der Sphagneten überhaupt ist die Subvariante von
S c h o e n o p l e c t u s t a b e r n a e m o n t a n i des Sphagnetum papillosi, die
sich in einer Ausdehnung von mehreren Ar an den kleinen Bestand des Schoenoplectetum tabernaemontani (s. dort) im Kempkes Ven (Brachter Wald, Abb. 1, Gebiet Nr. 11) anschließt.
Bemerkenswert ist dabei nicht nur das in der Literatur noch nicht beschriebene Vorkommen
von S c h o e n o p l e c t u s t a b e r n a e m o n t a n i innerhalb von Sphagneten,
sondern mehr noch das des borealen S p h a g n u m b a l t i c u m (zur Verbreitung
s. Kap. 3.2.2.2). Dieses dominiert hier sogar teilweise über S p h a g n u m p a p i l -
l o s u m oder andere Sippen, ohne daß ich eine besondere S p h a g n u m b a l t i -
c u m - Gesellschaft aussondern möchte (s. Kap. 4.4.1.1.1).

D i e A u s b i l d u n g s f o r m e n : Als eine weitere für das Verständnis der Syngenese und Ökologie notwendige Differenzierung, die allerdings nur selten physiognomisch
stärker in Erscheinung tritt, erweist sich die Untergliederung in eine C a r e x r o-
s t r a t a - Ausbildungsform, C a r e x l a s i o c a r p a - Ausbildungsform,
R h y n c h o s p o r a - Ausbildungsform, typische Ausbildungsform und die am häufigsten
auftretende C a l l u n a - Ausbildungsform.

Legt man die Hygrophilie zugrunde, die die Differentialarten an ihren optimalen Standorten,
also außerhalb der Oxycocco-Sphagnetea zeigen und ordnet die Formen in der Reihenfolge abnehmender Hygrophilie an (s. Tab. 26), so bestätigt sich in ihren prozentualen Anteilen sowohl an den Gesellschaften einerseits als auch an den Varianten andererseits nochmals die
hier vorgenommene hygrische Charakterisierung dieser Einheiten.
Ebenso findet im Anteil der Formen an der Gesamtvegetation der einzelnen Standorttypen
(s. Tab. 32) im wesentlichen die Reihenfolge der Standorttypen nach ihren mittleren Wasserstandsverhältnissen eine Bestätigung.

In der Differenzierung der 3 ersten, nach Scheuchzerio-Caricetea-Arten differenzierten
Ausbildungsformen kommt neben einer ökologischen Differenzierung (s. Tab. 23: " δ " und
"d") vor allem eine syngenetische Differenzierung - entsprechend der in der Sukzession
vorausgegangenen Gesellschaft - zum Ausdruck. Diese Ausbildungsformen sind demnach als
Initialstadien der Sphagneten zu bewerten (s. Tab. 23: "D: init."):

Die C a r e x   l a s i o c a r p a - Ausbildungsform bildet die Folgevegetation des mesotrophen Caricetum lasiocarpae in den bereits mehrfach erwähnten "Restschlenken" innerhalb des nahezu vollständig verlandeten Röhrichts des Elmpter Bruchs (s. Sukz.-Schema Abb. 39).

Eine syngenetisch ebenso eindeutige Aussage und der Ausdruck eines trophisch ähnlich eng umgrenzten, allerdings deutlich oligotrophen Standortes ist mit der Differenzierung der R h y n c h o s p o r a - Ausbildungsform verbunden: Sie hat sich hauptsächlich im Uferbereich, öfter auch auf Schwingrasen aus Rhynchosporeten entwickelt (s. Sukz.-Schema Abb. 38).

> Die Sphagnetum-Ausbildung mit R h y n c h o s p o r a ist häufig und wird auch von anderen Autoren, allerdings als Subassoziation unterschieden (TÜXEN, 1937, 1958 a, 1962; KRISAI, 1960; GÖRS, 1960; JESCHKE, 1961; JAHNS, 1962; STAMER, 1967; KRAUSCH, 1968; BURRICHTER, 1969 a). Sie wird als Initialphase aufgefaßt, was auch für das Untersuchungsgebiet zutrifft: Hier bleibt sie nahezu auf die typische Variante beschränkt und fehlt in den als Degenerationsphasen anzusehenden Varianten von E r i o p h o r u m und N a r t h e c i u m - von ganz wenigen Beständen der letzteren abgesehen - völlig.

Die C a r e x   r o s t r a t a - Ausbildungsform umfaßt trophisch und syngenetisch ein breiteres Spektrum als die beiden bisher aufgeführten Formen. Diese Form ist nämlich nur zum kleineren Teil als Relikt von C a r e x   r o s t r a t a - Beständen zu deuten. Die wohl häufigste Ausgangsvegetation der C a r e x   r o s t r a t a - Ausbildungsform scheint das Carici canescentis-Agrostidetum zu sein (s. Sukzess. Schema Abb. 38).

Dafür sprechen 2 Tatsachen:

1. Das fast ausschließliche Vorkommen dieser Ausbildungsform auf Schwingrasen und "ehemaligen Schwingrasen" (s. Tab. 32: ca. 90 %). Das Carici canescentis-Agrostidetum als bei weitem häufigste Schwingrasengesellschaft ist die bedeutendste Ausgangsvegetation für die Sphagneten der Schwingrasen und der "ehemaligen Schwingrasen".

2. Unter den Scheuchzerio-Caricetea-Arten ist C a r e x   c a n e s c e n s nach E r i o p h o r u m   a n g u s t i f o l i u m der häufigste Begleiter von C a r e x   r o s t r a t a in der C a r e x   r o s t r a t a - Ausbildungsform.

> Als einzige häufigere, nach C a r e x   r o s t r a t a differenzierte Untereinheit wird in der Literatur die C a r e x   r o s t r a t a - Subassoziation der E r i o p h o r u m   v a g i n a t u m - S p h a g n u m   r e c u r v u m - Gesellschaft aus oligotrophen Verlandungsmooren beschrieben (MÜLLER-STOLL und GRUHL, 1959; FISCHER, 1960; MÜLLER-STOLL und NEUBAUER, 1965; KRAUSCH, 1968), was ja auch dem Schwerpunkt der C a r e x   r o s t r a t a - Form im Untersuchungsgebiet (E r i o p h o r u m   v a g i n a t u m - Variante der S p h a g n u m   r e c u r v u m - Gesellschaft) entspricht (s. Tab. 32). Seltener werden auch innerhalb verschiedener Subassoziationen und verschiedener Gesellschaften Untereinheiten meist niedriger Kategorie wie Varianten u.ä. unterschieden, die z.T. - wie im Untersuchungsgebiet - neben C a r e x   r o s t r a t a durch andere, gemeinsam mit ihr oder statt ihrer vorkommende Carices differenziert werden (JESCHKE, 1961; OBERDORFER, 1958; STAMER, 1967; TÜXEN, 1958 b; J. TÜXEN, 1969).

Als hygrischer und syngenetischer "Gegenpol" zu den Initialformen läßt sich die C a l l u n a - Ausbildungsform im allgemeinen gut gegen diese abgrenzen, auch wenn C a l l u n a (s. Tab. 23: "D: term.") und die Differentialarten dieser 3 Formen einige Male vergesellschaftet vorkommen; die Ansiedlung von C a l l u n a hat dann also schon auf einem noch recht frühen Stadium der Sphagneten eingesetzt, wobei die typische Form übersprungen wird.

> Durch C a l l u n a differenzierte Untereinheiten von Sphagneten werden öfter beschrieben, entweder als Variante (JAHNS, 1969) oder sogar als Subassoziation (SCHWICKERATH, 1941; LEBRUN und Mitarb., 1949; JESCHKE, 1961; PASSARGE, 1964 a). Das " C a l l u n a - E r i o p h o r u m   v a g i n a t u m - Austrocknungs- bzw. -Degenerationsstadium" der entwässerten Hochmoore (JAHNS, 1962, und MÜLLER, 1968) umfaßt dagegen nur einen Teil der durch C a l l u n a differenzierten Bestände.
> Die A u l a c o m n i u m - Subassoziation, die TÜXEN (1937, 1958 b, 1962) und nach ihm andere (JAHNS, 1962; STAMER, 1967; KRAUSCH, 1968) als die am wenigsten hygrophile Subassoziation der typischen und der R h y n c h o s p o r a - Subassoziation gegenüberstellen, umfaßt die C a l l u n a - Ausbildungsform weitgehend; sie reicht aber teilweise weit in den Bereich derjenigen Ausbildungen hinein, die von den Verhältnissen

des Untersuchungsgebietes her als C a r e x r o s t r a t a - Form gleichwertig
neben der R h y n c h o s p o r a - , C a l l u n a - und typischen Form abgetrennt
werden müssen. [1] Teilweise tritt C a l l u n a erst in den trockeneren Ausbildun-
gen dieser A u l c o m n i u m - Subassoziation auf (TÜXEN, 1962; KRAUSCH, 1968;
STAMER, 1967). Auf jeden Fall ist sie insgesamt die wichtigste abbauende Art der
Sphagneten. Sie kann auf einen Übergang entweder zum Genisto-Callunetum hindeuten
("Verheidung") oder zumindest zu Einheiten, die von verschiedenen Autoren (GAMS und
RUOFF, 1929; JONAS, 1935; OSVALD, 1923; RABBOW, 1925; ZUMPFE, 1929) als eigene
" C a l l u n a - S p h a g n u m (m a g e l l a n i c u m) - Gesellschaft" bzw.
"-Soziation" und auch neuerdings von MÜLLER (1965, 1968) als " C a l l u n a - Leber-
moos-Gesellschaft" und " E r i c a - C a l l u n a - Flechten-Gesellschaft" beschrie-
ben werden.

Die syngenetische Bedeutung von C a l l u n a in den Untersuchungsobjekten liegt jedoch
lediglich darin, Anzeiger eines relativ trockenen, späten Entwicklungsstadiums zu sein,
und nicht etwa Pionier eines nachfolgenden Genisto-Callunetum oder einer der oben genannten C a l l u n a - Gesellschaften. Der Abbau der Sphagneten erfolgt nämlich innerhalb der E r i o p h o r u m v a g i n a t u m - Variante und der N a r t h e c i u m -
Variante schon vor der meist späteren Ansiedlung von C a l l u n a oder sogar, ohne daß
es überhaupt zur Besiedlung mit C a l l u n a kommt, wie es bei den meisten Beständen
der E r i o p h o r u m - Variante der Fall ist. Der Abbau ist hier vielmehr bereits
durch das Auftreten von N a r t h e c i u m bzw. E r i o p h o r u m v a g i n a t u m
vorgezeichnet und wird meist auch durch diese in Gestalt der E r i o p h o r u m v a g i -
n a t u m - bzw. N a r t h e c i u m - Fazies besiegelt (s. Sukzess.-Schema Abb. 38 u.39).
Teilweise ist die Entwicklung zu Abbaustadien hin sogar mit einer Zurückdrängung von
C a l l u n a verbunden, etwa beim Übergang eines Schwingrasens zum "ehemaligen Schwingrasen", d.h. also bei der Entstehung der E r i o p h o r u m v a g i n a t u m - Variante bzw. der E r i o p h o r u m - Abbaufazies. Aber auch innerhalb der typischen Variante
erlangt C a l l u n a keinen entscheidenden abbauenden Einfluß.

D i e (A b b a u -) S t a d i e n : Als die hauptsächlichen primären Abbaustadien innerhalb der E r i o p h o r u m v a g i n a t u m - Variante und der N a r t h e c i u m -
Variante wurden oben bereits die Fazies genannt, die jeweils von einer dieser beiden Va-
rianten-Differentialarten gebildet werden (" E r i o p h o r u m v a g i n a t u m - Abbaufazies" bzw. "-Stadium" und "N a r t h e c i u m - Abbaufazies" bzw. "-Stadium").
Da diese Arten, als Sphagnion- bzw. Oxycocco-Sphagnetea-Arten, hier ihr Optimum erreichen,
weisen diese Abbau-Fazies nicht über die jeweilige Gesellschaft hinaus auf die weitere
Sukzession hin.

Mit der Bewertung dieser Fazies als eigene Gesellschaften durch viele Autoren (= "E r i o -
p h o r u m - S p h a g n u m r e c u r v u m - Gesellschaft" bzw. "Narthecietum")
ist zwar zugleich der mit dem Abbau der Sphagneten verbundene Sukzessionsschritt zur ersten Folgegesellschaft beschrieben, aber die Richtung der Sukzession über den Rahmen des
Sphagnion oder gar der Oxycocco-Sphagnetea hinaus ist nicht erkennbar.

Dagegen sind die primären Abbaustadien der typischen Variante (= " M o l i n i a - Stadium", " M y r i c a - Stadium" und " B e t u l a - P i n u s - Stadium"), die in der
E r i o p h o r u m v a g i n a t u m - Variante und der N a r t h e c i u m - Variante
überwiegend erst als sekundäre Abbaustadien auf das E r i o p h o r u m - bzw. N a r t h e -
c i u m - Abbaustadium folgen, Fazies solcher Arten, die ihre optimale Entwicklung und Vitalität erst außerhalb der Oxycocco-Sphagnetea erreichen. Deshalb vermitteln diese Stadien
floristisch-soziologisch zu Gesellschaften außerhalb der Oxycocco-Sphagnetea, stellen darüber hinaus meist auch (M y r i c a - und B e t u l a - P i n u s - Abbaustadien) bereits
den syngenetischen Übergang zu solchen Gesellschaften her.

---

1) Abgesehen davon ist zumindest im Untersuchungsgebiet A u l a c o m n i u m zu sporadisch, um die trockeneren Ausbildungen der Sphagneten zu charakterisieren.

Insgesamt sind zwar die meisten Bestände dieser drei Fazies Abbaustadien tatsächlich vorher vorhandener, gut ausgebildeter Sphagneten, jedoch handelt es sich bei einem großen Teil der M o l i n i a - Fazies und bei einer Reihe von Beständen der M y - r i c a - Fazies lediglich um fragmentarische Ausbildungen von Sphagneten, die sich entweder erst nach oder gleichzeitig mit der faziesartigen Entwicklung von M o l i - n i a bzw. M y r i c a gebildet haben.
Derartige Bestände dieser Fazies nehmen allerdings grundsätzlich die gleiche floristisch-soziologisch vermittelnde Rolle ein und sind bezüglich ihrer syngenetischen Funktion der Ausdruck der gleichen Sukzessionsrichtung wie diejenigen, die ein reales Abbaustadium darstellen. Ist also die Bezeichnung "-Abbaustadium" nicht generell zutreffend, so können alle von der gleichen Art gebildeten Fazies-Bestände doch unter der Bezeichnung "-Stadium" zusammengefaßt werden.

Die Arten, die diese Stadien bilden, gehören zwar - wie E r i o p h o r u m   v a g i n a - t u m   und N a r t h e c i u m   - innerhalb der Sphagneten des Untersuchungsgebietes zu den häufigsten Arten und können z.T. schon in den frühesten Ausbildungen vorhanden sein. Im Unterschied zu E r i o p h o r u m   und N a r t h e c i u m , deren Vorkommen jeweils ungefähr zur Hälfte als Fazies ausgebildet sind, treten sie jedoch - mit Ausnahme von M y r i c a   - nur zum kleinsten Teil faziesbildend auf (s. Tab. 23 u.27).

Das trifft besonders für M o l i n i a   zu, die ja als nährstoffdifferenzierende Differentialart (= d) der minerotraphenten Subassoziation in den weitaus meisten Beständen der drei Gesellschaften vorkommt, meist jedoch nur in Form einzelner Sprosse oder kleiner lockerer Sproßgruppen. Demgegenüber steht das seltene Auftreten als Fazies (Artmächtigkeit 4-5) mit ungefähr jeweils 5 - 10 % sowohl in jeder Gesellschaft als auch in jeder Variante (s. Tab. 27).

B e t u l a   ad p u b e s c e n s   vergens und die seltenere P i n u s , die meist gemeinsam vorkommen und zusammen die recht hohe Stetigkeit von ca. 40 % erreichen, treten gegenüber M o l i n i a   nur wenig häufiger (ca. 1o%) als Fazies (=Stadium) auf.

M y r i c a   dagegen kommt in ca. 20 % der Aufnahmen jeder Gesellschaft faziesbildend vor, mit einem besonders großen Anteil innerhalb der N a r t h e c i u m   - Variante.

Der Gesamtanteil aller Faziesbestände an allen Beständen erreicht immerhin nahezu 40 % bei der " S p h a g n u m   r e c u r v u m   - Gesellschaft" bzw. ca. je 30 % bei den beiden anderen Gesellschaften. Rechnet man diejenigen Bestände der E r i o p h o r u m   v a - g i n a t u m   - und N a r t h e c i u m   - Fazies dazu, die nicht gleichzeitig zu einer dieser 3 Fazies (= Stadien) gehören, so ist der Anteil der Fazies, die ja insgesamt zum weit überwiegenden Teil Abbaustadien darstellen, mit etwa 50 % aller Bestände bemerkenswert hoch.   Das demonstriert nochmals die Instabilität der Sphagneten im Untersuchungsgebiet.

Das M o l i n i a - Stadium, das stellenweise nur aus einzelnen, ziemlich umfangreichen M o l i n i a - Horsten oder -Inseln mit meist nur spärlichem Bewuchs von Sphagnion-Arten bestehen kann, zeigt eine starke standörtliche Konzentration auf den Uferrand (s. Tab. 33: ca. 70 %). [1] Hier ist es Teil des charakteristischen Mosaiks aus M o l i n i a - Horsten und "Pseudoschlenken" in der Uferzone (s. Veget.-Profil Abb. 26), auf das bereits im Zusammenhang mit der zu den Scheuchzerio-Caricetea gehörenden " M o l i n i a - Gesellschaft", die den Hauptanteil an dieser Zone ausmacht, ausführlich eingegangen wurde (s. Kap. 4.3.3.4).
Die Eigenständigkeit dieser M o l i n i a - Fazies der Sphagnion-Gesellschaften gegenüber der " M o l i n i a - Gesellschaft" und dem " M o l i n i a - Bultstadium" des Ericetum zeigt der tabellarische Vergleich (Tab. 34).
Das M o l i n i a - Stadium der Sphagneten hebt sich von den beiden anderen Typen von M o l i n i a - Beständen deutlich durch die relativ hohe Artenzahl und Stetigkeit, besonders aber durch den hohen Gesamtdeckungswert der Sphagnion-Arten ab. Der Gesamtdeckungswert der Scheuchzerio-Caricetea-Arten liegt zwar ungefähr genauso hoch, aber der der gesamten Oxycocco-Sphagnetea als der eigentlichen und einzig berechtigten Vergleichsbasis zu den Scheuchzerio-Caricetea liegt wesentlich höher. [2]

---

1) Die ausgedehnten Sphagneten auf den hauptsächlichsten Standorttypen (verlandetes Röhricht, Schwingrasen und "ehemalige Schwingrasen") sind - mit wenigen kleinflächigen Ausnahmen - nicht als M o l i n i a - Stadium ausgebildet, trotz der großen Stetigkeit von M o l i n i a .

2) Abgesehen davon entfallen ca. 2/3 des Gesamtdeckungswertes der Scheuchzerio-Caricetea auf S p h a g n u m   r e c u r v u m , das ebenso häufig im Sphagnion vorkommt und - wenn überhaupt - nur eine sehr schwache Scheuchzerio-Caricetea-Art ist.

Massenentfaltung von M o l i n i a in Sphagneten wird als M o l i n i a - Fazies (bzw. -Stadium) oder ganz allgemein im Zusammenhang mit Terminalstadien oder -phasen aus anthropogenen, durch Entwässerung, Brand, Mahd usw. gestörten bzw. zerstörten Hochmooren beschrieben (z.B. BURRICHTER, 1969 a; DUVIGNEAUD und VANDEN BERGHEN, 1945; JAHNS, 1962; JENSEN, 1961; LEBRUN und Mitarb., 1949; MÜLLER, 1968; SCHWICKERATH, 1944; SUKOPP, 1959). Den anthropogenen M o l i n i a - Beständen stellen JONAS (1935) und DUVIGNEAUD (1949) eine natürliche Einheit gegenüber (JONAS: "Molinietum sphagnosum"; DUVIGNEAUD: "Sphagnetum-Molinietum"), die von DUVIGNEAUD als Sphagnion-Gesellschaft bewertet wird und z.T. auch mit dem hier zur Diskussion stehenden M o l i n i a - Stadium übereinstimmt.

Einige weitere in der Literatur beschriebene Einheiten mit Dominanz von M o l i n i a gehören nach der in dieser Arbeit vorgenommenen Fassung der Sphagneten vollständig (STAMER, 1967: " M o l i n i a - E r i o p h o r u m v a g i n a t u m - Gesellschaft") oder zum großen Teil (SCHWICKERATH, 1944, und VANDEN BERGHEN, 1947: " M o l i n i a - Stadium" bzw. "-Aspekt" des Narthecietum; SCHUMACHER, 1947: " M o l i n i a - N a r t h e c i u m - Soziation") zum M o l i n i a - Stadium der Sphagneten.

Das M y r i c a - Stadium macht nur einen Teil der M y r i c a - Bestände aus, die im Untersuchungsgebiet lokal (hauptsächlich im Elmpter Bruch und im niederländischen Meinweg-Gebiet) in größerer Ausdehnung vorkommen. Diese liegen zum größeren Teil jedoch nicht in den Untersuchungsobjekten selbst, wenn auch meist in ihrem näheren Umkreis.

M y r i c a - Bestände, die - wie die Art überhaupt - heute zu den Seltenheiten innerhalb der Vegetation bzw. Flora NW-Mitteleuropas gehören, waren früher in den nun verschwundenen Mooren des Untersuchungsgebietes häufig und z.T. sehr ausgedehnt (Literatur s. Kap. 3.1.3). M y r i c a ist neben N a r t h e c i u m , E r i c a und einigen Arten der Littorelletea (s. dort) eines der euatlantischen Elemente, die im Untersuchungsgebiet die SO-Grenze ihres Areals erreichen.

Die Vorkommen des M y r i c a - Stadiums sind stark konzentriert auf das verlandete Röhricht (s. Tab. 33) des Elmpter Bruchs, wo es in Gestalt kleiner, oft nur quadratmetergroßer M y r i c a - Gruppen einen markanten Teil des Vegetationsmosaiks darstellt (s. Veget.-Prof. Abb. 35 u. 36). Es tritt hier zum größten Teil entweder als primäres Abbaustadium der N a r t h e c i u m - Variante, seltener auch der typischen Variante auf, oder erst als sekundäres Abbaustadium, das dann - außer dem genannten M o l i n i a - Stadium - die N a r t h e c i u m - Abbaufazies betrifft (s. Sukz.-Schema Abb. 39). Auch WOIKE (1958) und HILD (1960) beschreiben diese Sukzession.

Wie oben bereits betont, ist ein Teil der Bestände des M y r i c a - Stadiums nicht erst nach der Entwicklung vollausgebildeter Sphagneten entstanden, sondern direkt aus dem verlandeten Röhricht (s. auch M y r i c a - Abbaufazies innerhalb des Cladietum und Phragmitetum) bzw. den Gesellschaften in den "Restschlenken" (s. Caricetum lasiocarpae und C. limosae); dies ändert aber nichts an ihrem Charakter als (meist verarmte) Fazies bzw. Stadium (Abbaustadium) von Sphagneten: Tabelle 36 zeigt das insgesamt deutliche Überwiegen der Oxycocco-Sphagnetea und hier insbesondere der Sphagnion-Arten, wenn sie auch in den dichteren Beständen an Artenzahl und Menge oft nur spärlich vorhanden sind und oft zugunsten von M o l i n i a zurücktreten.

Eine Stellung zu JONAS' (1932 b) Myricetum, das auch von LEBRUN und Mitarb. (1949), DOING (1962), OBERDORFER und Mitarb. (1967), WESTHOFF und DEN HELD (1969) und RUNGE (1969 a) anerkannt wird, kommt meiner Meinung nach nicht in Frage, auch wenn einige Autoren ähnliche Bestände dazu rechnen.

Diese Assoziation sollte auf Bestände mit Alnetea-Arten an relativ nährstoff- und O_2-reichen, meist wechselnassen, z.T. flachmoorartigen Standorten beschränkt bleiben, wo M y r i c a seine optimale Entfaltung hinsichtlich Höhe (bis 2,5 m) und Bestandsdichte erreicht [1] (JONAS, 1932; HILD, 1960; FISCHER, 1967; DIERSCHKE, 1969). Als solche stellt sie eine eindeutige, wenn auch oft nur artenarme Alnetea-Assoziation dar (außer den oben genannten Autoren s. auch SCHWICKERATH, 1933, und TÜXEN, 1937 u. 1955: " M y r i c a - Fazies der S a l i x a u r i t a - F r a n g u l a a l n u s - Assoziation").

[1] Von den erwähnten häufigeren M y r i c a - Beständen im Elmpter Bruch und im holländischen Meinweg an Standorten, die nicht zu den Heidemooren gestellt werden dürfen, gehört ein großer Teil hierher.
Die " M y r i c a - Abbaufazies" des Phragmitetum sowie des Cladietum (s. dort) stellen teilweise den Übergang zum Myricetum her.

Es scheint mir nicht berechtigt, die klare Fassung und den einheitlichen Charakter der Assoziation aufzugeben, indem man die lockeren, kaum über 1 m (z.T. nur 0,5 m) hohen Bestände, die im Bereich der anmoorigen und feuchten Heide (Ericion) mit einigen Oxycocco-Sphagnetea-Arten, vornehmlich E r i c a und N a r t h e c i u m, vorkommen, als E r i c a - Subass. zum Myricetum rechnet (FISCHER, 1967; BURRICHTER, 1969 a; DIERSCHKE, 1969; WESTHOFF und DEN HELD, 1969). Vielmehr muß man M y r i c a - Bestände - ebenso wie M o l i n i a - (s.o.) und N a r t h e c i u m - Bestände (s.o.) - differenzierter sehen: In diesem Sinne trennt auch JONAS (1932 b u. 1935) diese " M y r i c a - reichen Heidemoore" ("Myricetum sphagnosum") deutlich von seinem echten "Myricetum"[1]; ähnlich auch WOIKE (1958) und HILD (1969): "Heidemoorgagelgebüsch" und "Flachmoorgagelgebüsch". DUVIGNEAUD und VANDEN BERGHEN (1945) stellen solche, zu den typischsten Gesellschaften der Campine gehörenden M y r i c a - Gebüsche von nur etwa 50 cm Höhe zum Ericion (wenn auch unter dem Namen "Myricetum"), JACOBS (1958), VANDEN BERGHEN (1947) und DE SMIDT (1966) sogar zum Ericetum (s. auch JONAS, 1935: " M y r i c a - M o l i n i a - N a r t h e c i u m - Soziation"; SCHUMACHER, 1947 und WOIKE, 1958: " M y r i c a - N a r t h e c i u m - Soziation" bzw. "-Gesellschaft").

Bestände, wie sie hier zur Diskussion stehen, ähneln diesen, dem Ericion nahestehenden Einheiten,[2] werden öfter auch dazugerechnet (bzw. zum "Myricetum ericetorum"), zumal sie viel seltener sind. Jedoch sollten sie als eine dritte Form von M y r i c a - Beständen unterschieden werden.[3]

Selbst BURRICHTER (1969 a), der von einem Myricetum im weitesten Sinne (also einschließlich der E r i c a - Subassoziation) ausgeht, beschreibt Bestände einer " M y r i c a - Variante" des Sphagnetum magellanici, die sich - ähnlich wie in den Untersuchungsobjekten - "zwar schlechtwüchsig ..., aber ziemlich dicht zu unterbrochenen Gebüschkomplexen zusammenschließen" können.
Außer BURRICHTER führen auch DUVIGNEAUD (1949), MALMER (1968) und VANDEN BERGHEN (1949) von M y r i c a beherrschte und danach benannte Sphagneten bzw. Untereinheiten dieser auf. DUVIGNEAUD (1949) stellt sogar das gesamte "Myricetum sphagnosum" von JONAS (1935), das BURRICHTER, DIERSCHKE und FISCHER als "Myricetum ericetosum" bezeichnen, unter der Bezeichnung "Sphagneto-Myricetum" zum Sphagnion papillosi.

Die aufgelockerten Bestände werden von einzelnen B e t u l a - Exemplaren mehr oder weniger hoch überragt. Die gleitenden Übergänge zum M y r i c a - reichen Betuletum pubescentis (s.u.) spiegeln den syngenetisch langsam sich vollziehenden Übergang in diese Assoziation wider, wie er auch von den meisten Autoren angenommen wird. Die dichteren M y r i c a - Bestände scheinen dagegen sehr stabil zu sein.

Das B e t u l a - P i n u s - Stadium hat nichts mit diesen Übergangsbeständen zwischen M y r i c a - Stadium und Betuletum pubescentis zu tun. Man könnte sie dagegen als " M y r i c a - B e t u l a - Stadium" kennzeichnen.
Wie das M y r i c a - Stadium in erster Linie das letzte und endgültige Abbaustadium der N a r t h e c i u m - Variante darstellt, so ist es das B e t u l a - P i n u s - Stadium entsprechend für die E r i o p h o r u m v a g i n a t u m - Variante (s. Tab. 33). Es stellt ebenfalls überwiegend ein sekundäres Abbaustadium dar (s. Sukzess.-Schema Abb. 38), da die gesamte E r i o p h o r u m - Variante als primäres Abbaustadium (s.o.) gesehen werden muß.[4]

Die typische Variante kann im Unterschied zu den beiden anderen sowohl als M y r i c a - Stadium als auch - in geringerem Ausmaß - als B e t u l a - P i n u s - Stadium ausgebildet sein, insgesamt jedoch zu einem etwa gleichen Anteil wie die beiden anderen Varianten (s. Tab. 27).

Die beiden Stadien kommen nie im gleichen Untersuchungsobjekt zusammen vor. Für die Bestände der E r i o p h o r u m - und N a r t h e c i u m - Variante erklärt sich das aus der entsprechenden räumlichen Trennung dieser Varianten (s.o.). Somit sind M y r i c a -

---

1) Man beachte den anderen Assoziationsbegriff von JONAS, bei dem "Myricetum" einerseits und "Myricetum sphagnosum" andererseits nicht bloße Subassoziationen einer einzigen Assoziation darstellen.

2) Sie sind außerhalb der Untersuchungsobjekte auch im Untersuchungsgebiet ausgebildet.

3) DIERSCHKEs (1969) Beschreibung der mosaikartigen Durchdringung von Beständen des Myricetum ericetosum, des Ericetum und des Sphagnetum magellanici, die voneinander oft nur schwer zu trennen seien, trifft z.T. auch für das Untersuchungsgebiet zu.

4) Es geht also nicht - wie vor der Bewaldung trockengelegter Hochmoore (s. z.B. MÜLLER, 1968) - das M o l i n i a - Stadium voraus. Das zeugt von der natürlichen, nicht anthropogen bedingten Bewaldungstendenz solcher Heidemoore.

Stadium und B e t u l a - P i n u s - Stadium die innerhalb des Untersuchungsgebietes vikariierenden Gehölz- bzw. Bewaldungsstadien.

Letztlich sind die unterschiedlichen Standorttypen, an denen die einzelnen Stadien vor-kommen, dafür verantwortlich: Im Unterschied zum M y r i c a - Stadium mit seiner star-ken Konzentration auf die verlandeten Röhrichte verteilen sich die Bestände des B e t u - l a - P i n u s - Stadiums zu fast gleichen Teilen und fast ausschließlich auf die bei-den anderen der drei hauptsächlichsten Standorttypen, die "ehemaligen Schwingrasen" und die Schwingrasen (s. Tab. 33, waagerechte Zeile).

Die meisten Bestände der "ehemaligen Schwingrasen" und damit der E r i o p h o r u m - Variante sind zwar - wie im östlichen Hauptverbreitungsgebiet dieser Variante (bzw. der " E r i o p h o r u m   v a g i n a t u m - S p h a g n u m   r e c u r v u m - Gesell-schaft") - mehr oder weniger stark mit B e t u l a   ad   p u b e s c e n s vergens oder (bzw. und) P i n u s   s y l v e s t r i s durchsetzt; aber nur in etwa einem Drittel von ihnen, die jedoch immerhin ungefähr die Hälfte der von ehemaligen Schwingrasen eingenomme-nen Fläche ausmachen, erreichen eine der beiden oder beide Arten zusammen einen Artmäch-tigkeitswert von mindestens 3. Dann ist bereits der physiognomische Eindruck eines Moor-oder Bruchwaldes bzw. -Gebüsches gegeben (s. Veget.-Profil Abb. 31), das hier als " B e t u l a - P i n u s - Stadium" gekennzeichnet wird, wenn auch meistens eine der beiden Arten dominiert. Auf Schwingrasen hat dieses Stadium aber mit einem Anteil von ca. 10 % aller Schwingrasenbestände (im wesentlichen der typischen Variante) eine vergleichs-weise viel geringere Bedeutung (s. Tab. 33).

Die meisten Bestände sind nicht über 4 - 5 m hoch, manche können stellenweise größere Hö-hen (maximal bis etwa 10 - 12 m) erreichen, nur wenige aber in ihrer gesamten Ausdehnung (s. besonders De Hamert, Abb. 1, Nr. 8).

Die dichtesten, teilweise nur schwer zu durchdringenden und im Durchschnitt auch kaum mehr als 5 m hohen Bestände sind fast reine P i n u s - Bestände; sie haben sich nicht auf "ehemaligen Schwingrasen", sondern auf Schwingrasen entwickelt.

> Es handelt sich hierbei allerdings lediglich um zwei Schwingrasen in den Dünentümpeln beim Forsthaus Ritzrode (Abb. 1, Nr. 17), die in ihrem Zentrum über 2 m dick sind und damit die festesten und mächtigsten Schwingrasen innerhalb des Untersuchungsgebietes darstellen und sogar mächtiger sind als die meisten "ehemaligen Schwingrasen".

Die Entstehung des B e t u l a - P i n u s - Stadiums ist also nicht erst von der E r i o p h o r u m - Variante aus möglich, sondern kann bei einer bestimmten Festigkeit und Mächtigkeit der Schwingrasen auch bereits auf diesen erfolgen, so daß also das E r i o p h o r u m   v a g i n a t u m - Stadium übersprungen wird.

> Möglicherweise ist die absolute Dominanz und die große Dichte von P i n u s sogar dadurch erklärlich, daß hier der periodische Anstieg des Wasserspiegels unterbleibt, der für die Entwicklung von P i n u s abträglich ist, sofern er die obersten Torf-schichten betrifft, wie es in den ehemaligen Schwingrasen der Untersuchungsobjekte noch der Fall ist. Erst auf älteren, trockeneren Stadien ehemaliger Schwingrasen, wie sie im Untersuchungsgebiet größtenteils noch nicht erreicht sind, werden die Be-dingungen für P i n u s wieder besser und mit ihr auch für manche andere Art, so daß dann der Übergang zu einer eigenständigen Kiefernmoor-Assoziation möglich ist.

Besonders auf den ehemaligen Schwingrasen handelt es sich bei P i n u s öfter um ziem-lich alte, krüppelige, manchmal auch partiell abgestorbene Exemplare, die meist noch bis nahe über der S p h a g n u m - Oberfläche beastet sind und dort einen Stammdurchmesser von etwa 20 cm erreichen können. Solche Exemplare haben oft große Ähnlichkeit mit der fo. oder var. t u r f o s a ,[1] der typischen Form der östlichen Kiefernbruch- bzw. -moorwälder. Die meisten P i n u s - Individuen sind allerdings jüngere, ziemlich auf-recht wachsende, wenn auch relativ schlechtwüchsige Pflanzen der "Normalform".

---

1) Erst durch einen genauen Vergleich mit echter t u r f o s a könnte die eventuelle Identität mit dieser festgestellt werden.

4.4.1.2. Ericion: Ericetum tetralicis SCHWICK. 33

Bevor der Bewaldungstendenz der Sphagnion-Vegetation bis zur Erreichung tatsächlicher Bruch-
bestände mit Assoziationscharakter weiter nachgegangen wird, muß noch die Ericion-Vegetation
analysiert werden. Erfahrungsgemäß hätte der sachlogische Ansatzpunkt dazu bereits vor der
Auseinandersetzung mit den Baum- und Gebüschstadien der Sphagnion-Gesellschaften liegen
müssen, denn Ericion-Bestände bilden wohl in der Regel das erste Folgestadium vor der Be-
buschung bzw. Bewaldung. Im Untersuchungsgebiet ist das aber bis auf wenige Ausnahmen nicht
der Fall (s. u.).

> Der Abbau der Sphagnion-Bestände geht hier ja entweder direkt oder über das "E r i o -
> p h o r u m - Abbaustadium" oder das "N a r t h e c i u m - Abbaustadium", das nicht
> zum Ericion gezählt werden darf (s. u.), zu den Gehölzstadien und von dort zu den
> Bruchwaldformationen.

Der eigentliche Entfaltungsbereich des Ericion-Verbandes liegt außerhalb der Untersuchungsobjekte, wo er von den relativ trockenen Heideflächen bis in die feuchten grundwassernahen
Geländemulden reicht. Ericion-Vegetation, meist in Form von Ericetum-Beständen, gehört zur
charakteristischen Kontakt- bzw. Saumvegetation der Heidegewässer und -moore und umrahmt
diese häufig in mehr oder weniger breiten Zonen. Von dort dringt sie zuweilen in den Bereich der Heidegewässer und -moore ein; allerdings handelt es sich nur um Bestände des
Ericetum.

> Andere Bestände mit stärkerem E r i c a - Anteil, die innerhalb der Untersuchungsob-
> jekte vorkommen, gehören nicht dem Ericetum an, auch nicht einer anderen Ericion-Ge-
> sellschaft. So sind meiner Auffassung nach auch die N a r t h e c i u m - Bestän-
> de, die sich im Elmpter Bruch großflächig ausgebildet haben, nicht Teil des Ericion
> (="Narthecietum", z.B. bei Schwickerath), sondern des Sphagnion (s. Kap. 4.4.1.1.4.).

P h y s i o g n o m i e , S t a n d o r t , K o n t a k t : Bei den Bereichen, in die das
Ericetum eindringen kann, handelt es sich zum einen um die nassen Senken innerhalb der Formation der "feuchten und anmoorigen Heide", sofern sie als Heidemoorstandorte anzusprechen
sind (zumindest teilweise (s. u.)), und zum anderen um die ökologisch z.T. entsprechenden
äußersten Randsäume der tieferen Senken, die also die größeren, eigentlichen Heidegewässer
und -moore beherbergen. Zum überwiegenden Teil sind aber diese Standorte von anderen Vegetationseinheiten eingenommen, so daß sich fast nur sehr kleinflächige und zudem fragemen-
tarische Bestände finden, und zwar vorzugsweise innerhalb der oft umfangreichen Komplexe
von Sphagnum-Bulten und M o l i n i a - Horsten, die für jene nassen Senken (s. Vegetat.-
Profil Abb. 37) und für den Uferbereich etlicher Untersuchungsobjekte (s. Vegetat.-Profile
Abb. 23, 24, 28) charakteristisch sind. Hier nehmen sie je nach den Wasserstandsverhältnissen zwei verschiedene Standorte ein:

1) Sie können die kleineren Vertiefungen oder größeren "Schlenken" zwischen den Bulten oder
Horsten besiedeln, sofern sie lediglich in nassen Perioden eventuell kurzfristig und seicht
überschwemmt werden.
Die Bulte bzw. Horste gehören dann dem Sphagnion bzw. dem M o l i n i a - Stadium einer
Sphagnion-Gesellschaft (selten auch der M o l i n i a - Gesellschaft, s. dort) an, so daß
sich die Vegetationsverhältnisse - ähnlich wie bei der M o l i n i a - Gesellschaft beschrieben - als ein kleinflächiges Mosaik aus diesen Einheiten interpretieren lassen.

2) In anderen Fällen sind die M o l i n i a - Horste selbst das auffälligste Strukturelement des Bestandes und gleichzeitig Standort für die wenigen anderen Arten der dann vorliegenden sehr extremen Ausbildungsform eines Ericetum (= "M o l i n i a - Bultstadium",
TÜXEN, 1958). Größere Ausdehnung erreichen die Bestände dort, wo M o l i n i a - Horste
zu größeren "Inseln" zusammentreten bzw. "zusammenwachsen". In allen Fällen aber kann die
Gesamtheit der oft nur fleckenartig in das Mosaik der übrigen Vegetation verwobenen Bestände
als ein einziger größerer zerrissener Ericetum-Bestand aufgefaßt werden.

Die mosaikartig mit solchen Ericeten verknüpften Bestände in den Senken bzw. "Schlenken" zwischen den M o l i n i a - Horsten gehören meist den Scheuchzerio-Caricetea-Gesellschaften an.

Nur im Zusammenhang mit diesen Komplexen dringen Ericetum-Bestände etwas tiefer in manche Untersuchungsobjekte ein.

Edaphisch ist der Standort derjenigen Ericetum-Bestände, die zwischen die Bulte bzw. Horste eingelagert sind, durch eine nur 1 - 2 cm dicke Schicht blau- bis grün-schwarzer, schmieriger, vollständig zersetzter dyartiger Torfmudde charakterisiert, die in schwarzen anmoorigen Sand übergeht; darüber kann noch eine dünne Schicht aus S p h a g n u m -, M o l i n i a - oder Seggen- (z.B. E r i o p h o r u m -) Torf oder -Förna liegen. Dementsprechend stellt der größte Teil der zwischen Bulten bzw. Horsten gelegenen Bereiche keine eigentlichen Heidemoorstandorte dar (s.S. 15); sie werden aber wegen ihrer engen Verzahnung mit echten Heidemoorstandorten hier mit einbezogen.

F l o r i s t i s c h e   S t r u k t u r , S y n s y s t e m a t i k   u n d   D i f f e r e n - z i e r u n g : Von wenigen Ausnahmen abgesehen, tritt E r i c a stark dominierend auf (s. Tab. 35). Der Ericion- bzw. Ericetum-Charakter ist zwar nur in den wenigen Fällen unzweifelhaft, in denen die eindeutige C- bzw. VC-Art S p h a g n u m   c o m p a c t u m erscheint; doch ist es gerechtfertigt, die meisten Bestände lediglich aufgrund der Dominanz von E r i c a und der Abwesenheit von Sphagnion-Arten zum Ericetum zu stellen, da E r i c a den Schwerpunkt seines Vorkommens in diesem Verband hat, und die Bestände in verschiedener Hinsicht am ehesten Beziehungen zu eindeutigen Ericetum-Beständen zeigen. In vielen Beständen kommt M o l i n i a als zweite dominierende Art hinzu, oft ist sie sogar aspektbestimmend (s.o.: "M o l i n i a - Bultstadium").

Derartige von M o l i n i a beherrschte Bestände werden außer von TÜXEN auch von verschiedenen anderen Autoren in entsprechender oder ähnlicher Weise ("Bultstadium", "Degenerationsstadium", "Fazies" o.ä.) dem Ericetum oder verwandten Gesellschaften ("E r i c a - M o l i n i a - Gesellschaft" u.ä.) zugeordnet.
Im Unterschied zu den meisten Autoren wird hier aber eine Trennung zwischen diesen M o l i n i a - Fazies des Ericetum, dem M o l i n i a - Stadium der Sphagneten und der M o l i n i a -Gesellschaft gemacht (s. Kap. 4.3.3.4. u. 4.4.1.1.4.).[1] Tabelle 34 dokumentiert die feine Differenzierung zwischen diesen drei Einheiten.

Fast alle anderen Bestände zeigen zwar auch eine starke Beteiligung von M o l i n i a , doch ist hier E r i c a , von wenigen Ausnahmen abgesehen, die einzige dominierende Art.

Selbst einige Bestände, die S p h a g n u m   p a p i l l o s u m enthalten - sonst allerdings keine weiteren Sphagnion-Arten - , sind dem Ericetum anzuschließen, denn gerade hier prägt G y m n o c o l e a   i n f l a t a , das ansonsten im Ericion außerhalb der Untersuchungsobjekte häufig auftritt und von WESTHOFF und DEN HELD (1969) auch als VC-Art eingestuft wird, den Aspekt der Moosschicht.

Diese Bestände sowie einige mit dominierender O d o n t o s c h i s m a   s p h a g n i oder C l a d o p o d i e l l a   f l u i t a n s werden als besondere "Lebermoosfazies" herausgestellt (s. Tab. 35).[2] Sie entspricht der G y m n o c o l e a - Variante bei DE SMIDT (1966) und CLEEF und KERS (1968). In den Untersuchungsobjekten tritt sie jedoch als eine Ausbildungsform sowohl der seltenen typischen als auch der S p h a g n u m - Subassoziation auf, die hier ganz überwiegend vorliegt.

S p h a g n u m   p a p i l l o s u m gehört hier (zusammen mit S p h a g n u m   f i m - b r i a t u m und r e c u r v u m zu den häufigsten Differentialarten der S p h a g - n u m - Subassoziation.

---

1) Nach DIERSSEN (1972) stehen die meisten M o l i n i a - Stadien im Gildehauser Venn dem Erico-Sphagnetum näher als dem Ericion.

2) Diese Lebermoosfazies ist die bevorzugte Ausbildungsform der Assoziation zwischen den Bulten und Horsten.

Auch in den Aufnahmen einiger anderer Autoren (ALTEHAGE, 1960; BURRICHTER, 1969;
DUVIGNEAUD und VANDEN BERGHEN, 1945; RUNGE, 1969a; TÜXEN, 1937; VANDEN BERGHEN, 1947;
WESTHOFF und DEN HELD, 1969; WOIKE, 1958) zählt sie zu den häufigsten Differentialarten
dieser Subassoziation, die von manchen sogar im Sinne eines "-sphagnetosum papillosi"
aufgefaßt wird und auch noch Bestände mit weiteren Sphagnion-Arten umfassen kann.
Die strukturell und räumlich fließenden Übergänge solcher Bestände zu den Sphagneten
werden dabei als Ausdruck entweder einer Entwicklung aus Sphagneten oder zu solchen hin
gedeutet.

In den Untersuchungsobjekten findet aber keine Entwicklung von Sphagneten zum Ericetum bzw.
Ericion statt, auch wenn E r i c a in Sphagnetum-Beständen bisweilen faziesartig die Feldschicht beherrscht. Umgekehrt aber können sich aus dem Ericetum Sphagneten entwickeln, indem Sphagnion-Arten sich entweder auf den Molinia-Bulten festsetzen oder die kleinen Leber-
moosteppiche der nassen Senken erobern.

Allerdings ist anzunehmen, daß manche Bestände des Ericetum aus sphagnumreichen Ausbildungsformen von Scheuchzerio-Caricetea-, seltener auch von Littorelletea-Einheiten hervorgegangen sind: E r i o p h o r u m   a n g u s t i f o l i u m , R h y n c h o s p o r a   a l b a
und   C a r e x   n i g r a   gehören zu den häufigsten Arten, was z.T. aber auch nur dem Kontakt mit diesen Gesellschaften zuzuschreiben ist.

Häufiges Auftreten von E r i o p h o r u m   a n g u s t i f o l i u m   in bestimmten
Ausbildungsformen findet sich auch bei WOIKE (1958), DE SMIDT (1966), KLINGER (1967)
und SCHUMACHER (1932: "Eriophorum angustifolium-Erica-Gesellschaft") und JAHNS (1962).
Die Entwicklung aus dem Rhynchosporetum wird von vielen Autoren angegeben. MENKE (1964)
beschreibt die Entwicklung des Ericetum sphagnetosum aus dem Caricetum rostratae oder
dem Carici canescentis-Agrostidetum.

4.4.1.3. Zusammenfassung (Oxycocco-Sphagnetea)

Die Oxycocco-Sphagnetea bleiben zwar in der Häufigkeit hinter den Scheuchzerio-Caricetea
zurück, übertreffen aber (in Form der Sphagnion-Gesellschaften) in der Flächenausdehnung
alle anderen Vegetationsklassen.

1. Das Sphagnion:

a) Die Gültigkeit eines selbständigen Sphagnetum papillosi neben einem Sphagnetum magellanici,
das in den Untersuchungsobjekten - wie wohl ganz allgemein in Heidemooren und den östlichen oligotrophen Verlandungsmooren - nur sehr selten auftritt, wird floristisch und
ökologisch begründet. Weiterhin werden strukturelle, syngenetische und ökologische Gründe für die Berechtigung einer eigenständigen   S p h a g n u m   r e c u r v u m - Gesellschaft, der häufigsten Sphagnion-Einheit, herausgearbeitet, die hier nicht etwa lediglich als Initial-Stadium der beiden echten Sphagnion-Assoziationen aufzufassen ist.
Vielmehr stellt sie eine diesen gleichwertige, vollentwickelte und selbständige Einheit
dar, die z.B. ganz im Gegensatz zu den Verhältnissen auf nordwestdeutschen Hochmooren
(s. MÜLLER, 1965) ähnliche Deckungswerte der bultbewohnenden Arten zeigt wie das Sphagnetum papillosi und das Sphagnetum magellanici und schon stärker als die beiden Assoziationen dem Abbau durch Gehölzarten unterworfen ist, ohne daß es zur Entwicklung einer
der beiden potentiellen Folgegesellschaften aus dem Sphagnion gekommen ist.

b) Der floristische Charakter aller drei Einheiten ist bestimmt durch ein z.T. sehr star-
kes Auftreten atlantischer Arten wie   E r i c a   und   N a r t h e c i u m , einer vergleichsweise sehr hohen Beteiligung von Gehölzarten (M y r i c a , B e t u l a   ad
p u b e s c e n s   vergens, P i n u s   s y l v e s t r i s), dem Fehlen von Flechten
und insbesondere durch den relativ hohen Anteil an Euminerobionten, bei gleichzeitiger
Anwesenheit der meisten auf mitteleuropäischen Hochmooren vorkommenden Ombrominerobionten.
Eine im Durchschnitt offensichtlich zunehmende Ombrotrophie der Standorte von der
S p h a g n u m   r e c u r v u m - Gesellschaft zum Sphagnetum papillosi, vor allem aber
von diesem zum Sphagnetum magellanici wird durch folgende Fakten belegt:

1) Die in dieser Richtung zu verzeichnende Abnahme des prozentualen Anteils der Euminerobionten am gesamten Arteninventar und ihres Gruppenanteils, bei entsprechender Zunahme des Anteils der Ombrominerobionten.

2) Das im Sphagnetum magellanici gegenüber den beiden anderen Einheiten fast doppelt so hohe Verhältnis zwischen den systematischen Gruppenwerten der Ombrominerobionten und der Euminerobionten.

Höchstwahrscheinlich sind die relativ nährstoffreichen Standorte der Untersuchungsobjekte - angezeigt durch die überdurchschnittlich große Beteiligung von Euminerobionten - einer der Gründe für die außerordentlich große Seltenheit des Sphagnetum magellanici.

c) Die 3 Sphagniongesellschaften finden sich an 7 unterschiedlichen Standorttypen, die - abgesehen von teilweiser trophischer Differenzierung - vornehmlich hygrisch charakterisiert sind und in eine Reihe abnehmender mittlerer Feuchte gebracht werden können. Dabei kommen den "ehemaligen Schwingrasen", den "Schwingrasen" und den "verlandeten Röhrichten" als den bei weitem großflächigsten und - bis auf letztere - auch häufigsten Standorttypen eine besondere Bedeutung zu.

Die Sphagnion-Vegetation der einzelnen Standorttypen zeigt nicht nur hygrisch und trophisch bedingte, z.T. sehr charakteristische strukturelle Unterschiede, sondern auch solche in der Anordnung im Vegetationsmosaik sowie in ihrer Syngenese. Erstere äußern sich darin, daß einerseits die drei Gesellschaften, oft aber in noch stärkerem Maße die Untereinheiten verschiedenster Kategorie, auf jeweils einen oder einige wenige dieser Standorttypen konzentriert oder gar beschränkt sind und daß andererseits die einzelnen Standorttypen jeweils durch bestimmte Untereinheiten der drei Sphagnion-Gesellschaften charakterisiert sind: so ist z.B. für jede der drei genannten Hauptstandorttypen eine andere Variante die charakteristische Ausbildungsform (s.u.).

d) Als bedeutendstes Kriterium der Differenzierung in allen drei Gesellschaften wird - unter Berücksichtigung des Begriffs der "Mineralbodenwasserzeigergrenze" (DU RIETZ) - das Auftreten bzw. Fehlen von Euminerobionten gesehen, worunter in erster Linie M o l i n i a zu nennen ist. Danach zählt nur eine geringe Zahl von Beständen zur ombrotrophen (=typischen) Subassoziation, während fast alle zur minerotrophen (= Molinia-)Subassoziation gehören. Es wird also abgelehnt, die Sphagneten schlechthin mit "Hochmoorvegetation" zu identifizieren. Jedoch werden kritische Überlegungen darüber angestellt, inwiefern in derartigen Grenzfällen, wie sie hier vorliegen, die ombrotraphente Subassoziation tatsächlich ausschließlich rein ombrotrophe (= Hochmoor-)Standorte besiedelt, also tatsächlich als "Hochmoorvegetation" bezeichnet werden darf, und inwiefern umgekehrt die minerotraphente Subassoziation nur solche Standorte einnimmt, die ausschließlich von minerogenem Wasser gespeist werden. Drei Möglichkeiten werden diskutiert, wobei insbesondere die Begriffe "Pseudoregenwassermoor" und "Pseudomineralbodenwassermoor" eine Rolle spielen.

Vorläufig ist letztlich nicht zu entscheiden, ob und in welchem Ausmaß man in den Untersuchungsobjekten von Hochmoorstandorten (im Sinne von ombrogenen Standorten) sprechen darf, zumal wegen der "geographischen Relativität der Mineralbodenwasserzeiger" (ALETSEE) in einigen Fällen keine eindeutige Aussage über den Charakter der Arten als Eumineobionten bzw. Ombrominerobionten gemachten werden kann.

e) Die Dreigliederung der beiden Subassoziationen aller drei Gesellschaften in eine E r i o p h o r u m   v a g i n a t u m - , eine N a r t h e c i u m - und eine typische Variante spiegelt die bedeutsamste ökologische und oft auch physiognomische Differenzierung wider, die durch Oxycocco-Sphagnetea-Arten (C- bis KC-Arten) innerhalb der drei Gesellschaften bedingt wird. Die Einbeziehung von Beständen mit starker Dominanz von E r i o p h o r u m   v a g i n a t u m oder N a r t h e c i u m (= "Narthecietum") oder gar von nahezu reinen Beständen dieser Arten in diese Varianten lediglich als deren Fazies wird begründet.

Aufgrund der unterschiedlichen Anteile der Varianten an den drei Gesellschaften ebenso wie aufgrund der prozentualen Aufteilung der Varianten auf die Gesellschaften (E r i o - p h o r u m   v a g i n a t u m - Variante fast nur in der S p h a g n u m   r e c u r - v u m - Gesellschaft, N a r t h e c i u m - Variante hauptsächlich im Sphagnetum papillo- si, typische Variante in beiden etwa gleich häufig) läßt sich eine Reihenfolge abnehmen- der durchschnittlicher Hygrophilie von der E r i o p h o r u m - über die typische bis zur N a r t h e c i u m - Variante annehmen. Dabei wird aufgezeigt, daß die Synökolo- gie der beiden Varianten nicht identisch ist mit der Autökologie der beiden Differen- tialarten.

Dieselbe Reihenfolge ist abzuleiten aus der prozentualen Verteilung der drei Varianten auf die sieben Standorttypen sowie aus ihrem prozentualen Anteil an der Vegetation die- ser Standorttypen: Jede der drei Varianten hat einen ausgeprägten standörtlichen Schwer- punkt an jeweils einem der drei genannten Hauptstandorttypen: Die E r i o p h o r u m - Variante auf dem durchschnittlich nassesten, den "ehemaligen Schwingrasen", die typi- sche auf den Schwingrasen, die N a r t h e c i u m - Variante im verlandeten Röhricht, das unter diesen dreien den trockensten Standorttyp darstellt.

f) Das absolute Vorherrschen auf ehemaligen Schwingrasen, das die E r i o p h o r u m - Variante, und zwar vornehmlich in Form der E r i o p h o r u m - Fazies (= " E r i o - p h o r u m   v a g i n a t u m   -   S p h a g n u m   r e c u r v u m - Gesellschaft" der Literatur) kennzeichnet, ist Ausdruck ihrer charakteristischen vegetationsdynami- schen Stellung als primäres Sukzessionsstadium nach der Schwingrasenverlandung oligo- tropher Gewässer. Der eindeutige Schwerpunkt der Variante hinsichtlich dieses Standorts und dieser syngenetischen Rolle liegt allerdings im subkontinental-kontinentalen Bereich, wohingegen sie im westlichen Mitteleuropa - zumindest in diesem ökologischen und dynami- schen Zusammenhang - sogar ausgesprochen selten ist.

Es wird ein Erklärungsversuch für das plötzliche und räumlich unvermittelte Auftreten der Variante nach dem Aufhören des Schwingrasenstadiums unternommen: Die für die Ansied- lungs- und Ausbreitungsmöglichkeiten von E r i o p h o r u m   v a g i n a t u m gün- stigsten, ja wahrscheinlich notwendigen Bedingungen sind erst da gegeben, wo die Ent- wicklung und das Höherwachsen von Sphagneten gehemmt oder derart gestört ist, daß die Sphagnen absterben. Dies kann sowohl als Folge von Trockenheit und/oder Beschattung durch Ericaceen geschehen als auch durch hohe Wasserstände bzw. zeitweilige Überflutung, denen Schwingrasen nach ihrem endgültigen Aufsitzen auf dem Boden nun ausgesetzt sein können.

Übereinstimmend mit anderen Autoren wird die E r i o p h o r u m - Variante der S p h a g n u m   r e c u r v u m - Gesellschaft als ein "Hemmungszustand der Hochmoor- entwicklung" oder gar als "regressives" Sukzessionsstadium innerhalb des Sphagnion ge- sehen.

g) Die N a r t h e c i u m - Variante, aufgrund der ausgedehnten Bestände im Elmpter Bruch die flächenmäßig bedeutendste der drei Varianten, stellt - zumindest in ihrer ebenfalls überwiegend faziesartigen Ausbildung - das entsprechende Abbaustadium der Sphagneten (hier überwiegend des Sphagnetum papillosi) in den verlandeten Röhrichten dar, die so- wohl der standörtliche Schwerpunkt dieser Variante sind als auch umgekehrt ganz überwie- gend von dieser Variante besiedelt werden. Neben hygrischen Gründen wird auch ein höhe- res Nährstoffbedürfnis von N a r t h e c i u m als Erklärung für die standörtliche Konzentration der Variante auf diesen Standorttyp diskutiert.

Die bevorzugte Ausbildung der Sphagneten als N a r t h e c i u m - Variante auf dem von der Flächenausdehnung her bedeutendsten Standorttyp zeugt ebenso wie die Beherr- schung der ehemaligen Schwingrasen durch die E r i o p h o r u m - Variante von den für die Entwicklung und Erhaltung von Sphagneten ungünstigen Verhältnissen des Unter- suchungsgebietes, die u.a. sowohl im Groß- als auch im Kleinklima begründet sein dürften.

Lokalklimatische Verhältnisse können wegen des gegensätzlichen chorologischen Gesamt-
verhaltens der beiden Varianten (atlantisch bzw. subkontinental) wohl auch als eine der
Ursachen für ihre räumliche Trennung innerhalb des Untersuchungsgebietes nicht ausgeschlossen werden.

Dabei ist die in Mitteleuropa wohl nur noch selten übertroffene Ausdehnung von Beständen der N a r t h e c i u m - Abbaufazies (= "Narthecietum" z.T., s.o.) im Elmpter Bruch
ebenso bemerkenswert wie das relativ häufige und großflächige Auftreten der E r i o -
p h o r u m v a g i n a t u m - Abbaufazies in anderen Heidemooren des Untersuchungsgebietes.

h) Die im Vorkommen von Röhrichtarten begründete Untergliederung von Subvarianten (neben
einer typischen je nach Gesellschaft und Variante eine P h r a g m i t e s -, eine
S c h o e n o p l e c t u s l a c u s t r i s - und eine S c h o e n o p l e c t u s
t a b e r n a e m o n t a n i - Subvariante) beinhaltet in erster Linie eine syngenetische Aussage über unterschiedliche Ausgangsvegetation der Sphagneten, ohne daß sie allerdings - wegen der "Resistenz" der Röhrichtarten - als Initialstadien angesehen werden.
Eine mit der Differenzierung in die Subvarianten zumindest teilweise einhergehende Differenzierung nach den heutigen Nährstoffverhältnissen liegt nahe, ist aber nicht sicher.
Die an sich schon sehr bemerkenswerte S c h o e n o p l e c t u s t a b e r n a e -
m o n t a n i - Subvariante erhält noch einen besonderen Akzent durch das Vorkommen von
S p h a g n u m b a l t i c u m .

i) Die weiterhin wegen ihrer Bedeutung für das Verständnis der Syngenese und Ökologie der
Sphagneten unterschiedenen Ausbildungsformen (neben einer typischen eine C a r e x
r o s t r a t a -, eine C a r e x l a s i o c a r p a -, eine R h y n c h o s p o -
r a - und eine C a l l u n a - Ausbildungsform) sind hinsichtlich der Zahl ihrer Bestände
wiederum unterschiedlich auf die Gesellschaften und die Untereinheiten höherer Kategorie
- z.T. nur auf bestimmte von ihnen - verteilt. Dies geschieht in einer Weise, die die ökologischen Aussagen über diese Einheiten bestätigt, denn diese Ausbildungsformen sind Ausdruck hygrischer, gleichzeitig aber auch trophischer Differenzierung.
Darüber hinaus spiegelt aber die Differenzierung in die ersten drei, nach Scheuchzerio-
Caricetea-Arten differenzierten Ausbildungsformen vor allem eine syngenetische Differenzierung hinsichtlich der in der Sukzession vorangegangenen Gesellschaft wider, so daß
sie als echte Initialstadien angesehen werden. Dagegen stellt die C a l l u n a - Ausbildungsform ein trockeneres Terminalstadium dar, in dem jedoch die weitere Sukzession
zu einer auf die jeweilige Sphagnion-Gesellschaft folgende Gesellschaft ebensowenig vorgezeichnet ist wie in der E r i o p h o r u m v a g i n a t u m - und der N a r t h e -
c i u m - Abbaufazies als den hauptsächlichsten primären Abbaustadien. Das geschieht
erst mit dem faziesartigen Auftreten von M y r i c a , B e t u l a ad p u b e s -
c e n s vergens und/oder P i n u s .

j) Aufgrund des faziesartigen Auftretens dieser Gehölzarten lassen sich 2 sekundäre Abbau-
stadien (das M y r i c a - und das B e t u l a - P i n u s - Stadium) unterscheiden,
die zusammen mit einer weiteren, deutlich ausgeprägten Abbaufazies (M o l i n i a -
Stadium) ungefähr ein Drittel aller Sphagnion-Bestände bilden. Dies wird als weiteres
Zeichen der Instabilität der Sphagneten im Untersuchungsgebiet gedeutet.
Die Bewertung bestimmter M o l i n i a - Soziationen als M o l i n i a - Fazies bzw.
-Stadium von Sphagneten, das überwiegend als Teil des charakteristischen Mosaiks aus
M o l i n i a - Horsten und "Pseudoschlenken" in der Uferzone (s.o.) in Erscheinung
tritt, erfährt seine Berechtigung sowohl im tabellarischen Vergleich mit der M o l i -
n i a - Gesellschaft (s.o.) und dem auch in der Literatur oft beschriebenen "M o l i -
n i a - Bultstadium" des Ericetum als auch aufgrund der vegetationsdynamischen Verhältnisse.

Das M y r i c a - Stadium, das lediglich einen Teil der heute nur noch lokal und außerhalb der Untersuchungsobjekte in größerer Ausdehnung auftretenden M y r i c a - Gebüsche des Untersuchungsgebietes ausmacht, kommt fast nur auf den verlandeten Röhrichten des Elmpter Bruchs vor, wo es das charakteristische Abbaustadium der N a r t h e c i - u m - Variante - z.T. erst als sekundäres Abbaustadium der " N a r t h e c i u m - Abbaufazies" - darstellt. Die von vielen Autoren vorgenommene Zuordnung ähnlicher Bestände niedrigwüchsiger M y r i c a zum "Myricetum" wird abgelehnt, da diese Assoziation auf ihren Alnetea-Bereich beschränkt bleiben sollte. Auch die Beziehungen zu den öfter beschriebenen M y r i c a - Gebüschen des Ericion sind nicht eng genug, so daß die hier zur Diskussion stehenden Bestände als dritte Form von M y r i c a - Beständen gewertet werden.

Das B e t u l a - P i n u s - Stadium ist das "vikariierende" Gehölzstadium an den beiden anderen Hauptstandorttypen der Sphagneten des Untersuchungsgebietes, nämlich auf den Schwingrasen, wo es allerdings nur auf den ältesten und mächtigsten ausgebildet ist, und auf den "ehemaligen Schwingrasen"; von deren Gesamtfläche hat ca. die Hälfte dieses Stadium in Form von teilweise schon ziemlich dichten, bis über 10 m hohen, von einer der beiden Arten beherrschten Beständen erreicht. Das B e t u l a - P i n u s - Stadium, das im Gegensatz zu entwässerten nw-deutschen Hochmooren ein natürliches Stadium darstellt, ist das letzte Abbaustadium der E r i o p h o r u m v a g i n a t u m - Variante (daneben auch eines Teils der typischen Variante). Die bereits in der Ausbildung der E r i o p h o r u m v a g i n a t u m - Fazies als primäres Abbaustadium sich offenbarende Hemmung des Sphagnumwachstums über das Niveau des Wasserspiegels hinaus findet jetzt ihre Vollendung.

Es werden bemerkenswerte Gemeinsamkeiten hinsichtlich Struktur, Dynamik und Standort solcher Bestände mit den Verhältnissen in subkontinentalen "oligotrophen Verlandungsmooren" (insbesondere in Brandenburg) aufgezeigt, in denen Birken- und Kiefernbrücher als natürliche Schlußgesellschaft der " E r i o p h o r u m v a g i n a t u m - S p h a g n u m r e c u r v u m - Gesellschaft" auf ehemaligen Schwingrasen auftreten, wogegen solche in Heidemooren NW-Mitteleuropas nur selten und dann vor allem auch nicht in einer derartigen Dichte, Höhe und Ausdehnung vertreten sind. Außerdem weisen manche P i n u s - Exemplare große Ähnlichkeit mit der fo. t u r f o s a auf, der typischen Form der östlichen Kiefernbruch- und -moorwälder.

All dies bestätigt erneut den relativ stark boreal-kontinental getönten Charakter der Untersuchungsobjekte.

2. Von der Ericion-Vegetation dringt nur das Ericetum aus seinem eigentlichen Hauptentfaltungsbereich in der Umgebung der Heidegewässer und -moore öfter randlich in diese ein, allerdings fast ausschließlich auf M o l i n i a - Horsten, die ähnlich wie S p h a g - n u m - Bulte und oft zusammen mit diesen für nasse Heidesenken und die äußeren Säume von Heidegewässern eine charakteristische Erscheinung darstellen. Diese beherrschen den Aspekt der Vegetation meist deutlich, sind aber als Strukturelement einer sehr artenarmen Ausbildungsform (" M o l i n i a - Bultstadium") des Ericetum zu sehen, die zwei bereits oben diskutierten, von M o l i n i a beherrschten Einheiten gegenübergestellt wird. (" M o l i n i a - Gesellschaft" und " M o l i n i a - Stadium" von Sphagnion-Gesellschaften).

Jene kleinen, mosaikartig zwischen die M o l i n i a - Horste oder S p h a g n u m - Bulte eingestreuten Bestände können - bei trockenerer Gesamtsituation - ebenfalls dem Ericetum angehören (meist in Form einer besonderen Lebermoosfazies), besiedeln aber größtenteils keine echten Heidemoorstandorte und sind demzufolge eigentlich nicht Bestandteil der Heidemoorvegetation.

Die Gesellschaft tritt in den Untersuchungsobjekten als abbauende Folgevegetation von Sphagnion-Gesellschaften nicht in Erscheinung, wenngleich die meisten Bestände zur

S p h a g n u m - Subassoziation gehören, zum großen Teil mit S p h a g n u m   p a p i l -
l o s u m , allerdings ohne weitere Sphagnion-Arten. Andererseits stehen Bestände an anderen Standorten mit starkem E r i c a - Anteil oder gar faziesartigem Auftreten dieser
Art dem Sphagnion meist näher als dem Ericion. So werden N a r t h e c i u m - Bestände
nicht als eigenständige Assoziationen des Ericion ("Narthecietum") aufgefaßt, sondern -
soweit sie Teil der Untersuchungsobjekte sind - den Sphagnion-Gesellschaften angeschlossen.

4.4.2. Vaccinio-Piceetea und Alnetea

Diese beiden Klassen umfassen vordergründig u.a. die Formation der Moorgebüsche, Brüche und
Moorwälder. Zu dieser Formation zählen eigentlich aber auch schon die mehr oder weniger
dichten Bestände aus M y r i c a , B e t u l a   p u b e s c e n s und P i n u s , die
bereits im Zusammenhang mit der Sphagnion-Vegetation besprochen wurden, so daß der größte
Teil der dieser Formation angehörenden Bestände der Heidegewässer und -moore bereits abge-
handelt ist: Ihre synsystematische Fassung als Abbaustadium der Sphagneten allein aufgrund
ihrer floristisch-soziologischen Struktur entspricht konsequenter Beachtung der Prinzipien
der BRAUN-BLANQUET'schen Schule; denn im Verständnis eines Formationssystems hat der Übergang in eine andere Formation bereits stattgefunden.

> Aber außer diesen Sphagnion-Stadien bleibt im folgenden auch der gesamte große Bereich
> der Erlen- und Birkenbrüche in der Schwalmaue des Elmpter Bruchs ausgeklammert, da er
> von vornherein definitionsgemäß nicht zu den Untersuchungsobjekten zu zählen ist
> (s.S. 15); ähnliches gilt für das Meinweg-Gebiet und die Brunssumsche Heide.

4.4.2.1. Betuletum pubescentis (Hueck 1929) Tx. 37

Nur auf den ehemaligen Röhrichten des Elmpter Bruchs ist die Sukzession bis zum Bruchwald,
der nicht mehr den Oxycocco-Sphagnetea angehört, in Gestalt des Betuletum pubescentis fortgeschritten (s. Sukzessionsschema Abb. 39): Es säumt hier an manchen Stellen als unterbro-
chener Streifen den Rand der offenen Moorfläche und durchsetzt deren charakteristisches
Vegetationsmosaik (s. Veget.-Profil Abb. 36) fleckenhaft als meist nur wenige Ar große Bestände. Von Westen greifen jedoch große, mehrere Hektar umfassende Bestände auf das Moor
über. Von dort aus wird wohl auch die weitere Eroberung der offenen Moorfläche fortschreiten.

> Im Laufe der letzten 10 bis 15 Jahre wurde zweimal versucht, diese Entwicklung aufzu-
> halten bzw. rückgängig zu machen, und zwar sowohl durch Fällen von B e t u l a an
> einzelnen Stellen, insbesondere am Moorrand, als auch durch Aufstau des Abflusses aus
> dem Bereich der alten Schwalmaue in die begradigte Schwalm. Diese Maßnahme führt aber
> lediglich zum Aufstau im Bereich der Schwalmaue und damit zur wohl nicht erwünschten
> Zerstörung der Alneten. Eine zumindest zeitweilige Verhinderung allzu schnellen Auf-
> kommens des Betuletum pubescentis kann jedoch meiner Auffassung nach nur durch Zuschüt-
> ten der Gräben erreicht werden, die von der Niederterrasse (mit dem Heidemoor) in diese
> Schwalmaue führt und trotz weitgehender Verlandung noch einen merklichen Wasserentzug
> des Moores bewirken.

Es ist zunächst noch fraglich, inwieweit diese geschlossenen Betuletum-Bestände im Westen
in ihrer ganzen Fläche aus Sphagneten oder ihren fragmentarischen, nicht zur vollen Entfaltung gekommenen Stadien (z.B. M o l i n i a oder M y r i c a - Stadien) entstanden
sind oder Ausdruck der direkten Verlandung der Phragmiteten und Cladieten sind und somit
eigentlich keine Heidemoore darstellen würden.
Demgegenüber ergaben Torfbohrungen in einigen der kleinen Bestände, die insel- oder mosaikartig in die im übrigen noch offene Moorfläche mit ihrer Sphagnion-Vegetation (meist
M y r i c a - Stadium) eingestreut sind, in den meisten Fällen eine berechtigte Zuordnung
zu Heidemoorstandorten. Die entsprechende Zugehörigkeit ihrer Vegetation zur Heidemoorvegetation zeigt sich in der deutlich größeren Beteiligung von Oxycocco-Sphagnetea-Arten
als im Vergleich zu den obengenannten größeren randlichen Birkenbruch-Beständen mit
"zweifelhaftem" Heidemoorcharakter: Der Gruppen-Stetigkeitswert der Oxycocco-Sphagnetea-

Arten beträgt zwar noch V (s. Tab. 36), aber ihr Gesamtdeckungswert (1000, wenn S p h . r e c u r v. unberücksichtigt bleibt) und die Artenzahl aus dieser Klasse (6) bleiben doch relativ unbedeutend, so daß die Beziehung zu den Oxycocco-Sphagnetea doch nur noch gering ist; somit tritt auch die Berechtigung für die Trennung zwischen den Gehölzstadien der Sphagnion-Vegetation und dem Betuletum pubescentis deutlich zutage.

Die enorm starke Beteiligung von M y r i c a läßt die Entwicklung aus M y r i c a - Gebüschen, hier dem M y r i c a - Stadium der Sphagnion-Gesellschaften, erkennbar werden: Die im Vergleich dazu größere Höhe der M y r i c a - Büsche und ihr höherer Deckungswert innerhalb der Betuletum-Bestände sind wohl als Ausdruck des höheren Alters dieser Bestände zu verstehen.

F r a n g u l a a l n u s gehört zu den häufigeren und deckungsstärksten Begleitern, deutet aber auf der Heidemoorfläche nirgends eine Übergangssituation zum Frangulo-Salicetum an, wie es im eutrophen Schwalmauen-Teil des Elmpter Bruchs häufiger der Fall zu sein scheint.

Dieser hier zutage tretende Unterschied ist dazu angetan, den Charakter, d.h. die ökologische, syngenetische und chorologische Stellung des Betuletum pubescentis transparent werden zu lassen: Sie ist eine boreo-atlantische Assoziation auf oligotrophen Moorstandorten, die im subatlantischen Bereich das Ledo-Pinetum und verwandte Assoziationen als Bewaldungsstadium von Hochmooren vertritt und in seinem Kerngebiet Vaccinium-Arten enthält; deshalb wird sie von den meisten Autoren (OBERDORFER u. Mitarb., 1967; RUNGE, 1969; WESTHOFF u. DEN HELD, 1969) zu den Vaccinio-Piceetea gestellt (bei OBERDORFER u. Mitarb. sogar als Vaccinio-Betuletum).

Das Untersuchungsgebiet liegt schon in der Nähe des südwestlichen Grenzbereichs ihres Areals; deshalb kann man auch nur Fragmente der Assoziation erwarten.

Die im Gegensatz zu diesen Heidemoorbeständen stehenden Bestände von B e t u l a p u b e s c e n s im Schwalmauen-Bereich finden sich häufig in Kontakt mit Frangulo-Salicetum-Beständen, so daß sich Übergangsformen herausgebildet haben. Derartige Bestände, die von manchen Autoren ebenfalls als Betuletum pubescentis identifiziert werden, sind von denen auf Heidemoorstandorten zu unterscheiden: Oxycocco-Sphagnetea-Arten und Scheuchzerio-Caricetea-Arten sind (noch) seltener oder fehlen ganz, Phragmitetea- und Alnetea-Arten treten vermehrt oder verstärkt in Erscheinung.

LEBRUN u. Mitarb. (1949) haben erstmals diese Unterscheidung durch die Gegenüberstellung einer Association à B e t u l a p u b e s c e n s und dem Betuletum pubescentis mit V a c c i n i u m u l i g i n o s u m und L y c o p o d i u m a n n o t i n u m vorgenommen. Das später von SOO (1955) und GÖRS (1961) aufgestellte Salici-Betuletum-pubescentis wird von OBERDORFER und Mitarb. zwar übernommen, aber im Sinne eines "Frangulo-Salicetum betuletosum" interpretiert.

Zweifellos hat das Betuletum pubescentis durch diese Differenzierung jene klare, oben bereits skizzierte Charakterisierung erfahren.

Die relativ geringen Stetigkeits- und Deckungswerte der Oxycocco-Sphagnetea-Arten und das relativ starke Auftreten von Phragmitetea- und Alnetea-Arten in den hier zum Betuletum pubescentis gerechneten Beständen der Heidemoorbereiche des Elmpter Bruchs relativieren diese anscheinend so klare Trennung allerdings wieder. Bei Berücksichtigung der geringen Vitalität z.B. von P h r a g m i t e s , die u.a. durch ihre große Artmächtigkeit und Stetigkeit das Bild "verfälscht", gewinnt die Zuordnung jedoch wieder an Eindeutigkeit.

4.4.2.2. Frangulo-Salicetum_cinereae_Malc._29

Im Gegensatz zum Betuletum pubescentis, das am Niederrhein ebenso wie in den gesamten Niederlanden und in NW-Deutschland nur noch sehr selten ist, stellt das Frangulo-Salicetum
in den Flußniederungen und von den kleinsten Tümpeln bis zu den größten Weihern und Seen
eine häufige Erscheinung dar (s. z.B. HILD, 1956,59 u.a.).
Gemäß seiner meso- bis eutrophen Ausrichtung gehört es allerdings nicht zu den charakteristischen Bestandteilen des eigenartigen Vegetationsmosaiks auf der Heidemoorfläche des
Elmpter Bruchs, im Gegensatz zu dessen ehemaliger Flußaue, wo es im Kontakt mit Alneten
sowie Betula- und M y r i c a - Beständen verschiedene Ausbildungs- (und Misch-)formen
zeigt (z.B. "Salici-Betuletum", s.o.).
Die Aufnahmen von Tabelle 37 stammen alle aus den Randzonen von Heidegewässern, und zwar
solchen, die aufgrund verschiedener Indizien relativ stark eutrophiert zu sein scheinen.
Dieser Standort ist offensichtlich recht typisch, obwohl er aus dem für diese Gesellschaft
üblichen Rahmen fällt, denn RUNGE (1969a) erähnt ihn ausdrücklich in seiner sonst nur sehr
allgemein und stichwortartig gehaltenen Übersicht.
Die Strauch- bzw. Baumschicht ist ausschließlich von S a l i x c i n e r e a [1] beherrscht, F r a n g u l a und die anspruchslosere S a l i x a u r i t a [1] sind nur
gelegentlich beigemischt. Die Feldschicht zeigt ein Gemisch aus "Störungs- bzw. Eutro-
phierungszeigern" (z.B. J u n c u s e f f u s u s) und stärker dem oligo-dystrophen
Bereich zuneigenden Arten (z.B. S p h a g n u m r e c u r v u m).

---

1) Zur Diagnose dieser beiden kritischen Arten siehe Kap. 3.1.2.

Vegetationskomplex-
Typengruppe   Untergruppe   Typ   Untertyp

I: Gewässer-Zonationskomplexe ohne wesentliche Verlandungserscheinungen

                                       1:   "Röhricht-Zonationen" in tieferen, $\pm$ mesotrophen
                                              Weihern (Abb. 2o)

                                       2:   "Seggen- und Binsen-Zonationen" in flacheren,
                                           $\pm$ oligo-dystrophen Tümpeln (Abb. 21)

II: Gewässer-Zonationskomplexe mit großflächigen Horst- bzw. Bultverlandungs-Zonen

                                       1:   Zonationen mit Carex elata-Zonen in tieferen,
                                             $\pm$ mesotrophen Weihern (Abb. 22)

                                       2:   Zonationen mit Molinia-Zonen in flacheren,
                                           $\pm$ oligo-dystrophen Tümpeln (Abb. 23)

                                       3:   Zonationen mit Sphagnumbult-Zonen in dystrophen
                                             Gewässern (Abb. 24)

III: Gewässer-Mosaikkomplexe aus Horst- bzw. Bult-Beständen und "Schlenken"-Beständen

IV: Gewässer-Zonationskomplexe mit Verlandungs-Zonen aus "zentripetalen" Phanerogamen-
      Schwingrasen

                                       1:   Zonationen mit "direkten" Schwingrasen

                                             a: "supraaquatische" Schwingrasen-Entwicklung

                                             b: "infraaquatische" Schwingrasen-Entwicklung
                                               (Abb. 25,3o)
                                       2.   Zonationen mit "indirekten" Schwingrasen

                                             a: "supraaquatische" Schwingrasen-Entwicklung
                                             (Abb. 32)
                                             b: "infraaquatische" Schwingrasen-Entwicklung

V: Zonationskomplexe mit $\pm$ weit fortgeschrittener Verlandung durch Sphagnum-Schwingrasen

                       A: Zonationen mit "indirekten, zentrifugalen (= primären)" Schwingrasen

                                       1:   Gewässer-Zonationen mit "zwischenständigen,
                                             azentrischen" Schwingrasen (mit "partieller
                                           Verlandungspotenz"), Gewässer dadurch mit rand-
                                           lichen Schwingrasen und zentraler Wasserfläche

                                             a: Zonationen im Gewässer einseitig angeord-
                                               net (= "Sektor-Zonationen") (Abb. 25)

                                             b: Zonationen im Gewässer allseitig ausge-
                                             bildet (= "Ring-Zonationen")(Abb. 26)

                                       2:   Gewässer-Zonationen ("Ring-Zonationen") mit
                                           "endständigen" Schwingrasen(-Anteilen), Gewässer
                                           dadurch mit "zentralen, konzentrischen" Schwing-
                                           rasen (mit "totaler Verlandungspotenz") und ring-
                                           förmiger Wasserfläche ("Ringvenne")

                                             a: Schwingrasen nirgendwo dem Boden aufliegend
                                             (Abb. 27,28)
                                             b: Schwingrasen stellenweise, zumindest
                                             periodisch "bodenfest" (Abb. 29)

                                       3:   Zonationen wie 2, aber alte, mächtige baumbestan-
                                           dene Schwingrasen

Vegetationskomplex-Typengruppe	Untergruppe	Typ	Untertyp

4: Heidemoor-Zonationen mit größeren Bereichen "ehemaliger Schwingrasen" mit Eriophorum vaginatum-Fazies

    a: Anteil der "ehemaligen Schwingrasen" unter 50 %, höchstens mit Einzelbäumen (Abb. 3o)

    b: "ehemalige Schwingrasen" überwiegen, mit krüppeligem Baumbestand u. "Pseudolagg" (Abb. 31)

B: Gewässer-Zonationskomplexe mit "indirekten, zentripetalen (= sekundären)" Schwingrasen

1: Zugrundeliegender "primärer" Phanerogamenschwingrasen vom Typ IV,1 (Abb.33)

2: Zugrundeliegender "primärer" Phanerogamenschwingrasen vom Typ IV,2 (Abb. 32)

C: Gewässer-Zonationskomplexe mit "direkten, zentripetalen" Schwingrasen

1: "supraaquatische" Schwingrasen-Entwicklung (Abb.33)

2: "infraaquatische" Schwingrasen-Entwicklung (Abb. 33)

VI: Zonationskomplexe mit Zonen "sukzessiver infraaquatischer Sphagnumverlandung" ohne Schwingrasenbeteiligung(Abb. 33)

VII: Heidemoor-Mosaikkomplexe aus verschiedenen Stadien von Sphagnum-Verlandung als letzter Phase der Röhricht-Verlandung

1: Mosaikkomplexe der letzten noch "offenen Schlenken" aus Fragmenten von Röhricht- und Zwischenmoor-Assoziationen(Abb. 34)

2: Mosaikkomplexe aus offenen "Schlenken" und Sphagnion-Bulten(Abb.35)

3: Mosaikkomplexe der völlig verlandeten "Schlenken" aus allen Entwicklungsstadien bis zu Degenerationsstadien (Molinia u. Myrica) und aus Bruchwaldstadien(Abb. 36)

VIII: Heidemoor-Mosaikkomplex aus Sphagnum-Bulten auf nicht überflutetem Mineralboden = "Sandboden-Fazies" der Heidemoore (nach PREUSS) (Abb.37)

ZUSAMMENFASSUNG

DAS UNTERSUCHUNGSGEBIET

1. Gegenstand der Untersuchung ist die Flora und Vegetation der über 100 Heidegewässer und
   -moore, die - konzentriert auf 20 verschiedene Einzelgebiete - in den Sandgebieten der
   Maasterrassen entlang der deutsch-niederländischen Grenze zwischen Kleve und Aachen liegen.

2. Die Sande, in die sie eingebettet sind, stellen überwiegend diluviale und alluviale Flug-
   sande, entweder in Form großflächig verbreiteter Decksande oder sehr lokal darüberliegen-
   der Dünensande dar; im äußersten Süden des Untersuchungsgebietes sind es tertiäre Sande.

3. Die Betrachtung des Klimas versucht - vor dem Hintergrund der klimatischen Verhältnisse
   des gesamten nw-mitteleuropäischen Tieflandes - vor allem dem Grad der Ozeanität des Untersuchungsgebietes sowie Voraussetzungen für Hochmoorbildung nachzugehen:
   Im Verhältnis zu seiner westlichen Lage erweist sich das Untersuchungsgebiet als im ganzen nur relativ schwach atlantisch. Die klimatischen Bedingungen für eine Hochmoorentwick-
   lung sind als ungünstig zu bewerten.

DIE UNTERSUCHUNGSOBJEKTE

1. Unter Heidegewässern werden relativ kleinflächige und untiefe, stehende bis schwach fließende Gewässer in Heide- bzw. Sandgebieten verstanden, die meso-, oligo- oder dystroph
   sind und in der Hauptsache durch Sphagnen verlanden.

2. Heidemoore stellen eine besondere Form von Zwischenmooren dar und werden im Sinne von
   PREUSS wie folgt definiert:
   Nährstoffarme Moore mit hochmoorartiger oder -ähnlicher Vegetation aber ohne Aufwölbung,
   die ohne vorausgegangenes nährstoffreiches Moorstadium entweder durch direkte Verlandung
   nährstoffarmer Gewässer oder durch Versumpfung von Sandboden entstanden sind.
   Heidegewässer und Heidemoore bilden räumlich und vegetationsdynamisch eine Einheit; dementsprechend werden sie im Hauptteil der Arbeit nicht getrennt behandelt.

3. Der größte Teil der Heidegewässer und -moore des Untersuchungsgebietes hat - wie wohl die
   meisten im nw-mitteleuropäischen Tiefland - seinen Ursprung in "Schlatts"; in einigen
   Fällen handelt es sich hier aber wohl auch um ehemalige Maasarme und eiszeitliche Erosionstäler, die bis auf einen Rest mit Sand zugeweht sind.

4. Die Hydrologie der einzelnen Gewässer wird als Ausdruck der jeweils unterschiedlichen und
   jahreszeitlich wechselnden Anteile von Grund-, Sicker- und Niederschlagswasser an der
   "Speisung" der Gewässer verstanden. Als Faktoren, die die Differenzierung der Gewässer
   und Moore hinsichtlich der Wasserqualität bestimmen, werden darüber hinaus die qualitativen Unterschiede der Schichten angesehen, in die sie eingebettet sind: Das sind außer
   den in Herkunft und Struktur verschiedenartigen oberflächlich anstehenden Sanden (s.o.)
   in manchen Fällen auch die darunterliegenden Schichten wie Terrassensande bzw. -kiese
   und/oder tertiäre Sande und Tone.

5. Die Bedeutung der Untersuchungsobjekte besteht außer in ihrer Eigenschaft als die "wertvollsten" Biotope bzw. Vegetationskomplexe innerhalb des Niederrheins und Limburgs zugleich in ihrem repräsentativen Charakter für die Heidegewässer und -moore und vergleichbare Gebilde im mitteleuropäischen Tiefland, die zu den letzten Resten naturnaher Land-
   schaftszellen gehören.
   Eine Karte ihrer Verbreitung im gesamten nw-mitteleuropäischen Tiefland wurde erstellt.

FLORA

1. Der floristischen Übersicht sind Erläuterungen zur Diagnose und Abgrenzung einiger kritischer Sippen vorangestellt.

2. Der Artenbestand umfaßt 221 Arten (73 Bryophyten und 148 Kormophyten), von denen 25 (zumeist Moose) zum ersten Mal für den Bereich des Untersuchungsgebietes und zwei (S p h a -
   g n u m   d u s e n i i und b a l t i c u m) für Westdeutschland und Limburg nachgewiesen werden. 87 Arten, die früher in den Untersuchungsobjekten und den verschwundenen
   Mooren und Sümpfen des Untersuchungsgebietes vorkamen, müssen als "verschollen" gelten.

Ein quantitativer und qualitativer floristischer Vergleich mit einigen vergleichbaren Gebieten und Biotopen innerhalb des nordwestlichen M-Europa zeigt - besonders bei den Moosen - den hohen Grad an Übereinstimmung und somit auch den repräsentativen Charakter der
Untersuchungsobjekte für Heidegewässer und -moore schlechthin. Darüber hinaus enthält die
Flora auch einige Besonderheiten (s.u.). Bemerkenswert ist auch die mit 25 Arten (i.w.S.)
ungewöhnlich reichhaltige Sphagnumflora.

3. Zur Bewertung der Flora werden a) die regionale Häufigkeit der Arten innerhalb der Untersuchungsobjekte in Beziehung zu ihrer großräumigen Häufigkeit gesetzt ("Häufigkeitselemente") und b) die Arten auf ihre arealtypologische Zugehörigkeit hin untersucht (Geoelemente):

   a) Methode und Sinn der Herausarbeitung von "Häufigkeitselementen" werden eingehend dar-
      gelegt: ca. 1/4 aller Arten kristalliesieren sich als "charakteristisch" und "besonders
      charakteristisch" heraus; über die Hälfte der Arten muß als "gefährdet" eingestuft
      werden.
      Es zeigen sich z.T. unerwartete Beziehungen zwischen (sehr) seltenen, (besonders)
      charakteristischen und (stark) gefährdeten Arten; die Zusammenhänge dieser Arten-
      (gruppen) mit dem Begriff der "Diversität" werden diskutiert: Die "Diversität" liegt
      mit 15 % noch relativ hoch, gegenüber früher hat sie aber sehr stark abgenommen bzw.
      die Diversität zeigt sich heute in anderer Form, worin Gefährdung und Nivellierung die-
      ses labilen Biotops zum Ausdruck kommen.

   b) Nach einer kritischen Auseinandersetzung über die Zuordnungsmöglichkeiten der Arten zu
      "Geoelementen" wird der Anteil der Moose und Gefäßpflanzen an den Geoelementen in Be-
      ziehung zueinander und zu den Verhältnissen in NW-Deutschland gesetzt: Bei höherem An-
      teil sowohl an atlantischen als auch an nordischen Arten ist das Verhältnis zwischen
      atlantischen und nordischen Arten gegenüber der nw-deutschen Flora jedoch zugunsten
      der atlantischen verschoben (und zwar bei den Gefäßpflanzen stärker als bei den Moosen).
      Die Lage des Untersuchungsgebietes im Überschneidungsbereich der Arealgrenzsäume einer
      Reihe atlantischer Arten einerseits und borealer sowie subarktischer Arten andererseits
      wird aufgezeigt und seine Lagebeziehungen zu einer bestimmten florengeographischen und
      zu einer bestimmten klimatischen Grenze dargestellt.

   c) Bei der Ermittlung und Darstellung der Beziehungen zwischen Geoelementen und "Häufig-
      keitselementen" zeigt sich der besonders hohe Anteil atlantischer Arten unter den im
      Untersuchungsgebiet seltenen bis sehr seltenen, worin ein Anzeichen der wider Erwarten
      stärkeren Gefährdung der atlantischen Arten im Untersuchungsgebiet zu sehen ist. Die
      im Unterschied dazu besonders starke Beteiligung der nordischen Arten an der Gruppe der
      die "charakteristischen" und "besonders charakteristischen" Arten bildenden Häufigkeits-
      elemente bringt die im Verhältnis zur westlichen Lage des Gebietes relativ starken nor-
      dischen Züge in der Flora der Heidegewässer und -moore erneut zum Ausdruck.

VEGETATION

1. Methodik

   a) Zur größtmöglichen Reduzierung des subjektiven Auswahlmomentes wurden die pflanzenso-
      ziologischen Aufnahmen fast ausnahmslos entlang von Vegetationsprofilen gemacht und
      nahezu vollzählig (ca. 750) in Tabellen aufgenommen.
      Von den vielen Typen dieser Vegetationsprofile ist je eines exemplarisch dargestellt.

   b) Im Sinne einer besseren Vergleichbarkeit wird für alle Gesellschaften einer Vegetations-
      klasse, die jeweils in einer Tabelle zusammengefaßt sind, eine im Prinzip gleiche oder
      vergleichbare Untergliederung herausgearbeitet, wobei die in der Konzeption des Diffe-
      rentialartenbegriffs liegenden Möglichkeiten im Sinne SCHWICKERATHs voll ausgeschöpft
      werden:
      Aus den prozentualen Anteilen der Aufnahmezahlen der einzelnen Untereinheiten an der
      Gesamtaufnahmezahl der zu vergleichenden übergeordneten Einheiten lassen sich erste
      wichtige ökologische Unterschiede zwischen diesen Einheiten ableiten (s. Scheuchzerio-

Caricetea und Oxycocco-Sphagnetea), da ja das Verhältnis der Aufnahmezahlen der einzelnen Einheiten und Untereinheiten zueinander aufgrund der relativ objektiven Auswahl der Bestände (s.o.) als repräsentativ gelten darf. Solche Aussagen sind auch aus der unterschiedlichen prozentualen Verteilung der einzelnen Untereinheiten auf die verschiedenen Standortstypen der betreffenden übergeordneten Einheiten zu gewinnen (s. Oxycocco-Sphagnetea). Die Untergliederungssysteme werden ebenso wie die synsystematischen Auffassungen ganz allgemein anhand einer Fülle von Literatur auf Allgemeingültigkeit bzw. regionaltypische Besonderheiten hin überprüft.

c) Die Vegetation stellt sich strukturell-physiognomisch fast in jedem Bestand als <u>Soziation</u> bzw. Konsoziation dar, deren Zuordnung zu einer Assoziation sich zwar in den meisten Fällen ohne weiteres ergibt, in anderen wenigstens versucht wird, bei etlichen Beständen aber nicht möglich ist. Ihre Einordnung in eine höhere Kategorie ist jedoch fast immer problemlos. Deshalb wird vorgeschlagen, derartige Soziationen - als solche oder zu ranglosen "<u>Gesellschaften</u>" zusammengefaßt - ins pflanzensoziologische System zu integrieren.

2. Überblick

a) Von den Vegetationseinheiten, die aufgrund ihrer großen <u>Häufigkeit</u> herausragen, sind allein 5 solche "<u>Gesellschaften</u>" (E r i o p h o r u m   a n g u s t i f o l i u m -Ges., M o l i n i a - Ges., C a r e x   r o s t r a t a - Ges., J u n c u s   e f -f u s u s - Ges. S p h a g n u m   r e c u r v u m - Ges.) und nur drei <u>Assoziationen</u> (Carici canescentis-Agrostidetum, Nymphaeetum, Sphagnetum cuspidato-obesi). Außer der E r i o p h o r u m - Ges. und dem Sphagnetum cuspidato-obesi sind diese Einheiten zusammen mit dem allerdings nur selten vorkommenden Caricetum elatae zugleich auch die Einheiten mit dem größten Flächenanteil an der Gesamtvegetation der Heidegewässer und -moore (zusammen etwa 75 %).

Der Anteil dieser häufigen Gesellschaften und Assoziationen liegt mit ca. 25 % entschieden höher, der Anteil der sehr seltenen und seltenen mit ca. 30 % viel niedriger als es für die entsprechenden Arten der Flora gilt. Von den sehr seltenen Vegetationseinheiten der Heidegewässer und -moore sind folgende als besonders bemerkenswert hervorzuheben, weil sie auch in ganz Mitteleuropa sehr selten (geworden) sind: Caricetum limosae, Caricetum lasiocarpae, Soziation von J u n c u s   b u l b o s u s   fo. s u b m e r s u s , Cladietum, Schoenoplectetum tabernaemontani sowie die Subassoziation von N y m p h a e a   a l b a   var.   m i n o r ("Nymphaeetum minoris") des Nymphaeetum und die Subassoziation von S p h a g n u m   d u s e n i i des Sphagnetum cuspidato-obesi, die beide eventuell auch als eigene Assoziationen angesehen werden könnten.

Wie bei den Arten so sind auch bei den Vegetationseinheiten einerseits diese sehr seltenen, andererseits die oben genannten häufigen, sofern sie außerhalb der Untersuchungsobjekte weniger verbreitet sind, als die "<u>charakteristischen</u>" und "besonders charakteristischen" Vegetationseinheiten aufzufassen. Zu diesen gehören außerdem noch die seltenen Einheiten Hyperico-Potamogetonetum polygonifolii und die M e n y a n -t h e s - Gesellschaft sowie die zerstreut vorkommenden Einheiten Eleocharitetum multicaulis, E l e o c h a r i s   p a l u s t r i s - Gesellschaft, G l y c e r i a   f l u i t a n s - Gesellschaft, P o t e n t i l l a   p a l u s t r i s - Gesellschaft und C a r e x   l a s i o c a r p a - Gesellschaft. Insgesamt sind also fast zwei Drittel aller Assoziationen oder Gesellschaften (bei der Flora nur etwa ein Drittel) in diesem Sinne "charakteristisch" für die untersuchten Heidegewässer und -moore.

b) Besonders hervorzuheben sind zwei entscheidende Gruppen von Vegetationseinheiten (auch solche niederer Kategorie) mit ganz unterschiedlichem <u>arealgeographischem Charakter</u>:
1) <u>Atlantische</u> Einheiten, die sich im Gebiet im östlichen bis südöstlichen Grenzbereich ihres Areals befinden (N a r t h e c i u m - Variante der Sphagneten, M y -r i c a - Gebüschstadium der Sphagneten) oder hier gar ihre östliche bzw. südöstliche Arealgrenze erreichen und wohl deshalb mehr oder weniger fragmentarisch oder untypisch ausgebildet sind (Eleocharitetum multicaulis, Hyperico-Potamogetonetum).

2) Vielfältiger sind Einheiten mit boreal-kontinentalem Verbreitungsschwerpunkt, die sich im Gebiet ihrer westlichen bzw. südwestlichen Arealgrenze innerhalb des mitteleuropäischen Tieflandes nähern oder diese hier erreichen (Caricetum limosae, Caricetum lasiocarpae, S p h a g n u m   d u s e n i i - Subass. des Sphagnetum cuspidato-obesi, Subassoziation von N y m p h a e a   a l b a var. m i n o r des Nymphaeetum = "Nymphaeetum minoris"). Für andere ähnlich boreal-kontinental getönte Einheiten ist aber - gemessen an der westlichen Lage des Gebietes - ihre verhältnismäßig große Häufigkeit ungewöhnlich (C a r e x   l a s i o c a r p a - Gesellschaft, E r i o p h o - r u m   v a g i n a t u m - Fazies der Sphagnum recurvum-Gesellschaft = "Eriophoro-Sphagnetum recurvi", besonders dessen P i n u s - Gebüschstadium). In der Vegetation macht sich der boreale Einschlag bei der insgesamt atlantischen Grundtendenz noch stärker bemerkbar als in der Flora.

c) Floristische Struktur, Differenzierung, Standort und Dynamik der einzelnen Gesellschaften und Assoziationen werden ausführlich dargelegt; am Ende der Besprechung jeder Vegetationsklasse werden die wesentlichen Erkenntnisse noch einmal zusammengefaßt (siehe jeweils dort).

LITERATURVERZEICHNIS

Ackenheil, H.V. (1944): Zur Hauptgliederung der südschwedischen Moorvegetation. -
Medd.Telmatolog.stat. Ågård 2: 1-40

Agsteribbe, E., Barkman J.J., Margadant, W.O., Meijer, W., Westhoff, V. en Witt, U.
(1950): Mosvondsten in Nederland. - Nederl.Kruidkg. Arch. 57: 281-312

Agsteribbe, E. en Groenhuijzen, S. (1961): De voorjaarsexcursie naar Zuid-Limburg. -
Buxbaumia 15 (1/2): 4

Alechin, W.W. (1924): Assoziationskomplexe und Bildung ökologischer Assoziationsreihen. -
Bot.Jb. 59: 30-40

Aletsee, L. (1967): Begriffliche und floristische Grundlagen zu einer pflanzengeographischen Analyse der europäischen Regenwassermoorstandorte. - Beitr.Biol.d.Pflanzen
43: 117-283

Allorge, P. (1921 u. 22): Les associations végétales du Vexin français. - Révue gén.Bot.
33: 393-810 u. 34: 77-701

Allorge, P. (1924): Etude sur la flore et la végétation de l'ouest de la France.
1. A propos des espèces atlantiques de la flore française. - Bull.Soc.Bot.France
71: 1183-1194

Allorge, P. et Denis, M. (1927): Notes sur les complexes végétaux des lacs-tourbières
de l'Aubrac. - Arch. de Bot. 1 (Bull.Mens.)

Almquist, E. (1929): Upplands vegetation och flora. - Acta Phytogeogr.Suec. 1: 1-624

Altehage, C. (1950): Die Vegetation des Weustenteichgebietes bei Emlichheim. - Veröff.
Nat.Ver.Osnabr. 25 (1941-1950): 117-130

Altehage, C. (1955): Die Scheuchzeria-Moore des Hümmlings als wichtige NaturUrkünden
NW-Deutschlands. - Veröff.Nat.Ver.Osnabr. 27 (1954): 21-36

Altehage, C. (1957): Der "Ahlder Pool" im Kreise Lingen als wichtige atlantische Flo-
renstätte NW-Deutschlands. - Veröff.Nat.Ver.Osnabr. 28 (1955/56): 22-32

Altehage, C. (1960): Die Vegetationsverhältnisse des Naturschutzgebietes Berger Keien-
venn im Kreise Lingen. - Veröff.Nat.Ver.Osnabr. 29: 17-36

Altehage, C. (1965): Die Vegetationsverhältnisse des Naturdenkmals "Engelberg Moor"
in Druchhorn, Kr. Bersenbrück. - Veröff.Nat.Ver.Osnabr. 31: 9-17

Ant, H. u. Engelke, H. (1970): Die Naturschutzgebiete der Bundesrepublik Deutschland. -
Bonn-Bad Godesberg

Arntzenius, C.L., Arntzenius, C.R., Kronberger, K., Landgraf, J. u. Rehnelt, K.F.
(1961/63): Floristische Aufzeichnungen aus der Umgebung Bayreuths. - Ber.d.Nat.wiss.
Ges.Bayreuth 11

Arntzenius, C.R. u. Rehnelt, K.F. (1964): Über ein Caricetum limosae in Nordbayern. -
Ber.d.Bayer.Bot.Ges. 37: 99-101

Ascherson, P. u. Graebner, P. (1896-1917): Synopsis der mitteleuropäischen Flora. - Berlin

Atlas de Belgique (ab 1957) (Hrsg.): Comité National de Géographie de Belgique. - Bruxelles

Atlas van Nederland (ab 1963) (Hrsg.): Stichting Wetensch.Atlas v. Nederland. - 's Gravenhage

Bätjer, D. (1968): Der Wasserhaushalt Nordwestdeutschlands. - Aktuelle Fragen des Landbaues 4

Bakker, P.A. en Luitingh, A.J. (1963): De najaarsexcursie 1963 naar de Peel en het Leudal. -
Buxbaumia 17 (3/4): 56-76

Balátová-Tuláčková, E. (1963): Zur Systematik der europäischen Phragmitetea - Preslia 35:
118-122

Bannink, J.F. (1968): De bodemgesteldheid van het natuurreservaat "Meinweg". - Stichting
voor Bodemkartering Wageningen, Rapp. nr.740

Baren, J.v. (1920): De bodem van Nederland. - Amsterdam

Baren, J.v. (1928): De noordbrabantsche vennen. - Natura 1928 (4): 70-76

Barkman, J.J. (1948): Bryologische zwerftochten door Nederland II. Zuid-Limburg. -
Public.Nat.hist.Gen. Limburg 1 (1): 5-25

Barkman, J.J. en Glas, P. (1959): Sphagnum dusenii, een nieuw veenmos in Nederland. -
De Lev.Nat. 10:230-237

Barkman, J.J. a. Westhoff, V. (1969): Botanical evaluation of the Drenthian District. - Vegetatio 19 (1-6): 330-388

Barkman, J.J. en van Zanten, B.O. (1967): De najaarsexcursie 1966 naar Drente. - Buxbaumia 20 (3/4): 64-95

Bauer, H.J. u. Prautzsch, H.J. (1973): Sekundäre Naturbiotope einer Sandgrube. - Nat.u.Landsch. 48 (10): 285-290

Baumann, H. (1965): Verhalten oberflächennahen Grundwassers. In: Fragen des Gebiets- u. Bodenwasserhaushalts. - Mitt. Dtsch.Bodenkdl.Ges. 2: 85-93

Becker, G. (1874): Botanische Wanderungen durch die Sümpfe und Torfmoore der Niederrheinischen Ebene. - Verhandl.Nat.hist.Ver.Rheinl.Westf. 31: 137-158

Beijerinck, W. (1934): Sphagnum en Sphagnetum. - De Lev.Nat. 38 (1): 19-26, (2): 51-57, (3): 87-96, (5): 149-156

Beijk, B.P.J. (1969): Het Staatsreservaat "Overasseltse en Hatertse Vennen". - De Lev.Nat. 72: 117-123

Bertsch, K.u.F. (1938): Das Wurzacher Ried. - Veröff.Württ.Landesst.Natursch. 14: 59-146

Bertsch, K. (1966): Moosflora von Südwestdeutschland. 3.Aufl. - Stuttgart

Bodemkaart van Nederland 1 : 50 000, Bl.58 Oost Roermond, 59 u. 60 Sittart. (Hrsg.): Stichting voor Bodemkartering - Wageningen (1968 u. 1970)

Bodemkaart van Nederland 1 : 200 000, Bl.9 Limburg. (Hrsg.): Stichting voor Bodemkartering - Wageningen (1960)

Bodenkarte von Nordrhein-Westfalen 1 : 25 000, Bl.4603 Kaldenkirchen, 4703 Waldniel. (Hrsg.): Geol.Landesamt NRW - Krefeld (1968)

Bodenkarte von Nordrhein-Westfalen 1 : 50 000, Bl. L 4902 Erkelenz, L 5000 Selfkant. (Hrsg.): Geol.Landesamt NRW - Krefeld (1972)

Boer, A.C. (1942): Plantensociologische beschrijving van de orde der Phragmitetalia. - Nederl.Kruidkg.Arch. 52: 237-302

Borngässer, E. (1941): Das "Grosse Moor" bei Deimern, ein Hochmoor in der Lüneburger Heide. - Beih.Bot.Centr.bl. 61 B (1/2)

Brahe, P. (1969): Zur Kenntnis oligotropher Quellmoore mit Narthecium ossifragum bei Hamburg. - Schr.Reihe Vegetationskde 4: 75-84

Brandt, W. u. Jaeckel, B. (1912): Über die Beziehungen der Moorbildungen zum geologischen Aufbau des Gebirges am Bruchrande des Bergischen Landes zwischen Ohligs und Düsseldorf. - Jahres-Ber.Nat.wiss.Ver. Elberfeld 13: 214-234

Braun, W. (1968): Die Kalkflachmoore.-Diss.Botan. 1

Braun-Blanquet, J. (1928): Über die pflanzengeographischen Elemente Westdeutschlands. - Der Naturforscher 5:29-306

Braun-Blanquet, J. (1964): Pflanzensoziologie. 3.Aufl. - Wien

Braun-Blanquet, J. u. Tüxen, R. (1952): Irische Pflanzengesellschaften. In: Die Pflanzenwelt Irlands. - Veröff.Geobot.Inst. Rübel 25

Braun, F.J. u. Quitzow, H.W. (1961). Die erdgeschichtliche Entwicklung der niederrheinischen Landschaft. - Niederrhein.Jb. 5

Buchwald, K. (1951 a): Wald- u. Forstgesellschaften der Revierförsterei Diensthoop, Forstamt Syke bei Bremen. - Angew.Pfl.soz. 1

Cleef, A.M., Kers, J. en Smidt, J.T.de (1970): De Berger- en Gemeenteheide. Keuze tussen poel van bederf of hoeksteen voor nationaal park Maasduinen. - Natuurhist.Maandbl. 59 (1): 3-22

Cöster, J. u. Pankow, H. (1968): Illustrierter Schlüssel zur Bestimmung einiger mitteleuropäischer Shagnum-Arten. - Wiss.Z.Univ. Rostock 17,Math.-Nat.Reihe (4/5):285-323

Cordes, H. (1969): Moorkundliche und botanische Erläuterungen zum Huvenhoopsmoor. - Verh.Dtsch.Natursch.Beauftr. 18: 43-44

Cremers, J. (1913). De Brunssumerheide. - Wiederabdruck 1967 in: Natuurhist.Maandbl.
56 (7/8)

Dahmen, F.W. u. Mitarb. (1973): Landschafts- und Einrichtungsplan Naturpark Schwalm-Nette.-
Beitr.Landesentw. 30

Delvosalle, L., Demaret, F., Lambinon, J. et Lawalrée, A. (1969): Plantes rares disparues
ou menacées de disparition en Belgique:L'appauvrissement de la flore indigène. -
Service des Réserves Naturelles domaniales et de la conservation de la Nature,
Travaux Nr.4. - Bruxelles

Demaret, F. et Castagne, E. (1959-1964): Bryophytes II. Mousses. In: Flore Générale de
Belgique - Bruxelles

Dewers, F. (1935): Probleme der Flugsandbildung in NW-Deutschland. - Abhandl.Nat.wiss.
Ver. Bremen 29 (3/4): 324-366

Dewers, F. (1941): Das Diluvium. Das Alluvium. In: Gripp, K., Dewers, F., Overbeck, F.:
Das Känozoikum in Niedersachsen. Geologie und Lagerstätten Niedersachsens 3. -
Prov.Inst.Landespl., Landes- u. Volkskdev.Niedersachs.a.d.Univ.Gött. A I 3: 53-454

Dieken, J.v. (1970): Beiträge zur Flora NW-Deutschlands unter besonderer Berücksichtigung
Ostfrieslands. - Jever

Diemont, W.H., Sissingh, G., en Westhoff, V. (1940): Het Dwergbiezen-Verbond (Nanocyperion
flavescentis) in Nederland. - Nederl.Kruidkdg. Arch. 50: 216-284

Dierschke, H. (1969): Natürliche und naturnahe Vegetation in den Tälern der Böhme und
Fintau in der Lüneburger Heide. - Mitt.Flor.-soz.A.G. NF 14: 377-397

Dierßen, K. (1972): Die Erhaltung westdeutscher Heidegewässer. - Natur u. Landsch. 47 (6):
166-167

Dierßen, K. (1972): Die Vegetation des Gildehauser Venns (Krs. Grafschaft Bentheim). -
Diss.Hannover

Dijk, J.v.en Westhoff, V. (1955): De plantengroei der natuurgebieden in Noordwest-Over-
ijssel. - Natuur en Landschap 9 (2): 33-57

Dijk, J.v.en Westhoff, V. (1960): De veranderingen in de vegetatie van het Choorven van
1948 tot en met 1955. In: Dijk, J.v.: Hydrobiologie van de Oisterwijksche Venne. -
Publ. Hydrob. Vereen. 5

Dismier, G. (1927): Flore des Sphaignes de France. - Arch.de Botan. 1 (1): 1-64. - Caen

Doing, H. (1963): Übersicht der floristischen Zusammensetzung, der Struktur und der dynamischen Beziehungen niederländischer Wald- und Gebüschgesellschaften. - Meded.Landb.
hogesch. Wageningen 63 (2): 1-60

Donat (1926): Die Vegetation unserer Seen und die "biologischen Seentypen". Ber.Dtsch.
Botan.Ges. 44: 48-56

Donselaar, J.v. (1956): Het vegetatiekundige onderzoek von oude rivierlopen. - Natuur en
Landschap 10 (3): 203-212

Donselaar, J.v. (1958): Het Kanunnikesven. - De Lev.Nat. 61 (5): 102-106

Donselaar, J.v. (1961): On the vegetation of former river beds in the Nederlands. -
Wentia 5: 1-85

Düll, R.: (1969): Übersicht zur Bryogeographie Südwestdeutschlands unter besonderer Berücksichtigung der Arealtypen.-Herzogia 1 (3): 215-320

Düll, R.: (1969 u. 1970): Moosflora von Südwestdeutschland I. u. II. - Mitt.bad.Landes-
ver.Naturkde. Natursch.Freiburg, NF 10 (1): 39-138 u. (2): 301-329

Dupont, P. (1968): La flore atlantique européenne. Introduction à l'étude du secteur
ibéro-atlantique.-Faculté des Sciences Toulouse

Du Rietz, G.E. (1930): Vegetationsforschung auf soziationsanalytischer Grundlage. -
Hand.biol.Arb.meth. 11 (5)

Du Rietz, G.E. (1954): Die Mineralbodenwasserzeigergrenze als Grundlage einer natürlichen
Zweigliederung der nord- und mitteleuropäischen Moore. - Vegetatio 5/6: 571-585

Du Rietz, G.E. (1965): Biozönosen und Synusien in der Pflanzensoziologie. In: Tüxen, R. (Hrsg.): Biosoziologie.- Ber.Int.Sympos. Stolzenau 1960: 23-42

Duvigneaud, P. (1943): Contribution à l'étude phytosociologique des tourbières de l'Ardenne. Les "Caricetalia fuscae" au plateau de Recogne. - Bull.Soc.Roy.Bot.Belg. 75: 29-38

Duvigneaud, P. (1951): La tourbière eutrophe à Carex lasiocarpa (Caricetum diandro-lasiocarpae) dans les marais de la Haute Semois entre Sampon et Vance. - Jejeunia 12 (1948): 5-28

Duvigneaud, P. (1949): Classification phytosociologique des tourbières de l'Europe. - Bull.Soc.Roy.Bot.Belg. 81: 58-129

Duvigneaud, P. u. Vanden Berghen, C. (1945): Associations tourbeuses en Campine occidentale. - Biol.Jaarb. "Dodonaea" 12: 53-90

Edelmann, C.H. u. Maarleveld, G.C. (1958): Pleistozän - geologische Ergebnisse der Bodenkartierung in den Niederlanden. - Geol. Jb. 73: 639-684

Ehrendorfer, F. (1973): Liste der Gefäßpflanzen Mitteleuropas. 2. Aufl. - Graz

Eimern, J.v. (1948): Schwankungen des natürlichen Wasserhaushaltes am linken Niederrhein unter besonderer Berücksichtigung der Grundwasserschwankungen. - Diss. Bonn

Ellenberg, H. (1956): Aufgaben und Methoden der Vegetationskunde. In: Walter, H.: Einführung in die Phytologie IV, 1 - Stuttgart

Ellenberg, H. (1963): Vegetation Mitteleuropas mit den Alpen. In. Walter, H.: Einführung in die Phytologie IV, 2 - Stuttgart

Ellenberg, H. a. Mueller-Dombois, D. (1967): Tentative physiognomic-ecological classification of plant formations of the earth. - Ber.Geobot.Inst. Rübel 37

Eurola, S. (1962): Über die regionale Einteilung der südfinnischen Moore. - Ann. Bot.Soc. "Vanamo" 33 (2): 1-243

Everdingen, E.v. (1949): Het Klimaat. In: Handboek der Geografi van Nederland Bd. 1: 321-377

Feld, J. (1958): Moosflora der Rheinprovinz. Überarb.u.erg.v.L.Laven. - Decheniana, Beihefte 6

Fischer, W. (1960): Pflanzengesellschaften der Heiden und oligotrophen Moore der Prignitz. - Wiss.Z.Pädag.Hochsch. Potsdam. Math.-Nat.Reihe 6 (1/2): 83-106

Fischer, W. (1963): Flora der Prignitz. - Pritzwalk

Fischer, W. (1967): Beiträge zur Verbreitung, Soziologie und Ökologie von Myrica gale mit besonderer Berücksichtigung des Vorkommens in der Niederlausitz.- Arch.Naturschutz u. Landsch.forsch. 7: (2): 129-151

Flora Neerlandica (ab 1948): (Hrsg.): Kon.Ned.Bot.Ver. - Amsterdam

Foerster, A. (1878): Flora excursoria des Regierungsbezirks Aachen sowie der angrenzenden Gebiete der belgischen und holländischen Provinz Limburg.- Aachen

Foerster, E. (1967): Die Juncus bufonius-Gruppe. - Gött.Florist.R.br. 1 (4): 31-32

Foerster, E. (1971): Bestimmungsschlüssel für Binsen nach vorwiegend vegetativen Merkmalen.- Gött.Flor.R.br. 5 (2): 19-22

Foerster, E. (1973): Die Gattung Eleocharis. - Gött.Flor.R.br. 6 (4): 96-101

Forel, F.A. (1901): Handbuch der Seenkunde. - Stuttgart

Fournier, P. (1961): Les quatres flores de la France. - Paris

Früh, J. u. Schröter, C. (1904): Die Moore der Schweiz. - Beitr.Geol.d.Schweiz, geotechn. Serie

Fuchs, A. (1919): Orchis Traunsteineri Saut., Monographie I. - Ber.Nat.wiss.Ver.Schwab.u. Neub. 42: 3-174

Fuchs, A. u. Ziegenspeck, H. (1924): Orchis Traunsteineri Saut., Monographie II. - Ber.Nat. wiss.Ver.Schwab.u.Neub. 43: 1-118

Gams, H. (1918): Prinzipiefragen der Vegetationsforschung. - Viertelj.schr.Nat.forsch.Ges. Zürich 63 (3 u. 4)

Gams, H. (1957): Die Moos- und Farnpflanzen (Archegoniaten). Kleine Kryptogamenflora Bd. IV, 4. Aufl. - Stuttgart

Gams, H. u. Ruoff, S. (1929): Geschichte, Aufbau und Pflanzendecke des Zehlaubruches. - Schr.Phys.-ökon.Ges. Königsberg 66

Garjeanne, A.J.M. (1911): Aanteekeningen over Limburgsche levermossen. - Meded.Nat.hist. Gen.Limbg. 1911: 8-13

Garjeanne, A.J.M. (1927): Voorlopig overzicht der om Venlo gevonden levermossen. - Nat.hist. Maandbl. 16 (2): 15-19

Garjeanne, A.J.M. (1928): Het ontstaan der Venlosche levermosflora. - Nat.hist. Maandbl. 17 (4): 54-58

Gauger, W. (1931): Untersuchungen über die Biozönose und die Physiognomie eines ostpreußischen Hochmoores im Jahresprofil. - Bot.Arch. 32: 342-391

Gauger, W. u. Ziegenspeck, H. (1931): Untersuchungen über die Sukzessionsbiologie eines ombrogenen Hochmoores (Zehlau). - Bot.Arch. 31: 197-246

Géhu, J.-M. (1961): Les groupements végétaux du bassin de la Sambre francaise. - Vegetatio 10: 69-148, 161-208, 257-372

Géhu, J.-M. (1964): L'excursion dans le nord et l'ouest de la France de la Société Internationale de Phytosociologie. - Vegetatio 12: 1-95

Geologische Karte von Preußen 1 : 25 000, Blätter 4503, 4603, 4702, 4703, 4802, 4803, 4901, 5002. (Hrsg.): Preuß.Geol.L.A. - Berlin (1908-1939)

Geologische overzichtskaart van Nederland 1 : 200 000, Bl. 14 Nijmegen, 18 Eindhoven, 22 Maastricht. (Hrsg.): Nederl.Geol.Genootsch. - 's-Gravenhaag (1936-1953, Neuaufl. 1957 bzw. Nachdruck)

Geologische Übersichtskarte von Deutschland 1 : 200 000, Bl. 95/96 Kleve-Wesel, 108/109 Erkelenz-Düsseldorf, 122/123 Aachen-Köln. (Hrsg.): Preuß.Geol.L.A. - Berlin (1936-1939)

Gerlach, A. (1970): Wald- und Forstgesellschaften im Solling. In: Gerlach u.a.: Vegetationsuntersuchungen im Solling. - Schr.reihe Veget.kde 5: 79-98

Geurts, R. (1940): Iets over de flora van Echt en Midden-Limburg. - Nat.hist.Maandbl. 29 (4): 38-41

Gießler, A. (1956): Zusammenhänge zwischen Uferfiltration und Grundwasserbildung. - Wiss.Z.Karl-Marx-Univ.Leipzig, Math.-nat.Reihe 5 (4)

Glück, H. (1936): Pteridophyten und Phanerogamen. In: Pascher, A.: Die Süßwasserflora Mitteleuropas Bd. 15 - Jena

Görs, S. (1960): Das Pfrunger Ried. Die Pflanzengesellschaften eines oberschwäbischen Moorgebietes. - Natursch.u.Landsch.pfl.i.Bd.-Wttbg. 27/28: 5-45

Graebner, P. (1901): Die Heide Norddeutschlands. In: Die Vegetation der Erde 5 - Leipzig

Graebner, P. (1908): Potamogeton. In: Kirchner, Loew u. Schröter: Lebensgeschichte der Blütenpflanzen Mitteleuropas 1 (1) - Stuttgart

Grahle, H.O., Lüttig, G. u. Staesche, U. (1967): Stand und Ziele limnogeologischer Forschung in Niedersachsen. - Arch.Hydrobiol. 63 (2)

Granlund, E. (1932): De svenska högmossarnas geologi. - Sv.geol.Unders.Ser.C., 373: 5-193

Grégoire, L., Janssen, J.J. u. Prick, J.J.G. (1952): Beschouwingen over Dactylorchis Traunsteineri (Sauter) Vermln. en Dactylorchis Deweveri Vermln. - Nat.hist.Maandbl. 41 (3)

Grosse-Brauckmann, G. (1967): Die Moore in der Bundesrepublik Deutschland. - Natur u. Landsch. 42 (9): 195-198

Grosse-Brauckmann, G. (1969): Zur Zonierung und Sukzession im Randgebiet eines Hochmoores. - Vegetatio 17: 33-49

Grosser, K.H. (1955): Vegetationsuntersuchungen an Heidemooren und Heidesümpfen in der Oberförsterei Weißwasser (Oberlausitz). - Wiss.Z.Humboldt-Univers. Berl., Math.-Nat. Reihe Nr. 5, 4: 401-415

Grosser, K.H. (1965): Vegetationskomplexe und Komplexgesellschaften in Mooren und Sümpfen. - Feddes Repert.Beih. 142: 208-216

Grosser, K.H. (1966): Altteicher Moor und Große Jeseritzen. - Brandenb.Natursch.geb. 1: 1-31

Gutte, P., Hempel, W., Müller, G., Weise, G. (1965): Vegetationskundlicher Überblick Sachsens. - Ber.A.G.Sächs.Bot. NF 5/6 (1963/1964) (2): 348-430

Handboek van natuurreservaten en wandelterreinen in Nederland. (Hrsg.): Vereniging tot behoud van natuurmonumenten in Nederland. - Amsterdam (1971)

Hannig, E. u. Winkler, H. (1926-1940): Die Pflanzenareale, 1.-5.Reihe. - Jena

Hartmann, E. (1951): Über das Naturschutzgebiet "Hühnermoor". - Nat.u.Heimat 11, Beih.: 117-122

Hartog, D.d. a. Segal, S. (1964): A new classification of waterplants communities. - Act.Bot.Neerl. 13: 367-393

Hayen, H. (1969): Moore als Geschichtsquelle. In: Moore und Moorkultivierung. - Verh.Dtsch. Natursch.Beauftr. 18: 18-27

Hegi, G. (ab 1906 ...) Illustrierte Flora von Mitteleuropa. - München

Heide, G. (1971) Bodentypen und Bodennutzung am Niederrhein. - Der Niederrhein 38, 3: 115-118

Heimans, J. (1918) Maas-Expeditie. - Jb.Nat.hist.Gen.Limburg 1918: 113-124

Hennes, M. (1934): Die Pflanzengesellschaften des Deutener Moores. - Die Natur a.Niederrh. 10 (2): 43-54

Herbst, G. (1957): Geröllzählungen in pliozänen und pleistozänen Kiesen am SW-Rand der Niederrheinischen Bucht bei Geilenkirchen. - N.Jb.Geol.Paläont.Monatsh. 1956

Herrenkohl, F.G. (1871): Verzeichnis der phanerogamischen und kryptogamischen Gefäßpflanzen der Flora von Kleve und Umgebung. - Verhandl.Naturhist.Ver.Rheinl.Westf. 28

Herzog, Th. (1926): Geographie der Moose. - Jena

Heukels, H. en Ooststroom, S.J.van (1970): Flora van Nederland. 16e druk. - Groningen

Hild, J. (1956): Untersuchungen über die Vegetation im Naturschutzgebiet der Krieckenbecker Seen. - Geobot.Mitt. 3

Hild, J. (1959 a): Die Bruchwald- und Gebüschgesellschaften im Schwalmtal. - Ber.Dtsch.Bot. Ges. 72 (5/6): 191-201

Hild, J. (1959 b): Seltene Sumpf- und Wasserpflanzengesellschaften im Schwalmtal (Ndrh.). - Arch.Hydrobiol. 56 (1/2): 102-112

Hild, J. (1960): Verschiedene Formen von Myrica-Beständen am unteren Niederrhein. - Ber.Dtsch.Bot.Ges. 73 (2): 41-48

Hild, J. (1961 a): Heide- und Hochmoore im Grenzwald. - Heimatbuch Grenzkr. Kempen-Krefeld 1961: 98-103

Hild, J. (1961 b): Zur Vegetation des unteren Schwalmtales. - Der Niederrhein 28 (4): 135-139

Hild, J. (1964): Vegetationskundliche Untersuchungen an einigen niederrheinischen Meeren. - Ber.Dtsch.Bot.Ges. 77 (8): 301-312

Hild, J. (1965): Vegetationskundliche Untersuchungen an einigen niederrheinischen Gewässern. - Biol.Jb. "Dodonaea" 33: 156-168

Hild, J. (1968): Die Naturschutzgebiete im nördlichen Rheinland. - Schr.reihe Landesst.Nat. schutz Landsch.pfl. NRW 3

Hild, J. u. Rehnelt, K. (1965 a): Hydrobiologische Untersuchungen an niederrheinischen Gewässern. - Hydrobiologia 25 (3-4): 442-465

Hild, J. u. Rehnelt, K. (1965 b): Öko-soziologische Untersuchungen an einigen niederrheinischen Kolken. - Ber.Dtsch.Bot.Ges. 78 (7): 289-304

Hild, J. u. Rehnelt, K. (1969): Ökologische Untersuchungen an einigen Kleingewässern der Wahner Heide bei Köln. - Hydrobiologia 34 (2): 207-234

Hild, J. u. Rehnelt, K. (1971): Öko-soziologische Untersuchungen an einigen niederrheinischen Meeren. - Ber.Dtsch.Bot.Ges. 84 (1/2): 19-39

Hilgers, J. (1967 a): Samenvatting van de lezing over de achteruitgang van de orchideeen in Zuid-Limburg. - Nat.hist. Maandbl. 56 (6)

Hild, J. u. Rehnelt, K. (1969): Ökologische Untersuchungen an einigen Kleingewässern der Wahner Heide bei Köln. - Hydrobiologia 34 (2): 207-234

Hild, J. u. Rehnelt, K. (1971): Öko-soziologische Untersuchungen an einigen niederrheinischen Meeren. - Ber.Dtsch.Bot.Ges. 84 (1/2): 19-39

Hilgers, J. (1967 a): Samenvatting van de lezing over de achteruitgang van de orchideeen in Zuid-Limburg. - Nat.hist. Maandbl. 56 (6)

Hilgers, J. (1967 b): De orchideeen van de Brunsummerheide. - Nat.hist. Maandbl. 56 (7/8)

Hilgers, J. (1972): De achteruitgang van de Orchidaceae in Limburg XII. - Nat.hist. Maandbl. 61, 4: 54-56

Höppner, H. (1907): Flora des Niederrheins 1. Aufl. - Krefeld

Höppner, H. (1911/1912): Das Königsveen, ein Naturdenkmal. - Der Niederrhein 1 (2): 30, (3): 45-46, (8): 124-126

Höppner, H. (1913 a): Botanische Skizzen vom Heide- und Moorgebiet zwischen Dorsten und Wesel. - Westfl. Provinz.-Ver.f.Wiss.u.Kunst 41: 172-182

Höppner, H. (1913 b): Die Utricularien der Rheinprovinz. In: Sitz.ber.Nat.hist.Ver.Rheinl. Westf. - Ber.Bot.Zool.Ver. 1912: 92-150

Höppner, H. (1916 a): Bericht über die Moore am linken Niederrhein. In. Die Kriegsmeliorierungen der Moore und ihr Einfluß auf die ursprüngliche Natur. - Beitr. zur Naturdenkmalpfl. 5 (2): 183-187

Höppner, H. (1916 b): Orchis Wirtgenii, ein konstant gewordener Bastard vom Niederrhein. - Abhandl.d.Ver.f.naturwiss.Erforsch.d.Niederrheins 2: 55-61

Höppner, H. (1920): Die Kirchhellener Heide und das Bestener Torfvenn. - Vestische Heimat 1 (11): 7-10

Höppner, H. (1925): Die Rahmsümpfe bei St.Hubert. - Nat.a.Niederrh. 1 (2): 5-12

Höppner, H. (1926 a): Das Schwalmtal als Naturdenkmal. - Nat.a.Niederrh. 2 (2): 5-20

Höppner, H. (1926 b): Hydrobiologische Untersuchungen an niederrheinischen Gewässern III. Die Phanerogamenflora der Seen und Teiche des unteren Niederrheins. - Arch.Hydrobiol. 17 (1): 117-158

Höppner, H. (1927 a): Das Hülserbruch einst und jetzt. - Nat.a.Niederrh. 3 (1): 24-32

Höppner, H. (1927 b): Orchis Beckerianus H. Höppner und sein Formenkreis nebst Bemerkungen zu verwandten Formenkreisen. - Sitzber.Nat.hist.Ver.Rheinl.Westf. 1926 D: 1-26

Höppner, H. (1927 c): Botanische Skizzen aus dem Nettegebiet. - Nat.a.Niederrh. 3 (2): 39-54

Höppner, H. (1940):Die Großpflanzengesellschaften der niederrheinischen Teiche und Seen. - Rhein.Heimatpfl. 12 (1/2): 55-68

Höppner, H. (1941): Der Sankert. - Die Heimat 20 (1/2): 90-94, Krefeld

Höppner, H. u. Preuß, H. (1926): Flora des Westfälisch-Rheinischen Industriegebietes unter Einschluß der Rheinischen Bucht. Unverändert. Nachdruck 1971: Niederrhein.Landesk. VII. - Duisburg

Hoffmeister, J. u. Schnelle, F. (1945): Klimaatlas von Niedersachsen. - Oldenburg

Horst, K., Krausch, H.-D. u. Müller-Stoll, W.R. (1966). Die Wasser- und Sumpfpflanzengesellschaften im Elb-Havel-Winkel.- Limnologica 4 (1): 101-163

Hubatsch, H. (1966): Gutachten zur Erhaltung der Heidemoore im Bracht-Kaldenkirchener Grenzwald. - Der Niederrh. 33 (1): 17-20

Hubatsch, H. (1976): Das Elmpter Schwalmbruch. - Mitteil.Landesanst.Ökol.Landsch.entw.Forstpl. NRW. 1. Jg. III, 5

Hueck, K. (1925): Vegetationsstudien auf brandenburgischen Hochmooren. - Beitr.Naturdenkmalpfl. 10

Hueck, K. (1929): Die Vegetation und die Entwicklungsgeschichte des Hochmoores am Plötzendiebel (Uckermark). - Beitr.Naturdenkmalpfl. 13

Hueck, K. (1931): Erläuterungen zur vegetationskundlichen Karte des Endmoränengebietes bei Chorin. - Beitr.Naturdenkmalpfl. 14: 105-214

Hueck, K. (1939): Botanische Wanderungen im Riesengebirge. - Pflanzensoziol. 3 - Jena

Hueck, K. (1942): Die Pflanzenwelt des Naturschutzgebietes Krumme Laake bei Rahnsdorf. - Arb.Berl.Prov.Stelle Nat.schutz 3

Hultén, E. (1950): Atlas över växternas utbredning i Norden. - Stockholm

Hultén, E. (1958): The amphi-atlantic plants and their phytogeographical connections. - Kungl.Svenska Vetensk.Handl. 4, Ser. 7

Hultén, E. (1962 u. 1971): The circumpolar plants I u. II. - Kungl. Svenska Vetensk.Handl. 4, Ser. 8 (5) u. 13 (1)

Isoviita, P. (1966): Studies on Shagnum L.I.Nomenclatural revision of the European Taxa. - Ann.Bot.Fenn. 3: 199-264

Iversen, J. u. Olsen, S. (1943): Die Verbreitung der Wasserpflanzen in Relation zur Chemie des Wassers. - Bot.Tidsskr. 46 (2)

Jacobs, G. (1958): Fytosociologische studie van de Moeren te Postel. - Natuurwet.Tijdschr. 39 (1957): 135-171

Jäger, E. (1968): Die pflanzengeographische Ozeanitätsgliederung der Holarktis und die Ozeanitätsbindung der Pflanzenareale. - Feddes Repert. 79: 157-335

Jahns, W. (1962): Zur Kenntnis der Pflanzengesellschaften des Großen und Weißen Moores bei Kirchwaldsede (Kr. Rotenburg/Hannover). - Mitt.Flor.-soz.Arb.gem. NF 9: 88-94

Jahns, W. (1969): Torfmoos-Gesellschaften der Esterweger Dose. - Schr.reihe Vegetationskde. 4: 49-74

Jansen, G. (1945): Verlanding van oligotrophe vennen. - Kruipnieuws 7 (1-2): 8-9

Jansen, J. (1929): Plantenlijst Noord-Limburg. - Maandbl.Nat.hist.Gen.Limb. 18 (2)

Jelenc, F. (1970): Contribution à l'étude du genre Sphagnum.I. Une mare temporaire du domaine atlantique européen. - Rêv.bryol.lichênol. 37 (1): 17-32

Jensen, N. (1952): Die Moosflora von Schleswig-Holstein. - Mitt.Arb.gem.Flor.Schlesw.- Holst.u.Hambg. 4

Jensen, N. (1955): Das atlantische Element in der Moosflora von Schleswig-Holstein. - Mitt.Arb.gem.Flor.Schlesw.-Holst.u.Hambg. 5: 79-97

Jensen, U. (1961): Die Vegetation des Sonnenberger Moores im Oberharz und ihre ökologischen Bedingungen. - Natursch.u.Landsch.pfl.i.Niedersachsen 1

Jensen, U. (1972): Das System der europäischen Oxycocco-Sphagnetea.Ein Diskussionsbeitrag. In: Tüxen, R. (Hrsg.): Grundfragen und Methoden in der Pflanzensoziologie.-Ber.Int. Symp.Stolzenau 1970: 481-496

Jeschke, L. (1959): Pflanzengesellschaften einiger Seen bei Feldberg in Mecklenburg. - Feddes Repert., Beih. 138: 161-214

Jeschke, L. (1961): Die Vegetation des Naturschutzgebietes "Mümmelken-Moor" auf der Insel Usedom. - Arch.Naturschutz u.Landschaftsforsch. 1 (19): 54-84

Jeschke, L. (1963):Die Wasser- und Sumpfvegetation im NSG "Ostufer der Müritz". - Limnologica 1 (5): 475-545

Jöns, K. (1934): Der Bültsee und seine Vegetation. - Schrift.Nat.Ver.Schlesw.-Holst. 20 (2): 1-37

Jonas, F. (1931): Die Moortypen NW-Deutschlands. In: Ber.Versamml.Bot.-zool.Ver. - Sitz.ber. Nat.hist.Ver.Rheinl.Westf. 1929

Jonas, F. (1932 a): Die Vegetation der emsländischen Heidekölke. - Feddes Repert., Beih. 66: 41-68

Jonas, F. (1932 b): Ein atlantisches Übergangsmoor (Heidemoor) im Emslande. - Sitz.ber. Nat.hist.Ver.Rheinl.Westf. 1932 D: 1-14

Jonas, F. (1933 a): Iets over atlantische heivenen en de veentypen van Nederland. - De Lev.Nat. 38 (2): 46-50

Jonas, F. (1933 b): Der Hammrich. Die Vegetationseinheiten eines Flachmoores an der Unterems.-Feddes Repert., Beih. 71, A: 35-99

Jonas, F. (1934): Die Entwicklung der Hochmoore am Nordhümmling. - Feddes Repert., Beih. 78 (2)

Jonas, F. (1935): Die Vegetation der Hochmoore am Nordhümmling. - Feddes Repert., Beih. 78 (1): 1-143

Jongmans, W.J. en Rummelen, F.H.v. (1942): Overzicht van de gegevens der boringen in Zuid-Limburg, het Peelgebied en het direct aangrenzende gebied. - Meded.Jaarversl. 1940/41 Geol.Sticht.Geol.Bur.Mijngeb.Heerlen: 123-143

Kästner, M. u. Flössner, W. (1933): Die Pflanzengesellschaften des westsächsischen Berg- und Hügellandes. 2. Teil: Die Pflanzengesellschaften der erzgebirgischen Moore. - Veröff.Landever.Sächs.Heimatschutz 1933: 1-208

Kästner, M., Flössner, W. Uhlig, J. (1931). Die Pflanzengesellschaften des westsächsischen Berg- und Hügellandes. 1. Teil: Die Gesellschaften des nackten Teichschlammes. - Ber.d.Nat.wiss.Ges.Chemnitz 23: 50-66

Kaja, H. (1951): Über die Flora des NSG "Hanfteich". - Nat.u.Heimt 11, Beiheft: 99-103

Katz, N.J. (1931): Zur Kenntnis der oligotrophen Moortypen des europäischen Rußland. - Beih.Bot.Centr.bl. Abt. II 47: 177-210

Kaule, G. (1973): Zum Vorkommen von Sphagnum centrale Jensen und Sphagnum subnitens Russow et Warnst. in Südbayern. - Herzogia 2: 423-435

Keilhack (1917): Die großen Dünengebiete Norddeutschlands. - Z.Dtsch.Geol.Ges. 69 (1-4)

Keller, G. Schlechter, R. u. Soó, R.v. (1928-1940): Monographie und Iconographie der Orchideen Europas und des Mittelmeergebietes. - Feddes Repert., Sonderbeih. a) 1928, b) 1930-1940

Kleist, C.de (1929): Recherches phytosociologiques sur les tourbières de la région des dunes de la rive droite de la vistule aux environ de Varsovie. - Bull.Acad.Polon.Sci.Ser. B , 1929, Cracovie

Kleuver, J.J. u. Voo, E.E.v.d. (1962): Het "Karregat" in het Heescheindse Veld. - De Lev. Nat. 65 (3): 49 - 55

Klika, J. (1935): Die Pflanzengesellschaften des entblößten Teichbodens in Mitteleuropa. - Beih.Bot.Centr.bl. 53 B: 286-310

Klima-Atlas für das Gebiet der Deutschen Demokratischen Republik. (Hrsg.): Meteorol.u.Hydrol. Dienst der DDR - Berlin (1953-1962)

Klimaatlas von Niedersachsen. (Hrsg.): Deutscher Wetterdienst.-Offenbach (1964)

Klimaatlas von Nordrhein-Westfalen. (Hrsg.): Deutscher Wetterdienst.-Offenbach (1960)

Klinger, P.U. (1970): Zur Vegetation des Schwarzsees bei Mölln. - Kieler Notizen, Jg. 1970 (5)

Kloos, Jr., A.W. (1932): Zur Vegetation des Schwarzsees bei Mölln. - Kieler Notizen, Jg. 1970 (5)

Knapp, R. (1971): Einführung in die Pflanzensoziologie. 3.Aufl. - Stuttgart

Knapp, R. u. Stoffers, A.L. (1962). Über die Vegetation von Gewässern und Ufern im mittleren Hessen und ... - Geobot. Mitt. 17

Knoch, K. u. Reichel, E. (1937): Die Verteilung der Temperatur. In: Krebs, N. (Hrsg.): Atlas des deutschen Lebensraumes in Mitteleuropa. - Leipzig

Knörzer, K.H. (1957): Die Pflanzengesellschaften der Wälder im nördlichen Rheinland zwischen Niers und Niederrhein und ... - Geobot. Mitt.

Knörzer, K. H. (1965): Botanische Betrachtungen im Naturschutzgebiet "Wisseler Dünen". - Mitt.Landesst.Nat.Schutz Landsch.pfl. NRW NF 1: 14 - 16

Knorr, E. u. Schwickerath, M. (1959): Das Elmpter Schwalmbruch. In: Schwickerath, M.: 50 Jahre Naturschutz im Regierungsbezirk Aachen. - Aachen

Koch, K. (1958): Flora des Regierungsbezirks Osnabrück und der benachbarten Gebiete. 2. Aufl. - Osnabrück

Koch, W. (1926): Die Vegetationseinheiten der Linthebene unter Berücksichtigung der Verhältnisse in der Nordschweiz. - Jb.d.St.Gall.Nat.wiss.Ges. 61

Konczak, P. (1968): Die Wasser- und Sumpfpflanzengesellschaften der Havelseen um Potsdam. - Limnologica 6, 1: 147-201

Koppe, F. (1926): Die biologischen Moortypen Norddeutschlands. - Ber.Dtsch.Bot.Ges. 44: 584-588

Koppe, F. (1931): Die Moosflora des Naturschutzgebietes "Heiliges Meer" bei Hopsten. - Abhandl.Westf.Prov.-Mus.Nat.kde 2: 103-120

Koppe, F. (1934, 1935, 1939, 1949): Die Moosflora von Westfalen I-IV. - Abhandl.Westf.Prov.-Mus.Nat.-kde 5; 6 (7); 10 (2); 12 (1)

Koppe, F. (1952): Nachträge zur Moosflora von Westfalen. - Ber.Nat.wiss.Ver.Bielef. 12: 61-95

Koppe, F. (1953): Die Vegetation zweier Moorschutzgebiete im Kreis Lübbecke. In: Naturschutz in Westfal. - Nat.u.Heimat 13, Beih.: 101-106

Koppe, F. (1955 a): Die bryogeographischen Verhältnisse des Niedersächsichen Tieflandes. - Mitt.A.G.Flor.Schl.-Holst.u.Hambg. 5: 131-157

Koppe, F. (1955 b): Nachträge zur Moosflora des NSG "Heiliges Meer" bei Hopsten. - Nat.u. Heimat 15, Beiheft: 114-115

Koppe, F. (1960): Die Vegetationsverhältnisse des NSG "Harskamp". - Nat.u.Heimat 20 (1): 1-5

Koppe, F. (1964): Die Moose des niedersächsischen Tieflandes. - Abh.Nat.wiss.Ver.Bremen 36 (2): 257-424

Koppe, F. (1967): Die Vegetationsverhältnisse des NSG "Vennepohl" bei Sudendorf, Kr. Osnabrück. - Nat.u.Heimat 27 (3): 97-104

Korneck, D., Lohmeyer, W., Sukopp, H. u. Trautmann, W. (1977): Rote Liste der Farn- und Blütenpflanzen. 2. Fassung. In: Rote Liste der gefährdeten Tiere und Pflanzen i. d. Bundesrepublik Deutschland. - Naturschutz aktuell 1: 45-58

Krausch, H.-D. (1963): Zur Soziologie der Juncus acutiflorus - Quellwiesen Brandenburgs. - Limnologica 1 (4): 323-338

Krausch, H.-D. (1964): Die Pflanzengesellschaften des Stechlinsee-Gebietes I. u. II. - Limnologica 2 (2): 145-203 u. (4): 423-482

Krausch, H.-D. (1965): Zur Gliederung des Scirpo-Pragmitetum medioeuropaeum W. Koch 1926. - Limnologica 3: 17-22

Krausch, H.-D. (1968): Die Pflanzengesellschaften des Stechlinsee-Gebietes. IV. Die Moore. - Limnologica 6 (2): 321-380

Kreuzer, R. (1940): Limnologisch-ökologische Untersuchungen an holsteinischen Kleingewässern. - Arch.Hydrobiol.Suppl. 10

Kriegsmann, F. (1955): Zur Bedeutung der Lebensräume stehender Gewässer für die Beurteilung ihres Gesamttypus. - Arch.Hydrobiol., Suppl 22 (3/4)

Krisai, R. (1960): Pflanzengesellschaften aus dem Ibmer Moor. - Jb.Oberösterr.Musealver. 105: 155-205

Krisai, R. (1965): Pflanzensoziologische Untersuchungen in Lungauer Mooren. - Verh.Zool. -bot.Ges.Wien 105/106: 94-136

Kudoke, J. (1961): Vegetationsverhältnisse im Naturschutzgebiet Peetscher Moor bei Bützow. - Archiv Freunde Nat.-gesch.Mecklenbg. 7: 240-280

Kühlmann, D.H.H. (1960): Wasserführung und Eisverhältnisse zweier Kleingewässer. - Acta Hydrophysica 6 (2): 97-126

Kümmel, K. (1938): Das Verschwinden der Sümpfe und Moore am Niederrhein. - Decheniana 97 B

Kuhn, L. (1960): Die Verlandungsgesellschaften des Federseerieds. In: Zimmermann, W.: Federseebuch: 1-69

Kuiper, P. (1958): Verlandingsvegetaties in NW-Overijssel - Kruipnieuws 20 (1): 1-20

Kulczyński, St. (1949): Peat bogs of Polesie. - Mém.de l'Acad.Polon.d.Sci.et de Lett.Cl.d. sc.Math.et nat. Sér.B., 15: 356

Kuyl, O.S. (1967): Geologische waarnemingen op de Brunssummerheide. - Nat.hist.Maandbl. 56 (7/8)

Lang, G. (1963): Kurzer Führer für die Exkursion Südschwarzwald - Westl. Bodenseegebiet (19. bis 21.6.1962). - Ber.Dtsch.Bot.Ges.

Lang, G. (1967): Die Ufervegetation des westl. Bodensees. - Arch.Hydrobiol., Suppl. 32 (4): 437-574

Langner, C. (1965): Untersuchungen über die statischen und dynamischen Verhältnisse des Bodenwasserhaushalts. - Mitt.Dtsch.Bodenkdl.Ges. 2: 1-9

Lauterborn, R. (1918): Die geographische und biologische Gliederung des Rheinstroms. III. Teil. - Sitz.ber.Heidelbg. Akad.Wissensch.-Math.-Nat.Kl., Abt. B, 1.Abh.

Laven, L. u. Thyssen, P. (1959): Flora des Köln-Bonner Wandergebietes. - Decheniana 112 (1): 1-179

Lawalrée, A. (1952-1957): Flore Générale de Belgique. Spermatophytes. - Bruxelles

Lebrun, J., Noirfalise, A., Heineman, P. et Vanden Berghen, C. (1949): Les associations végétales de Belgique. - Bull.Soc.Roy.Bot.Belg. 82: 105-199

Leeuwen, G.G.v. (1962): De hoogvenen van Twente. In:Twente natuurhist. III. - Wetensch. Meded.Kon.Ned.Nat.Ver. 43: 19-36

Leijs, H.N. (1962): Oeverzonering van een ven bij Staphorst. - De Lev.Nat. 65 (12): 269-273

Leick, E. (1930): Zur Frage der Wasserbilanz von Hochmooren. Untersuchungen über das ökologische Sättigungsdefizit. - Mitt.Nat.wiss.Ver. Neuvorpommern u. Rügen i. Greifswald. 52-56: 146-174

Lemée, G. (1938): Recherches écologiques sur la végétation du Perche, Kap. 4,5,6. - Revue gén.Bot. 50

Lemke, W. (1960): Über das Erkennen von Weidenbastarden. - Decheniana 112 (2): 243-249

Lesquereux, L. (1847): Untersuchungen über die Torfmoore im allgemeinen. - Berlin

Libbert, W. (1932-1933): Die Vegetationseinheiten der neumärkischen Staubeckenlandschaft I, u. II. - Verh.Bot.Ver.Brandenb. 74 (1): 10-93 u. (3). 229-348

Libbert, W. (1939): Die Pfuhle des Kreises Soldin und ihr Schutz. - Der märk.Naturschutz 41: 225-233

Libbert, W. (1940): Pflanzensoziologische Beobachtungen während einer Reise durch Schleswig-Holstein im Juli 1939. - Feddes Repert., Beih. 121: 92-130

Lienenbecker, H.u.I. (1967): Das Gagelgebüsch (Myricetum galis) im Naturschutzgebiet "Heiliges Meer". - Nat.u.Heimat 27 (1): 26-27

Limpricht, K.G. (1904): Die Laubmoose Deutschlands, Österreichs und der Schweiz. In: Rabenhorst, L.: Kryptogamenflora ... Bd.IV, 3. Abt. - Leipzig

Lötschert, W. (1964 a): Vegetation, Trophiegrad und pflanzengeographische Stellung des Salemer Moores. Beitr.Biol.Pfl. 40 (1)

Lötschert, W. (1964 b): Exkursion zur Schwarzen Kuhle und zum Salemer Moor bei Ratzeburg. - Ber. Dtsch.Bot.Ges. 76 (11): 134-140

Lohmeyer, W. Müller, T., Pitzer, E., Sukopp, H. (1972): Die in der Bundesrepublik Deutschland gefährdeten Arten von Farn- und Blütenpflanzen. - Gött.florist.Rundbr. 6 (4): 91-96

Lorié, J. (1916-1919): De vennen van Oisterwijk in Noord-Brabant. - Verh.Geol.Mijnb.Gen. Nederl,en Kol, Geol.Ser. III, 1916: 123-132; II. 1917/18: 223-232, 281-292; IV, 1919

Losert, H. (1969): Zur Verbreitung von Myrica gale L. im Regierungsbezirk Lüneburg. - Mitt.Flor.-soz.A.G. NF 14: 32-35

Lotze, F. (1951): Die Grundwasserverhältnisse in den Naturschutzgebieten am Heiligen Meer. - Nat.schutz i.Westf., Beih. Nat.u.Heimat 11

Lüdi, W. (1923): Die Untersuchung und Gliederung der Sukzessionsvorgänge in unserer Vegetation.- Verh.Nat.forsch.Ges. Basel 35: 277-302

Lüdi, W. (1952): Bericht über den 8. Kurs in Alpenbotanik. - Ber.Geobot.Instit. Rübel 1951

Lumiala, O.V. (1945): Über die Standortsfaktoren bei den Wasser-und Moorpflanzen sowie deren Untersuchung. - Ann.Acad.Sci.fenn. Ser. A IV Biol. 6: 1-47

Lundbeck, J. (1938): Das Werden und Vergehen der nordwestdeutschen Seen. - Geol.Meere u. Binnengew. 2

Lundbeck, J. (1954): Zur Kenntnis der Lebensverhältnisse in sauren Binnenseen. - Arch. Hydrobiol. Suppl. 20 (1): 18-117

Luther, H. (1939): Über das Vorkommen von Utricularia neglecta Lehm. in Finnland. - Mém.Soc.F.Fl.Fenn. 15:34-49

Lutz, J. (1938): Geobotanische Beobachtungen an Cladium Mariscus R.Br. in Süddeutschland. - Ber.Bay.Bot.Ges. 23:135-141

Maarleveld, G.C. en Toorn, J.C.v.d. (1955): Pseudo-Sölle in Noord-Nederland. - Kon.Nederl. Aardr.kg.Genootsch. 72: 344-360

Machander, H. (1935): Die Wasserstandsschwankungen im Scherwurz-See und Kleinen Ölsener See in den Jahren 1932 bis 1934. - Arch.Hydrobiol. 28: 162-182

Malmer, N. (1968): Über die Gliederung der Oxycocco-Sphagnetea und Scheuchzerio-Caricetea fuscae. In: Tüxen, R. (Hrsg.): Pfl.soz.Systematik.Ber.Int.Sympos. Stolzenau 1964: 293-305 - Den Haag

Margadant, W. en Wijk, R.v.d. (1942): De vegetatie van het vennenlandschap.- Natura 41 (11/12): 85-90

Mattick, F. (1929: Das Moritzburger Teichgebiet und seine Pflanzenwelt. - Feddes Repert. Beih. 56: 125-166

Matuszkiewicz. W. (1962): Zur Systematik der natürlichen Kiefernwälder des mittel- und osteuropäischen Flachlandes. - Mitt.Flor.-soz.Arb.gem. NF 9:145-186

Meijer, W. (1949 a): Sphagnum riparium Angstr. een nieuwe indigeen. - Nederl.Kruidkg.Arch. 56:160-171

Meijer, W. (1949 b): Bryolog. waarnemingen in Zuid-Boomber.- Nederl.Kruidkg.Arch. 56: 145-186

Meijer, W. (1958): Over de mosflora van de Nederlandse Vennen. - Buxbaumia 12 (3/4): 46-52

Meisel, K. (1969): Zur Gliederung und Ökologie der Wiesen im nordwestdeutschen Flachland. - Schr.Reihe Vegetat.kd. 4 23-48

Meisel-Jahn, S. (1955): Die Kiefern-Forstgesellschaften des norddeutschen Flachlandes. - Schr.Reihe Vegetat.kde 4: 23-48

Mellin, J. u. Lienenbecker, H. (1964): Die Seggenkleinarten und -unterarten des NSG "Heiliges Meer" und seiner Umgebung. - Nat.u.Heimat 24 (4): 98-99

Menke, B. (1955): Der Friesoyter Geestrücken - ein floristisch bedeutsames Gebiet des Oldenburger Landes. - Beitr.Naturkde Niedersachs. 8 (3): 85-93

Menke, B. (1964): Das Huntloser Torfmoor. - Oldenbg. Jb. 63: 43-62

Meusel, H. (1943): Vergleichende Arealkunde. - Berlin

Meusel, H., Jäger, E. u. Weinert, E. (1965): Vergleichende Chorologie der zentraleuropäischen Flora. - Jena

Meyer, A. (1926): Über einige Zusammenhänge zwischen Klima und Boden in Europa. In: Chemie der Erde 2 (3): 209-347

Meyer, W. u. Dieken, J.v. (1947): Pflanzenbestimmungsbuch für die Landschaften Osnabrück, Oldenburg, Ostfriesland und ihre Inseln. Bd. I. - Bremen

Möller, H. (1961): Floristisch-soziologische Untersuchungen im Scharnhagener Moor (Dänischer Wald). - Mitt.A.G.Flor.Schlesw.-Holst.u.Hambg. 9: 4-64

Mönkemeyer, W. (1927): Die Laubmoose Europas. In: Rabenhorst's Kryptogamenflora Bd. 4, Erg.bd. - Leipzig

Mönkemeyer, W. (1931): Bryales. In: Pascher, A. (Hrsg.): Die Süßwasserflora Mitteleuropas 14, 2. Aufl. - Jena

Mörzer-Bruijns, M.F. (1952): Het Eendenven te Bergen. - Nat.-hist.Maandbl. 41: 34-36

Mörzer-Bruijns, M.F. u. Voo, E.E.v.d. (1962): Het Sarsven te Nederweert. - Nat.hist. Maandbl. 51 (1 u. 2)

Monreal, W. (1959): Die sedimentpetrographische Gliederung der Terrassen im Venloer Graben und am Viersener Höhenrücken. - Fortsch.Geol.Rheinl.Westf. 4

Moore, J.J. (1968): A classification of the bogs and wet heaths of northern Europe. In: Tüxen, R. (Hrsg.): Pflanzensoziol. Systematik. Ber.Int.Sympos.Stolzenau 1964: 306-320 Den Haag

Mückenhausen, E. (1952): Die Böden des linken Niederrheins. - Der Niederrhein 19 (3/4)

Mückenhausen, E. u. Wortmann, H. (1953): Bodenübersichtskarte von Nordrhein-Westfalen 1 : 300 000 - Hannover

Mückenhausen, E. u. Wortmann, H. (1958): Erläuterungen zur Bodenübersichtskarte von Nordrhein-Westfalen 1 : 300 000. (Hrsg.): Geol.Landesamt NRW - Krefeld

Müller, Fr. (1920): Zur Moosflora des oberen Nahetales. - Ber.Bot.Zool.Ver. 1919: 1-18

Müller, K. (1941): Naturschutzgebiet Wildseemoor bei Wildbad-Kaltenbronn. - Veröff.Württ. Landesst.Naturschutz 17: 5-56

Müller, K. (1951-1958): Die Lebermoose Europas. In: Rabenhorst's Kryptogamenflora 6 (3). - Leipzig

Müller, K. (1954): Die pflanzengeographischen Elemente in der Lebermoosflora Deutschlands. - Revue bryol. et lichén. 23: 109-122

Müller, K. (1965): Zur Flora und Vegetation der Hochmoore des nordwestdeutschen Flachlandes. - Schr.Nat.wiss.Ver.Schl.-Holst. 36: 30-77

Müller, K. (1968): Ökologisch-vegetationskundliche Untersuchungen in ostfriesischen Hochmooren. - Ber.Dtsch.Bot.Ges. 81 (6): 221-237

Müller, Th. (1970): Mosaikkomplexe und Fragmentkomplexe. In: Tüxen, R. (Hrsg.): Gesellschaftsmorphologie. Ber.Int.Sympos.Stolzenau 1966

Müller, Th. u. Görs, S. (1960): Pflanzengesellschaften stehender Gewässer in Baden-Württemberg. - Beitr.nat.kdl.Forsch.SW-Deutschl. 19: 60-100

Müller-Stoll, W.R. u. Gruhl, K. (1959): Das Moosfenn bei Potsdam. - Wiss.Z.Päd.Hochsch. Potsdam, Math.-nat.Reihe 4 (2): 151-180

Müller-Stoll, W.R. u. Neubauer, M. (1965): Die Pflanzengesellschaften auf Grundwasser-Standorten im Bereich der Fercher Berge südwestlich von Potsdam. - Wiss.Z.Päd.Hochsch. Potsdam, Math.-nat.Reihe 9 (3): 313-367

Müllner, J. (1932): Zur Speisung der Seen. - Arch.Hydrobiol. 23: 348-362

Mullenders, W. (Hrsg.) (1967): Flore de la Belgique, du nord de la France et des régions voisines. - Liège

Natho, G. (1959): Variationsbreite und Bastardbildung bei den mitteleuropäischen Birkensippen. - Feddes Repert. 61 (3): 211-273

Natuurhistorisch Genootschap in het afgeloopen jaar 1917. - Maandbl.Nat.hist.Gen.Limbg.
6 (1): 2-4

Naturschutzgebiete der Deutschen Demokratischen Republik (Hrsg.): Institut f. Landesforsch.
u.Naturschutz i. Halle, Dtsch. Akad.Landw.wiss. - Berlin (1964)

Neuhäusl, R. (1959): Die Pflanzengesellschaften des südöstlichen Teiles des Wittingauer
Beckens. - Preslia 31 (2): 115-147

Neuhäusl, R. (1965): Vegetation der Röhrichte und der sublitoralen Magnocariceten im Wittingauer Becken. In: Vegetace CSSR A 1: 12-177 - Prag

Neuhäusl, R. (1969): Systematisch-soziologische Stellung der baumreichen Hochmoorgesellschaften Europas. - Vegetatio 18: 104-121

Niemann, E. (1970): Vegetationsdifferenzierung und Wasserfaktor. - Arch.Nat.schutz Landsch.
forsch. 10 (2/3): 111-130

Nieuwenhoven, P.J.v. (1972): Strijd om het water in het Herenven. - Nat.hist.Maandbl. 61
(9): 127-132

Noirfalise, A., Huble, J. et Delvingt, W. (1970): Les réserves naturelles de la Belgique

Oberdorfer, E. (1938): Ein Beitrag zur Vegetationskunde des Nordschwarzwaldes. - Beitr.nat.
kdl.Forsch.SW-Dtschl. 3: 150-270

Oberdorfer, E. (1957): Süddeutsche Pflanzengesellschaften. Pflanzensoziol. 10 - Jena

Oberdorfer, E. (1970): Pflanzensoziologische Exkursionsflora für Süddeutschland und die
angrenzenden Gebiete. 3.Aufl. - Stuttgart

Oberdorfer, E., Görs, E., Korneck, D., Lohmeyer, W., Müller, Th., Philippi, G. u. Seibert, P.
(1967): Systematische Übersicht der westdeutschen Phanerogamen- und Gefäßkryptogamen-
Gesellschaften. Ein Diskussionsentwurf. - Schr.-reihe Veget.kde 2: 7-62

Oligschläger, F.W. (1839): Pflanzengeographische Andeutungen über das Bergische. -
J.ber.Botan.Ver.Mittel- u. Niederrheins 2

Osvald, H. (1923): Die Vegetation des Hochmoores Komosse. - Sv.växtsoc.Sällsk.Handl. 1: 1-436

Osvald, H. (1925): Die Hochmoortypen Europas. - Veröff.Geobot.Inst.Rübel 3: 707-727

Overbeck, F. (1950): Die Moore. In: Geologie u. Lagerstätten Niedersachsens Bd. 3, 4. Abt.
Bremen

Overbeck, F. u. Schmitz, H. (1931): Zur Geschichte der Moore, Marschen und Wälder NW-Deutschlands I. - Mitt.Prov.stelle Nat.denkm.pfl. Hannover 3: 1-179

Pacl, J. (1965): Hydrologische Untersuchungen am See Strbské pleso im Nationalpark Hohe Tatra.
- Arch.Nat.schutz Landsch.forsch. 5 (1): 45-53

Paffen, K.H. (1962): Niederrheinisches Tiefland. In: Handbuch der naturräumlichen Gliederung
Deutschlands

Paffen, K.H., Schüttler, A. u. Müller-Miny, H. (1963): Die naturräumlichen Einheiten auf
Blatt 108/109 Düsseldorf-Erkelenz. - Geogr.Landesaufn. 1 : 200 000. Naturräumliche
Gliederung Deutschlands. (Hrsg.): Instit.Landeskde.

Panknin, W. (1941): Die Vegetation einiger Seen in der Umgebung von Joachimstal. -
Biblioth.Bot. 119

Pannekoek, A.J. (Hrsg.) (1956): Geological history of the Netherlands. Explanation to the
general geological map of the Netherlands on the scale of 1 : 200 000. - The Hague

Passarge, H. (1955): Die Ufervegetation des Briesener Sees. - Mitt.Flor.-soz.Arb.gem. NF 5:
91-97

Passarge, H. (1961): Zur soziologischen Gliederung der Salix cinerea-Gebüsche Norddeutschlands. - Vegetatio 10: 209-228

Passarge, H. (1964 a. u. 1968): Pflanzengesellschaften des nordostdeutschen Flachlandes I
u. II. Pflanzensoziologie 13 u. 16 - Jena

Passarge, H. (1964 b): Über Pflanzengesellschaften der Moore im Lieberoser Endmoränengebiet. - Abh.u.Ber.Naturkde - Museums Görlitz 39 (1): 1-26

Passarge, H. (1965): Zur Frage der Probeflächenwahl bei Gesellschaftskomplexen im Bereich der Wasser- und Verlandungsvegetation. - Feddes Repert., Beih. 142: 203-208

Passarge, H. (1966): Die Formationen als höchste Einheiten der soziologischen Vegetations-systematik. - Feddes Repert. 73 (3): 226-235

Paul, H. (1910): Ergebnisse der pflanzengeographischen Durchforschung von Bayern. Die Moor-pflanzen Bayerns. - Ber.Bayer.Bot.Ges. 12: 136-228

Paul, H. (1931): Sphagnales. In: Pascher, A.: Die Süßwasserflora Mitteleuropas 14, 2.Aufl.-Jena

Paul, H. (1931/32): Der Einfluß des Wassers auf die Gestaltungsverhältnisse der Sphagna. - Abh.Nat.wiss.Ver.Bremen. Sonderheft z.Bd. 28: 78-96

Paul, H. (1941): Sphagnum balticum Russow. Botanische Kurzbeiträge IV, 1. - Ber.Bayer. Bot.Ges. 25

Paul, H. u. Lutz, J. (1941): Zur soziologisch-ökologischen Charakterisierung von Zwischen-mooren. - Ber.Bayer.Bot.Ges. 25

Pfaffenberg, K. (1934): Stratigraphische und pollenanalytische Untersuchungen in einigen Mooren nördlich des Wiehengebirges. - Jb.Kön.Preuß.Geol.L.A. 54: 160-193

Pfaffenberg, K. (1952): Pollenanalytische Untersuchungen an nordwestdeutschen Kleinstmooren. - Mitt.Flor.-soz.Arb.gem. NF 3

Pfeiffer, H. (1945): Von der floristischen und ökologischen Verwandtschaft zwischen dem nordwestdeutschen Eleocharetum des Litorellion-Verbandes. - Arch.Hydrobiol. 41: 50-67

Pfeiffer, H. (1953): Linienschätzungen zur Untersuchung der Grenze zwischen Berührungsge-sellschaften. - Mitt.Flor.-soz.Arb.gem. NF 4

Pfeiffer, H. (1957): Betrachtungen zum Homogenitätsproblem in der Pflanzensoziologie. - Mitt.Flor.-soz.Arb.gem. NF 6/7: 103-111

Pfeiffer, H. (1958): Über das Zusammentreten von Pflanzengesellschaften in Komplexen. - Phyton 1 (4): 288-295

Pfeiffer, H. (1961): Soziologische Stellung, Gesellschaftshaushalt und Entwicklung des ge-fährdeten Cladietum marisci. - Feddes Repert., Beih. 139: 250-262

Pfeiffer, H. (1962): Über die Bewertung der Geselligkeitszahlen bei pflanzensoziologischen Aufnahmen. - Mitt.Flor.-soz.Arb.gem. NF 9: 43-56

Phanerogamae et Cryptogamae vasculares waargenomen in de Provincie Limburg ... - Nederl. Kruidkg.Arch. 5 (1): 1-36 (1887)

Phanerogamae et Cryptogamae vasculares waargenomen op de excursie ... - Nederl.Kruidkg. Arch. 6 (4): 568-578 (1895)

Philippi, G. (1968): Zur Kenntnis der Zwergbinsengesellschaften (Ordn.d.Cyperetalia fusci) des Oberrheingebietes. - Veröff.Landesst.Nat.sch.u.Landsch.pfl.Bad.-Württ.bg. 36: 65-130

Pichler, W. (1945): Zur Terminologie der Kleingewässer. - Arch.Hydrobiol. 41: 415-420

Pietsch, W. (1963): Vegetationskundliche Studien über die Zwergbinsen- und Strandlingsge-sellschaften in der Nieder- und Oberlausitz. - Abh.Ber.Naturkde.Mus. Görlitz 38 (2): 1-80

Pietsch, W. (1965 a): Utricularietea intermedio - minoris class.nov. Ein Beitrag zur Klas-sifizierung der europäischen Wasserschlauch-Gesellschaften. - Ber.Arb.gem.Sächs.Bot. NF 5/6 (1963/64) 1: 227-231

Pietsch, W. (1965 b): Bemerkungen zur Gliederung der Littorelletea-Gesellschaften Mittel-europas. - Ber.Arb.gem.Sächs.Bot. NF 7: 239-245

Pietsch, W. (1965 c): Die Erstbesiedlungsvegetation eines Tagebausees. Synökologische Untersuchungen im Lausitzer Braunkohlen-Revier. - Limnologica (Berlin) 3 (2): 177-222

Pietsch, W. (1973): Beitrag zur Gliederung der europäischen Zwergbinsengesellschaften (Isoeto-Nanojuncetea Br.-Bl.u.Tx. 1943). - Vegetatio 28 (5/6): 401-438

Podlech, D. (1958): Das atlantische Florenelement in Deutschland. Ein Beitrag zur Arealgestaltung und zur Ökologie atlantischer Pflanzen an ihrer Verbreitungsgrenze. - Diss. Bonn

Poelt, J. (1954): Moosgesellschaften im Alpenvorland. I. u. II. - Sitz.ber.Österr.Akad. Wiss., Math.-nat.Kl.Abt. I 163: 141-174, 495-539

Potonié, H. (1908-1912): Die rezenten Kaustobiolithe und ihre Lagerstätten I-III. - Abh.Kön.Preuß.Geol.L.A. NF 55

Potonié, H. (1911): Eine im Ögelsee (Brandenburg) plötzlich neu entstandene Insel. - Jb.Kön.Preuß.Geol.L.A. 32 I (2): 187-218

Preuss, H. (1911/12): Die Vegetationsverhältnisse der deutschen Ostseeküste. - Schr.Naturf. Ges.Danzig NF 13 (1): 45-112, (2): 1-145

Quitzow, H.W. u. Zonneveld, J.I.S. (1956): Vorläufiges Ergebnis der Terrassenuntersuchungen im Maas- u. Niederrheingebiet. - Geol.en Mijnbouw 18

Raabe, E.W. (1954): Sukzessionsstudien am Sandkatener Moor. - Arch.Hydrobiol. 49 (3): 349-375

Rabbow, H. (1925): Beitrag zur Kenntnis der Vegetationsverhältnisse des Kieshofer Moores. - Mitt.Nat.wiss.Ver.Neuvorpommern u.Rügen i.Greifswald 50/51: 77-199

Rahman, S.M.A. (1972): Taxonomic investigations of some British Sphagna I. Sphagnum subsecundum s.l. - J.Bryol. 7: 169-179

Reck, H. (1914): Zur Geologie des Ögelsees und seiner Sapropelitinsel. - Jb.Kön.Preuß.Geol. L.A. 33 I (3): 519-532

Redinger, K. (1934): Studien zur Ökologie der Moorschlenken. - Beih.bot.Centr.bl. 52 B: 231-309

Reichel, E. (1929): Der Trockenheitsindex, insbesondere für Deutschland. - Ber.Tätigk.Preuß. Meteor.Instit. 1928: 84-105

Reichel, E. (1937): Die Verteilung des Niederschlags. In: Krebs, N. (Hrsg.): Atlas des deutschen Lebensraumes in Mitteleuropa - Leipzig

Reijnders, Th. (1960): Vegetatiekartering in het Leersumse Veld. - De Lev.Nat. 63 (2): 25-32

Ridder, N.A.de, Hondius, P.a. Hellings, A.J. (1967): Hydrogeological investigations of the Peel region and its environs. - Inst.Land a.Water Manag.Research, Techn. Bull. 48

Ringleb, F. (1947): Die thermische Kontinentalität im Klima West- und Nordwest-Deutschlands. - Meteor.Rundsch. 1 (3/4): 87-95

Ringleb, F. (1948): Die hygrische Kontinentalität im Klima West- und NW-Deutschlands. - Meteor.Rundsch. 1 (9/10): 276-282

Ringleb, F. (1950): Zur Einteilung West- und NW-Deutschlands in Niederschlagsgebiete. - Meteor.Rundsch. 3 (5/6): 123-126

Roisin, P. (1969): Le domaine phytogéographique atlantique d'Europe. - Les presses agron. Gembloux, A.S.B.L., Mém. 7

Roll, H. (1939): Isoetes, Lobelia und Litorella in kalkarmem und kalkreichem Wasser. - Beih.Bot.Centr.bl. Abt. B 59

Roll, H. (1940): Holsteinische Tümpel und ihre Pflanzengesellschaften. - Arch.Hydrobiol., Suppl.10: 573-630

Roll, H. (1945): Pflanzensoziologische Methoden in der Limnobotanik. - Arch. Hydrobiol., 41: 233-257

Rompaey, E.v. et Delvosalle, L. (Hrsg.) (1972): Atlas de la flore belge es luxembourgeoises. Pteridophytes et spermatophytes. - Jard.Bot.Nat.Belg. - Bruxelles

Rothmaler, W. (1963): Exkursionsflora von Deutschland. Kritischer Ergänzungsband. Gefäßpflanzen - Berlin

Rothmaler, W. (1967): Exkursionsflora von Deutschland. Gefäßpflanzen. 6. Aufl. - Berlin

Rudolph, K.,Firbas, F. u. Sigmond, H. (1928): Das Koppenplanmoor im Riesengebirge. - Naturw.Z. "Lotos" 76: 173-222

Rummelen, F.H.v. (1942): De maasterrassen in Zuid-Limburg en aangrenzend gebied en hunde wordingsgeschiedenis. - Meded.Jaarversl. 1940/41 Geol.Bur.Mijnb.Heerlen: 85-108

Runge, F. (1955): Die Flora Westfalens. - Münster

Runge, F. (1957): Die Flora des Naturschutzgebietes "Heiliges Meer" bei Hopsten und ihre Änderungen in den letzten 60 Jahren. - Nat.u.Heimat 17: 74-96

Runge, F. (1961): Die Naturschutzgebiete Westfalens und des Regierungsbezirks Osnabrück. - Münster

Runge, F. (1966 a): Die Pflanzengesellschaften der Kirchheller Heide und ihrer Umgebung. - Nat.u.Landsch.i.Ruhrgeb. 3: 5-43

Runge, F. (1966 b): Schwankungen der Vegetation in nordwestdeutschen Moorkolken. - Ber.Nat.hist.Ges. Hannover 110: 49-54

Runge, F. (1967): Vegetationsschwankungen im Rhynchosporetum. - Mitt.Flor.-soz.Arb.gem. NF 11/12: 49-54

Runge, F. (1969 a): Die Pflanzengesellschaften Deutschlands. - Münster

Runge, F. (1969 b): Die Verlandungsvegetation in den Gewässern des Naturschutzgebietes "Heiliges Meer". - Nat.kde i. Westfalen 5 (3): 89-95

Runge, F. (1974): Schwankungen der Vegetation nordwestdeutscher Heideweiher. - Abh.Nat.wiss. Ver.Bremen 37 (3/4): 421-428

Ruuhijärvi, R. (1960): Über die regionale Einteilung der nordfinnischen Hochmoore. - Ann. bot.Soc. "Vanamo" 31: 1-360

Sauer, E. (1952/53): Atlantische Pflanzengesellschaften im ersten Scheuerteich bei Wahn. - Westdtsch.Naturwart 3 (1): 36-58

Sauer, F. (1937): Die Makrophytenvegetation ostholsteinischer Seen und Teiche. - Arch. Hydrobiol., Suppl.6: 431-592

Sauer, F. (1947): Einige Wasserpflanzengesellschaften an Tümpeln und Gräben in Nordfrank- reich. - Arch.Hydrobiol. 41: 5-13

Scheel, H. (1962): Moor- und Grünlandgesellschaften im oberen Briesetal nörlich von Berlin. - Wiss.Z.Pädag.Hochschl.Potsdam, Math.-nat.Reihe 7 (1/2): 201-230

Schelling, J. (1951): De bodemkartering van Nederland X. Een bodemkartering van Noord- Limburg. - Versl.landbouwkdg.onderz. 57, 17

Schierbeck, A. (1917): De studie der venen. - Tijdschr.Kon.Ned.Aardr.Gen.2.Ser. 34: 505-545

Schirmer, H. (1960): Mittlere Niederschlagssummen für die Bundesrepublik Deutschland. - Deutscher Wetterdienst

Schmitz, H. (1952): Moortypen in Schleswig-Holstein und ihre Verbreitung. - Schr.Nat.wiss. Ver.Schlesw.-Holst. 26 (1): 64-68

Schneekloth, H. u. Schneider, S. (1970-1972): Die Moore in Niedersachsen. 1.-3.Teil. - Veröff.Nieders.Inst.Landeskde u.Landesentw.Univ.Gött. NF Reihe A I 96 (1-3)

Schnell, K. (Bearb.) (1955): Mittlere jährliche Verdunstungshöhe 1931-1950. In: Gewässer- kundl.Karten von NRW. Hrsg.: Min.Ernähr.Landw.Forst.NRW. - Düsseldorf

Scholz, H. (1969): Polygonum minus f.latifolium A.Br. - eine oft mit Polygonum mite ver- wechselte Sippe. - Gött.Flor.R.br. 3 (4): 67-68

Schoof-van Pelt, M.M. (1973): Littorelletea. A study of the vegetation of some amphiphytic communities of western Europe. - Diss.Nijmegen (Druk: Studentenpers Nijmegen)

Schoof-van Pelt, M.M. en Westhoff, V. (1969): Strandlingsgesellschaften seichter Gewässer in Irland (Littorelletea). - Mitt.Flor.-soz.Arb.gem. NF 14: 211-223

Schumacher, A. (1932): Die Sphagnum-Moore der Wahner Heide. - Verh.Nat.hist.Ver. 88: 1-38

Schumacher, A. (1937): Floristisch-soziologische Beobachtungen in Hochmooren des südlichen Schwarzwaldes. - Beitr.nat.-kdl.Forsch.SW-Dtschl. 2: 221-283

Schumacher, A. (1947): Die Moorlilien (Narthecium)-Arten Europas. - Arch.Hydrobiol. 41: 112-195

Schumacher, A. (1952): Die Pflanzengesellschaften der Ebbemoore. - Veröff.Nat.wiss.Ver. Lüdensch. 2: 25-31

Schumacher, A. (1966): Exkursion an den Westrand des Bergischen Landes. - Ber.Dtsch.Bot. Ges. 78, 2.Gener.vers.-heft: 170-173

Schwickerath, M. (1930): Das Gangelter Bruch. - Natur am Niederrh. 6 (1): 14-19

Schwickerath, M. (1931): Die Gruppenabundanz, ein Beitrag zur Begriffsbildung der Pflanzensoziologie. - Engl.bot.Jb. 64 (1): 1-16

Schwickerath, M. (1933): Die Vegetation des Landkreises Aachen und ihre Stellung im nördlichen Westdeutschland.- Aachener Beitr.z.Heimatkde 13

Schwickerath, M. (1936 a): Ziele und Wege der pflanzensoziologischen Forschung im Rheinstromgebiet von Basel bis Emmerich. - Feddes Repert., Beih. 86: 41-59

Schwickerath, M. (1936 b): Karte der Einstrahlungen bemerkenswerter Florenelemente in das Rheinstromgebiet nebst Erläuterungen. - Rhein.Heimatpfl. 8 (1): 67-72

Schwickerath, M. (1939): "Eifelfahrt 1937". - Beih.Bot.Centr.-bl. B 60 (1 u. 2): 52-123

Schwickerath, M. (1940): Die Sphagneta der fennoskandinavischen Forscher, vom Gesichtspunkt der erweiterten Charakterartenlehre aus betrachtet. - Arch.Hydrobiol. 37: 598-613

Schwickerath, M. (1941): Aufbau und Gliederung der europäischen Hochmoorgesellschaften. - Bot.Jb. 71 (2): 249-266

Schwickerath, M. (1942): Bedeutung und Gliederung des Differentialartenbegriffes in der Pflanzengesellschaftslehre. - Beih.Bot.Centr.bl. B 61 (3): 351-383

Schwickerath, M. (1944 a): Das Hohe Venn und seine Randgebiete. - Pflanzensoz. 6

Schwickerath, M. (1944 b): Die Transformation konstantenmethodisch erfaßter Gesellschaften in die Charakterartenmethode und die Bedeutung und Gliederung des Differentialartenbegriffs. - Bot.Jb. 73 (4): 361-374

Schwickerath, M. (1951): Die Zwischenmoorgesellschaften in den niederrheinischen Heidemooren. - Niederrhein.Jb. 3: 158-160

Schwickerath, M. (1954): Lokale Charakterarten - geographische Differentialarten. In: Lüdi, W.: Aktuelle Probleme der Pflanzensoziologie. - Veröff.Geobot.Inst.Rübel 29: 96-104

Schwickerath, M. (1956): Die geographischen Rassen des Sphagnetum medii et rubelli. Beispiele ihrer Verbreitung in Mitteleuropa. - Jahresh.Verein vaterl.Nat.kde i. Württ.bg. 111 (2): 466-483

Schwickerath, M. (1961 a): Die Pflanzengesellschaften des Caricion Davallianae (W.Koch 1926) und des Rhynchosporion albae (W.Koch 1926) im Rheinland. - Ber.Dtsch.Bot.Ges. 73 (11): 52-54

Schwickerath, M. (1961 b): Die floren- und vegetationsgeographische Gliederung des Niederrheins und seines Gebirgsrandes. In: Köln und die Rheinlande. Festschrift z. 33. Geographentag 1961 in Köln

Schwickerath, M. (1963): Die Pflanzengesellschaften der Maare und Maarmoore. - Wiss.Veröff. Geobot.Inst. Aachen 2

Schwickerath, M. (1968): Begriff und Bedeutung der geographischen Differentialarten. In: Tüxen, R. (Hrsg.): Pflanzensoz.Systematik. Ber.Int.Sympos.Stolzenau 1964: 78-84 - Den Haag

Segal, S. (1968 a): Ein Einteilungsversuch der Wasserpflanzengesellschaften. In: Tüxen, R. (Hrsg.): Pflanz.soz.Systematik. Ber.Int.Sympos.Stolzenau 1964: 191-219 - Den Haag

Segal, S. (1968 b): Schwierigkeiten bei der Systematik von Moorgesellschaften. In: Tüxen, R. (Hrsg.): Pflanzensoziol.Systematik. Ber.Int.Sympos.Stolzenau 1964: 220-229 - Den Haag

Senghas, K. (1968): Taxonomische Übersicht der Gattung Dactylorhiza Necker ex Nevski.
In: Senghas, K. u. Sundermann, H. (Hrsg.): Probleme der Orchideengattung Dactylorhiza. -
Die Orchidee, Sonderh. Nov. 1968 u. J.ber.Nat.wiss.Ver.Wuppert. 21/22: 32-67

Sissingh, G. (1949): Klimaatverschillen in Nederland en hun invloed op de vegetatie. -
Nederl.Kruidk.Arch. 56: 31-38

Sissingh, G. (1957): Das Spergulario-Illecebretum, eine atlantische Nanocyperion-Gesell-
schaft, ihre Subassoziationen und ihre Weiterentwicklung zum Juncetum macri. - Mitt.
Flor.-soz.Arb.gem. NF 6/7: 164-170

Sjörs, H. (1948): Myrvegetation i Bergslagen. - Acta phytogeogr.Suec. 21: 1-299

Sloff, J.G. (1928): De plantengroei van onze vennen. - Natura 1928 (4): 76-83

Sloff, J.G. (1941 u. 1951): Plantenkaartjes. - Nederl.Kruidkg.Arch. 51: 451-482 u. 58:
94-109

Smidt, J.Th.de (1962): De Twentse heide. In: Twente-natuurhistorisch III. - Wetensch.Meded.
Koninkl.Nederl.Nat.hist.Ver. 43: 3-18

Smidt, J.Th.de (1966): The inland-heath communities of the Netherlands. - Wentia 15: 142-162

Smidt, J.Th.de (1967): Phytogeographical relations in the North-West European heath. -
Acta Bot.Neerl. 15: 630-647

Soest, J.L.v. (1926): Lobelia dortmanna. - Natura 1926 (11): 204-206

Solinska, B. (1963): Die Dynamik der Vegetation in Kleingewässern als Grundlage deren Klas-
sifikation. - Ekologia Polska - Ser.A., 11 (16): 369-419

Soó, R.v. (1968): Die Geschichte der Erforschung der Gattung Orchis sensu lato, besonders
von Cactylorhiza. In: Senghas, K. u. Sundermann, H. (Hrsg.): Probleme der Orchideengattung Dactylorhiza. - Die Orchidee, Sonderh.Nov. 1968 u. J.ber.Nat.wiss.Ver.Wuppert.
21/22: 7-19

Speidel, B. (1970): Grünland-Gesellschaften im Hochsolling. In: Gerlach u.a.: Vegetationsuntersuchungen im Solling. - Schr.reihe Veget.kde 5: 99-114

Stamer, R. (1967): Vegetationskundliche Untersuchungen an Schlatts der Osenberge und des
Ahlhorner Forstes. - Mitt.Flor.-soz.Arb.gem. NF 11/12: 28-47

Steeger, A. (1925 a): Die Seen und Teiche des unteren Niederrheingebietes. - Arch.Hydrobiol.
15

Steeger, A. (1925 b): Landschaftsformen am linken Niederrhein. - Die Natur a.Niederrhein 1 (1)

Steeger, A. (1932): Wanderungen zu Naturdenkmälern. In: Mitt.Landsch.stelle u.Kreisst.Nat.
denkm.pfl.link.Niederrh. - Nat.a.Niederrh. 8 (2)

Steeger, A. (1940): Die Entstehung der niederrheinischen Seen und Teiche. - Rhein.Heimat-
pfl. 12 (1/2)

Steffen, H. (1931): Vegetationskunde von Ostpreußen. - Pflanzensoziologie 1 - Jena

Steffen, H. (1935): Beiträge zur Begriffsbildung und Umgrenzung einiger Florenelemente
Europas. - Beih.Bot.Centralbl. B.53 (2-3)

Steusloff, K. (1938): Beiträge zur Kenntnis der Flora stehender Gewässer im südlichen Westfalen. - Abhandl.Landesmus.Prov.Westf., Mus.Naturkde 9 (3): 3-20

Steusloff, K. (1940): Ein Beispiel für Zusammenhänge zwischen Klima, Boden und Verbreitung
mancher Pflanzenarten am Niederrhein. - Nat.a.Niederrh. 16 (2): 37-44

Steusloff, U. (1945): Die Besiedlung neuer Gewässer Nordwest-Deutschlands mit Wasserphanero-
gamen. - Arch.Hydrobiol. 41 (1/2): 205-224

Strijbosch, H. (1976): Een vergelijkend syntaxonomische en synoecologische studie in de
Overasseltse en Hatertse Vennen bij Nijmegen. - Diss. Nijmegen (Druk: Stichting
Studentenpers Nijmegen)

Succow, M. (1971): Die Talmoore des nordostdeutschen Flachlandes, ein Beitrag zur Charakterisierung des Moortyps "Niedermoor". - Arch.Nat.schutz Landsch.forsch. 11 (3): 133-168

Sukopp, H. (1959): Vergleichende Untersuchungen zur Vegetation Berliner Moore. - Bot.Jb. 79 (1)

Sukopp, H. (1969): Der Einfluß des Menschen auf die Vegetation. - Vegetatio 17: 360-371

Sukopp, H. (1970): Charakteristik und Bewertung der Naturschutzgebiete in Berlin (West). - Nat.u.Landsch. 45 (5): 133-139

Sukopp, H. u. Trautmann, W. (Hrsg.) (1976): Veränderungen der Flora und Fauna in der Bundesrepublik Deutschland. - Schr.Reihe Veget.kde 10

Sukopp, H., Trautmann, W. u. Korneck, D. (1978): Auswertung der "Roten Liste" gefährdeter Farn- und Blütenpflanzen i. d. Bundesrepublik Deutschland für den Arten- und Biotopschutz.- Schr.Reihe Veget.kde. 12

Sundermann, H. (1968): Vorwort zu Senghas, K. u. Sundermann, H. (Hrsg.): Probleme der Orchideengattung Dactylorhiza. - Die Orchidee, Sonderh.Nov. 1968 u. J.ber.Nat.wiss.Ver. Wuppert. 21/22

Svensson, G. (1965): Vegetationsunderskökningar på Store mosse. - Bot.Notis. 118 (1): 49-86

Thienemann, A. (1940): Die begriffliche Unterscheidung zwischen See, Weiher und Teich. - Rhein.Heimatpfl. 12 (1/2): 6-9

Trautmann, W. u.Mitarb. (1973): Vegetationskarte der Bundesrepublik Deutschland 1 : 200 000. - Potentielle natürliche Vegetation. - Blatt CL 5502 Köln - Schr.reihe Veget.kde 6: 7-172

Troll, C. (1925): Ozeanische Züge im Pflanzenkleid Mitteleuropas. In: Freie Wege vergleich. Erdkunde (Drygalski-Festschr.): 307-335 - München

Troll, C. u. Gams, H. (1931): Vorbedingungen der Pflanzenwirtschaft des Rheingebietes. - Der Rhein III. (zitiert in: Schumacher, A., 1937)

Troll, C. u. Paffen, K.H. (1964): Karte der Jahreszeiten-Klimate der Erde. - Erdkunde 18 (1): 5-28

Tüxen, J. (1969): Gedanken über ein System der Oxycocco-Sphagnetea Br.Bl. u. R.Tx. 1943. - Vegetatio 19: 181-191

Tüxen, R. (1937): Die Pflanzengesellschaften Nordwestdeutschlands. - Mitt.Flort.-soz.Arb. gem.Niedersachsens 3: 1-170

Tüxen, R. (1947): Der Pflanzensoziologische Garten in Hannover und seine bisherige Entwicklung. - J.ber.Nat.hist.Ges.Hannover 94-98: 113-287

Tüxen, R. (1950): Grundsätze und Methoden der pflanzensoziologischen Systematik. - Mitt. Flor.-soz.Arb.gem. NF 2

Tüxen, R. (1955): Das System der nordwestdeutschen Pflanzengesellschaften. - Mitt.Flor.-soz. Arb.gem. NF 5: 155-176

Tüxen, R. (1958 a): Pflanzengesellschaften oligotropher Heidetümpel Nordwestdeutschlands. - Veröff.Geobot.Inst.Rübel (Festschrift Lüdi) 33: 207-231

Tüxen, R. (1958 b): Die Bullenkuhle bei Bokel. - Abh.Nat.Ver.Bremen 35 (2): 374-394

Tüxen, R. (1962): Der Maujahn. Skizze der Pflanzengesellschaften eines wendländischen Moores. - Veröff.Geobot.Inst.Rübel 37: 267-302

Tüxen, R. (Hrsg.) (1975): Prodromus der europäischen Pflanzengesellschaften. Liefer. 2: Littorelletea. - Lehre

Tüxen, R. u. Ellenberg, H. (1937): Der systematische und der ökologische Gruppenwert. Ein Beitrag zur Begriffsbildung und Methodik in der Pflanzensoziologie. - Mitt.Flor.-soz. Arb.gem.Niedersachs. 3: 171-184

Tüxen, R., Hübschmann, A.v. u. Pirk, W. (1957): Kryptogamen- und Phanerogamen-Gesellschaften. - Mitt.Flor-soz.Arb.gem. NF 6/7

Tüxen, R. u. Lohmeyer, W. (1962): Über Untereinheiten und Verflechtungen von Pflanzengesellschaften. - Mitt.Flor.-soz.Arb.gem. NF 9

Tüxen, R. u. Preising, E. (1942): Grundbegriffe und Methoden zum Studium der Wasser- und Sumpfpflanzengesellschaften. - Dtsch.Wasserwirtsch. 37: 10-17 u. 57-69

Tuomikoski, R. (1946): Suomen rahkasammalista ja niiden tuntemisesta ilman mikroskooppia (Über die finnischen Torfmoose und ihr Erkennen ohne Mikroskop). - Luonnon Ystävä 50: 113-117 u. 150-159

Übersichtskarte von Nordrhein-Westfalen 1 : 100 000, Erläuterungen zu Blatt C 4302 Bocholt; A. Geol.-, B. Boden-, C. Hydrogeol.Karte. (Hrsg.): Geol.Landesamt NRW - Krefeld (1968)

Uhlig, J. (1938): Laichkraut-, Röhricht- und Großseggengesellschaften. In: Pflanzengesellschaften des Westsächsischen Berg- und Hügellandes III. Teil. - Veröff.Land.-Ver.Sächs. Heimatschutz 1938: 10-68

Vanden Berghen, C. (1947): Le "Liereman" à Vieux-Turnhout. - Bull.Soc.Roy.Bot.Belg. 79: 100-110

Vanden Berghen, C. (1950): L'herborisation du 19 juin 1949 à Neerpelt. - Bull.Soc.Roy.Bot. Belg. 82 (2): 209-210

Vanden Berghen, C. (1952): Contribution à l'étude des bas-marais de Belgique. - Centre Cart.phyt.et Centre Rech. écol.phyt.Gembloux, Commun. 16 (Bull.Jard.bot.de l'État 22: 1-64)

Vanden Berghen, C.(1955-1957): Bryophytes I. Hepatiques. In: Flore Générale de Belgique. - Bruxelles

Vanden Berghen, C.(1958): Étude sur la végétation des dunes et des landes de la Bretagne. - Vegetatio 8: 193-208

Vermeulen, P. (1958): Orchidaceae. - In: Flora Neerlandica Bd.1 (5): 1-127

Verwiel, H.J. (1972): Internationaler Naturpark im deutsch-niederländischen Grenzraum. - Nat.u.Landsch. 47 (10): 285-289

Vollmar, F. (1947): Die Pflanzengesellschaften des Murnauer Moores. - Ber.Bayer.Bot.Ges. 27: 13-97

Voo, E.E. van der (1956): Landschap en plantengroei van enkele stroomgeulen in het Land van Maas en Waal. - De Lev.Nat. 59 (2): 35-44; (3): 64-69

Voo, E.E. van der (1961): Het Broekhuizerbroek. - De Lev.Nat. 64: 5-16

Voo, E.E. van der (1962 a): De Twentse vennen. In: Twente natuurhistorisch III. - Wetensch.Meded.Koninkl.Nederl.Nat.hist.Ver. 43: 37-60

Voo, E.E. van der (1962 b): Geomorfologie en plantengroei van dobben bij Ureterp. (Fr.). - De Lev.Nat. 65: 12-19

Voo, E.E. van der (1963 a): Nieuwe vondsten van zeldzame veenmossen in Nederland. - De Lev.Nat. 66: 162-165

Voo, E.E. van der (1963 b): Landschap en plantengroei van oude rivierlopen. - Natura 60 (4): 39-44

Voo, E.E. van der (1964 a): Over de betekenis en het behoud van de Brabantse vennen. - Brabantia 13 (4)

Voo, E.E. van der (1964 b): Danger to scientifically important wetlands in the Netherlands by modification of the surrounding environment. - Proceedings MAR conference; J.U.C.N. publications N.S. 3: 274-278

Voo, E.E. van der (1966): De plantengroei van de leemputten bij de kleine meer onder Ossendrecht. - De Lev.Nat. 69: 253-259

Voo, E.E. van der en Leentvaar, P. (1959): Het Teeselinkven. - De Lev.Nat. 62: 128-136

Voo, E.E. van der en Westhoff, V. (1963): Enkele aspecten van het bryologisch onderzoek door het R.I.V.O.N. in de Maria- en Helenapeel (1962-63). - Buxbaumia 17 (3/4): 45-55

Voorwijk, G.H. en Hardjoprakoso, S. (1945): De vennen te Eerde bij Ommen. - Tijdschr.Kon. Ned.Aardr.kg.Gen. 62: 105-117

Vuyck, L. (1922): Verslag der excursie, gehouden te Arcen van 25-30 Juli 1921. - Nederl. Kruidkg.Arch. 1921: 20-33

Waldheim, S. (1944): Die Torfmoosvegetation der Provinz Närke. - Lunds Univ.årsskr. NF Avd. 2, 40: 1-91

Walter, H. (1927): Einführung in die allgemeine Pflanzengeographie Deutschlands. - Jena

Walter, H. (1970): Arealkunde. In: Einführung in die Phytologie Bd. III, 2.Teil. 2.Aufl. (Bearb. Straka, H.) - Stuttgart

Walter, H. u. Lieth, H. (1960-1967): Klimadiagramm-Weltatlas. - Jena

Wangerin, W. (1916): Die Pflanzenwelt der Moore Ost- und Westpreußens und ihre Gefährdung durch die Kultur. In: Kriegsmelorierungen d. Moore IX. - Beitr.z.Naturdenkmalpfl. 5: 187-236

Wangerin, W. (1916 u. 1918): Beiträge zur Kenntnis der Vegetationsverhältnisse einiger Moore der Provinz Westpreußen und des Kreises Lauenburg in Pommern I u. II. - Ber.Westpreuß. Bot.-zool.Ver. 38: 77-135 u. 40: 58-118

Wangerin, W. (1926): Über die Anwendung der Bezeichnung "Hochmoor" in der Pflanzengeographie. - Bot.Arch. 15: 247-261

Warnstorf, C. (1903): Leber- und Torfmoose. In: Kryptogamenflora der Mark Brandenburg Bd. 1 - Leipzig

Warnstorf, C. (1911): Sphagnales - Sphagnaceae (Sphagnologia universalis). In: Engler, A.: Das Pflanzenreich. Regni veget.consp. 51 (Neudruck 1958)

Weber, C.A. (1902): Vegetation und Entstehung des Hochmoores von Augstumal im Memeldelta mit vergleichenden Ausblicken auf andere Hochmoore der Erde. - Berlin

Weber, C.A. (1908): Aufbau und Vegetation der Moore Norddeutschlands. - (Englers) Bot.Jb. 40: 19-34

Weber-Oldecop, D.W. (1969): Wasserpflanzengesellschaften im östlichen Niedersachsen. - Diss. Hannover

Weihe, K.v. (1951): Floristische Notizen aus dem Gebiet der nordwestdeutschen Flora I. - Abhandl.Nat.wiss.Ver.Bremen 32 (3): 415-436

Weimann, R. (1939): Hydrographische und hydrobiologische Vergleiche in Gebieten des linken Niederrheins. - Decheniana 98 B: 53-88

Weimann, R. (1942): Zur Gliederung und Dynamik der Flachgewässer. - Arch.Hydrobiol. 38: 481-524

Westhoff, V. (1958): Verspreidingsoecologisch onderzoek van zeldzame planten. - De Lev.Nat. 61: 193-202

Westhoff, V. (1962): Plant species characteristic of wetland habitats in the Netherlands. In: Proceedings MAR conference; J.U.C.N. publications N.S. 3 (1)

Westhoff, V. en Dijk, J.v. (1952): Experimenteel successie-onderzoek in natuurreservaten, ... - De Lev.Nat. 55: 5-16

Westhoff, V. en Held, A.J.d. (1969): Plantengemeenschappen in Nederland.- Zutphen

Westhoff, V. en Passchier, H. (1958): Verspreiding en oecologie van Scheuchzeria palustris in Nederland, in het bijzonder in het Besthmerven bij Ommen. - De Lev.Nat. 61: 59-67

Wever, A.de (1911-1923): Wildgroeiende planten in Zuid-Limburg I-XI. - Meded.Natuurhist.Gen. Limburg 1911 u. Jaarb.Nat.hist.Gen.Limburg 1912-1923

Wever, A.de (1932: De Zuid-Limburgsche Flora. - Nat.hist.Maandbl. 21 (4): 58-60, (5): 68-69, (6): 76-77

Wiefelspütz, W. (1968): Über Dactylorhizaa sphagnicola (Höppner) Soó. In: Senghas, K. u. Sundermann, H. (Hrsg.): Probleme der Orchideengattung Dactylorhiza. - Die Orchidee, Sonderh. Nov. 1968 u. J.ber.Nat.wiss.Ver.Wuppert. 21/22: 86-95

Wijk, R. van der (1949): Het geslacht Sphagnum in Nederland. - Nederl.Kruidkg.Arch. 56: 83-159

Wijk, R. van der (1962): Lijst van de in Nederland voorkomende Bryophyta. - Buxbaumia 16: 50-67

Wijk, R. van der, Margadant, W.D. u. Florschütz, P.A. (1959-1967): Index Muscorum Vol. I - IV. - Intern.Bur.Plant Tax.Nomencl., Utrecht (Regnum Vegetabile 17, 26, 33, 48)

Willemse, A.de (1918 u. 1919): De flora van Noord-Limburg I. u. II. - Jaarb.Nat.hist.Gen. Limbg. 1918: 165-177 u. 1919: 153-162

Wilmanns, O. (1970): Kryptogamen-Gesellschaften oder Kryptogamen-Synusien? In: Gesell-schaftsmorphologie. Ber.Int.Symp.Int.Ver.Veget.kde 1966. - Den Haag

Wirtgen, Ph. (1857): Flora der preußischen Rheinprovinz. - Bonn

Wirtgen, F. (1912): Zur Flora des Vereinsgebietes. - Sitz.ber.Nat.hist.Ver.preuß.Rheinl. Westf. 1911, E: 160-173

Woike, S. (1958): Pflanzensoziologische Studien in der Hildener Heide. - Geobotan.Mitteil. 8

Zanker, K. (1964): Grundwasserstand, Geschwindigkeitspotential und Grundwasseroberfläche. - Wasser und Boden 5: 151-155

Zinderen-Bakker, E.M.v. (1942): Het Naardermeer. - Amsterdam

Zoller, H. (1954): Le Sphagnum balticum Russ. dans les Monts du Forez, Sphaigne nouvelle pour la France. - Rev.bryol. et lichénol. 23: 271-273

Zonneveld, J.J.S. (1956): Das Quartär der südöstlichen Niederlande. - Geol.en Mijnb.18

Zonneveld, J.J.S. (1960): De Brabantse Biesbosch. - Meded.Sticht.v.Bodemkart.,Bodemk.Stud.4

Zumpfe, K. (1929): Obersteirische Moore mit besonderer Berücksichtigung des Hechtensee-Ge-bietes. - Abh.Zool.-bot.Ges.Wien 15 (2)

Zuttere, Ph.de (1966): Les Sphaignes de la Section Cuspidata Schlieph. en Belgique. - Buxbaumia 12: 15-26

Nachträge:

Dietrich, W. u. Rehnelt,K. (1977): Carex dioica L., neu für das Elmpter Bruch. - Der Nieder-rhein 44: 19-2o

Hubatsch, H. u. Rehnelt, K. (198o): Der Meinweg und das Boschbeektal (Ndrrh.). Ein grenzüber-schreitendes Naturreservat. - Niederrheinisches Jahrbuch XIV: 35-51

ABBILDUNGEN UND TABELLEN

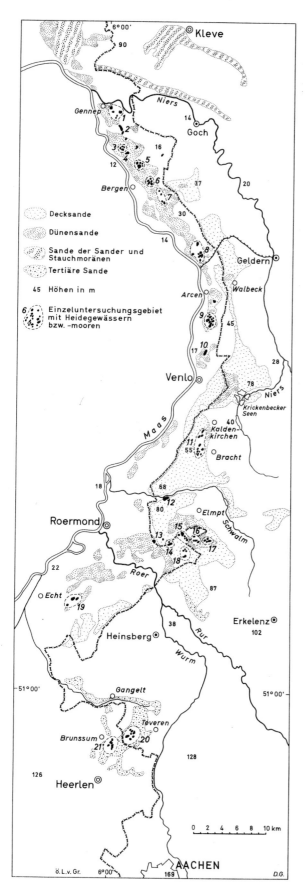

Die Einzeluntersuchungsgebiete und einzelne Untersuchungsobjekte ( )

 1. Genneperheide u. Looier Heide:
    (Zevenmorgensiep=Het Siep u.a.)
 2. (Lange Ven, Suikerven, Heereven)
 3. Afferdenheide: Het Quin
 4. Afferdenheide:(Zevenboomsven)
 5. Duivelskuil
 6. Gemeenteheide: (Meeuwenven=Eendenven)
 7. Berger Heide
 8. Looier Heide, De Hamert:(Pikmeeuwen-
    water, Heerenven u.a.)
 9. Lommerheide u. Schandelosche Heide:
    (Ravenvennen u.a.)
1o. (Zwartwater)
11. Ravensheide u. Brachter Wald:
    (Langes Venn, Kempkes Venn u.a.)
12. Elmpter Bruch
13. Mijnweg: Lüsekamp u. Boschbeektal:
    (Melickerven=Blanke Water, Raubruch)
14. Mijnweg: (Rolvennen)
15. Mijnweg: An den Kombergen:(Vossenkop,
    Elfenmeer u.a.)
16. Meinweg: In den Wolfsbergen:
    (Obere Scherpenseel'sche Weiher)
17. Meinweg: Ritzroder Dünen
18. Mijnweg: Op den Bosch:(Drie Vennen)
19. Echter Heide
2o. Teverener Heide
21. Brunssumsche Heide

Abb.1: Die Sandgebiete auf den Maasterrassen im
deutsch-niederländischen Grenzbereich mit den
Einzeluntersuchungsgebieten und den größeren
Untersuchungsobjekten
(nähere Erläuterungen s.S.17)

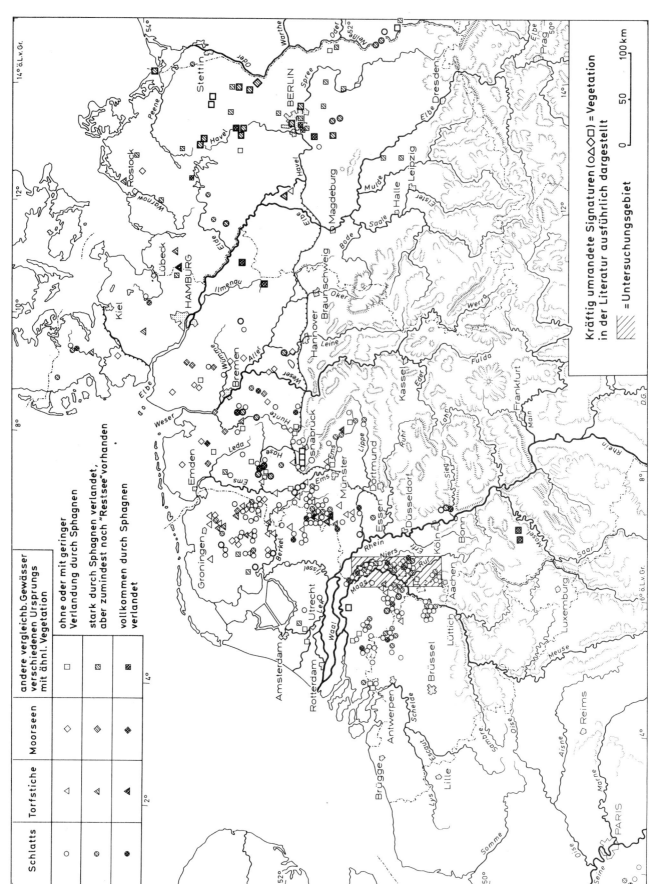

Abb. 2: Verbreitung von Heidegewässern und -mooren sowie vergleichbaren Gebilden in NW-Mitteleuropa (nähere Erläuterungen s. S.18)

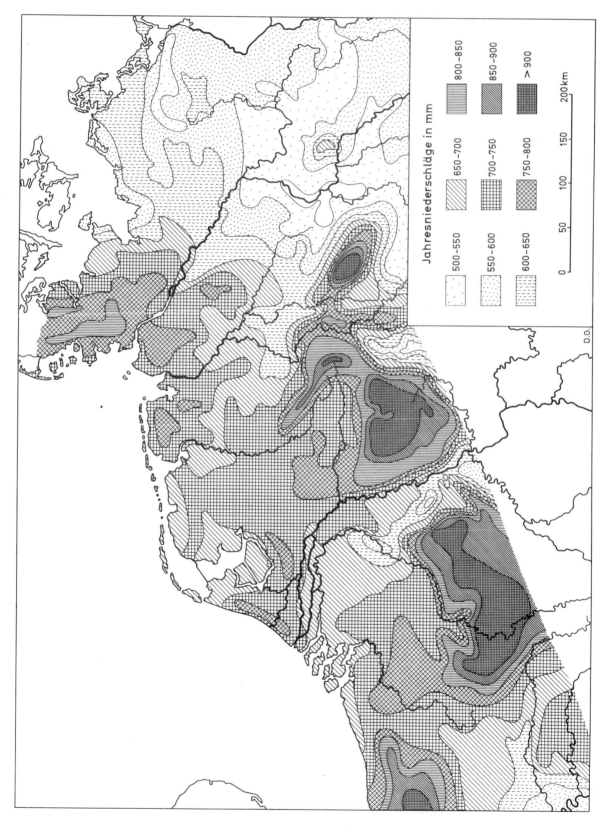

Abb. 3: Mittlere jährliche Niederschlagssummen (30-50jähriges Mittel bis 1930) in NW-Mitteleuropa.
Entworfen nach: Atlas de Belgique (1957-65), EVERDINGEN (1949), REICHEL (1937) und SCHIRMER (1960).

Jahresniederschläge in mm

500-550	650-700	800-850
550-600	700-750	850-900
600-650	750-800	> 900

0 50 100 150 200 km

D.G.

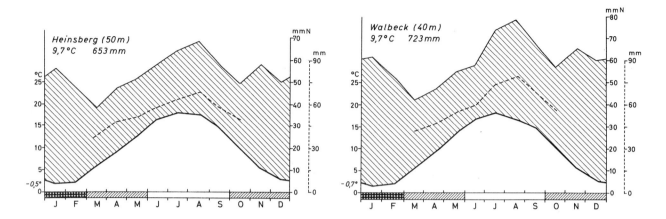

Abb.4: Klimadiagramme (nach WALTER) von zwei Stationen im Untersuchungsgebiet.
Entworfen nach Unterlagen des Wetteramtes Essen.

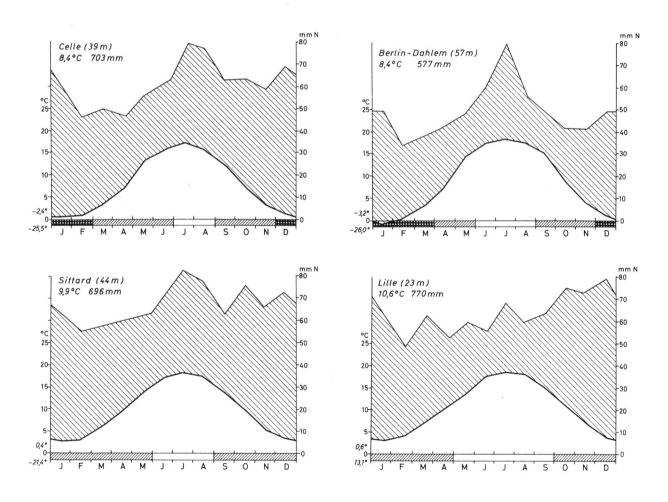

Abb.5: Vier Klimadiagramme (aus WALTER und LIETH, 1960-67) aus dem Bereich
des nw-mitteleuropäischen Tieflandes

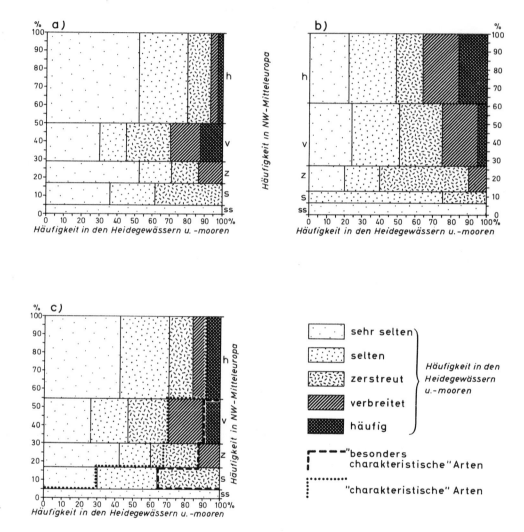

Abb.6: Prozentuale Anteile der Häufigkeitselemente
a) der Gefäßpflanzen, b) der Moose, c) der Gesamtflora.

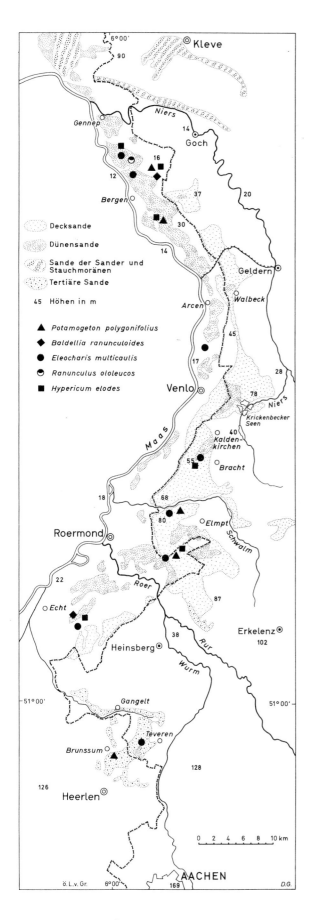

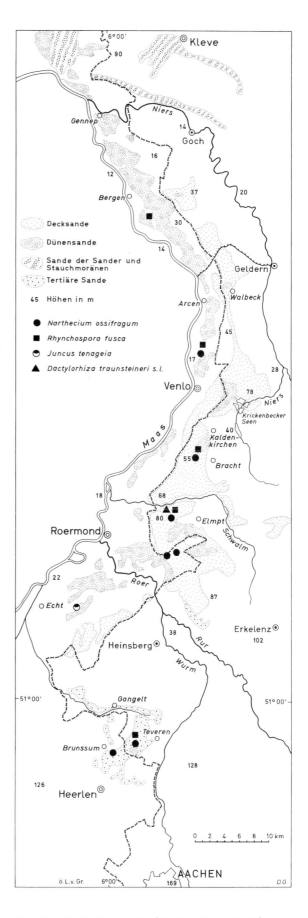

Abb.7: Vorkommen von im gesamten nw-mitteleuropäischen Tiefland seltenen und sehr
seltenen <u>atlantischen</u> Littorelletea-Arten

Abb.8: Vorkommen von im gesamten nw-mitteleuropäischen Tiefland seltenen und sehr
seltenen <u>atlantischen</u> Arten unterschiedlichen
soziologischen Verhaltens

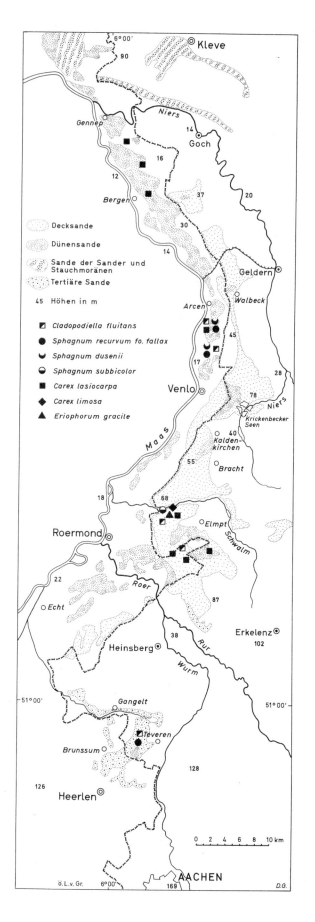

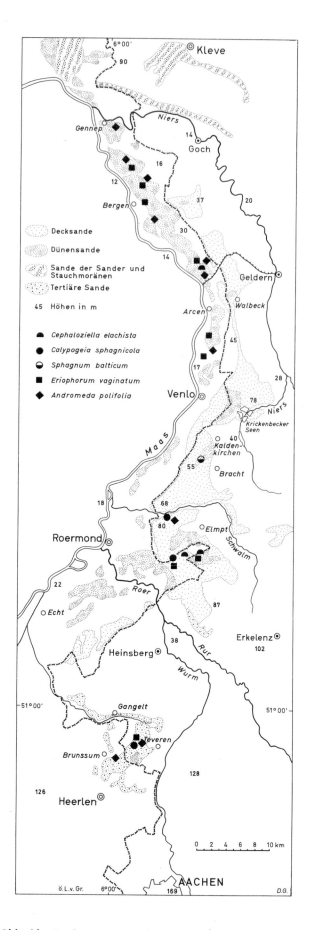

Abb.9: Vorkommen von im gesamten nw-mitteleuropäischen Tiefland seltenen und sehr seltenen
nordischen Scheuchzerio-Caricetea-Arten

Abb.10: Vorkommen von im gesamten nw-mitteleuropäischen Tiefland seltenen und sehr seltenen
nordischen Oxycocco-Sphagnetea-Arten

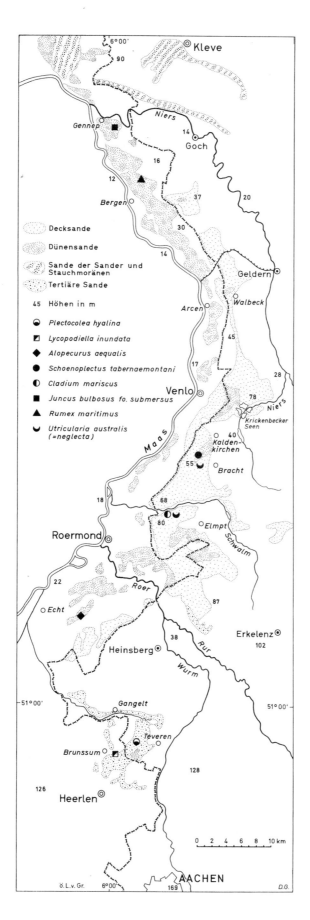

Abb.11: Vorkommen von im gesamten nw-mitteleuropäischen Tiefland
seltenen und sehr seltenen Arten ohne eindeutige arealtypologische
Charakterisierung und mit unterschiedlichem soziologischem Verhalten

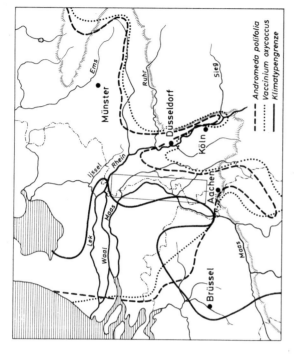

Abb.13: Südwestliche Arealgrenzen zweier borealer
Arten im weiteren Umkreis des Untersuchungsgebietes
sowie die nächstgelegene klimatologische Grenze

Grenze zwischen den Bereichen der Klimatypen VI$_2$
und VI(V)$_2$ WALTERs und LIETHs (1967) (entspricht
in etwa der Grenze zwischen "medioatlantischer"
und "boreoatlantischer Unterdomäne" ROISINs (1969))

······· Andromeda polifolia
········ Vaccinium oxycoccus
———— Klimatypengrenze

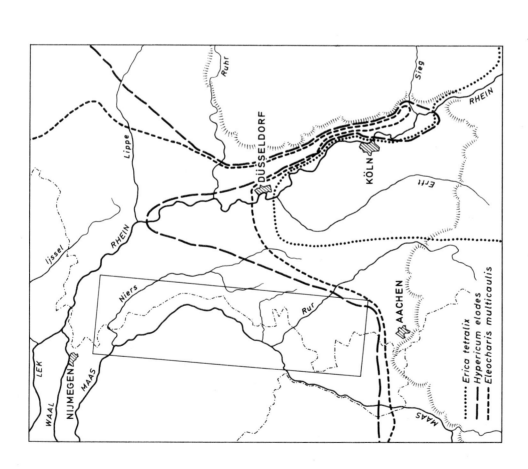

Abb.12: Südöstliche Arealgrenzen (einschließlich heute ver-
schwundener Vorkommen) dreier exemplarischer atlantischer Arten
im näheren Umkreis des Untersuchungsgebietes

········· Erica tetralix
———— Hypericum elodes
------- Eleocharis multicaulis

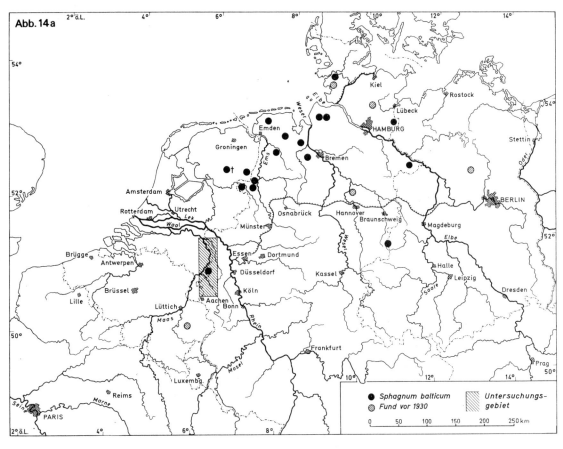

Abb. 14a

Sphagnum balticum ● Untersuchungs-gebiet
Fund vor 1930 ◍

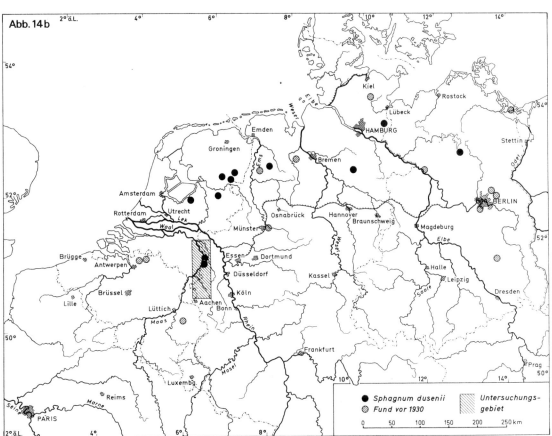

Abb. 14b

Sphagnum dusenii ● Untersuchungs-gebiet
Fund vor 1930 ◍

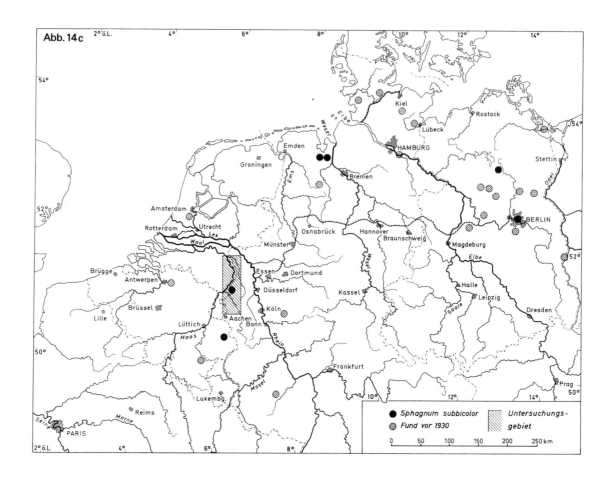

Abb. 14 a) – c): Verbreitung der beiden subarktischen Sphagnum-Arten
a): S . b a l t i c u m , b): S . d u s e n i i   und des
borealen S . s u b b i c o l o r   (c) in NW-Mitteleuropa.

Entwurf der Karten nach folgender Literatur:
BARKMAN (1967), BARKMAN u. GLAS (1959), BORNGÄSSER (1941), CARDOT (1884),
DELVOSALLE u. Mitarb. (1969), DISMIER (1927), JENSEN, N. (1952), JENSEN, U.
(1961), JESCHKE (1963), JONAS (19359, KOPPE (1934-52, 1964), LÖTSCHERT
(1964 a), MARGADANT (1959), MÜLLER, F. (1920), MÜLLER, K. (1965, 1968),
SCHUMACHER (schriftl. Mitteil.), SUKOPP (1959), VOO (1963), WARNSTORF
(1911), WIJK (1949).

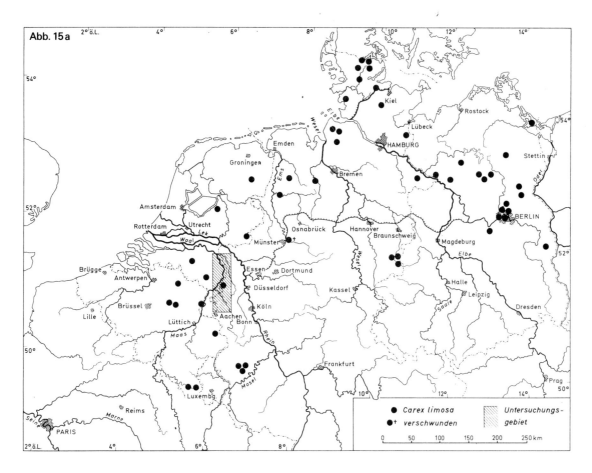

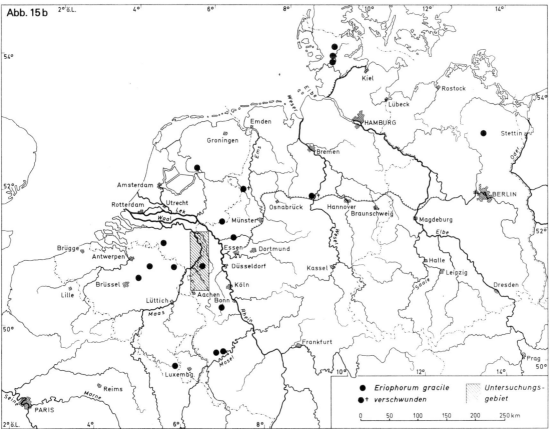

Abb. 15 a) u. b): Verbreitung der beiden bemerkenswertesten borealen Phanerogamen der Untersuchungsobjekte innerhalb NW-Mitteleuropas.

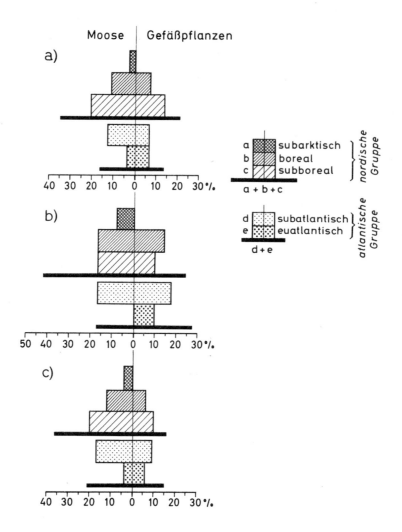

Moose | Gefäßpflanzen

a)

40 30 10 0 10 20 30 %

a   subarktisch
b   boreal   } nordische Gruppe
c   subboreal
a + b + c

d   subatlantisch } atlantische Gruppe
e   euatlantisch
d + e

b)

50 40 30 20 10 0 10 20 30 %

c)

40 30 20 10 0 10 20 30 %

Abb.16: Prozentuale Anteile der nordischen und atlantischen Geoelemente
a) an den heutigen Arten, b) den verschollenen und c) den heutigen und
verschollenen zusammen.

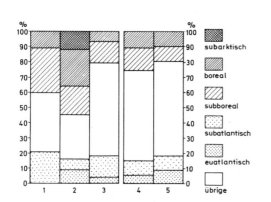

subarktisch
boreal
subboreal
subatlantisch
euatlantisch
übrige

Abb.17: Prozentuale Anteile an nordischen
und atlantischen Arten bei den
Hepaticae (1), Sphagnidae (2), Bryidae (3),
Monocotyledoneae (4) und den
Dicotyledoneae (5).

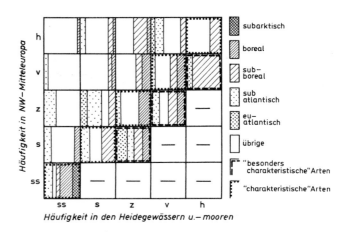

subarktisch
boreal
sub-boreal
sub atlantisch
eu-atlantisch
übrige
"besonders charakteristische" Arten
"charakteristische" Arten

Häufigkeit in NW–Mitteleuropa

Häufigkeit in den Heidegewässern u.–mooren

Abb.18: Arealtypologische Zusammensetzung
der Häufigkeitselemente

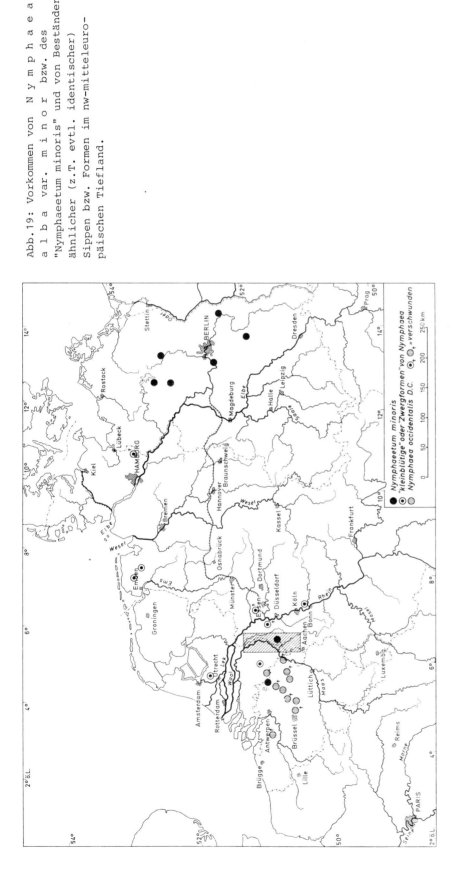

Abb.19: Vorkommen von N y m p h a e a
a l b a var. m i n o r bzw. des
"Nymphaeetum minoris" und von Beständen
ähnlicher (z.T. evtl. identischer)
Sippen bzw. Formen im nw-mitteleuropäischen Tiefland.

Legende zu den Vegetationsprofilen

Nymphaeetum minoris
"kleinblütige oder Zwergformen" von Nymphaea
Nymphaea occidentalis D.C. $\circledcirc_+$ =verschwunden

------- absoluter Höchstwasserstand

——— mittlerer Hochwasserstand

——— mittlerer Wasserstand

——— mittlerer Wasserstand im Boden

——— mittlerer Niedrigwasserstand

——— mittlerer Niedrigwasserstand im Boden

——— absoluter Niedrigwasserstand

------- zweiter Wasserspiegel im Boden

Auf- und Abbewegung der Schwingrasen
mit den Wasserstandsschwankungen

M: Mosaikkomplex

Ü: Überstellungskomplex

Mudde und Torfmudde

Carex-Torf u.ä.

Sphagnum-Torf bzw.
lebende Sphagnen

dyartig-sandige
klumpende Schicht

Sand bzw. sandig (fein)

Sand bzw. sandig (grob)

Kies bzw. kiesig

Ton bzw. tonig

Artmächtigkeiten

+
1
2
3
4
5

mit Rhizomen
und anderen
Sproßteilen

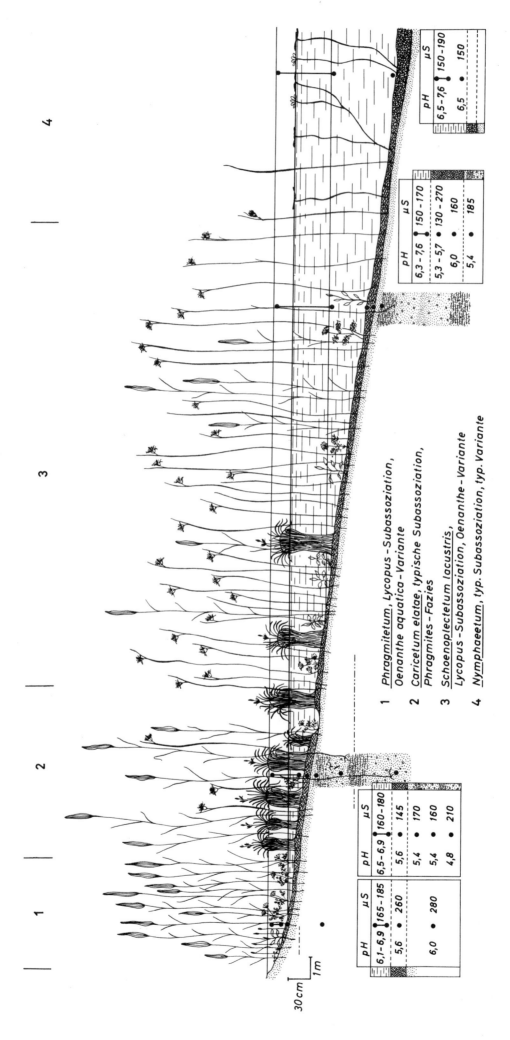

Abb. 2o: Profil durch einen Zonationskomplex der Vegetationskomplex-Typengruppe I (s.Kap.5):
Gewässer-Zonationskomplexe ohne wesentliche Verlandungserscheinungen;
Typ 1: "Röhricht-Zonationen" in tieferen, ± mesotrophen Weihern;
Beispiel: Echter Heide (s.Abb. 1, Nr. 19)

1 Phragmitetum, Lycopus-Subassoziation,
   Oenanthe aquatica-Variante
2 Caricetum elatae, typische Subassoziation,
   Phragmites-Fazies
3 Schoenoplectetum lacustris,
   Lycopus-Subassoziation, Oenanthe-Variante
4 Nymphaeetum, typ. Subassoziation, typ. Variante

pH	µS
6,5-7,6	150-190
6,5	150

pH	µS
6,3-7,6	150-170
5,3-5,7	130-270
6,0	160
5,4	185

pH	µS
6,5-6,9	160-180
5,6	145
5,4	170
5,4	160
4,8	210

pH	µS
6,1-6,9	165-185
5,6	260
6,0	280

1m

1m

30 cm

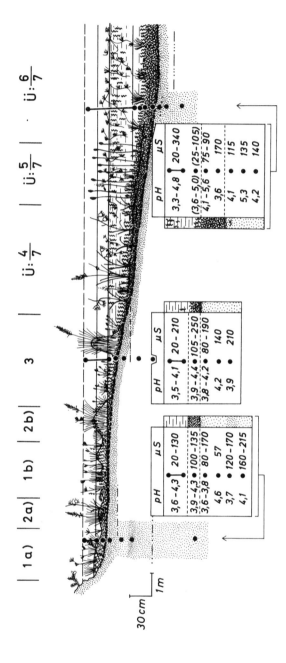

| 1a) | 2a) | 1b) | 2b) | 3 | Ü: 4/7 | Ü: 5/7 | · | Ü: 6/7 |

pH	µS		pH	µS		pH	µS
3,6 – 4,3	20 – 130		3,5 – 4,1	20 – 210		3,3 – 4,8	20 – 340
3,9 – 4,3 •	100 – 135		3,9 – 4,4 •	105 – 250		(3,6 – 5,0) •	(25 – 105)
3,6 – 3,8 •	80 – 170		3,8 – 4,2 •	80 – 190		4,1 – 5,6 •	75 – 90
4,6 •	57		4,2 •	140		3,6 •	170
3,7 •	120 – 170		3,9 •	210		4,1 •	115
4,1 •	160 – 215					5,3 •	135
						4,2 •	140

30 cm
1 m

1 *Rhynchosporetum, Sphagnum-Subass.,*
a) *Erica-Variante (Gymnocolea-Sozietät)*
b) *Erica-Variante (obesum-Soz.)*
2 *Molinia-Gesellschaft, Sphagnum-Unterges.*
a) *typ.Var. u. Subvar. (sphagnumarm)*
b) *Rhynch.-Var., typ.Subvar. (obesum-Soz.)*
3 *Eleocharitet. multic., typ. Subassoz.,*
Sphagn.-Var. (obesum-Soz.)

4 *Eriophorum ang.-Ges., Sphagn.-Unterges.,*
Agrost.-Var, Junc. bulb.-Subvar. (obes.-Soz.)
5 *Eleocharis palustris-Ges., Agrost.-Unterges.,*
Sphagnum-Var. (obesum-Sozietät)
6 *Juncus bulbosus fluitans-Gesellschaft,*
Sphagn.-Unterges. (sphagnumarm)
7 *Sphagnet.cusp.-obesi, typ. Subass. u. Var.*

Abb. 21: Profil durch einen Zonationskomplex der Typengruppe I (s. Abb. 2o);
Typ 2: "Seggen- und Binsen-Zonationen" in flacheren, ± oligo-dystrophen Tümpeln;
Beispiel: Teverener Heide (s. Abb. 1, Nr. 2o)

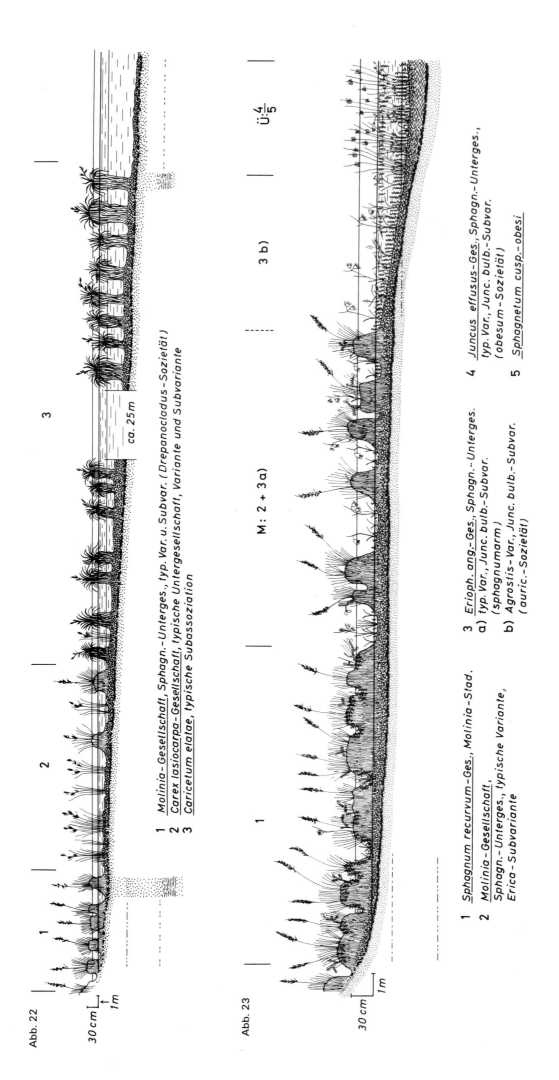

Abb. 22

30 cm
1m

1

2

ca. 25 m

3

Abb. 23

30 cm
1m

1

M: 2 + 3a)

3 b)

Ü: 4/5

Abb. 22:

1 *Molinia - Gesellschaft, Sphagn.- Unterges., typ. Var. u. Subvar. (Drepanocladus - Sozietät)*
2 *Carex lasiocarpa - Gesellschaft, typische Untergesellschaft, Variante und Subvariante*
3 *Caricetum elatae, typische Subassoziation*

Abb. 23:

1 *Sphagnum recurvum - Ges., Molinia - Stad.*
2 *Molinia - Gesellschaft,
   Sphagn.- Unterges., typische Variante,
   Erica - Subvariante*

3 *Erioph. ang.- Ges., Sphagn.- Unterges.*
a) *typ. Var., Junc. bulb.- Subvar.
   (sphagnumarm)*
b) *Agrostis - Var., Junc. bulb.- Subvar.
   (auric.- Sozietät)*

4 *Juncus effusus - Ges., Sphagn.- Unterges.,
   typ. Var., Junc. bulb.- Subvar.
   (obesum - Sozietät)*
5 *Sphagnetum cusp.- obesi*

Abb. 22 u. 23: Profile durch zwei Zonationskomplexe der Vegetationskomplex-Typengruppe II:
Gewässer-Zonationskomplexe mit größeren "Horst- bzw. Bultverlandungs"-Zonen;
Typ 1 (Abb. 22): Zonationen mit Carex elata - Zonen; in tieferen, ± mesotrophen Weihern;
Beispiel: Meeuwenven. (=Eendenven) (s. Abb. 1, Nr. 6),
Typ 2 (Abb. 23): Zonationen mit Molinia - Zonen; in flacheren, ± oligo-dystrophen Tümpeln;
Beispiel: Teverener Heide (s. Abb. 1, Nr. 2o)

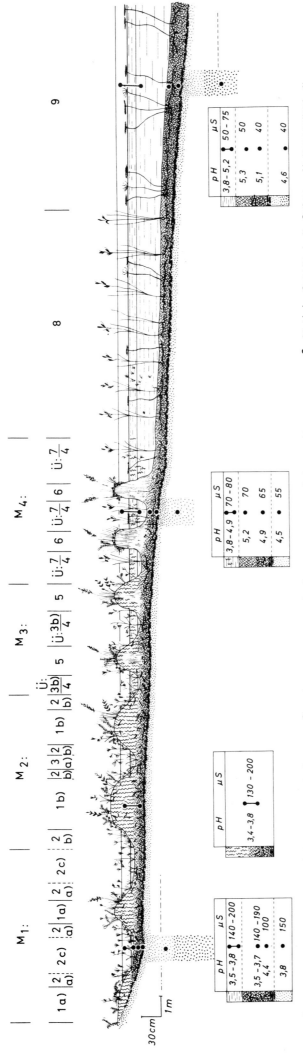

1. **Sphagnetum papillosi, Molinia-Subassoziation**
a) typ. Variante u. Subvariante, Rhynch.-Ausbild.form
b) Narthec.-Var., typ. Subvariante, Rhynch.-Ausbild. f.

2. **Rhynchosporetum, Sphagn.-Subassoziation,**
a) Erica-Variante (Cladopodiella-Sozietät)
b) Juncus bulbosus-Variante.(Cladop.-Soz.)
c) Juncus bulbosus-Variante (cusp.-Soz.)

3. **Eriophorum angustifolium-Gesellschaft, Sphagn.-Unterges.**
a) Rhynch.-Var., typ. Subvar. (Cladopodiella-Sozietät)
b) Rhynch.-Var., Juncus bulb.-Subvar. (sphagnumarm)

4. **Sphagnetum cusp.-obesi, Sphagn. dusenii-Subassoz.**

5. **Sphagnum recurvum-Ges., Molinia-Untergesellschaft,**
typ. Variante u. Subvar., Rhynch.-Ausbildungsform

6. **Molinia-Gesellschaft, Sphagn.-Untergesellschaft,**
typ. Variante u. Subvariante (Cladop.-Sozietät)

7. **Carex rostrata-Ges.,** Sphagn.-Unterges., typ. Variante,
Juncus bulbosus-Subvar. (sphagnumarm)

8. **Caricetum rostr.,** typ. Subass., Nymph.-Var.

9. **Nymphaeetum,** typ. Subass., u Variante

Abb. 24: Profil durch einen Zonationskomplex der Typengruppe II (s. Abb. 22/23);
Typ 3: Zonationen mit Sphagnum-Bult- -Zonen; dystrophe Gewässer bzw. -ränder;
Beispiel: Ravenvennen (s. Abb. 1, Nr. 9)

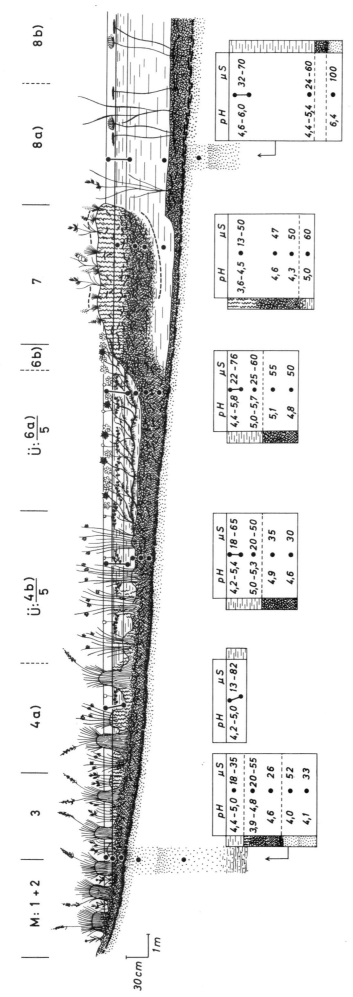

M: 1+2 | **3** | **Ü: 4b)/5** | **4a)** | **Ü: 6a)/5** | |6b| | **7** | **8a)** | **8b)**

30 cm

1 m

pH	µS
4,4-5,0	18-35
3,9-4,8	• 20-55
4,6	• 26
4,0	• 52
4,1	• 33

pH	µS
4,2-5,0	13-82

pH	µS
4,2-5,4	18-65
5,0-5,3	• 20-50
4,9	• 35
4,6	• 30

pH	µS
4,4-5,8	• 22-76
5,0-5,7	• 25-60
5,1	• 55
4,8	• 50

pH	µS
3,6-4,5	• 13-50
4,6	• 47
4,3	• 50
5,0	• 60

pH	µS
4,6-6,0	• 32-70
4,4-5,4	• 24-60
6,4	• 100

1 *Molinia-Gesellschaft, typische Untergesellschaft, Variante und Subvariante*

2 *Car.nigra-Gesellschaft, Sphagn.-Untergesellschaft, Agrost.-Var.,*
Juncus bulbosus (Utricularia)-Subvariante (sphagnumarm)

3 *Car. lasioc.-Gesellschaft, Sphagn.-Untergesellschaft,*
Agrost.-Var., Juncus bulb.-Subvar. (rec.-Sozietät)

4 *Juncus effusus-Gesellschaft, Sphagnum-Untergesellschaft*
a) *Agrost.-Var., Junc. bulb.-Subvar. (rec.-Sozietät)*
b) *typische Variante, Junc. bulb.-Subvar. (sphagnumarm)*

5 *Sphagnet. cusp.-obesi, typ. Subass., Utricul.-Var. u.-Abbaufazies*

6 *Potentilla palustris-Ges., Sphagn.-Unterges., typ. Variante*
a) *Juncus bulbosus (Utricularia)-Subvariante (obesum-Soz.)*
b) *typische Subvariante (cusp. falc.-Soz.)*

7 *Carici can.-Agrost. can., Sphagn.-Subass. (rec.-Soz.)*

8 *Nymphaeetum, typische Subassoziation*
a) *Juncus bulbosus (Carex rostrata)-Variante*
b) *typische Variante*

Abb. 25: Profil durch einen Zonationskomplex der Vegetationskomplex-Typengruppe V:
Zonationskomplexe mit ± weit fortgeschrittener Verlandung durch Sphagnum-Schwingrasen;
Untergruppe A: mit "indirekten, zentrifugalen" Schwingrasen (s. Kap. 5);
Typ 1: Gewässer-Zonationen mit "zwischenständigen, azentrischen" Schwingrasen (mit "partieller
Verlandungspotenz"); Gewässer dadurch mit randlichen Schwingrasen und zentraler Wasserfläche;
Untertyp a: Zonationen im Gewässer einseitig angeordnet (="Sektor-Zonationen");
Beispiel: Rolvennen (s.Abb.1,Nr14): Beteiligung "direkter, zentripetaler, infraaquatischer"
Phanerogamen - Schwingrasen (Potentilla palustris)

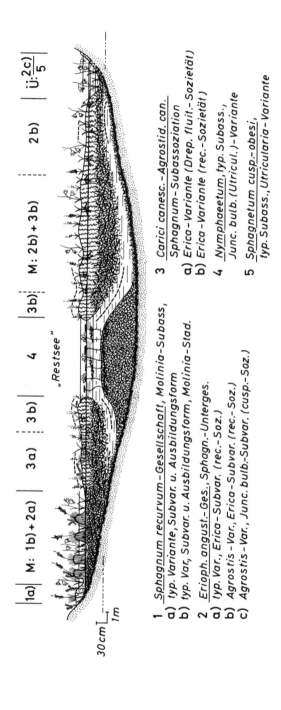

|1a| M: 1b)+2a) | 3a) | 3b) | 4 | 3b) | M: 2b)+3b) | 2b) | Ü:$\frac{2c}{5}$ |

„Restsee"

30cm / 1m

1 Sphagnum recurvum-Gesellschaft, Molinia-Subass,
a) typ.Variante,Subvar. u.Ausbildungsform
b) typ.Var,Subvar. u.Ausbildungsform, Molinia-Stad.
2 Erioph.angust.-Ges., Sphagn.-Unterges.
a) typ.Var., Erica-Subvar. (rec.-Soz.)
b) Agrostis-Var, Erica-Subvar. (rec.-Soz)
c) Agrostis-Var., Junc.bulb-Subvar. (cusp.-Soz.)

3 Carici canesc.-Agrostid. can.
   Sphagnum-Subassoziation
a) Erica-Variante (Drep.fluit.-Sozietät)
b) Erica-Variante (rec.-Sozietät)
4 Nymphaeetum, typ. Subass.,
   Junc. bulb. (Utricul.)-Variante
5 Sphagnetum cusp.-obesi,
   typ.Subass.,Utricularia-Variante

Abb. 26: Profil durch ein Gewässer mit Zonationskomplexen des Typs V,A,1 (s. Abb. 25):
Untertyp b: Zonationen im Gewässer allseitig ausgebildet (="Ring-Zonationen");
Beispiel: Obere Scherpenseel'sche Weiher (s.Abb.1,Nr.16): Älteres Schwingrasen-Mosaik; Einengung
der Wasserfläche bis auf "Restgewässer" u. "Uferring"; evt. Beteiligung "direkter u./o.
indirekter, zentripetaler, supraaquatischer" Schwingrasen-Entwicklung (Cyperaceen u. Sphagnum)

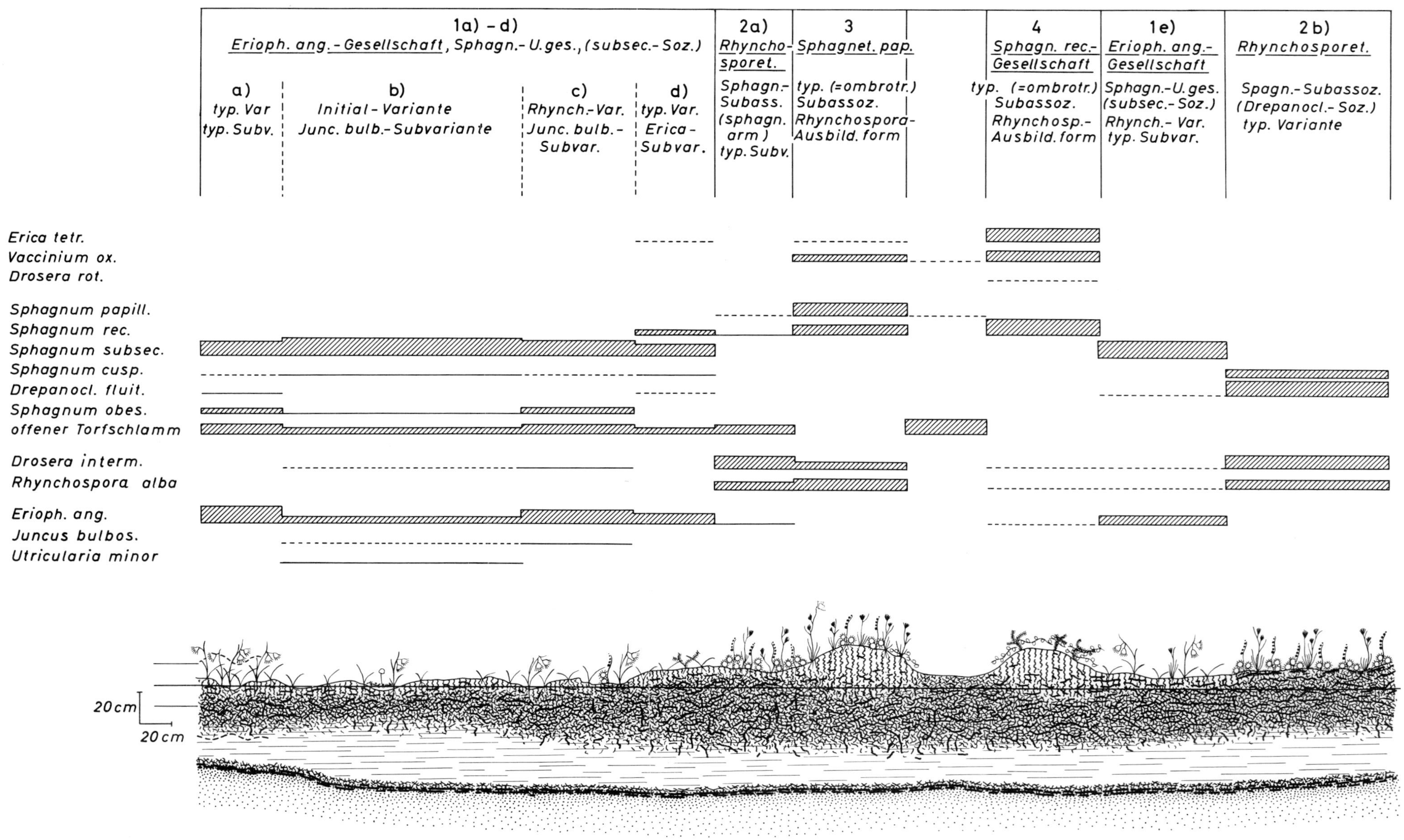

1a) – d) Erioph. ang.-Gesellschaft, Sphagn.-U.ges., (subsec.-Soz.)				2a) Rhyncho-sporet.	3 Sphagnet. pap.	4 Sphagn. rec.-Gesellschaft	1e) Erioph. ang.-Gesellschaft	2b) Rhynchosporet.
a) typ.Var typ.Subv.	b) Initial-Variante Junc. bulb.-Subvariante	c) Rhynch.-Var. Junc. bulb.-Subvar.	d) typ.Var. Erica-Subvar.	Sphagn.-Subass. (sphagn. arm) typ.Subv.	typ. (=ombrotr.) Subassoz. Rhynchospora-Ausbild.form	typ. (=ombrotr.) Subassoz. Rhynchosp.-Ausbild.form	Sphagn.-U.ges. (subsec.-Soz.) Rhynch.-Var. typ.Subvar.	Spagn.-Subassoz. (Drepanocl.-Soz.) typ. Variante

Erica tetr.
Vaccinium ox.
Drosera rot.

Sphagnum papill.
Sphagnum rec.
Sphagnum subsec.
Sphagnum cusp.
Drepanocl. fluit.
Sphagnum obes.
offener Torfschlamm

Drosera interm.
Rhynchospora alba

Erioph. ang.
Juncus bulbos.
Utricularia minor

20cm
20cm

Abb. 27: Profil durch einen Teil des Vegetationskomplexes (teils Zonation, teils Mosaik) eines sehr jungen (noch nicht betretbaren) Schwingrasens innerhalb eines Zonationskomplexes vom Typ V,A,2 (s. Abb. 28/29); Beispiel: Obere Scherpenseel'sche Weiher (s. Abb.1, Nr.16).

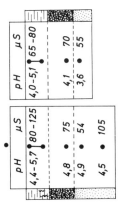
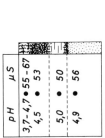
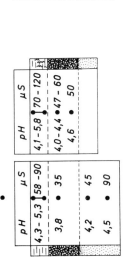

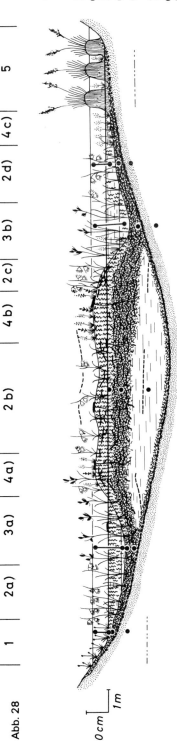
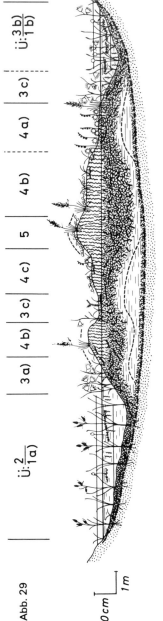

Abb. 28

30 cm | 1m

1 Eleocharitetum multic., Agrostis can.-Subass., Sphagnum-Variante (cusp. falc.-Sozietät)
2 Erioph. ang.-Ges., Sphagn.-Unterges., Agrost.-Var.
  a) typ.Subvar. (inundat.-Sozietät)
  b) Nymph.-Subvar. (cusp.-Sozietät)
  c) Junc.bulb.-Subvar. (cusp.-Sozietät)
  d) Junc.bulb.-Subvar. (inundat.-Sozietät)
3 Carex rostrata-Ges., Sphagn.-Unterges.
  a) typ.Var., Junc.bulb.-Subvar. (crassicl.-Soz.)
  b) Agrost.-Var., Junc. bulb.-Subvar. (inundat.-Soz.)
4 Carici can.-Agrost.can., Sphagn.-Subass.
  a) Nymph.-Var. (inund.-Sozietät)
  b) Nymph.-Var. (cusp. falc.-Sozietät)
  c) typ.Var. (inundat.-Sozietät)
5 Molinia-Gesellschaft, Sphagn.-Unterges., Agrostis-Variante (inund.-Soz.)

Zonation: | 1 | 2a) | 3a) | 4a) | 2b) | 4b) | 2c) | 3b) | 2d) | 4c) | 5 |

pH	µS
4,3 - 5,3	58 - 90
3,8	35
4,2	45
4,5	90

pH	µS
4,1 - 5,8	70 - 120
4,0 - 4,4	47 - 60
4,6	50

pH	µS
3,7 - 4,7	55 - 67
4,5	53
5,0	50
4,9	56

pH	µS
4,4 - 5,7	80 - 125
4,8	75
4,9	54
4,5	105

pH	µS
4,0 - 5,1	65 - 80
4,1	70
3,6	55

Abb. 29

30 cm | 1m

1 Sphagnetum cusp.-obesi, Utricularia -Var.,
  a) typische Ausbildung
  b) Utricularia -Fazies
2 Car. rostr.-Ges., Sphagn.-Unterges., typ.Var., Junc. bulb. (Utricul.)-Subvar. (sphagnumarm)
3 Erioph.ang.-Gesellschaft, Sphagn.-U.ges.
  a) typ.Var., typ. Subvar. (sphagnumarm)
  b) typ.Var., Junc. bulb. (Utricul.)-Subvar. (cusp. submers.-Soz.)
  c) Initial-Var., Erica-Subvar. (sphagnumarm)
4 Sphagn.recurvum-Gesellschaft
  a) Molinia-Unterges., Initialstadium
  b) Molinia-Unterges.,typ.Var. u.Subvar.
  Car. rostr.-Ausbildungsform
  c) typische Untergesellschaft (ombrotr.!)
5 Sphagnetum papillosi, Molinia-Subassoziation, typ.Variante, Subvariante und Ausbildungsform

Zonation: Ü:2/1a) | 3a) | 4b) | 3c) | 4c) | 5 | 4b) | 4a) | 3c) | Ü:3b)/1b)

Abb. 28 u.29: Profile durch zwei Gewässer mit Zonationskomplexen der Vegetationskomplex-Typengruppe V,A (s. Abb. 25 u.26);
Typ 2: Gewässer-Zonationen ("Ring-Zonationen",s.Abb.26) mit "endständigem" Schwingrasen(-Anteil); Gesamtgewässer dadurch mit "zentralem konzentrischem" Schwingrasen (mit "totaler Verlandungs-potenz") und ringförmiger Wasserfläche ("Ringven").
Untertyp a (Abb. 28): Schwingrasen noch nirgendwo dem Boden aufliegend ("bodenfest");
Beispiel: Ravenvennen (s.Abb.1,Nr.9): Wasserfläche noch größer als der Schwingrasen;
Untertyp b (Abb. 29): Schwingrasen stellenweise, zumindest periodisch "bodenfest";
Übergang zum Heidemoor(-Standort); Besiedlung mit Sphagnion-Gesellschaften;
Beispiel: Rolvennen (s.Abb.1,Nr.14): Schwingrasen nimmt die größte Fläche des Gewässers ein

| 1 | ü:3a) | 3b) | 3c) | 4 | 5 | 6a) | 6c) | 6d) | 6c) | 6b) | 7a) | 7b) |

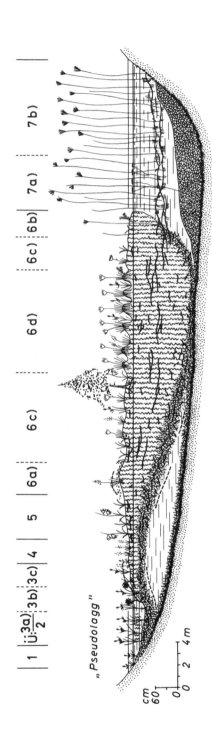

„Pseudolagg"

cm
60
0
0 2 4 m

1 Carex nigra-Gesellschaft, Sphagnum-Unterges., Agrostis-Var., Erica-Subvar. (Drepanocl.-Soz.)

2 Sphagnetum cusp.-obesi, Utricularia-Var.

3 Carex rostrata-Gesellschaft, Sphagn.-Unterges.
a) typ.Var, Junc. bulb.-Subvar. (crassicl.-Soz.)
b) typ.Var, typ.Subvar.(crassicl.-Soz.)
c) Agrost.-Var., Erica-Subvar. (auric.-Soz.)

4 Carici can.-Agrostid.can., Sphagnum-Subassoziation, Erica-Variante (cusp.-Soz.)

5 Eriophorum ang.-Ges., Sphagn.-Unterges., typ.Variante, Erica-Subvar. (recurv.-Soz.)

6 Sphagnum recurvum-Ges., Molinia-Subass.
a) typ.Var., Subvar. u. Ausbildungsform
b) typ.Var., Schoenoplectus lac.-Subvar.
c) Eriophorum vaginatum-Var., typ. Subvar., Carex rostrata-Ausbildungsform
d) Erioph.vag.-Var. u.-Abbaufazies, typ. Subvar., Carex rostr.-Ausbildungsform

7 Schoenoplectetum lacustr.,
a) Nymph. (Potamogeton nat.)-Subassoz.
b) typ. Subass., Carex rostr.-Variante

Abb. 3o: Profil durch ein junges Heidemoor mit zwei Zonationskomplexen unterschiedlichen Typs:
1) Vegetationskomplex-Typengruppe V,A (s. Abb. 25 bis 29)
Typ 4: Heidemoor-Zonationen mit ± großem Anteil von "ehemaligen" Schwingrasen, hervorgegangen aus Typ 2 durch fortgeschrittene Verlandung, d.h. Übergang des Schwingrasens in den bodensteten Zustand; Besiedlung mit Eriophorum vaginatum-Fazies;
Untertyp a: Anteil der "ehemaligen" Schwingrasen oft noch unter 5o%; nur selten einzelne Bäume; Beispiel: Rolvennen (s.Abb.1,Nr.14):Zonation einseitig ausgebildet; nahezu noch Übergangsstadium zwischen Heidegewässer und Heidemoor

2) Typengruppe IV: Gewässer-Zonationskomplexe mit Verlandungszonen aus "direkten, infraaqua-tischen, zentripetalen" Phanerogamen-Schwingrasen;
Typ 1: "Schwingrasen" aus tieferliegenden Rhizomen von Röhrichtarten;
(hier: Schoenoplectus lac.)

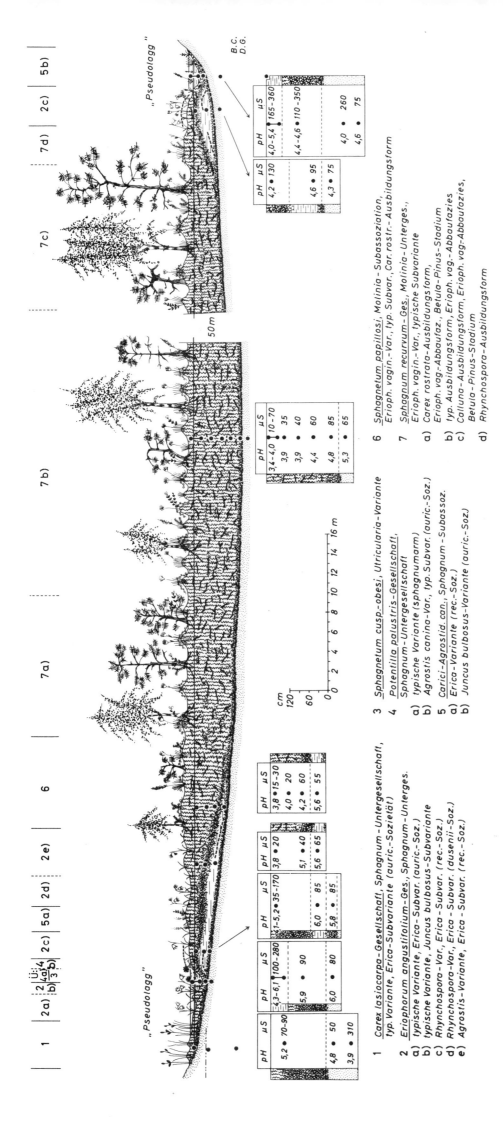

Abb. 31: Profil durch ein altes Heidemoor mit Heidemoor-Zonationskomplexen des Typs V,A,4 (s.Abb.3o);
Untertyp b: "Ehemalige" Schwingrasen auf "Pseudolagg" und Schwingrasensaum fast die ganze Fläche einnehmend; zu einem großen Teil ± dicht mit krüppeligen Bäumen (meist Kiefern) bestanden;
Beispiel: Lommerheide (s. Abb. 1, Nr. 9)

1 Carex lasiocarpa-Gesellschaft, Sphagnum-Untergesellschaft, typ.Variante, Erica-Subvariante (auric.-Sozietät)

2 Eriophorum angustifolium-Ges., Sphagnum-Unterges.
a) typische Variante, Erica-Subvar. (auric.-Soz.)
b) typische Variante, Juncus bulbosus-Subvariante
c) Rhynchospora-Var., Erica-Subvar. (rec.-Soz.)
d) Rhynchospora-Var., Erica-Subvar. (dusenii-Soz.)
e) Agrostis-Variante, Erica-Subvar. (rec.-Soz.)

3 Sphagnetum cusp.-obesi, Utricularia-Variante

4 Potentilla palustris-Gesellschaft, Sphagnum-Untergesellschaft
a) typische Variante (sphagnumarm)
b) Agrostis canina-Var., typ. Subvar. (auric.-Soz.)

5 Carici-Agrostid.can., Sphagnum-Subassoz.
a) Erica-Variante (rec.-Soz.)
b) Juncus bulbosus-Variante (auric.-Soz.)

6 Sphagnetum papillosi, Molinia-Subassoziation, Erioph. vagin.-Var., typ. Subvar., Car. rostr.- Ausbildungsform

7 Sphagnum recurvum-Ges., Molinia-Unterges., Erioph. vagin.-Var., typische Subvariante
a) Carex rostrata-Ausbildungsform, Erioph. vag.-Abbaufaz., Betula-Pinus-Stadium
b) typ. Ausbildungsform, Erioph. vag.-Abbaufazies,
c) Calluna-Ausbildungsform, Erioph. vag.-Abbaufazies, Betula-Pinus-Stadium
d) Rhynchospora-Ausbildungsform

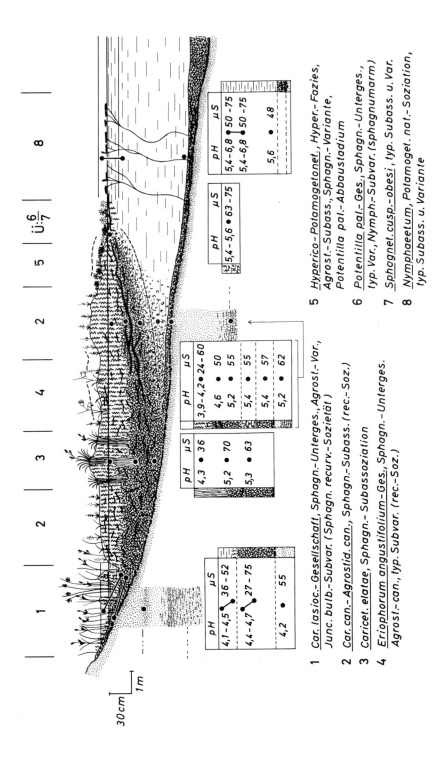

1 *Car. lasioc.-Gesellschaft, Sphagn.-Unterges.,Agrost-Var., Junc. bulb.-Subvar. (Sphagn. recurv.-Sozietät)*

2 *Car. can.-Agrostid. can., Sphagn.-Subass. (rec.-Soz.)*

3 *Caricet. elatae, Sphagn.- Subassoziation*

4 *Eriophorum angustifolium-Ges., Sphagn.-Unterges. Agrost.-can., typ. Subvar. (rec.-Soz.)*

5 *Hyperico-Potamogetonet., Hyper.-Fazies, Agrost.-Subass., Sphagn.-Variante, Potentilla pal.-Abbaustadium*

6 *Potentilla pal.-Ges., Sphagn.-Unterges., typ. Var, Nymph.-Subvar. (sphagnumarm)*

7 *Sphagnet.cusp.-obesi, typ. Subass. u. Var.*

8 *Nymphaeetum, Potamoget. nat.-Soziation, typ.Subass. u. Variante*

Abb. 32: Profil durch einen Zonationskomplex der Vegetationskomplex-Typengruppe V (s. Abb.25–31); Untergruppe B: Gewässer-Zonationen mit "indirekten, zentripetalen" Sphagnum-Schwingrasen; Typ 2: als Grundlage dienender primärer Phanerogamen-Schwingrasen= Typ IV,2: aus oberflächen-nahen Sprossen und Ausläufern (hier: Potentilla palustris u. Hypericum elodes); Beispiel: Suikerven (s. Abb. 1, Nr. 2)

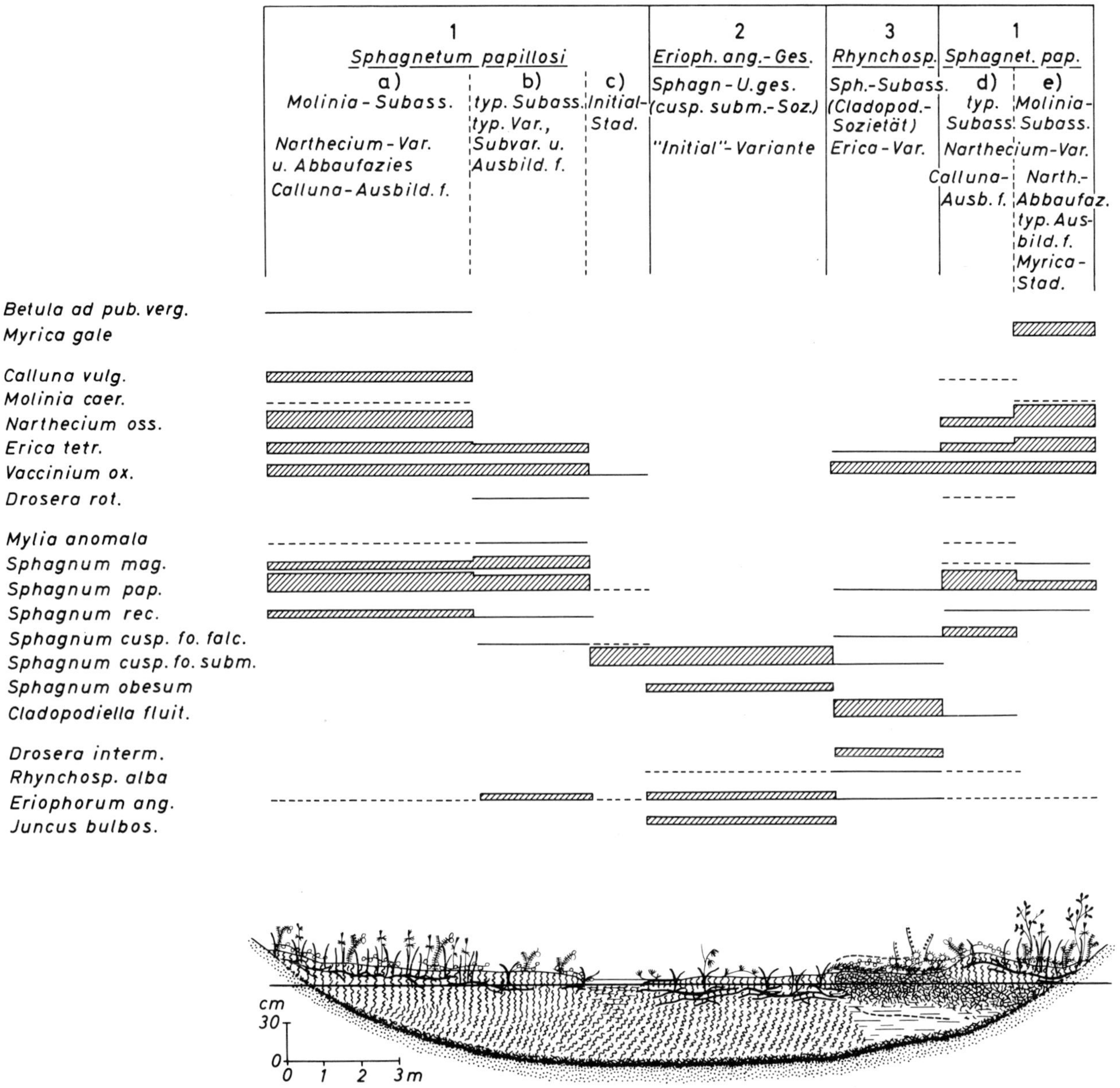

	1 Sphagnetum papillosi			2 Erioph. ang.-Ges.	3 Rhynchosp.	1 Sphagnet. pap.	
	a) Molinia-Subass. Northecium-Var. u. Abbaufazies Calluna-Ausbild. f.	b) typ. Subass. typ. Var., Subvar. u. Ausbild. f.	c) Initial-Stad.	Sphagn-U.ges. (cusp. subm.-Soz.) "Initial"-Variante	Sph.-Subass. (Cladopod.-Sozietät) Erica-Var.	d) typ. Subass. Northecium-Var. Calluna-Ausb. f.	e) Molinia-Subass. North.-Abbaufaz. typ. Ausbild. f. Myrica-Stad.

Betula ad pub. verg.
Myrica gale

Calluna vulg.
Molinia caer.
Narthecium oss.
Erica tetr.
Vaccinium ox.
Drosera rot.

Mylia anomala
Sphagnum mag.
Sphagnum pap.
Sphagnum rec.
Sphagnum cusp. fo. falc.
Sphagnum cusp. fo. subm.
Sphagnum obesum
Cladopodiella fluit.

Drosera interm.
Rhynchosp. alba
Eriophorum ang.
Juncus bulbos.

cm
30
0
0 1 2 3m

Abb. 33:
Profil durch ein kleines junges Heidemoor mit zwei Zonationskomplexen unterschiedlichen Typs:

1) (rechts): Typ V,B,1 (s.Abb. 32), eventuell auch teilweise Typ V,C:
Gewässer-bzw. Heidemoor-Zonationen mit direkten, zentripetalen Sphagnum-Schwingrasen;
Typ 1: Schwingrasenentwicklung supraaquatisch;
Also möglicherweise Mischtyp

2) (links): Typengruppe=Typ VI: Gewässer- bzw. Heidemoor-Zonationen mit infraaquatischer Verlandung durch "sukzessive Sphagnumauffüllung des Wassers ohne Schwingrasenbildung";
eventuell teilweise auch Typengruppe V,C (s.Profil 1), Typ 2: Schwingrasenentwicklung infraaquatisch;
Möglicherweise ebenfalls Mischtyp

Mischtypcharakter beider Zonationen betont durch Überlagerung beider Zonationen im Zentrum;
Beispiel: An den Kombergen (s. Abb. 1, Nr. 15)

1	2a)	3a)	2b) – d)				3b)	4
Cladietum	*Caricet.-lasioc.*	*Phragmitetum*	*Caricetum lasiocarpae*				*Phragmitetum*	*Betuletum pubescentis*
Sph.-Subass.	Sphagn.-Subass.	Sphagn.-Subass.	b) – c)			d)	Sphagnum - Subassoz.	
(rec.- Soz.)	(subsec.- Soz.)	(plumul.- Soziet.)	Sphagnum-Subass. (subbic.- Soz.)			typ. Subass.	(papillos.– Soziet.)	
Myrica-	Erica -Variante	Myrica-	b)	c)	b)	Potamog. oblong.-	Myrica-Abbaufazies	
Abbaufazies		Abbaufazies	Potamog. oblong.- Variante	Erica- Var.	Potamogeton oblongus-Variante	Variante		

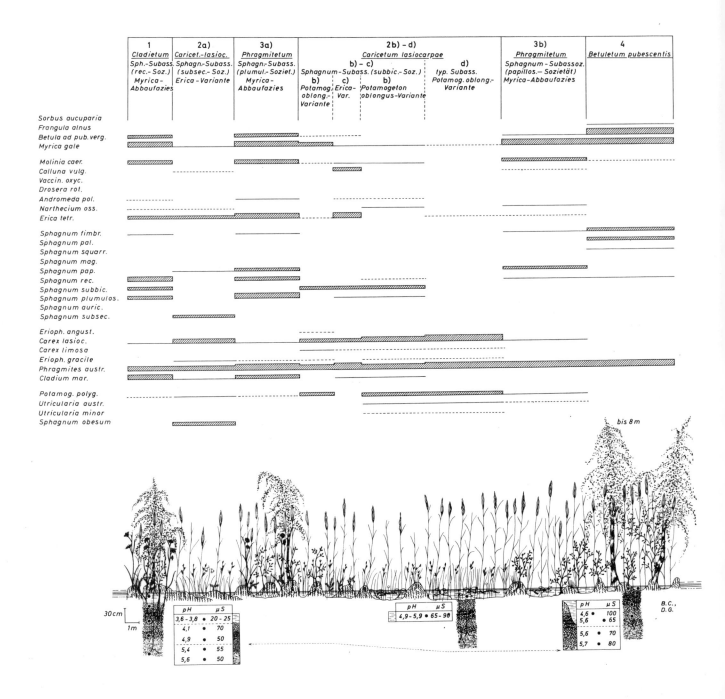

Sorbus aucuparia
Frangula alnus
Betula ad pub. verg.
Myrica gale

Molinia caer.
Calluna vulg.
Vaccin. oxyc.
Drosera rot.
Andromeda pol.
Narthecium oss.
Erica tetr.

Sphagnum fimbr.
Sphagnum pal.
Sphagnum squarr.
Sphagnum mag.
Sphagnum pap.
Sphagnum rec.
Sphagnum subbic.
Sphagnum plumulos.
Sphagnum auric.
Sphagnum subsec.

Erioph. angust.
Carex lasioc.
Carex limosa
Erioph. gracile
Phragmites austr.
Cladium mar.

Potamog. polyg.
Utricularia austr.
Utricularia minor
Sphagnum obesum

bis 8 m

30 cm
1 m

pH	µS
3,6 - 3,8	20 - 25
4,1	70
4,9	50
5,4	55
5,6	50

pH	µS
4,9 - 5,9	65 - 90

pH	µS
4,6	100
5,6	65
5,6	70
5,7	80

B.C.,
D.G.

Abb. 34:
Profil durch eine kleinen Teil des Mosaikkomplexes der ± offenen Moorfläche im Elmpter Bruch: Vegetationskomplex-Typengruppe VII: Heidemoor-Mosaikkomplexe aus verschiedenen Stadien von Sphagnum-Verlandung als letzter Phase der Röhrichtverlandung (Anklänge an II,3 u. III); Typ 1: Mosaikkomplexe der letzten noch "offenen" "Schlenken" aus Fragmenten von Röhricht- und Zwischenmoor-Assoziationen

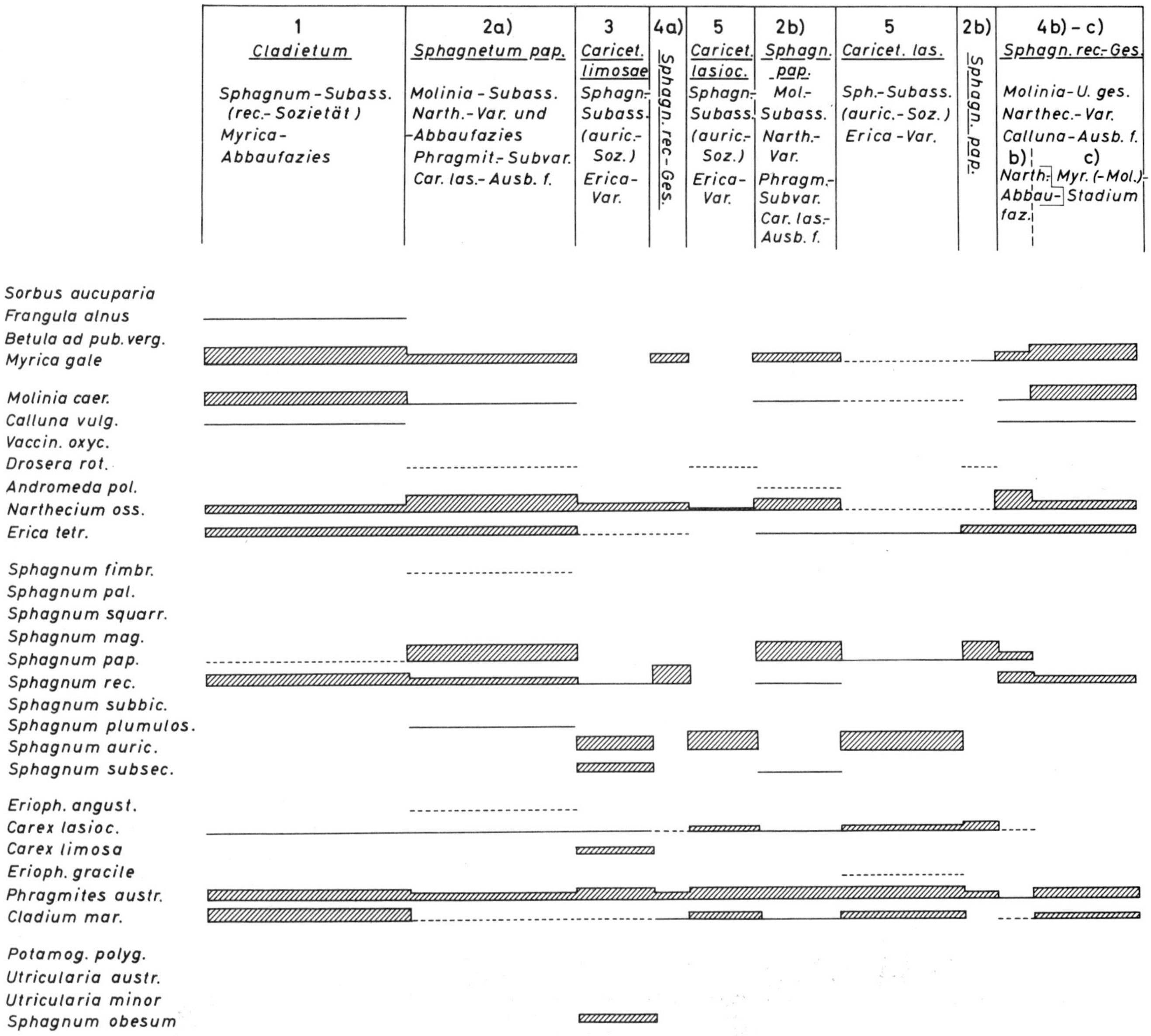

1	2a)	3	4a)	5	2b)	5	2b)	4b) – c)
Cladietum	Sphagnetum pap.	Caricet. limosae	Sphagn. rec.-Ges.	Caricet. lasioc.	Sphagn. pap.	Caricet. las.	Sphagn. pap.	Sphagn. rec.-Ges.
Sphagnum-Subass. (rec.-Sozietät) Myrica-Abbaufazies	Molinia-Subass. Narth.-Var. und -Abbaufazies Phragmit.-Subvar. Car. las.-Ausb. f.	Sphagn.-Subass. (auric.-Soz.) Erica-Var.		Sphagn.-Subass. (auric.-Soz.) Erica-Var.	Mol.-Subass. Narth.-Var. Phragm.-Subvar. Car. las.-Ausb. f.	Sph.-Subass. (auric.-Soz.) Erica-Var.		Molinia-U. ges. Narthec.-Var. Calluna-Ausb. f. b) Narth.-Abbau-faz. c) Myr.(-Mol.)-Stadium

Sorbus aucuparia
Frangula alnus
Betula ad pub. verg.
Myrica gale

Molinia caer.
Calluna vulg.
Vaccin. oxyc.
Drosera rot.
Andromeda pol.
Narthecium oss.
Erica tetr.

Sphagnum fimbr.
Sphagnum pal.
Sphagnum squarr.
Sphagnum mag.
Sphagnum pap.
Sphagnum rec.
Sphagnum subbic.
Sphagnum plumulos.
Sphagnum auric.
Sphagnum subsec.

Erioph. angust.
Carex lasioc.
Carex limosa
Erioph. gracile
Phragmites austr.
Cladium mar.

Potamog. polyg.
Utricularia austr.
Utricularia minor
Sphagnum obesum

Abb.35: Profil gleicher Typengruppe wie Abb. 34 aus dem Elmpter Bruch;
Typ 2: Mosaikkomplexe aus offenen "Schlenken" und Sphagnion-Bulten: "Eroberung" der "Schlenken"
durch Sphagnen

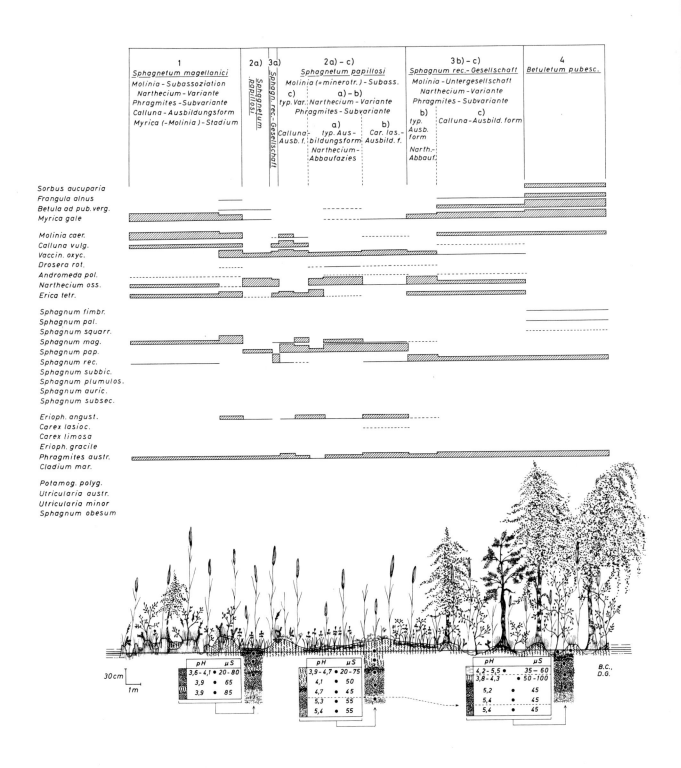

Abb. 36: Profil gleicher Typengruppe wie Abb 34 u.35 aus dem Elmpter Bruch;
Typ 3: Mosaikkomplexe der vollständig verlandeten "Schlenken" aus allen Entwicklungsstadien bis
zu Degenerationsstadien mit Molinia und Myrica und schließlich aus Bruchwaldstadien

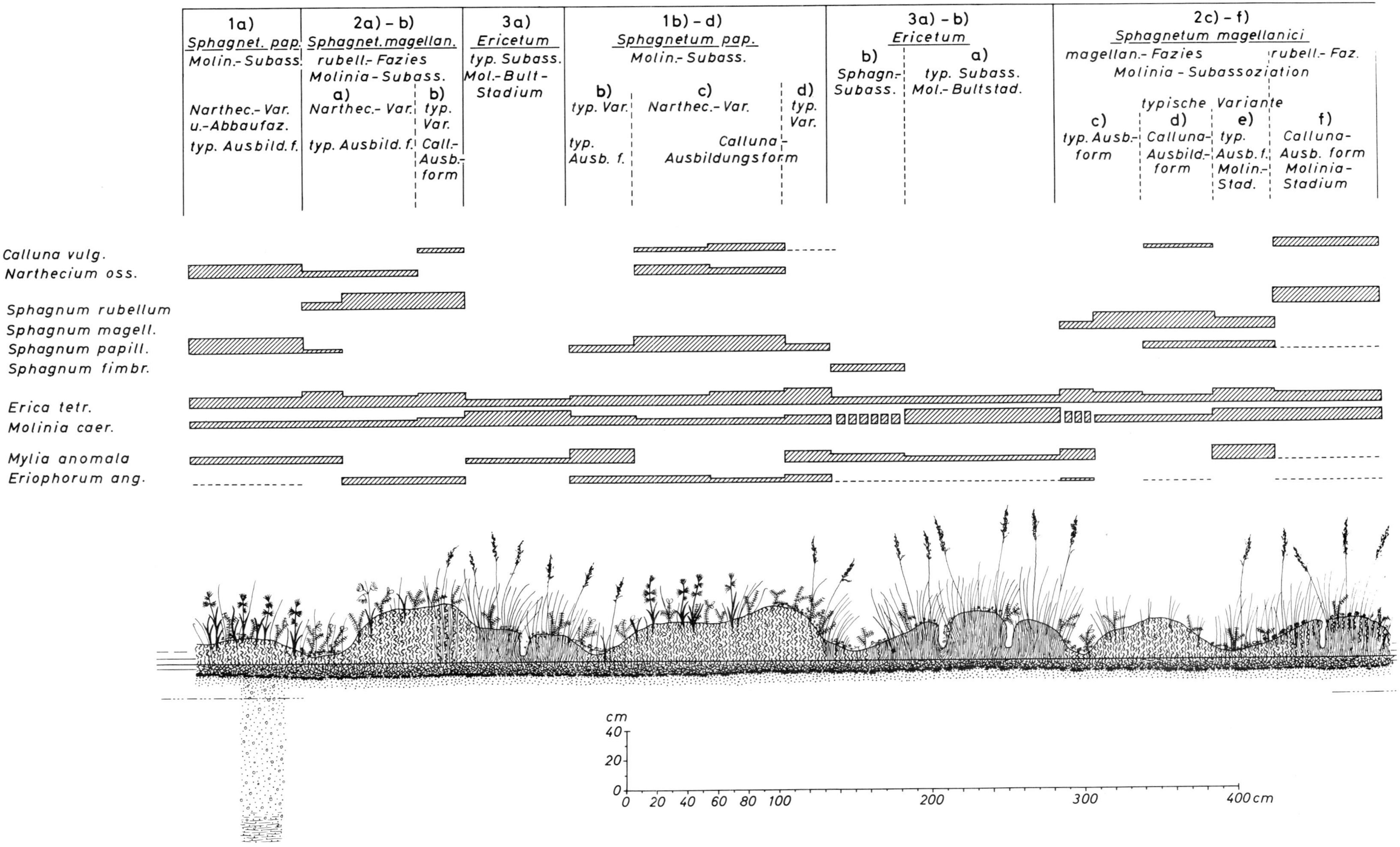

Abb. 37: Profil durch einen Mosaikkomplex der Vegetationskomplex-Typengruppe (=des Typs) VIII: Heidemoor-Mosaikkomplexe aus Sphagnum-Bulten auf nicht überflutetem Mineralboden; "Sandboden-Fazies" der Heidemoore (nach Preuss); Beispiel: Elmpter Bruch

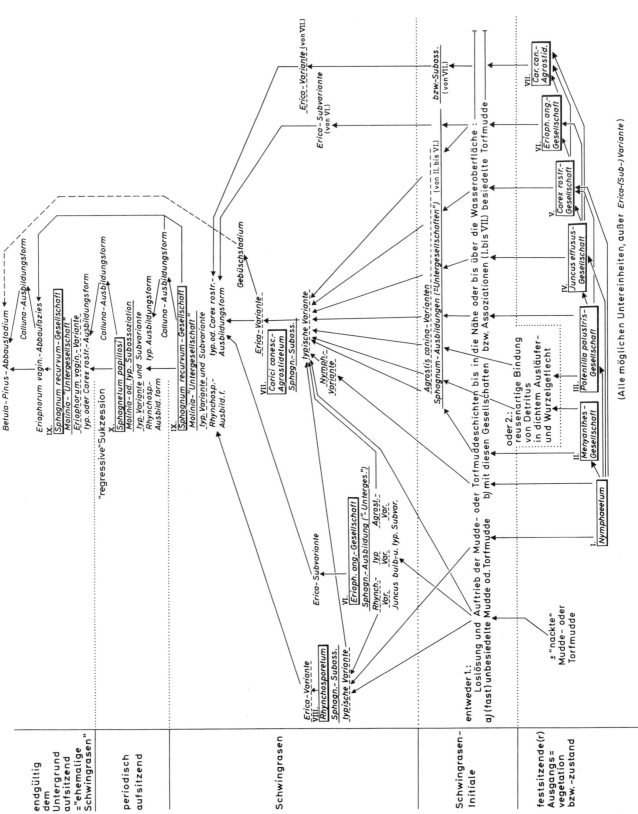

Abb. 38: Vegetationsentwicklung im Rahmen der Verlandung durch "indirekte,
primäre, supraaquatische und zentrifugale" Sphagnum-Schwingrasen

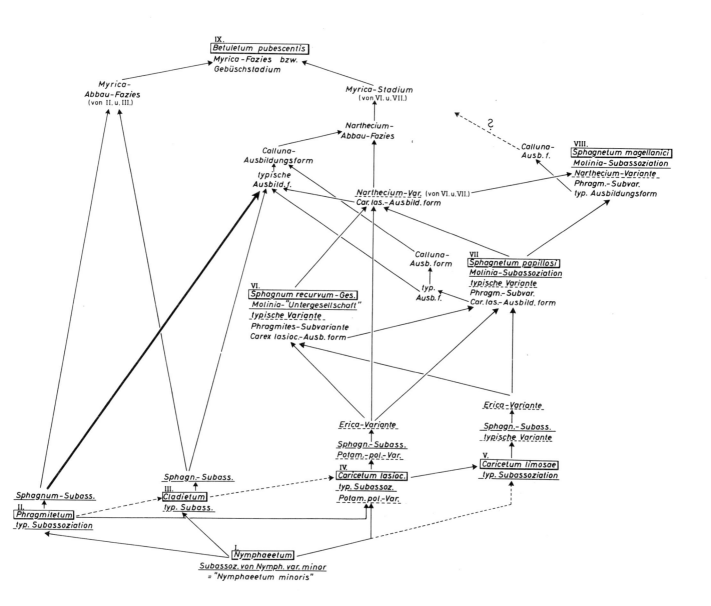

IX.
Betuletum pubescentis
Myrica-Fazies bzw.
Gebüschstadium

Myrica-
Abbau-Fazies
(von II. u. III.)

Myrica-Stadium
(von VI. u. VII.)

Narthecium-
Abbau-Fazies

Calluna-
Ausbildungsform

Calluna-
Ausb.f.

VIII.
Sphagnetum magellanici
Molinia-Subassoziation
Narthecium-Variante
Phragm.-Subvar.
typ. Ausbildungsform

typische
Ausbild.f.

Narthecium-Var. (von VI. u. VII.)
Car. las.- Ausbild.form

Calluna-
Ausb.form

typ.
Ausb.f.

VII
Sphagnetum papillosi
Molinia-Subassoziation
typische Variante
Phragm.- Subvar.
Car. las.- Ausbild. form

VI.
Sphagnum recurvum - Ges.
Molinia-"Untergesellschaft"
typische Variante
Phragmites-Subvariante
Carex lasioc.-Ausb. form

Erica-Variante

Sphagn.- Subass.
typische Variante

Erica-Variante

Sphagn.- Subass.
Potam.-pol.-Var.

V.
Caricetum limosae
typ. Subassoziation

IV.
Caricetum lasioc.
typ. Subassoz.
Potam. pol.-Var.

Sphagn.- Subass.

III.
Cladietum
typ. Subass.

Sphagnum-Subass.

II.
Phragmitetum
typ. Subassoziation

I.
Nymphaeetum
Subassoz. von Nymph. var. minor
= "Nymphaeetum minoris"

Abb. 39: Vegetationsentwicklung im Rahmen der letzten Phase der
Verlandung der Röhrichte und "Zwischenmoore" im Elmpter Bruch

Tabelle 1

Temperaturverhältnisse einiger niederländischer (1) und deutscher (2) Stationen im Untersuchungsgebiet bzw. in seinem Umkreis

	Jahres-mittel	Minimum-Monat	Maximum-Monat	Amplitude
1				
Gemert	10,5	1,9	18,7	16,8
Venlo	10,8	2,3	19,1	16,8
Buchten	10,9	2,5	19,3	16,8
Beek	10,4	2,0	18,4	16,4
2				
Kleve	9,8	1,8	17,9	16,1
Walbeck	9,7	1,5	17,9	16,4
Heinsberg	9,7	1,8	17,7	15,9
Aachen	9,7	1,8	17,6	15,8

Tabelle 2

Zahl[1] der heutigen (1) und der verschollenen (2) Arten der Heidegewässer und -moore sowie die Summe beider (3)

	1	2	3
Hepaticae	20	8	28
Sphagnidae[1]	25	1	26
Bryidae	28	3	31
Bryophyta insgesamt	73	12	85
Pteridophyta	3	4	7
Coniferophytina	1	-	1
Liliatae	64	38	102
Magnoliatae	80	33	113
Kormophyta insgesamt	148	75	223
Gesamtartenzahl	221	87	308

1) Wegen der besseren Vergleichbarkeit mit den Listen aus ähnlichen Gebieten sind die Sphagnum - Formen und - Varietäten außer bei Sphagnum cuspidatum als Arten mitgezählt.

Tabelle 3

Differenzierte analytisch-synthetische Mischtabelle des Nymphaeetum albae Vollmar 47 em. Oberdf. mscr.

Nymphaeetum albae Vollmar 47 em. Oberdf. mscr.

	Nymphaea-Soziation (1) a b		typische Subassoziation — Potamoget.nat.-Soziation (2) a b		Typische Var. (3) a b		Variante v. Juncus bulb. (4) a b		Subass. v. Nymphaea alba var. minor (5) A B	
Aufnahmezahl	17		8		15		10			
Aufnahmegröße (m²)	120(10-700)		110(8-300)		155(8-700)		65(8-200)			
Gesamtartenzahl	19		13		16		11			
Mittlere Artenzahl	3		3		2,4		3,5			
Homogenität (n. PFEIFFER) (%)	35		35		35		46			
C: Nymphaea alba										
Diff.: Subass.ass.										
1. N.a. typ. Ausbild. (= var. alba?)	V2-5	3117	III2	375	IV2-5	1700	V2-5	2850		
2. N.a. var. minor									1.1°	+.1°
VC: Nymphaeion										
(C) Potamogeton natans	I+	1	V2-4	3062 / 188	III+4	1218	I-II 3	750	-	-
Polygonum amphibium f. natans	I+	15	I 2	188	I 1	17	I 2	150	-	-
Ranunculus peltatus	I 2	88	I 2		I 2	100	I+	1	-	-
OC, KC: Potamogetonetalia(-etea)										
Elodea canadensis	-		I 1	31	I 1	17	-		-	
d : oligo-dystraphent: Variante von Juncus bulbosus fluitans										
VC: Nymphaeion										
(C) Juncus bulbosus var. fluitans Fries	II+-3	339	I+	1	-		III-IV+-3	577	-	1.1
Utricularia minor	II+-2	119	I+	1	-		III +-2	2o2	-	+.1
Utricularia australis (= negl.)	-		-		-		-		-	
(d: oligo-dystraphent)										
Sphagnum cuspidatum f. plumosum	-		I 2	188	-		I 2	150	-	
Sphagnum dusenii var. plumosum Warnst.	I 2	88	-		-		I 2	150	3.1	
Sphagnum subsecundum f. obesum subf. plumosum Warnst.et insol. Card.	I+	1	-		-		I+	1	1.2	
Potamogeton polygonifolius	-		-		-		-		-	
(zusätzlich abbauend:)										
Carex lasiocarpa	-		-		-		-		2.1°	1.1°
Carex limosa	-		-		-		-		1.1°	+.1°
Myrica gale	I+	15	-		-		I+	1	+.1°	+.1°
Eriophorum angustifolium	I+	1	-		I+	1	I+	1	-	
Molinia coerulea	-		-		-		I+		-	
Carex rostrata	III1+-2	194	III1-2	219	I-II+-2	117	III-IV+-2	328 / 25	-	
(d: meso-eutraphent)										
Schoenoplectus lacustris	I1-2	1o3	II1	63	I-II1-2	133	-		-	
Menyanthes trifoliata	I+3	221	II+	250	I+3	250	-		-	
Potentilla palustris (= Comar. p.)	I1	15	II+	3	I-II+1	18	-		-	
Eleocharis palustris	I+-2	89	I1	31	I2	100	-		-	
Glyceria fluitans	I+	1	I1		I1	17	-		3.1°	2.1°
Phragmites australis	I+	1	-		I+	1	-		-	
Typha angustifolia	I+		-		I+	1	-		-	
B : Lemna trisulca	I+	1	I1	31	I+	1	-		-	
Riccia fluitans	-		I+	1	I+	1	-		-	
Hydrocharis morsus-ranae	I1	15	-		I1	17	-		-	

Sphagnetum cuspidato- obesi Tx. et v.Hübschm. 58	typische Subassoziation											Subass. v. Sphagnum dusenii	
	typische Variante				Utricularia-Variante								
	freie Bestände		überstellte Bestände		freie Bestände		überstellte Bestände			Utricularia- Fazies			
	1		2		3		4			5		6	
	a	b	a	b	A	B	a	b		a	b	A	B
Aufnahmezahl	17		27		1	1	9			12		1	1
Aufnahmegröße (m^2)	40(4-100)		18(1,5-50)		25	2o	50(7-200)			25(10-100)		5o	45
Gesamtartenzahl a) Pleustophyten	3		4		4	2	5			6		3	2
b) Rhizophyten	15		33		0	5	25			21		5	5
Mittlere Artenzahl a) Pleustophyten	1,7		2,3		-	-	2,9			1,6		-	-
b) Rhizophyten	2,4		5,1		-	-	6,3			5,3		-	-
Homogenität (n. PFEIFFER) (%) a) Pleustophyten	57		78		-	-	67			46		-	-
b) Rhizophyten	28		35		-	-	37			32		-	-
(C): Sphagnum cuspidatum f. plumosum	IV+-5	2147	IV+-5	2352	3.1	-	III1-2	277		I 2	125	2.1	-
C od. Diff: Ass.? Sphagnum subsecundum f. obesum subf. plumosum Warnst. et insolitum Card.	III2-5	1959	IV+-5	337o	1.1	2.1	IV1-5	3690		II+-3	438	-	-
C od. Diff: Ass.? Juncus bulbosus ssp. bulb. var. fluitans Fries pleustophyt. F.	III+-5	2238	IV1-5	2157	5.5	-	III+-5	1167		I +	2	2.2	3.4
d : Variante u. KC u. OC Utricularia minor	-	-	-	-	1.2	1.3	V+-3	2167		V2-5	5646	-	-
△ : sarkt: Subass. Sphagnum dusenii var. plumosum Warnst.	-	-	-	-	-	-	-	-		-	-	3.1	2.1
B : Lemna minor	-	-	I +	1	-	-	I +	1		I 1	21	-	-
"über-" u. "unterstellende" Arten:													
I. Nymphaeion													
(Potamogeton natans)	-	-	I+-2	56	-	-	II+-2	167		-	-	-	-
(Polygonum amphibium)	-	-	I +	1	-	-	II+-2	169		I1-2	146	-	-
(Nymphaea alba)	-	-	-	-	-	-	I 2	167		-	-	-	2.2°
II. Scheuchzerio-Caricetalia fuscae													
(Eriophorum angustifolium)	III+-2	134	IV+-4	1833	-	2.1°	IV+-4	1422		III+-2	438	2.1°	1.1°
(Agrostis canina)	I1-2	118	III+-3	539	-	-	II1-2	222		II+-1	63	-	-
(Juncus effusus)	I+-2	89	II-4	473	-	-	III1-4	752		V+-4	2o44	-	2.1°
(Carex rostrata)	I +	1	II+-4	584	-	-	IV+-2	753		IV+-3	607	-	-
(Molinia coerulea)	II+-2	176	II+-2	315	-	-	II+-2	168		II +	3	1.1	+.1
(Hydrocotyle vulgaris)	-	-	I+-3	157	-	-	II+-2	168		-	-	-	-
(Potentilla palustris (= Comarum p.))	-	-	I 3	139	-	-	III2-4	1972		III1-3	375	-	-
(Carex nigra)	-	-	I+-1	1o	-	-	II+-5	1000		I 5	729	-	-
(Carex lasiocarpa)	-	-	I 2	111	-	-	-	-		I +	1	-	-
(Rhynchospora alba)	-	-	I+-1	1o	-	-	-	-		-	-	+.1	-
(Drosera intermedia)	-	-	I 1	9	-	+.1	-	-		-	-	+.1	-
III. Littorelletalia													
(Juncus bulbosus ssp. bulb. var. fluit. Fries rhizophyt. Form)	III1-2	471	IV1-3	1o74	-	+.1	III+-4	1001		I+-1	22	1.1	2.2
(Eleocharis palustris ssp. vulgaris)	I+-1	15	III+-3	768	-	-	II 2	333		-	-	-	-
(Glyceria fluitans)	I+-2	89	II+-5	778	-	-	I +	1		-	-	-	-
(Eleocharis multicaulis)	I+-1	15	II+-4	3o7	-	-	-	-		-	-	-	-
(Juncus bulbosus ssp. bulb. f. submersus Glk.)	I 1	29	I 1	9	-	-	-	-		-	-	-	-
(Potamogeton polygonifolius)	-	-	I 1	9	-	-	I 1	28		-	-	-	-
(Hypericum elodes)	-	-	I 2	56	-	-	-	-		-	-	-	-
Moosschicht von II u. III													
(Drepanocladus fluitans)	I 2	88	I 2	56	-	-	I +	1		II1-3	500	-	-
(Calliergon stramineum)	-	-	-	-	-	-	I 1	28		I 3	313	-	-
(Sphagnum subsecundum f. obesum div. subf.)	I1-2	1o3	I1-4	38o	-	3.3	-	-		-	-	-	-
(Sphagnum subsecundum var. crassicladum)	-	-	-	-	-	-	I 2	167		I+-2	126	-	-
(Sphagnum subsecundum (s.l.) div. var.)	I 1	15	I 2	56	-	-	II2-4	861		-	-	-	-
(Sphagnum cuspidatum f. submersum)	I 2	265	I 3	137	-	-	I 3	417		-	-	-	-
(Sphagnum cuspidatum f. falcatum)	-	-	I 1	9	-	1.3	I 2	167		III1-3	6o4	-	-
(Sphagnum recurvum)	-	-	-	-	-	-	I 1	28		II1-2	396	-	-

Außerdem je einmal in Spalte 1: Carex panicea; in Spalte 2: Nymphaea alba var.
minor, Phragmites, Typha angustifolia, Carex limosa, Menyanthes, Bidens cernuus,
Salix ad aurita vergens; in Spalte 4: Schoenoplectus lacustris, Bidens cernuus,
Salix ad aurita vergens; in Spalte 5: Carex canescens, Lysimachia vulgaris,
Schoenoplectus tabernaemontani, Sphagnum fimbriatum u. squarrosum

Tabelle 4: Differenzierte analytisch-synthetische Mischtabelle des
Sphagneto cuspidato- obesi Tx. et v.Hübschm. 58

Magnocaricion elatae W. Koch 26	Caricetum elatae W. Koch 26						Caricetum rostratae Rüb.12							Caricet. vesicar.
	typische Subassoziation				Subass.v. Sphagnum		typische Subassoziation				Subassoziation v. Sphagnum			
							Var.v. Nymphaea		typ. Var.		Var. v. Junc.bulb.		typ. Var.	
	reine Fazies			Phragm. Fazies					reine Fazies					reine Fazies
	1 A	B	C	2	3 A	B	4 A	B	5 A	B	6 A	B	7	8
Aufnahmegröße (m²)	400	225	100	100	50	42	300	35	50	30	90	25	200	6
Artenzahl	2	5	3	14	14	13	3	2	1	3	6	11	5	2
C: Caricetum elatae														
Carex elata	4.3	4.3	3.2	4.3	3.2	4.3	–	–	–	1.2	–	–	–	–
C: Caricetum rostratae														
Carex rostrata	–	–	–	–	+.2	–	4.1	3.2	3.2	4.3	4.1°	3.2	3.1	–
C: Caricetum vesicariae														
Carex vesicaria	–	–	–	–	–	–	–	–	–	–	–	–	–	4.2
VC: Magnocaricion														
Peucedanum palustre	–	–	–	–	1.1	3.1	–	–	–	–	–	–	–	–
Galium palustre	–	–	–	1.2	–	–	–	–	–	–	–	–	–	–
Scutellaria galericulata	–	–	–	–	–	+.1	–	–	–	–	–	–	–	–
[OC]: Phragmitetalia														
Phragmites australis	–	–	–	3.1	–	–	–	–	–	–	–	–	–	–
Schoenoplectus lacustris	–	–	–	2.2	–	–	–	–	–	–	–	–	–	–
Oenanthe aquatica	–	–	–	2.3	–	–	–	–	–	–	–	–	–	–
Myosotis laxa ssp. caesp.	–	–	–	1.1	–	–	–	–	–	–	–	–	–	–
Typha latifolia	–	–	–	–	–	+.1	–	–	–	–	–	+.1	–	–
Sparganium erectum ssp. erectum	–	–	–	–	–	–	–	–	–	–	–	–	–	2.2
d: Subassoziation von Sphagnum														
(Sphagnum subsecundum f. obesum subf. plumosum et insolitum)	–	–	–	–	–	–	–	–	–	–	1.1	–	–	–
(Sphagnum cuspidatum f. plumosum)	–	–	–	–	–	–	–	–	–	–	1.1	–	–	–
Sphagnum subsecundum f. obesum div. subf.	–	–	–	–	–	–	–	–	–	–	3.2	+.2	2.1	–
Sphagnum cuspidatum f. submersum	–	–	–	–	–	–	–	–	–	–	3.2	–	–	–
Sphagnum cuspidatum f. falcatum	–	–	–	–	–	–	–	–	–	–	–	–	2.2	–
Sphagnum recurvum	–	–	–	–	4.4	3.3	–	–	–	–	–	–	1.1	–
Potentilla palustris	–	–	–	–	1.2	2.2	–	–	–	–	–	–	–	–
Agrostis canina	–	–	–	–	2.2	1.3	–	–	–	–	–	–	–	–
Hydrocotyle vulgaris	–	–	–	–	+.1	2.2	–	–	–	–	–	–	–	–
D u.δ : Varianten:														
1) Nymphaea alba	–	–	–	–	–	–	2.2	–	–	–	–	–	–	–
Potamogeton natans	–	–	–	–	–	–	–	2.2	–	–	–	–	–	–
2) Juncus bulbosus var. fluitans	–	–	–	–	–	–	1.2	–	–	–	5.3	+.2	–	–
(Utricularia minor)	–	–	–	–	–	–	–	–	–	–	–	1.2	–	–
Potamogeton polygonifol.	–	–	–	–	–	–	–	–	–	–	–	2.3	–	–
B: Juncus effusus	–	1.3	1.2	–	+.1	+.2	–	–	–	+.2	–	–	–	–
Lemna minor	+.2	+.2	–	1.2	–	–	–	–	–	–	–	–	–	–
Lysimachia vulgaris	–	–	–	2.1	–	+.1	–	–	–	–	–	–	–	–
Molinia caerulea	–	1.2	2.2	–	–	–	–	–	–	–	–	+.1	+.1	–
Salix ad aurita vergens	–	–	–	–	+.1	1.2	–	–	–	–	–	1.1	–	–
Frangula alnus	–	+.2	–	+.2	+.1	+.1	–	–	–	–	–	–	–	–
Riccia fluitans	–	–	–	–	–	–	–	–	–	–	–	–	–	–
Calliergon stramineum	–	–	–	–	+.2	2.4	–	–	–	–	–	–	–	–

Außerdem in je 1-2 Aufnahmen: Eleocharis palustris (2,6B), Eriophorum angustifolium (3A), Carex lasiocarpa (3A), Juncus acutiflorus (6B), Iris pseudacorus (2), Salix ad cinerea verg. (6B). Menvanthes trifoliata (3A) Polygonum amphibium (2),Rorippa sylvestris (2) Mentha aquatica (2)

Tabelle 7: Analytische Tabelle der drei Assoziationen des Magnocaricion elatae W. Koch 26

	Carex rostr.-Ges.	Juncus eff.-Ges.	Molinia caer.-Ges.	Potentilla palustr.-Ges.	Carex lasioc.-Ges.	Erioph. ang.-Ges.	Carex nigra-Ges.	Carici can.-Agrosti-det.can.	Rhynchosporetum	Caricetum lasioc.
Aufnahmezahl	28	35	24	9	9	56	14	53	43	10
mittl. Aufnahmegröße	34	47	28	24	54	15	19	23	7,2	8,7
Artenzahl	47	65	54	26	38	63	44	57	38	32
mittlere Artenzahl	8,3	10	7,9	8	10,5	6,7	9,3	9,5	7,5	12
Homogenität (%)	28	25	22	30	27	25	28	29	28	50
Scheuchzerio-Caricetalia (-etea)-Arten										
Agrostis canina	IV 1150	IV 680	II 35	I 1	II 360	II 160	II 70	V 2300	I 35	–
Carex canescens	II 130	II 65	I 1	II 30	II 55	II 5	I 1	III 550	–	–
Rhynchospora alba	–	–	II 200	–	–	II 20	–	I 10	V 2350	–
Drosera intermedia	–	–	II 20	–	–	II 5	–	I 15	IV 730	–
Potentilla palustris	II 400	II 80	I 1	V 5150	II 3	II 85	II 120	II 60	I 1	–
Menyanthes trifoliata	II 55	–	II 20	–	–	–	–	II 5	–	–
Carex lasiocarpa	I 65	II 110	I 1	I 30	V 4600	I 1	–	I 35	–	–
Eriophorum angustifolium	IV 500	II 210	IV 430	IV 250	II 280	V 5250	IV 590	V 1350	IV 650	V 2550
Carex nigra	II 25	II 65	II 170	–	II 55	I 14	V 6250	II 120	–	I 2
Hydrocotyle	II 150	II 260	–	–	–	–	II 120	II 120	–	–
Carex limosa	–	–	–	–	–	–	–	–	–	III 55
Eriophorum gracile	–	–	–	–	–	–	–	–	–	IV 30
(Sphagnum subsecundum fo. obesum subfo. plumosum et insolitum)	I 220	H 300	H 310	IV 2950	–	H 300	H 20	H 100	H 100	–
(Sphagnum cuspidatum fo. plumosum)	–	H 55	H 240	II 30	–	II 180	–	H 220	H 270	H 520
Sphagnum subsec. fo. obes. div. subfo.	I 210	H 280	H 440	II 220	H 690	II 920	H 20	H 330	H 180	H 2500
Sphagnum cuspidatum fo. submersum	–	H 150	H 290	–	–	II 210	–	II 210	II 500	III 2500
Sphagnum subsecundum s.l.	II 530	II 200	II 550	II 1150	III 420	III 2150	I 380	II 1110	III 550	III 2500
Sphagnum cuspidatum fo. falcatum	III 440	II 270	II 250	II 580	III 550	III 800	III 820	II 990	III 820	II 50
Sphagnum recurvum	II 1600	IV 2400	H 190	II 170	IV 1900	III 1250	III 660	IV 3650	II 190	II 1
Drepanocladus fluitans	II 20	II 100	H 20	I 30	III 400	II 350	III 360	III 400	I 750	II 50
Calliergon stramineum	I 110	II 230	H 65	I 190	III 220	II 35	–	I 40	I 710	II 3
Cladopodiella fluitans	–	–	H 520	–	–	H 190	–	–	H 10	–
Molinietalia-Arten										
Molinia caerulea	III 100	II 270	V 7250	III 3	V 530	III 360	V 1650	IV 460	V 840	III 55
Juncus effusus u.a.	IV 840	IV 6250	II 22	III 60	III 390	I 95	IV 150	III 230	I 1	–
Phragmitetalia (-etea)-Arten										
Carex rostrata	V 5800	IV 380	I 1	IV 800	II 220	I 65	II 130	II 250	–	I –
Phragmites u.a.	–	I 45	I –	III 60	II –	II 25	–	–	–	V 4200
Littorelletalia- und Utricularietalia-(-etea)-Arten										
Juncus bulbosus div. fo.	I 300	II 620	II 12	–	I 30	II 400	I 450	II 220	II 150	I –
(Utricularia minor) u.a.	I 300	I –	II 10	III 1850	I 30	II 85	III 610	I 5	I 6	I 2
Oxycocco-Sphagnetea-Arten										
Erica tetralix	H 9	H 15	IV 540	–	II 55	II 160	II 390	I 75	III 640	IV 550
Vaccinium oxycoccus	H 55	H 45	H 20	–	I –	H 90	I –	II 70	II 40	I –
Drosera rotundifolia	H 140	–	H 1	–	H –	H 35	I –	I 150	I 130	II 1
Sphagnum papillosum u.a.	I –	–	H 1	–	H 1	H 30	I 1	II 110	I 60	II 200
Arten anderer Einheiten										
Myrica gale	H 9	–	–	–	H 1	H 25	–	H 1	–	IV 400
Betula ad pubescens vergens	H –	H 8	I –	–	H –	H 1	H 1	H 30	–	II 4
Polytrichum commune	H 65	H 50	II 270	–	H –	H 20	H 1	H 140	–	I –
Gymnocolea inflata	I –	–	II 190	–	H –	H 65	–	H 15	III 950	I –
u.v.a.										

Tabelle 8: Undifferenzierte synthetische Tabelle der wichtigsten sieben "Gesellschaften" und drei Assoziationen der Scheuchzerio-Caricetalia (-etea) fuscae (W. Koch 26) Görs et Th. Müll. mscr.

Tabelle 10: Differenzierte analytisch-synthetische Mischtabelle des Carici canescentis-Agrostidetum caninae Tx. 37

Carici canescentis – Agrostidetum caninae Tx. 37	Variante von Juncus		Variante von Nymphaea		Sphagnum-Subassoziation typische Variante		Variante Gebüschstadium		Variante von Erica		Gebüschstadium
	1		**2**		**3**		**4**		**5**		**6**
	a	b	a	b	a	b	A	B	a	b	
Aufnahmezahl	12	–	18	–	23	–	1	1	17	–	1
Aufnahmegröße (m²)	5 (8–18)	–	7 (10–25)	–	17 (2–100)	–	–	–	(3–60)	–	–
Artenzahl	14		22		32		40	20	38		25
Mittlere Artenzahl	7,1		10,3		8,5		12	13	10,3		9
Homogenität (nach PFEIFFER) (%)	51		47		27		–	–	27		–
C: Carex canescens	–	–	V+–2	647	III+–3	502	1.2	2.2	IV+–1	835	1.1
Diff.-Ass.: Agrostis canina	V1–4	3600	V+–2	716	V2–5	4335	4.3	2.2	V+–3	765	1.1
OC-KC: Scheuchzerio-Caricetalia (-etea)											
Potentilla palustris	IV+–2	400	III+–2	219	II+	3	–	–	II+–2	74	–
Menyanthes trifoliata	–	–	–	–	I+–1	16	–	–	–	–	–
Eriophorum angustifolium	–	–	V1–3	1643	V+–3	1530	–	3.1°	V+–3	1286	1.1°
Hydrocotyle vulgaris	–	–	–	–	II+–2	354	–	+.1	I1	25	–
[OC]: Rhynchospora alba	–	–	II+	–	–	–	–	–	III+–1	12	–
[OC]: Drosera intermedia	–	–	–	–	I1	15	–	+.2	I+–1	11	–
[OC]: Carex lasiocarpa	–	–	II+–1	37	I1–2	103	–	–	I+	1	–
d: Subassoziation von Sphagnum											
Sphagnum subsecundum f. obesum subf. plumosum et insolitum	II2–3	1050	–	–	II–3	235	–	–	III1–5	905	–
(Sphagnum plumosum f. plumosum)	II2–5	2350	III+–4	930	II–2	118	–	–	II+–5	976	–
Sphagnum cuspidatum f. obesum div.subf.	II2–3	1600	I4	893	II2–4	1647	–	–	–	–	–
Sphagnum cuspidatum f. submersum	II2	–	V+–4	1716	II+–4	851	–	–	–	–	–
Sphagnum subsecundum s.l. (div. var.)	–	–	IV+–5	2751	I+–5	3809	+.2	1.3	IV1–5	5012	–
Sphagnum cuspidatum f. falcatum	III1–2	400	III2–4	1643	–	–	2.3	2.3	I+–3	178	–
Sphagnum recurvum	III1	100	–	–	–	–	1.3	–	III+–5	730	5.4
Sphagnum fimbriatum	–	–	–	–	–	–	–	–	–	–	1.2
Drepanocladus fluitans	–	–	III+–2	251	II+–2	177	–	–	–	–	–
D u.δ: Varianten											
1) Juncus bulbosus var. fluitans	IV+–3	1352	V+–1	147	–	–	–	–	I+°	1	–
(Utricularia minor)	III+–1	52	–	–	–	1	–	–	–	–	–
2) Nymphaea alba	I+	2	–	–	–	–	–	–	–	–	–
3) Erica tetralix	–	–	–	–	–	–	–	–	II+–2	120	2.3
Drosera rotundifolia	–	–	–	–	–	–	–	–	V+–2	360	1.1
Vaccinium oxycoccus	–	–	–	–	–	–	–	–	II+–2	180	–
Andromeda polifolia	–	–	–	–	–	–	–	–	I+	1	–
Sphagnum papillosum	–	–	–	–	–	–	–	–	III+–3	273	–
Aulacomnium palustre	–	–	–	–	–	–	–	–	II+–1	25	–
Cephalozia lammersiana	–	–	–	–	–	–	–	–	I2	71	–
D: Gebüsch-Stadium											
Salix ad cinerea vergens	–	–	–	–	–	–	3.2	+.1	I+	1	–
Betula ad pubescens vergens	–	–	–	–	–	–	+.1	2.1	I+	1	3.1
Pinus sylvestris	–	–	–	–	–	–	–	1.1	I+	1	–
B: Phragmitetalia											
Carex rostrata	–	–	III+–2	253	II+–3	457	–	+.1°	II+–2	167	–
Carex elata	–	–	–	–	I+	2	–	–	I1	12	–
Typha latifolia	–	–	–	–	I+	1	–	–	–	–	–
Molinietalia											
Molinia caerulea	II+–2	302	II+–1	37	IV+–3	430	2.2	1.2	IV+–2	560	2.2
Juncus effusus	III1–2	350	II+	3	IV+–3	458	1.2	2.2	III+–1	49	–
Lysimachia vulgaris	–	–	–	–	–	–	–	–	I+–1	13	–
Arten aus anderen Einheiten											
Juncus bulbosus fo. uliginosus	–	–	III+–2	251	II+–1	16	–	–	II+–2	120	–
Polygonum amphibium fo. terrestris	–	–	–	–	I+–1	15	–	–	I2	71	–
Weitere Moose											
Calliergon stramineum	–	–	I1	–	I+–1	30	–	1.2	I2	71	–
Polytrichum commune	–	–	–	36	II+–2	178	–	–	I+–3	190	1.3
Pohlia nutans	–	–	–	–	–	–	–	–	I+	1	–
Gymnocolia inflata	–	–	–	–	–	–	1.3	–	I+–1	36	–

Außerdem in je 1 – 3 Aufnahmen: Eleocharis multicaulis (2), Eleocharis palustris (2), Schoenoplectus lacustris (5), Holcus lanatus (3) Juncus acutiflorus (5), Glyceria fluitans (5), Myrica gale (2,5), Salix repens (3), Salix ad aurita vergens (3), Quercus robur (4B), Trifolium repens (3), Peucedanum palutre (3), Hypericum elodes (3), Calluna vulgaris (3)

Tabelle 11

Rhynchosporion albae W. Koch 26	Rhynchosporetum								Caricetum limosae			
	Subassoziation von Sphagnum								typ. Subass.	Subassoziation v. Sphagnum		
	Variante v. Junc. bulb. fluitans				typische Variante		Variante v. Erica		Var.v. Erica	Var.v. Junc. bulb. fluit.	Variante von Erica	
	1				2		3		4	5	6	
	A	B	C	D	a	b	a	b			A	B
Aufnahmezahl	1	1	1	1	11		28		1	1	1	1
Aufnahmegröße (m²)	15	4o	75	2o	3(o,5-15)		4,5(o,2-5o)		o,4	1,5	4	9
Artenzahl	6	9	6	6	18		32		4	9	1o	1o
Mittlere Artenzahl	-	-	-	-	6,2		8,2		-	-	-	-
Homogenität	-	-	-	-	34		26		-	-	-	-
C: Rhynchosporetum												
Rhynchospora fusca	-	-	-	-	II1-4 1273		II+-4 759		-	-	-	-
Drosera intermedia	-	1.1	+.1	+.1	III1-4 729		IV+-4 823		-	-	-	-
Lycopodiella inundata	-	-	-	-	-		I2 54		-	-	-	-
C: Caricetum limosae												
Carex limosa	-	-	-	-	-		-		2.2	1.1	+.1°	+.1
VC: Rhynchosporion albae												
Rhynchospora alba	1.2	1.2	+.1	-	V+-3 1208		V1-4 3125		-	-	-	-
OC-KC: Scheuchzerio-Cericetalia(-etea) fuscae												
Eriophorum angustifolium	+.1	2.1°	2.1°	2.1	V+-2 1228		IV+-2 359		-	+.1°	+.1°	r
Agrostis canina	-	-	-	-	I+ 1		I+-2 54		-	-	-	-
Potentilla palustris	-	-	-	-	-		I+ 1		-	-	-	-
[OC] Carex lasiocarpa	-	-	-	-	-		-		+.1	1.1°	-	-
[OC] Carex stellulata	-	-	-	-	-		-		-	-	+.1	-
d: Subassoziation von Sphagnum												
(Sphagnum subsecundum f. obesum subf. plumosum et insolitum)	2.2	1.2	-	-	I2-3 227		-		-	-	-	-
(Sphagnum cuspidatum f. plumosum)	-	3.1	-	-	I2 136		-		-	1.1	-	-
(Sphagnum dusenii f. plumosum)	-	-	4,1	-	-		-		-	-	-	-
Sphagnum subsecundum f. obesum div subf.	-	-	-	3.2	I+ 1		I+-3 143		-	-	-	-
Sphagnum cuspidatum f. submersum	+.2	1.2	-	-	I4 568		I+-5 322		-	-	-	-
Sphagnum subsecundum s.l. (div. var.)	-	-	-	4.3	II1-5 955		II+-4 295		-	-	-	-
Sphagnum cuspidatum f. falcatum	-	-	-	1.3	II+-2 296		II1-5 867		-	-	-	-
Sphagnum recurvum f. fallax	-	-	-	-	III+-4 865		I1-3 152		-	-	-	-
Sphagnum recurvum	-	-	-	-	-		II+-4 295		-	-	5.5	2.3
Sphagnum molluscum	-	-	-	-	-		I1-3 259		-	-	-	-
Drepanocladus fluitans	-	-	-	-	II+-5 1137		I3-4 714		-	-	-	-
D u.δ : Varianten:												
1) Juncus bulbosus var. fluitans	-	2.2	2.2	+.1	-		-		-	+.1	-	-
(Utricularia minor)	+.1	-	-	1.3	-		-		-	1.1	-	-
Nymphaea alba var. minor	-	-	-	-	-		-		-	+.1	-	-
2) Erica tetralix	-	-	-	-	-		V+-4 976		2.2	r	+.1	r
Calluna vulgaris	-	-	-	-	-		I+-1 9		-	-	-	-
Drosera rotundifolia	-	-	-	-	-		II+-2 198		-	-	r	+.1
Vaccinium oxycoccus	-	-	-	-	-		I1-2 63		-	-	-	1.1
Sphagnum papillosum	-	-	-	-	-		II+-2 96		-	-	-	5.4
Nartheceum ossifragum	-	-	-	-	-		I+ 1		-	-	1.2	2.2°
B: Molinia caerulea	2.1	+.1	1.2	-	V+-3 615		V+-3 984		3.2°	2.1	1.1°	2.1°
Phragmites australis	-	-	-	-	-		-		-	+.1	r	+.1
Myrica gale	-	2.4	-	-	-		-		-	-	-	-
Cladopodiella fluitans	-	-	-	-	III1-2 432		II+-5 875		-	-	-	-
Gymnocolea inflata	-	-	-	-	III+-2 546		III+-5 125o		-	-	-	-

Außerdem in je 1 - 3 Aufnahmen:Odontoschisma sphagni (3), Lophocolea bidentata (3), Cephalozia bicuspidata (3), Cephalozia lammersiana (2), Sphagnum magellanicum (6A), Sphagnum compactum (3), Calliergon stramineum (3), Juncus effusus (3), Juncus acutiflorus (3), Juncus bulbosus f. uliginosus (2,3)

Tabelle 11: Differenzierte analytisch-synthetische Mischtabelle der beiden Assoziationen des Rhynchosporion albae W. Koch 26

Tabelle 12

Caricetum lasiocarpae W. Koch 26	typ. Subass.	Subassoziation von Sphagnum								
	Var. von Potamog. polygon.	Variante von Potamogeton polygonifolius			Variante von Erica					
	1	2			3					
		A	B	C	A	B	C	D	E	F
Aufnahmegröße (m²)	16	1,5	13,5	3,5	1	2	5	24	18	2,5
Artenzahl	12	8	15	12	1o	8	1o	14	16	15
C: ? (Diff.-Ass.): Caricetum lasiocarpae										
Carex lasiocarpa	4.3	2.1	3.2	2.1	1.1°	2.2	2.2	3.2	3.2	2.2
VC: Eriophorion gracilis										
Eriophorum gracile	+.1	-	+.1	+.1	1.1°	-	+.1	+.1	-	+.1
OC-KC: Scheuchzerio-Caricetalia(-etea) fuscae										
Eriophorum angustifolium	-	+.1°	-	+.1°	-	-	-	-	-	-
Menyanthes trifoliata	+.1°	-	-	-	-	-	-	-	-	-
[OC] Carex limosa	+.2	1.1°	+.1	1.1°	-	-	-	-	+.1	+.1
d: Subassoziation von Sphagnum										
Sphagnum subsecundum f. obesum	-	3.1	-	-	2.2	-	-	-	-	-
Sphagnum subsecundum s. l. (div. var.)	-	-	-	-	3.2	5.3	5.3	3.4	-	-
Sphagnum cuspidatum f. falcatum	-	-	-	-	+.1	-	-	-	-	-
Sphagnum recurvum	-	-	+.2	-	1.2	-	-	1.3	-	-
Sphagnum plumulosum	-	-	1.3	-	-	-	-	2.4	3,4	1.2
Sphagnum subbicolor	-	-	2.3	2.3	-	-	-	-	-	2.3
D u.δ : Varianten:										
1 Potamogeton polygonifolius	2.2	1.2	2.2	2.2	-	-	-	1.2	+.1	-
Utricularia minor	+.1	-	+.2	-	-	-	-	-	-	-
Utricularia australis (= negl.)	1.1	-	1.2	-	-	-	-	-	1.1	-
Nymphaea alba var. minor	-	1.1	-	-	-	-	-	-	-	-
2. Erica tetralix	r	-	-	+.1	-	+.1	r	2.2	1.1	3.2
Calluna vulgaris	-	-	-	-	-	-	-	+.1	+.1	2.2
Nartheceum ossifragum	-	-	1.2	-	2.2°	1.2°	+.2	+.2	+.2	-
Sphagnum papillosum	-	-	+.2	-	-	-	-	1.2	1.3	2.3
Andromeda polifolia	-	-	-	-	-	-	-	-	-	+.1
Drosera rotundifolia	-	-	-	-	+.1	-	-	-	-	-
B: Phragmites australis	4.1°	3.1°	3.1	3.1°	3.1°	3.1°	3.1°	3.1°	3.1°	4.1°
Cladium mariscus	+.1	-	1.1°	-	r	-	2.1°	2.1°	2.1°	1.1
Molinia caerulea	-	-	1.2	+.1	-	-	+.1	-	+.1	1.2
Myrica gale	+.1	-	1.1	2.1	-	1.1	+.1	1.1	2.1	1.1
Betula ad pubescens vergens	-	-	-	+.1	-	-	-	r	+.1	+.1
Salix ad aurita vergens	-	2.1	-	-	-	-	-	-	-	-

Außerdem in je 1 - 3 Aufnahmen: Eleocharis multicaulis (3 A), Carex panicea (1), Salix ad cinerea vergens (3 D), Betula ad pendula vergens (3 F), Calliergon stramineum (2C, 3E, F)

Tabelle 12: Analytische Tabelle des Caricetum lasiocarpae W. Koch 26

	Litoral-Bestände		Schwingrasen-Bestände	
Eriophorum angustifolium	V	5700	V	4200
Molinia caerulea	IV	450	III	200
Agrostis canina	II	150	III	150
Juncus effusus	II	150	III	150
Carex rostrata	I	40	I	1
Juncus bulbosus var. fluitans	II	500	-	-
Erica tetralix	II	250	I	10
Drosera rotundifolia	-	-	III	100
1 Sphagnum subsecund.fo.obesum subfo.plumosum et insolitum	I	450	-	-
Sphagnum cuspidat.fo.plumos.	I	250	-	-
2 Sphagnum subsecundum fo. obesum div.subfo.	II	1200	I	400
Sphagnum cusp.fo.submersum	I	180	I	500
3 Sphagnum subsec.s.l. div.Landf.	III	2300	III	1700
Sphagnum cuspid.fo.falcatum	II	500	III	1200
4 Sphagnum recurvum	II	850	III	2200
diverse Sphagnen	II	150	II	200
Drepanocladus fluitans	II	400	III	300
Hepaticae	II	400	I	1

Tab.13:
E r i o p h o r u m   a n g u s t i - f o l i u m - Gesellschaft

	Litoral-Bestände		Schwingrasen-Bestände	
Agrostis canina	V	3700	V	1450
Carex canescens	II	650	IV	500
1 Sphagnum subsec.fo.obesum subfo.plumosum et insolitum	I	300	-	-
S.cuspidatum fo.plumosum	I	600	-	-
2 S.subsec.fo.obesum div.subfo.	II	550	I	200
S.cuspid.fo.submers.	II	250	I	200
3 S.subsec.s.l. (div.Landf.)	II	1300	II	1000
S.cuspid.fo.falcatum	II	1200	II	900
4 S.recurvum	III	1100	V	5100
diverse Sphagnen	II	100	II	300
Drepanocladus fluitans	II	150	III	550
Hepaticae	I	10	I	60

Tab.14:
Carici canescentis-Agrostidetum

	Litoral-Bestände		Schwingrasen-Bestände	
Rhynchospora alba	V	2600	IV	1800
Rhynchospora fusca	III	1100	-	-
Drosera intermedia	III	400	V	1800
Molinia caerulea	V	900	III	700
Eriophorum angustifolium	V	700	IV	600
Erica tetralix	IV	800	III	200
1 Sphagnum subsecund.fo.obesum subfo.plumosum et insolitum	I	150	-	-
Sphagnum cuspidat.fo.plumos.	I	350	-	-
2 Sphagnum subsecundum fo. obesum div.subfo.	I	150	I	250
Sphagnum cusp.fo.submersum	I	650	I	220
3 Sphagnum subsec.s.l. (div.Landf.)	II	300	I	1250
Sphagnum cuspid.fo.falcatum	II	650	III	1150
4 Sphagnum recurvum	I	1	II	750
diverse Sphagnen	II	400	I	20
Drepanocladus fluitans	-	-	IV	3000
Hepaticae	IV	2100	II	1000

Tab.15:
Rhynchosporetum

Tab.13-15: Synthetische Teiltabellen der Litoral- und Schwingrasenbestände der drei hauptsächlichsten Schwingrasen-Gesellschaften (Vergleich zwischen Litoral- und Schwingrasenbeständen in bezug auf Stetigkeit und Deckungswert der wichtigsten Arten)

S p h a g n u m - Sippen etwa gleicher Hygrophilie bilden jeweils eine Gruppe; die Gruppen 1 bis 4 sind nach abnehmender Hygrophilie angeordnet. Die erste Sippe jeder Gruppe ist dabei die weniger acidophile (s. auch S.144 u. Tab. 18).

	"Hydrophyten-(Sub-)Varianten"		typische (Sub-)Variante	Erica-(Sub-)Variante
	Nymphaea-(Sub-)Variante	Juncus bulbos.-(Sub-)Variante		
Potentilla palustris-Gesellschaft	25	50 ⎫ 75	25	-
Juncus eff.-Gesellschaft	-	35	55	10
Carex rostr.-Gesellschaft	10	15 ⎫ 25	65	15
Carex lasioc.-Gesellschaft	-	25	45	30
Carici canesc.-Agrostidetum	15	10 ⎫ 25	35	40
Eriophorum ang.-Gesellschaft	-	20	30	45
Carex nigra-Gesellschaft	-	25	25	50
Caricetum lasiocarpae	-	35	-	65
Rhyncho-sporetum	-	10	25	65
Molinia-Gesellschaft	-	10	15	75
Insgesamt	5	20	30	40

Tabelle 17: Prozentuale Anteile der Varianten bzw.
Subvarianten an den "Gesellschaften" und
Assoziationen der Scheuchzerio-Caricetea fuscae

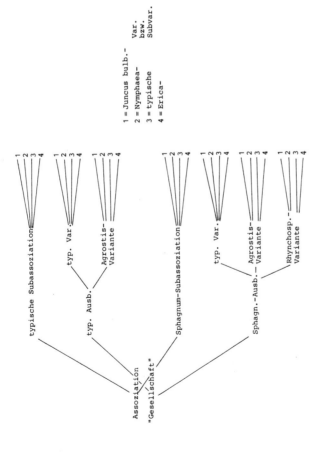

1 = Juncus bulb.-
2 = Nymphaea-   Var.
3 = typische   bzw.
4 = Erica-   Subvar.

typische Subassoziation ⎯ 1 2 3 4

typ. Var. ⎯ 1 2 3 4

typ. Ausb. ⎯ Agrostis-Variante ⎯ 1 2 3 4

Assoziation
"Gesellschaft"

Sphagnum-Subassoziation ⎯ 1 2 3 4

typ. Var. ⎯ 1 2 3 4

Sphagn.-Ausb. ⎯ Agrostis-Variante ⎯ 1 2 3 4

Rhynchosp.-Variante ⎯ 1 2 3 4

Tabelle 16: Untergliederung der Assoziationen bzw. "Gesellschaften"
der Scheuchzerio-Caricetea fuscae

Tabelle 18

Sozietäten / Subvarianten bzw. Varianten	Pot. pal.-Ges.	Junc. eff.-Ges.	Car. rost.-Ges.	Car. las.-Ges.	Car. can.-Agr.-etum	Erio.-Ges.	Car. nigr.-Ges.	Car.-etum las.	Rhyn.-etum	Mol.-Ges.
a_1: Sozietät von *Sphagnum subsecundum* fo. *obesum* subfo. *plumosum et insolitum*										
a_2: Sozietät von *Sphagnum cuspidatum* fo. *plumosum*										
$a_1 + a_2$										
b_1: Sozietät von *Sphagnum subsecundum* fo. *obesum div. subfo.*										
b_2: Sozietät von *Sphagnum cuspidatum* fo. *submersum*										
$b_1 + b_2$										
c_1: Sozietät von *Sphagnum subsecundum* s.l. (diverse Landformen)										
c_2: Sozietät von *Sphagnum cuspidatum* fo. *falcatum*										
$c_1 + c_2$										
$a_1 + b_1 + c_1$: Sozietät von *Sphagnum subsecundum* s.l.										
$a_2 + b_2 + c_2$: Sozietät von *Sphagnum cuspidatum*										
$a + b + c$										
d: Sozietät von *Sphagnum recurvum*										
e: Sozietäten diverser Sphagnen										
f: moos- (bzw. sphagnum-)arme Bestände										
g: Sozietät von *Drepanocladus fluitans*										
h: Hepaticae-Sozietäten (hauptsächlich *Cladopodiella* oder *Gymnocolea*)										

Legende: 0-<1% | 1-5% | 6-10% | 11-20% | 21-30% | 31-40% | 41-50% | 51-60%

Tabelle 18: Prozentuale Anteile der Sozietäten an den Gesellschaften und Assoziationen der Scheuchzerio-Caricetea

Sozietäten / Subvarianten bzw. Varianten	(Sub)-Var. v. Utric.	(Sub)-Var. v. Nymph.	typ. (Sub.)-Var.	(Sub)-Var. v. Erica
a_1: Sozietät von *Sphagnum subsecundum* fo. *obesum* subfo. *plumosum et insolitum*				
a_2: Sozietät von *Sphagnum cuspidatum* fo. *plumosum*				
$a_1 + a_2$				
b_1: Sozietät von *Sphagnum subsecundum* fo. *obesum div. subfo.*				
b_2: Sozietät von *Sphagnum cuspidatum* fo. *submersum*				
$b_1 + b_2$				
c_1: Sozietät von *Sphagnum subsecundum* s.l. (diverse Landformen)				
c_2: Sozietät von *Sphagnum cuspidatum* fo. *falcatum*				
$c_1 + c_2$				
$a_1 + b_1 + c_1$: Sozietät von *Sphagnum subsecundum* s.l.				
$a_2 + b_2 + c_2$: Sozietät von *Sphagnum cuspidatum*				
$a + b + c$				
d: Sozietät von *Sphagnum recurvum*				
e: Sozietäten diverser Sphagnen				
f: moos- (bzw. sphagnum-)arme Bestände				
g: Sozietät von *Drepanocladus fluitans*				
h: Hepaticae-Sozietäten (hauptsächlich *Cladopodiella* oder *Gymnocolea*)				

Tabelle 19: Prozentuale Anteile der Sozietäten an der Gesamtheit der Varianten bzw. Subvarianten aller Gesellschaften und Assoziationen der Scheuchzerio-Caricetea

Tabelle 21: Qualitativer und quantitativer Vergleich zwischen Ombrominero- und Euminerobionten in den 3 Sphagnion-Gesellschaften

	Arten-zahl %	Gruppen-anteil %	Gruppen-stetig-keit %	Systema-tischer Gruppen-wert
Sphagn.recurv.-Ges.				
a) Ombrominerobionten	63	71	29	20
b) Euminerobionten	37	29	19	5,5
a : b				3,6
Sphagnetum papillosi				
a) Ombrominerobionten	66	73	27	19
b) Euminerobionten	34	27	20	5,5
a : b				3,5
Sphagnetum magellanici				
a) Ombrominerobionten	71	79	35	28
b) Euminerobionten	29	21	22	4,5
a : b				6,2

Tabelle 22: Quantitativer Vergleich der 3 Sphagnion-Gesellschaften in bezug auf Gehölzarten

	Sphagn.rec.-Gesellschaft	Sphagnetum papillosi	Sphagnetum magellanici
Aufnahmezahl (% der Gesamtzahl)	76	70	33
Artenzahl (% der Gesamtzahl)	16	15	16
Stetigkeit			
Myrica gale	29	50	27
Betula ad pub.verg.	45	30	20
Pinus sylvestris	35	10	20
Deckungswerte			
Myrica gale	1250	.1700	1250
Betula ad pub.verg.	500	150	350
Pinus sylvestris	450	40	20
Gruppendeckungswert	2300	1900	1600

Tab.20: Undifferenzierte synthetische Teiltabelle (Stetigkeit und Deckungswert der häufigsten Arten) der drei Assoziationen bzw. Gesellschaften des Sphagnion europaeum Schwick. 40

	Sphagnum recurvum-Gesellsch.	Sphagnetum papillosi	Sphagnetum magellanici
Aufnahmezahl	85	80	15
Artenzahl	70	79	31
Mittlere Artenzahl	11,7	10,1	9,7
Homogenität (%)	25	25	31
Diff.: Sphagnum recurvum	V 6800	III 600	III 500
C: Sphagnum papillosum	III 400	V 5800	III 750
C: Sphagnum magellanicum	I 70	I 150	V 3600
Sphagnum rubellum	I 5	I 5	III 2700
VC: Vaccinium oxycoccus	IV 1650	III 1200	II 850
Andromeda polifolia	III 200	II 85	II 650
Eriophorum vaginatum	III 850	I 40	II 350
OC,KC: Erica tetralix	V 1550	V 2100	V 3200
Narthecium ossifragum	III 850	III 2100	II 400
Drosera rotundifolia	III 150	III 15	I 1
Aulacomnium palustre	III 40	II 10	– –
Mylia anomala	I 15	II 20	III 300
Gymnocolea inflata	I 25	II 70	I 1
Weitere Ombrominerobionte:			
Eriophorum angustifolium	IV 700	IV 500	IV 750
Calluna vulgaris	III 300	III 450	V 800
Myrica gale	III 1250	III 1700	II 1250
Pinus sylvestris	III 450	II 40	II 20
Sphagnum cuspidatum	I 150	II 100	– –
Pohlia nutans	I 25	I 1	– –
Calypogeia muelleriana	I 5	I 10	I 1
Rhynchospora alba	I 20	I 70	I 1
Euminerobionte:			
Molinia caerulea	V 1600	V 1600	IV 2100
Betula ad pubescens verg.	III 500	III 150	II 350
Phragmites communis	III 650	III 150	II 450
Carex rostrata	III 30	I 5	I 100
Juncus scutiflorus	I 55	I 35	III 550
Betula ad pendula verg.	I 65	I 15	I 1
Sphagnum fimbriatum	I 55	I 100	– –
Polytrichum commune	I 65	I 100	– –
Drepanocladus fluitans	I 100	I 20	I 1
Frangula alnus	I 100	II 35	II 15
Carex lasiocarpa	I 20	I 65	I 1
Celliergon stramineum	I 20	I 1	I 1
Sphagnum subsecundum s.l.	III 45	I 35	– –
Carex canescens	I 5	I 1	– –
und 30 weitere			

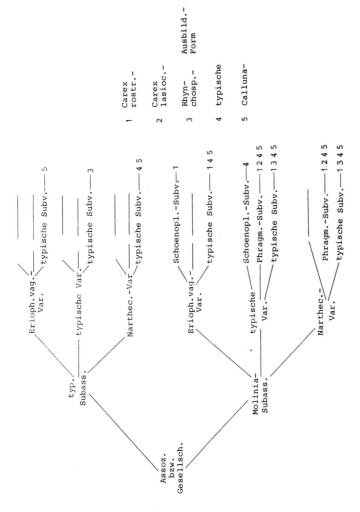

Tabelle 24: Untergliederung der Sphagnion-Gesellschaften

Tabelle 25: Prozentuale Anteile der der Varianten an den Sphagnion-Gesellschaften (senkrechte Spalten) und prozentuale Verteilung der Varianten auf die Gesellschaften (waagerechte Zeilen)

	Sphag.rec.-Ges.	Sphag.pap.	Sphag.mag.	
Erioph.vag.-Var.	80 / 30	15 / 5	5 / 5	100
typische Var.	50 / 40	45 / 40	5 / 30	100
Narthec.-Var.	30 / 30	60 / 50	10 / 50	100
	100 / ±100	±100	±100	

Tabelle 26: Prozentuale Anteile der Ausbildungsformen an den Sphagnion-Gesellschaften und deren Varianten

	Sph.rec.-Ges.	Sphag.pap.	Sphag.mag.	Er.vag.-Var.	typ.Var.	Narth.Var.
C. rostr.-Ausbild.form	30	5	5	50	20	5
C. lasioc.-Ausbild.form	5	15	-	-	5	15
Rhynchosp.-Ausbild.form	5	15	-	-	15	5
typische Ausbild.form	20	30	15	20	30	20
Calluna-Ausbild.form	40	40	80	30	30	60
	100	±100	100	100	100	±100

Tabelle 27: Prozentuale Anteile der Stadien an den Sphagnion-Gesellschaften und deren Varianten

	Sph.rec.-Ges.	Sphag.pap.	Sphag.mag.	Er.vag.-Var.	typ.Var.	Narth.Var.
Molinia-Stadium	5	5	10	5	10	5
Myrica-Stadium	20	20	20	-	15	30
Betula-Pinus-Stadium	15	5	-	20	10	-
Stadien insgesamt	40	30	30	25	35	35

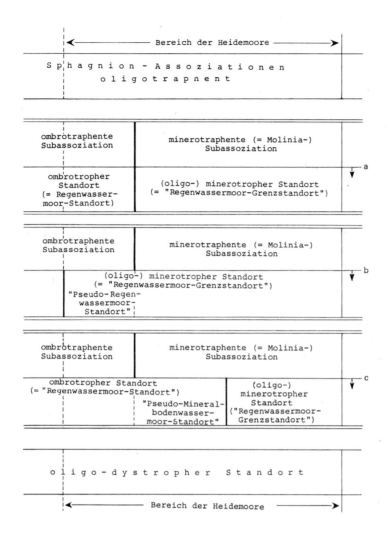

Tabelle 28: Übersicht über die drei Möglichkeiten (a, b u. c) des Verhältnisses zwischen der Sphagnion-Vegetation der Heidemoore und den (Heidemoor-)Standorten

	1. ehemal. Schwingrasen	2. Schwingrasen	3. verlandete Röhrichte	4. infraaquat. entstand. Heidemoore	5. Litoral	6. Uferrand	7. nasse Geländedellen	
Sphagnum recurvum-Gesellsch.	20 / 80	30 / 70	30 / 40	5 / 20	- / -	10 / 50	5 / 10	100
Sphagnetum papillosi	5 / 20	10 / 20	40 / 60	10 / 80	10 / 100	10 / 50	10 / 50	±100
Sphagnetum magellanici	5 / 5	5 / 5	20 / 5	- / -	- / -	- / -	70 / 40	100
	±100	±100	±100	100	100	100	100	

Tabelle 29: Prozentuale Verteilung der Aufnahmen der 3 Sphagnion-Gesellschaften auf die Standortstypen (waagerechte Zeilen) und prozentuale Beteiligung der 3 Gesellschaften an der (Sphagnion-) Vegetation der Standortstypen (senkrechte Spalten)

	1. ehemal. Schwing-rasen	2. Schwing-rasen	3. verlan-dete Röh-richte	4. infra-aquat. entstand. Heidemoore	5. Litoral	6. Ufer-rand	7. nasse Gelände-dellen	
Erioph. vag.-Var.	60 / 90	15 / 10	– / –	– / –	– / –	25 / 30	– / –	100
typische Var.	5 / 10	45 / 85	15 / 20	5 / 20	5 / 80	15 / 50	10 / 25	100
Narthecium-Var.	– / –	5 / 5	60 / 80	10 / 80	5 / 15	5 / 15	20 / 75	±100
	100	100	100	100	±100	±100	100	

Tabelle 30: Prozentuale Verteilung der Varianten der Sphagnion-Gesellschaften auf die Standortstypen (waagerechte Zeilen) und prozentuale Beteiligung der Varianten an der (Sphagnion-) Vegetation der Standortstypen (senkrechte Spalten)

	1. ehemal. Schwing-rasen	2. Schwing-rasen	3. verlan-dete Röh-richte	4. infra-aquat. entstand. Heidemoore	5. Litoral	6. Ufer-rand	7. nasse Gelände-dellen	
Schoenopl. lacustris-Subvariante	– / –	100 / 20	– / –	– / –	– / –	– / –	– / –	100
Schoenopl. ta-bernaemontani-Subvariante	– / –	– / –	100 / 5	– / –	– / –	– / –	– / –	100
Phragmites-Subvariante	– / –	– / –	90 / 90	5 / 10	– / –	– / –	10 / 30	±100
typische Subvariante	20 / 100	30 / 80	– / –	5 / 90	5 / 100	20 / 100	15 / 70	±100
	100	100	±100	100	100	100	100	

Tabelle 31: Prozentuale Verteilung der Subvarianten der Sphagnion-Gesellschaften auf die Standortstypen (waagerechte Zeilen) und prozentuale Beteiligung der Subvarianten an der (Sphagnion-) Vegetation der Standortstypen (senkrechte Spalten)

	1. ehemal. Schwingrasen	2. Schwingrasen	3. verlandete Röhrichte	4. infraaquat. entstand. Heidemoore	5. Litoral	6. Uferrand	7. nasse Geländedellen	
Carex rostrata-Ausbild.form (oben)	40	50	5	–	–	5	10	±100
Carex rostrata-Ausbild.form (unten)	50	40	5	–	–	10	10	
Carex lasiocarpa-Ausbild.form (oben)	–	–	100	–	–	–	–	100
Carex lasiocarpa-Ausbild.form (unten)	–	–	25	–	–	–	–	
Rhynchospora Ausbild.form (oben)	–	30	–	10	40	10	10	100
Rhynchospora Ausbild.form (unten)	–	10	–	10	80	10	5	
typische Ausbild.form (oben)	20	20	30	10	5	5	10	100
typische Ausbild.form (unten)	30	30	20	60	20	10	20	
Calluna-Ausbild.form (oben)	5	10	40	5	–	20	20	100
Calluna-Ausbild.form (unten)	10	20	50	30	–	70	60	
(Summe unten)	±100	100	100	100	100	100	±100	

Tabelle 32: Prozentuale Verteilung der Ausbildungsformen der Sphagnion-Gesellschaften auf die Standortstypen (waagerechte Zeilen) und prozentuale Beteiligung der Ausbildungsformen an der (Sphagnion-) Vegetation der Standortstypen (senkrechte Spalten)

	1. ehemal. Schwingrasen	2. Schwingrasen	3. verlandete Röhrichte	4. infraaquat. entstand. Heidemoore	5. Litoral	6. Uferrand	7. nasse Geländedellen	
Molinia-Stadium (oben)	–	10	–	–	10	70	20	±100
Molinia-Stadium (unten)	–	5	–	–	20	30	10	
Myrica-Stadium (oben)	–	10	70	10	–	5	10	±100
Myrica-Stadium (unten)	–	10	40	30	–	5	15	
Betula-Pinus-Stadium (oben)	50	40	10	–	–	–	–	±100
Betula-Pinus-Stadium (unten)	30	10	5	–	–	–	–	
Stadien insgesamt (unten)	30	25	45	30	20	35	25	

Tabelle 33: Prozentuale Verteilung der Stadien der Sphagnion-Gesellschaften auf die Standortstypen (waagerechte Zeilen) und prozentuale Beteiligung der Stadien an der (Sphagnion-) Vegetation der Standortstypen (senkrechte Spalten)

	"Molinia-Gesellschaft" (Scheuchzerio Caricetea)		"Molinia-Stadium" des Sphagnion		"Molinia-Bultstadium" des Ericetum Tx. 1958	
Aufnahmezahl	24		11		11	
Artenzahl	48		37		32	
Mittlere Artenzahl	7,3		11,1		8,2	
Homogenität	15		3o		26	
Molinia caerulea	V 3-5	725o	V 4-5	67oo	V 4-5	795o
1. Oxycocco-Sphagnetea-Arten:	IV	76o	V	65oo	V	465o
Aulacomnium palustre	I +-1	1o	I +-1	25	II 1	7o
Drosera rotundifolia	I +	1	I +	1	-	-
Narthecium ossifragum	-	-	I +-2	14o	-	-
Odontoschisma spagni	-	-	-	-	I 4	57o
Mylia anomala	-	-	I 1	25	-	-
Kurzia pauciflora	-	-	-	-	I +	1
Cephaloziella elachista	I +	1	-	-	-	-
a) Ericion tetralicis-Arten:	III	73o	V	245o	V	38oo
(b) Erica tetralix	III 3-5	54o	V +-3	115o	V +-5	3o5o
" Gymnocolea inflata	II +-3	19o	I 1	45	III +-4	77o
" Sphagnum molluscum	-	-	I +-2	14o	-	-
Sphagnum compactum	I +	1	-	-	I +	1
b) Sphagnion europaeum-Arten:	II	2o	V	385o	III	21o
Sphagnum papillosum	I +	1	IV +-3	115o	III +-2	21o
Vaccinium oxycoccus	I +-1	2o	III 2-3	11oo	-	-
Sphagnum rubellum	-	-	I 2-5	95o	-	-
Eriophorum vaginatum	-	-	I +-2	14o	I +	1
Sphagnum magellanicum	-	-	I 2	14o	-	-
Andromeda polifolia	-	-	I +-3	35o	-	-
2. Scheuchzerio-Caricetea-fuscae-Arten:	V	375o	V	39oo	V	145o
(1) Eriophorum angustifolium	IV +-2	43o	V r-2	3oo	II +-1	45
" Sphagnum recurvum	I 1-3	19o	V +-3	26oo	II 1-4	86o
Drepanocladus fluitans	I +-1	2o	IV +-3	5oo	I +	2
Sphagnum subsecundum s.l.	III +-3	125o	I +	1	I 1	25
Carex nigra	II +-3	33o	I 1	25	II +-2	16o
Sphagnum cuspidatum	II +-3	69o	II 2	3oo	I 3	34o
Rhynchospora alba	II +-2	2oo	I 2	14o	I +	1
Cladopodiella fluitans	I 3	52o	I 2	14o	I 1	25
Agrostis canina	II r-1	35	-	-	-	-
Drosera intermedia	I +-1	2o	-	-	-	-
Carex lasiocarpa	I 1	2o	-	-	-	-
Rhynchospora fusca	I +-1	1o	-	-	-	-
Calliergon stramineum	I 2	65	-	-	-	-
Potentilla palustris	I +	1	-	-	-	-
Carex canescens	I +	1	-	-	-	-
Carex rostrata	I +	1	I +	1	-	-
3. Häufigste übrige Arten:						
Juncus effusus	II +-1	25	-	-	I +	2
Polytrichum commune	II +-4	27o	II +-2	14o	II 1	7o
Pohlia nutans	I +	2	II +-1	7o	III +-1	25
Sphagnum fimbriatum	I +	1	II +-2	14o	III +-2	2oo
Juncus acutiflorus	I +	1	I +-1	25	I 3	34o
Pinus sylvestris	I 1	2o	III r-+	5	II +-2	27o
Calluna vulgaris	-	-	III +-3	65o	III +-2	2oo
und 27 weitere Arten.						

Tabelle 34: Synthetische Teiltabelle (Stetigkeit und Deckungswert der wichtigsten Arten) der drei verschiedenen Typen von M o l i n i a -Beständen

Ericetum tetralicis Schwick. 1933

	typische Subassoziation Molinia-Bultstadium / Lebermoos-Fazies			Subassoziation v. Sphagnum			
	A (1)	B (1)	2	3 (a b)	4 (a b)	5 (a b)	6
Aufnahmezahl	1	1	1	5	9	7	1
Aufnahmegröße (m²)	16	o,5	o,3	1o (o,5-2o)	1 (o,3-1,5)	2o(7,5- 5o)	o,2
Artenzahl	5	5	8	22	22	27	6
Mittlere Artenzahl	-	-	-	8,6	7,9	6,4	
Homogenität (n. PFEIFFER) (%)	-	-	-	39	36	35	
C, VC: ? Ericetum, Ericion							
Sphagnum compactum	-	-	-	I + 2	- - -	I + 1	-
OC,KC ? Erica tetralix	+.1	3.2	4.2	V +-5 725o	V 4-5 765o	V 1-5 315o	2.1°
" Gymnocolea inflata	1.3	2.3	-	II +-1 5o	IV +-5 285o	III+-1 75	4.3
OC, KC: Erico-Sphagnetalia, Oxycocco-Sphagnetea							
Aulacommnium palustre	-	-	-	II +-1 5o	II +-2 2oo	III1 11o	-
Drosera rotundifolia	-	-	-	II +-1 5o	II r-+ 2	-	-
Mylia anomala	-	-	-	I + 2	II 1-2 36o	-	-
Odontoschisma sphagni	-	-	4.3	-	I 4 36o	-	-
Telaranea setacea	-	-	+.2	-	I 4 69o	-	-
δ: Subassoziation von Sphagnum							
[OC] Sphagnum fimbriatum	-	-	-	I 4 125o	IV +-4 145o	IV +-2 32o	-
Sphagnum papillosum	-	-	-	II +-1 5o	IIIr-2 34o	III+-1 11o	2.2
Sphagnum recurvum	-	-	-	IV 1-5 3ooo	II 1-2 19o	III1-4 135o	-
Rhynchospora alba	-	-	+.1	I + 2	III+-1 6o	-	-
Sphagnum cuspidatum	-	-	-	I 1 5o	II +-2 33o	-	-
Cladopodiella fluitans	-	-	-	I + 2	I 4 69o	I 1 35	-
Carex nigra	-	-	-	-	-	III+-2 25o	-
[OC],VC? Sphagnum molluscum	-	-	-	I 2 3oo	-	-	-
B: Stadium-bildend:							
Molinia caerulea	5.3	4.2	4.2	III2-3 18oo	V 1-3 195o	V 4-5 8o5o	5.1
Weitere Begleiter:							
↓Betula ad pubescens vergens	r	-	-	I r 2	II + 2	I 1 35	-
↓Pinus sylvestris	-	2.1	+.1	-	-	I 2 21o	-
Calluna vulgaris	-	-	-	IV +-2 65o	II +-3 42o	IV +-2 32o	-
Eriophorum angustifolium	-	+.1°	+.1°	IV +-2 4oo	IV 1-3 53o	I 1 35	1.1°
Pohlia nutans	-	-	-	-	-	IV +-1 4o	-
Polytrichum commune	1.1	-	-	II r-2 3oo	-	IV 1 7o	-
Calypogeia muelleriana	-	-	-	I 1 5o	I + 1	I + 1	-
Cephalozia bicuspidata	-	-	-	-	I 2 17o	-	-

Dazu in je 1 - 2 Aufnahmen: Eriophorum vaginatum (5), Juncus acutiflorus (4,5), Juncus effusus (5), Myrica gale (4), Salix ad aurita vergens (5), Populus tremula (5), Betula ad pendula vergens (3), Frangula alnus (5), Potentilla erecta (5), Drosera intermedia (4) Drepanocladus fluitans (5), Dicranella cerviculata (3,5), Sphagnum subsecundum s.l. (4,5), Sphagnum squarrosum (3), Cephalozia lammersiana (2).

Tabelle 35: Differenzierte analytisch-synthetische Mischtabelle des **Ericetum tetralicis** Schwick. 33

	Myrica-"Stadium" des Sphagnion	"Betula-Pinus-Stadium" des Sphagnion	Fragmente des Betuletum pubescentis (Hueck 1929) Tüxen 1937
Aufnahmezahl	35	13	7
Artenzahl	46	42	24
Mittlere Artenzahl	11,6	13,7	1o,7
Homogenität	25 %	33 %	45 %
			D: initial
Myrica gale (gesamt)	V 3-5 6450	– –	V 3-5 7500
" (1-2,5 m)	II 2-5 1150	– –	V 3-5 6950
" (bis ca. 1 m)	V 3-5 5350	– –	I 3 540
			lok. C:
(5.s.u.) Betula ad pubescens vergens (gesamt)	III+-3 470	V +-4 2500	V 4-5 7750
" (B: 5-12m)	– –	II 2-3 520	V 3-5 5350
" (Str.: 2-5 m)	I 1 200	IV 2-3 890	III2-4 1850
" (Str.: bis ca. 2m)	II +-3 270	IV +-4 1200	I 3 540
(5.s.u.) Pinus sylvestris (gesamt)	II +-1 25	V 1-4 2250	III+-1 7o
" (B: 5-12 m)	– –	II 1-3 560	– –
" (Str.: 2-5 m)	I 1 15	V 1-3 1230	I 1 35
" (Str.: bis ca. 2m)	I +-1 1o	IV 1-3 830	II +-1 35
1. Oxycocco-Sphagnetea-Arten:	V 6500	V 815o	I 1000
Aulacomnium palustre	I + 1o	IV +-2 120	I + 1
Narthecium ossifragum	IV +-5 1700	– –	I 2 210
Mylia anomala	I + 1	II +-1 2o	– –
	– –	II + 3	– –
Drosera rotundifolia	I +-1 1o	I + 1	– –
Polytrichum strictum	– –	II +-1 4o	– –
Cephalozia macrostachya	– –	I + 1	– –
Cephalozia connivens	– –	I + 1	– –
Pohlia nutans var. sphagnetosum	– –	I + 1	I 1 35
a) Sphagnion europaeum-Arten	V 312o	V 59oo	III 68o
	II +-4 560	V 1-5 2600	– –
Sphagnum papillosum	V +-5 212o	II 1-4 85o	III+-2 43o
Andromeda polifolia	I r-+ 1	III+-3 54o	– –
Eriophorum vaginatum	– –	III1-4 115o	– –
Sphagnum magellanicum	II+-5 44o	I + 1	– –
Sphagnum recurvum var. amblyphyllum f. parvifolium	– –	II 1-2 27o	II 1-2 25o
Sphagnum balticum	– –	I 4 48o	– –
Sphagnum rubellum	I + 1	– –	– –
b) Ericion tetralicis-Arten:	V 1650	V 21oo	II 7o
(a)Erica tetralix	V +-3 1650	V 1-4 21oo	II 1 7o
" Gymnocolea inflata	I + 1	– –	– –
" Sphagnum molluscum	I + 1	– –	– –
Sphagnum molle	I + 1	– –	– –
2. Scheuchzerio-Caricetea fuscae-Arten	V 2550	V 745o	V 325o
(1.)Sphagnum recurvum	IV +-5 24oo	V 2-5 635o	V 2-4 325o
" Eriophorum angustifolium	III+-1 9o	V +-3 93o	– –
Drepanocladus fluitans	I 1 5	I 1-2 14o	– –
Calliergon stramineum	I + 1	I + 1	I + 1
Carex lasiocarpa	I +-1 15	– –	– –
Potentilla palustris	I + 1	I + 1	– –
Sphagnum subsecundum s. l.	I +-1 15	– –	– –
Sphagnum cuspidatum	– –	I 1 2o	– –
Sphagnum plumulosum	I 1 15	– –	– –
Carex canescens	I r-+ 1o	– –	– –
Agrostis canina	– –	I + 1	– –
Viola palustris	I + 1	– –	– –
3. Phragmitetea-Arten:	V 15oo	IV 13o	V 445o
Phragmites australis	IV +-3 135o	– –	V 3-4 445o
(2.) Carex rostrata	I +-1 1o	III+ 5	– –
Cladium mariscus	I 2-3 11o	– –	– –
Schoenoplectus tabernaemontani	– –	I 2 12o	– –
Schoenoplectus lacustris	I 2 45	– –	– –
4. Alnetea glutinosae-Arten:	III 4o	I 2	IV 62o
Frangula alnus	II r-1 35	I + 2	III1-2 5oo
Salix ad cinerea vergens	– –	– –	III+-1 75
Sphagnum squarrosum	– –	– –	III+-1 4o
Salix ad aurita vergens	I r-+ 1	– –	– –
Alnus glutinosa	I 1 7	– –	– –
5. Vaccinio-Piceetea-, Nardo-Callunetea- und Quercetea-Arten	IV 32o	IV 65o	IV 12oo
Betula ad pendula vergens	II +-2 1oo	III+-2 16o	III1-3 1ooo
Calluna vulgaris	III+-2 22o	II +-3 41o	I + 1
Hypnum ericetorum	I + 1	I -1 4o	– –
Vaccinium myrtillus	– –	I 1 4o	– –
Sorbus aucuparia	– –	I + 2	I 2 21o
Quercus robur	– –	I + 1	– –
Populus tremula	I r 1	– –	– –
6. Übrige Arten:	V 37oo	V 16oo	V 38oo
Molinia caerulea	V +-5 345o	IV r-3 85o	V +-4 245o
(4?) Sphagnum fimbriatum	II +-2 14o	III+-2 29o	IV 1-3 1o5o
Pohlia nutans	I + 1	III+-2 16o	I 1 35
Polytrichum commune	II +-1 1o	I 1	– –
Calypogeia muelleriana	II +-1 15	– –	I + 1
Sphagnum palustre	– –	– –	II 1-2 25o
Cephalozia lammersiana	I + 1	I +-1 2o	– –
Dicranella cerviculata	I 2 45	I +-2 12o	– –
Juncus acutiflorus	I +-2 5o	– –	– –
Lysimachia vulgaris	– –	I 2 12o	– –
Cephalozia bicuspidata	– –	– –	I + 1
Campylopus piriformis	– –	I + 1	– –
Salix repens	I + 1	– –	– –

Tabelle 36: Synthetische Tabelle (Stetigkeit und Deckungswert aller Arten) der drei verschiedenen Typen von oligotraphenten Gehölz- und Bruchbeständen

F r a n g u l o - S a l i c e t u m c i n e r e a e Malc. 1929	typische Sub- assoziation	Subassoziation von Sphagnum
Aufnahmezahl	5	6
Aufnahmegröße (m^2)	55 (4o - 8o)	130 (4o-3oo)
Artenzahl	19	33
Mittlere Artenzahl	5,2	12,3
Homogenität (n. PFEIFFER) (%)	27	35

	typische Sub- assoziation		Subassoziation von Sphagnum	
(C): Frangulo -Salicetum cinereae				
Salix ad cinerea vergens	V	5 8750	V	3-5 52oo
(VC): Frangulo-Salicion auritae				
[VC] Frangula alnus	I	2 3oo	III+-1	45
Salix ad aurita vergens	I	2 3oo	I	4 1o5o
[KC] : Alnetea glutinosae				
Calamagrostis canescens		-	II	1 85
d: dystr.: **Subassoziation von Sphagnum**				
Sphagnum plumulosum		-	III1-5	255o
Sphagnum recurvum		-	III2-5	235o
Potentilla palustris		-	IV +-3	125o
Hydrocotyle vulgaris		-	IV +-2	33o
Agrostis canina		-	III+-2	25o
Sphagnum palustre		-	II 1-2	24o
Polytrichum commune		-	II 1	85
Eriophorum angustifolium		-	II +	3
Calliergon stramineum		-	II +	3
Sphagnum fimbriatum		-	I 1	4o
Sphagnum squarrosum		-	I 1	4o
Sphagnum subsecundum s. l.		-	I 1	4o
B: ↓Betula ad pubescens vergens	I	3 75o	III1-3	92o
↓Betula ad pendula vergens	I	2 3oo	II +	3
(d:s.o.)↓Pinus sylvestris		-	II +	3
Juncus effusus	II	1 1oo	V +-3	63o
Carex rostrata	I	+ 2	IV 1-2	79o
Typha latifolia	II	+ 4	II +-2	25o
Molinia caerulea	II	1-5 18oo	I +	2
Equisetum fluviatile		-	II 1-4	11oo
Lysimachia thyrsiflora		-	II +-2	25o

Dazu in je 1-2 Aufnahmen: Sparganium erectum (1), Schoenoplectus lacustris (1), Carex nigra (1),
Juncus articulatus (1), Populus tremula (1), Salix repens (1), Mnium hornum (1), Brachythecium rutabulum (1), Carex elata (1,2), Peucedanum palustre (1,2), Carex canescens (2),
Lotus uliginosus (2), Menyanthes trifoliata (2), Lysimachia vulgaris (2), Galium palustre (2), Aulacomnium palustre (2)

Tabelle 37: Differenzierte synthetische Tabelle des
Frangulo-Salicetum cinereae Malc. 29